Tout Savoir En 5e

Français
Henriette Bru

Mathématiques
Raja Siblini

Histoire, Géographie
Françoise Sutour

Sciences de la vie et de la Terre
Patrick Vermeulen

Physique
Pierre Assouline

Anglais
Corinne Touati

HATIER

Mode d'emploi

Ce livre comprend
l'essentiel des connaissances abordées en 5^{e}
dans toutes les matières.

Quand utiliser *Tout Savoir en 5e*

- Tu as un problème en faisant tes devoirs...
- Tu veux réviser avant un contrôle...
- Tu as besoin de vérifier tes connaissances dans une matière...

...c'est le moment d'ouvrir *Tout Savoir* !

Comment utiliser *Tout Savoir en 5e*

Notre conseil

Pour profiter au mieux de chaque leçon :

- commence par lire très attentivement **le résumé** ;
- puis observe **la méthode** qui t'est proposée pour comprendre et savoir faire ;
- et enfin, fais **les exercices** par ordre de difficulté pour t'entraîner.

Et surtout n'oublie pas

- Pendant les vacances, révise les cours et refais les exercices les plus difficiles. Tu prépareras ainsi ton entrée en 4e.
- Les **corrigés** de tous les exercices se trouvent à la fin du livre.
- Un **index** regroupe les mots importants du programme dans toutes les matières. Pour plus de clarté l'Anglais possède un index à part. En face de chaque mot tu trouveras le numéro des pages des leçons où il est expliqué.

Histoire/Géographie page 128

Sciences de la vie et de la Terre page 178

Physique page 202

Anglais page 226

Corrigés page 250

Index page 284

Chaque leçon est traitée sur 2 pages

Le résumé
de la leçon

Des exercices variés
à faire directement sur le livre

3 niveaux de difficulté repérés par une couleur

Le numéro de la leçon

Le titre de la leçon

Une couleur par matière

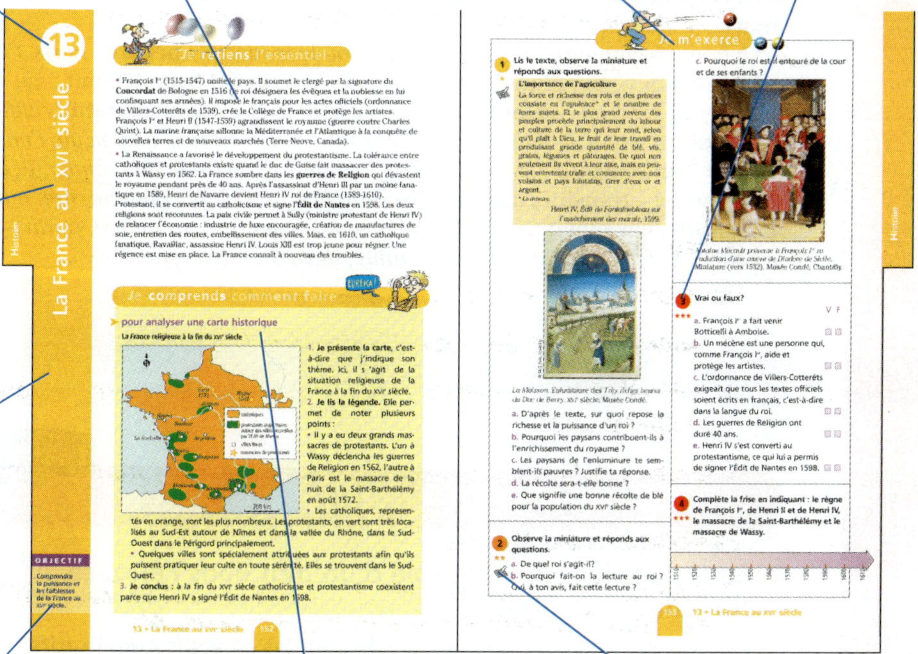

Les objectifs de la leçon

Une méthode
pour comprendre et savoir faire

Là, tu as besoin d'une feuille séparée pour faire ton exercice.

1 Nature grammaticale des mots

Je retiens l'essentiel

• **En grammaire, on distingue neuf classes de mots.**
Le nom générique du mot est donné dans les dictionnaires sous forme abrégée : *adj.* : adjectif – *adv.* : adverbe – *art.* : article – *conj.* : conjonction – *interj.* : interjection – *n.* : nom – *prép.* : préposition – *pron.* : pronom – *v.* : verbe.

• **Certaines classes de mots comportent des subdivisions.**
– **L'adjectif** : – **qualificatif** : *aimable, rouge* – **démonstratif** : *ce, ces, cet* – **possessif** : *mon, ton, son, ma, ta, sa, nos, vos, leurs* – **indéfini** : *tout, autre, quelque, chaque* – **interrogatif** et **exclamatif** : *quel [...] ? quel [...] !* – **numéral cardinal** : *un, deux* – **numéral ordinal** : *premier, deuxième.*
– **L'adverbe : – de temps** : *parfois, souvent* – **de lieu** : *ici, là, ailleurs* – **de manière** : *bien, mal* – **négatif** : *Ne [...] pas, ne [...] point, ne [...] jamais, ne [...] plus.*
– **L'article : – défini** : *le, la, les* (sous forme contractée : *du, des, au, aux*) – **indéfini** : *un, une, des.*
– **La conjonction : – de coordination** : *mais, ou, et, donc, or, ni, car* – **de subordination** : *que, quand, puisque.*
– **Le nom : – commun** : *la table, le lit, la loi, le médecin* – **propre** : *Paris, Pierre, Marie.*
– **Le pronom : – personnel sujet** : *je, tu, il* – **personnel complément** : *me, te, se, les, nous, vous, moi, toi* – **relatif** : *qui, que, quoi, dont, où* – **démonstratif** : *celui-ci, cela* – **possessif** : *le mien, le tien, le sien* – **indéfini** : *tout, certains, quelqu'un, l'un et l'autre, chacun* – **interrogatif** : *qui... ?, que... ?* – **numéral ordinal** : *le premier, le deuxième.*
– **Le verbe : – transitif** : il admet un complément d'objet (*prendre, lire, manger*) – **intransitif** : il n'admet pas de complément d'objet (*mourir, naître, partir*) – **d'état** : il est suivi d'un mot attribut (*être, paraître, devenir, rester, demeurer*).

Je comprends comment faire

➤ pour voir clairement le rôle d'un mot dans l'énoncé, il faut connaître sa nature

• Une **description**, un **portrait** privilégient les **adjectifs qualificatifs.**

Un homme chérissait éperdument sa Chatte ;
Il la trouvait ***mignonne****, et* ***belle****, et* ***délicate****,*
Qui miaulait d'un ton fort ***doux****.*
Il était plus ***fou*** *que les fous.*

Jean de LA FONTAINE.

• La **tonalité lyrique** d'un poème se marque avec les **déterminants de la première personne, adjectifs** et **pronoms possessifs, pronoms personnels** sujet ou complément.

Réveil
Le jour auprès de ***moi*** *se fixe*
Mais il ***m'****ajourne dans l'oubli.*
Si ***je m'****approche du miroir*
Je *n'y découvre rien de* ***moi****.*

Jules SUPERVIELLE, *Le Forçat innocent*.

OBJECTIF

Connaître le nom générique des mots pour l'analyse grammaticale et le commentaire de texte.

Je m'exerce

1 ★ **Ce texte est à compléter. Il y manque les prépositions *à* et *de*.**

Elle pense ..... l'amitié de Paul, plus douce que les parfums, plus pure que l'eau des fontaines, plus forte que les palmiers unis ; et elle soupire. Elle songe ..... la nuit, ... la solitude, et un feu dévorant la saisit. Aussitôt elle sort, effrayée ..... ces dangereux ombrages et ..... ces eaux plus brûlantes que les soleils ..... la zone torride.

Henri de BERNARDIN DE SAINT-PIERRE, *Paul et Virginie*.

2 ★ **Ce texte est à compléter. Il y manque un article indéfini, une préposition, deux adjectifs possessifs et un pronom personnel.**

Arrêté devant le bassin, Bony regardait l'eau, sans bouger. Son visage exprimait ..... joie mystérieuse. Très lentement il entra ..... le bassin, et il lava ..... visage et ..... corps. Il ..... tourna vers Fintan : « Viens ! »

Jean-Marie Gustave LE CLÉZIO, *Omitsha*.

3 ★ **Chacune de ces phrases est à compléter avec un pronom possessif à la même personne que le sujet.**

a. Je ne prends pas ces gants car ce ne sont pas ....

b. Il a vu que .... l'approuvaient.

c. Ils seront bientôt auprès des ....

d. Vous devez soutenir ....

e. Nous comptons sur le soutien ....

4 ★ **Inverse le sens des phrases ci-dessous en utilisant l'un des adverbes suivants : *loin de, moins, plus, rarement*.**

a. Il est près du bois.
b. Il fait cela souvent.
c. Ils récoltent moins de blé que leurs voisins.
d. Sa voiture va plus vite.
e. Il marche tristement.

5 ★★ **Mets au pluriel le pronom personnel complément souligné.**

a. On la voit. ....
b. Nous t'entendons. ....
c. Tu le prends. ....
d. Il l'attrape. ....
e. Elle me voit. ....
f. Je lui demande. ....

6 ★★★ **Quel est le rôle des adjectifs dans le texte ci-dessous ?**

Les enfants sont hautains, dédaigneux, colères, envieux, curieux, intéressés, paresseux, volages, timides, intempérants, menteurs, dissimulés ; ils rient et pleurent facilement ; ils ont des joies immodérées et des afflictions amères sur de très petits sujets ; ils ne veulent point souffrir de mal et aiment à en faire : ils sont déjà des hommes.

Jean de LA BRUYÈRE, *Les Caractères*.

7 ★★★ **Quelle est la nature des mots soulignés dans les phrases suivantes ?**

a. Bientôt ils arrivèrent dans une étroite vallée.
b. Des hommes entrèrent dans la salle à manger.
c. Nous dîmes adieu à toute une époque.
d. Il faudra que je m'en occupe.
e. Il entra dans la cuisine, mais n'aperçut point d'abord Emma.
f. Il a perdu son oncle il y a quelques mois.

Français

2

La phrase : types et formes

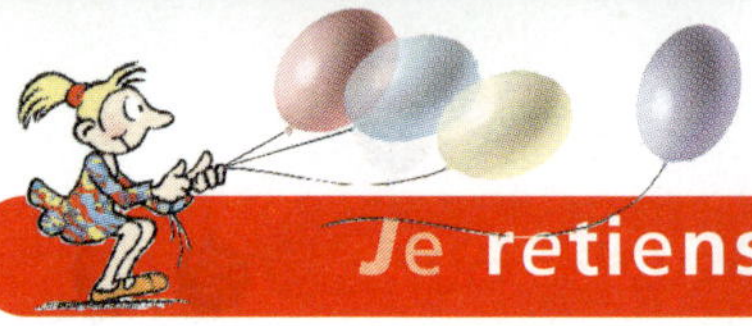

Je retiens l'essentiel

Définition

• **La phrase est un énoncé que l'on fait à propos de quelqu'un ou de quelque chose.**

Le Pot de fer proposa
Au Pot de terre un voyage.

Jean de LA FONTAINE.

Il se faut entr'aider, c'est la loi de nature.

Jean de LA FONTAINE.

Tout jeune Napoléon était très maigre
et officier d'artillerie.

Jacques PRÉVERT.

Quatre types de phrases

• La **phrase déclarative**. *La Fourmi n'est pas prêteuse.* Jean de LA FONTAINE.

• La **phrase impérative**. *Eh bien ! dansez maintenant !* Jean de LA FONTAINE.

Que le plus coupable périsse. Jean de LA FONTAINE.

• La **phrase interrogative**. *Que faisiez-vous au temps chaud ?* Jean de LA FONTAINE.

• La **phrase exclamative**.

Que vous êtes joli ! Que vous me semblez beau ! Jean de LA FONTAINE.

Deux formes de phrases

• La forme **affirmative**. *Nous vivons et nous nous aimons.*

• La forme **négative**. *Et nous **ne** savons **pas** ce que c'est que la vie.* Jacques PRÉVERT.

*Dieu **ne** l'a **pas** voulu.* Jean de LA FONTAINE.

La négation ordinaire *(ne)* se trouve généralement accompagnée de l'un des mots suivants : *pas, point, aucun, nul, personne, jamais, nulle part, nullement, rien.*
La locution *ne [...] que* signifie « seulement » ; elle marque une restriction.
Il n'a qu'un gant.

Je comprends comment faire

➤ pour isoler les éléments minimum d'une phrase

• **Le sujet** s'associe au **verbe** pour constituer **la phrase**. Le **verbe s'accorde** en nombre avec **le sujet**. ***Les** enfants **jouent**.*

➤ pour reconnaître les types de phrases

• **La phrase impérative donne un ordre.** Le mode impératif suffit à l'expression de l'ordre. Aux personnes que ne connaît pas ce mode, la première du singulier et la troisième du singulier et du pluriel, on forme une phrase impérative avec le subjonctif présent. *Qu'il **vienne** !*

• **La phrase interrogative** se repère grâce à **l'inversion du sujet** et au **point d'interrogation**. *Viendrez-vous ?*

• **La phrase exclamative** se signale par un **mot exclamatif** et un **point d'exclamation**. ***Qu'**il est fier **!***

➤ pour reconnaître la forme d'une phrase

• La forme négative est donnée par un adverbe négatif à deux éléments : le premier *(ne)* se place devant le verbe, le second *(pas)* après le verbe ou l'auxiliaire.

*Tu **ne** réussis **pas**. Tu **n'**as **pas** réussi.*

OBJECTIF

• Savoir reconnaître et manier les différents types et formes de phrase.

Je m'exerce

1 ★ **À quel type de phrase se rattache chacune des phrases ci-dessous ?**

a. Sois sage ! ....

b. Il reviendra demain.

....

c. Comme nous le regrettons !

....

d. Le train arrivera-t-il bientôt ?

....

e. Il demande à ses enfants de lui obéir.

....

2 ★ **Inverse la forme des phrases ci-dessous.**

a. Le jockey a gagné le Grand Prix.
b. Les pneus ne sont pas gonflés.
c. Elle lui sourit.
d. Les citoyens contestent la loi.
e. La gare est éloignée.

3 ★★ **Inverse le sens des phrases ci-dessous, sans en inverser la forme.**

a. Le père conteste la décision du conseil de classe. ....

....

b. C'est un parent éloigné.

....

c. Il est demeuré en bonne santé.

....

d. Le professeur réprimande les élèves.

....

e. Cette politique enrichit le pays.

....

f. Cette boutique fermera bientôt.

....

g. Nous nous tairons devant le juge.

....

4 ★★ **Mets à la forme négative, sans employer *ne [...] pas*, les phrases ci-dessous.**

a. Tout lui réussit.

....

b. Tous le félicitent.

....

c. Toujours il se plaint.

....

d. Partout il se fait des amis.

....

5 ★★ **Complète la ponctuation du texte là où il y a des pointillés, en tenant compte des types de phrases.**

« Qui est là ....
– Moi, monsieur, répondit l'enfant. Petit Gervais .... moi .... moi .... Rendez-moi mes quarante sous, s'il vous plaît .... Ôtez votre pied, monsieur, s'il vous plaît .... »
Puis irrité, quoique tout petit, et devenant presque menaçant :
« Ah çà, ôterez-vous votre pied .... Ôtez donc votre pied, voyons.
– Ah .... c'est encore toi, dit Jean Valjean, et se dressant brusquement tout debout, le pied toujours sur la pièce d'argent, il ajouta : Veux-tu bien te sauver .... »

Victor HUGO, *Les Misérables.*

6 ★★★ **Dans cet extrait Silvia et Dorante expriment leurs sentiments : Dorante tutoie Silvia qu'il prend pour Lisette, une servante ; Silvia voussoie Dorante. Réécris la réplique de Silvia en passant du *vous* au *tu* et celle de Dorante en passant du *tu* au *vous*.**

SILVIA. – *Laissez-moi, tenez, si vous m'aimez, ne m'interrogez point. Vous ne craignez que mon indifférence, et vous êtes trop heureux que je me taise. Que vous importent mes sentiments ?*

DORANTE. – *Ce qu'ils m'importent, Lisette ? Peux-tu douter encore que je ne t'adore ?*

SILVIA. – *Non, et vous me le répétez si souvent que je vous crois, mais pourquoi m'en persuadez-vous, que voulez-vous que je fasse de cette pensée-là ?*

MARIVAUX, *Le Jeu de l'amour et du hasard.*

Français

3 Les principales fonctions par rapport au verbe

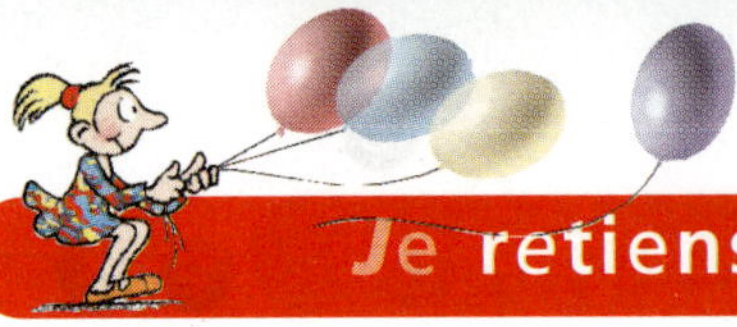

Je retiens l'essentiel

• **Le verbe joue un rôle central dans la phrase.**
À partir du verbe s'organisent **trois fonctions majeures** : celle de **sujet**, celle de **complément d'objet** ou **complément essentiel**, celle d'**attribut**.

Le sujet

• La **fonction de sujet** du verbe peut être tenue par **un nom**, **un pronom**, **un verbe à l'infinitif**, **une proposition relative**.

Les ***chiens*** *aboient.*
Ils *aboient.*
Voyager *enrichit l'esprit.*
Qui veut voyager loin *ménage sa monture.*

• Quand le sujet pronominal « il » se trouve devant un verbe impersonnel on le dit sujet apparent ; le sujet réel ou sujet logique est situé, lui, après le verbe.

Il *est arrivé* ***un accident*** *;* ***il*** *y a* ***des blessés****.*
(Il : sujet apparent ; un accident : sujet logique ; il : sujet apparent ; des blessés : sujet logique)

Le complément d'objet

• La fonction de complément d'objet peut être tenue par **un nom**, **un pronom**, **un verbe à l'infinitif**, **une proposition conjonctive** ou **interrogative indirecte** à partir d'un verbe transitif direct ou indirect.

Je sais ma ***leçon****. Je* ***la*** *sais bien.*
Je veux ***progresser****.*
Je sais ***que je serai interrogé****.*
Je sais ***sur quoi je serai interrogé****.*

• Il faut distinguer deux formes de complément d'objet :
– le complément d'objet **direct** (C.O.D.) complète le verbe transitif direct.
Il lit ***le journal****.*
– le complément d'objet **indirect** (C.O.I.) complète le verbe transitif indirect par l'intermédiaire d'une préposition ***à*** ou ***de***.
Il répond ***à une lettre****. Il se souvient* ***de son enfance****.*

L'attribut

• L'**attribut du sujet** se rapporte au sujet par l'intermédiaire d'un verbe d'état, appelé aussi verbe attributif. *Il deviendra* ***comédien****.*

• L'**attribut du complément d'objet** seulement introduit par quelques verbes transitifs. *J'ai trouvé ce livre* ***intéressant****. Ses parents l'ont appelé* ***Jean****.*

Je comprends comment faire

➤ pour éviter la confusion entre C.O.D. et attribut du sujet

• Il faut savoir reconnaître les **verbes d'état** (*être, paraître, sembler, devenir, rester, demeurer*).
Il ***semble*** *un escroc.* (attribut du sujet « il »)
Il ***connaît*** *un escroc.* (C.O.D. de « connaît »)

➤ pour ne pas confondre les constructions directes

• Retenir que toutes les constructions **transitives directes** peuvent subir la transformation passive (*le livreur emporte la caisse / la caisse est emportée par le livreur*). Les autres constructions directes sont en fait des compléments circonstanciels.

Ce méchant homme a laissé son chien *trois jours* *sans nourriture.*
(trois jours : complément circonstanciel de temps)

Le C.O.D est le mot *chien*. Dans un tour passif il serait sujet et le mot *homme* complément d'agent.
Le chien a été laissé trois jours sans nourriture par ce méchant homme.

OBJECTIF

Maîtriser la syntaxe de la phrase.

Je m'exerce

1 ★ **Exprime avec le pronom qui convient le sujet de chacun des verbes ci-dessous. Précise ensuite les phrases où ce pronom est sujet apparent.**

a. ...... faut réfléchir.

b. ...... attendons l'été .

c. ...... espéres une récompense.

d....... y aura du vent.

e. ...... est arrivé un accident.

f. ...... arrivera demain.

Les phrases avec un sujet apparent :

....

....

2 ★ **Remplace le complément d'objet par un pronom personnel de rappel. Distingue ensuite les pronoms C.O.D. et C.O.I.**

Il scrute le ciel. → il le scrute.

a. Il dresse son chien.

b. Ils se plaignent de leurs notes.

c. Nous répondons aux questions.

d. Tu préviens ta mère.

e. Nous préparons l'an 2000.

f. Il lit son journal.

Les C.O.D. :

....

Les C.O.I. :

....

3 ★ **Écris au pluriel les phrases qui présentent un attribut du sujet.**

a. Il reste immobile.

b. Vous découvrez ses sentiments.

c. Il construit une maquette.

d. Il paraît surpris.

e. J'attends son retour.

f. Il est épuisé.

g. Je demeure hésitant.

h. Je souhaite sa victoire.

i. Il achète une voiture neuve.

j. Tu sembles résolu au départ.

4 ★★ **Complète les phrases ci-dessous avec les mots suivants : *fête, pays, emploi, collègues, dettes, jugement*. Quelle fonction trouve chacun d'eux ?**

a. Nous préparons ....

b. Il cherche ....

c. Tu dois saluer ....

d. Qui paye .... s'enrichit.

e. Cette affaire appelle ....

f. Ils visiteront ....

5 ★★ **Dans le texte suivant, relève les verbes transitifs directs.**

La fracture était simple, sans complication d'aucune espèce. Charles n'eût osé en souhaiter de plus facile. Alors, se rappelant les allures de ses maîtres auprès du lit des blessés, il réconforta le patient avec toutes sortes de bons mots, caresses chirurgicales qui sont comme l'huile dont on graisse les bistouris.

Gustave FLAUBERT, *Madame Bovary*.

....

....

....

6 ★★★ **Relève les mots attributs dans le texte ci-dessous. Précise ensuite s'ils sont attributs du sujet ou attributs du C.O.D.**

J'ai vu la vallée doucement éclairée dans l'ombre, sous le voile humide, charme vaporeux du matin ; elle était belle. Je l'ai vue changer et se flétrir : l'astre qui consume a passé sur elle ; il l'a embrassée, il l'a fatiguée de lumière ; il l'a laissée sèche, vieillie et d'une stérilité pénible à voir.

Senancour OBERMAN, *Lettre XXXIX*.

a. Attributs du sujet : ....

....

b. Attributs du C.O.D. : ....

....

Français

4

Les principales fonctions du nom par rapport à la phrase

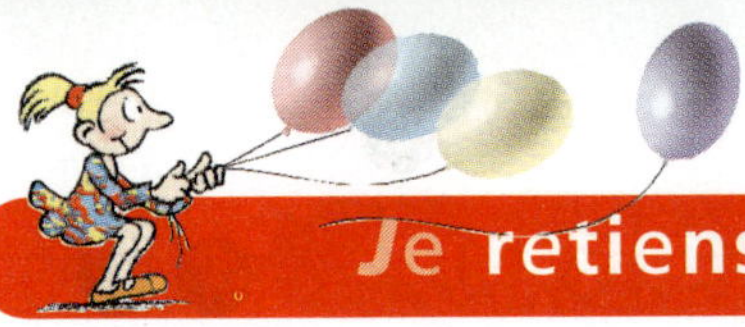

Je retiens l'essentiel

• **Généralement les compléments circonstanciels complètent la phrase. Ils se distinguent ainsi du complément d'objet qui, lui, complète le verbe.**

Le complément circonstanciel

• **On peut déplacer le complément circonstanciel.**

Dans les arbres *il y a des nids d'oiseaux.*
Il y a des nids d'oiseaux ***dans les arbres****.*
Il y a, ***dans les arbres****, des nids d'oiseaux.*

• **On peut supprimer le complément circonstanciel, complément de phrase, sauf dans le cas particulier où il complète un verbe avec fonction de complément essentiel** *(Je réside à Paris)*.
Dans cet exemple-ci : *Il voyage avec ses enfants en Italie pendant les vacances*, il est possible de réduire l'énoncé à « *Il voyage* ».

Les différentes expressions des circonstances

• **Dans la grande variété des circonstances que peut exprimer une phrase, il faut savoir reconnaître les plus fréquentes : *le lieu, le temps, la cause, la manière, le moyen, l'accompagnement, le but.***

Un trafiquant sur ***mer*** *par* ***bonheur*** *s'enrichit.* — Jean de LA FONTAINE.
lieu = mer ; **cause** = par bonheur

Un Malheureux appelait ***tous les jours***
La mort à son secours. — Jean de LA FONTAINE.
temps = tous les jours

Avec grand ***bruit*** *et grand* ***fracas***
Un torrent tombait des ***montagnes****.* — Jean de LA FONTAINE.
manière = bruit, fracas ; **lieu** = montagnes

Amusez les Rois par des ***songes***
Flattez-les, payez-les d'agréables ***mensonges****.* — Jean de LA FONTAINE.
moyen = songes, mensonges

Sauve-moi / joue ***avec moi*** */oiseau !* — Jacques PRÉVERT.
accompagnement = avec moi

C'est fou ce que l'homme invente ***pour abîmer*** *l'homme.* — Jacques PRÉVERT.
but = pour abîmer

• **Le complément circonstanciel est le plus souvent introduit par une préposition, mais les exceptions à ce cas sont nombreuses en particulier pour la circonstance temporelle.**

Nuit et jour *à tout venant / Je chantais, ne vous déplaise.* — Jean de LA FONTAINE.

Je comprends comment faire

➤ pour identifier un complément circonstanciel

• Il faut chercher la question à laquelle il répond.

➤ Attention :

• Les prépositions ***à, avec, de, par, pour***, qui introduisent généralement les circonstances, sont polysémiques et doivent être l'objet de réflexion.

Ne pas confondre par exemple :
Il part pour deux ans. (temps) – *Il part pour l'Afrique.* (lieu) –
Il part pour trouver du travail. (but)

OBJECTIF

Distinguer la hiérarchie des groupes de mots dans la phrase.

Je m'exerce

1 ★ **Précise la nature du complément circonstanciel dans chacune des phrases suivantes.**

a. Il va à la plage.

……………………………………

b. Nous resterons deux jours.

……………………………………

c. Restez avec lui.

……………………………………

d. Attendons-le avec patience.

……………………………………

e. Ces pianistes jouent à quatre mains.

……………………………………

2 ★ **Remplace le complément circonstanciel par un pronom personnel de rappel.**

Il sort de la boutique. → Il en sort.

a. Il arrive à la gare.

→ ……………………………………

b. Ils reviennent du stade.

→ ……………………………………

c. Je cours à mes rendez-vous.

→ ……………………………………

d. Nous approchons de l'arrivée.

→ ……………………………………

e. Nous partons pour Versailles.

→ ……………………………………

3 ★ **Associe chacune des phrases ci-dessous au complément circonstanciel qui peut s'y adapter.**

avec une nouvelle colle – depuis deux mois – de travail – avec mon dernier billet – avec joie.

a. J'achète ce pain…

b. Je découvre vos sentiments…

c. Il construit une maquette …

d. Nous attendons son retour…

e. Vous l'accablez…

4 ★★ **Complète les phrases ci-dessous avec la préposition qui convient. Quelle est la fonction du groupe de mots ainsi constitué ?**

a. Nous préparons la fête ……………… enthousiasme.

……………………………………

b. Il a trouvé ……………… deux jours un nouveau logement.

……………………………………

c. Tu chercheras ……………… le dictionnaire.

……………………………………

d. On visite ce parc ……………… sa flore.

……………………………………

e. Il a loué ce camion ……………… son déménagement.

……………………………………

5 ★★ **Dans le texte suivant, donne la fonction des mots soulignés.**

Emma, dès le <u>vestibule</u>, sentit tomber sur ses <u>épaules</u>, comme un linge humide, le froid du plâtre. Les murs étaient neufs, et les marches de bois craquèrent. Dans la <u>chambre</u>, au premier, un jour blanchâtre passait par les <u>fenêtres</u> sans rideaux. On entrevoyait des cimes d'arbres, et plus loin la <u>prairie</u>, à demi noyée dans le brouillard, qui fumait au clair de lune, selon le cours de la rivière.

Gustave FLAUBERT, *Madame Bovary*.

6 ★★ **Reconstitue les phrases données ici en désordre.**

a. il / chambre / y / deux / le / cartons / sur / dans / avait / la / parquet.

b. quatrième / elle / endroit / couchait / fois / un / la / c' / qu' / était / dans / inconnu.

Français

5

Les fonctions par rapport au nom ou à l'adjectif

Je retiens l'essentiel

Compléments dont la fonction se définit par rapport à un nom

• On peut les appeler **complément de nom** quand ils expriment l'idée de possession.
*Les enfants de la **voisine** sont en vacances.* Le mot **voisine** est complément du nom **enfants**.

• On les appelle **complément de détermination** quand ils expriment une idée circonstancielle de lieu, de temps, de manière, de moyen, de but, …
*Un appel de **Paris*** (lieu) ; *un cours de deux **heures*** (temps) ; *une valse à trois **temps*** (manière) ; *un fer à **vapeur*** (moyen) ; *un couteau à **fromage*** (but).

Compléments dont la fonction se définit par rapport à un adjectif

• On les appelle **complément d'adjectif ou complément de détermination.**
*Il est **apte à** ce sport. Un homme **natif de** Vendée. Un esprit **curieux de** tout.*

C'est une préposition qui introduit le complément de nom, le complément d'adjectif et, plus généralement, tout complément de détermination.

*Il est **coupable d'**espionnage.* La préposition ***de*** ne peut être changée ; l'adjectif ***coupable*** se construit ainsi.

*Le **couteau de Jean** peut servir **de couteau à pain**.* L'idée de possession est exprimée grâce à la préposition ***de***, l'idée de but, de destination, grâce à la préposition ***à***.

La fonction d'apposition

• **Elle marque aussi une relation qui n'est pas établie par un verbe et peut associer :**
– un nom à un autre nom sans préposition. *Louis XIV, le **Roi Soleil**.*
– un nom à un autre nom avec préposition. *Le mois de **janvier**.*
– un nom à un adjectif. *Paul, **paresseux** et **insolent**, sera renvoyé du collège.*

Je comprends comment faire

➤ pour abréger ou développer une expression

Un nom complétant un autre nom représente un groupe nominal élargi ; le groupe nominal de base est constitué par l'article et le nom commun.
En travaillant sur la transformation du groupe nominal ou adjectival on peut abréger ou développer une expression.

• Pour développer l'expression :
– *Un centenaire* → *Un vieillard centenaire.*
→ *Un vieillard âgé de cent ans.*
→ *Un vieillard qui a cent ans.*

– *Un sportif détenteur de nombreux records* développe l'idée exprimée dans le groupe nominal simple *un recordman.*

• Pour abréger l'expression :
– *Une jeune fille d'une grande beauté.* → *Une jeune fille très belle.*

➤ pour ne pas confondre la préposition de l'apposition et celle du complément de détermination

• Il faut voir s'il y a désignation ou pas d'une seule et même chose ou personne.

Ce fou de vitesse a eu un accident. (*de vitesse* : complément de détermination)

Ce fou d'André a eu un accident. (*d'André* : apposition)

OBJECTIF

Distinction du groupe nominal et du groupe adjectival.

Je m'exerce

1 ★ **Réduis au groupe nominal de base les expressions suivantes**

a. Un conseil des ministres.

....

b. Un secrétaire d'État à l'information.

....

c. Une assiette à dessert.

....

d. Un questionnaire à trous.

....

e. Un vélo tout terrain.

....

2 ★ **Distingue dans les mots soulignés les compléments de nom et les compléments de détermination.**

a. Tu es son bâton de <u>vieillesse</u>.

....

b. Il suit les variations de la <u>Bourse</u>.

....

c. Elle a acheté une brosse à <u>dents</u>.

....

d. Le professeur exige des copies à <u>grands carreaux</u>.

....

e. Les véhicules de <u>tourisme</u> seront de moins en moins polluants.

....

f. Le discours du <u>président</u> a été enregistré.

....

3 ★★ **Distingue dans les expressions suivantes les mots en apposition et les mots compléments de nom.**

a. Le terrain du voisin. ....

b Le mois de mai. ....

c. La ville de Paris. ....

d. Le Tour de France. ....

e. La rançon de la gloire. ....

4 ★★ **Abrège les groupes de mots ci-dessous sans transformer leur sens.**

a. Un chêne qui a cent ans.

....

b. Un habitant de la Crète.

....

c. Un amateur d'objets de collection.

....

d. Une religion qui admet plusieurs dieux.

....

e. Un homme qui a plusieurs épouses.

....

5 ★★ **Développe les expressions suivantes sans en changer le sens.**

a. Un inventeur.
b. Un philatéliste.
c. Un esprit omniscient.
d. Un diable d'homme.

6 ★★ **Relève les groupes de mots, en apposition, qui servent au portrait dans chacun des extraits.**

a. Je vis cette faucheuse. Elle était dans son champ.
Elle allait à grands pas, moissonnant et fauchant.
Noir squelette laissant passer le crépuscule.

Victor HUGO, *Les Contemplations*, IV-16.

b. Entre ces deux personnages et les autres, Vautrin, l'homme de quarante ans à favoris peints, servait de transition… Sa figure, rayée par des rides prématurées, offrait des signes de dureté que démentaient ses manières souples et liantes.

Honoré de BALZAC, *Le Père Goriot.*

c. Grande, mince de taille et large de hanches, elle avait la peau très brune, les yeux très grands, les cheveux très noirs.

MAUPASSANT, *Une Partie de campagne.*

Français

6

L'adjectif qualificatif : fonctions et degrés

Je retiens l'essentiel

• **L'adjectif** appartient à la classe des **mots variables**. Il prend **le genre** et **le nombre** du **terme principal** auquel **il se rapporte** ; ce rapport s'exprime dans trois fonctions.

Les trois fonctions de l'adjectif

• **Épithète.** *Cette **vieille** voiture doit aller à la casse.*
L'adjectif épithète élargit le groupe nominal sans intervention d'un verbe.
• **Attribut du sujet.** *Le temps est **beau**.*
• **Attribut du C.O.D.** *Il nous souhaite une année **heureuse**.*
L'adjectif attribut appartient au groupe verbal.
• **Apposition.** *Cette île, **déserte** en hiver, est envahie, l'été, par les touristes.*
L'adjectif mis en apposition est séparé par une virgule du nom qu'il qualifie.

Les degrés de qualification de l'adjectif

• **Le positif.** Il s'agit de la forme première de l'adjectif. *Il est **sage**.*
• **Le comparatif de supériorité.** *Il est **plus sage** que sa sœur.*
• **Le comparatif d'égalité.** *Il est **aussi sage** que sa sœur.*
• **Le comparatif d'infériorité.** *Il est **moins sage** que sa sœur.*
• **Le superlatif de supériorité.** *Il est **très sage**.*
*Il est **le plus sage** de tous.*
• **Le superlatif d'infériorité.** *Il est **très peu sage**.*
*Il est **le moins sage** de tous.*

• **Le degré d'intensité du qualificatif s'exprime généralement par un adverbe de quantité (plus, très, ...) ; mais d'autres moyens lexicaux peuvent être utilisés.**
– Des adverbes de manière. *Il se dit **follement** amoureux.*
– Des préfixes. *Des haricots **extra**-fins.*
– Des suffixes. *Et vous n'y touchez pas, tant vous semblez douc**ette**.* MOLIÈRE.

• **On distingue le superlatif relatif et le superlatif absolu.**
– Le superlatif relatif est suivi d'un complément.
*Que **le plus coupable de nous***
Se sacrifie aux traits du céleste courroux. Jean de LA FONTAINE.
– Le superlatif absolu se construit sans complément.
*Une journée **très agréable**.*

• **Il existe des comparatifs et des superlatifs de supériorité irréguliers pour les adjectifs *bon*, *mauvais*, *petit*.**
– **Bon :** comparatif = *meilleur* ; superlatif = *le meilleur*.
– **Mauvais :** comparatif = *pire* ; superlatif = *le pire*.
– **Petit :** comparatif = *moindre* ; superlatif = *le moindre*.

Je comprends comment faire

➤ pour distinguer l'adjectif épithète de l'adjectif attribut

Il suffit de supprimer l'adjectif.

• Sans l'épithète la phrase garde un sens.
*Les **belles** fleurs sont dans le vase. → Les fleurs sont dans le vase.*

• Sans l'attribut la phrase n'a plus de sens.
*Ils deviennent **grands**.*
*Nous les voyons grandir et devenir **raisonnables**.*

OBJECTIF

Savoir analyser l'adjectif et ses différentes modalités d'évaluation.

Je m'exerce

1 ★ **Relève les adjectifs qualificatifs et précise leur fonction.**

a. Un froid intense va paralyser la circulation.
b. Il aide son aimable voisine.
c. Il organise ses prochaines vacances.
d. Nous jetterons ces vieux papiers.
e. Obélix, rouge de colère, se précipite vers le soldat romain.
f. Astérix est célèbre.
g. Astérix a beau être petit, la potion magique lui donne une force de géant.
h. Le gai refrain de cette chanson est devenu un air de ralliement.

2 ★ **Relève les adjectifs au comparatif et indique leur forme au positif.**

a. On vous souhaite une meilleure santé.
....
b. Il cherche une voiture moins chère.
....
c. Sa jeune sœur semble plus aimable que l'aînée. ....
d. La situation est pire que celle de l'an passé. ....
e. Ces deux coureurs sont aussi rapides l'un que l'autre. ....

3 ★ **Transforme ces superlatifs de supériorité en superlatifs d'infériorité.**

a. Très nombreux.
....
b. Le plus heureux.
....
c. Très actif.
....
d. La meilleure.
....
e. Le plus grand.
....

4 ★★ **Précise le degré et la fonction des adjectifs dans la fable ci-dessous.**

Le Coq et la Perle
Un jour un Coq détourna
Une Perle qu'il donna
Au beau premier Lapidaire.
Je la crois fine, dit-il ;
Mais le moindre grain de mil
Serait bien mieux mon affaire.

Jean de LA FONTAINE.

5 ★★ **Distingue les superlatifs absolus des superlatifs relatifs dans les expressions suivantes.**

a. Un très bon plat.
....
b. Le plus vaillant des deux.
....
c. Très peu dévoué.
....
d. Le moins sot de tous.
....
e. Le moindre incident.
....

6 ★★ **Inverse le sens des expressions suivantes de deux façons. En intervenant sur l'adverbe et ensuite, en intervenant sur l'adjectif.**

Plus gras → moins gras → plus maigre

a. Très savant → ....
→ ....
b. Le moins juste → ....
→ ....
c. Plus habile → ....
→ ....
d. Très peu docile → ....
→ ....
e. Le plus gai → ....
→ ....

Français

7 La proposition relative

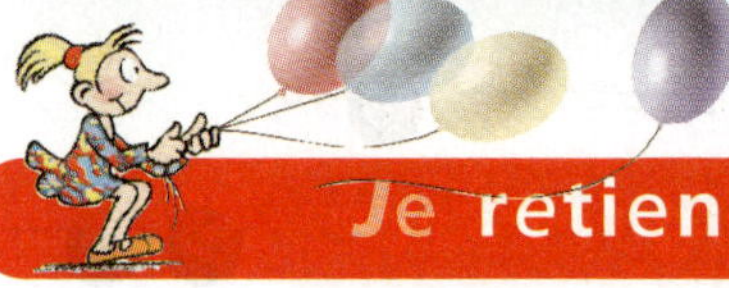

Je retiens l'essentiel

Définition

• **La proposition relative** est une **subordonnée** introduite par un **pronom relatif**.

*Un mal **qui répand la terreur**.* Jean de LA FONTAINE.

Le pronom relatif représente son **antécédent**, c'est-à-dire le mot qui le **précède immédiatement** ou qui est suffisamment **proche** pour qu'il n'y ait aucune confusion.

Un loup *survint à jeun,* ***qui*** *cherchait l'aventure.* Jean de LA FONTAINE.
antécédent

L'antécédent est le plus souvent un nom ou un pronom ; mais il peut être parfois un adjectif ou un adverbe.

*De **rouge** qu'il était il devint écarlate.* (antécédent) *J'irai **là** où tu voudras.* (antécédent)

Les deux catégories de pronoms relatifs

• Les pronoms relatifs **simples**, mots **invariables** : ***qui, que, quoi, dont, où***.

• Les pronoms relatifs **composés**, mots **variables** et se contractant avec les prépositions *de* et *à* dans les mêmes conditions que l'article défini :
lequel, laquelle, lesquels, lesquelles / ***auquel, à laquelle, auxquels, auxquelles*** / ***duquel, de laquelle, desquels, desquelles***.

La fonction du pronom relatif

• **Elle dépend des mots de la proposition relative.**

– *Un mal **qui** répand la terreur.* ***qui*** est sujet de ***répand***.

– *J'irai là **où** tu voudras.* ***où*** est complément circonstanciel de lieu de ***voudras***.

– *La ville **dont** il vante l'architecture n'est autre que Versailles.* ***dont*** complément du nom ***architecture***.

Les deux types de propositions relatives

• La relative **déterminative** participe à la détermination du groupe nominal en le restreignant. ***Les élèves qui ont trouvé la solution*** *sortiront plus tôt.*

• La relative **explicative** ou **appositive** apporte une remarque supplémentaire mais superflue pour le sens de la phrase.

*Paris, **qui est une grande capitale**, va fêter avec éclat l'an 2000.*

Dans le cadre de l'analyse logique, la fonction de la proposition relative est toujours complément de l'antécédent.

Je comprends comment faire

➤ pour bien orthographier le relatif composé

• Il s'accorde **en genre** et **en nombre** avec **son antécédent**.

*Tiens compte de la **personne à laquelle** tu t'adresses.*

➤ pour reconnaître les façons dont la relative détermine son antécédent

• Elle le décrit dans un **aspect** ou une **action**.

J'en ai vu un qui lisait les journaux (action)
J'en ai vu un qui saluait le drapeau (action)
J'en ai vu un qui était habillé de noir (aspect) Jacques PRÉVERT.

➤ pour déterminer le mode du verbe de la relative

• La relative a généralement son verbe **à l'indicatif**, mais certains antécédents imposent le subjonctif.

*Ô Jupiter, montre-moi **quelque asile**, / S'écria-t-il, **qui me puisse sauver.***

Jean de LA FONTAINE.

OBJECTIF

Distinguer les différents types de propositions relatives.

Je m'exerce

1 ★ **Relève les pronoms relatifs et leur antécédent dans cette réplique de *La Cantatrice chauve*.**

Mon beau-frère avait, du côté paternel, un cousin germain dont un oncle maternel avait un beau-père dont le grand-père paternel avait épousé en secondes noces une jeune indigène dont le frère avait rencontré, dans un de ses voyages, une fille dont il s'était épris et avec laquelle il eut un fils qui se maria avec une pharmacienne intrépide qui n'était autre que la nièce d'un quartier-maître inconnu de la Marine britannique …

Eugène IONESCO, *La Cantatrice chauve*.

2 ★ **Relève les pronoms relatifs dont l'antécédent est un pronom.**

a. Tel voudrait bien être Soldat
À qui le Soldat porte envie.

Jean de LA FONTAINE.

b. Arrière ceux dont la bouche
Souffle le chaud et le froid !

Jean de LA FONTAINE.

c. L'autre qui s'en doutait lui lâche une ruade,
Qui vous lui met en marmelade
Les mandibules et les dents.

Jean de LA FONTAINE.

d. Je ne suis pas de ceux qui disent : Ce n'est rien,
C'est une femme qui se noie.

Jean de LA FONTAINE.

3 ★★ **Complète les vers et phrases ci-dessous en y introduisant les pronoms relatifs manquants.**

a. J'ai perdu jusqu'à la fierté
……… faisait croire à mon génie.
Le seul bien ……… me reste au monde
Est d'avoir quelquefois pleuré.

Alfred de MUSSET.

b. Qu'il fallait peu de chose à ma rêverie : une feuille séchée ……… le vent chassait devant moi, une cabane ……… la fumée s'élevait dans la cime dépouillée des arbres, la mousse ……… tremblait au souffle du nord. Souvent j'ai suivi des yeux les oiseaux de passage ……… volaient au-dessus de ma tête. Je me figurais les bords ignorés, les climats lointains ……… ils se rendent.

CHATEAUBRIAND, *René*.

4 ★★ **Donne la fonction des pronoms relatifs dans les phrases ci-dessous.**

a. C'est lui qui a gagné le gros lot.
b. Elle désapprouve les remarques que je lui ai faites.
c. J'attends la personne dont je vous ai parlé.
d. Il loge dans la maison dont il vient de faire l'acquisition.
e. Il aménage la cabane où ses enfants vont jouer.

5 ★★ **Écris le verbe conjugué de la proposition relative en tenant compte de l'antécédent : au présent et au futur de l'indicatif.**

a. C'est toi qui (chanter).
b. C'est moi qui (choisir).
c. Ce sont les enfants qui (venir).
d. C'est un homme qui (comprendre).
e. C'est vous qui le (dire).

6 ★★★ **À quel mode sont les verbes des relatives ci-dessous ?**

a. Il n'est personne qui ne sache faire cela.
b. Il lui faut un avocat qui le défende bien.

Français

8

Les propositions subordonnées complétives

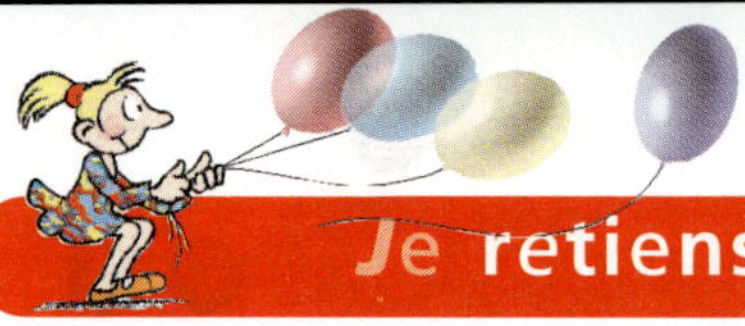

Je retiens l'essentiel

Définition

• **La proposition complétive** représente un type de **proposition subordonnée** que l'on appelle aussi **conjonctive**, par référence **au terme qui l'introduit, la conjonction *que***.

*J'entends et veux **que** tu apprennes les langues parfaitement.* RABELAIS.

La fonction de la complétive

• **La fonction la plus couramment remplie par la complétive est celle de complément d'objet.**

Elle peut suivre de façon directe ou indirecte des verbes déclaratifs (*dire, raconter, demander, …*), des verbes de volonté (*vouloir, désirer, souhaiter, exiger, …*), des verbes de sentiment (*craindre, aimer, …*), et un certain nombre d'autres verbes, notamment les verbes impersonnels qui mettent la subordonnée complétive en fonction de sujet réel.

***Il fut averti** qu'une grosse et énorme cloche était à Saint-Aignan.* RABELAIS.

complément d'objet indirect de *fut averti*

Le Prince tout à l'heure
***Veut** qu'on aille enfumer Renard en sa demeure.* Jean de LA FONTAINE.

complément d'objet direct de *veut*

***Il semble** que le Ciel sur tous tant que nous sommes*
Soit obligé d'avoir incessamment les yeux. Jean de LA FONTAINE.

sujet réel de *il semble*

Le mode du verbe de la complétive

• **Une complétive peut être à l'indicatif ou au subjonctif.**

*Notez que **c'est** un régal céleste de manger au déjeuner raisins et fouace fraîche.* *c'est :* indicatif RABELAIS.

*Picrochole commanda que chacun **se mît** en marche à la hâte sous son enseigne.* *se mit :* subjonctif RABELAIS.

• Les locutions conjonctives, ***à ce que***, ***de ce que***, introduisent une proposition complétive, **complément d'objet direct**.

*Nous nous attendons **à ce qu'**il vienne sans prévenir.* C.O.I. de *attendons*

*Il profite **de ce que** vous êtes là pour se reposer.* C.O.I. de *profite*

Je comprends comment faire

➤ pour distinguer la conjonction *que* du pronom relatif *que*.

• La conjonction *que* a seulement un rôle de liaison, un rôle de subordination.

• Le pronom relatif *que* a un rôle de liaison et une fonction dans la proposition relative.

*Il a approuvé la réponse **que j'ai faite.***

C.O.D. de *j'ai faite*

*Il a approuvé **que je lui réponde de cette façon.***

conjonction sans fonction

➤ pour apprécier le mode du verbe de la complétive

• On peut procéder par substitution, en utilisant un verbe dont le subjonctif présent est bien distinct de l'indicatif présent.

*Il ne souhaite pas que je le **voie.***

subjonctif présent

*Il ne souhaite pas que je **vienne**.*

OBJECTIF

Savoir distinguer le pronom relatif *que* et la conjonction *que* et connaître la différence entre relative et complétive.

Je m'exerce

1 ★ **Souligne les complétives C.O.D.**

a. Je lui dis souvent qu'il peut compter sur moi.

b. On nous a informés qu'il ferait froid.

c. Il a avoué qu'il avait menti.

d. Il prétend qu'il a achevé sa tâche.

e. Je doute qu'il vienne.

2 ★ **Souligne les complétives C.O.I.**

a. Je souhaite que tu réussisses.

b. Il s'est enfin souvenu que je l'avais invité.

c. Elle a voulu que je l'accompagne.

d. Je m'étonne qu'il refuse.

e. J'ai peur qu'il recommence.

3 ★★ **Quelle est la fonction des complétives ci-dessous ?**

a. Nous craignons qu'il ne tombe malade.

....

b. Nous n'empêcherons pas qu'il fasse naufrage.

....

c. Il faut que vous partiez.

....

d. Il arrive qu'ils se rencontrent.

....

e. Prends garde qu'on ne te voie.

....

f. Je ne me résouds pas à ce qu'il parte.

....

g. Il ne s'était pas attendu à ce qu'on lui répondît si vite.

....

4 ★★ **Remplace le mot C.O. par une complétive.**

a. J'attends sa venue.

....

b. Je souhaite sa réussite.

....

c. Nous craignons son départ.

....

d. Nous constatons sa mise à l'écart.

....

e. On a annoncé son mariage.

....

f. Je profite de son absence.

....

g. Nous nous attendons à sa guérison.

....

5 ★★ **Dans le texte qui suit, relève les *que* qui sont des conjonctions.**

Elle ne voulait pas qu'on pût dire que je lui avais fait peur. Pendant mon absence, elle avait défait l'ourlet de sa robe pour en retirer le plomb. Maintenant, elle était devant une table, regardant dans une terrine pleine d'eau le plomb qu'elle avait fait fondre, et qu'elle venait d'y jeter.

Prosper MÉRIMÉE, *Carmen*.

6 ★★ **Justifie la fonction de sujet des complétives dans l'extrait ci-dessous.**

Cet ange, ou ce démon, qui, selon quelques-uns, devait s'envoler un matin, il se trouva que c'était une jeune femme, une jeune fille, qu'elle n'avait point d'ailes, qu'attachée comme nous à un corps mortel, elle devait souffrir, mourir, et de quelle affreuse mort !

Henri MICHELET, *Histoire de France*.

Français

9

Les subordonnées circonstancielles

Je retiens l'essentiel

• Les subordonnées circonstancielles expriment **une circonstance**. Elles commencent par **une conjonction** ou **locution conjonctive qui précise leur sens**.

Les sept catégories de subordonnées circonstancielles

• Les circonstancielles de temps (temporelles)
***Quand je veux**, j'épouvante ; et **quand je veux**, je charme.* CORNEILLE.

• Les circonstancielles de cause (causales)
***Parce qu'il est aimable**, il fait le petit dieu* CORNEILLE.

• Les circonstancielles de conséquence (consécutives)
*J'ai le corps si glacé **que je ne puis courir**.* CORNEILLE.

• Les circonstancielles de but (finales)
***Afin qu'il fût plus frais et de meilleur débit**,*
On lui lia les pieds, on vous le suspendit. Jean de LA FONTAINE.

• Les circonstancielles de concession (concessives)
***Bien que vous m'aimiez**, je ne vous aime point.* CORNEILLE.

• Les circonstancielles de comparaison (comparatives)
***Comme il sonna la charge**, il sonne la victoire.* Jean de LA FONTAINE.

• Les circonstancielles de condition (conditionnelles)
***Si quelqu'un ou quelqu'une disait : « Buvons »**, tous buvaient.* RABELAIS.

Le mode dans les circonstancielles

• **Le mode employé est l'indicatif ou le subjonctif. C'est la locution conjonctive qui détermine le mode.** Pour les temporelles : *après que* + indicatif
avant que + subjonctif

• **Les conjonctions et locutions conjonctives les plus usuelles :**
Temps : *quand, lorsque, depuis que, après que, avant que, jusqu'à ce que…* – Cause : *parce que, puisque, comme, étant donné que…* – Conséquence : *de telle sorte que, de sorte que, si … que, de façon à ce que,* – But : *pour que, afin que, de peur que,* – Concession : *bien que, quoique, même si…* – Comparaison : *de même que, ainsi que, comme…* – Condition : *si, à condition que, …*

La fonction de complément circonstanciel

***S'il ne m'avait aimée**, il ne serait pas mort.* CORNEILLE.
complément circonstanciel de condition du verbe *serait mort*

Je comprends comment faire

EUREKA !

➤ pour bien utiliser les subordonnées circonstancielles

• La subordonnée circonstancielle s'associe au mot complément circonstanciel : **on peut la déplacer** dans la phrase **et la supprimer**.

• Des circonstancielles de **nature différente peuvent se succéder** en étant coordonnées ou juxtaposées.
***Quand** il pleut et **même si** c'est un orage, il ouvre les fenêtres.*
***Quand** il pleut, **même si** c'est un orage, il ouvre les fenêtres.*

• **Dans la succession des circonstancielles de même nature,** il y a trois possibilités : répéter la conjonction, avec ou sans coordination, ou la remplacer par *que*.
***Lorsqu'**il aperçut le toit de sa demeure et **qu'**il vit la fumée qui sortait de la cheminée, il fut totalement rassuré.*

OBJECTIF

Maîtriser la forme et le sens des diverses subordonnées circonstancielles.

Je m'exerce

1 ★ **Entoure les conjonctions qui introduisent les temporelles.**

a. Quand les événements sont graves, les journaux augmentent leur tirage.

b. Dès qu'il sort du collège, il pense à ses devoirs.

c. Avant même qu'il ait avoué, on lui a pardonné.

d. Après qu'il aura joué, il lira cette histoire.

2 ★ **Entoure les conjonctions qui introduisent les causales.**

a. Comme il a bien réussi, je l'ai félicité.

b. Etant donné qu'il est marié, il ne sera pas mobilisé.

c. Puisqu'elle le veut, je l'accompagnerai.

d. Il refuse parce qu'il a peur.

3 ★★ **Quelle est la nature et la fonction des subordonnées soulignées ?**

a. Nous cachons notre angoisse pour qu'il garde un bon moral.

....

b. Nous l'en empêcherons aussi longtemps que nous le pourrons.

....

c. Avant que vous partiez , je tiens à vous faire une confidence.

....

d. Ils se rencontrent, chaque fois qu'ils vont à Nice.

....

e. Nous sommes si fatigués que nous aspirons à de longues vacances.

....

f. Il a compris bien qu'il ait mal répondu.

....

4 ★★ **Remplace la juxtaposition des indépendantes par une tournure de subordination.**

On n'a rien à me dire, je pars.

→ ***Puisqu'on n'a rien à me dire, je pars.***

a. Il m'a dit qu'il viendrait : je l'attends.

b. Je souhaite sa réussite : je l'encourage.

c. Nous craignons son départ : nous essayons de le retarder.

d. Nous constatons sa mise à l'écart : nous allons protester.

e. Il nous a annoncé son mariage : nous lui ferons un cadeau.

5 ★★ **Dans les deux extraits qui suivent, relève les *que* qui répètent une conjonction et introduisent une circonstancielle. Précise leur nature.**

a. Dès qu'il ouvrit les yeux et qu'il vit le souci qu'on prenait de lui, il embrassa Madeleine et Zabelle l'une après l'autre avec tant de cœur qu'elles furent obligées de l'arrêter, craignant qu'il ne retombât en pamoison.

George SAND, *François le Champi.*

b. J'aime l'araignée et j'aime l'ortie,
Parce qu'on les hait ;
Et que rien n'exauce et que tout châtie leur morne souhait.

Victor HUGO, *Les Contemplations.*

6 ★★ **Remplace les groupes de mots à valeur circonstancielle par une subordonnée de même sens.**

À sa vue, je me suis sauvé.

→ ***Quand je l'ai vu, je me suis sauvé.***

a. Malgré ses souffrances, il plaisante avec ses visiteurs.

b. À chacun de ses départs, elle verse des torrents de larmes.

c. En raison des hausses, nous partirons en morte saison.

d. Les parents absents, les enfants vont s'installer devant le téléviseur.

Français

10

Le discours rapporté : discours direct, discours indirect

Je retiens l'essentiel

Le discours direct

• **Le discours (ou style) direct reproduit textuellement les paroles dites : c'est une citation de paroles.**

*Jupiter dit un jour : « **Que tout ce qui respire***
***S'en vienne comparaître aux pieds de ma grandeur** ».* — Jean de LA FONTAINE.

• **L'identité de celui qui parle** est précisée :

– soit dans une **proposition** située **avant ou après le propos cité**.

__Le Renard dit au Bouc__ : « Que ferons-nous compère ?... » — Jean de LA FONTAINE.

Va-t-en, chétif insecte, excrément de la terre.
C'est en ces mots que le Lion
***Parlait un jour au Moucheron**.* — Jean de LA FONTAINE.

– soit dans une **proposition incise**.

*Messieurs, **dit le Meunier**, il vous faut contenter.* — Jean de LA FONTAINE.

• Les mots rapportés directement sont habituellement mis entre **guillemets**.

• Le dialogue dans un récit représente un passage au style direct.
Les **tirets** marquent le changement d'interlocuteur.

« Que faisiez-vous au temps chaud ?
Dit-elle à cette emprunteuse.
– Nuit et jour à tout venant
Je chantais, ne vous déplaise.
– Vous chantiez ? J'en suis fort aise.
***Eh bien ! dansez maintenant.** »* — Jean de LA FONTAINE.

Le discours indirect

• **Le discours (ou style) indirect ne reproduit que le sens de la phrase répétée. Les mots utilisés sont ceux du narrateur. La conjonction *que* introduit le discours indirect.**

*La dame au nez pointu répondit **que la terre***
***Était au premier occupant**.* — Jean de LA FONTAINE.

Je comprends comment faire

➤ pour bien utiliser les pronoms dans les discours direct et indirect

• Le discours direct peut faire intervenir les trois types de pronoms personnels (1re, 2e, 3e personne).

• Le discours indirect emploie exclusivement la 3e personne.

➤ pour bien utiliser le discours direct

• Le discours cité ou **discours direct est plus authentique**, plus vif que le discours indirect et convient parfaitement pour rapporter des exclamations, des phrases incomplètes, des formules de langue étrangère.

Bandit ! Voyou ! Voleur ! Chenapan !
Qu'est-ce que c'est que ces hurlements
Bandit ! Voyou ! Voleur ! Chenapan !
C'est la meute des honnêtes gens
Qui fait la chasse à l'enfant.

Jacques PRÉVERT.

OBJECTIF

Saisir les différentes manières de rapporter un propos.

Je m'exerce

1 ★★ **Transpose le discours indirect en discours direct**

a. L'Âne d'un Jardinier se plaignait au destin
De ce qu'on le faisait lever avant l'Aurore.

Jean de LA FONTAINE.

b. Oui, la Maheude le disait bien avec son bon sens, ce serait le grand coup.

Émile ZOLA.

c. Il ne manqua pas de lui dire qu'à la nouvelle de leur catastrophe, il était accouru chez eux.

Gustave FLAUBERT.

d. Elle avoua qu'elle désirait faire un tour à son bras, dans les rues.

Gustave FLAUBERT.

2 ★★ **Transpose le discours direct en discours indirect.**

a. « Ah ! m'y voilà donc au feu enfin ! se dit-il. J'ai vu le feu ! se répétait-il avec satisfaction. Me voici un vrai militaire. »

STENDHAL.

b. Pour lui ces paroles voulaient dire : « Jamais je ne serai un héros. »

STENDHAL.

3 ★★ **Choisis pour chacune des formules de discours direct le verbe d'introduction le mieux adapté.**

Elle promit – Il se lamente – Il protesta – Il s'écrie joyeux.

a. .... : « Tout est perdu ! »

b. .... : « Nous aurons un temps magnifique ! »

c. .... : « Ce n'est pas moi le coupable. »

d. .... : « Je ferai de mon mieux. »

4 ★★ **En tenant compte du contexte, précise le pronom sujet, féminin ou masculin (*dit-il* ou *dit-elle*), de la proposition incise.**

a. Oh ! dit-.......... qu'est ceci ?
Ma femme est-elle veuve ?

Jean de LA FONTAINE.

b. Où donc est le jeune mari
Que vous m'avez promis ? dit-..........

Jean de LA FONTAINE.

c. Quoi ! vous osez, dit-.........., à mes yeux vous produire,
Après que votre race a tâché de me nuire !
N'êtes-vous pas Souris ? Parlez sans fiction.
Oui vous l'êtes, ou bien je ne suis pas Belette.

Jean de LA FONTAINE.

d. Un Malheureux appelait tous les jours
La mort à son secours.
O mort, lui disait-.........., que tu me sembles belle !

Jean de LA FONTAINE.

5 ★★ **Distingue discours direct et discours indirect dans l'extrait ci-dessous. Quels signes de ponctuation permettent de les repérer ?**

Mais comme il lui racontait qu'il aimait beaucoup cet endroit et qu'il y venait souvent se reposer, le dimanche, en songeant à bien des souvenirs, elle le regarda longuement dans les yeux.
« Moi, j'y pense tous les soirs, dit-elle.
— Allons, ma bonne, reprit en bâillant son mari, je crois qu'il est temps de nous en aller. »

MAUPASSANT, *Une Partie de campagne.*

Signes de ponctution : ....
....
....
....
....

Français

11 L'analyse logique

Je retiens l'essentiel

Définition

• L'analyse logique éclaire la construction des phrases et permet de distinguer :
– **la phrase simple** constituée par une seule proposition dite indépendante ;
– **la phrase complexe** avec propositions indépendantes, principales, subordonnées conjonctives-complétives, subordonnées conjonctives-circonstancielles, subordonnées interrogatives indirectes ;
– **la proposition incise**, sans fonction logique à l'intérieur de la phrase complexe.

Méthode

• **Dénombrer les propositions.**
C'est le **nombre des verbes conjugués** qui détermine le **nombre des propositions** dans la phrase.

La Cigale ayant chanté
Tout l'été
***Se trouva** fort dépourvue*
*Quand la bise **fut venue**.*

2 verbes conjugués dans cet énoncé : 2 propositions.

Jean de La Fontaine.

• **Repérer les mots subordonnants** et ainsi la nature des propositions.
On appelle **subordonnants** :
- **les conjonctions de subordination** (*que, quand, puisque, si, pour que, …*) ;
- **les pronoms relatifs** (*qui, que, quoi, dont, où, lequel, …*) ;
- **les adverbes** et **pronoms** ou **adjectifs interrogatifs** (*comment, pourquoi, qui, quel, …*).

*Petit poisson **deviendra** grand,*
***Pourvu que** Dieu lui **prête** vie.*

Jean de La Fontaine.

Une phrase **sans subordonnant** est une phrase **indépendante**.
*Rien ne **sert** de courir ; **il faut** partir à point.*
(indépendante) (indépendante)

Jean de La Fontaine.

• **Repérer la principale.**
La principale est la proposition dont la subordonnée dépend.
*Chacun a son défaut / **où** toujours il revient.*
proposition principale

Jean de La Fontaine.

Une proposition subordonnée peut être à la fois subordonnée et principale.
J'en avais tant de honte (1)
principale pour (2)
***Que je mourais de peur** (2) qu'on vous en fît le conte (3).*
subordonnée de (1) et principale pour (3) subordonnée conjonctive, complément d'objet de *mourais de peur*.

Corneille.

Je comprends comment faire

EUREKA !

➤ une analyse logique

Il faut pouvoir dire pour chacune des propositions d'une phrase :
• les mots qui la constituent ;
• sa nature (indépendante, principale, subordonnée, …) ;
• sa fonction :
– les **relatives** sont **complément de l'antécédent** ;
– les **complétives** sont **complément d'objet** (sujet réel après un verbe impersonnel) ;
– les **circonstancielles** sont **complément circonstanciel** conformément à leur nature ;
– les **interrogatives indirectes** sont **complément d'objet**.

OBJECTIFS

Distinguer les relations entre propositions.

Maîtriser les rapports logiques qui relient les idées entre elles.

Je m'exerce

1 ★ **Développe chacune des propositions suivantes avec deux propositions relatives coordonnées.**

a. J'ai acheté un téléphone …
b. Il a choisi un livre …
c. Il a raconté une histoire …
d. Nous préparons un voyage …

2 ★ **Donne une proposition principale adaptée aux propositions subordonnées suivantes.**

a. ………………………………… qu'il a tort.
b. ……………………………… quand il joue.
c. ……………………………………………………
pour que nous gagnions.
d. ……………………………………………………
bien que je le soutienne.
e. ……………………………………………………
parce qu'il est trop jeune.

3 ★★ **Combien y a-t-il de propositions dans les phrases suivantes ?**

a. Il allait aux cours pour y répondre à l'appel, et quand il avait attesté sa présence, il décampait.

☐ *propositions*

b. Les rires étouffés qu'il entendit dans l'antichambre mirent le comble à sa confusion.

☐ *propositions*

c. Le père Goriot se retira en balbutiant quelques paroles dont Eugène ne saisit pas le sens.

☐ *propositions*

d. Ayez des protections, vous serez procureur du roi à trente ans, avec mille écus d'appointements, et vous épouserez la fille du maire.

☐ *propositions*

Honoré de BALZAC, *Le Père Goriot.*

4 ★★ **Complète le tableau d'analyse logique ci-dessous pour la phrase suivante.**

Quand Eugène mit pied sur le perron, il s'aperçut qu'il pleuvait.

Honoré de BALZAC, *Le Père Goriot.*

PROPOSITION	NATURE	FONCTION
Quand Eugène **mit** pied sur le perron,	subordonnée temporelle	……………… ………………
il **s'aperçut**	………………	………………
qu'il **pleuvait.**	………………	………………

5 ★★ **Reproduis le tableau d'analyse logique ci-dessous pour la phrase suivante et complète-le.**

Vautrin resta dans la salle à manger, quoiqu'il eût paru d'abord empressé de sortir, et se tint constamment de manière à ne pas être vu d'Eugène, qui put le croire parti.

Honoré de BALZAC, *Le Père Goriot.*

PROPOSITION	NATURE	FONCTION
………………		
………………	………………	………………

6 ★★★ **Quelle est la nature de chacune des propositions introduites par *si* dans la phrase ci-dessous.**

Si vous pouvez y être, vous me direz si mes deux filles se sont bien amusées, comment elles seront mises, enfin tout.

Honoré de BALZAC, *Le Père Goriot.*

7 ★★★ **Quels verbes la subordonnée circonstancielle de condition complète-t-elle dans la phrase ci-dessous ?**

On eût dit qu'il avait peur que ses mains ne fissent, malgré lui, quelque besogne défendue, qu'elles n'accomplissent quelque action honteuse ou ridicule <u>s'il les laissait libres et maîtresses de leurs mouvements</u>.

MAUPASSANT, *Un Fou.*

Français

12 Les temps : temps simples, temps composés

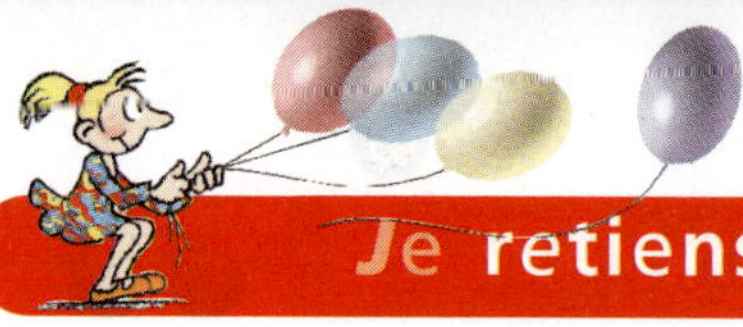

Je retiens l'essentiel

Définition

• On appelle « **temps simples** » les temps de la conjugaison qui **se formulent avec** le **radical du verbe seulement**. *Je mange.*

• On appelle « **temps composés** » les temps de la conjugaison qui **font intervenir** un **verbe auxiliaire** (***être*** ou ***avoir***). ***J'ai** mangé.*

Modes et temps simples

• **Indicatif.** quatre temps simples : *présent, imparfait, passé simple, futur simple.*
• **Conditionnel.** un temps simple : *présent.*
• **Subjonctif.** deux temps simples : *présent, imparfait.*
• **Impératif.** un temps simple : *présent.*
• **Infinitif.** un temps simple : *présent.*
• **Participe.** un temps simple : *présent.*

Modes et temps composés

• **Indicatif.** quatre temps composés : passé composé, plus-que-parfait, passé antérieur, futur antérieur
• **Conditionnel.** deux temps composés : *passé 1re forme, passé 2e forme.*
• **Subjonctif.** deux temps composés : *passé, plus-que-parfait.*
• **Impératif.** un temps composé : *passé.*
• **Infinitif.** un temps composé : *passé.*
• **Participe.** un temps composé : *passé.*

Auxiliaires de conjugaison et types de verbes

• ***Avoir*** et ***être*** sont les deux auxiliaires de conjugaison.

• ***Avoir*** peut se combiner avec lui-même et avec ***être*** : *avoir eu*, *avoir été*. L'inverse est impossible.

• ***Avoir*** sert d'auxiliaire à **tous les verbes transitifs** et à un grand nombre de verbes intransitifs : *avertir, oublier, répondre, marcher, …*

• ***Être*** sert d'auxiliaire aux autres verbes et à **tous les verbes pronominaux**, transitifs ou intransitifs : *se rappeler quelque chose, se souvenir de quelque chose, aller, naître, …*

• **Un petit nombre de verbes construisent leurs formes composées alternativement avec *être* et *avoir*.**

*Je **suis descendu** par l'ascenseur et il **a descendu** l'escalier à toute allure.*

Je comprends comment faire

➤ pour reconnaître *avoir* et *être* en situation d'auxiliaire

• ***Avoir*** et **être** en tant qu'auxiliaires perdent leur sens.

• Il faut apprendre à distinguer :
J'ai une récompense. et *J'ai obtenu une récompense.*
→ ***J'ai*** = indicatif **présent** du **verbe** ***avoir***.
→ ***J'ai obtenu*** = indicatif **passé composé** du **verbe** ***obtenir***.

• Il faut apprendre à distinguer :
*Il **est** président.* et *Il **est devenu** président.*
→ ***Il est*** = indicatif présent du verbe ***être***.
→ ***Il est devenu*** = indicatif **passé composé** du verbe ***devenir***.

OBJECTIF

Maîtriser des formes verbales.

Je m'exerce

1 ★ **Conjugue au passé composé de l'indicatif le verbe *être* et le verbe *aller*.**

a. Être

b. Aller

2 ★ **Donne chaque forme ci-dessous au temps composé qui lui correspond.**

Tu chantais → *Tu* ***avais chanté****.*

a. Je voyais.

b. Ils constatèrent.

c. Il prévint.

d. Nous nous promènerons.

e. Vous vous souveniez.

3 ★ **À quel mode sont les formes suivantes ?**

a. Pressez-vous.

b. Avoir compris.

c. Qu'il progresse.

d. Tu aurais gagné.

e. Il vaincra.

f. Vendu.

g. À louer.

h. Achève.

i. Tu comprendras.

j. Acquise.

4 ★★ **Distingue temps simples et temps composés dans le texte suivant.**

Le Cerf ne pleura point, comment eût-il pu faire ?
Cette mort le vengeait ; la Reine avait jadis
Étranglé sa femme et son fils.
Bref il ne pleura point. Un flatteur l'alla dire
Et soutint qu'il l'avait vu rire.

Jean de La Fontaine, *Les Obsèques de la lionne.*

5 ★★ **Écris à l'infinitif présent toutes les formes verbales du texte ci-dessous.**

Un trafiquant sur mer par bonheur s'enrichit.
Il triompha des vents pendant plus d'un voyage,
Gouffre, banc, ni rocher, n'exigea de péage
D'aucun de ses ballots ; le sort l'en affranchit [...]
Facteurs, associés, chacun lui fut fidèle.
Il vendit son tabac, son sucre, sa canelle,
Ce qu'il voulut, sa porcelaine encore ;
Le luxe et la folie enflèrent son trésor ;
Bref il plut dans son escarcelle.

Jean de La Fontaine, *L'Ingratitude et l'injustice des hommes envers la Fortune.*

6 ★★ **Écris ces mêmes verbes à l'infinitif passé.**

Français

13 Les voix

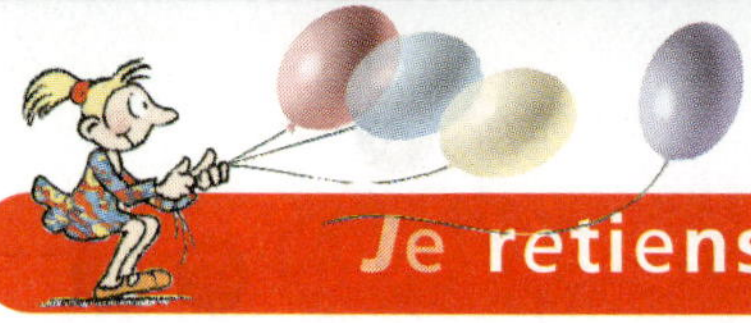

Je retiens l'essentiel

• **Une action verbale peut être présentée sous trois formes que l'on nomme voix :** la voix active, la voix passive, la voix pronominale.

La voix active

• **La voix active** indique que **le sujet** du verbe **accomplit l'action : il en est l'agent.**

L'Aigle donnait la chasse à Maître Jean Lapin. Jean de LA FONTAINE.

La voix passive

• Elle a une **conjugaison** propre avec *être* et le participe passé peut correspondre :

– à la contrepartie d'un énoncé actif,

*Le voyageur **découvre** un temple.* (actif)

*Un temple **est découvert** par le voyageur.* (passif)

complément d'agent (par le voyageur)

– à la notation d'un état.

*Il **est perdu** ; ses jours sont comptés.*

La voix pronominale

• Elle a une **conjugaison associée à un pronom personnel (*se* + verbe) :** ce pronom est à la même personne que le sujet.

On distingue quatre catégories de verbes pronominaux :

– **verbes pronominaux à sens réfléchi.** L'action du sujet s'applique sur lui-même. *Il **se lave**.* (= il lave lui-même) *Il **se lave** les mains.* (= il lave ses mains)

– **verbes pronominaux à sens réciproque.** L'action du verbe s'applique sur deux sujets réciproquement. ***Nous nous** saluons.* (= l'un salue l'autre)

– **verbes pronominaux à sens passif.**

*Ces voitures **se vendent** bien.* (= elles sont bien vendues)

– **Verbes pronominaux non réfléchis.** Le pronom est comme incorporé au verbe et n'a pas de signification particulière (*s'apercevoir de, se douter de, se taire, s'attendre à, …*).

Je comprends comment faire

➤ pour reconnaître et distinguer les trois voix

• Certains verbes peuvent exister aux trois voix.

Regarder, être regardé, se regarder.

Calmer, être calmé, se calmer.

• La différence entre **voix active** et **voix passive** est une **différence de conjugaison** et **de point de vue** : l'**actif** fait de l'**agent** le **sujet du verbe** ; le **passif** ne peut en faire qu'un complément appelé **complément d'agent**.

***Le maître** instruit les élèves. Les élèves sont instruits **par le maître**.*

• La différence entre **voix active** et **voix pronominale non réfléchie** est souvent une **différence de sens**.

***Je doute** de ses capacités. **Je me doute** de sa déconvenue après cet échec.*

***J'aperçois** le bateau à l'horizon. **Je m'aperçois** de cet oubli trop tard.*

• **Le verbe pronominal** qui est dit **réciproque** est **toujours au pluriel.**

Deux Pigeons s'aimaient d'amour tendre. Jean de LA FONTAINE.

OBJECTIF

Savoir distinguer les différentes façons de présenter l'action verbale.

Je m'exerce

1 ★ **Précise la voix des formes verbales ci-dessous.**

a. Il part. ……………………

b. Je réfléchis. ……………………

c. Nous sommes revenus. ……………………

d. Il est arrivé. ……………………

e. Vous vous êtes calmés. ……………………

f. Tu seras récompensé. ……………………

g. Il s'en est souvenu. ……………………

h. Nous l'avertirons. ……………………

2 ★ **Précise la catégorie à laquelle appartient chacun des verbes pronominaux ci-dessous.**

a. Elle se regarde dans la glace.

……………………………………………………

b. Ils se sont courtoisement complimentés.

……………………………………………………

c. À Noël, les rues s'illuminent.

……………………………………………………

d. L'ennemi s'est emparé du butin.

……………………………………………………

3 ★ **Transpose à la voix passive les phrases ci-dessous.**

a. Paul garde les oies.

b. Sa beauté charme tout le monde.

c. L'État a confisqué ses biens.

d. Le tabac met en péril notre santé.

e. Les députés approuvent le budget.

f. L'Assemblée ne votera pas cette loi.

g. Les lycées préparent la prochaine rentrée.

h. On doit faire le ravalement sous peu.

i. Le conseil de classe l'a félicité.

j. Cet exploit nous étonne.

4 ★ **Donne la fonction des mots précédés de la préposition *par*, dans les phrases suivantes.**

a. Le Lion fut attaqué par ses propres sujets.

b. Un Ours montagnard, confiné par le sort dans un bois solitaire, vivait seul et caché.

c. Tous deux, par un cas surprenant
Se rencontrent en un tournant.

d. Devant le Singe il fut plaidé, non point par Avocats mais par chaque Partie.
Eh bien que gagnez-vous, dites-moi, par journée ?

e. Une Mouche survient et des chevaux s'approche ;
Prétend les animer par son bourdonnement.

D'après Jean de LA FONTAINE.

5 ★★ **Transpose à la voix active les phrases ci-dessous.**

a. Elle est aimée de son mari.

b. Vous êtes enviés par vos voisins.

c. Il est ramené à bon port.

d. Il sera encadré par son tuteur.

e. Nous avons été défendus par un bon avocat.

6 ★★ **Souligne les verbes pronominaux qui ont un sens passif.**

a. Un noyau se forme.

b. La porte se ferme avec fracas.

c. Il ne se force pas.

d. Ce plat doit se préparer dehors.

e. La rumeur s'est vite répandue.

f. Les sportifs s'entraînent.

g. L'incident se renouvelle souvent.

h. Un pont se construit dans le voisinage.

Français

14

Les groupes verbaux

Je retiens l'essentiel

Les trois groupes verbaux

Les terminaisons des verbes à l'infinitif présent servent de critères pour les répartir.

• Les verbes du 1er groupe ont un infinitif présent en ***-er***. Tous réguliers sauf ***aller*** et ***envoyer***.

• Les verbes du 2e groupe ont un infinitif présent en ***-ir*** et un participe présent en ***-issant***. Tous réguliers sauf quelques formes de ***haïr*** et ***fleurir***.

• Les verbes du 3e groupe ont un infinitif présent en ***-ir*** avec participe présent en ***-ant*** ou bien un infinitif présent en ***-oir*** ou en ***-re***. Ils se conjuguent avec des variations irrégulières de radical et de désinences.

1er groupe : *chanter* **2e groupe :** *finir (finissant)* **3e groupe :** *croire*

Différences de conjugaison entre les verbes du 1er groupe et ceux du 2e groupe

• **Il en existe quatre caractéristiques : à la 3e personne du singulier de certains temps, et au participe passé.**

infinitif présent	**1e groupe :** *-er*	**2e groupe :** *-ir*
indicatif présent	***-e*** → *Il chante*	***-it*** → *il finit*
indicatif futur	***-era*** → *Il chantera*	***-ra*** → *il finira*
indicatif passé simple	***-a*** → *Il chanta*	***-it*** → *Il finit*
participe passé	***-é*** → *aimé, ayant aimé*	***-i*** → *fini, ayant fini*

Je comprends comment faire

➤ pour bien conjuguer les verbes en *-ir*

• **Les verbes en *-ir* ne sont pas tous du 2e groupe :** avant de les conjuguer on les formule au participe présent.

Frémir – frémissant → 2e groupe : il frémissait

Tenir – tenant → 3e groupe : il tenait

• **Il faut mémoriser les différents radicaux des verbes du 3e groupe et en particulier ceux sur lesquels les fautes sont fréquentes.**

Acquérir : passé simple → ***j'acquis*** ; futur simple → ***j'acquerrerai*** ;
participe passé → ***acquis, acquise***.

Courir : passé simple → ***je courus*** ; futur simple → ***je courrai*** ;
participe passé → ***couru, courue***.

➤ pour bien conjuguer les verbes du 3e groupe

• **Au présent de l'indicatif et au présent du subjonctif, la prononciation est la même, mais il faut faire attention à la différence de désinence :**

– **Indicatif présent :** *-s, -s, -t, -ons, -ez, -ent.*

– **Subjonctif présent :** *-e, -es, -e, -ions, -iez, -ent.*

Tu voies bien qu'il faut que tu me croies.

OBJECTIF

Avoir des repères pour la conjugaison.

Je m'exerce

1 ★ **Précise le groupe des formes verbales ci-dessous :**

a. Il part. ……………………

b. Je réfléchis. ……………………

c. Tu reviens. ……………………

d. Il cherchera. ……………………

e. Vous vous êtes compris. ……………………

f. Nous nous abstiendrons. ……………………

g. Il s'en est souvenu. ……………………

h. Nous l'avertirons. ……………………

2 ★ **Mets au passé simple cette suite de présents.**

a. Elle regarde.

……………………………………………………

b. Ils dorment.

……………………………………………………

c. Il vient.

……………………………………………………

d. Nous le vainquons.

……………………………………………………

3 ★ **Exprime au participe passé les verbes ci-dessous.**

a. Garder.

……………………………………………………

b. Rétablir.

……………………………………………………

c. Confisquer.

……………………………………………………

d. Partir.

……………………………………………………

e. Haïr.

……………………………………………………

f. Choisir.

……………………………………………………

g. Acquérir.

……………………………………………………

4 ★ **Conjugue au subjonctif présent le verbe *croire*.**

……………………………………………………

……………………………………………………

……………………………………………………

……………………………………………………

……………………………………………………

……………………………………………………

5 ★★ **Souligne les verbes du 2e groupe**

a. Bannir.

b. Construire.

c. Blémir.

d. Durcir.

e. Courir.

f. Pâlir.

g. Détruire.

h. Fournir.

6 ★★ **Donne le présent du subjonctif des verbes présentés ici au subjonctif passé.**

a. Qu'elle ait aimé.

……………………………………………………

b. Qu'ils aient compris.

……………………………………………………

c. Que vous ayez fini.

……………………………………………………

d. Qu'il soit parvenu.

……………………………………………………

e. Qu'il ait vu.

……………………………………………………

f. Que tu aies eu.

……………………………………………………

g. Qu'il se soit souvenu.

……………………………………………………

h. Qu'il ait acquis.

……………………………………………………

Français

15

Le subjonctif : conjugaison et valeurs

Je retiens l'essentiel

Les formes du subjonctif

• **Le subjonctif est un mode à quatre temps :** deux temps simples, **présent** et **imparfait** et deux temps composés, **passé** et **plus-que-parfait**.

• **Les désinences des temps simples**
– **Présent** : *-e, -es, -e, -ions, -iez, -ent.*
– **Imparfait** : 1er groupe : *-asse, -asses, -ât, -assions, -assiez, -assent.* → *qu'il aim**ât***
2e groupe : *-isse, -isses, -ît, -issions, -issiez, -issent.* → *qu'il sais**ît***
3e groupe : *-sse, -sses, - ^t, -ssions, -ssiez, -ssent.* → *qu'il véc**ût***

• **La formation des temps composés : verbe auxiliaire + participe passé.**
– **passé :** *avoir* ou *être* au subjonctif présent + participe passé. → *qu'ils soient allés.*
– **plus-que-parfait :** *avoir* ou *être* au subjonctif imparfait. → *Que j'eusse gagné, qu'il fût venu.*

Les sens apportés par le subjonctif

• Dans les propositions **indépendantes** ou **principales** : la **volonté**.
Qu'il vienne !

• Dans les propositions **complétives** : le subjonctif est **associé à l'incertain**.
***Je crains** qu'**il ne vienne**.*
*Je **ne crois pas** qu'**il ait** le temps de rester longtemps.*

• Le subjonctif est imposé par **le subordonnant** dans certaines subordonnées circonstancielles**.**
***Avant que je ne parte**, donne-moi ton adresse.*

• **Une relative au subjonctif** a une valeur **circonstancielle** ou, dans un langage soutenu, une valeur **d'éventuel.**
*Il est le seul **qui puisse** répondre.*
*Le professeur va interroger un élève **qui sache** faire un exposé oral.*

Je comprends comment faire

➤ pour employer l'imparfait et le plus-que-parfait du subjonctif

• Dans le langage parlé contemporain on emploie peu ces temps. On les trouve surtout dans **les textes littéraires**.

Je voudrais qu'à cet âge
*On **sortît** de la vie ainsi que d'un banquet,*
*Remerciant son hôte, et qu'on **fît** son paquet.* Jean de LA FONTAINE.

➤ pour reconnaître un présent du subjonctif

• Il faut apprécier le sens pour reconnaître le mode.

Petit poisson deviendra grand
***Pourvu que** Dieu lui **prête** vie.* (subjonctif) Jean de LA FONTAINE.

• Il faut apprécier le sens pour bien écrire la forme verbale.

*Il faut **qu'il me croie**.* (subjonctif)

*Il me **croit**.* (indicatif)

OBJECTIF

Connaître les formes du subjonctif et leur sens dans la phrase.

Je m'exerce

1 ★ **Conjugue le présent du subjonctif des verbes *être* et *avoir*.**

a. Être

……………………………………………

……………………………………………

……………………………………………

……………………………………………

……………………………………………

……………………………………………

b. Avoir

……………………………………………

……………………………………………

……………………………………………

……………………………………………

……………………………………………

……………………………………………

2 ★ **Complète la conjugaison ci-dessous. À quel temps du subjonctif correspond-elle ?**

Que je pusse

Que tu pusses

Qu' ……………………………………

Que nous pussions

Que ……………………………………

Qu' ……………………………………

Subjonctif : ……………………………

3 ★★ **Remplace la conjonction *après que* par la conjonction *avant que*.**
Rappel : *après que* + indicatif
***avant que* + subjonctif**

a. Après qu'il eut compris.

Avant qu'……………………………………

b. Après qu'il a travaillé.

Avant qu'……………………………………

c. Après qu'il sera revenu.

Avant qu'……………………………………

d. Après qu'ils eurent approuvé.

Avant qu'……………………………………

e. Après que nous aurons voté.

Avant que……………………………………

4 ★★ **Analyse les formes ci-dessous en précisant : personne, temps, mode et voix.**

a. Qu'il porte.

b. Qu'il allât.

c. Que tu sois parti.

d. Qu'il eût été choisi.

e. Que nous soyons pris.

5 ★★★ **Transpose à la voix active les propositions ci-dessous.**

a. Bien qu'elle n'ait pas été aimée par son mari …

b. De peur que vous soyez enviés par vos voisins …

c. Avant qu'il eût été ramené par ses enfants …

d. Jusqu'à ce qu'il soit encadré par un tuteur …

e. À supposer qu'il soit défendu par un bon avocat …

6 ★★★ **Souligne les verbes au subjonctif dans le texte ci-dessous.**

Quoi ? tu veux qu'on se lie à demeurer au premier objet qui nous prend, qu'on renonce au monde pour lui, et qu'on n'ait plus d'yeux pour personne ? La belle chose de vouloir se piquer d'un faux honneur d'être fidèle, de s'ensevelir pour toujours dans une passion, et d'être mort dès sa jeunesse à toutes les autres beautés qui nous peuvent frapper les yeux !…

MOLIÈRE, *Don Juan*.

Français

16

La concordance des temps

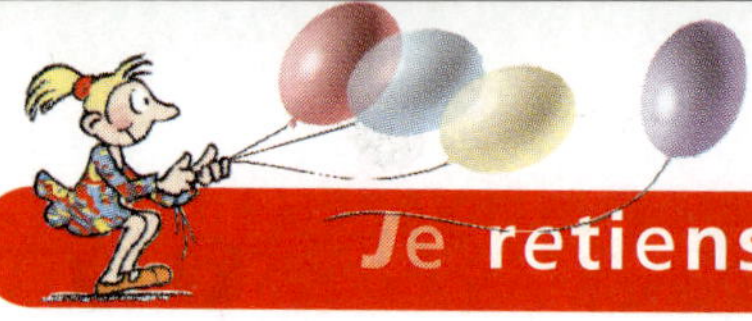

Je retiens l'essentiel

Quand la principale est à l'imparfait ou au passé simple

La subordonnée à l'indicatif a son verbe :

• à **l'imparfait** si les actions sont **simultanées.**
*Il savait que **je voulais** partir.*

• au **conditionnel** (futur dans le passé), si l'action de la subordonnée est **postérieure** à celle de la principale.
*Il nous annonça qu'**il partirait** bientôt.*

• au **plus-que-parfait** si l'action de la subordonnée est **antérieure** à celle de la principale.
*On lui fit remarquer qu'**il avait été** impoli.*

Quand la principale est au passé

La subordonnée à l'indicatif peut avoir son verbe :

• au **présent.**
*Galilée a eu raison de soutenir que la Terre **tourne**.*
*J'ai appris que **tu ne travailles pas**.*

• **au futur** si l'action de la subordonnée a ses repères de concordance avec le temps de l'énonciation. *Il a appris que son usine **fermera demain**.*

Quand la principale est au présent ou au futur

La subordonnée au subjonctif :

• a son verbe au **présent**, pour noter des **actions simultanées**.
*Je veux **qu'il soit** sincère.*
*Nous élirons un président pour que nos projets **aboutissent**.*

• a son verbe au **passé**, pour noter une **antériorité**.
*Je souhaite **que vous ayez compris**.*

Quand la principale est au passé

La subordonnée au subjonctif :

• a son verbe à l'**imparfait**, pour noter des **actions simultanées**.
*Je voulais **qu'il fût** sincère.*

• a son verbe au **plus-que-parfait** pour noter une **antériorité**.
*Je souhaitais **que vous eussiez compris**.*

Je comprends comment faire

➤ pour bien utiliser la concordance des temps

• **À l'indicatif, la concordance ne se fait pas toujours avec la principale.** Elle peut se faire avec le moment de l'énonciation.

On peut dire :
*La loi a reconnu que les hommes **naissaient** libres et égaux en droits.*

ou bien :
*La loi a reconnu que les hommes **naissent** libres et égaux en droits.*

• **Au subjonctif, la concordance des temps au passé correspond aujourd'hui à un niveau de langage soutenu.**
*Le professeur souhaitait **que nous apprissions** mieux notre leçon.*

• Pour éviter les formes désuètes de l'imparfait du subjonctif, on utilise des tournures de substitution :
*Il fallait **que vous vinssiez** plus tôt. → Il vous fallait venir plus tôt.*

OBJECTIF

Comprendre le rapport des temps entre la principale et les subordonnées.

Je m'exerce

1 ★ **Transpose le texte ci-dessous au présent.**

Mademoiselle Michonneau entra doucement, salua les convives sans rien dire, et s'alla placer près des trois femmes.

Honoré de BALZAC, *Le Père Goriot.*

2 ★ **Transpose ce texte en tenant compte du passage au présent des verbes soulignés.**

Eugène <u>était</u> trop sérieux pour que la plaisanterie de Blanchion le fît rire. Il <u>voulait</u> profiter des conseils de madame de Beauséant, et <u>se demandait</u> où et comment il se procurerait de l'argent.

Honoré de BALZAC, *Le Père Goriot.*

Eugène <u>est</u> trop sérieux pour que la plaisanterie de Blanchion le .... rire. Il <u>veut</u> profiter des conseils de madame de Beauséant, et <u>se demande</u> où et comment il se .... de l'argent.

3 ★ **Quelle est, dans ce passage, la valeur du conditionnel ?**

Il savait quelles peines il causerait à ses deux sœurs, et aussi quelles seraient leurs joies ; avec quel plaisir elles s'entretiendraient en secret de ce frère bien-aimé au fond du clos.

Honoré de BALZAC, *Le Père Goriot.*

4 ★★ **Quelle est, dans ce passage, la valeur du présent?**

Eugène jette les cent francs sur le chiffre de son âge, vingt et un. Un cri d'étonnement part sans qu'il ait eu le temps de se reconnaître. Il avait gagné sans le savoir.

Honoré de BALZAC, *Le Père Goriot.*

5 ★★★ **Quels verbes, dans le passage ci-dessous, nous placent dans le temps de l'énonciation ?**

Elle parlait souvent de cette déplorable affaire en se plaignant de son trop de confiance, quoiqu'elle fût plus méfiante que ne l'est une chatte ; mais elle ressemblait à beaucoup de personnes qui se défient de leurs proches, et se livrent au premier venu.

Honoré de BALZAC, *Le Père Goriot.*

6 ★★★ **À quel temps est le verbe au subjonctif dans la phrase ci-dessous ? Justifie l'emploi du mode et celui du temps.**

Quoiqu'il eût annoncé vouloir quitter la Maison-Vauquer, il y était encore dans les derniers jours du mois de janvier, et ne savait comment en sortir.

Honoré de BALZAC, *Le Père Goriot.*

Français

17

Les accords

Je retiens l'essentiel

Dans le groupe nominal

• **Le déterminant** a le **même genre** et le **même nombre** que le **nom** qu'il **détermine**.
__La__ fille, __cette__ faute, __ce__ bateau, __sa__ sœur, __les__ garçons, …

• **L'adjectif épithète** a le **même genre** et le **même nombre** que le **nom** qu'il **qualifie**.
Une __mauvaise__ nouvelle, un __grand__ feu, …

• **L'adjectif épithète qui se rapporte à plusieurs noms** se met **au pluriel** et, s'il s'agit de noms de genre différent, il prend la forme du masculin.

Elle a acheté une robe (féminin) et un manteau (masculin) __blancs__ (masculin pluriel).

Elle a acheté une robe (féminin) et une écharpe (féminin) __blanches__ (féminin pluriel).

• **Dans les mots composés** tels que *nu-tête*, *nu-pieds*, *demi-heure*, *demi-douzaine*, … l'**adjectif ne s'accorde pas**. En revanche, il y a accord dans *une heure et demie*, *jambes nues*, *pieds nus*.

Dans la phrase

• **L'adjectif attribut** s'accorde comme l'adjectif épithète.
La rose est __belle__. Les roses et l'hortensia sont __fânés__.

• **Le verbe s'accorde avec le sujet.**
La foule __se précipite__.

• **Le verbe est au pluriel :**
– quand le **sujet** est au **pluriel**. *Nous chantons.*
– quand il a **plusieurs sujets coordonnés** par *et*, *comme*, *ainsi que*.
Paul et Pierre __travaillent__. La mer comme la montagne __sont__ des séjours de vacances.
– quand le **sujet exprime l'idée de pluriel** : *beaucoup*, *bon nombre*, *la plupart*, *peu*…
Peu de gens __sont__ heureux.
– quand le verbe *être* s'accorde avec l'attribut pluriel.
Ce __sont__ de courageux soldats. *Ce* sujet singulier ; *courageux soldats* attribut pluriel

• **Pour l'accord en personne :**
– la 1re prévaut sur la 2e et la 3e. *Toi, elle et moi irons à la montagne.* *irons* 1re pers. du pluriel
– la 2e prévaut sur la 3e. *Son frère et toi __vous__ ne __travaillez__ pas.* *travaillez* 2e pers. du pluriel

• **Accord du participe passé**
– Épithète ou attribut, il s'accorde comme l'adjectif. *Les soldats __blessés__ seront __décorés__.*
– Dans les formes verbales avec *avoir*, le **participe s'accorde** avec le **complément d'objet direct** si celui-ci est **placé avant**.

__Les découvertes qu__ (C.O.D. fém. pl. placé avant)'ont __faites__ ces savants ont été récompensées.

Elle a __envoyé__ ses dernières __photos__ (C.O.D. placé après) ; elle me __les__ (C.O.D. placé avant) a __envoyées__.

Je comprends comment faire

➤ pour préciser un sens

• **L'accord est un moyen d'information.**

Un champion de boxe allemand.
Un expert en musique italienne.
L'accord de l'adjectif indique que c'est le champion qui est allemand.

Une spécialiste de langues africaines.
L'accord du déterminant indique que le spécialiste est une femme.

OBJECTIF

Connaître les règles d'accord pour éclairer les repérages sémantiques et syntaxiques.

Je m'exerce

1 ★ **Ce texte est à compléter. Il y manque certaines marques du pluriel.**

Bien qu'il fût minuit, Pécuchet eut l'idée de faire un tour dans le jardin.

Bouvard ne s'y refusa pas. Ils prir.......... la chandelle et, l'abritant avec un vieux journal, se promenèr.......... le long des plat.........-bandes. Ils avai.......... plaisir à nommer tout haut les légumes : « Tiens, des carottes ! Ah! des choux ! »

Gustave FLAUBERT, *Bouvard et Pécuchet.*

2 ★ **Réécris au pluriel les deux vers qui suivent.**

Ce voyageur ailé comme il est gauche et veule!
Lui, naguère si beau,qu'il est comique et laid !

Charles BAUDELAIRE, *L'Albatros.*

....

....

....

....

3 ★ **Analyse le pronom *l'* au vers 3 et justifie l'accord féminin dans le dernier vers.**

Malgré envie
Toute ma vie
Je l'aimerai
Et chanterai :
C'est la première
C'est la dernière
Que j'ai servie et servirai.

Clément MAROT, *Chansons.*

4 ★ **Quels mots du poème précédent faut-il mettre au masculin pour qu'on puisse écrire : *Que j'ai servi et servirai* ?**

....

....

5 ★ **Transpose au pluriel cette création verbale d'Henri Michaux.**

Il l'emparouille et l'endosque contre terre ;
Il le rague et le roupète jusqu'à son drâle ;
Il le pratèle et le libucque et lui barufle les ouillais ;
Il le tocarde et le marmine,
Le manage rape a ri et ripe à ra.
Enfin il l'écorcobalise ...

Henri MICHAUX, *Le grand combat.*

6 ★★ **Garde ce texte au pluriel et mets les verbes au passé composé : à quelle règle d'accord faut-il alors être attentif ?**

7 ★★ **Réécris le passage ci-dessous au singulier.**

Les enfants sont hautains, dédaigneux, colères, envieux, curieux, intéressés, paresseux, volages, timides, intempérants, menteurs, dissimulés ; ils rient et pleurent facilement... ils ne veulent point souffrir de mal et aiment à en faire : ils sont déjà des hommes.

Jean de LA BRUYÈRE, *Les Caractères.*

....

....

....

....

....

....

....

....

....

Français

18 Les différentes terminaisons du pluriel

OBJECTIF

Maîtriser la correction orthographique et orale.

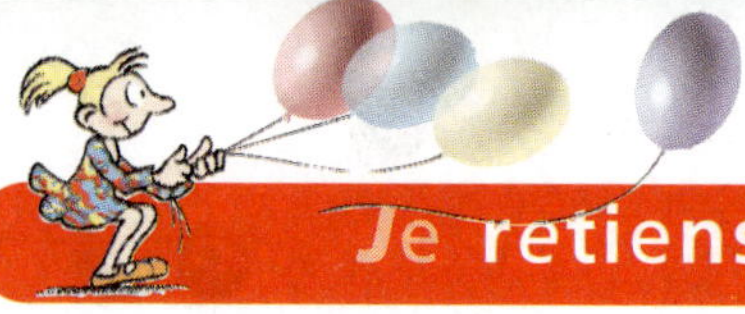

Je retiens l'essentiel

Le pluriel des noms

Formation	Exemples	Exceptions
La marque habituelle du pluriel des noms est le ***-s***.	*Il a acheté des gants.*	
Les noms en ***-ou*** forment leur pluriel avec un ***-s***.	*Ses chaussettes ont des trous.*	*Bijou, caillou, chou, genou, hibou, joujou, pou* → en ***-x***.
Les noms en ***-eu*** ont un pluriel en ***-x***.	*Les feux de forêt sont parfois suspects.*	*Bleu* et *pneu* ont un pluriel en ***-s***.
Les noms en ***-au*** ou ***-eau*** ont un pluriel en ***-x***.	*Il nous apporte des cadeaux.*	*Landau* et *sarrau* prennent un ***-s***.
Les noms en ***-al*** ont un pluriel en ***-aux***.	*Il vend des journaux.*	*Bal, carnaval, festival, régal* ont un pluriel en ***-s***.
Les noms en ***-ail*** ont un pluriel en ***-s***.	*Ces détails sont connus.*	*Bail, corail, émail, soupirail, travail, vitrail* → ***-aux***.
Les noms en ***-s***, ***-x***, ***-z*** ne changent pas au pluriel.	*Les prix sont stables.*	

Le pluriel des adjectifs

Formation	Exemples	Exceptions
Le pluriel des adjectifs est généralement en ***-s***.	*Elle a de grands yeux.*	
Terminés par ***-s*** ou ***-x***, les adjectifs ne changent pas au masculin pluriel.	*Les **vieux** chevaux.* *Les **doux** oreillers.* *Les **gros** édredons.*	
Les adjectifs en ***-al*** ont un pluriel en ***-aux***.	*Les enfants royaux.*	*Banal, bancal, fatal, final, glacial, natal* et *naval* → ***-s***

Je comprends comment faire

➤ pour orthographier et prononcer correctement les pluriels

- Les exceptions sont nombreuses (*ail* pluriel *aulx*).
- Il faut **apprendre par cœur** celles qui correspondent à des mots très couramment employés. En dehors des exceptions déjà citées, se souvenir que : *banal, bancal, fatal, final, glacial, natal, naval* prennent un ***-s*** au pluriel.
- Il faut **être attentif** à la **prononciation** des formes du pluriel :

– liaisons : *des chevaux emballés.*

– prononciation propre au pluriel pour : *bœufs, œufs, os.*
(beu) (eu) (o)

– **pour l'oreille**, la véritable **marque du pluriel** des noms est non pas dans la terminaison, mais dans **les déterminants** qui **les précèdent**.
Un chapeau → *Des chapeaux. Ce chien* → *Ces chiens.*

Je m'exerce

1 ★ **Écris le singulier des noms et adjectifs au pluriel dans ces trois vers.**

Rêveurs, tristes, joyeux, amers, sinistres, doux,
Sombre peuple, les mots vont et viennent en nous ;
Les mots sont les passants mystérieux de l'âme.

Victor HUGO, *Les Contemplations*.

2 ★ **Écris au masculin les mots de ce poème adressé à une femme.**

Nue effacée ensoleillée
Choisie sublime solitaire
Profonde oblique matinale
Fraîche nacrée ébouriffée
Ravivée première régnante
Coquette vive passionnée
Orangée rose bleuissante
Jolie mignonne délurée
Naturelle couchée debout …

Paul ÉLUARD, *Poésie ininterrompue*.

3 ★ **Relis ce poème en mettant le mot *îles* au singulier. L'oreille peut-elle percevoir le changement ?**

Îles
Îles
Îles où l'on ne prendra jamais terre
Îles où l'on ne descendra jamais
Îles couvertes de végétations
Îles tapies comme des jaguars
Îles muettes
Îles immobiles
Îles inoubliables et sans nom
Je lance mes chaussures par-dessus bord
car je voudrais bien aller jusqu'à vous.

Blaise CENDRARS, *Îles*.

4 ★★ **Relève les mots dont le nombre (singulier ou pluriel) ne peut être indiqué que par le déterminant.**

Fête foraine
Heureux le limonaire
Hurlant dans la poussière
De sa voix de citron
Un refrain populaire
Sans rime ni raison
Heureux les amoureux
Sur les montagnes russes…

Jacques PRÉVERT, *Paroles*.

5 ★★ **Réécris les mots soulignés en en changeant le nombre (singulier ou pluriel).**

Hommes honorables et très estimés
dans votre quartier
vous vous rencontrez
vous vous congratulez…
avez-vous toujours mal aux <u>genoux</u>
et la larme à l'<u>œil</u>
la fausse morve de <u>deuil</u>
le crêpe au <u>chapeau</u>
les pieds bien au chaud
les couronnes mortuaires
et l'<u>ail</u> dans le gigot.

Jacques PRÉVERT,
« Le Temps des noyaux », *Paroles*.

Français

19

Homonymes, paronymes, synonymes, antonymes

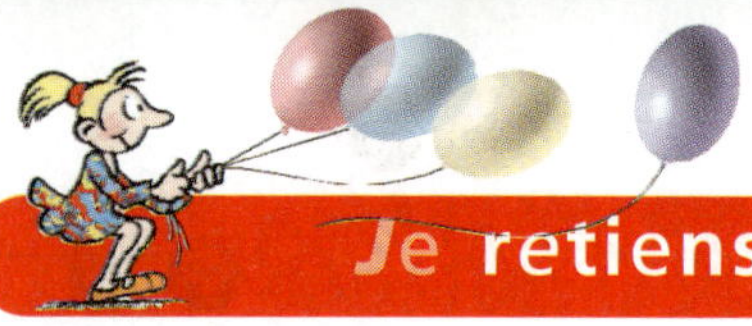

Je retiens l'essentiel

• On appelle **homonymes** des mots qui se prononcent de la même façon, sans avoir le même sens.
On distingue les **homonymes homophones** et les **homonymes homographes**.

__chair à__ saucisse *__chère a__mie*
__cher__ camarade *__chaire__ professorale*

un __mousse__ *la __mousse__*
un __cor__ au pied *les __cors__ du cerf*

• On appelle **paronymes** des mots dont l'orthographe et la prononciation se ressemblent beaucoup, sont très proches.
acception / accep__ta__tion — *alloc__a__tion / alloc__u__tion* — *conj__e__cture / conj__on__cture*
gradation / grad__u__ation — *__i__llusion / __a__llusion* — *per__c__epteur / pr__é__cepteur*

• On appelle **synonymes** des mots qui ont un sens très voisin.
divers / varié — *riche / nanti* — *pauvre / démuni*
brave / courageux — *aimable / complaisant* — *mort / défunt*

• On appelle **antonymes** ou **contraires** les mots dont le sens s'oppose absolument.
riche / pauvre — *proche / éloigné*
sec / humide — *froid / chaud*

Je comprends comment faire

pour bien orthographier

• Il faut être vigilant devant les mots qui ont des homonymes. Ne pas confondre : *cor* et *corps*, *for intérieur* et *Fort de Vincennes*, ...

pour distinguer les paronymes

• À l'oral et à l'écrit il faut prendre garde aux lapsus que peuvent provoquer les mots paronymes. Ne pas confondre : *il faut* et *il vaut*.
Il __vaut__ mieux prévenir que guérir.
Il __faut__ mieux travailler si tu veux être félicité.
• Les paronymes sont aussi à l'origine des **jeux de mots** et des **calembours**.
Il possédait (et non pot cédait) un long cou (et pas un loup con).

Raymond QUENEAU, *Exercices de style*.

pour utiliser avec justesse les synonymes

• Il faut être attentif à leur signification propre, à l'usage qui en est fait, au contexte.
Par exemple ***appréhender***, ***craindre***, ***redouter***, expriment l'idée de **crainte** mais à des degrés différents.
Je crains ses jugements. Vous appréhendez la rentrée des classes.
Les sans-logis redoutent les hivers rigoureux.

pour bien manier les antonymes

• Les antonymes du langage courant comme *paix* et *guerre* sont bien connus et faciles à manier. Mais il faut penser à enrichir ses connaissances en la matière, surtout pour les termes abstraits : *approbation / contestation* ; *réprimande / louange* ; *intégration / exclusion* ; *préparation / improvisation* ; *négociation / affrontement* ; *méfiance / confiance*.

OBJECTIF

Renforcer l'orthographe et consolider le vocabulaire.

Je m'exerce

1 ★ **Remplace les mots soulignés par un mot synonyme.**

a. Il retourne au pays natal.

b. Les sangliers ont dévasté ce coin de la forêt.

c. Défions-nous du sort.

d. Je lui parle de manière à lui faire comprendre mes sentiments.

e. Tout le monde me regarde.

f. Elle entre à toute heure dans ma chambre, sans me prévenir.

2 ★ **Remplace les mots soulignés par un antonyme.**

a. Je cherche le silence et la nuit pour pleurer. CORNEILLE.

b. Je puis dire que la vue du bonheur m'a rendu malheureux. STENDHAL.

3 ★★ **Pour voir le jeu des antonymes dans cet extrait, complète le tableau qui lui fait suite.**

Aujourd'hui, en linge sale, en culotte déchirée, couvert de lambeaux, presque sans souliers, il va la tête basse, il se dérobe, on serait tenté de l'appeler pour lui donner l'aumône. Demain, poudré, chaussé, frisé, bien vêtu, il marche la tête haute, il se montre, et vous le prendriez au peu près pour un honnête homme. Il vit au jour la journée. Triste ou gai selon les circonstances.

Denis DIDEROT, *Le Neveu de Rameau.*

Aujourd'hui	→ Demain
a. *Couvert de lambeaux*	→ ....
b. *Il va la tête basse*	→ ....
c. *Il se dérobe*	→ ....
d. *Triste*	→ ....

4 ★★ **Quelles homonymies permettent un jeu de mots explicite et un autre implicite.**

Je te salue
geai d'eau d'un noir de jais
que je connus jadis
oiseau des fées
oiseau de feu oiseau des rues.

Jacques PRÉVERT, *Salut à l'oiseau.*

5 ★★ **Dans les couples de mots soulignés ci-dessous, distingue les *homonymes*, les *synonymes*, les *paronymes* ou les *antonymes*. Écris ta réponse.**

a. Il est censé arriver à l'heure.
C'est un homme sensé : il est prudent.

....

b. Ces pierres sont couvertes de mousse.
Les jeunes mousses vont embarquer.

....

c. Il est monté dans un autobus bondé.
Il est monté dans un autobus complet.

....

d. Le soleil d'hiver apparaît
Et disparaît Jacques PRÉVERT.

....

e. Comme lui mon cœur va disparaître
Et tout mon sang va s'en aller. J. PRÉVERT.

....

f. Lingères légères. Paul ÉLUARD.

....

6 ★★ **Sur quels lapsus sont construits les jeux de mots dans ces trois vers ?**

Un troupeau de bonapartes passe dans le désert
L'empereur s'appelle Dromadaire
Il a un cheval caisse et des tiroirs de course

Jacques PRÉVERT, « Dans ma maison », *Paroles.*

....

....

Français

20

Les adverbes en -ment, -emment et -amment

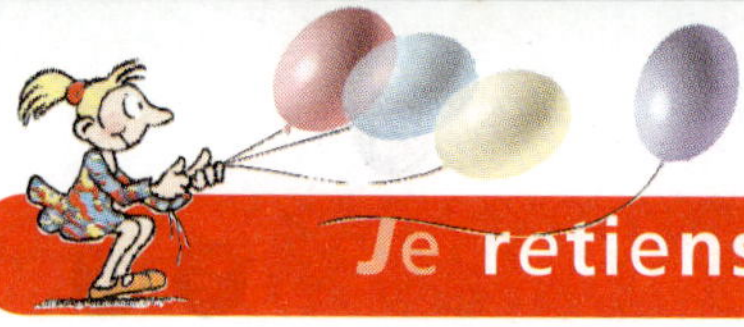

Je retiens l'essentiel

Les adverbes en -ment

• **Ils se forment à partir de la forme féminine de l'adjectif.**
fort, forte → ***forte**ment*
grand, grande → ***grande**ment*
doux, douce → ***douce**ment*
bas, basse → ***basse**ment*

• **Certains adverbes en *-ment* ne laissent plus apparaître la forme féminine de l'adjectif.**
– Soit ils portent un **accent circonflexe**.
Assidûment, continûment, crûment, dûment, …
(On peut, cependant, toujours écrire *gaiement* ou *gaîment*.)
– Soit ils se construisent avec le suffixe ***-ument***.
*Résol**ument**, éperd**ument**, ingén**ument**, …*
– Soit ils utilisent le suffixe ***-ément***.
*Commun**ément**, énorm**ément**, précis**ément**, …*

Les adverbes en -emment et -amment

• **Les adverbes en *-emment*** correspondent aux adjectifs en ***-ent***.
Les adverbes en *-amment* correspondent aux adjectifs en ***-ant***.
*Prud**ent*** → *prud**emment***
*Bruy**ant*** → *bruy**amment***
Exceptions : *lent* → *lentement ;*
présent → *présentement ;*
véhément → *véhémentement.*
On les appelle **adverbes de dérivation** parce qu'ils sont les dérivés directs d'adjectifs qualificatifs.

• Les adverbes de dérivation forment leur comparatif et superlatif régulièrement :
– avec *plus*, *moins*, *aussi* pour les trois degrés du comparatif ;
– avec *le plus*, *très*, pour le superlatif de supériorité et *le moins*, *très peu*, pour celui d'infériorité.

Je comprends comment faire

➤ pour bien orthographier les adverbes de dérivation

• L'orthographe des **adverbes de dérivation** a ses règles, mais aussi ses exceptions : il faut donc faire un effort de mémoire.

• L'adverbe formé sur les adjectifs en ***-ent*** ou ***-ant***, à trois exceptions près, s'écrit avec **la voyelle de l'adjectif** et un **double *-m***.
Vaillant → *vaillamment*
Décent → *décemment*

➤ pour reconnaître les adverbes de manière

• Les **adverbes de dérivation** en ***-ment***, ***-emment*** et ***-amment*** expriment une circonstance de manière : ce sont des **adverbes de manière**.

• Il existe aussi des **adverbes lexicaux** qui sont **adverbes de manière**.
Bien, mieux, vite, mal, …

OBJECTIF

Bien orthographier ces adverbes de dérivation.

Je m'exerce

1 ★ **Donne l'adverbe de manière correspondant aux adjectifs ci-dessous.**

a. Galant → ……………………

b. Élégant → ……………………

c. Excessif → ……………………

d. Récent → ……………………

e. Fréquent → ……………………

2 ★ **Complète les colonnes du tableau.**

Adverbes de dérivation	Adjectifs
a. ……………	patient
savamment	b. ……………
c. ……………	courant
étonnamment	d. ……………
e. ……………	heureux
passivement	f. ……………

3 ★★ **Remplace les groupes de mots, compléments circonstanciels de manière, par un adverbe de même sens.**

a. Il s'habille avec élégance.

……………………

b. Il réfléchit avec intelligence au problème posé.

……………………

c. Ils fêtent avec joie leur mariage.

……………………

d. Lisez avec attention le mode d'emploi.

……………………

e. Saluez avec complaisance vos nouveaux voisins.

……………………

f. Nous supportons avec patience ses caprices.

……………………

4 ★★ **Souligne les adverbes de manière et précise leur nature dans le tableau qui suit le texte.**

Un mort s'en allait tristement
S'emparer de son dernier gîte ;
Un Curé s'en allait gaiement
Enterrer son mort au plus vite.
Notre défunt était en carrosse porté,
Bien et dûment empaqueté,
Et vêtu d'une robe, hélas! qu'on nomme bière, …

Jean de LA FONTAINE.

Adverbes lexicaux	Adverbes de dérivation
……………	……………
……………	……………
……………	……………

5 ★★ **Complète les phrases ci-dessous avec l'un des adverbes suivants :** ***humblement – mortellement – aveuglément – franchement – gloutonnement.***

a. Il est …………………… atteint.

b. Notre étourdie agit …………………….

c. Les loups mangent …………………….

d. Il nous dit tout fort …………………….

e. Il m'aborde …………………….

6 ★★ **Associe les adverbes et les expressions négatives avec *sans* qui sont synonymes.**

a. sans cesse	1. difficilement
b. sans délai	2. constamment
c. sans courtoisie	3. incessamment
d. sans facilité	4. discourtoisement
e. sans prudence	5. lâchement
f. sans courage	6. imprudemment

……………………

……………………

……………………

Français

21 La formation des mots et des familles de mots

Je retiens l'essentiel

La formation des mots

• **Les mots de la langue française sont en majorité issus du latin.**

En latin : *rosa* en français : ***la rose***
consul → ***le consul***
murus → ***le mur***
filius → ***le fils***

• **Il existe aussi un fonds gaulois, grec, germanique et de nombreux emprunts aux langues néo-latines (italien, espagnol, portugais).**

cervoise, *charrue*, … (gaulois) ; *pédagogie*, *photographie*, *téléphone*, … (grec) ; *blé*, *fauteuil*, *guerre*, … (germanique) ; *balcon*, *bambin*, *caporal*, *valise*, … (italien) ; *camarade*, *cédille*, *cigare*, *romance*, … (espagnol) ; *banane*, *fétiche*, *pintade*, … (portugais).

• **À partir de ces diverses sources, les mots se sont formés selon deux procédés principaux :** dérivation **et** composition**.**

Dérivation : on ajoute un suffixe et/ou un préfixe à un radical.
***tour* → *tour*ner ; *tour*noiement ; *tour*nage ; en*tour*er.**

Composition : on ajoute un autre mot à un mot existant.
*chou-**fleur** ; coffre-**fort** ; arc **de triomphe** ; **porte**-clés ; …*

Les familles de mots

• **Définition :** une famille de mots est l'**ensemble des mots** qui peuvent **se grouper autour d'un même radical** d'où ils sont tirés par dérivation ou composition.

***Peuple**, peupler, peuplement, peuplade, dépeupler, dépeuplement, surpeuplé, surpeuplement.* (famille de mots **par dérivation**)

***Raison**, raisonnable, raisonnablement, raisonneur, déraison, déraisonner, déraisonnable, déraisonnablement.* (famille de mots **par dérivation**)

***Mobile**, automobile, immobile, immobilisation, mobiliser, démobiliser* (famille de mots **par dérivation**)

***Port**, porter, portage, portatif, porte-bouteilles, portefeuille, porte-cartes, porte-cigarettes, porte-monnaie, …* (famille de mots par **dérivation** et par **composition**)

• Le sens des **mots dérivés** varie en fonction des préfixes ou suffixes :
adoré → *adorable* (suffixe de capacité) = que l'on peut adorer ;
mobile → *immobile* (suffixe négatif) = qui ne bouge pas .

• Le sens des **mots composés** se constitue à partir des termes de la composition :
clairvoyant (*clair* et *voyant*) = qui voit avec une grande clarté d'esprit ;
porte-fenêtre = ouverture qui sert en même temps de porte et de fenêtre.

Je comprends comment faire

➤ pour utiliser les préfixes et suffixes

• Ce sont les indices de la formation des mots par dérivation : ils ne peuvent pas être employés de façon autonome.

Pompier est un mot dérivé de ***pompe*** ; ***-ier*** ne peut être employé seul.

➤ pour reconnaître les mots formés par composition

• Le trait d'union est un indice suffisant mais pas nécessaire.
Portefeuille, gendarme, vinaigre, rampe de lancement, char d'assaut, garde de nuit sont des mots formés par composition et ne portent pas de trait d'union.

OBJECTIF

Consolider les appropriations et acquis lexicaux.

Je m'exerce

1 ★ **Distingue le radical du préfixe dans les mots suivants.**

	radical	préfixe
a. *Transporter*	………………	………………
b. *Endormir*	………………	………………
c. *Retour*	………………	………………
d. *Déposer*	………………	………………
e. *Confusion*	………………	………………

2 ★ **Distingue le radical du suffixe dans les mots suivants.**

	radical	suffixe
a. *Épicier*	………………	………………
b. *Localiser*	………………	………………
c. *Aviateur*	………………	………………
d. *Discothèque*	………………	………………
e. *Gardiennage*	………………	………………

3 ★ **Relève le mot composé inscrit dans la phrase ci-dessous.**

Elle n'aimait la mer qu'à cause de ses tempêtes et la verdure seulement lorsqu'elle était clairsemée parmi les ruines.

Gustave FLAUBERT, *Madame Bovary.*

4 ★★ **Forme un mot composé avec chacun des mots suivants.**

a. *Garde :* ……………………………………

b. *Clair :* ……………………………………

c. *Canapé :* ……………………………………

d. *Bas :* ……………………………………

e. *Feu :* ……………………………………

5 ★★ **Précise la nature des mots qui composent les termes ci-dessous.**

a. *Pause-café*

……………………………………

b. *Amour-propre*

……………………………………

c. *Croque-monsieur*

……………………………………

d. *Cache-cache*

……………………………………

e. *Rouge-gorge*

……………………………………

6 ★★★ **Dans le poème ci-dessous relève une série de mots de la même famille.**

Les manèges déménagent.
Manèges, ménageries, où ? ... et pour quels voyages ?
Moi qui suis en ménage
Depuis... ah ! y a bel âge !
de vous goûter, manèges
Je n'ai plus... que n'ai-je ? ...
L'âge.
Les manèges déménagent.
Ménager manager
De l'avenue du Maine
Qui ton manège mène
Pour mener ton ménage !
Ménage ton manège
Manège ton ménage
Mets des ménagements
Au déménagement.
Les manèges déménagent.
Ah ! vers quels mirages ?
Dites pour quels voyages
Les manèges déménagent.

Max JACOB, *Avenue du Maine.*

7 ★★★ **Sur le modèle des deux vers suivants, écris une suite de verbes de la même famille dans des relatives développant un antécédent.**

Mon pauvre cœur est un hibou
Qu'on cloue, qu'on décloue, qu'on recloue.

Guillaume APOLLINAIRE.

……………………………………

……………………………………

……………………………………

Français

22 Les champs lexicaux

Je retiens l'essentiel

• **On appelle champ lexical l'ensemble des mots se rapportant à un même thème.**
Par exemple, le champ lexical de **la souffrance** dans les quatre premiers vers de la fable *L'oiseau blessé d'une flèche*.

__Mortellement atteint__ d'une flèche empennée,
Un oiseau __déplorait__ sa __triste__ destinée,
Et disait en __souffrant__ un surcroît de __douleur__ :
Faut-il contribuer à son propre __malheur__ ?

Jean de LA FONTAINE.

• **Un texte littéraire contient généralement plusieurs champs lexicaux.**
Champ lexical de l'amour et champ lexical de l'**armée en guerre** dans ce *Poème à Lou*.

Je pense à toi mon Lou ton cœur est ma __caserne__
Mes sens sont tes __chevaux__ ton souvenir est ma __luzerne__

Le ciel est plein ce soir de __sabres__ d'__éperons__
Les __canonniers__ s'en vont dans l'ombre lourds et prompts

Mais prés de moi je vois sans cesse ton image
Ta bouche est la __blessure__ ardente du __courage__

Nos __fanfares__ éclatent dans la nuit comme ta voix
Quand je suis __à cheval__ tu trottes près de moi.

Guillaume APOLLINAIRE.

• **Les champs lexicaux peuvent s'associer en s'opposant.**
Champ lexical de la défaite et de la **victoire** pour cette définition poétique de la conquête amoureuse.

C'est une __paix__ qui n'a point de durée,
C'est une guerre au combat assurée,
Où le vaincu reçoit toute la __gloire__,
Et le __vainqueur__ a perte en sa __victoire__.

Pierre de RONSARD.

Je comprends comment faire

➤ pour relever les champs lexicaux

Il faut **recenser les mots qui renvoient à une même idée**, une **même réalité**.

• Un **champ lexical** peut se constituer à partir de **mots de la même famille**.
Chant, chanter, chanteur, chanson.

• Un **champ lexical** peut se constituer à partir de **mots synonymes**.
Jean Lapin allégua la __coutume et l'usage__. — Jean de LA FONTAINE.
Un saint homme de chat, __bien fourré, gros, et gras__… — Jean de LA FONTAINE.

• Un **champ lexical** peut se constituer à partir de mots appartenant au **même domaine**. Dans *Les Devineresses*, La Fontaine se sert d'un lexique qui appartient au **domaine de la prédiction**.

Une femme à Paris faisait la __Pythonisse__.
On l'allait __consulter__ sur chaque événement…
Chez la __devineuse__ on courait…
Elle passait pour un __oracle__…
L'__oracle__ était logé dedans un galetas…
Le galetas devint l'__antre de la Sibylle__.

Jean de LA FONTAINE.

OBJECTIF

Savoir distinguer familles de mots et champs lexicaux.

Je m'exerce

1 ★ **Entoure le mot intrus dans chacun des champs lexicaux suivants.**

a. Politesse, révérence, civil, civilité, salut, brutal, sourire.

b. Guerre, général, drapeau, assaut, char, avion, panier.

c. Argent, banque, dettes, crédit, araignée, bourse, rembourser.

d. Soleil, étoile, planète, météore, astre, livre, lune.

e. Cahier, école, tableau, cartable, craie, pneu, bulletin.

2 ★ **Quels champs lexicaux sont associés dans ces deux listes de mots ?**

a. Courage, ardeur, combat, assaut, épée, héros, bravoure.

b. Sanglots, départ, oubli, fatal, éloignement, regrets, mélancolie, séparation.

3 ★ **Quels champs lexicaux sont opposés dans ces deux listes de mots ?**

a. Bois, lac, oiseaux, palais, embarras, foule, boutiques, chaumière.

b. Avare, cigale, dépense, coffre, largesse, dette, intérêt, imprévoyance.

4 ★★ **Quel champ lexical est mis en place dans les huit premiers vers de la fable *Le Jardinier et son seigneur* ?**

Un amateur du jardinage,
Demi Bourgeois, demi Manant
Possédait en certain Village
Un jardin assez propre, et le clos attenant.
Il avait de plant vif fermé cette étendue.
Là croissait à plaisir l'oseille et la laitue,
De quoi faire à Margot pour sa fête un bouquet,
Peu de jasmin d'Espagne, et force serpolet.

Jean de LA FONTAINE.

5 ★★ **Quel champ lexical vient contredire le premier vers mais justifier le titre de la fable ?**

Le Lion devenu vieux

Le lion, terreur des forêts
Chargé d'ans, et pleurant son antique prouesse,
Fut enfin attaqué par ses propres sujets,
Devenus forts par sa faiblesse.
Le Cheval s'approchant lui donne un coup de pied,
Le Loup un coup de dent, le Bœuf un coup de corne.
Le malheureux Lion, languissant, triste, et morne,
Peut à peine rugir, par l'âge estropié.
Il attend son destin, sans faire aucunes plaintes,
Quand voyant l'Âne même à son antre accourir :
Ah ! c'est trop, lui dit-il : je voulais bien mourir ;
Mais c'est mourir deux fois que souffrir tes atteintes.

Jean de LA FONTAINE.

6 ★★ **Quelle famille de mots constitue le champ lexical inscrit dans cette réplique de *L'École des femmes* ?**

ARNOLPHE

Voyez comme raisonne et répond la vilaine !
Peste! une précieuse en dirait-elle plus ?
Ah ! je l'ai mal connue, oui ma foi ! là-dessus
Une sotte en sait plus que le plus habile homme
(Haut)
Puisque en raisonnement votre esprit se consomme,
La belle raisonneuse, est-ce qu'un si long temps
Je vous aurai pour lui nourrie à mes dépens ?

MOLIÈRE.

Français

23 Les registres de langue

Je retiens l'essentiel

• **On distingue habituellement trois registres de langue.**
– Le **registre soutenu** : il est le plus souvent caractéristique du discours **écrit**.
– Le **registre courant** : il représente ce que l'on peut appeler l'**oral public**.
– Le **registre familier** : il comporte plusieurs **sous-niveaux** qu'on distingue avec les qualificatifs suivants : **populaire**, **vulgaire** ou **argotique**.

• Entre les trois registres il y a des **différences de lexique.**
Soufflet (soutenu), *gifle* (courant), *baffe* (familier).
Se hâter (soutenu), *se dépêcher* (courant), *se grouiller* (familier).

• Entre les trois registres il y a des **différences de prononciation.**

Je prends le métro.
J'prends le métro. (familier)

• Entre les trois registres il y a des **différences de syntaxe.**
Il ne faut pas.
Faut pas. (familier)
As-tu compris ?
T'as compris ? (familier)

• **Le registre familier est surtout un registre d'oral. Mais de nombreux auteurs, pour des raisons de vraisemblance sociale, écrivent ou font parler leurs personnages avec un discours familier.**
Gabriel hausse les épaules. Il ne dit rien. Il saisit la valoche à Zazie « Ah ! les salauds, s'écrie Zazie, ah ! les vaches. Me faire ça à moi. »

Raymond QUENEAU, *Zazie dans le métro.*

Ça te la coupe, monsieur l'enfonceur, reprit le forçat en regardant le célèbre directeur de la police judiciaire.

Honoré de BALZAC, *Le Père Goriot.*

Je comprends comment faire

➤ pour bien utiliser les registres de langue

• Il faut, **à l'écrit, éviter certaines tournures familières** que l'usage banalise.
– Ne pas écrire *ça* sans se rappeler que ce mot est familier et représente *cela*.
– Ne pas écrire le verbe *embêter* qui reste familier.
– Ne pas oublier la négation *ne*.

• Il faut, **à l'écrit**, pour les sujets d'imagination, **prendre en compte la personne** que l'on fait parler ou dont on parle.

• **On choisit avec vraisemblance le registre de langage,** comme le font les romanciers ou les dramaturges.

*On appelait les camarades qui **avaient l'air bon zig**. Le **gueuleton** s'étalait, gagnait de proche en proche, tellement que le quartier de la Goutte-d'Or entier sentait la **boustifaille**...*

Émile ZOLA, *L'Assommoir.*

• **Bien lire** à haute voix un texte, c'est **respecter les tons** et **niveaux de langage** qui y apparaissent.

OBJECTIF

Savoir reconnaître la signification sociale du langage.

Je m'exerce

1 ★ **Caractérise le niveau de langue des phrases ci-dessous en entourant la bonne réponse.**

a. Il fallut qu'un gardien la reconduisît jusqu'à la porte.

Soutenu Courant Familier

b. Nana grandissait, devenait garce.

Soutenu Courant Familier

c. Plus de mousse sur le caillou.

Soutenu Courant Familier

d. Elle était toujours tentée de lui demander l'adresse du merlan qui lui faisait la raie.

Soutenu Courant Familier

e. Sur les tas de sable, entre les bancs, des gamins jouaient encore, dans la nuit croissante.

Soutenu Courant Familier

f. Et la seule sensation qui persistait en elle, au milieu de l'anéantissement de son être, était celle d'un froid de chien, d'un froid aigu et mortel, comme elle n'en avait jamais éprouvé.

Soutenu Courant Familier

Émile Zola, *L'Assommoir.*

2 ★★ **Souligne les mots ou expressions qui dans les phrases suivantes introduisent la familiarité.**

C'était pour me semer en réalité ce subterfuge.

Ce monde est, je vous l'assure, qu'une immense entreprise à se foutre du monde. Quand les grands de ce monde se mettent à vous aimer, c'est qu'ils vont vous tourner en saucisson de bataille.

Danton n'était pas éloquent pour des prunes.

Louis-Ferdinand Céline,
Voyage au bout de la nuit.

3 ★★ **Souligne les tournures incorrectes.**

Cet Espagnol pauvre militaire, possédait une case aussi lui. Il a bien rigolé, il me semble, quand je lui ai eu raconté tous mes malheurs et ce que j'en avais fait moi de la mienne de case ! La sienne c'est vrai, elle se présentait un peu mieux, mais pas beaucoup. Son tourment à lui spécial, c'était les fourmis rouges.

Louis-Ferdinand Céline,
Voyage au bout de la nuit.

4 ★★ **Précise le niveau de langue des citations suivantes.**

a. La valeur n'attend pas le nombre des années. Corneille.

b. Qui veut noyer son chien l'accuse de la rage. Molière.

c. À vaincre sans péril, on triomphe sans gloire. Corneille.

d. Garde-toi tant que tu vivras /De juger les gens sur la mine. Jean de La Fontaine.

e. Les torgnoles aplatissent au mur tout ce qui ne peut pas se défendre et riposter : enfants, chiens ou chats. L.-F. Céline.

5 ★★ **Présente en un registre courant les phrases ci-dessous.**

a. Je m'en vais de nuit et de jour
Au lieu d'où plus on ne retourne.

Ronsard.

....

....

b. Je désertais un monde dont j'avais foulé la poussière et compté les ...étoiles, pour un monde de qui la terre et le ciel m'étaient inconnus .

Chateaubriand.

....

....

....

Français

24

Les divers types de textes

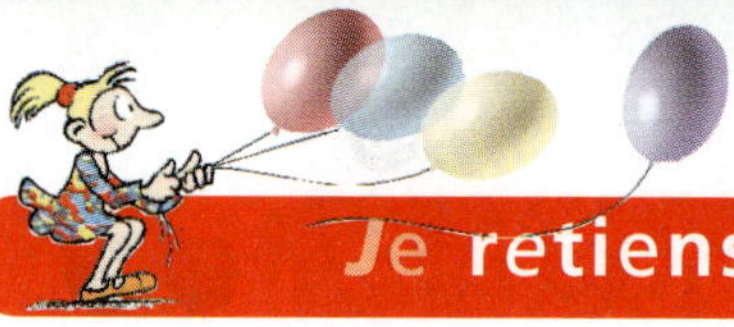

Je retiens l'essentiel

• **On distingue trois types de textes.**
– Les **textes narratifs** : ils rapportent des faits, des actions, des propos.
– Les **textes descriptifs** : ils décrivent des êtres et des choses.
– Les **textes explicatifs** : ils expliquent pour faire comprendre ou pour convaincre.

Le texte narratif

• C'est **un récit d'événements** (vrais ou fictifs) rapportés par quelqu'un qu'on désigne du nom de **narrateur**.

Elle était en train de broder quelque chose ; et son nez droit, son menton, toute sa personne se découpait sur le fond de l'air bleu. Gustave FLAUBERT.

• Le **temps de la narration** est, dans le récit classique, **postérieur** à celui des **événements** narrés : le narrateur raconte un passé proche ou lointain.

Il était une fois… *En 1515…* *Hier, …*

Le texte descriptif

• C'est **un discours** qui s'attache à proposer au lecteur **les principaux caractères d'un objet** ou d'une **personne**.

Description : Par terre, dans les angles, étaient rangés, debout, des sacs de blé. C'était le trop-plein du grenier proche, où l'on montait par trois marches de pierre.
Gustave FLAUBERT.

Portrait : Il avait les épaules larges, le buste bien développé, les muscles apparents, des mains épaisses… Sa figure… Sa voix… Il était obligeant et rieur… Honoré de BALZAC.

Le texte explicatif

• C'est **un discours** qui expose **les relations logiques** ou **chronologiques** existant entre des faits ou des comportements.

Il faut autant qu'on peut, obliger tout le monde :
On a souvent besoin d'un plus petit que soi. Jean de LA FONTAINE.
Lien logique entre bienveillance et assistance.

La chétive pécore s'enfla si bien qu'elle creva. Jean de LA FONTAINE.
Lien chronologique entre l'enflure de la grenouille et sa mort.

• **Le texte explicatif privilégie** l'emploi des **conjonctions de coordination** (*mais*, *ou*, *et*, *donc*, *or*, *ni*, *car*), **connecteurs logiques**, ou des **adverbes de temps** du type *d'abord*, *ensuite*, *enfin*.

Je comprends comment faire

➤ pour distinguer facilement l'intention d'un texte

• Il faut savoir le caractériser de **narratif, descriptif** ou **explicatif.**

On en précise ainsi **l'intention première** et on comprend ensuite plus facilement le sens du texte.

Rien ne sert de courir ; il faut partir à point.
Le lièvre et la tortue en sont un témoignage. Jean de LA FONTAINE.

Le lecteur attend une histoire, une fable, qui va expliquer et justifier la vérité présentée dans le premier vers.

Rincez, séchez, puis ciselez les brins de basilic.

Le lecteur lit une consigne qui lui explique la réalisation d'une recette culinaire.

OBJECTIF

Identifier les différents types de textes.

Je m'exerce

1 ★ **Précise les deux champs lexicaux qui s'opposent dans cet extrait.**

(*Germinal* *a pour sujet les conditions de vie des mineurs. Catherine Maheu a quinze ans et travaille à la mine*).

Quatre heures sonnèrent au coucou de la salle du rez-de-chaussée, rien encore ne remua, des haleines grêles sifflaient accompagnées de deux ronflements sonores. Et brusquement ce fut Catherine qui se leva. Dans sa fatigue, elle avait, par habitude, compté les quatre coups du timbre, à travers le plancher, sans trouver la force de s'éveiller complètement. Puis, les jambes jetées hors des couvertures, elle tâtonna, frotta enfin une allumette et alluma la chandelle. Mais elle restait assise, la tête si pesante, qu'elle se renversait entre les deux épaules, cédant au besoin invincible de retomber sur le traversin.

Émile ZOLA, *Germinal*.

2 ★ **Relis ce texte transposé au présent. Quelles actions contraires la conjugaison ne distingue-t-elle plus ?**

Quatre heures sonnent au coucou de la salle du rez-de-chaussée, rien encore ne remue, des haleines grêles sifflent accompagnées de deux ronflements sonores. Et brusquement c'est Catherine qui se lève…

3 ★ **Quel temps du passé met en valeur l'action principale dans ce même extrait ?**

4 ★ **Combien de verbes conjugués y a-t-il dans cette description ? Quel est le lexique dominant ?**

Maintenant, la chandelle éclairait la chambre, carrée à deux fenêtres, que trois lits emplissaient. Il y avait une armoire, une table, deux chaises de vieux noyer, dont le ton fumeux tachait durement les murs peints en jaune clair. Et rien autre, des hardes pendues à des clous, une cruche posée sur le carreau, près d'une terrine rouge servant de cuvette…

Émile ZOLA, *Germinal*.

5 ★★ **Quels verbes indiquent qu'on a là un discours narratif qui décrit le déroulement d'une action passée ? Quel lexique associe un portrait à la narration ?**

Cependant, Catherine fit un effort désespéré. Elle s'étirait, elle crispait ses deux mains dans ses cheveux roux qui lui embroussaillaient le front et la nuque. Fluette pour ses quinze ans, elle ne montrait de ses membres, hors du fourreau étroit de sa chemise, que des pieds bleuis, comme tatoués de charbon, et des bras délicats, dont la blancheur de lait tranchait sur le teint blême du visage déjà gâté par les continuels lavages au savon noir. Un dernier bâillement ouvrit sa bouche un peu grande aux dents superbes, dans la pâleur chlorotique des gencives, pendant que ses yeux gris pleuraient de sommeil combattu, avec une expression douloureuse et brisée, qui semblait enfler de fatigue sa nudité entière…

Émile ZOLA, *Germinal*.

6 ★★ **Distingue dans le tableau ci-dessous les traits du portrait de Catherine qui sont significatifs de jeunesse et ceux qui sont significatifs de misère.**

Jeunesse	Misère
....	....
....	....
....	....
....	....
....	....

Français

25 Les indices de l'énonciation : indices spatio-temporels déictiques

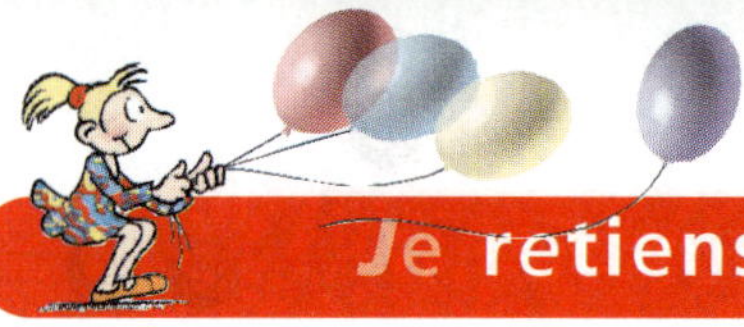

Je retiens l'essentiel

• L'acte d'énonciation est un **acte de communication** qui s'accomplit dans une situation particulière qu'on appelle **situation d'énonciation**.

Quand est-on en situation d'énonciation ?

On accède à la situation d'énonciation quand on peut dire :
• **qui parle**, qui est le **locuteur** ou **destinateur** ?
• qui est **l'interlocuteur** ou **destinataire** ?
– Les pronoms personnels des 1re et 2e personnes signalent la présence du destinateur et du destinataire.

Nous vous voiturerons, par l'air, en Amérique.
destinateur
Vous verrez mainte République. Jean de LA FONTAINE.
destinataire

– L'énoncé à la troisième personne laisse la situation d'énonciation dans l'implicite.
Légère et court vêtue, elle allait à grands pas. Jean de LA FONTAINE.
Le narrateur ici s'adresse au lecteur, mais cette situation de communication n'est pas marquée dans l'énoncé.

• **Le lieu et le moment de l'énonciation.**
Ceci se fait grâce aux indices spatio-temporels qui sont :
– les temps des verbes ;
– les adverbes, les adjectifs, les démonstratifs qui indiquent le lieu ou le temps et qu'on appelle **déictiques**.
Ce soir, je vous invite à souper avec elle. MOLIÈRE.

Je comprends comment faire

➤ pour distinguer une situation d'énonciation

• Il faut **chercher** dans l'énoncé, dans le texte, la réponse aux questions : **qui parle** ? **à qui** ? **où** ? **quand** ?
Oui, c'est Agamemnon, c'est ton Roi qui t'éveille. RACINE.
Qui vous apprend, impertinente bête,
À parler devant moi le chapeau sur la tête ? MOLIÈRE.

• **Les dialogues** dans les récits, dans les textes de théâtre, sont très éclairants sur la situation d'énonciation.

Arnolphe
Hé bien! Agnès, je suis de retour de voyage ;
En êtes-vous bien aise ? MOLIÈRE.

• **Le discours autobiographique** s'inscrit dans une situation d'énonciation où le ***Je*** peut s'adresser directement au lecteur.
Lecteur pitoyable, partagez mon affliction.
Avant que d'aller plus loin, je dois au lecteur mon excuse ou ma justification.
Jean-Jacques ROUSSEAU, *Les Confessions.*

• **Les récits à la troisième personne ne laissent rien entendre directement et explicitement de la situation d'énonciation.** En revanche, le narrateur se laisse découvrir dans certaines marques de son jugement.
La grosse dame s'arrondissait au comptoir. MAUPASSANT.
Nul quartier de Paris n'est plus horrible, ni, disons-le, plus inconnu.
Honoré de BALZAC.

OBJECTIF
Identifier la situation et le contexte d'énonciation.

Je m'exerce

1 ★ **Dans les énoncés ci-dessous souligne les mots qui désignent le destinataire.**

a. Frères humains qui après nous vivez
N'ayez les cœurs après nous endurcis.
François VILLON.

b. Si je mourais là-bas sur le front de l'armée
Tu pleurerais un jour ô Lou ma bien-aimée.
Guillaume APOLLINAIRE.

c. Ponocrates, mon ami, ces mouches ici m'aveuglent. RABELAIS.

d. Ô Temps suspends ton vol ! Et vous, heures propices,
Suspendez votre cours.
Alphonse de LAMARTINE.

2 ★ **Dans les énoncés ci-dessous souligne les mots qui désignent le locuteur ou renvoient à lui.**

a. Moi, c'est moralement que j'ai mes élégances. Edmond ROSTAND.

b. Et nous les petits, les sans-grades
Nous qui marchions fourbus, blessés, crottés, malades… Edmond ROSTAND.

c. Mon esprit n'admet point un pompeux barbarisme. BOILEAU.

d. J'ai déchiré ma vie et mon poème.
Louis ARAGON.

3 ★★ **Dans les énoncés ci-dessous souligne les mots qui représentent des indices spatio-temporels.**

a. L'automne s'obstine au flanc des côteaux… La campagne est calme et muette. André VIALATTE.

b. Iphis voit à l'église un soulier d'une nouvelle mode. Jean de La BRUYÈRE.

c. Je suis venue ici achever les beaux jours et dire adieu aux feuilles ; elles sont encore toutes aux arbres.
Madame de SÉVIGNÉ.

d. Me sera-t-il permis aujourd'hui d'ouvrir un tombeau devant la cour ?
BOSSUET.

4 ★★ **Relève dans cet extrait les mots (déictiques) qui pourraient s'accompagner d'un geste de présentation. Quelle est la nature de ces mots ?**

D'où vient que cet homme, qui a perdu depuis peu de mois son fils unique, et qui, accablé de procès et de querelles, était ce matin si troublé, n'y pense plus maintenant ? Ne vous en étonnez point : il est tout occupé à voir par où passera ce sanglier que les chiens poursuivent avec tant d'ardeur depuis six heures.
Blaise PASCAL.

5 ★★★ **Dans ce même extrait, relève les indices du dialogue.**

Français

26 La focalisation

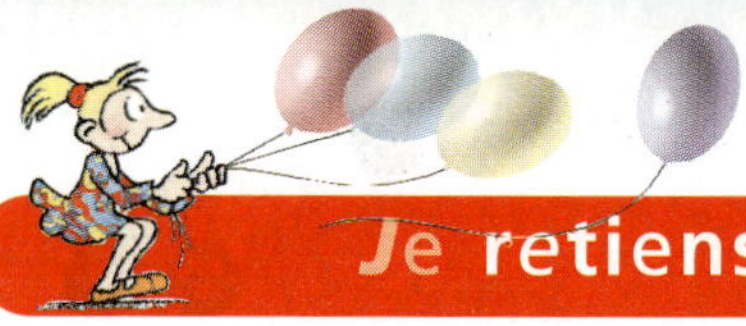

Je retiens l'essentiel

Définition

• **Le terme de focalisation est utilisé pour désigner le point de vue adopté par le narrateur pour faire son récit.**

On distingue trois types de focalisation

• La **focalisation zéro** : le **narrateur est omniscient** et peut évoquer aussi bien les actes que les pensées, aussi bien le présent et le passé que l'avenir.

M. de Nemours alla se renfermer chez lui, ne pouvant soutenir en public la joie d'avoir un portrait de Mme de Clèves. Il sentait tout ce que la passion peut faire sentir de plus agréable.

Madame de LA FAYETTE, *La Princesse de Clèves.*

• La **focalisation interne** : le narrateur s'efface. C'est du point de vue d'un personnage que se fait le récit.

Plantée devant l'assommoir, Gervaise songeait. Si elle avait eu deux sous, elle serait entrée boire la goutte. Peut-être qu'une goutte lui aurait coupé la faim. Ah ! elle en avait bu des gouttes ! Ça lui semblait bien bon tout de même.

Émile ZOLA, *L'Assommoir.*

• La **focalisation externe** : le narrateur s'en tient à un point de vue objectif qui rapporte seulement ce que le regard, tel une caméra, peut saisir.

Un jour vers midi du côté du Parc Monceau, sur la plate-forme arrière d'un autobus à peu près complet de la ligne S (aujourd'hui 84), j'aperçus un personnage au cou fort long…

Raymond QUENEAU, *Exercices de style.*

• **Dans un récit, plusieurs types de focalisations peuvent se succéder :**

La jeune femme ferma sa croisée et regarda à demi-cachée par le rideau de mousseline brodée de sa fenêtre (focalisation externe). *Elle pouvait avoir vingt-quatre ou vingt-cinq ans* (focalisation externe). *Lucien trouva dans ses yeux une expression singulière* (focalisation zéro) ; *était-ce de l'ironie, de la haine, ou tout simplement de la jeunesse et une certaine disposition à s'amuser de tout ?* (focalisation interne).

STENDHAL, *Lucien Leuwen.*

Je comprends comment faire

➤ pour savoir comment utiliser la technique de la focalisation

• Lorsque **le narrateur reste à l'extérieur** de l'histoire qu'il rapporte, il laisse au **lecteur** le soin **d'apprécier les événements** et **les personnages**.

• Si **le narrateur** adopte un point de vue **omniscient**, il domine les événements qu'il rapporte mais aussi les personnages qu'il met en place. **Le lecteur est conditionné** par tout ce que le narrateur tout-puissant met en place, tout ce qu'il suggère.

• **La focalisation zéro** et la **focalisation interne** peuvent **alterner** et se combiner : un verbe de perception suffit pour passer de l'une à l'autre.

Lorsqu'il parvint sur le seuil, il ***aperçut*** *la foule amassée, une foule noire, bruissante, venue là pour lui, pour lui Georges du Roy.* MAUPASSANT.

• Quand le **narrateur** et le **personnage** se confondent, dans les romans à la première personne, la **focalisation** est exclusivement **interne**.

OBJECTIF

Maîtriser les techniques d'écriture romanesque.

Je m'exerce

1 ★ **Précise quel est le mode de focalisation pour chacune des phrases suivantes.**

a. Deux hommes parurent. ....

L'un venait de la Bastille, l'autre du Jardin des Plantes. ....

L'aspect aimable de Bouvard charma de suite Pécuchet. ....

Gustave FLAUBERT.

b. Giton a le teint frais, le visage plein et les joues pendantes,l'œil fixe et assuré, les épaules larges, l'estomac haut, la démarche ferme et délibérée.

....

Il parle avec confiance.

....

Jean de LA BRUYÈRE, *Les Caractères*.

2 ★ **Quel est le verbe qui fait passer le récit de la focalisation zéro à la focalisation interne ?**

Alors, Gervaise se sentit étouffer, saisie d'un vertige d'angoisse, à bout d'espoir; il lui semblait que tout était fini, que les temps étaient finis, que Lantier ne rentrerait plus jamais.

Émile ZOLA, *L'Assommoir*.

....

3 ★★ **Transforme la phrase suivante pour qu'elle représente un mode de focalisation externe.**

Ils étaient au milieu du salon, lorsque Renée sentit leurs regards se fixer sur elle.

Émile ZOLA.

....

4 ★★ **Transforme la phrase suivante pour qu'elle représente un mode de focalisation zéro.**

C'était un homme de moyenne taille, trapu et robuste, dans la force de l'âge. Il pouvait avoir quarante-six ou quarante-huit ans.

Victor HUGO.

....

5 ★★ **Réécris le texte ci-dessous de façon à ce qu'il représente un récit en focalisation externe. Il faut pour cela procéder à des coupures.**

Il s'était arrêté au milieu du Pont-Neuf, et, tête nue, poitrine ouverte, il aspirait l'air. Cependant il sentait monter du fond de lui-même quelque chose d'intarissable, un afflux de tendresse qui l'énervait, comme le mouvement des ondes sous ses yeux. À l'horloge d'une église une heure sonna, lentement, pareille à une voix qui l'eût appelé.

Gustave FLAUBERT, *L'Éducation sentimentale*.

....

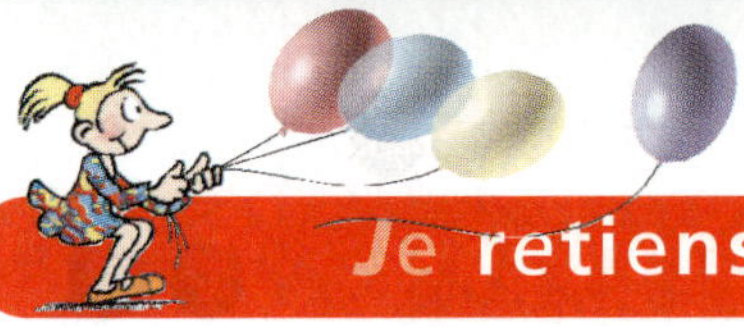

Je retiens l'essentiel

Trois figures de rapprochement ou figures par analogie

• La **comparaison** associe un comparé à un comparant.

*Tout Bourgeois veut bâtir **comme** les grands Seigneurs.* Jean de LA FONTAINE.

(Bourgeois : comparé ; comme : comparant)

• La **métaphore** est une comparaison implicite sans terme de comparaison.

*La nature est un **temple** où de vivants **piliers***
Laissent parfois sortir de confuses paroles. Charles BAUDELAIRE.

• La **personnification** est la représentation d'une chose ou d'une idée sous les traits d'une personne.

*Nature, **berce-le chaudement** : il a froid.* Arthur RIMBAUD.

Trois figures d'opposition

• L'**antithèse** oppose deux mots ou groupe de mots de même nature grammaticale.

*Le Médecin **Tant-pis** allait voir un malade*
*Que visitait aussi son confrère **Tant-mieux**.* Jean de LA FONTAINE.

• L'**oxymore** est l'association de deux termes incompatibles.

*Cette **obscure** clarté qui tombe des étoiles.* CORNEILLE.

*Pendant cette **boucherie héroïque**.* VOLTAIRE.

• L'**antiphrase** consiste à dire le contraire de ce que l'on veut dire. C'est bien souvent une figure d'ironie.

Ah Dieu ! que la guerre est jolie
Avec ses chants ses longs loisirs. Guillaume APOLLINAIRE.

Trois figures d'insistance

• L'**hyperbole** est une figure qui exagère pour mieux exprimer.

Vous êtes le Phénix des hôtes de ces bois. Jean de LA FONTAINE.

• L'**anaphore** est une suite de répétitions en début de phrases ou de vers. L'effet d'amplification est rythmique.

L'oiseau qui vole si doucement
L'oiseau rouge et tiède comme le sang
L'oiseau si tendre l'oiseau moqueur
L'oiseau qui soudain prend peur
L'oiseau qui soudain se cogne
L'oiseau qui voudrait s'enfuir… Jacques PRÉVERT.

• La **gradation** ou succession de mots classés par ordre croissant ou décroissant.

Va, cours, vole et nous venge. CORNEILLE.

Je comprends comment faire

➤ pour repérer ce qui fait l'originalité et la subtilité d'un texte

• Il faut reconnaître les principales figures de style.

• Il faut pouvoir se servir de ces figures à l'écrit.

➤ pour donner plus de vigueur à mon style

• **Les figures par analogie** sont **explicatives** et suggèrent des correspondances.

• **Les figures d'opposition** soulignent des **tensions** et des **contrastes** qui peuvent appuyer une réflexion critique, ironique.

• **Les figures d'insistance** sollicitent **l'émotion** du lecteur.

OBJECTIF

Enrichir le commentaire de textes.

Je m'exerce

1 ★ **Combien y a-t-il de comparaisons dans les deux tercets qui suivent ?**

Plus me plaît le séjour qu'ont bâti mes aïeux.
Que des palais romains le front audacieux ;
Plus que le marbre dur me plaît l'ardoise fine.
Plus mon Loire gaulois que le Tibre latin,
Plus mon petit Liré que le mont Palatin,
Et plus que l'air marin la douceur angevine.

Joachim Du BELLAY, *Les Regrets.*

....

2 ★ **Distingue dans ce quatrain métaphore et comparaison. Quelle image la métaphore introduit-elle ? Quelle image la comparaison développe-t-elle ?**

France, mère des arts, des armes et des lois,
Tu m'as nourri longtemps du lait de ta mamelle :
Ores, comme un agneau qui sa nourrice appelle,
Je remplis de ton nom les antres et les bois.

Joachim Du BELLAY, *Les Regrets.*

....

....

3 ★★ **Quelle figure l'anaphore de *Ainsi* vient-elle renforcer ?**

Voilà pourquoi Magny je chante jours et nuits
Ainsi chante l'ouvrier en faisant son ouvrage,
Ainsi le laboureur faisant son labourage,
Ainsi le pélerin regrettant sa maison,

Ainsi l'aventurier en songeant à sa dame,
Ainsi le marinier en tirant à la rame,
Ainsi le prisonnier maudissant sa prison.

Joachim Du BELLAY, *Les Regrets.*

....

4 ★★ **Quelle figure vient renforcer dans ces quatrains le parallèle entre le poète et le rossignol ?**

Rossignol mon mignon, qui par cette saulaie
Vas seul de branche en branche à ton gré voletant,
Et chantes à l'envi de moi qui vais chantant
Celle qu'il faut toujours que dans la bouche j'aie.

Nous soupirons tous deux ; ta douce voix s'essaie
De sonner l'amitié d'une qui t'aime tant,
Et moi, triste, je vais la beauté regrettant
Qui m'a fait dans le coeur une si aigre plaie.

RONSARD, *Pièces retranchées des Amours.*

....

5 ★★★ **Quels vers préparent le lecteur à entendre le vers 7 comme une antiphrase ?**

Le renard et les raisins

Certain renard Gascon, d'autres disent Normand,
Mourant presque de faim, vit au haut d'une treille
Des Raisins mûrs apparemment
Et couverts d'une peau vermeille.
Le galant en eût fait volontiers un repas ;
Mais comme il n'y pouvait atteindre :
Ils sont trop verts, dit-il, et bons pour des goujats.
Fit-il pas mieux que de se plaindre ?

Jean de LA FONTAINE, *Fables III, 11.*

....

....

....

....

....

....

....

Français

28 Comment lire un roman

Je retiens l'essentiel

• **Un roman est un discours construit avec :**
– un commencement ou **incipit** ;
– une fin ou **épilogue** ;
– un récit qui raconte une histoire ou **fiction**.

• **Un roman qui présente un récit linéaire se développe en cinq étapes : cette suite constitue le schéma narratif du roman.**
– **État initial** : lieu, temps, personnages, situation. C'est l'avant de l'histoire.
– **Complication** : un événement qui déclenche une action.
– **L'action dans ses évolutions** : amélioration ou détérioration.
– **Résolution** ou conséquences de l'action.
– **État final** : le nouvel équilibre. C'est l'après de l'histoire.

• **L'effet de réel, la vraisemblance de l'histoire romanesque, construisent l'illusion romanesque.**
Devant la barrière blanche aux piliers de brique, la famille et les domestiques attendaient.

MAUPASSANT, *Une Vie*.

• **Le narrateur peut se situer hors de la fiction ou y participer.**
– **Hors de la fiction**, il rapporte les faits à la 3e personne.
Jeanne, ayant fini ses malles, s'approcha de la fenêtre, mais la pluie ne cessait pas.

MAUPASSANT, *Une Vie*.

– **Présent dans la fiction**, il est un personnage du récit : personnage principal ou personnage secondaire.
Aujourd'hui, maman est morte. Ou peut-être hier, je ne sais pas.

Albert CAMUS, *L'Étranger*.

Je comprends comment faire

➤ pour comprendre la construction d'un roman

• Le roman représente une lecture qui **ramène au réel grâce à une fiction.** Ce réel peut présenter des **époques** et des **lieux** très **variés.**

Quelques jours après, le roi était chez la reine à l'heure du cercle ; l'on parla des horoscopes et des prédictions …

Madame de LA FAYETTE, *La Princesse de Clèves*.

Le lendemain matin l'officier descendit quand nous prenions notre petit déjeuner dans la cuisine.

VERCORS, *Le Silence de la mer*.

• **Les personnages** représentent la **force agissante** qui permet aux divers épisodes du récit de se succéder.

« M. le vicomte de Lamare nous a demandé ta main. »… Elle balbutia, rouge jusqu'aux cheveux : « Je veux bien, papa. »… Et la radieuse saison des fiançailles commença.

MAUPASSANT, *Une Vie*.

OBJECTIF

Maîtriser la construction de la fiction romanesque classique.

Je m'exerce

1 ★ **Voici une suite de six phrases empruntées à trois romans différents : retrouve le couple de phrases qui est extrait de chacun de ces romans.**

a. Le Prince de Clèves devint passionnément amoureux de Mlle de Chartres.

b. Quatre jours plus tard arriva la berline qui devait les emporter à Marseille.

c. Alors il regardait ma nièce, avec cette expression d'approbation à la fois souriante et grave qui avait été la sienne dès le premier jour.

d. Puis, pendant qu'on déchargeait les bagages, le voyage fut raconté devant le feu du salon.

e. Il leva les yeux sur ma personne et avec gravité hocha trois fois imperceptiblement la tête.

f. Elle passa tout le jour des fiançailles chez elle à se parer, pour se trouver au bal et au festin royal qui se faisait au Louvre.

2 ★★ **Distingue dans ces deux débuts de roman celui où le narrateur est un narrateur personnage. Justifie ta réponse.**

a. Il fut précédé par un grand déploiement d'appareil militaire. D'abord deux troufions, tous deux très blonds, l'un dégingandé et maigre, l'autre carré, aux mains de carrier. Ils regardèrent la maison, sans entrer. Plus tard vint un sous-officier. Le troufion dégingandé l'accompagnait. Ils me parlèrent, dans ce qu'ils supposaient être du français.

b. Elle savait que l'hiver était fini quand elle entendait le bruit de l'eau. L'hiver, la neige avait recouvert le village, les toits des maisons et les prairies étaient blancs. La glace avait fait des stalactites au bout des toits. Puis le soleil se mettait à brûler, la neige fondait et l'eau commençait à couler goutte à goutte de tous les rebords…

3 ★★ **Un même événement est évoqué dans les deux extraits suivants : les premières journées de la mobilisation générale en août 1914, à Paris. Quel est l'extrait où s'engage une action ?**

a. Mais voilà-t-y pas que juste devant le café où nous étions attablés un régiment se met à passer, et avec le colonel par-devant sur son cheval, et même qu'il avait l'air bien gentil le colonel ! Moi je ne fis qu'un bond d'enthousiasme… et me voici parti à m'engager, et au pas de course encore.

Louis-Ferdinand CÉLINE,
Voyage au bout de la nuit.

b. Rue de Rivoli, entre deux haies de curieux un régiment d'infanterie coloniale, en tenue de campagne défilait au pas cadencé, sans musique, dans un silence saisissant. Au passage des chefs de bataillon montés, la foule se découvrait.

Roger MARTIN DU GARD,
Les Thibault - L'Été 1914.

4 ★★★ **Voici le résumé du roman de Balzac *Les Chouans*. Complète le schéma narratif qui est proposé.**

En Bretagne, en 1799, le Marquis de Montauran organise une révolte royaliste contre le Directoire. Marie de Verneuil est chargée de faire tomber Montauran en le séduisant. Mais Marie et Montauran s'aiment vraiment et après bien des aventures ils se marient. Dans les heures qui suivent leur mariage, Marie et Montauran meurent, abattus par les troupes gouvernementales. Vingt-huit ans plus tard la région est paisible et la guerre civile vendéenne oubliée.

a. État initial : ……………………………

b. Complication : la décision du Directoire de faire agir une espionne.

c. L'action dans ses évolutions : l'espionne séduite et la passion partagée.

d. Résolution ou conséquences de l'action :

e. État final : ……………………………

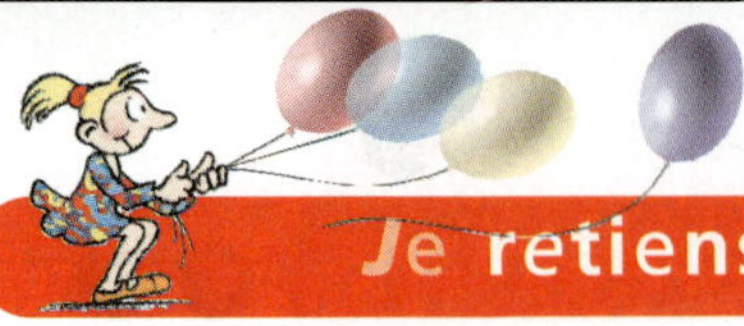

Je retiens l'essentiel

Un poème est un texte en vers qui comporte un travail créatif sur la langue.

Ô bonne France invincible,
Chante ta chanson paisible !
Chante, et regarde le ciel !
Ta voix joyeuse et profonde
Est l'espérance du monde !
Ô grand peuple fraternel !

Victor HUGO, *Les Châtiments*.

Trois genres principaux de textes poétiques

• Le genre **lyrique** où le poète exprime des **sentiments personnels**.

Je tombe je tombe je tombe / Avant d'arriver à ma tombe / Je repasse toute ma vie.

Louis ARAGON, *Le Roman inachevé*.

• Le genre **épique** où le poète raconte le **destin extraordinaire ou les prouesses d'un héros** dont l'existence est **légendaire** ou **historique**.

Roland sourit. « Il me suffit
De ce bâton. » Il dit, et déracine un chêne.
Sire Olivier arrache un orme dans la plaine [...]
Ils luttent maintenant, sourds, effarés, béants,
À grands coups de troncs d'arbres, ainsi que des géants.

Victor HUGO, *La Légende des Siècles*.

• Le genre **satirique** où le poète **fait la critique de son temps** et de **certains de ses contemporains**.

L'empire est là refait par quelques sacripants.
Bonaparte le Grand dormait. Quel guet-apens !
Il dormait dans sa tombe, absous par la patrie.
Tout à coup des brigands firent une tuerie
Qui dura tout un jour et du soir au matin .
Napoléon le Nain en sortit...

Victor HUGO, *Les Châtiments*.

Les diverses formes des poèmes

• **Le sonnet** : quatorze vers répartis en deux quatrains (2 x 4 vers) et deux tercets (2 x 3 vers).

• **L'épigramme** : poème bref qui dénonce avec esprit un travers.

• **L'ode** : suite de strophes symétriques en nombre variable.

• **L'écriture poétique** a longtemps obéi à des règles : les règles de la versification. C'est ainsi qu'elle s'est d'abord distinguée de la prose, langage de communication. Aujourdhui, l'écriture poétique ne s'interdit plus la prose (poème en prose) et utilise même parfois le dessin (calligramme).

Je comprends comment faire

➤ pour comprendre rimes et rythme d'un poème

• Il faut savoir repérer :

– le rythme des vers : vers réguliers (suite d'alexandrins [12 pieds], de décasyllabes [10 pieds], ou d'octosyllabes [8 pieds]) ou vers libres. Compter les pieds d'un vers c'est compter ses syllabes. On appelle **dièrèse** la prononciation détachée de deux voyelles qui se suivent . Ex : -ion → i-on.

– l'ampleur des strophes, c'est-à-dire leur nombre de vers.

– le jeu des rimes : rimes **féminines** (claire/faire) et **masculines** (pont/rond) ; rimes **pauvres** (1 son, malin-voisin), **suffisantes** (2 sons, patin-rotin), **riches** (3 sons, accourir-mourir).

OBJECTIF

Savoir repérer le travail et les principaux effets poétiques.

Je m'exerce

1 ★ **Pourquoi cette strophe doit-elle être appelée *quatrain* ?**

Elle était déchaussée, elle était décoiffée,
Assise, les pieds nus, parmi les joncs penchants ;
Moi qui passais par là, je crus voir une fée,
Et je lui dis : Veux-tu t'en venir dans les champs ?

Victor HUGO, *Les Contemplations*.

2 ★ **Pourquoi cette strophe doit-elle être appelée *tercet* ?**

De la postérité je n'ai plus le souci,
Cette divine ardeur, je ne l'ai plus aussi,
Et les Muses de moi, comme étranges, s'enfuient.

Joachim DU BELLAY, *Les Regrets*.

3 ★ **Relève toutes les marques de la 1re personne du singulier. À quel genre poétique faut-il rattacher ces vers ?**

Du temps que j'étais écolier,
Je restais un soir à veiller
Dans notre salle solitaire.
Devant ma table vint s'asseoir
Un pauvre enfant vêtu de noir,
Qui me ressemblait comme un frère.

Alfred de MUSSET, *Nuit de décembre*.

4 ★ **Autour de quel personnage se précise la tonalité épique des vers suivants ?**

Prophète centenaire, environné d'honneur,
Moïse était parti pour trouver le Seigneur.
On le suivait des yeux aux flammes de sa tête,
Et, lorsque du grand mont il atteignit le faîte,
Lorsque son front perça le nuage de Dieu
Qui couronnait d'éclairs la cime du haut lieu,
L'encens brûla partout sur les autels de pierre.

Alfred de VIGNY, *Moïse*.

5 ★★ **Précise le nombre de pieds dans chacun des vers ci-dessous. Dans quels vers y a-t-il diérèse ?**

Damoiselle Belette, au corps long et fluet, ...
Entra dans un Grenier par un trou fort étroit : .....
Elle sortait de maladie. .....
Là, vivant à discrétion, ...
La galande fit chère lie, ...
Mangea, rongea : Dieu sait la vie, ...
Et le lard qui périt en cette occasion. .....
La voilà pour conclusion .....
Grasse, maflue et rebondie. .....

Jean de LA FONTAINE, *Fables*.

6 ★★ **Définis le caractère des rimes pour chacun des vers suivants.**

Et six cent mille Hébreux, courbés dans la poussière,
À l'ombre du parfum par le soleil doré
Chantèrent d'une voix le cantique sacré ;
Et les fils de Lévi, s'élevant sur la foule,
Tels qu'un bois de cyprès sur le sable qui roule,
Du peuple avec la harpe accompagnant les voix,
Dirigeaient vers le ciel l'hymne du Roi des Rois.

Alfred de VIGNY, *Moïse*.

7 ★★ **Précise le genre et la forme du poème ci-dessous.**

L'autre jour, au fond d'un vallon
Un serpent piqua Jean Fréron.
Que pensez-vous qu'il arriva ?
Ce fut le serpent qui creva.

VOLTAIRE.

Français

30

Comment lire une pièce de théâtre

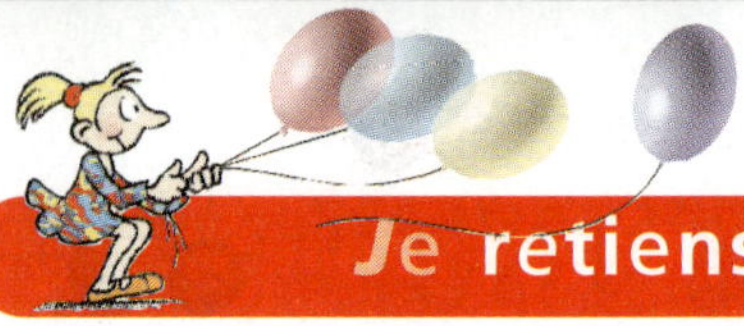

Je retiens l'essentiel

• **Le texte théâtral** est écrit pour être dit par des **acteurs**, sur une **scène**, devant un **public** : ainsi s'établit une **double situation de communication.**
Les personnages dialoguent entre eux ; l'auteur destine leurs propos au spectateur ou au lecteur. Ce dernier accède directement **au discours de l'auteur dans les didascalies** qui accompagnent le texte. Elles sont des notations concernant les personnages (noms, gestes, tons, costumes) ou le décor (éclairage, bruits).

ARNOLPHE *recevant un coup d'Alain*
Peste !

MOLIÈRE, *L'École des femmes*.

Le nom du personnage et le commentaire écrit en italique constituent deux didascalies : la première dit qui parle, la seconde indique un comique de gestes.

• **Le texte théâtral écrit** est constitué :
– de **dialogues** qui s'élaborent par un échange de **répliques** ;
– de **monologues** (discours qu'un personnage se fait à soi-même, prenant quelquefois à témoin le public) ;
– de **tirades** (longues répliques) ;
– d'**apartés**, propos d'un personnage accessibles au public, au lecteur, mais pas aux autres personnages de la pièce.

ARNOLPHE, *à part*
Ce mot et ce regard désarment ma colère…

MOLIÈRE, *L'École des femmes*.

• **On rencontre trois grands genres dramatiques.**
– La **comédie** (dans la tradition de la farce a pour but de faire rire ou sourire).
– La **tragédie** (pièce en vers, avec une action empruntée à l'histoire, la légende ou la mythologie, où des personnages illustres se débattent contre la fatalité).
– Le **drame** (pièce en vers ou en prose qui réunit des éléments comiques et tragiques).

• **Le grand siècle du théâtre français fut le XVIIe siècle, siècle du classicisme où l'on a pratiqué un théâtre soumis à des règles.**
– La règle des **trois unités** : une seule action, en un seul lieu en un seul jour.
– La règle de **vraisemblance** : ce qui a lieu sur la scène doit être crédible.
– La règle de **bienséance** : rien ne doit choquer le public (le sang et la mort en coulisses).

Je comprends comment faire

➤ pour étudier le comique d'une pièce

• **Il faut distinguer dans le texte et l'action :**
– le **comique de gestes** (coups de bâton, gestes manqués, grimaces) ;
– le **comique de mots** (mots déformés, impropres, grossiers) ;
– le **comique de situation** (surprises, quiproquos, méprises) ;
– le **comique de caractère** (idées fixes, manies, exagérations, contradictions).

➤ pour étudier le tragique

• Il faut reconnaître tout ce qui, dans le texte, peut faire naître **pitié** et **terreur**.

➤ pour bien comprendre l'action dramatique

• **Il faut bien voir :**
– l'intrigue qui s'engage dans **la première scène, scène d'exposition** ;
– l'intrigue qui s'achève et se résout dans **le dénouement**.

OBJECTIF

Maîtriser la communication théâtrale.

Je m'exerce

1 ★ **Combien y a-t-il de répliques dans l'extrait ci-dessous ?**

AGNÈS. – Hé ! il m'a…
ARNOLPHE. – Quoi ?
AGNÈS. – Pris…
ARNOLPHE. – Euh !
AGNÈS. – Le…

MOLIÈRE, *L'École des femmes.*

……………………………………………………

2 ★★ **Combien de vers constituent l'aparté dans la réplique suivante ?**

ARNOLPHE, *à part*
Ô fâcheux examen d'un mystère fatal,
Où l'examinateur souffre seul tout le mal !
(À Agnès)
Outre tous ces discours, toutes ces gentillesses,
Ne vous faisait-il point aussi quelques caresses ?

MOLIÈRE, *L'École des femmes.*

……………………………………………………

3 ★★ **Quels sont les mots qui dans les vers de cette tragédie peuvent inspirer au lecteur pitié et terreur ?**

PHÈDRE
Hélas ! du crime affreux dont la honte me suit
Jamais mon triste cœur n'a recueilli le fruit.
Jusqu'au dernier soupir, de malheurs poursuivie,
Je rends dans les tourments une pénible vie.

RACINE, *Phèdre.*

4 ★★ **Quelle partie du texte permet d'apprécier dans cette suite de répliques le comique de gestes ?**

MASCARILLE. – … Allez ôtez votre chaise d'ici.
DEUXIÈME PORTEUR. – Payez-nous donc, s'il vous plaît, Monsieur.
MASCARILLE. – Hem ?
DEUXIÈME PORTEUR. – Je dis, Monsieur, que vous nous donniez de l'argent, s'il vous plaît.
MASCARILLE, *lui donnant un soufflet.* – Comment, coquin, demander de l'argent à une personne de ma qualité !
DEUXIÈME PORTEUR. – Est-ce ainsi qu'on paye les pauvres gens ? Et votre qualité nous donne-t-elle à dîner ?
MASCARILLE. – Ah ! ah ! ah ! je vous apprendrai à vous connaître ! Ces canailles-là s'osent jouer à moi.
PREMIER PORTEUR *prenant un des bâtons de sa chaise.* – Çà ! payez-nous vitement !
MASCARILLE. – Quoi ?
PREMIER PORTEUR. – Je dis que je veux avoir de l'argent tout à l'heure.
MASCARILLE. – Il est raisonnable.

MOLIÈRE, *Les Précieuses ridicules.*

5 ★★★ **Précise pour chacun des extraits suivants si le comique dominant tient au comique de caractère, de situation ou de mots.**

a. ARGAN. – C'est pour moi que je lui donne ce médecin; et une fille de bon naturel doit être ravie d'épouser ce qui est utile à son père.

MOLIÈRE, *Le Malade imaginaire.*

b. MASCARILLE. – Attachez un peu sur ces gants la réflexion de votre odorat.

MOLIÈRE, *Les Précieuses ridicules.*

c. TOPAZE, *au tableau sans tourner la tête*
Monsieur Kerguézec, je n'ai pas besoin de tourner la tête pour savoir que c'est vous qui troublez la classe… Kerguézec ! À la porte… Je vous ai vu *(Silence de mort. L'élève Séguédille, la tête baissée, rigole doucement.)* Kerguézec, inutile de vous cacher. Je vous ordonne de sortir. *(Silence.)* Où est Kerguézec ?

L'ÉLÈVE CORDIER, *il se lève timidement*
Sieur, il est absent depuis trois jours…

TOPAZE, *démonté*
Ah ! il est absent ? Eh bien, soit, il est absent. Quant à vous M. Cordier, je vous conseille de ne pas faire la forte tête…

Marcel PAGNOL, *Topaze.*

Français

31 Comment faire une fiche de lecture

Je retiens l'essentiel

• **Faire une fiche de lecture c'est rendre compte de sa rencontre, avec un livre, un paratexte et surtout, bien sûr, un texte.**

Rendre compte du livre en tant qu'objet

Il faut présenter :

• le **volume** : relié ou broché, mince ou épais ;

• la **couverture** : avec le titre et le nom de l'auteur, avec ou sans illustration, avec le nom de l'éditeur et/ou de la collection ;

• la **quatrième de couverture** (au dos du volume) :

– soit elle informe sur le contenu et en propose des interprétations incitatives,

– soit elle propose un extrait significatif, emblématique de l'ensemble de l'ouvrage,

– soit elle présente l'auteur et quelques grands traits de sa biographie.

Rendre compte du paratexte

C'est commenter tout ce que proposent **la couverture** (titre et illustration)**, la quatrième de couverture** et les éventuelles **préfaces**.

Ces éléments précisent à quelle lecture le lecteur est préparé par le paratexte.

Rendre compte du texte

C'est analyser le texte à travers ses principaux constituants.

• L'**action**. On précise : temps, lieu ; personnages agissants ; situation initiale ; objectif poursuivi ; enchaînement des séquences ; dénouement.

• Les **forces agissantes**. On précise : leur nature (qui ou quoi fait avancer l'action) ; leur fonction (sujet, objet, adjuvant, opposant) ; le mode de présentation (qui voit).

• L'**énonciation**. On précise qui parle : identité du narrateur (narrateur absent ou présent, narrateur personnage).

• La **narration** : son ordre, son rythme.

• Le **style du texte**. On précise : la part des récits, des descriptions, des dialogues ; le ou les registres de langue utilisés.

• Les **contenus thématiques, sociaux et historiques** mis en place dans le texte. On précise : les thèmes abordés ; les différentes catégories sociales présentes dans l'œuvre ; les événements historiques ou culturels pouvant être évoqués.

• Au terme de ce parcours il faut arriver à **une synthèse** qui est une phase **d'interprétation** où l'on exprime **une impression dominante**.

Je comprends comment faire

EUREKA !

pour arriver à la synthèse finale d'une fiche de lecture

• Il faut passer d'abord par un travail de **décomposition** de l'œuvre.

• L'interprétation personnelle se formulera plus aisément si l'on part du titre de l'œuvre et si l'on vérifie son adéquation avec l'impression dominante qu'a laissée la lecture.

L'Assommoir *de Zola est un titre qui met en avant un café de Barbès où Coupeau et sa femme Gervaise vont se perdre en sombrant dans l'alcoolisme. Le cinéaste René Clément a adapté ce roman au cinéma, lui donnant pour titre* Gervaise *: l'héroïne lui a semblé plus importante que le thème de l'alcoolisme.*

OBJECTIF

Rendre compte de la maîtrise d'une oeuvre intégrale après lecture cursive.

Je m'exerce

1 ★

Est-ce l'action, les personnages ou le lieu de l'action que valorise chacun des titres suivants

a. *La Mare au diable* de George SAND.

b. *Manon Lescaut* de l'Abbé PRÉVOST.

c. *La Peste* d'Albert CAMUS.

2 ★★

D'après la quatrième de couverture retranscrite ci-dessous précise le nom de l'auteur du livre et les nom et prénom du personnage dont il fait le portrait.

Pour éviter le scandale et protéger les intérêts de leur fille, Bernard Desqueyroux, que sa femme Thérèse a tenté d'empoisonner, dépose de telle sorte qu'elle bénéficie d'un non-lieu. Enfermée dans la chambre, Thérèse tombe dans une prostration si complète que son mari, effrayé, ne sait plus quelle décision prendre. Doit-il lui rendre sa liberté ?

Dans ce livre envoûtant, François MAURIAC a réussi un portrait de criminelle fascinant.

3 ★★

Voici les premières et dernières lignes du roman de Jean Giono, *Le Chant du monde*. Comment se nomme le personnage principal du roman?

Début : La nuit. Le fleuve roulait à coups d'épaules à travers la forêt, Antonio s'avança jusqu'à la pointe de l'île.

Fin : « Après-demain, je pars pour Orges, qu'est-ce que tu en penses ?

– Rien, dit Antonio. »

Il pensait qu'il allait prendre Clara dans ses bras et qu'il allait se coucher avec elle sur la terre.

4 ★★

À quel genre romanesque se rattache le roman dont un extrait suit ?

L'inspecteur regarda vivement Maigret pour savoir si celui-ci ne plaisantait pas. Mais non! Le commissaire était grave, le regard rivé à une tache de soleil qui naissait au loin sur la mer.

Georges SIMENON, *Le Chien jaune*.

5 ★★★

Quelle action privilégie chacun des résumés ci-dessous ?

Colomba de Prosper MÉRIMÉE

a. Un jeune lieutenant, Orso, fait connaissance, en regagnant la Corse, sa terre natale, du colonel Nevil et de sa fille Lydia, dont il s'éprend. À son arrivée, sa sœur Colomba l'appelle à une vendetta contre les Barricini, meurtriers de leur père. Orso blessé par les frères Barricini, riposte et les abat. Il gagne aussitôt le maquis ; Colomba et Lydia le rejoignent. Ils sont capturés, mais Orso est considéré comme ayant agi en état de légitime défense. Il célèbre ses fiançailles avec Lydia, tandis que Colomba, implacable, savoure son triomphe en présence du vieux Barricini mourant.

Le Comte de Monte-Cristo d'Alexandre DUMAS

b. Le capitaine de vaisseau Edmond Dantès est accusé d'avoir croisé devant l'île d'Elbe pour recevoir un message de Napoléon. Il est arrêté et emprisonné, au château d'If. Quinze années passent. Dantès a pour compagnon de captivité l'abbé Faria. Celui-ci, avant de mourir, lui révèle l'existence de trésors fabuleux sur l'île de Monte-Cristo. Dantès se substitue au cadavre de l'abbé pour être jeté à la mer. Il se dégage et, recueilli par un bateau, il débarque sur l'île de Monte-Cristo et découvre le trésor. En possession de soixante millions, il prend le titre de comte de Monte-Cristo. Après avoir fait acte de justice en se vengeant de ses ennemis et en aidant ses amis, il s'en va vers l'Orient avec sa fiancée, Haydée.

Germinal d'Émile ZOLA

c. Étienne Lantier, jeune ouvrier sans travail, arrive à Montsou, pays minier du Nord de la France. Embauché, il prend pension chez des mineurs, les Maheu. Une grève éclate et Étienne tente de diriger la lutte. Au cours d'une émeute, le père Maheu est tué. À la reprise du travail, un mineur anarchiste, Souvarine, inonde la mine. Étienne voit mourir près de lui Catherine Maheu qu'il aimait. Il est sauvé, mais il ressort avec un profond sentiment d'échec. Il quitte Montsou pour aller à Paris. Sur le chemin du départ, la vue du printemps naissant éveille en lui l'espoir d'un « Germinal » social.

Je retiens l'essentiel

• **Les supports de l'image sont variés : le tableau, l'affiche, la photographie, la bande dessinée, le roman-photo, le film.**

La morphologie de l'image

• Le **cadrage**. La portion d'espace couverte par l'image s'appelle **plan** pour une image fixe, **champ** pour une image cinématographique :
- **plan général** ou plan d'ensemble : il montre tout le décor avec des personnages identifiables, mais réduits à des silhouettes ;
- **plan de demi ensemble** : il place le personnage dans son cadre ;
- **plan moyen** : il montre le personnage cadré en pied et souligne son attitude ou son action ;
- **plan rapproché** : le personnage est cadré à hauteur de la taille ou de la poitrine ;
- **plan américain** : le personnage est cadré à mi-cuisse ;
- **gros plan** ou **très gros plan** : le cadre isole par exemple un visage ou une partie du visage.

• Le **point de vue**. Les angles de prises de vue peuvent se présenter de trois façons :
- **angle normal** : image objective où ce qui est à voir est montré de face ;
- **plongée** : l'objet est vu d'un point situé en hauteur ;
- **contre-plongée** : l'objet est vu d'un point situé en contrebas.

La syntaxe des images

• Les **séquences** :
- une succession d'images (bande dessinée, film) forme une séquence, c'est-à-dire une unité de signification, grâce au lien chronologique, logique ou symbolique que l'esprit est invité à établir entre les images juxtaposées.

• Le **montage** :
- montage **réaliste** : succession chronologique et logique des images ;
- montage **non réaliste** : la suite des images trouve sa cohérence grâce à l'effort du spectateur qui l'ordonne et en saisit le lien symbolique.

Je comprends comment faire

➤ pour analyser une image

• Il faut retenir que :

– L'image emploie les ressources du dessin, de la couleur et de la photographie pour capter l'attention, séduire l'esprit, apporter des idées et des connaissances, ou susciter des sentiments.

– Une image isolée a un contenu de signification : le tableau, l'affiche publicitaire.

– Une séquence d'images a un contenu de signification qui rassemble la signification de chacune des images la constituant.

Par exemple :

PLANTU, *Wolfang, tu feras informatique !*

La récitation par cœur dénature la poésie amoureuse, la poésie du cœur.

OBJECTIF

Maîtriser la morphologie et la syntaxe des images.

Je m'exerce

1 ★ **Précise le type de plan retenu dans cette suite de tableaux :**

a. *L'abbaye de Port-Royal*, COCHIN. Château de versailles.

b. *L'avenue de l'Opéra*, PISSARO. Reims, Musée des Beaux-Arts.

c. *Les costumes bretons*, CHARPENTIER. Paris, Bibl. des arts et traditions populaires.

d. *La bohémienne*, FRANS HALS. Paris, Musée du Louvre.

2 ★★ **Par quel détail du tableau ci-dessous est justifié chacun des mots du titre ?**

a. La petite… : ....

b. marchande… : ....

c. de fruits… : ....

La petite marchande de fruits, MURILLO. Munich, Alte Pinakothek.

3 ★★★ **Ces deux poèmes peuvent se prêter à une mise en images. Dégage pour chacun d'eux les différentes séquences.**

a. Quartier libre

J'ai mis mon képi dans la cage
et je suis sorti avec l'oiseau sur la tête
Alors
on ne salue plus
a demandé le commandant
Non
on ne salue plus
a répondu l'oiseau
Ah bon
a dit le commandant
Vous êtes tout excusé tout le monde peut
se tromper
a dit l'oiseau.

b. Le cancre

Il dit non avec la tête
mais il dit oui avec le cœur
il dit oui à ce qu'il aime
il dit non au professeur
il est debout
on le questionne
et tous les problèmes sont posés
soudain le fou rire le prend
et il efface tout
les chiffres et les mots
les dates et les noms
les phrases et les pièges
et malgré les menaces du maître
sous les huées des enfants prodiges
avec les craies de toutes les couleurs
sur le tableau noir du malheur
il dessine le visage du bonheur.

Jacques PRÉVERT, *Paroles*.

....
....
....
....
....
....
....
....
....

1

Opérations de base

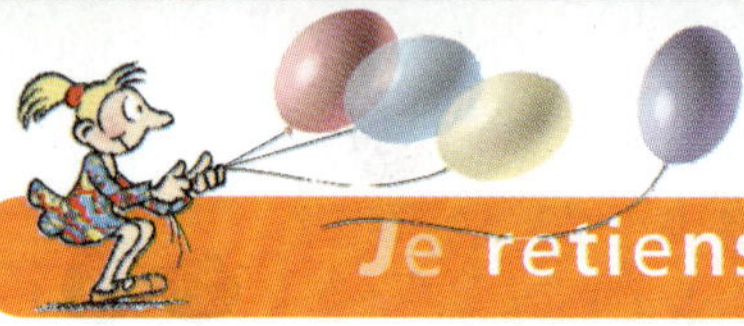

Je retiens l'essentiel

• **L'addition, la soustraction, la multiplication et la division sont des opérations de base.** On les effectue dans la vie de tous les jours.

• **Exemples**

– Un collège compte 346 filles et 378 garçons. En tout, il compte 346 + 378 élèves.

– Un article coûte 299 €. Il est soldé à 174 €. La réduction en euros, est de 299 − 174.

– Claudine a fait le plein avec 28 L de carburant. Le prix d'un litre est de 0,85 €. Elle a payé en euros 28 × 0,85.

– Philippe a coupé un fil métallique de 12,50 m en 4 fils de même longueur. En mètres, la longueur d'un fil est de 12,50 : 4.

• **Vocabulaire**

En mathématiques, on désigne par **somme** le résultat d'une addition, par **différence** le résultat d'une soustraction, par **produit** le résultat d'une multiplication et par **quotient** celui d'une division.

Je comprends comment faire

➤ pour additionner 30 472,67 et 8 598,5

À la main :

```
  30472,67
+  8598,5
----------
  39071,17
```

Mentalement : ordre de grandeur de chacun des termes et de la somme :
30 000 + 10 000 = 40 000

À la machine : 30 472.67 [+] 8598.5 = [39071.17]

➤ pour soustraire 417,04 de 4 085

À la main :

```
  4085,00
−  417,04
---------
  3667,96
```

Mentalement : ordre de grandeur de chacun des termes et de la différence :
4 000 − 400 = 3600

À la machine : 4 085 [−] 417.04 = [3667.96]

➤ pour multiplier 3,22 par 5,9

À la main :

```
   322
×   59
------
  2898
 1610
------
 18998
```

Mentalement : ordre de grandeur de chacun des facteurs et du produit :
3 × 6 = 18

À la machine : 3.22 [×] 5.9 = [18.998]

→ donc 3,22 × 5,9 = 18,998 (en tout 3 chiffres après la virgule)

➤ pour diviser 780 par 24

À la main :

```
780 |24
 60 |32,5
120 |
 00 |
```

Mentalement : ordre de grandeur du dividende, du diviseur et du quotient :
800 : 25 = (100 : 25) × 8 = 4 × 8 = 32

À la machine : 780 [÷] 24 = [32.5]

OBJECTIF

Utiliser les 3 formes de calcul.

Je m'exerce

1 Calcule mentalement.

★

a. 512 + 1037 + 963 + 88 ……………

b. 26 400 − 6 500 ……………

c. 100,25 × 4 ……………

d. 12 016 : 8 ……………

2 Effectue les opérations.

★

a.
```
   54,879
+ 649,739
+ 806,465
---------
 ………
```

b.
```
  4967218,07
−  370829,125
-------------
 ………
```

c.
```
  38764
×    53
-------
 ………
 ………
-------
 ………
```

d.
```
163,5 | 25
      |------
………  | ………
………  |
………  |
```

3 1. Vérifie que 4 783 × 37 = 176 971.

★

2. Trouve mentalement :

a. 47 830 × 3 700 ……………

b. 4,783 × 37 ……………

c. 47,83 × 0,37 ……………

d. 176 971 : 4 783 ……………

e. 176 971 : 47,83 ……………

4 Calcule.

★

a. 45,82 × 0,01 ……………

b. 0,058 × 10 000 ……………

c. 690,43 : 1000 ……………

d. 72,403 : 0,01 ……………

e. 0,001 × 0,01 ……………

5 Complète avec l'unité convenable.

★★

a. 5 094 cm = 5,094 ………

b. 9,456 kg = 94 560 ………

c. 400 775 mL = 400,775 ………

d. 3,5 t = 3 500 ………

e. 20 820 s = 5…… 47 ………

6 Écris en euros à l'aide d'une virgule.

★★

a. 42 € 35 cents ……………

b. 95 cents ……………

En 1998, un euro était estimé à 6,50 F.
Complète les égalités.

c. 56,55 F = …………… €

d. 43, 20 € = …………… F

e. 60 cents = …………… F

7 Complète les égalités.

★★★

a. 3 h 28 min 15 s = ………… s

b. 2 j 4 h 36 min = ………… min

c. 456 min = ……… h ……… min

d. 4 539 s = ……… h ……… min ……… s

e. 4 539 min = ……… j ……… h ……… min

8 Examine le tableau pour compléter.

★★★

	départ	arrivée	distance en km
à vélo	8 h 20	9 h 05	12
en voiture	9 h 30	11 h 25	148

a. À vélo, Camille a parcouru ………… km en ………… min, et en voiture ………… km en ………… h ………… min.

b. En tout, elle a parcouru ………… km en ………… h ………… min, ou en ………… min.

c. En moyenne, sa vitesse a été de ………… km/h.

9 Complète avec le nombre convenable.

★★

a. 43,98 + ………… = 647,01

b. 542,95 − ………… = 48,45

c. 56 × ………… = 1 120

d. 95 : ………… = 47,5

10 Insère deux signes + pour que l'égalité soit vraie.

★★★

a. 4 3 7 8 9 2 0 7 = 1 039

b. 2 3 7 4 9 9 1 1 5 = 9 401

Mathématiques

Mathématiques

2 Parenthèses

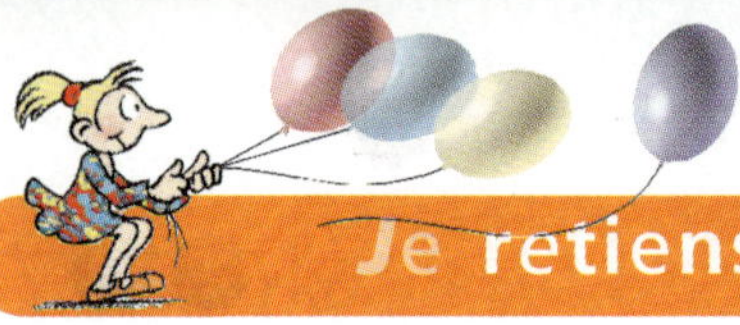

Je retiens l'essentiel

• **Voici un rectangle de dimensions 15 m et 9 m.**

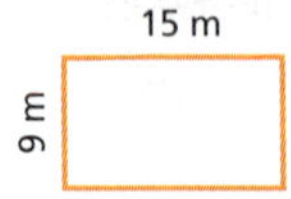

Pour trouver son périmètre en mètres :
– on calcule son demi-périmètre 15 + 9 ;
– on multiplie le demi-périmètre 24 par 2.

Ces deux lignes d'opérations peuvent être groupées en une seule. Pour cela, on utilise les parenthèses.
Ainsi, en mètres, $2 \times (15 + 9)$ est le périmètre du rectangle.
Les parenthèses ( ) servent à grouper les opérations.
Pour les supprimer, on remplace leur intérieur par un seul nombre.
$2 \times (15 + 9) = 2 \times 24 = 48$

• **Vocabulaire**
15 + 9 est la somme de 15 et 9.
$2 \times (15 + 9)$ est le double de la somme de 15 et 9.

• **Les parenthèses imposent un ordre de calcul :**
Voici deux expressions A et B, écrites avec des nombres et des signes identiques. Elles ont des valeurs différentes à cause des parenthèses.

A = 100 − (50 + 18)		B = (100 − 50) + 18
= 100 − 68		= 50 + 18
= 32		= 68

Je comprends comment faire

➤ pour supprimer des parenthèses

Exemple : 100 − (33,8 + 29,3 + 17,4)
• **1re étape :** on calcule l'intérieur des parenthèses : = 100 − 80,5
• **2e étape :** on effectue la soustraction : = 19,5

➤ pour grouper à l'aide de parenthèses puis effectuer

Exemple : Marc et Lucie ont gagné 1505 et 1546 euros. Ils ont payé un loyer de 1000 €, des mensualités de 746 € et des frais divers de 919 €. Quel est le montant de leurs économies en euros ?

• **1re étape :** La somme 1505 + 1546 représente leurs gains à eux deux (en euros).
• **2e étape :** La somme 1000 + 746 + 919 représente leurs dépenses (en euros).
• **3e étape :** La différence (1505 + 1546) − (1000 + 746 + 919) représente le montant de leurs économies.

Pour le trouver :
• **1re étape :** on effectue les calculs entre parenthèses.
• **2e étape :** on calcule la différence.

(1505 + 1546) − (1000 + 746 + 919)
= 3051 − 2665
= 386

➜ Leurs économies s'élèvent donc à 386 €.

OBJECTIF
Savoir utiliser les parenthèses.

Je m'exerce

1 ★ **Calcule mentalement.**

a. (324 − 25) + (1078 + 122) ……………

b. 5 × (128 : 4) ……………

c. 12 × 2 × (73 − 48) ……………

d. (66 : 3) × 101 ……………

2 ★ **Effectue.**

a. (657 + 343) + 587 ……………

b. 657 + (343 + 587) ……………

c. 657 + 343 + 587 ……………

Quelle remarque peux-tu faire ?

3 ★ **Effectue.**

a. (4,5 × 7) × 2 ……………

b. 4,5 × (7 × 2) ……………

c. 4,5 × 7 × 2 ……………

Quelle remarque peux-tu faire ?

4 ★ **Effectue.**

a. (897,4 − 590) − 307,4 ……………

b. 897,4 − (590 − 307,4) ……………

c. (627 : 3) : 2 ……………

d. 627 : (3 : 2) ……………

Quelle remarque peux-tu faire?

5 ★★ **Écris l'expression puis calcule-la.**

a. Le double de la différence de 46 et 27.

b. Le produit de la somme de 49 et 11 et de la différence de 72 et 29.

c. Le quotient de la somme de 36,8 et 13,2 et de la différence de 52,25 et 50,65.

6 ★★ **Utilise les parenthèses pour trouver la différence des deux périmètres. (Unité : cm)**

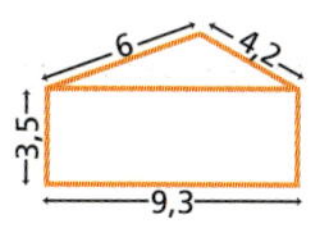

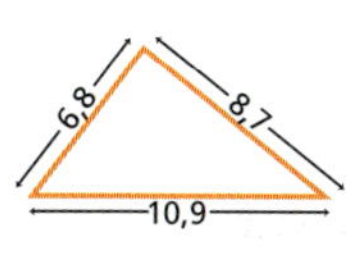

7 ★★ **Calcule l'aire grisée. (Unité : cm)**

a.

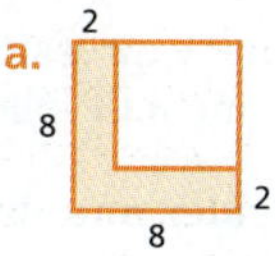

b.

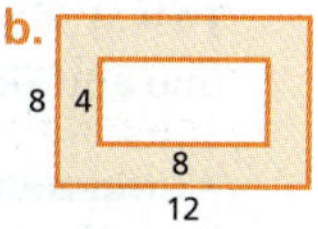

8 ★★★ a. **Quelle est l'abscisse de A ? De B ?**

b. **Calcule la somme des produits des abscisses de A et B et des abscisses de C et D.**

9 ★★★ **Les parenthèses ont été effacées. Retrouve-les pour que l'égalité soit vraie.**

a. 309,6 − 237,6 + 52 = 20

b. 45,2 × 12,5 + 7,5 + 96 = 1000

c. 65 : 130 × 0,5 = 1

d. 45,9 + 3,1 × 6,5 + 3,5 = 490

10 ★★★ Le prix d'un téléviseur est de 1645 €. Un vendeur propose 2 formules de paiement :

A. 45 € comptant et 15 mensualités de 110 €.

B. 500 € comptant et 12 mensualités de 98 €.

a. **Quelle économie réalise-t-on en achetant comptant, dans chacun des cas ?**

b. **À crédit, quelle est la formule la plus économique ?**

11 ★★★ Paul marche à une vitesse de 4,5 km/h. À vélo, sa vitesse est le triple.

Combien d'heures et de minutes met-il pour parcourir à vélo 31,5 km ?

12 ★★★ Je suis un décimal. En m'ajoutant 3,2 et 4,05, puis en multipliant mon tout par 100, on trouve 960. **Je suis :**

☐ 3,25 ☐ 5,75 ☐ 3,5 ☐ 2,35

Mathématiques

3 Suite d'opérations

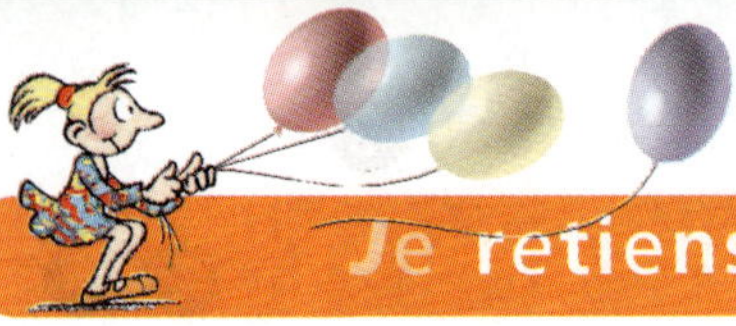

Je retiens l'essentiel

• **Exemple de suite d'opérations**

$10 + 4 \times 5$ est une expression sans parenthèses. Elle est la suite de deux opérations : une addition et une multiplication.

• **Comment calculer une suite d'opérations ?**

La suite d'opérations $10 + 4 \times 5$ pourrait être égale à : $10 + 4 = 14$ et $14 \times 5 =$ **70** ;
ou bien à : $4 \times 5 = 20$ et $10 + 20 =$ **30**.

Or, les réponses 70 et 30 sont différentes, donc un des deux calculs doit être choisi. Les mathématiciens ont décidé de choisir le second calcul, c'est-à-dire **d'effectuer la multiplication en premier**.

• **Qu'en est-il de $37 - 2 \times 5$? De $19{,}4 + 20 : 5$? De $32 : 8 \times 4$? De $25 + 15 - 4 \times 2$?**

Réponses : $37 - 2 \times 5$ est la suite d'une soustraction et d'une multiplication.
$19{,}4 + 20 : 5$ est la suite d'une addition et d'une division.
$32 : 8 \times 4$ est la suite d'une division et d'une multiplication.
$25 + 15 - 4 \times 2$ est la suite d'une addition, d'une soustraction et d'une multiplication.

Le calcul de ces expressions sans parenthèses se fait selon certaines règles.

Dans une suite d'opérations, et en l'absence de parenthèses, on effectue de gauche à droite, les multiplications et les divisions, puis les additions et les soustractions.

• **Une expression contenant des parenthèses peut-elle être une suite d'opérations ?**

Réponses : $5 \times (12 + 6) - 3$ contient des parenthèses et est une suite d'opérations. Pour la calculer, on supprime d'abord les parenthèses en remplaçant leur intérieur par un seul nombre, puis on applique les règles de calcul d'une expression sans parenthèses.

Je comprends comment faire

➤ **pour calculer les expressions du paragraphe précédent**

$10 + 4 \times 5$
$= 10 + 20$
$= 30$

$37 - 2 \times 5$
$= 37 - 10$
$= 27$

$19{,}4 + 20 : 5$
$= 19{,}4 + 4$
$= 23{,}4$

$32 : 8 \times 4$
$= 4 \times 4$
$= 16$

$25 + 15 - 4 \times 2$
$= 25 + 15 - 8$
$= 40 - 8$
$= 32$

$5 \times (12 + 6) - 3$
$= 5 \times 18 - 3$
$= 90 - 3$
$= 87$

OBJECTIF

Appliquer les règles de calcul.

Je m'exerce

1 ★ **Calcule mentalement.**

a. $7 \times 4 + 12$ ....

b. $9{,}2 + 5{,}4 \times 2$ ....

c. $4{,}7 - 0{,}47 \times 10$ ....

d. $45 + 45 \times 2 + 7{,}5 \times 2$ ....

e. $500 - 300 : 2$ ....

f. $479 - 99 + 1$ ....

2 ★ On donne les entiers :

a. 458 b. 2306 c. 435 029

1. Écris en lettres chacun de ces entiers.

2. Utilise l'addition et la multiplication pour décomposer ces entiers dans le système décimal.

3 ★ **Vrai ou faux ?**

	V	F
a. $54{,}89 + 0{,}11 \times 100 = 5500$	☐	☐
b. $3{,}44 \times 2{,}7 - 0{,}7 = 6{,}88$	☐	☐
c. $7{,}6 + 2{,}4 \times 5 + 89 = 139$	☐	☐
d. $9{,}12 - 0{,}12 : 3 + 4 = 7$	☐	☐
e. $54 + 68 - 18 : 4 = 122$	☐	☐
f. $675 - 398 + 2 = 275$	☐	☐

4 ★★ **Vrai ou faux ?**

	V	F
a. Le produit de 5 et de la somme de 9 et 12 s'écrit $5 \times (9 + 12)$.	☐	☐
b. La différence de 7 et du produit de 3 et 10 s'écrit $7 - 3 \times 10$.	☐	☐
c. Le produit des sommes de 4 et 9 et de 5 et 12 s'écrit $(4 + 9) \times (5 + 12)$.	☐	☐

5 ★★ **Complète les pointillés avec les signes $<$ ou $>$.**

a. $23 \times 14 + 5$ ..... $23 \times (14 + 5)$

b. 23×14 (5 ..... $23 \times (14 - 5)$

c. $(28 + 37) \times 29+11$ ..... $28+37 \times (29+11)$

d. $456+327 - 89 - 62$ ..... $456 + 327 - (89 - 62)$

e. $455 - 25 : 0{,}1$ ..... $455 : 25 - 0{,}1$

6 ★★★ Il s'agit de calculer l'aire du triangle grisé.

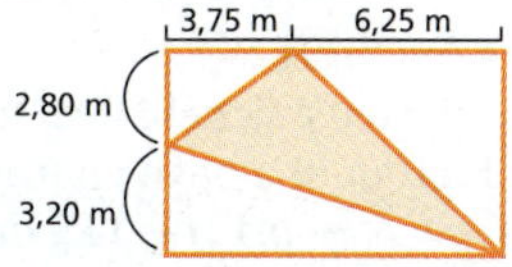

a. **Quelle est l'aire du rectangle ?**

b. **Quelle est la somme des aires des triangles blancs ?**

c. **Quelle est l'aire du triangle grisé ?**

7 ★★★ On souhaite carreler une salle rectangulaire avec des carreaux de forme carrée de 30 cm de côté.

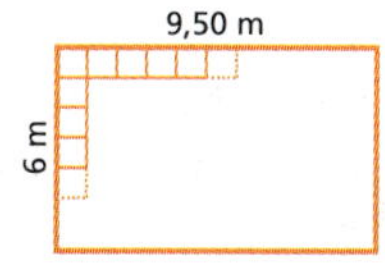

Combien de carreaux doit-on acheter en tout ?

☐ 633 ☐ 634 ☐ 640

8 ★★ a. Je suis un décimal. La somme de mon double et de mon triple est de 750. **Qui suis-je ?**

b. Je suis un décimal. La différence de mon triple et de mon double est de 7,5. **Qui suis-je ?**

9 ★★★ Voici les dimensions en mètres de la chambre de Frédéric : $3{,}25 \times 3{,}60$; hauteur : 2,80 ; la fenêtre : $1{,}20 \times 1{,}10$ et la porte : $0{,}90 \times 2{,}10$.

Réponds en cochant la case convenable.

a. **Le périmètre de la chambre est de :**

☐ 13,70 m ☐ 12,10 m ☐ 12,80 m

b. **L'aire totale des murs est de :**

☐ 33,88 m² ☐ 35,84 m² ☐ 38,36 m²

c. **L'aire de la fenêtre et de la porte est de :**

☐ 0,6 m² ☐ 3,21 m² ☐ 3,50 m²

d. Frédéric voudrait peindre sa chambre.

L'aire totale à peindre est de :

☐ 27,76 m² ☐ 35,15 m² ☐ 34,86 m²

Mathématiques

4 Distributivité

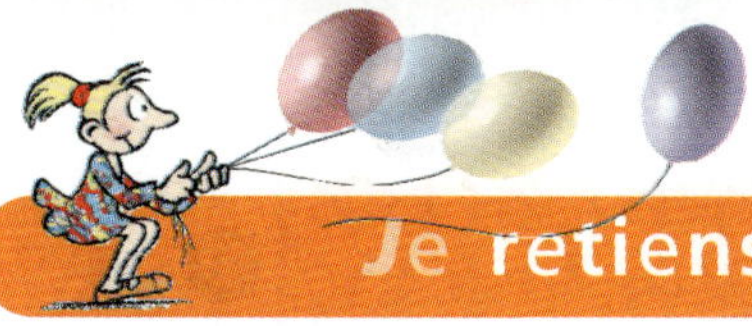

Je retiens l'essentiel

• **La distributivité concerne la multiplication, l'addition et la soustraction.**

• Exemple :

Cyprien a acheté 3 kg de pommes à 12 F le kg, et 3 kg de carottes à 5 F le kg.
En tout, il a payé en francs :

➜ prix de 3 kg de pommes + prix de 3 kg de carottes.

Soit : $3 \times 12 + 3 \times 5$.

Ou bien :

➜ prix d'un kg de pommes + prix d'un kg de carottes. Le tout fois 3.

Soit : $(12 + 5) \times 3$

La première expression est sans parenthèses. La seconde est avec parenthèses.
Elles sont toutes les deux égales. On écrit : $3 \times 12 + 3 \times 5 = 3 \times (12 + 5)$ ou
$\mathbf{3 \times (12 + 5) = 3 \times 12 + 3 \times 5}$, et on dit que :
la multiplication est distributive par rapport à l'addition.

• **De même la multiplication est distributive par rapport à la soustraction.**

Exemple : $\mathbf{20 \times (15 - 5) = 20 \times 15 - 20 \times 5.}$

Vérifions : $20 \times (15 - 5) = 20 \times 15 - 20 \times 5$

$= 20 \times 10 = 300 - 100$

$= \mathbf{200} = \mathbf{200}$

• **Vocabulaire**

– l'expression $3 \times (12 + 5)$ a des parenthèses. Elle est le produit des deux facteurs 3 et $(12 + 5)$;

– L'expression $3 \times 12 + 3 \times 5$ n'a pas de parenthèses. Elle est la somme de 3×12 et 3×5. On dit qu'elle est le **développement** de $3 \times (12 + 5)$.

Je comprends comment faire

➤ pour développer

(**J'applique** la **distributivité** pour **supprimer** les **parenthèses**.)

- $5 \times (2{,}3 + a) = 5 \times 2{,}3 + 5 \times a = 11{,}5 + 5a$
- $k \times (a + b) = k \times a + k \times b = ka + kb$
- $k \times (a - b) = k \times a - k \times b = ka - kb$

➤ pour factoriser

(**J'applique** la **distributivité** pour écrire sous forme d'un **produit de facteurs.**)

- $7 \times 12 + 7 \times a = 7(12 + a)$
- $ka + kb = k(a + b)$
- $ka - kb = k(a - b)$

➤ pour simplifier (signifie : écrire plus simplement)

- $9a + 4a = (9 + 4)a = 13a$
- $15{,}8a - 4a = (15{,}8 - 4)a = 11{,}8a$

➤ pour décomposer un nombre en un produit de facteurs

- $35 = 5 \times 7$
- $30 = 2 \times 3 \times 5$
- $78 = 2 \times 3 \times 13$

➤ pour trouver le plus grand facteur commun à deux nombres

• Il faut d'abord **décomposer** chaque nombre **en produit de facteurs** (voir ci-dessus).

• 5 est le plus grand facteur commun à 35 et 30. 2×3 (ou 6), est celui de 30 et 78.

OBJECTIF

Savoir développer ou factoriser.

Je m'exerce

1 ★ **Vrai ou faux ?**

	V	F
a. $7 \times a = 7\,a$	☐	☐
b. $5 \times 7 \times a = 57\,a$	☐	☐
c. $5 \times (4 + 9) = 5\,(4 + 9)$	☐	☐
d. $a \times (3 - b) = a\,(3 - b)$	☐	☐
e. $m \times 6 = 6\,m$	☐	☐
f. $b \times a = a \times b = a\,b$	☐	☐

2 ★ **Développe.**

a. $3{,}2 \times (5 + a)$ ……………………
b. $100\,(3{,}89 + x)$ ……………………
c. $5{,}4 \times (6 - t)$ ……………………
d. $83\,(a - b)$ ……………………
e. $a\,(12 + c)$ ……………………
f. $x\,(5 - a)$ ……………………

3 ★ **Décompose en un produit de facteurs.**

a. 25 ……………………
b. 28 ……………………
c. 36 ……………………
d. 45 ……………………
e. 60 ……………………

4 ★★ **Vrai ou faux ?**

	V	F
a. $5 + (2 \times 4) = 5 + 2 \times 5 + 4$	☐	☐
b. $7 - (3 \times 2) = 7 \times 3 - 7 \times 2$	☐	☐
c. $7 \times (3 - 2) = 7 \times 3 - 7 \times 2$	☐	☐
d. $a\,(2 + 5) = 7a$	☐	☐
e. $7\,a + 3 = 10\,a$	☐	☐
f. $13\,m - 5 = 8\,m$	☐	☐

5 ★★ **Factorise.**

a. $3 \times 5 + 5\,a$ ……………………
b. $30\,x - 25\,y$ ……………………
c. $a\,b + a\,c$ ……………………
d. $9\,a + 9\,b + 9\,c$ ……………………
e. $18\,a\,b - 9\,c$ ……………………
f. $36\,a - 36 \times 1$ ……………………

6 ★★ **Calcule mentalement.**

a. $3{,}74 \times 96 + 3{,}74 \times 4$ …………
b. $103 \times 63{,}94 - 3 \times 63{,}94$ …………
c. $593 \times 8 + 593 \times 2$ …………
d. $1012 \times 4{,}098 - 12 \times 4{,}098$ …………
e. $4{,}9 \times 27 + 4{,}9 \times 23 + 4{,}9 \times 50$ …………
f. $578{,}34 \times 0{,}68 + 578{,}34 \times 0{,}32$ …………

7 ★★ **Utilise la distributivité pour calculer.**

a. 480×101 ……………………
b. 504×99 ……………………
c. $74{,}9 \times 11$ ……………………

8 ★★ **Applique la distributivité pour simplifier.**

a. $35x + 4{,}8x$ ……………………
b. $8a - 3a$ ……………………
c. $9y - 2y + 4y$ ……………………
d. $15t + 8t + t$ ……………………

9 ★★★ **Complète les pointillés.**

a. $56\,(a + 2 - x) =$ …… + …… − ……
b. $3{,}2\,($….. + ….. $+ c) = 3{,}2\,m + 6{,}4 +$ …..
c. $t\,(8 -$ ……. $+ y) =$ ……. $- a\,t +$ …….
d. ……. $\times (7 + a - b) = 17{,}5 +$ ……. − …….

10 ★★★ **Factorise.**

a. $36a + 45b + 27$ ……………………
b. $25 + 50x - 100a$ ……………………
c. $28ab - 49a + 63ac$ ……………………

11 ★★★ **ABCD est un carré de 30 cm de côté.**

On augmente le côté AB de 25%.

L'aire du rectangle obtenu est de :

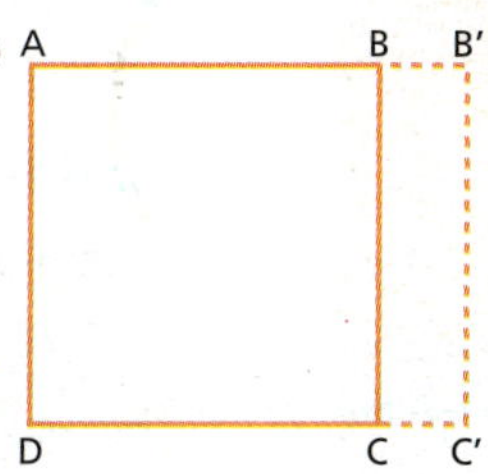

☐ 1650 cm² ☐ 1406,25 cm² ☐ 1125 cm²

Mathématiques

5 Calculatrice

Je retiens l'essentiel

• **La calculatrice est un outil de calcul rapide ou un moyen de vérification.**
Un modèle de base contient généralement les touches + − × ÷ relatives aux quatre opérations, et la touche √ « racine carrée » qu'on utilisera à partir de la 4e. Son écran affiche huit chiffres.

• **Une calculatrice de collège a plus de touches.** Dans cette leçon, on s'intéressera aux touches +, −, ×, ÷, aux touches parenthèses ( ) et aux touches relatives à la mémoire d'une calculatrice M+, M−, MR et MC.

• **Une calculatrice de collège connaît les règles de calcul et de priorité.**
Elle sait calculer une suite d'opérations avec ou sans parenthèses. Il suffit de rentrer « correctement » les données de gauche à droite !

Exemple :
$(5 + 5) \times 4 =$ 40 et $5 + 5 \times 4 =$ 25

• **Touches concernant la mémoire d'une calculatrice :**

M+ ajoute le nombre affiché au contenu de la mémoire.

M− retranche le nombre affiché au contenu de la mémoire.

MR affiche le contenu de la mémoire sur l'écran.

MC efface le contenu de la mémoire et la remet à zéro.
(Quand la mémoire n'est pas à zéro, une lettre M apparaît sur l'écran.)

• **Les calculatrices ne sont pas toutes identiques. Pour cette raison, il faut toujours lire le mode d'emploi de sa calculatrice.**

Je comprends comment faire

EUREKA !

➤ **pour additionner** 3 et 5 avec les touches de la mémoire :

	Touches	Écran
a.	ON/C	0
b.	3 M+	M 3
c.	5 M+	M 5
d.	MR	M 8

➤ **pour soustraire** 2 de 6 avec les touches de la mémoire :

	Touches	Écran
a.	MC	(pour mettre la mémoire à 0)
b.	6 M+	M 6
c.	2 M−	M 2
d.	MR	M 4

➤ **pour vérifier la distributivité de la multiplication par rapport à l'addition**

Vérifier que : $5{,}78 \times (26 + 44 + 30)$ est égale à $5{,}78 \times 26 + 5{,}78 \times 44 + 5{,}78 \times 30$.

a. 5,78 × (26 + 44 + 30) = 578

b. MC 5.78 M+ × 26 + MR × 44 + MR × 30 = 578

(MC pour mettre la mémoire à zéro. 5,78 M+ pour mémoriser 5,78. MR pour afficher 5,78.)

OBJECTIF

Utiliser les touches mémoires.

Je m'exerce

1 ★ **Barre ce qui est faux.**

a. La troncature à l'unité du quotient 16 : 7 est 2.

b. L'arrondi à l'unité du quotient 16 ÷ 7 est 3.

c. La troncature à 0,1 du quotient $\frac{16}{7}$ est 2,2.

d. L'arrondi à 0,1 du quotient $\frac{16}{7}$ est 2,3.

2 ★★ **L'affichage est-il un arrondi ou une troncature ? Pourquoi ?**

a. 8 ÷ 3 = 2.6666667

b. 26 ÷ 6 = 4.3333333

c. 70 ÷ 9 = 7.7777778

d. 56 ÷ 15 = 3.7333333

e. 57 ÷ 11 = 5.18 18 18 2

f. 21 ÷ 33 = 0.63 63 63 6

3 ★ **Effectue à l'aide d'une calculatrice.**

a. 47,2 + 53 × 4,5 = ...

b. 4,72 + (53 × 4,5) = ...

c. (4,72 + 53) × 4,5 = ...

d. 463,78 − 228 − 65,22 = ...

e. 463,78 − (228 − 65,22) = ...

4 ★ **Complète avec < ou >.**

a. 567,89 ÷ 32 17

b. 567,89 ÷ 32 18

c. 4093,65 ÷ 92 44,4

d. 4093,65 ÷ 92 44,5

5 ★ **Encadre par deux entiers consécutifs.**

a. .... < 38,93 + 537,8 < ....

b. .... < 8094,12 − 529,45 < ....

c. .... < 76,38 × 9,1 < ....

d. .... < 99 826,4 ÷ 72,4 < ....

6 ★★ **Encadre à 0,1 près.**

a. .... < 72 ÷ 28 < ....

b. .... < 8,32 ÷ 0,034 < ....

7 ★★★ **1. Calcule mentalement. 2. Utilise les touches mémoires pour calculer.**

a. 628,7 × 6 + 628,7 × 2 + 628,7 × 2

b. 0,0056 × 15 + 0,0056 × 82 + 0,0056 × 3

c. 893,04 × 149 − 44 × 893,04 − 5 × 893,04

d. 23,005 × 0,05 + 23,005 × 0,95 + 23,005

8 ★★ **Utilise la mémoire pour compléter le tableau. (Unités : cm et cm²)**

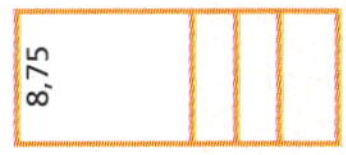

longueur	12	15	....	21,4
aire du rectangle	....	....	157,5	....

9 ★★ a. En 1998, un livre de poche coûtait 27 F. **Combien Adrien a-t-il pu s'acheter de livres avec 100 F ?**

☐ 3,7 ☐ 3,8 ☐ 3 ☐ 4

b. **Le même livre de poche est estimé à 4,10 € à partir de 2002. Combien Adrien pourra-t-il s'acheter de livres avec 15 € ?**

☐ 4 ☐ 3,7 ☐ 3,6 ☐ 3

10 ★★★ En 1996, une usine a fabriqué 45 632 voitures en janvier, 41 215 en février et 45 649 en mars. **Sachant que la production est continue, combien l'usine a-t-elle produit de voitures en moyenne :**

a. **par jour ?** ....

b. **par minute ?** ....

11 ★★★ **Insère des parenthèses pour que l'égalité soit vraie.**

a. 804 − 12 × 64 + 36 = 0

b. 804 − 12 × 64 + 36 = 79 200

c. 299 − 3 × 128 − 86 = 1

6 Les fractions : généralités

Je retiens l'essentiel

- **Une fraction est un quotient. Le numérateur et le dénominateur d'une fraction sont des entiers.**

$\frac{12}{7}$, $\frac{47}{25}$ et 904/87 sont des fractions.

$\frac{1,2}{7}$, $\frac{47}{2,5}$ et 9,04/8,7 ne sont pas des fractions, car leurs numérateurs et leurs dénominateurs ne sont pas des entiers. Ce sont des quotients, ou des écritures fractionnaires, qui désignent le résultat d'une division.

- **Le quotient 12 : 8 n'est pas une fraction**, car il n'est pas écrit avec le trait de fraction — ou /. Dans 12 : 8, 12 et 8 sont appelés **dividende** et **diviseur**.

- **Une fraction décimale est une fraction dont le dénominateur est 10 ; 100 ; 1000...**

Exemples : $\frac{3}{10}$, $\frac{36}{100}$, $\frac{65}{10\,000}$ sont des fractions décimales.

- **Les fractions qui désignent le même nombre sont égales.**

Exemple : $\frac{6}{3} = \frac{18}{9} = \frac{10}{5}$ car elles désignent le même nombre, 2.

- **Les fractions désignent des nombres, elles sont donc comparables.**

Je comprends comment faire

➤ pour écrire sous forme d'une fraction

(signifie : écrire avec un numérateur et un dénominateur entiers).

Exemples : • $9 = \frac{9}{1}$ • $4,8/3,2 = \frac{48}{32}$ • $13/4,25 = \frac{1300}{425}$

➤ pour écrire une fraction sous la forme d'un nombre décimal

(signifie : effectuer la division et donner une réponse décimale, **si cela est possible**).

Exemples : • $\frac{20}{4} = 5$ • $\frac{19}{4} = 4,75$ • $\frac{4}{3}$ réponse décimale impossible

(4 [÷] 3 = [1,3333333] la partie décimale est illimitée).

➤ pour écrire sous forme d'une fraction décimale

(signifie: écrire avec un dénominateur égal à 10 ; 100 ; 1000...).

Exemples : • $\frac{7}{5} = 1,4 = \frac{14}{10}$ • $6,73 = \frac{673}{100}$ • $0,4 = \frac{4}{10}$

➤ pour comparer deux fractions

- $\frac{5}{2} = \frac{10}{4}$, car $\frac{5}{2} = 2,5$ et $\frac{10}{4} = 2,5$
- $\frac{9}{4} < \frac{39}{15}$, car $\frac{9}{4} = 2,25$ et $\frac{39}{15} = 2,6$
- $\frac{25}{7} > \frac{22}{7}$, car $\frac{25}{4}$ et $\frac{22}{7}$

(ont le même dénominateur, 7, et 25 > 22).
- $\frac{8}{3} < \frac{8}{7}$, car $\frac{8}{3}$ et $\frac{8}{7}$

(ont le même numérateur, 8, et 3 < 7).

➤ pour comparer à 1

- $\frac{5}{9} < 1$, (numérateur 5 < dénominateur 9).
- $\frac{5}{2} > 1$, (numérateur 5 > dénominateur 2).

OBJECTIF

Connaître les fractions et savoir les comparer.

Je m'exerce

1 ★ **Écris deux fractions qui correspondent à la partie colorée de chacune des figures.**

a. ………………… b. …………………

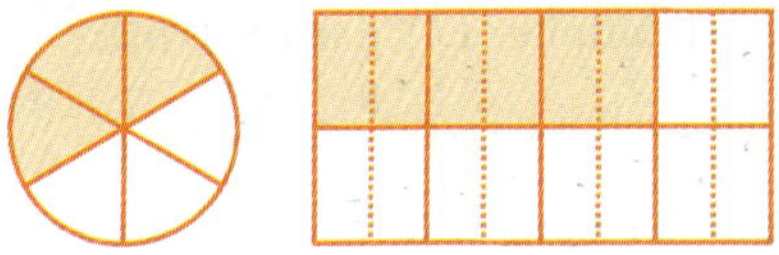

2 ★ a. **Écris l'abscisse de chacun des points A, B et C.**

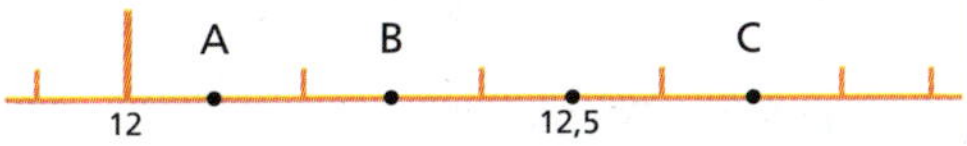

b. **Écris sous forme d'une fraction décimale chacune de ces abscisses.**

……………………………………………………………………

……………………………………………………………………

3 ★★ **Écris sous forme d'un nombre décimal, puis sous forme d'une fraction décimale.**

a. 32,5 / 25 c. 1408 / 55

b. 0,918 / 5,4 d. 93 / 124

4 ★ **Vrai ou faux ?**

	V	F
a. 405 / 270 = 1,5	☐	☐
b. 22 / 7 = 3,14	☐	☐
c. 3,14 < 22/7 < 3,15	☐	☐
d. 14 / 8 = 21 / 12	☐	☐
e. 202,8 / 312 = 65 /100	☐	☐

5 ★★ **Complète avec < ou >.**

a. $\frac{18}{93}$ …… 0,194

b. $\frac{32}{9}$ …… $\frac{7}{2}$

c. $\frac{457}{99}$ …… $\frac{459}{99}$

d. $\frac{307}{99}$ …… $\frac{301}{99}$

e. $\frac{43}{7}$ …… $\frac{43}{19}$ …… $\frac{40}{19}$

6 ★★ **Complète les pointillés avec le chiffre convenable.**

a. $\frac{4\ldots}{41} < 1$ b. $\frac{263}{26\ldots} = 1$ c. $\frac{\ldots}{12} = 0$

d. $\frac{78}{\ldots} < 1$ e. $\frac{519}{5\ldots9} = 1$

7 ★★ La superficie de l'Europe est environ de 10 488 000 km². Celle de l'Asie est de 43 757 000 km².

a. **La superficie de l'Asie est environ 4 fois plus grande que celle de l'Europe. Vrai ou faux ?**

b. **Donne un encadrement au centième près de $\frac{43\,757}{10\,488}$.**

8 ★★ Sur 30 questions posées, Julie a 21 bonnes réponses.

a. **Quelle est sa note sur 30 ?** …………………

b. **Quelle est sa note sur 100 ?** …………………

9 ★★★

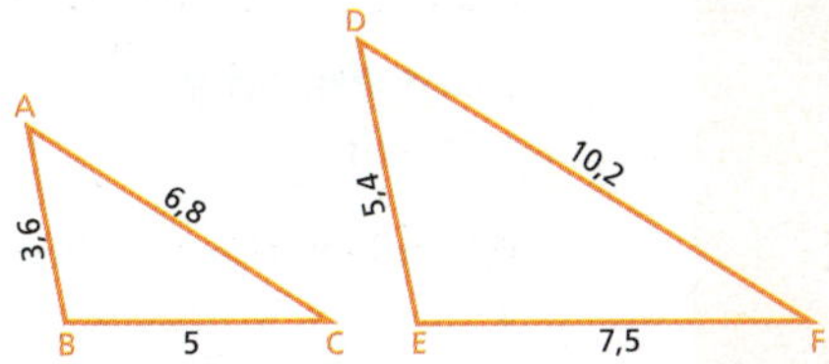

a. **Le triangle DEF est une fois et demi plus grand que le triangle ABC. Vrai ou faux ?**

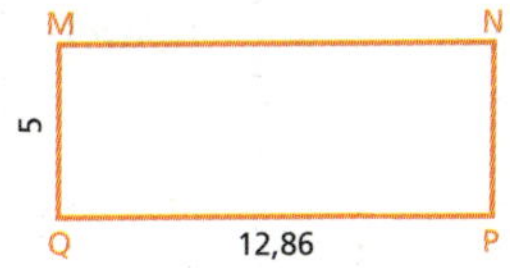

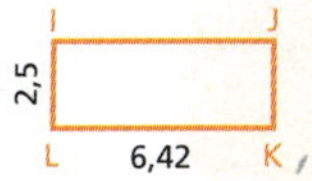

b. **Le rectangle MNPQ est-il un agrandissement du rectangle IJKL ?**

10 ★★★ Je suis une fraction égale à la fraction $\frac{364}{100}$. Mon dénominateur est égal à 125.

Quel est mon numérateur ? …………………

7

Mathématiques

Multiplier des fractions

Je retiens l'essentiel

• **Multiplier deux fractions**

$\frac{7}{4}$ et $\frac{9}{5}$ sont deux fractions. $\frac{7}{4} = 1{,}75$ et $\frac{9}{5} = 1{,}8$.

Donc, multiplier ces deux fractions revient à multiplier 1,75 par 1,8. D'où :

$\frac{7}{4} \times \frac{9}{5} = 1{,}75 \times 1{,}8 = 3{,}15$. Mais $63 : 20 = 3{,}15$, donc $\frac{7}{4} \times \frac{9}{5} = \frac{63}{20} = \frac{7 \times 9}{4 \times 5}$.

Pour multiplier deux fractions, on multiplie les numérateurs entre eux et les dénominateurs entre eux.

$\frac{12}{7} \times \frac{4}{5} = \frac{12 \times 4}{7 \times 5} = \frac{48}{35}$.

• **Simplifier une fraction**

14/8 et 7/4 désignent le même nombre, 1,75, donc 14/8 = 7/4.

$\frac{14}{8}$ s'écrit $\frac{7 \times 2}{4 \times 2}$, donc $\frac{14}{8} = \frac{7 \times 2}{4 \times 2} = \frac{7}{4}$.

Pour simplifier une fraction, on écrit son numérateur et son dénominateur sous forme d'un produit de facteurs, puis on supprime les facteurs communs.

$\frac{15}{18} = \frac{3 \times 5}{3 \times 6} = \frac{5}{6}$ $\qquad$ $\frac{28}{36} = \frac{4 \times 7}{4 \times 9} = \frac{7}{9}$

• **Une fraction qu'on ne peut plus simplifier est dite fraction irréductible.**

$\frac{5}{6}$ est une fraction irréductible. $\frac{15}{18}$ est une fraction réductible.

Je comprends comment faire

➤ pour décomposer un nombre en un produit de facteurs

• $15 = 3 \times 5$

• $12 = 2 \times 6$ ou $12 = 3 \times 4$ ou $12 = 2 \times 2 \times 3$

➤ pour trouver les diviseurs d'un nombre (je trouve les facteurs de ce nombre)

• $15 = 3 \times 5$, donc **3 et 5 sont des diviseurs de 15.**
On dit également que **15 est divisible par 3 et 5.**
Tous les diviseurs de 15 sont 1, 3, 5 et 15, car : $15 = 1 \times 15$ et $15 = 3 \times 5$.

• Les diviseurs de 12 sont 1 ; 2 ; 3 ; 4 ; 6 et 12, car : $12 = 1 \times 12$, $12 = 2 \times 6$ et $12 = 3 \times 4$.

• **Le nombre 13 a exactement deux diviseurs : l'unité, 1, et lui-même. 13 s'écrit uniquement 1 × 13.**
Il en est de même des nombres 2, 3, 5, 7, 11, 17, 19, 23, 29. Chacun d'eux a exactement deux diviseurs.

➤ pour simplifier une fraction (signifie : l'écrire sous une forme irréductible)

• $\frac{65}{26} = \frac{5 \times 13}{2 \times 13} = \frac{5}{2}$ $\qquad$ • $\frac{8}{32} = \frac{1 \times 8}{4 \times 8} = \frac{1}{4}$

➤ pour multiplier des fractions

(je multiplie leurs numérateurs, leurs dénominateurs et je simplifie s'il y a lieu)

• $\frac{5}{8} \times \frac{4}{3} = \frac{5 \times 4}{8 \times 3} = \frac{5 \times 4}{2 \times 4 \times 3} = \frac{5}{6}$

• $6 \times \frac{4}{11} = \frac{6}{1} \times \frac{4}{11} = \frac{24}{11}$

OBJECTIFS

Savoir multiplier des fractions entre elles.

Savoir simplifier des fractions.

Je m'exerce

1 ★ **Calcule mentalement.**

a. $\frac{3}{5} \times \frac{1}{8}$ .... b. $\frac{5,2}{3} \times \frac{2}{7}$ ....

c. $\frac{3}{1} \times \frac{5}{2}$ .... d. $3 \times \frac{5}{2}$ ....

e. $\frac{5}{2} \times 3$ .... f. Les $\frac{5}{2}$ de 3 ....

2 ★★ **Vrai ou faux ?** V F

a. Le produit de deux fractions est une fraction. ☐ ☐
b. 361/4,5 = 3610/45 ☐ ☐
c. 19 est divisible par 9. ☐ ☐
d. 36 = 2 × 3 × 3 × 3 ☐ ☐
e. Les diviseurs de 18 sont : 1, 2, 3, 6, 9 et 18. ☐ ☐

3 ★ **Vrai ou faux ?** V F

a. Un nombre est divisible par 2 s'il se termine par 0, 2, 4, 6 ou 8. ☐ ☐
b. Un nombre est divisible par 3 si la somme de ses chiffres est divisible par 3. ☐ ☐
c. Un nombre est divisible par 9 si la somme de ses chiffres est divisible par 9. ☐ ☐
d. Un nombre est divisible par 5 s'il se termine par 0 ou 5. ☐ ☐
e. 84 est divisible par 7. ☐ ☐
f. 66 est divisible par 4. ☐ ☐

4 ★★ **Entoure chaque nombre qui a exactement deux diviseurs : 1 et lui-même.**

3, 11, 14, 17, 21, 25, 27, 28, 29, 31, 32, 36, 37, 41, 47, 51, 55, 73, 86, 99.

5 ★★ **Utilise 2, 3, 11 ou 13 pour décomposer en un produit de facteurs.**

a. 88 ....
b. 117 ....

6 ★★ **Simplifie.**

a. $\frac{36}{54}$ .... b. $\frac{5 \times 4 \times 9 \times 6}{10 \times 2 \times 9}$ ....

c. $\frac{81}{729}$ .... d. $\frac{21 \times 5}{15 \times 35}$ ....

e. $\frac{5 \times 4 \times 0 \times 9}{13 \times 9}$ ....

7 ★★ **Complète les pointillés.**

a. 1/4 d'heure = ... minutes
b. Les 2/3 d'une minute = ... secondes
c. Les 3/5 d'un bassin de 780 L = ... L
d. Les 8/7 de 1400 g = ... g
e. Les 7/8 de 15 km = ... m
f. Les 5/100 de 12 cm^3 = ... cm^3

8 ★★★ **Calcule et simplifie.**

a. $\frac{1,2}{18} \times \frac{5}{1,3} \times \frac{39}{25}$ ....

b. $\frac{54}{91} \times \frac{49}{81} \times \frac{121}{22}$ ....

c. Les $\frac{3}{7}$ de $\frac{11}{15}$ de 455 m^2 ....

d. Les $\frac{2}{9}$ de $\frac{72}{50}$ ....

9 ★★★ **ABCD est un rectangle.**

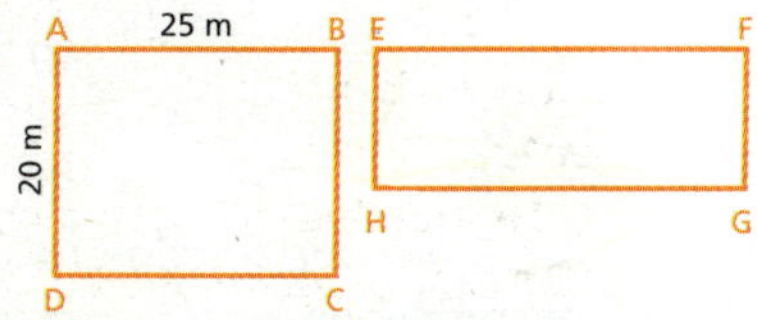

En augmentant la longueur AB de ses trois quarts et en diminuant la largeur AD de son cinquième, on obtient le rectangle EFGH. **Calcule :**

a. **Les dimensions de EFGH.**
b. **Le quotient des aires des deux rectangles EFGH et ABCD.**

10 ★★★ Je suis un entier. Le cinquième de mon quart vaut 75. **Qui suis-je ?**

....

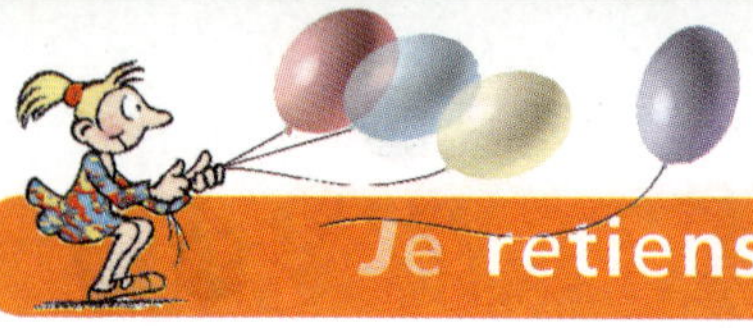

Je retiens l'essentiel

• **Additionner ou soustraire deux fractions qui ont le même dénominateur.**

a. $\frac{9}{7} + \frac{4}{7} = \frac{13}{7}$ **b.** $\frac{9}{7} - \frac{4}{7} = \frac{5}{7}$

Pour additionner, ou soustraire, deux fractions qui ont le même dénominateur on additionne ou on soustrait les numérateurs et on garde le même dénominateur.

• **Additionner ou soustraire deux fractions qui n'ont pas le même dénominateur.**

a. $\frac{2}{3} + \frac{1}{9} = \frac{6}{9} + \frac{1}{9} = \frac{7}{9}$ **b.** $\frac{2}{3} - \frac{1}{9} = \frac{6}{9} - \frac{1}{9} = \frac{5}{9}$

Pour additionner, ou soustraire, deux fractions qui n'ont pas le même dénominateur, on les met d'abord au même dénominateur, puis on additionne ou on soustrait leur numérateur.

Je comprends comment faire

➤ pour écrire les multiples d'un nombre

Exemple : écrire les multiples de 3.

Les multiples de 3 sont les nombres qui sont dans la table de multiplication de 3.

Les multiples de 3 sont : 3 × 0 ; 3 × 1 ; 3 × 2 ; 3 × 3 ; 3 × 4 ; 3 × 5 ; 3 × 6 ; 3 × 7 ; 3 × 8 ; 3 × 9 ; 3 × 10 ; 3 × 1 ; etc.

Les multiples de 3 sont donc : 0 ; 3 ; 6 ; 9 ; 12 ; 15 ; 18 ; 21 ; 24 ; 27 ; 30 ; 33, etc.

➤ pour mettre une fraction sous un autre dénominateur

Exemples : mettre au dénominateur 20 chacune des fractions suivantes.

• $\frac{3}{5} = \frac{3}{5} \times 1 = \frac{3}{5} \times \frac{4}{4} = \frac{3 \times 4}{5 \times 4} = \frac{12}{20}$

• $\frac{7}{10} = \frac{7}{10} \times 1 = \frac{7}{10} \times \frac{2}{2} = \frac{7 \times 2}{10 \times 2} = \frac{14}{20}$

• $\frac{9}{4} = \frac{9}{4} \times 1 = \frac{9}{4} \times \frac{5}{5} = \frac{9 \times 5}{4 \times 5} = \frac{45}{20}$

• $\frac{5}{9}$

5/9 ne peut pas être mise sous le dénominateur 20, car 20 n'est pas un multiple de 9.

À retenir. **Une fraction ne change pas de valeur en multipliant son numérateur et son dénominateur par le même nombre.**

➤ pour additionner ou soustraire deux fractions

Je dois **simplifier** s'il y a lieu, mettre au **même dénominateur** et additionner ou soustraire.

• $\frac{7}{6} + \frac{10}{15} = \frac{7}{6} + \frac{2 \times 5}{3 \times 5} = \frac{7}{6} + \frac{2}{3} = \frac{7}{6} + \frac{2 \times 2}{3 \times 2} = \frac{7}{6} + \frac{4}{6} = \frac{11}{6}$

• $6 - \frac{2}{3} = \frac{6}{1} - \frac{2}{3} = \frac{16}{3} - \frac{2}{3} = \frac{16}{3}$

À retenir. **Une fraction ne change pas de valeur en divisant son numérateur et son dénominateur par le même nombre.**

Exemple : $\frac{10}{15} = \frac{2 \times 5}{3 \times 5} = \frac{2}{3}$ *ou* $\frac{10}{15} = \frac{10 \div 5}{15 \div 5} = \frac{2}{3}$

OBJECTIFS

- Savoir mettre des fractions au même dénominateur.
- Savoir additionner ou soustraire des fractions entre elles.

Je m'exerce

1 ★ **Calcule mentalement.**

a. $\frac{5}{12} + \frac{31}{12}$ d. $4 + \frac{3}{5} + \frac{7}{5}$

b. $\frac{39}{29} - \frac{38}{29}$ e. $\frac{9}{8} - \frac{1}{8} - 1$

c. $\frac{17}{4} - \frac{13}{4}$

2 ★ **Écris sous la forme d'un décimal.**

a. $87 + \frac{3}{10} + \frac{5}{100} + \frac{1}{1000}$

b. $\frac{2}{10} + \frac{4}{1000}$

3 ★ **Barre ce qui est faux.**

a. $2 + \frac{3}{5} = \frac{2+3}{5}$ c. $(2 + 3) : 5 = \frac{2+3}{5}$

b. $2 + \frac{3}{5} = \frac{2+3}{2+5}$ d. $10 : (2 + 3) = \frac{10}{2+3}$

4 ★★ **Effectue : 1. mentalement, 2. à l'aide d'une calculatrice.**

a. $8 + \frac{10}{2} =$ ……… b. $\frac{8+10}{2} =$ ………

c. $\frac{8}{10+6} =$ ……… d. $\left(\frac{8}{10}\right) \times 2 =$ ………

e. $\frac{8}{(10 \times 2)} =$ ……… f. $\frac{8}{10} \times 2 =$ ………

5 ★★ **Écris sous forme de fraction, puis calcule chacune des expressions.**

a. Le quotient de 15 **et de** la somme de 3 et 9.

b. Le quotient de la somme de15 et 3 **et de** 9.

c. Le quotient du produit de 15 et 3 **et de** 9.

d. Le quotient de la différence de 15 et 3 **et de** 9.

6 ★★ **Effectue et simplifie s'il y a lieu.**

a. $\frac{4}{7} + \frac{3}{28} + \frac{9}{28}$ b. $\frac{7}{6} - \frac{7}{30}$

c. $\frac{9}{8} + \frac{5}{8} + \frac{11}{4}$ d. $\frac{5}{51} - \frac{9}{102}$

7 ★★ **Complète les pointillés.**

a. $\frac{12}{35} + \frac{....}{35} = \frac{29}{35}$ d. $\frac{8}{13} \times \frac{....}{....} = \frac{40}{39}$

b. $\frac{45}{7} - \frac{19}{....} = \frac{26}{7}$ e. $\frac{5}{12} \times \frac{24}{....} = 1$

c. $\frac{....}{10} - \frac{4}{5} = \frac{11}{10}$

8 ★★ **Écris sous forme de fraction l'expression correspondant à chacune des séquences.**

a. 35 [+] 13 [=] [÷] 6

b. [(] 35 [+] 13 [)] [÷] 6

c. 35 [M⁺] 13 [M⁺] [RM] [÷] 6

9 ★★★ **Écris sous forme de fraction l'expression correspondant à chacune des séquences. Complète les pointillés avec l'affichage.**

a. 54 [÷] [(] 6 [+] 9 [)] [=] [……………]

b. [MC] 6 + 9 [=] [M⁺] 54 [÷] [RM] [=] [……]

c. [MC] 6 [M⁺] 9 [M⁺] 54 [÷] [RM] [=] [……]

d. [(] 38 [+] 64 [)] [÷] [(] 48 [−] 16 [)] [=] [……………]

10 ★★★ **Mets au même dénominateur 48, puis range les fractions dans l'ordre croissant.**

$\frac{5}{6}$ $\frac{7}{48}$ $\frac{5}{12}$ $\frac{9}{24}$ $\frac{10}{32}$ $\frac{1}{8}$ $\frac{3}{2}$ $\frac{9}{27}$ $\frac{11}{16}$ $\frac{7}{3}$

11 ★★★ Nicole a dépensé un tiers de son salaire en loyer, un quart en alimentation et un douzième en frais divers.

a. Il lui reste :

☐ $\frac{1}{4}$ ☐ $\frac{1}{3}$ ☐ $\frac{2}{3}$ de son salaire.

b. Sachant qu'il lui reste 513 €, son salaire est de :

☐ 1026 € ☐ 2052 € ☐ 1539 €

9 Les relatifs : généralités

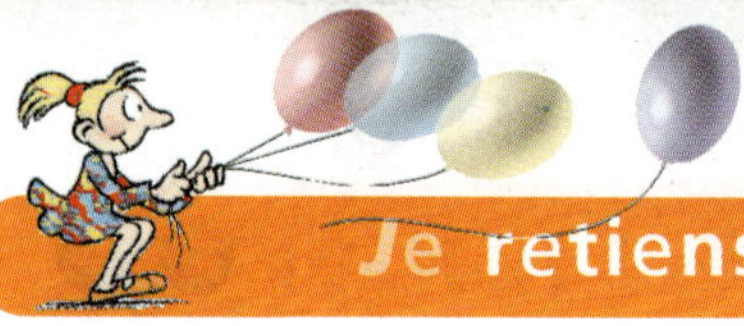

Je retiens l'essentiel

• Vocabulaire
6,82 est un décimal. 4,0 ou tout simplement 4 est un décimal entier.

$\frac{5}{6}$ est une fraction et 3,7/25 est une écriture fractionnaire.

• Nouvelles définitions
+ 3 et − 5 sont des **entiers relatifs**. + 3 est **positif** et − 5 est **négatif**.
+ 4,65 et − 9,5 sont des **décimaux relatifs**. + 4,65 est **positif** et − 9,5 est **négatif**.

• À quoi servent les nombres relatifs ?
Les nombres relatifs servent à préciser une situation. En voici des exemples :
a. L'ascenseur est au 3ᵉ sous-sol. On dit que l'ascenseur est au − **3**.
b. Le thermomètre indique 6° en-dessous de 0. On dit que la température est de − **6**°.
c. x' x est une droite graduée d'origine O. x' x est un axe. Le point A est à droite de O et à 5 unités de O. On dit que l'abscisse de A est + **5**.
Le point B est à gauche de O et il est à 3 unités de O. On dit que l'abscisse de B est − **3**.

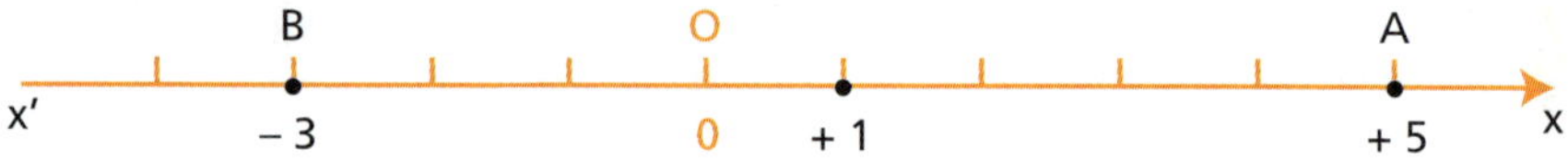

• Les nombres relatifs sont-ils comparables ?
Comme tous les autres nombres, les nombres relatifs sont comparables.

• Les nombres + 3 et − 3 sont-ils égaux ?
Les nombres + 3 et − 3 ne sont pas égaux, car ils ne sont pas identiques.
Sur l'axe x'x d'origine O, ils sont les abscisses des points A et B qui sont à égale distance de O. On dit que **les nombres + 3 et − 3 sont opposés**.

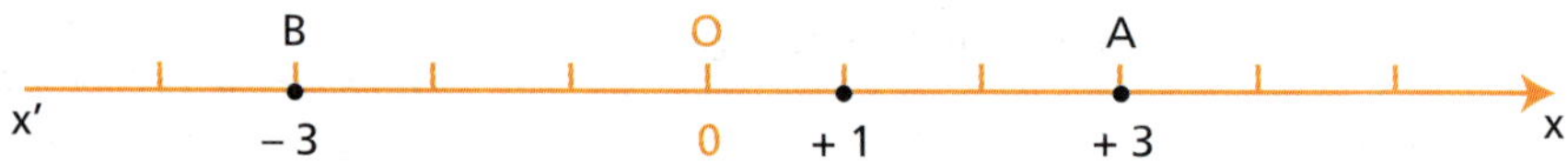

Je comprends comment faire

➤ pour afficher un nombre relatif sur la calculatrice

Pour afficher le nombre + 3, il suffit d'afficher 3. Par convention, le signe + est sous-entendu.

Pour afficher le nombre − 5, on tape 5 [+/–]. La touche [+/–] sert à changer le signe du nombre affiché.

➤ pour comparer des nombres relatifs

Il suffit de représenter les nombres à comparer sur un axe. De gauche à droite, ils sont écrits dans l'ordre croissant.
Exemple − 6 < − 2,5 < − 1 < 0 < 3 < 5,8 selon leurs représentations ci-dessous.

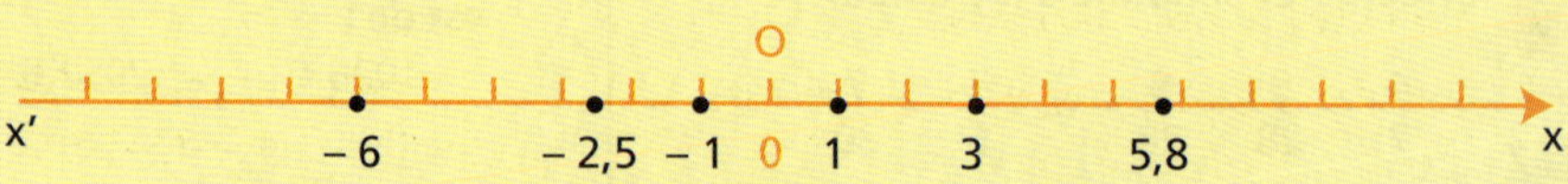

OBJECTIFS

- Savoir représenter les nombres relatifs.
- Savoir les afficher sur une calculatrice.
- Savoir comparer des nombres relatifs.

Je m'exerce

1 ★ **Complète avec + ou −.**

a. Un sous-marin est à ..... 300 m.

b. L'Everest est le sommet le plus élevé de la Terre. Il culmine à ..... 8 848 m.

c. Il neige. Il fait ..... 8°.

2 ★ **Complète avec les entiers relatifs consécutifs de −12 à +5.**

−12, −11, ...
.... +5.

3 ★★ **Complète les pointillés de chacune des suites avec les nombres relatifs qui manquent.**

a. +7, +10, +13, ..., ..., ..., ..., +28.

b. −4, −6, −8, ..., ..., ..., ..., −18.

c. +9, +6, +3, ..., ..., ..., ..., −12.

d. +8, +5, +2, ..., ..., ..., ..., −13.

e. −52, − 42, −32, ..., ..., ..., ..., +18.

4 ★ **Compare les nombres positifs suivants.**

a. 4,23 ..... $\frac{17}{4}$ b. $\frac{27}{6}$ 4,5

c. $\frac{12}{9}$ ..... 1,34 d. $\frac{8}{9}$ ..... $\frac{2}{3}$

5 ★★ **Compare les nombres négatifs suivants.**

a. − 4,23 ..... − (17/4) b. − (27/6) ..... − 4,5

c. − (12/9) ..... − 1,34 d. − (8/9) ..... − (2/3)

6 ★★ **Compare les nombres relatifs suivants.**

a. +2 ..... −4 b. −6,5 ..... +1

c. +0,04 ..... 0 d. 0 ..... −35

e. +0,5 ..... −0,6 f. −14,7 ..... −15

7 ★★ **Range dans l'ordre croissant les nombres relatifs suivants.**

−97,5 ; 196/2,01 ; + 97,5 ; −(196/2,01)

....

8 ★★ **Range dans l'ordre décroissant les nombres relatifs suivants.**

− 1598 ; + 2 ; 0 ; − (11/5,49) ; 110/54,9 ; 1560 ; − (3/2) ; − 2 ; − 1,9 ; 0,001.

9 ★ a. **Représente sur x'x, les points A, B, C, D et E d'abscisses respectives +7, −5, +4, −4 et −6.**

b. **Les points C et D sont-ils à égale distance de l'origine O ? Que peux-tu dire de leurs abscisses ?**

10 ★★ **Complète les pointillés avec un décimal relatif convenable.**

− 6,248 < .... < − 6,24 < .... < − 6,1

11 ★★ **Vrai ou faux ?**

	V	F
a. 30 est un entier positif.	☐	☐
b. − 12,4 est l'opposé de 12,4.	☐	☐
c. − 7 et + 6 sont opposés.	☐	☐
d. − 3,15 et − 6,8 sont de même signe.	☐	☐
e. − 6,5 ; − 6 et 1 sont dans un ordre décroissant.	☐	☐
f. Pour afficher − 3,1, on tape [+/-] 3 [.] 1.	☐	☐
g. − 5 est compris entre 2 et 10.	☐	☐

12 ★★★ a. **Marque sur l'axe x'x deux points A et B dont la distance à O est 4,5.**

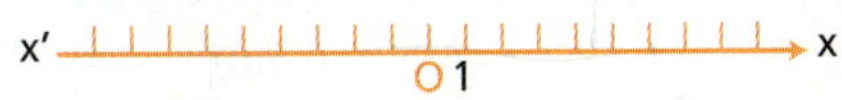

b. **Marque sur x'x un point C dont la distance à O est 6. Combien de solutions y a-t-il ?**

c. **Trace tous les points de l'axe x'x dont la distance à O est inférieure à 6.**

10 Additionner des relatifs

Je retiens l'essentiel

• **Reconnaître les signes des nombres à additionner**
+ 4 et + 5,9 sont deux nombres positifs. Ils sont de même signe.
− 3,7 et − 8 sont deux nombres négatifs. Ils sont de même signe.
− 5 et + 4,1 sont deux nombres de signes contraires.

• **Additionner deux nombres positifs**

À un jeu, j'ai gagné 7 points puis 3 points signifie que j'ai gagné en tout 10 points.

On écrit : + 7 + +3 = 10

signe d'opération (+)

Pour distinguer le signe d'opération + des signes + des nombres relatifs, on utilise les parenthèses et on écrit : (+7) + (+3) = +10

• **Additionner deux nombres négatifs**

Dan a perdu 4 points puis 5 points signifie que Dan a perdu en tout 9 points.

On écrit : (− 4) + (−5) = − 9

• **Additionner deux nombres de signes contraires**

a. Léa a gagné 6 points puis en a perdu 8 signifie que Léa a perdu en tout 2 points.
On écrit : (+ 6) + (− 8) = − 2

b. Lin a perdu 1 point puis en a gagné 5 signifie que Lin a gagné en tout 4 points.
On écrit : (− 1) + (+ 5) = + 4

• **Règle à retenir : additionner deux nombres de même signe revient à additionner. Additionner deux nombres de signes contraires revient à soustraire.**

• **Cas de deux nombres opposés :**
Michel a gagné 5 points puis a perdu 5 points signifie qu'il est à 0 point.
On écrit : (+5) + (−5) = 0

Je comprends comment faire

➤ pour additionner des nombres de même signe

Revient à additionner :
• des nombres de signe +
(+12,3) + (+7,2) = +19,5 (+ est le signe commun)
• des nombres de signe −
(−12,3) + (−7,2) = −19,5 (− est le signe commun)

➤ pour additionner des nombres de signes contraires

Revient à soustraire :
des nombres de signes + et −
• (+45) + (−30) = +15 (+15, car 45 > 30)
• (+20) + (−27) = −7 (−7, car 27 > 20)

➤ pour simplifier l'écriture d'une addition

Revient à **supprimer des signes** + et des **parenthèses** qu'on sous-entend.

• (+5)+(+3)	• (−2)+(−8)	• (+15) + (−20)
= 5 + 3	= −2 − 8	= 15 −20
= 8	=−10	=− 5

OBJECTIF

Savoir effectuer des additions de nombres relatifs.

Je m'exerce

1 ★ **Calcule mentalement.**

a. +85 + (+15)
b. −85 + (−15)
c. (−78) + (−122)
d. −23 + (+40)
e. 1992 + (−2000)
f. (−76,3) + (+76,3)

2 ★★ **Vrai ou faux ?** V F

a. La somme de −3 et +5 est égale à +8. ☐ ☐
b. La somme de 17 et −18 est égale à −30. ☐ ☐
c. La somme de −24 et −6 est égale à −30. ☐ ☐
d. La somme de deux nombres opposés est égale à 0. ☐ ☐
e. L'opposé de +4,3 est −4,3. ☐ ☐
f. L'opposé de l'opposé de 4,3 est −4,3. ☐ ☐

3 ★★★ **Complète les pointillés avec baissé (↘) ou augmenté (↗).**

a. La température a baissé de 7°, puis elle a ..... de 4°. En tout, elle a ..... de 11°.
b. La température a ..... de 11°, puis elle a ...... de 7°. En tout, elle a augmenté de 4°.
c. La température a ...... de 9°, puis a ...... de 3°. En tout, elle a baissé de 6°.
d. La température a ...... de 8°, puis a ...... de 5°. En tout, elle a augmenté de 13°.

4 ★★ **Additionne les nombres positifs.**

a. (+6,7) + (+2,78) + (5,22)
b. +5,89 + 12,11 + (+45,82) + 0,18
c. +98,34 + 0,54 + 67,1 + 126,8

5 ★★ **Additionne les nombres négatifs.**

a. (−8,35) + (−11,65) + (−5)
b. (−981) + (−1019) + (−4598) + (−402)
c. −63,2 + (−54,92) + (−43,703)

6 ★★ **Vrai ou faux ?** V F

a. (+76) + (+14) = 76 + 14 ☐ ☐
b. (−76) + (−14) = −76 −14 ☐ ☐
c. (+32) + (−12) = 32 − 12 ☐ ☐
d. (−5) + (−4) = 5 + 4 ☐ ☐
e. −2 + 5 = (−2) + (−5) ☐ ☐

7 ★★ **a. Place sur l'axe x'x, les points A et B d'abscisses −3 et +5.**

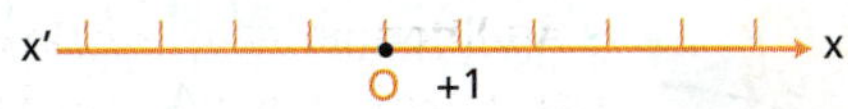

b. Calcule la somme (−3) + (+5). Cette somme est-elle égale à la distance des deux points A et B ?
c. Quelle est la mesure de AB ?

8 ★★ Sur l'axe x' x, la longueur du segment [AB] est de 5 unités. L'abscisse du point A est +1.

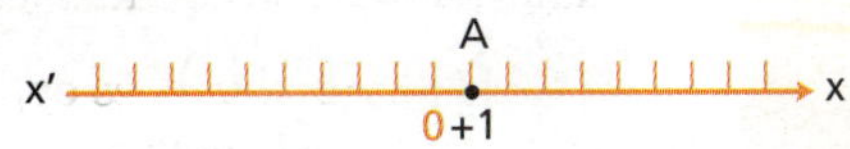

a. Place le point B. Combien de solutions y a-t-il ? ....
b. Quelle est l'abscisse de B ? ....

9 ★★★ **1. Effectue ces additions à la main.**
2. Simplifie l'écriture des additions, puis effectue à l'aide d'une calculatrice.

a. (+53,25) + (+7,89) + (+15) + (4,38)
b. (−65,8) + (−42,9) + (−95,34)
c. (−457,3) + (399,4)

10 ★★★ **Selon cet extrait, le solde du compte est-il créditeur ou débiteur ? De combien ?**

Date	Débit	Crédit
21/01/1999	740,85	1290,00
22/01/1999	355,05	
25/01/1999	759,90	548,55
31/01/1999	2379,00	2450,30

11 Additionner et soustraire des relatifs

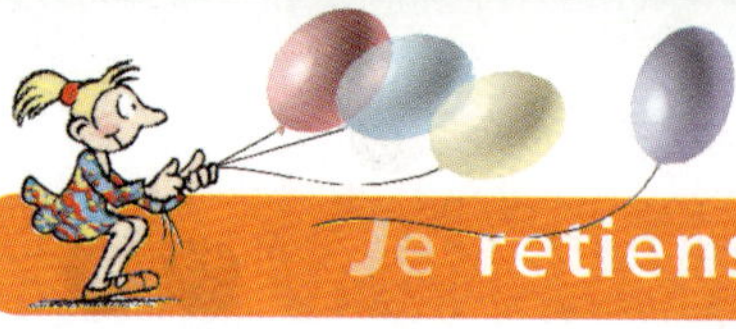

Je retiens l'essentiel

- **Reconnaître l'opération à effectuer**

$+7$ et $+13$ sont deux nombres relatifs.
Les **additionner** s'écrit : $(+7) + (+13)$. Les **soustraire** s'écrit : $(+7) - (+13)$.
Lorsqu'on écrit : $-(12) + (+5)$ l'opération à effectuer est une **addition**.
Lorsqu'on écrit : $-(12) - (+5)$ l'opération à effectuer est une **soustraction**.

- **Soustraire un nombre c'est ajouter son opposé**

Exemple : Soustraire -3 de $+7$ s'écrit $(+7) - (-3)$.
Ajouter l'opposé de -3 à $+7$ s'écrit : $(+7) + (+3)$.
Donc $(+7) - (-3) = (+7) + (+3) = +10$

- **Suite d'additions et de soustractions**

L'expression $(-4) + (-7) - (-3)$ est la suite de deux opérations : une addition et une soustraction. Voici un calcul de l'expression : $(-4) + (-7) - (-3)$
1. Transformer la soustraction en addition $= (-4) + (-7) + (+3)$
2. Additionner les nombres négatifs $= (-11) + (+3)$
3. Additionner -11 et $+3$ $= -8$

Voici un autre calcul de l'expression : $(-4) + (-7) - (-3)$
1. Supprimer les parenthèses en remplaçant deux signes consécutifs semblables par + et deux signes consécutifs différents par − $= -4 - 7 + 3$
2. Additionner -4 et -7 $= -11 \quad +3$
3. Additionner -11 et $+3$ $= -8$

Je comprends comment faire

➤ pour supprimer les parenthèses

Revient à **remplacer** − (− …) et + (+ …) par +
et − (+ …) et + (− …) par −

$-12 - (-8)$ $= -12 + 8$	$-5 + (+7)$ $= -5 + 7$	$+7 - (+9)$ $= +7 - 9$	$+6 + (-5)$ $= +6 - 5$

➤ pour calculer une expression sans parenthèses

Revient à **effectuer une suite d'additions**, le signe + et les parenthèses ( ) étant sous-entendus.

$-12 + 8$ $= -4$	$-5 + 7$ $= +2$	$+7 - 9$ $= -2$	$+6 - 5$ $= +1$

➤ pour calculer à l'aide d'une machine

Revient à **rentrer l'expression de gauche à droite** et à taper =.
Exemple : pour calculer − 12 + 8, on tape : [−] 12 [+] 8 [=] et on lit [−4].

➤ pour calculer une suite d'additions et de soustractions

Revient à supprimer les parenthèses, puis à effectuer.

$(-5) - (+3) + (-9) - (-10)$
$= -4 \quad -3 \quad -9 \quad +10$
$= \quad -17 \quad +10 = 7$

$-6 + (+8) + (-5) - (-4) -2$
$= -6 + 8 - 5 + 4 - 2$
$= -6 -5 -2 +8 +4 = -13 + 12 = -1$

OBJECTIFS

- Savoir soustraire des nombres relatifs.
- Savoir effectuer une suite d'additions et de soustractions avec des relatifs.

Je m'exerce

1 Effectue les soustractions.

★

a. (+37,8) − (−50) = ...

b. (−467) − (+33) = ...

c. (+185) − (+715) = ...

d. (−93,8) − (−109,2) = ...

2 Complète avec + ou −.

★★

a. +67 ☐ 12 = +79

b. ☐ 35 ☐ 15 = +50

c. ☐ 63 ☐ 45 = −108

d. ☐ 184 ☐ 85 = +99

e. ☐ 59,4 ☐ 46,7 = −12,7

3 Complète les pointillés avec le nombre convenable.

★★

a. +43,9 + ... = +52

b. +59,24 − .... = 29

c. − 0,75 − .... = − 1,25

d. − 7 − .... + 15 = +1

e. + ... − 29 − 4 = 0

4 Calcule les expressions.

★★

a. 62 − (−8) + (+5) + (−9)

b. − 23 + (45) + (−23) − (+45)

c. (−9,4) − (−10,6) + (5,4) + 0,6

d. (2 − 3) + (−7) + (6) − (+9) + 7

5 Calcule les expressions.

★★★

a. (7 + 5) − (4 − 9)

b. +1000 − (563 + 422 + 267)

c. − 14 + (27 + 6)

d. + 538 − (− 438 + 52 + 48)

e. − (23 + 45 − 68) + (23 − 24)

6 En Alaska, la température moyenne annuelle est de −19,1°. À Athènes, elle est de +17°.

★

Calcule l'écart entre les deux moyennes de température.

7 La lumière traverse l'air à une vitesse de 300 000 km/s. Elle perd 75 000 km/s de sa vitesse en traversant l'eau.

★

À quelle vitesse la lumière traverse-t-elle l'eau ?

8 La plus basse température enregistrée sur Terre est de −89°. La plus haute est de 58°.

★

Quel est l'écart entre les deux températures ?

9 a. **Place sur l'axe x' x les points A et B d'abscisses −5 et +3,5.**

★★

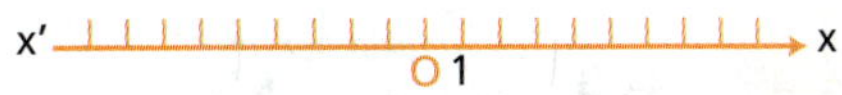

b. **Calcule la différence des abscisses de A et B.**

c. **Calcule la différence des abscisses de B et A.**

d. **Donne la distance des points A et B.**

10 La distance des points A et B est de 6. L'abscisse de B est −4.

★★

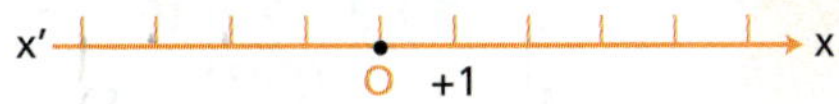

L'abscisse de A est :

☐ −10 ☐ −2 ☐ +2

11 Je suis un entier relatif. En m'ajoutant −8 et +15, puis en me retranchant +13, +7 et −28, on trouve 0. **Qui suis-je ?**

★★★

12 a. **Quel était l'âge de Jules César (−101 ; −44) à la naissance d'Auguste (−63 ; 14) ?**

★★★

b. **Quel était l'âge d'Auguste à la mort de Jules César ?**

c. **Lequel a vécu le plus longtemps ? De combien ?**

12

Mathématiques

Résoudre des équations

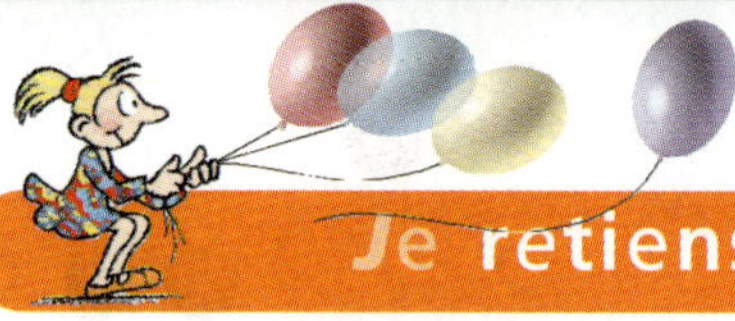

Je retiens l'essentiel

• Quand utiliser des lettres ?

– L'égalité $2 + 3 = 5$ est vraie. L'égalité $3 + 5 = 20$ n'est pas vraie.

– Pour quelle valeur de « ? », l'égalité $5 + ? = 9$ est-elle vraie ? Ou, pour quelle valeur de x, l'égalité $5 + x = 9$ est-elle vraie ?

Réponse : l'égalité est vraie pour $x = 4$, car $5 + 4 = 9$.

• Vérifier une égalité

– L'égalité $x - 5 = 12$ est-elle vraie pour $x = 6$?

Réponse : non, car en remplaçant x par 6 dans $x - 5$, on obtient $6 - 5 = 1$ et non 12.

– Est-elle vraie pour $x = 17$?

Réponse : oui, car en remplaçant x par 17 dans $x - 5$, on obtient $17 - 5 = 12$.

• Définir une équation

$2 + 3 = 5$ est une égalité vraie.

$x + 4 = 7$ est une égalité qui n'est vraie que si $x = 3$.

On dit que $x + 4 = 7$ est une **équation**, que x est son **inconnue** et que 3 est sa **solution**.

• Résoudre une équation

Résoudre une équation **c'est trouver sa solution** (ou ses solutions).

La solution de l'équation $x + 4 = 7$ est 3, car $3 + 4 = 7$.

Je comprends comment faire

➤ pour vérifier qu'une valeur est solution d'une équation

Revient à **remplacer l'inconnue par cette valeur** et à vérifier l'égalité.

Exemple : $x = 3$ est-elle solution de l'équation $x + 7 = 2x + 4$?

Réponse : pour $x = 3$, on peut écrire :

$\underbrace{x + 7}_{\text{1}^{\text{er}}\text{ membre}} = 3 + 7 = 10$ et $\underbrace{2x + 4}_{\text{2}^{\text{e}}\text{ membre}} = 2 \times 3 + 4 = 6 + 4 = 10.$

Pour $x = 3$, les deux membres de l'égalité sont égaux à 10, donc $x = 3$ est solution de l'équation donnée.

➤ pour résoudre une équation (signifie trouver les solutions d'une équation)

Voici comment trouver la valeur de l'inconnue dans chacun des cas suivants.

$$\begin{aligned} x + 5 &= 9 + 12 \\ x + 5 &= 21 \\ x &= 21 - 5 \\ x &= 16 \end{aligned}$$

Vérifier que 16 est solution de l'équation donnée.
Pour $x = 16 \rightarrow$
$x + 5 = 16 + 5 = 21$ et $9 + 12 = 21$, donc 16 est bien solution de l'équation.

$$\begin{aligned} 3x &= 28{,}5 \\ x &= 28{,}5/3 \\ x &= 9{,}5 \end{aligned}$$

Vérifier que 9,5 est solution de l'équation.
Pour $x = 9{,}5 \rightarrow$
$3x = 3 \times 9{,}5 = 28{,}5$
donc 9,5 est bien une solution.

$$\begin{aligned} 25/x &= 4 \\ x &= 25/4 \\ x &= 6{,}25 \end{aligned}$$

Vérifier que 6,25 est solution de l'équation.
Pour $x = 6{,}25 \rightarrow$
$25/x = 25/6{,}25 = 4$,
donc 6,25 est bien une solution.

OBJECTIF

Savoir résoudre et vérifier une équation.

Je m'exerce

1 ★ **Résous mentalement.**

a. $3 + 6 = x$ ....

b. $z = 9 - 14$ ....

c. $4 + y = 0$ ....

d. $x + 19 = 23$ ....

e. $x + 19 = 15$ ....

2 ★ **Réponds par oui ou non à la question : le nombre 4 est-il solution de l'équation ?**

a. $9 - x = 5$ ....

b. $5x = 24$ ....

c. $7 + x = 15 - x$ ....

d. $\frac{x}{8} = 0,5$ ....

e. $\frac{18}{x} = 4,2$ ....

3 ★★ **Résous mentalement.**

a. $46 - x = 0$ ....

b. $\frac{x}{6} = 42$ ....

c. $x + \frac{6}{3} = 0$ ....

d. $\frac{42}{x} = 7$ ....

e. $-87,4 + 63,4 = x$ ....

4 ★★ **Le nombre 2,5 est-il solution des équations suivantes ? Justifie ta réponse.**

a. $5x + 7,5 = 20$

b. $3 + x = -x + 7,5$

c. $13 - x = 5x - 2$

d. $y - 20 = 2y + (-22,5)$

e. $45 + 2t = 38 + 17 - 5$

5 ★★ **Calcule la valeur de l'expression $3x + y$ dans les cas suivants :**

a. $x = 3$ et $y = 7$ ....

b. $x = 1$ et $y = -2$ ....

c. $x = 4$ et $y = -12$ ....

d. $x = 0,7$ et $y = -2,7$ ....

e. $x = 2/5$ et $y = 4/5$ ....

f. $x = 1/3$ et $y = -1$ ....

6 ★★★ **a. Les valeurs $x = 3$ et $y = 1$ sont-elles solutions de l'équation $3x + 2y = 11$?**

b. Les valeurs $x = -15$ et $y = 4$ sont-elles solutions de l'équation $x - y = -20$?

c. Les valeurs $x = 2$ et $y = 5$ sont-elles solutions de l'équation $6x + 1 = 2y + 3$?

d. Les valeurs $a = -1$ et $b = -2$ sont-elles solutions de l'équation $a - (-2) = 3 + b$?

7 ★★★ Je suis un nombre relatif x. En m'ajoutant 13, (-4) et (-8), on trouve -49. **Qui suis-je ?**

....

8 ★★★ Je suis un nombre relatif x. En me retranchant 5,2 et $(-12,5)$ et aussi (-6), on trouve -10. **Qui suis-je ?**

....

9 ★★★ Je suis une fraction. En m'ajoutant $\frac{4}{7}$ puis 9, on trouve $\frac{68}{7}$. **Qui suis-je ?**

....

10 ★★★ Nous sommes deux entiers consécutifs. Notre somme est 213. **Qui sommes-nous ?**

....

11 ★★★ Nous sommes deux entiers pairs consécutifs. Notre somme est 194. **Qui sommes-nous ?**

....

12 ★★★ **a. On considère l'équation $5x = 2x$. Entoure dans la liste sa (ou ses) solution(s).**

0 ; 1 ; 2 ; 3 ; 4 ; 5.

b. Entoure dans la liste la (ou les) solution(s) de l'équation $3x = 2x + x$.

0 ; 1 ; 2 ; 3 ; 4 ; 5.

13

Petits problèmes

Mathématiques

Je retiens l'essentiel

• **Comprendre l'énoncé**

– Pour résoudre un problème, il faut d'abord **comprendre son énoncé**.

– Voici un petit problème à résoudre et un exemple des questions que l'on peut se poser pour comprendre les données ainsi que la question posée.

Un ascenseur est à un étage. Il monte de trois étages, il se trouve alors au douzième. À quel étage se trouvait l'ascenseur ?

Question : de quoi s'agit-il ? *Réponse :* il s'agit d'un ascenseur.

Question : l'ascenseur était-il au 3e étage ? *Réponse :* non. On ne sait pas à quel étage se trouvait l'ascenseur. C'est justement la question posée.

Question : À quoi correspond le nombre 12 ? *Réponse :* 12 est l'étage auquel se trouve à présent l'ascenseur.

• **Mathématiser le problème**

Mathématiser un problème consiste à traduire son énoncé à l'aide de nombres, de signes, de parenthèses et à désigner l'inconnue par une lettre. En général, on désigne l'inconnue par la lettre x. On cherche alors à **mettre le problème en équation**.

• **Mettre en équation le problème**

Cela consiste à mettre son énoncé sous la forme d'une égalité.

Reprenons l'exemple de l'ascenseur.

Choix de l'inconnue : soit x l'étage auquel se trouvait l'ascenseur.

Mise en équation :

l'ascenseur est à l'étage (x), il monte (+) de 3 étages, il est alors (=) à l'étage 12.

Ce que l'on écrit : $x + 3 = 12$

• **Résoudre l'équation**

$x + 3 = 12$
$x = 12 - 3$
$x = 9$

Vérifier que 9 est la solution de l'équation.
Pour cela, remplacer x par 9 dans $x + 3$. On obtient :
$x + 3 = 9 + 3 = 12$. $12 = 12$, donc 9 est bien la solution de l'équation.

• **Répondre à la question posée**

$x = 9$, donc l'ascenseur était au 9e étage.

Je comprends comment faire

➤ pour mettre en équation

Revient à **écrire le problème sous la forme d'une égalité.**

Exemples :

• La différence entre un nombre x et 8,92 est 5,4.
Mise en équation : $x - 8{,}92 = 5{,}4$

• Le produit d'un nombre x et de la somme de 4 et 9 est 130.
Mise en équation : $x \times (4 + 9) = 130$

➤ pour résoudre l'équation

Revient à **trouver la valeur de l'inconnue.**

Exemples :

• $x - 8{,}92 = 5{,}4$
$x = 5{,}4 + 8{,}92$
$x = 14{,}32$

• $x \times (4 + 9) = 130$
$x \times 13 = 130$
$x = 130 : 13$
$x = 10$

OBJECTIF

Savoir utiliser les équations dans la résolution de problèmes simples.

Je m'exerce

1 ★ **Écris sous la forme d'une expression mathématique.**

a. Joëlle pense à un nombre x. Elle le multiplie par 5, puis ajoute (-3) au produit.

b. Fabien pense à un nombre x. Il lui retranche 7 et divise la différence par 8.

c. Le quotient entre 46 et x.

d. Le quotient entre x et 46.

e. La différence entre x et 13.

f. La différence entre 13 et x.

2 ★ a. **Exprime l'aire de ce rectangle à l'aide de x. (Unité : cm)**

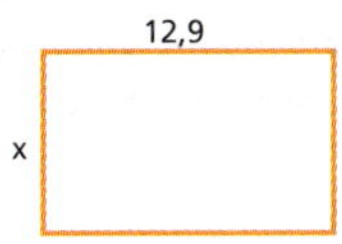

b. **Calcule x dans le cas où la mesure de son aire est 105,78 cm^2.**

3 ★ a. **Utilise x pour écrire le périmètre de ce triangle.**

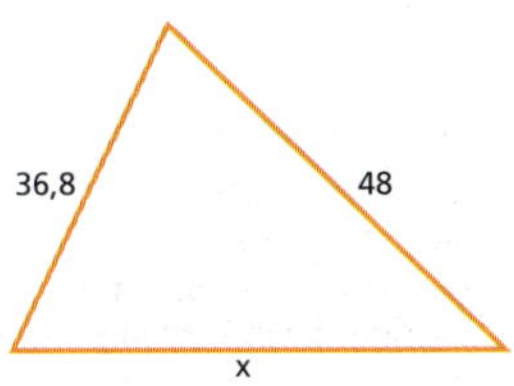

b. **Quelle est la longueur de son troisième côté dans le cas où son périmètre est 125 cm ?**

4 ★ **Clarice a x ans. Sa maman a le triple de son âge. Écris la somme de leurs âges.**

....

....

5 ★★ a. **Utilise x et y pour écrire le périmètre de ce quadrilatère. (Unité : cm)**

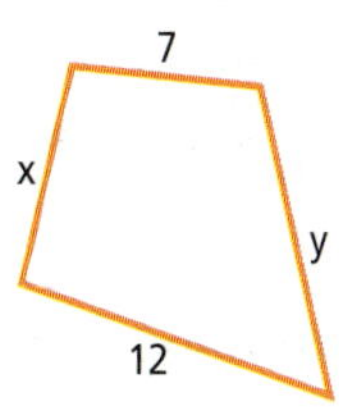

b. **Calcule ce périmètre dans le cas où $x = 8{,}5$ et $y = 15$.**

c. **Calcule y dans le cas où $x = 10$ et le périmètre est 45 cm.**

6 ★★ L'âge de Murielle est le triple de celui de Dora. La somme de leur âge est 60 ans.

a. **Désigne par x ans l'âge de Dora, puis calcule x.**

b. **Quel est l'âge de Murielle ?**

7 ★★

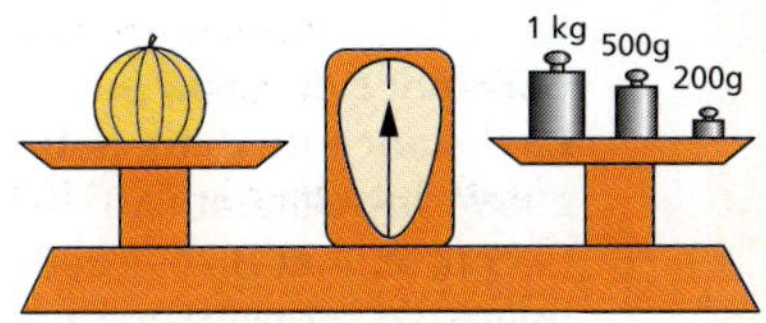

a. **La balance est en équilibre. Combien le melon pèse-t-il en kilogrammes ?**

b. **On ajoute sur le plateau un deuxième melon. Il pèse x grammes. Calcule x sachant que les deux melons pèsent ensemble 2,65 kg.**

8 ★★★ Nicole pense à un nombre.

Elle lui retranche 4,5.

Elle ajoute 12 à la différence.

Elle trouve 25.

À quel nombre Nicole a-t-elle pensé ?

9 ★★★ Arnaud pense à un nombre décimal.

Il ajoute 53 au double de son nombre.

Il trouve 614.

À quel nombre Arnaud a-t-il pensé ?

10 ★★★ Philippe a acheté 3 croissants et 2 pains au chocolat. Il a payé en tout 29 F.

a. **Le prix d'un croissant est :**

☐ 5,70 F ☐ 5,20 F

et celui d'un pain au chocolat est :

☐ 6,70 F ☐ 6 F

b. Aline a acheté dans la même boulangerie 3 pains au chocolat, 2 croissants et une baguette. Elle a payé en tout 35 F.

Le prix d'une baguette est :

☐ 4 F ☐ 4,20 F ☐ 4,50 F

14 Repérage

Mathématiques

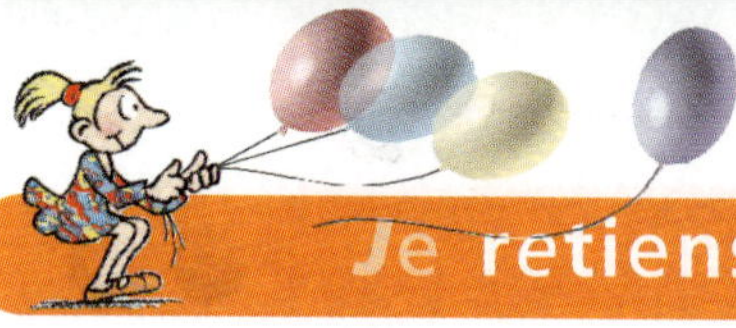

Je retiens l'essentiel

• **Repérer un point sur une droite graduée**

Voici une droite graduée x'x.
Elle est munie d'une origine O.
Au point O, correspond le nombre 0 et au point I correspond le nombre 1: OI est l'unité de mesure.

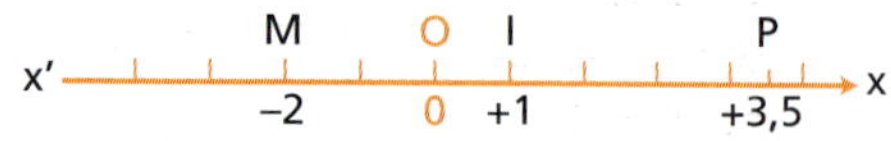

Le point M est **à gauche de O** et tel que OM = 2 : M a pour **abscisse –2**.
Le point P est **à droite de O** et tel que OP = 3,5 : P a pour **abscisse +3,5**.
Un point quelconque de la droite graduée x'x est repéré par un nombre appelé abscisse de ce point.

• **Distance de deux points**

La distance de deux points, A et B, est un **nombre positif**. C'est la mesure de la longueur du segment [AB].
Ci-contre, A et B sont deux points de la droite graduée x'x.

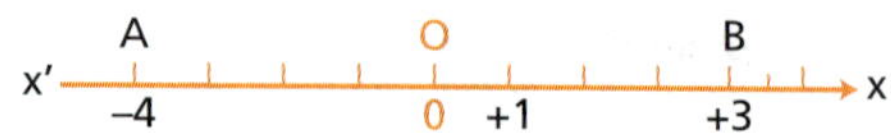

Pour trouver leur distance :
1. On calcule la différence de leurs abscisses : (−4) − (+3) = −4 −3 = −7
2. La distance des points A et B est le nombre positif 7.

• **Repérer un point dans un plan**

– Voici un repère orthogonal (⊢)d'origine O. Sur l'axe des abscisses x'x, OI = 1 et sur l'axe des ordonnées y'y, OJ = 1.
Le point A est repéré par son **abscisse** +3 et son ordonnée +2. On écrit A(+3 ; +2) et on dit que +3 et +2 sont les **coordonnées du point A**.
– Quelles sont les coordonnées des points B, C et D ?
Voici les réponses dans un tableau.

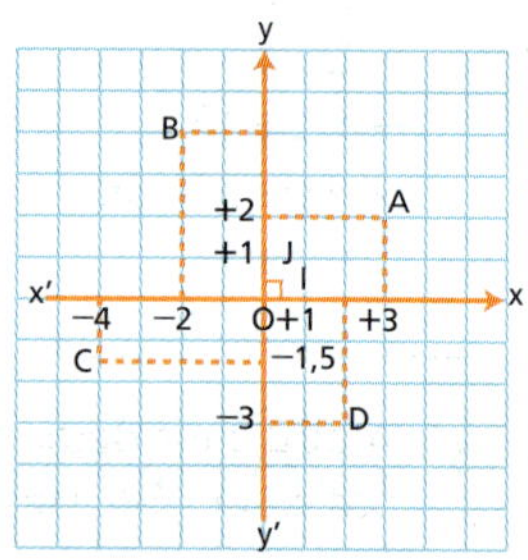

	abscisse	ordonnée	coordonnées
point B	− 2	+ 4	(–2 ; +4)
point C	− 4	− 1,5	(–4 ; −1,5)
point D	+ 2	− 3	(+2 ; −3)

Je comprends comment faire

➤ pour lire les coordonnées d'un point

Revient à lire l'**abscisse** sur l'**axe horizontal** et l'**ordonnée** sur l'**axe vertical** selon les perpendiculaires aux axes passant par le point.

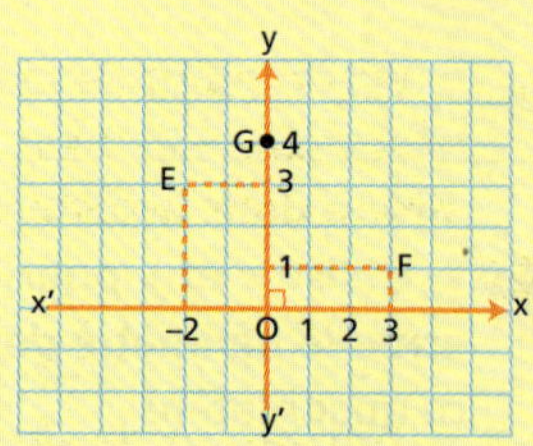

a. E(−2 ; 3) et F(3 ; 1)
b. G (0 ; 4),car G est un point de l'axe vertical.
c. H (2 ; 0), car H est un point de l'axe horizontal.
d. O (0 ; 0), car O est l'origine des deux axes.

➤ pour placer un point de coordonnées données

Revient à tracer des perpendiculaires et à prendre leur intersection.

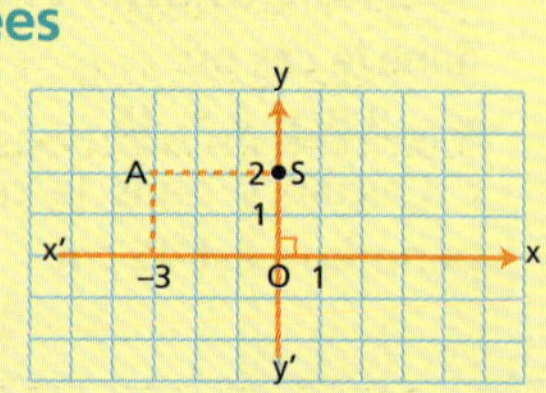

Pour placer le point A (−3 ; 2), **je trace les perpendiculaires** en T et S à x'x et y'y. Leur **intersection** est le point A.

OBJECTIFS

Savoir repérer un point sur un axe et dans un plan.

Savoir lire les coordonnées d'un point.

Savoir placer un point de coordonnées données.

Je m'exerce

1 ★ **Complète avec les coordonnées des points.**

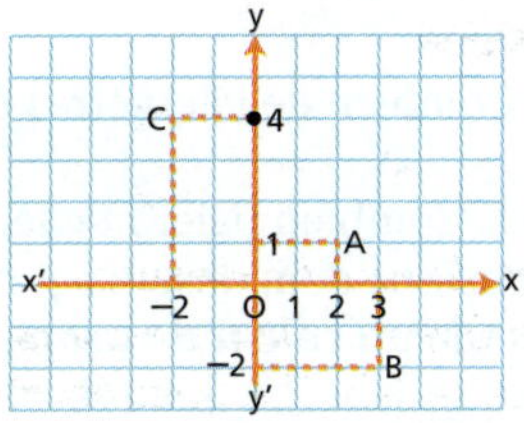

point	abscisse	ordonnée
point A		
point B		
point C		
point O		

2 ★ **Place les points dans le repère ci-dessous.**

D (–1 ; 2),
E (3 ; 0),
F (2 ; 4),
G (0 ; 1,5)
et H (−2 ; −2).

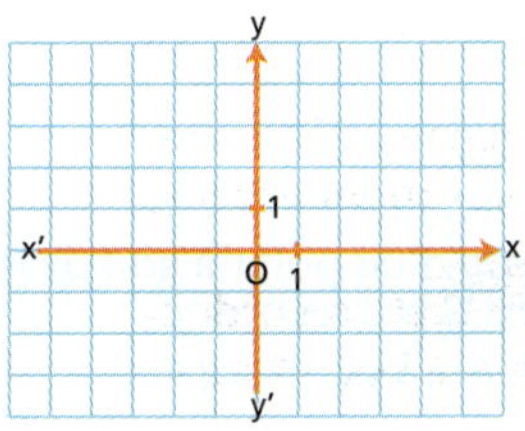

3 ★ A et B sont deux points de l'axe x'x. Ils ont pour abscisses −5 et −1.

a. **Place les points A et B sur x'x.**

b. **Calcule la distance des points A et B.**

4 ★★ **C est un point de la droite graduée x'x d'abscisse −2. D est un point de cette droite dont la distance à C est de −4.**

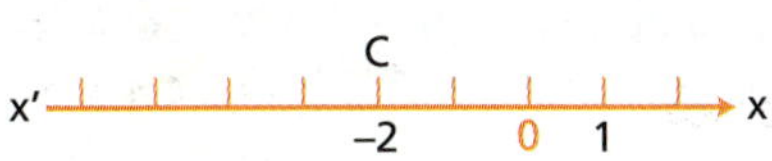

a. **Une erreur de signe s'est glissée dans l'énoncé de l'exercice. Corrige-la en justifiant ta réponse.**

b. **Place le point D et lis son abscisse. Combien de solutions y-a-t-il ?**

5 ★ Les abscisses des points U et V sur une droite graduée sont 12,7 et −34.
Calcule la distance des points U et V.

....

6 ★★★ **Complète le tableau et les représentations des points.**

	A	B	C	D	O
abscisse	4	−2			
ordonnée	−4				
coordonnées		(–2 ; 5)	(3 ; −4)		

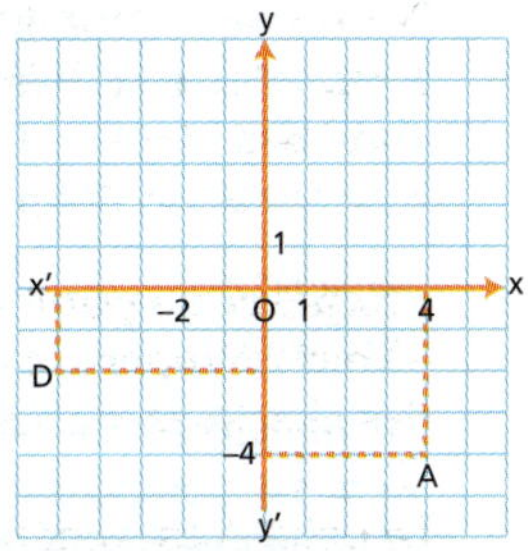

7 ★★★ On donne A (−2,5 ; +3), B (0 ; 3), C (3 ; 1) et D (−2,5 ; −2).

a. **Place les points A, B, C et D dans le repère ci-dessous.**

b. **Pourquoi les points A et D sont-ils sur une même perpendiculaire à x'x ? En est-il de même des points A et B ?**

c. **M est un point de l'axe x'x. Son abscisse est celle du point C. Précise les coordonnées de M et place-le dans le repère.**

8 ★★

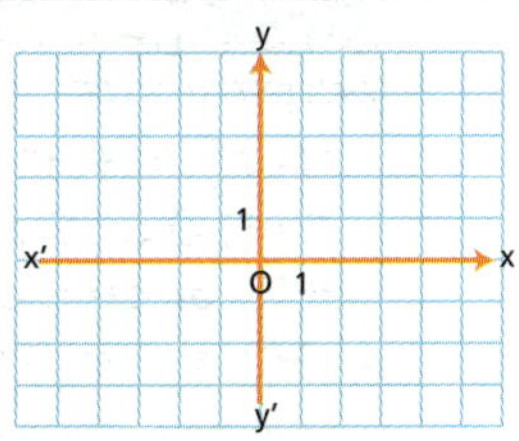

a. **Place le point S (4 ; −2) et son symétrique T par rapport à y'y dans le repère ci-dessus.**

b. **Quelles sont les coordonnées de T ?**

....

Je retiens l'essentiel

• **Des situations de proportionnalité**

a. Christian parcourt 80 km en 50 min. Combien de kilomètres parcourt-il en 100 min à la même vitesse ?

b. Danièle achète 2 kg de raisin à 28,40 F. Combien paierait-elle 2,5 kg ?

c. Comment trouver les nouvelles dimensions d'un dessin agrandi ou réduit ?

Pour répondre à ces questions, on effectue **un calcul de proportionnalité**.

• **Tableau de proportionnalité**

Un tableau de proportionnalité est formé de deux lignes et de deux ou plusieurs colonnes. Les nombres de la 2e ligne dépendent de la 1re.

1	3	3,5	5
2	6	7	10

(× 2)

Voici un exemple de tableau de proportionnalité où on passe de la 1re ligne à la 2e en multipliant par 2.
2 est le coefficient de proportionnalité.

• **Représentation graphique**

Ci-contre, une droite qui passe par l'origine O du repère. A, B, C et D sont 4 points de la droite. Leurs coordonnées sont données dans le tableau :

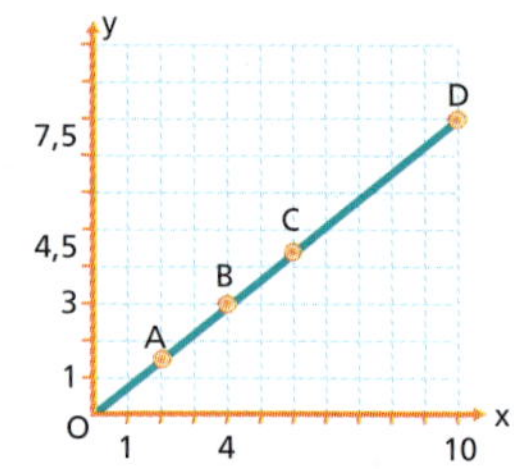

abscisse	2	4	6	10
ordonnée	1,5	3	4,5	7,5

Le tableau est-il un tableau de proportionnalité ?

Réponse : oui, car on passe de l'abscisse d'un point à son ordonnée en multipliant à chaque fois par le même nombre : 0,75.

($2 \times 0{,}75 = 1{,}5$; $4 \times 0{,}75 = 3$; $6 \times 0{,}75 = 4{,}5$ et $10 \times 0{,}75 = 7{,}5$).

Je comprends comment faire

➤ pour trouver le coefficient de proportionnalité

Revient à effectuer une division. Le coefficient de proportionnalité est le quotient d'un nombre de la 2e ligne et de son homologue dans la première ligne.

Exemple : Le coefficient 0,75 du tableau précédent n'est autre que
1,5 : 2 ou 3 : 4 ou 4,5 : 6 ou 7,5 : 10.

➤ pour calculer une quatrième proportionnelle

Revient à rentrer les données dans un tableau, à considérer un carré de 2 lignes et de 2 colonnes et à calculer le 4e nombre qui manque.

Exemple :

« poids » du raisin en kg	2	2,5
prix en francs	28,40	?

a. **On calcule le coefficient :** 28,40 : 2 = 14,20.

b. **On multiplie :** $2{,}5 \times 14{,}20$. La 4e proportionnelle est donc 35,50.

➤ pour vérifier s'il y a proportionnalité

(Ci-dessous un exemple de non proportionnalité)

a. **À l'aide d'un tableau**

5	10	12
4	8	9

4 : 5 = 0,8 ; 8 : 10 = 0,8
9 : 12 = 0,75. On a :
4 : 5 = 8 : 10 ≠ 9 : 12.
Donc le tableau n'est pas un tableau de proportionnalité.

b. **Graphiquement**

Les points A (5 ; 4), B (10 ; 8) et C (12 ; 9) ne sont pas alignés avec l'origine.

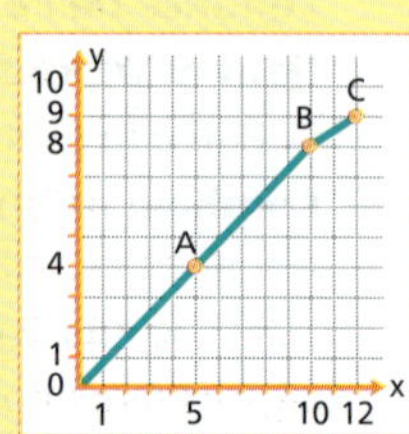

OBJECTIFS

- Savoir effectuer des calculs de proportionnalité.
- Exploiter des tableaux.
- Trouver le coefficient de proportionnalité.

Je m'exerce

1 ★ Pourquoi le tableau suivant n'est-il pas un tableau de proportionnalité ?

2	8	60	100
3	12	90	140

2 ★ Pourquoi les coordonnées de A, B et C ne sont-elles pas en situation de proportionnalité ?

abscisse	5	8	20
ordonnée	2,5	4	12

3 ★ Pourquoi les coordonnées de M, N et P ne sont-elles pas en situation de proportionnalité ?

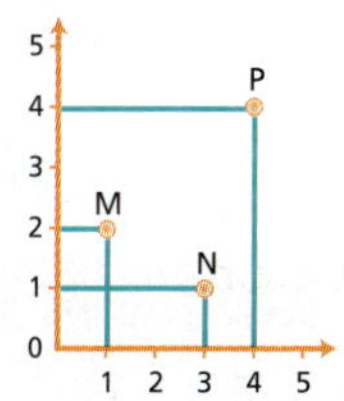

4 ★ Pourquoi les coordonnées de I, J, K et L ne sont-elles pas en situation de proportionnalité ?

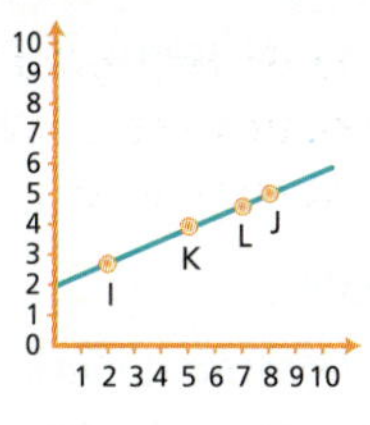

5 ★★ a. Complète le tableau avec les coordonnées de l'origine O d'un repère, et de E (5 ; 3), F (2 ; 1,2), et G (8 ; 4,8).

abscisse	......	......	......	......
ordonnée	......	......	......	......

b. Pourquoi les coordonnées de ces points sont-elles en situation de proportionnalité ?

c. Trace un repère et place les points E, F et G dans ce repère.

d. Les points E, F et G sont-ils alignés ? Alignés avec l'origine ? Pourquoi ?

6 ★★ a. Complète le tableau donnant la distance parcourue par un automobiliste qui roule à une vitesse constante.

durée en heures	1,5	2	......	5
distance en km	120	......	320	......

b. Quelle est la vitesse de l'automobiliste ?

c. Pourquoi son mouvement est-il dit uniforme ?

7 ★★ a. On sait que : 1 h = 60 min et que 1,5 h = 1,5 × 60 min = 90 min.
Complète le tableau de conversion.

durée en heures	1,2	......	2,5	3,4	......
durée en minutes	......	132	......	......	420

b. Que représente le nombre 60 pour le tableau ? ....

8 ★★ a. En 1998, un euro était estimé à 6,50 F.
Complète le tableau de conversion.

somme en €	45	......	326
somme en F.	......	533	......

b. Que représente le nombre 6,5 pour le tableau ? ....

9 ★★★ a. Écris sous forme d'un décimal la fraction 3/8.

b. Utilise la touche MC pour mettre la mémoire de la calculatrice à zéro, puis la touche M+ pour mémoriser 3/8.

c. Complète le tableau donnant les 3/8 d'un gâteau en fonction de son « poids ».

« poids » (en g)	......	800	1100	......	......
les 3/8 (en g)	150	......	......	450	900

10 ★★★ Complète le tableau de proportionnalité.

$\frac{49}{25}$	$\frac{7}{3}$	$\frac{6}{5}$	$\frac{35}{9}$	21
....	....	....	....	....

$\times \frac{15}{7}$

Je retiens l'essentiel

• Définir un pourcentage
Un pourcentage est une écriture fractionnaire dont le dénominateur est 100.
Exemple : $\frac{25}{100}$ est un pourcentage qu'on écrit 25 %.
25 % se lit et signifie : « 25 pour cent ».

• Appliquer un pourcentage
– Appliquer 25 % à 64 revient à calculer 25/100 × 64 F.
– –25 % sur le prix affiché signifie que la remise est de 25 % sur le prix initial.

• Définir une échelle
Une échelle est un nombre. Ce nombre est le quotient de deux distances exprimées dans la même unité : une sur le plan et une réelle.
Soit : échelle = $\frac{\text{distance sur le plan}}{\text{distance réelle}}$
Ci-contre le plan d'un jardin carré à l'échelle 1/200.
1/200 signifie : à 1 cm sur le plan correspond 200 cm en réalité.

Échelle : 1/200 0 4 m

Je comprends comment faire

➤ pour appliquer un pourcentage

Revient à multiplier un nombre par une fraction de dénominateur 100.
Calculer les 25 % de 64.
• Soit je calcule $64 \times \frac{25}{100} = \frac{64 \times 25}{4 \times 25} = \frac{64}{4} = 16$, donc 25 % de 64 = 16.
• Soit j'utilise un tableau de proportionnalité : le coefficient de proportionnalité est 25/100 = 0,25 ; 64 × 0,25 = 16.

100	64
25	?

× 0,25

➤ pour calculer un pourcentage

Revient à compléter un tableau de proportionnalité.
Un collège comptait 625 élèves. Cette année, le nombre d'élèves a augmenté de 85. *Quelle est le pourcentage d'augmentation de ses élèves ?*
Je calcule le coefficient de proportionnalité $\frac{625}{85}$ = 7,35. Je complète le tableau : 100 : 7,35 = 13,6. Cela signifie que pour 100 élèves il y a eu une augmentation de 13,6 élèves. En pourcentage, l'augmentation est de 13,6 %.

nombre total	625	100
augmentation	85	?

: 7,35

➤ pour calculer des distances sur un plan

Revient à compléter un tableau de proportionnalité.
• Quelle est la mesure réelle du côté du jardin tracé ci-dessus à l'échelle 1/200 ?

Distance réelle (en cm)	200	…	340
Distance sur le plan (en cm)	1	4	…

× $\frac{1}{200}$

$\frac{1}{200}$ est l'échelle du dessin

• Quel est le diamètre du bassin sur le plan sachant qu'il est de 3,40 m en réalité ?
4 × 200 = 800, donc 800 cm ou 8 m est le côté réel du jardin.
En cm : 340 × 1/200 = 1,7. Donc 1,7 cm est le diamètre du bassin sur le plan.

OBJECTIF
Savoir utiliser les tableaux de proportionnalité.

Je m'exerce

1 ★ **Vrai ou faux ?** — V F

a. AB représente les 25 % de AC. ☐ ☐

b. EF représente les 30 % de MN. ☐ ☐

c. IJ représente les 80 % de IK. ☐ ☐

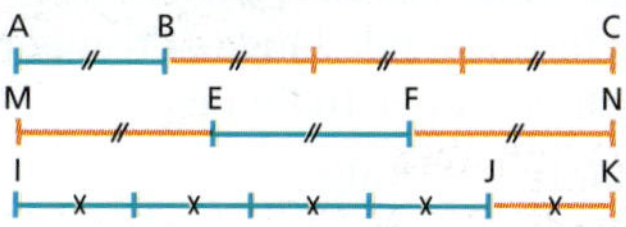

2 ★ **Écris sous la forme d'un pourcentage.**

a. 32/100 .... d. 0,05 ....

b. 7/50 .... e. 0,3 ....

c. 6/25 .... f. 2,5 ....

3 ★ **Écris sous la forme d'un décimal.**

a. 7/4 .... d. 92 % ....

b. 45/100 .... e. 9/20 ....

c. 2 % .... f. 0,3 % ....

4 ★★ **Relie entre elles les trois écritures désignant un même nombre.**

a. 5/4 d. 25 % g. 125 %

b. 0,25 e. 0,4 h. 2/5

c. 40 % f. 15/12 i. 1/4

5 ★★ Les anciens et les nouveaux prix sont exprimés dans la même unité. La réduction est de 30 %. **Complète le tableau des prix.**

ancien prix	100	150	....	....	....
nouveau prix	....	....	175	350	420

6 ★★★ **1°. Quelle est la remise effectuée dans chacun des cas ? (unité : euro)**

a. ~~55 €~~ 44 € b. ~~279 €~~ 237,5 € c. ~~2320 €~~ 2204 €

2°. Exprime en pourcentage chacune de ces remises.

7 ★★ a. **Complète le tableau des dimensions de l'équerre.**

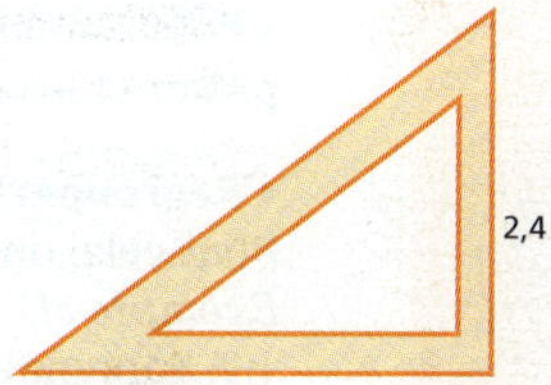

dimensions réelles (cm)	12	16	20
dimensions du dessin (cm)	2,4	....	....

b. **Le tableau est-il un tableau de proportionnalité ? Si oui, quelle est l'échelle du dessin de l'équerre ?**

8 ★★ Un grain de pollen mesure 0,05 mm. Sur un dessin, il mesure 2 mm.

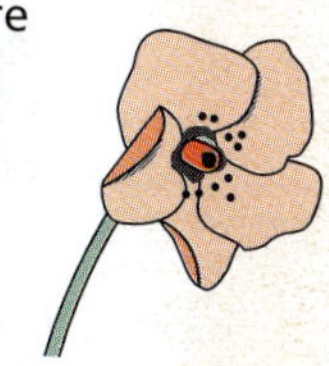

a. **Quelle est l'échelle du dessin ?**

b. Le plus petit grain de pollen mesure 0,02 mm. **En appliquant le même agrandissement, quelle serait sa dimension sur le dessin ?**

9 ★★★ À une vitesse de 5 km/h, Maxime met 18 minutes pour aller à son collège.

a. **À quelle distance habite-t-il du collège ?** ....

b. **Sur un plan, ce trajet est de 2,5 cm. Le plan est à l'échelle de :**

☐ 50 000 ☐ 1/50 000 ☐ 1/60 000

10 ★★★ Sur une carte de France, 10 km sont représentés par 2 mm.

a. **Quelle est l'échelle de cette carte ?**

b. **La distance Strasbourg-Orléans est de 515 km. Par combien cette distance est-elle représentée sur la carte ?**

11 ★★ **Détermine l'échelle utilisée pour dessiner le téléviseur.**

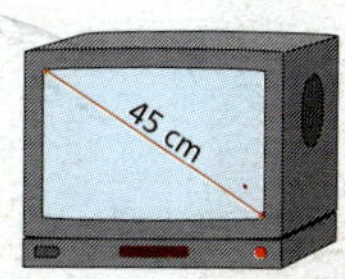

Mathématiques

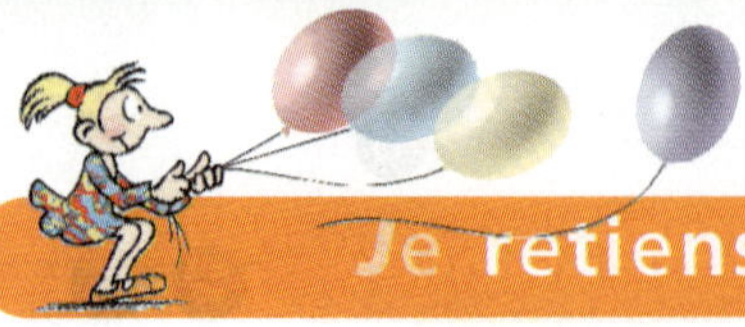

Je retiens l'essentiel

• Pour établir des statisiques, il faut d'abord **regrouper les données**, puis les **interpréter** et les **représenter graphiquement.**

• **Regrouper les données**
Pour cela, on les organise en les **représentant dans un tableau.**
Exemple : Dans un collège, 160 élèves étudient une seule langue étrangère.
108 apprennent l'anglais, 24 l'espagnol, 18 l'allemand et 10 l'italien.

langues	anglais	espagnol	allemand	italien
effectifs	108	24	18	10

On vérifie ensuite que 108 + 24 + 18 + 10 correspond bien à l'effectif total de 160.

• **Représentation graphique**
Ci-contre deux diagrammes circulaire et à barres. Ils représentent les effectifs des élèves apprenant chacune des langues.
Les angles des secteurs circulaires et les hauteurs des barres **sont proportionnels aux effectifs des élèves.**

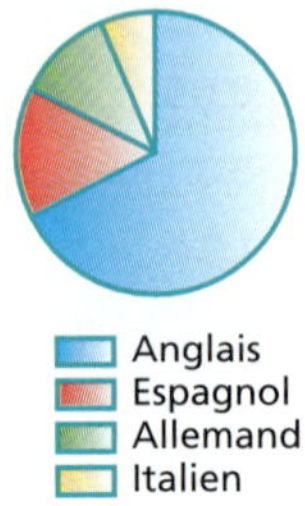

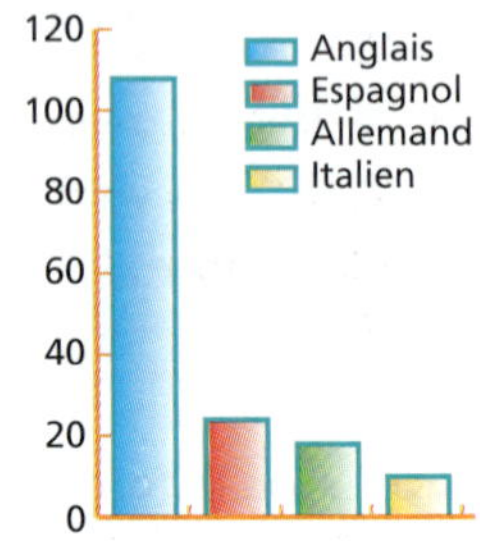

• **Calculer une fréquence**
Ceci permet de comparer un effectif partiel par rapport à l'effectif total.
La fréquence est **un nombre compris entre 0 et 1**, obtenu en divisant un effectif par l'effectif total.
Exemple : la fréquence des élèves apprenant l'anglais est de : 108/160 = 0,675.
Exprimée en pourcentage, la fréquence est de 0,675 × 100 = 67,5, soit 67,5%.

Je comprends comment faire

➤ pour regrouper des données statistiques en classes

En 1996, au millier le plus proche,
la France comptait 58 375 000 habitants.
De 0 à 14 ans : 11 243 000 habitants
De 15 à 64 ans : 38 206 000 habitants
De 65 ans et plus : 8 926 000 habitants

dans un tableau :

âges	0 à14	15 à 64	65 et plus
effectifs	11 243 000	38 206 000	8 926 000

➤ pour interpréter le tableau

• ***Calculer des effectifs cumulés :*** c'est regrouper plusieurs données.
a. 11 243 000 + 38 206 000 est le nombre d'habitants de 0 à 64 ans (ou < 65 ans).
b. 38 206 000 + 8 926 000 est le nombre d'habitants de 15 ans et plus.

• ***Calculer des fréquences en pourcentage :***
a. 11 243 000 / 58 375 000 × 100 = 19,259…
Arrondi au centième, 19,26 % est le pourcentage d'habitants de 0 à 14 ans.
b. 38 206 000 / 58 375 000 × 100 = 65,449…
Arrondi au centième, 65,45 % est le pourcentage d'habitants de 15 à 64 ans.
c. 8 926 000 / 58 375 000 × 100 = 15,290…
Arrondi au centième, 15,29 est le pourcentage d'habitants de 65 ans et plus.

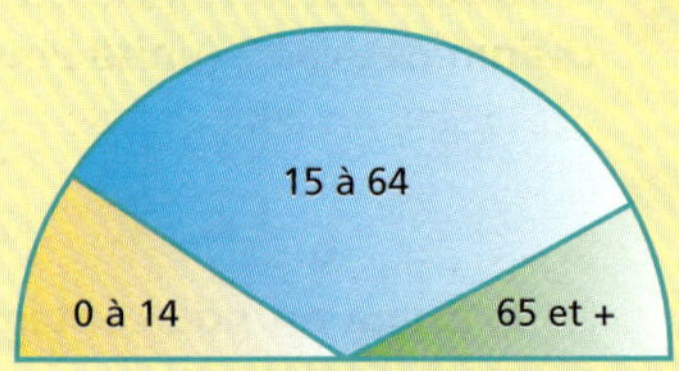

Diagramme semi-circulaire

OBJECTIF

Transformer des données en pourcentages et en diagramme semi-circulaire.

Je m'exerce

1 ★ 40 voitures stationnent dans un parking. Ci-dessous leurs représentations selon leurs couleurs.

a. Complète le tableau.

voitures	blanches	bleues	rouges
effectifs	………	………	………

b. Vrai ou faux V F

1. 30 % des voitures sont blanches. ☐ ☐
2. 62,5 % des voitures sont bleues. ☐ ☐
3. 7,5 % des voitures sont rouges. ☐ ☐
4. 30 % + 62,5 % + 7,5 % = 100 %. ☐ ☐

2 ★ **Pourquoi le diagramme à barres représentant la répartition des voitures de l'exercice précédent est-il faux ?**

3 ★ **Pourquoi le diagramme circulaire représentant la répartition des voitures de l'exercice n° 1 est-il faux ?**

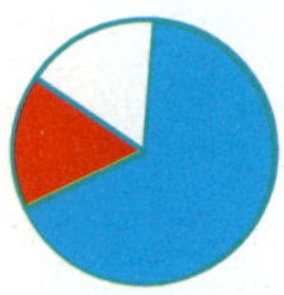

4 ★★ **a. Complète les pointillés avec une fraction convenable.**

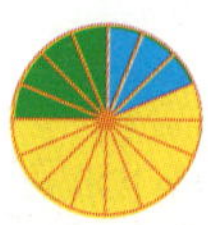

Secteur bleu : ………………

Secteur jaune : ………………

Secteur vert : ………………

b. Complète les pointillés avec un pourcentage convenable.

Secteur bleu : ………………

Secteur jaune : ………………

Secteur vert : ………………

5 ★★ **a. Complète le pointillé avec le pourcentage convenable.**

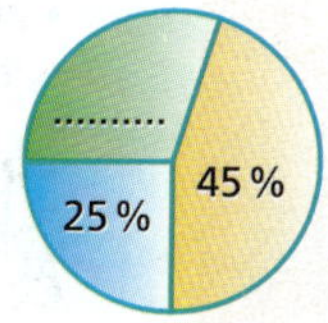

b. Vrai ou faux ? V F
45 % de 360° font 162°. ☐ ☐

c. Calcule chacun des angles du secteur circulaire.

6 ★★★ Le diagramme semi-circulaire ci-dessous représente la répartition de 920 réponses à la question : « Préférez-vous passer vos vacances d'été à la mer, à la montagne ou à la campagne ? »

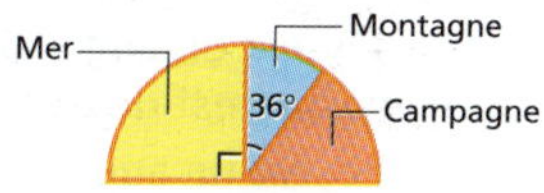

V F

a. 50% des personnes interrogées préfèrent la mer. ☐ ☐

b. 20% des personnes interrogées préfèrent la montagne. ☐ ☐

c. Complète le tableau des effectifs.

vacances	mer	campagne	montagne
effectifs	………	………	………

7 ★★★ Voici un tableau donnant les tailles des élèves d'une classe de 5e.

tailles (en cm)	140 à 149	150 à 159	160 à 170
effectifs	8	11	6

a. Quel est le nombre d'élèves de cette classe?

b. Quel est le nombre d'élèves de taille inférieure à 160 cm ?

c. Quel est le pourcentage d'élèves qui ont une taille supérieure à 159 cm ?

d. Complète le tableau et les diagrammes.

tailles (en cm)	140 à 149	150 à 159	160 à 170
fréquence (en%)	………	………	………

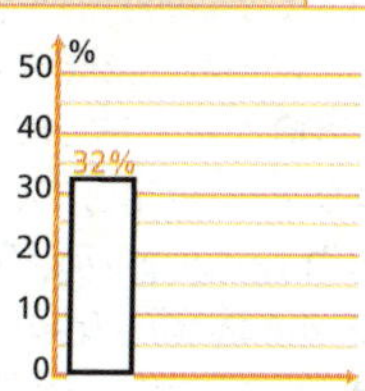

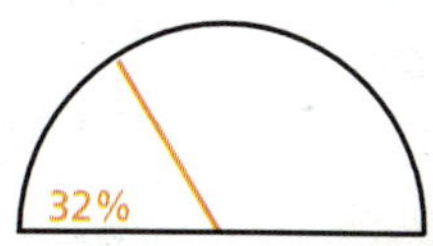

Mathématiques

18 Petit rappel de géométrie

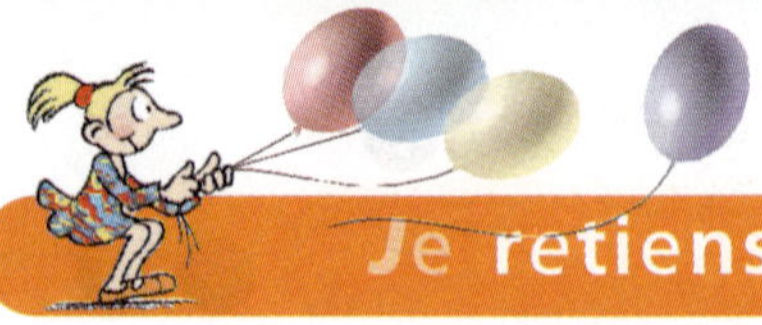

Je retiens l'essentiel

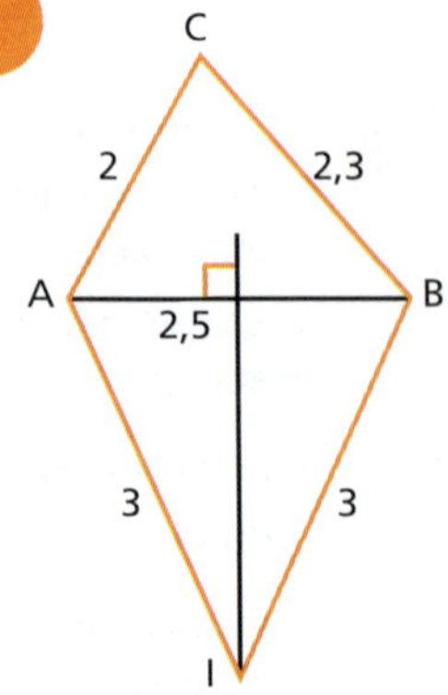

- **Mesurer à l'aide d'une règle**

→ En centimètres, la distance des deux points A et B est de 2,5. La longueur du segment [AB] est AB = 2,5 cm.

→ Le point C n'est pas à égale distance de A et B, car AC = 2 cm et BC = 2,3 cm. C est plus proche de A que de B.

→ Le point I est à égale distance de A et B, car IA = IB = 3 cm. Le point I est **équidistant de A et B**. Il est **sur la médiatrice de [AB]**.

- **Tracer à l'aide d'un compas**

[EF] est un segment donné. L'ouverture du compas est égale à EF.
M, L, T et N sont des points de la droite xy tels que : MT = EF, ML < EF et MN > EF.

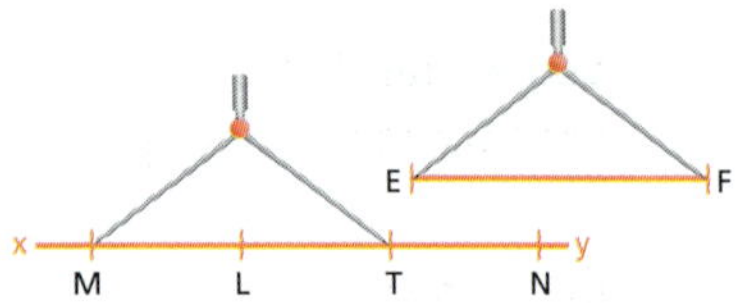

- **Mesurer à l'aide d'un rapporteur**

→ $\widehat{xOy}$ est un angle aigu. En degrés, sa mesure est de 65.

→ $\widehat{tSz}$ est un angle obtus, $\widehat{tSz} = 142°$.

→ Les points A, I et B sont alignés.
L'angle $\widehat{AIB}$ est plat. $\widehat{AIB} = 180°$

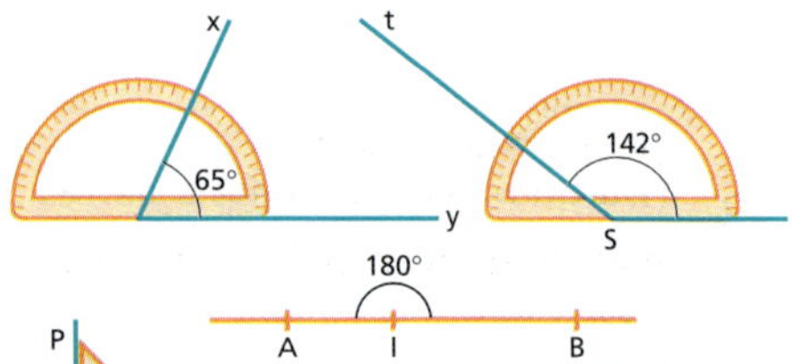

- **Utiliser une équerre**

→ Les droites (MN) et (MP) sont perpendiculaires en M. PMN = 90°.

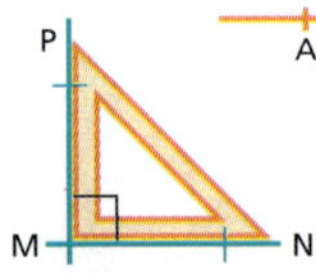

Je comprends comment faire

pour construire :

a. *la médiatrice d'un segment*

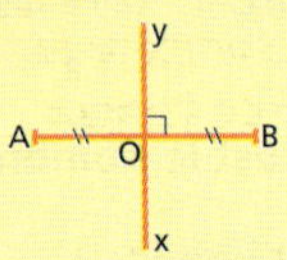

O est le milieu de [AB] et xy est perpendiculaire en O à (AB) : xy est la médiatrice de [AB].

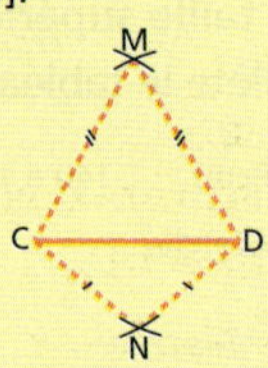

M est à égale distance de C et D. N est à égale distance de C et D.
En joignant M et N, on obtient la médiatrice de [CD].

b. *la bissectrice d'un angle*

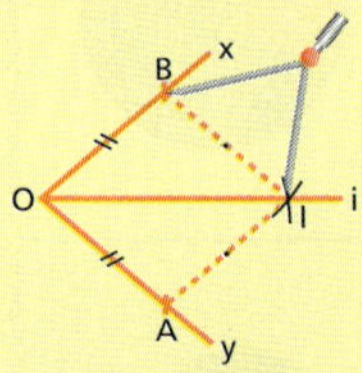

OA = OB
AI = BI
La demi-droite [Oi) est la bissectrice de l'angle $\widehat{xOy}$.

c. *un angle égal à un autre*

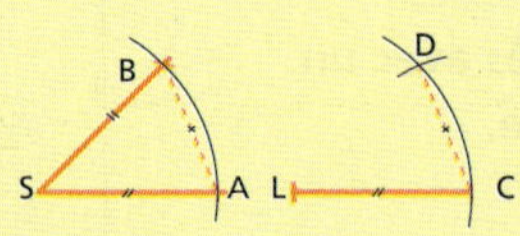

SA = SB = LC
CD = AB.
En joignant L et D, on obtient $\widehat{CLD} = \widehat{ASB}$.

d. *des points*

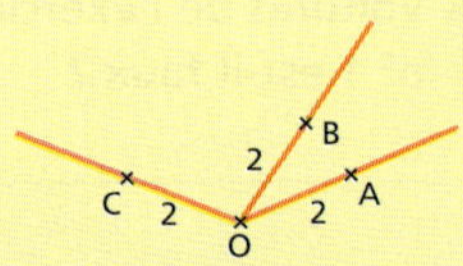

OA = OB = OC
A, B et C sont 3 points situés à 2 cm du point O.

e. *un cercle*

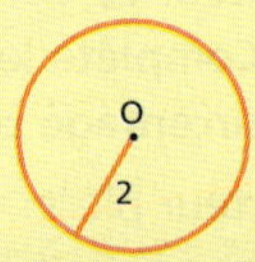

Tous les points à 2 cm de O sont sur le cercle de centre O et de rayon 2 cm.

OBJECTIF

Vérifier l'acquisition de constructions simples.

Je m'exerce

1 ★ **Vrai ou faux ?** **V F**

a. O est le milieu de [AB]. ☐ ☐

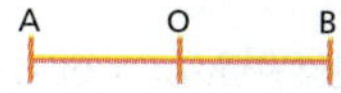

b. I est le milieu de [CD]. ☐ ☐

c. [Tz) est la bissectrice de $\widehat{xTy}$ ☐ ☐.

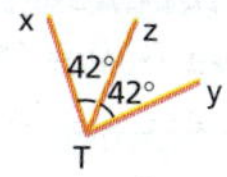

d. [Su) est la bissectrice de $\widehat{vSw}$. ☐ ☐

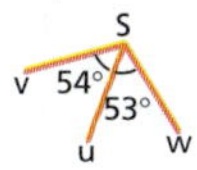

e. Les droites d et d' sont perpendiculaires. ☐ ☐

f. $\widehat{ABC} = 58°$. ☐ ☐

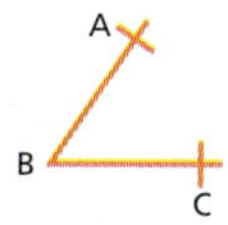

2 ★ **[AB] est un segment de longueur 4 cm. d est une droite quelconque. Trace un point C de d situé à 3 cm de B.**

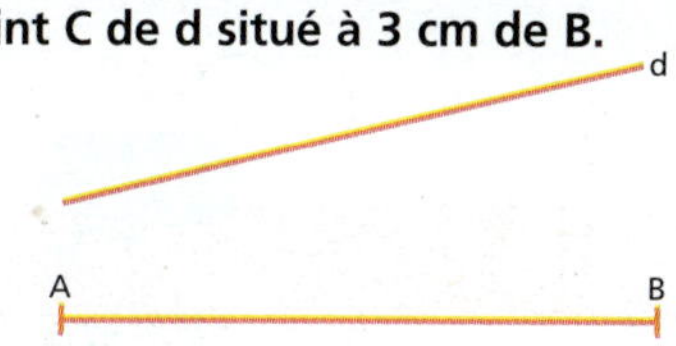

3 ★ La médiatrice du segment [MN] coupe la droite d en L.

a. Construis le point L.

b. Pourquoi a-t-on LM = LN ?

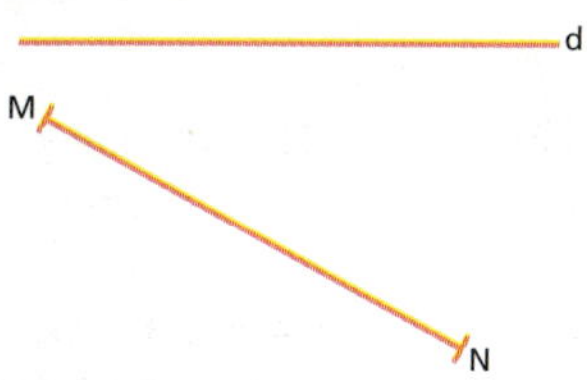

4 ★ **Construis à l'aide d'un compas le milieu I du segment [AB].**

5 ★★ **C est un cercle de centre O et de rayon 2 cm. A et B sont deux points du cercle C.**

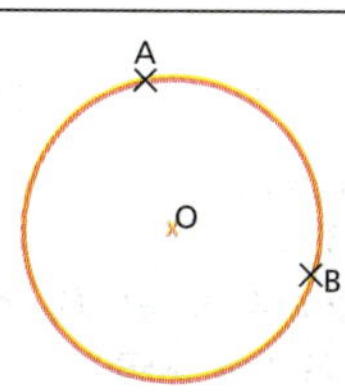

a. Pourquoi a-t-on OA = OB ?

b. Pourquoi la médiatrice du segment [AB] passe-t-elle par O ?

6 ★★ **a. Pourquoi les points A, B et C sont-ils équidistants de O ?**

b. Pourquoi le cercle de centre O et de rayon OA passe-t-il par B et C ?

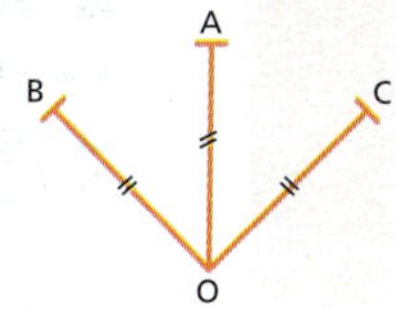

7 ★★ **a. Trace la bissectrice [Oz) de l'angle $\widehat{xOy}$.**

b. Quelle est la mesure de $\widehat{xOz}$ et de $\widehat{yOz}$ dans le cas où $\widehat{xOy} = 78°$?

c. Quelle est la mesure de $\widehat{xOy}$ dans le cas où $\widehat{xOz} = 35°$?

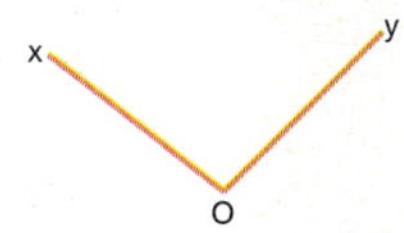

8 ★★ **Complète la construction de l'angle $\widehat{EDF}$ sachant que $\widehat{BAC} + \widehat{EDF} = 90°$.**

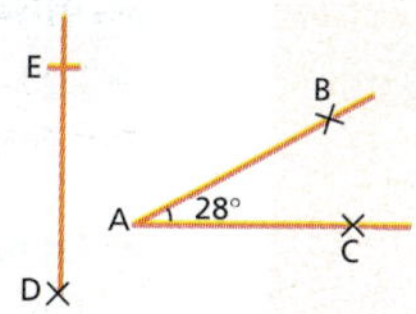

9 ★★ **a. Trouve à l'aide d'un rapporteur la mesure de l'angle $\widehat{xOy}$.**

b. Complète la construction de l'angle $\widehat{tIz}$ sachant que $\widehat{xOy} + \widehat{tIz} = 180°$.

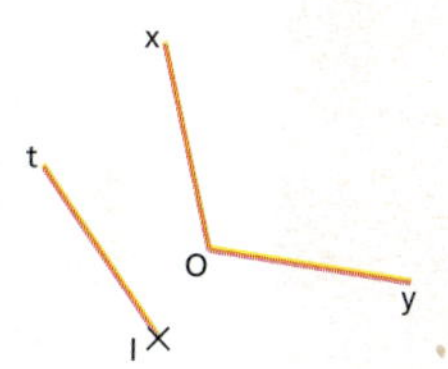

10 ★★★ **a. Trace la perpendiculaire d en A à la droite (AB).**

b. La médiatrice de [AC] coupe la droite d en E et la droite (AB) en F. Y a-t-il sur la figure des segments de même longueur ? Pourquoi ?

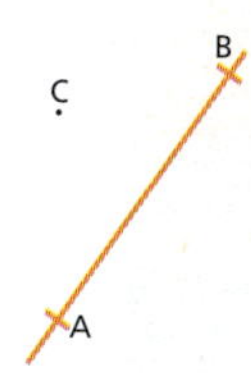

Mathématiques

19 Les angles : notions essentielles

Je retiens l'essentiel

• **Vocabulaire**

→ $\widehat{AOB}$ et $\widehat{AOC}$ sont deux **angles adjacents** :
a. ils ont un **sommet commun**, O ;
b. ils sont de **part et d'autre d'un côté commun**, [OA].

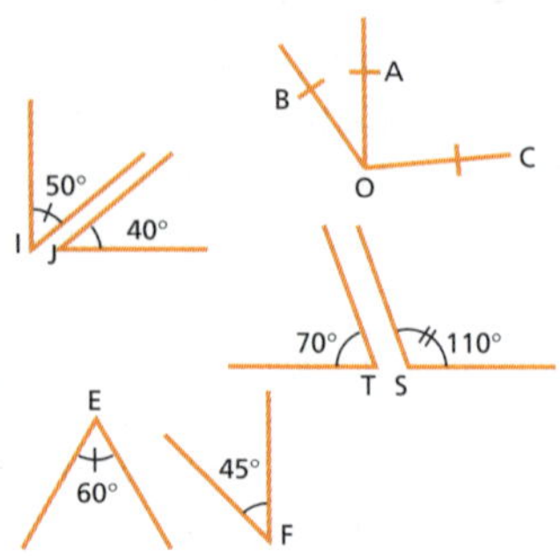

→ Les angles de sommets I et J sont **complémentaires**, car leur **somme est de 90°** ; en effet, 40 + 50 = 90.

→ Les angles de sommets T et S sont **supplémentaires**, car leur **somme est de 180°** ; en effet 110 + 70 = 180.

→ Les angles de sommets E et F sont **quelconques**, car leur somme est de 105°, différente de 90° ou de 180°.

→ Les droites d et d' sont sécantes.
Les angles 1 et 2 sont adjacents, et les angles 1 et 4 sont adjacents. Les angles non-adjacents 1 et 3 sont dits **opposés par le sommet**. Les angles 2 et 4 sont également opposés par le sommet.

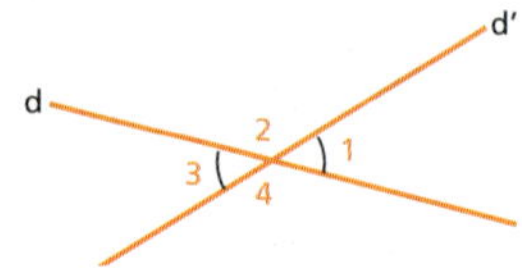

→ Les droites d et d' sont parallèles. Elles sont coupées par la sécante s. Les angles 1 et 2 sont **alternes – internes**, 1 et 3 sont **correspondants**.

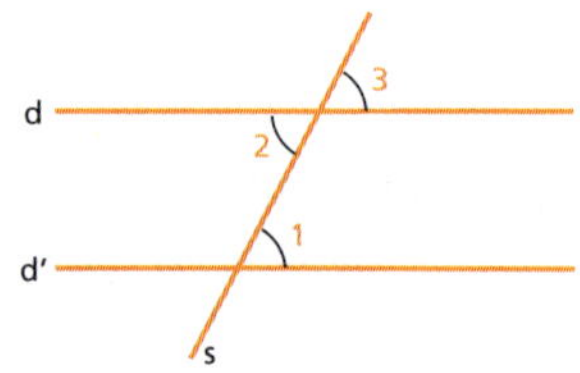

Je comprends comment faire

➤ pour reconnaître des angles égaux

Deux angles sont égaux quand :

a. *ils ont le même complémentaire*

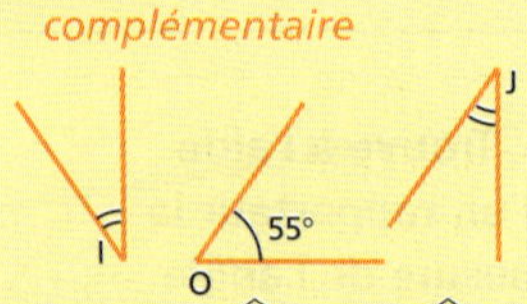

Je sais que : $\widehat{O}$ = 55°, $\widehat{O}$ et $\widehat{I}$ sont complémentaires et $\widehat{O}$ et $\widehat{J}$ sont complémentaires. **J'en déduis que :** $\widehat{I}$ et $\widehat{J}$ mesurent en degrés 90 – 55 = 35, donc que les angles $\widehat{I}$ et $\widehat{J}$ sont égaux.

b. *ils ont le même supplémentaire*

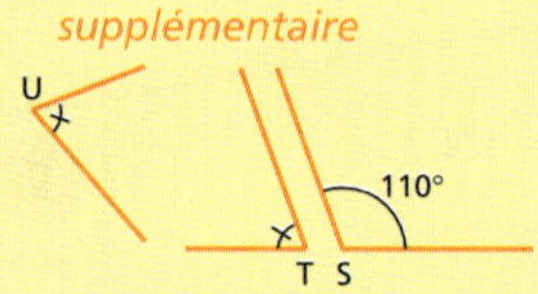

Je sais que : $\widehat{S}$ = 110°, $\widehat{S}$ et $\widehat{T}$ sont supplémentaires et $\widehat{S}$ et $\widehat{U}$ sont supplémentaires. **J'en déduis que :** $\widehat{T}$ et $\widehat{U}$ mesurent en degrés 180 – 110 = 70, donc que les angles $\widehat{U}$ et $\widehat{T}$ sont égaux.

c. *ils sont opposés par le sommet*

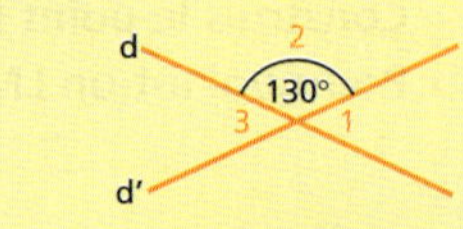

On sait que d et d' sont deux droites sécantes et que l'angle 2 est de 130°. **J'en déduis que :** les angles 1 et 3 sont égaux à 50°, car ils ont l'angle 2 pour supplémentaire.

d. *ils sont alternes-internes et d // d'*

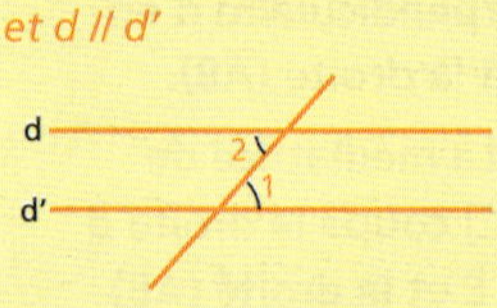

Je sais que : d // d' ; alors les angles alternes-internes 1 et 2 ont même mesure.

e. *ils sont correspondants et d // d'*

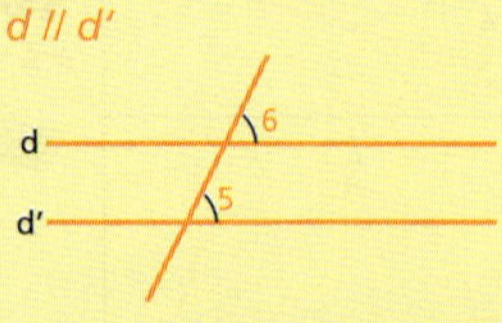

Je sais que : d // d' ; alors les angles correspondants 5 et 6 ont même mesure.

f. *ils sont droits et d // d'*

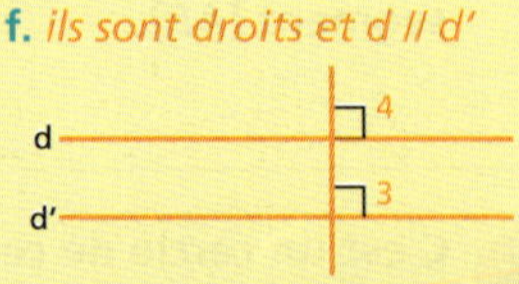

Je sais que : d // d' alors, les angles 3 et 4 sont égaux comme correspondants. L'angle 3 est droit, **donc l'angle 4 est droit.**

OBJECTIFS

- Savoir définir les différents types d'angles.
- Savoir démontrer que deux angles sont égaux.

Je m'exerce

1 ★ **Vrai ou faux ?** V F

a. La somme de deux angles complémentaires est un angle droit. ☐ ☐

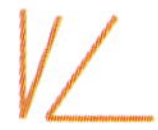

b. Le complémentaire d'un angle de 48° est un angle de 52°. ☐ ☐

c. La somme de deux angles supplémentaires est un angle plat. ☐ ☐

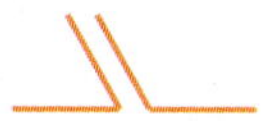

d. Le supplémentaire d'un angle de 50° est un angle de 150°. ☐ ☐

e. Si deux droites sont parallèles alors toute perpendiculaire à l'une est perpendiculaire à l'autre. ☐ ☐

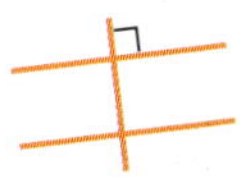

2 ★ **Vrai ou faux ?** V F

a. d et d' sont parallèles. ☐ ☐

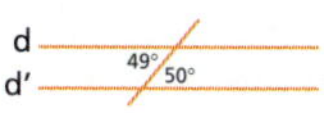

b. D et D' sont parallèles. ☐ ☐

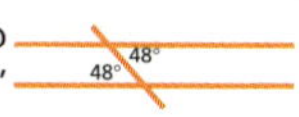

c. d1 et d2 sont parallèles. ☐ ☐

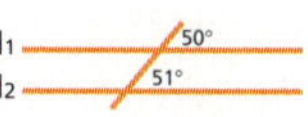

d. D1 et D2 sont parallèles. ☐ ☐

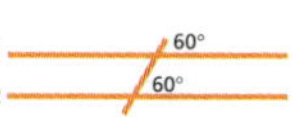

3 ★ **Vrai ou faux ?** V F

a. Les points A, O et B sont alignés. ☐ ☐

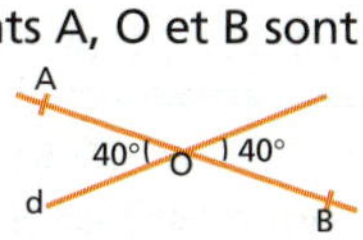

b. Les points C, I et D sont alignés. ☐ ☐

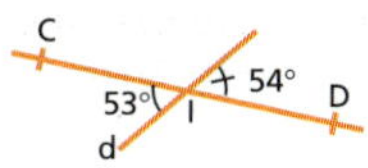

c. Les angles 1 et 2 de sommet S sont opposés par le sommet. ☐ ☐

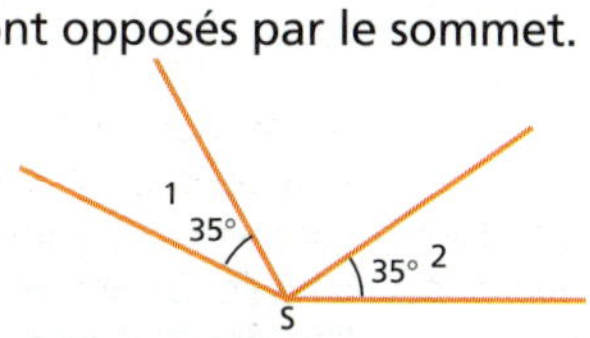

4 ★ **Vrai ou faux ?**

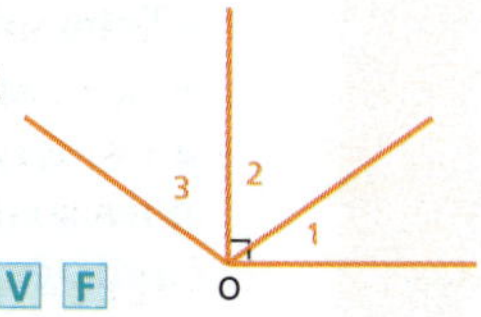

a. Les angles 1 et 2 de sommet O sont adjacents complémentaires. V F

b. Les angles 1 et 3 sont adjacents. V F

c. Les angles 2 et 3 sont adjacents. V F

5 ★ **Trace deux angles adjacents supplémentaires de sommet O.**

× O

6 ★★★ Les droites d et d' sont parallèles. **Complète les « ? » avec les mesures convenables en justifiant tes réponses.**

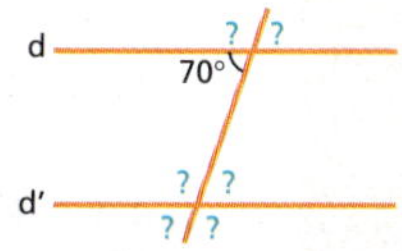

7 ★★★ **a. Les angles $\widehat{AOB}$ et $\widehat{AOC}$ sont-ils adjacents ? Pourquoi ?**

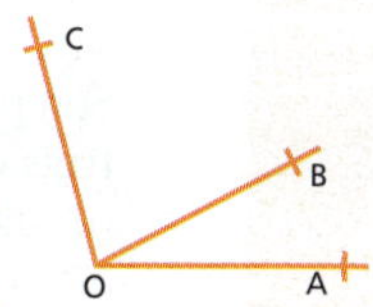

b. Trace les bissectrices [Ox) et [Oy) des angles $\widehat{AOB}$ et $\widehat{BOC}$.

c. Quelle est la mesure de l'angle $\widehat{xOy}$ dans le cas où $\widehat{AOC} = 112°$?

8 ★★★ On sait que d // d' et (AB) ⊥ d. **Complète les « ? » avec les mesures convenables en justifiant tes réponses.**

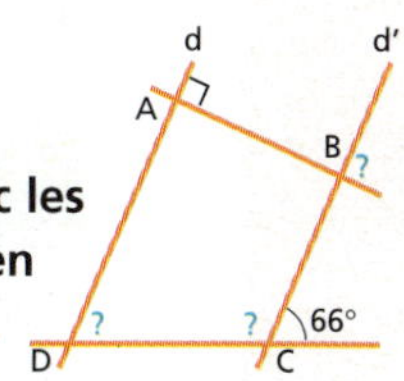

9 ★★★ **a. Trace deux angles adjacents $\widehat{AOB}$ et $\widehat{BOC}$ tels que : $\widehat{AOB} = 55°$ et $\widehat{BOC} = 125°$.**

b. Pourquoi les points A, O et C sont-ils alignés ?

c. Trace la bissectrice [Ox) de l'angle $\widehat{AOB}$. Quelle est la mesure de l'angle $\widehat{BOx}$?

d. Trace la bissectrice [Oy) de $\widehat{BOy}$.

e. Pourquoi les bissectrices des angles $\widehat{AOB}$ et $\widehat{BOC}$ sont-elles perpendiculaires ?

Mathématiques

Mathématiques

20 Triangle : généralités

Je retiens l'essentiel

• **Nature d'un triangle**

→ ABC est un triangle quelconque.

→ DEF a trois côtés de même longueur et trois angles de même mesure. Il est **équilatéral**.

→ GHI a deux côtés de même longueur et deux angles de même mesure. Il est **isocèle en G**.

→ KLM a un angle droit en K. IL est **rectangle en K**. [LM] est son **hypoténuse**.

→ NOP est **rectangle isocèle** en O.

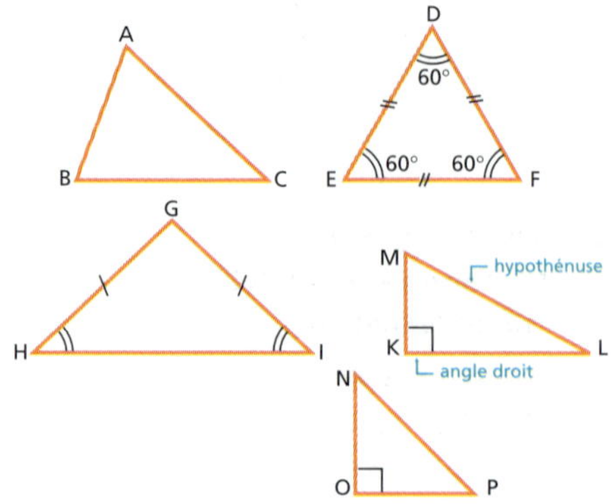

• **Somme des angles d'un triangle**

ABC est un triangle quelconque.

$\widehat{BAC}$, $\widehat{CBA}$ et $\widehat{ACB}$ ou tout simplement $\widehat{A}$, $\widehat{B}$ et $\widehat{C}$ sont ses trois angles.

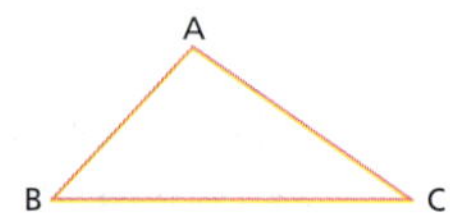

Propriété : la somme $\widehat{\mathbf{A}} + \widehat{\mathbf{B}} + \widehat{\mathbf{C}} = \mathbf{180°}$. Ainsi par exemple :

si $\widehat{A} + \widehat{B} = 130°$ alors $\widehat{C} = 50°$;

si $\widehat{A} = 85°$ et $\widehat{B} = 49°$ alors $\widehat{C} = 180° - (\widehat{A} + \widehat{B}) = 180° - 134° = 46°$.

• **Périmètre et aire d'un triangle**

ABC est un triangle quelconque.

Son périmètre P est égal à la somme de ses trois côtés, et son aire A est égale au demi-produit d'un côté et de la hauteur associée à ce côté.

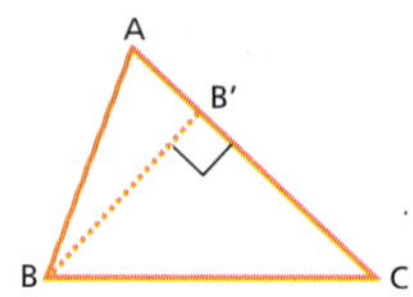

$P = AB + BC + CA$

$A = \frac{1}{2} \times AC \times BB'$

Je comprends comment faire

➤ pour tracer la hauteur d'un triangle

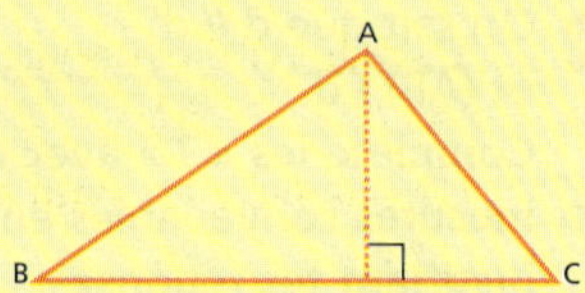

Cas où $\widehat{B}$ est aigu

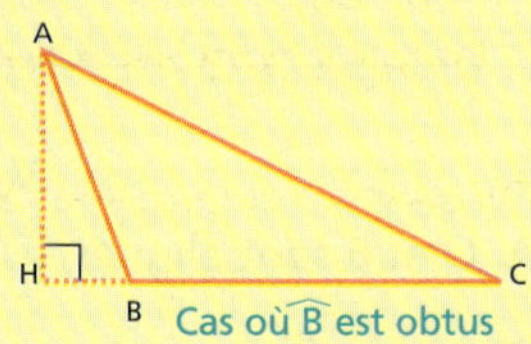

Cas où $\widehat{B}$ est obtus

ABC est un triangle quelconque.

La perpendiculaire à la droite (BC) passant par A coupe (BC) en H.

[AH] est la hauteur associée au côté [BC].

➤ pour vérifier que la somme des angles d'un triangle est de 180°

(revient à tracer une hauteur et à faire trois pliages)

ABC est un triangle quelconque.

[AH] est une hauteur.

Par pliage, les sommets A, B et C coïncident avec H. Les angles $\widehat{A}$, $\widehat{B}$ et $\widehat{C}$ sont alors adjacents supplémentaires, donc $\widehat{A} + \widehat{B} + \widehat{C} = 180°$.

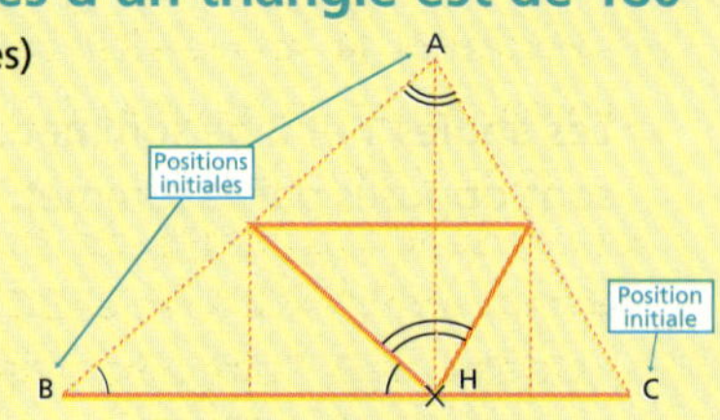

Les points H, A, B, C sont confondus après pliage.

OBJECTIFS

- Savoir reconnaître la nature d'un triangle.
- Savoir calculer le périmètre et l'aire d'un triangle.
- Connaître les propriétés des angles d'un triangle.

Je m'exerce

1 ★

ABC est un triangle tel que $\widehat{A} = 58°$, $\widehat{B} = 43°$, donc $\widehat{C} =$

☐ 165° ☐ 79° ☐ 69°

2 ★★

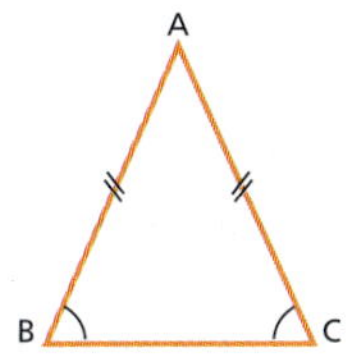

ABC est un triangle isocèle en A. **Complète convenablement.**

a. Si AB = 3 cm et BC = 2 cm, alors AC = ... cm

b. Si $\widehat{A} = 42°$ alors $\widehat{B} =$ .... et $\widehat{C} =$ ....

c. Si $\widehat{B} = 63°$ alors $\widehat{C} =$ .... et $\widehat{A} =$ ....

d. Si $\widehat{C} = 60°$ alors $\widehat{B} =$ .... et $\widehat{A} =$ ....
Dans ce cas, le triangle ABC est ....

3 ★★

$\widehat{xOy}$ est un angle droit. A est un point de la bissectrice [Oz) de $\widehat{xOy}$. La parallèle à [Ox) passant par A coupe [Oy) en B.

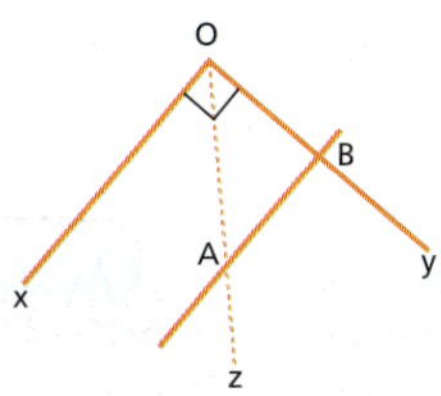

a. Pourquoi a-t-on $\widehat{xOA} = \widehat{AOy} = 45°$?

b. Pourquoi a-t-on $\widehat{OAB} = 45°$?

c. Pourquoi le triangle OAB est-il isocèle en B ?

d. Pourquoi $\widehat{OAB}$ est-il rectangle en B ?

4 ★★

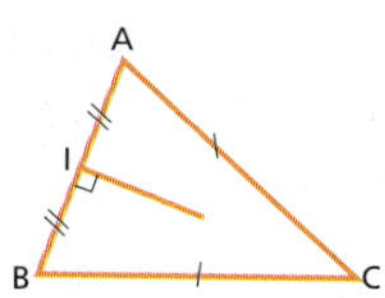

ABC est un triangle isocèle en C.

a. Pourquoi a-t-on AC = BC ?

b. Pourquoi la médiatrice de [AB] doit-elle passer par le sommet C ?

c. I est le milieu de [AB].
Quel est le périmètre du triangle ABC sachant que IB = 2,4 cm et BC = 7,5 cm ?

d. Quelle est l'aire du triangle ABC sachant que CI = 7,1 cm ?

5 ★★

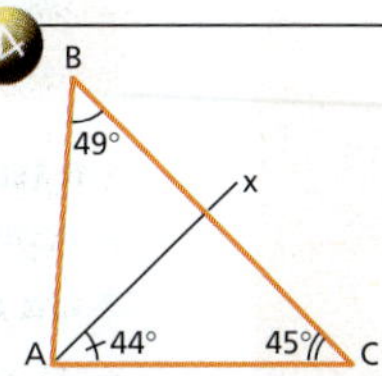

[Ax) est-elle la bissectrice de l'angle $\widehat{BAC}$? ....

6 ★★

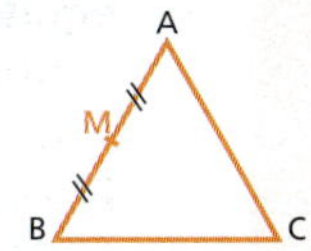

ABC est un triangle équilatéral. M est le milieu du côté [AB].

a. Quel est le périmètre du triangle ABC sachant que AM = 3,6 cm ?

b. Pourquoi la médiatrice de [AB] passe-t-elle par les points M et C ?

c. Pourquoi a-t-on $\widehat{BCM} = 30°$?

d. Pourquoi la demi-droite [CM) est-elle la bissectrice de l'angle $\widehat{ACB}$?

7 ★★

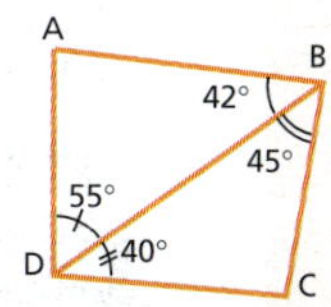

Quelles sont les mesures des angles $\widehat{A}$ et $\widehat{C}$ du quadrilatère ABCD ?

8 ★★★

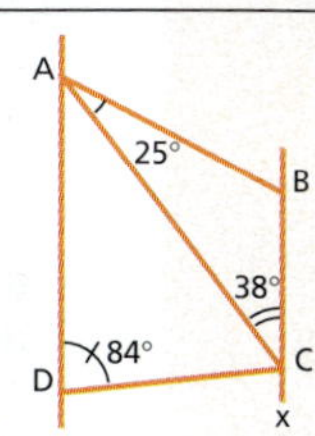

Les droites (AD) et (BC) sont parallèles.
$\widehat{ACB} = 38°$, $\widehat{ADC} = 84°$ et $\widehat{BAC} = 25°$.

a. L'angle $\widehat{CAD}$ est égal à :
☐ 25° ☐ 38° ☐ 84° ☐ 58°

b. L'angle $\widehat{ABC}$ est égal à :
☐ 117° ☐ 84° ☐ 96° ☐ 122°

c. L'angle $\widehat{DCx}$ est égal à :
☐ 38° ☐ 84° ☐ 58° ☐ 96°

9 ★★★

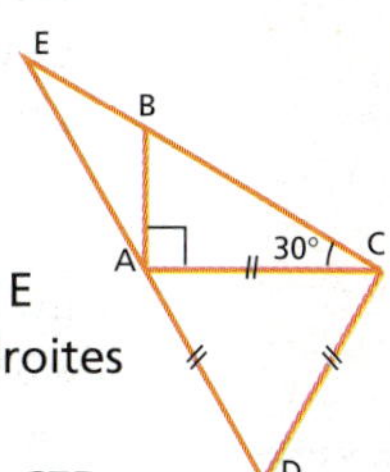

ABC est un triangle rectangle en A tel que $\widehat{ACB} = 30°$.
ACD est équilatéral et E est l'intersection des droites (BC) et (AD).

a. Pourquoi le triangle CED est-il rectangle en C ?

b. Pourquoi l'angle $\widehat{CED}$ est-il de 30° ?

c. Pourquoi les triangle ABE et ACE sont-ils isocèles ?

Je retiens l'essentiel

Un triangle a trois côtés et trois angles. Pour construire un triangle, il suffit de connaître **trois de ces éléments.**

- **On connaît un côté et deux angles.**

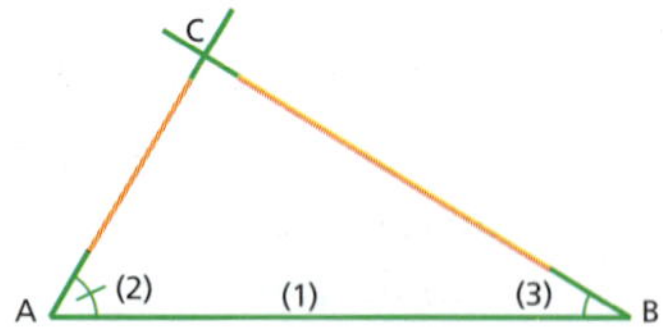

On connaît AB, $\widehat{A}$ et $\widehat{B}$.

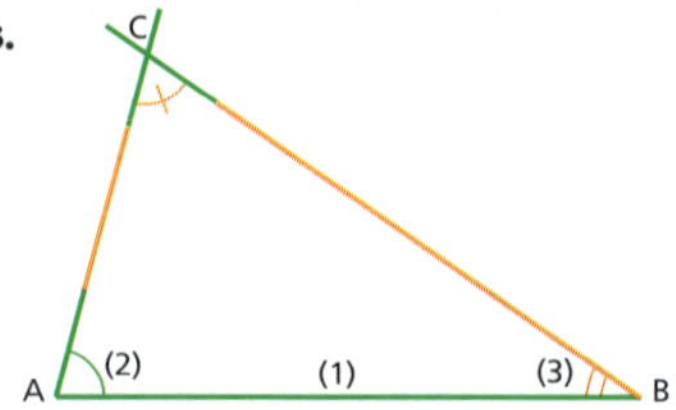

On connaît AB, $\widehat{A}$ et $\widehat{C}$.
On en déduit B = $180° - (\widehat{A} + \widehat{C})$.

- **On connaît deux côtés et un angle.**

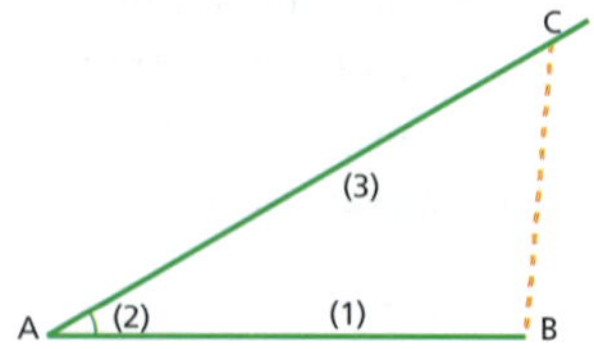

On connaît AB, AC et $\widehat{A}$.

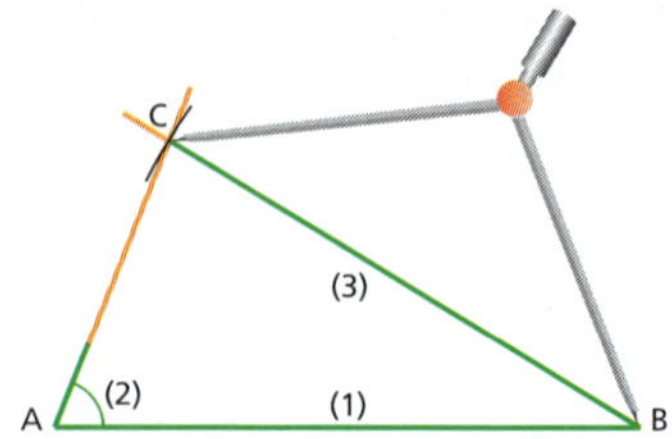

On connaît AB, BC et $\widehat{A}$.

- **On connaît trois côtés.**

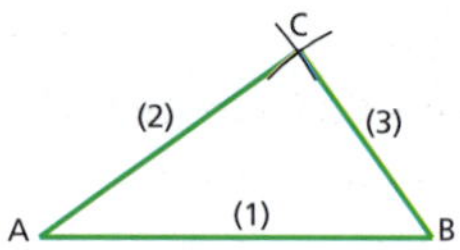

On connaît AB, BC et AC. Chaque côté est inférieur à la somme des deux autres.
AB < BC + AC
BC < AB + AC
AC < AB + BC

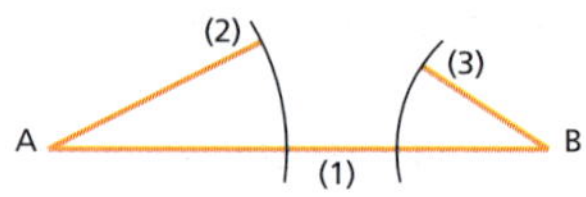

On connaît AB, BC et AC. La construction du triangle ABC est impossible, car le côté AB n'est pas inférieur à la somme BC + AC des deux autres côtés.

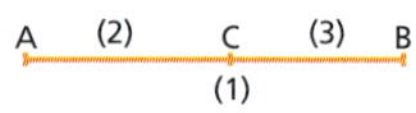

On connaît AB, BC et AC. Le triangle ABC est aplati, car AB = BC + AC.

Je comprends comment faire

➤ **pour construire le troisième sommet d'un triangle et trouver toutes les solutions en fonction de ce que je connais**

Je connais :
- le côté [AB].
- les longueurs 2 cm et 5 cm des deux autres côtés.

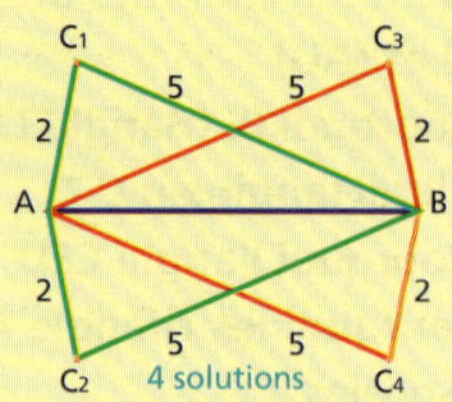

Je connais :
- le côté [AB].
- les angles adjacents à [AB] de 42° et 55°.

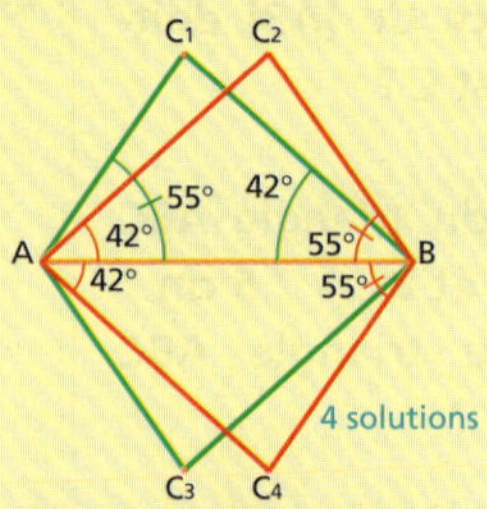

Je connais :
- le côté [AB].
- la longueur AC de 3 cm et l'angle $\widehat{A}$ de 65°.

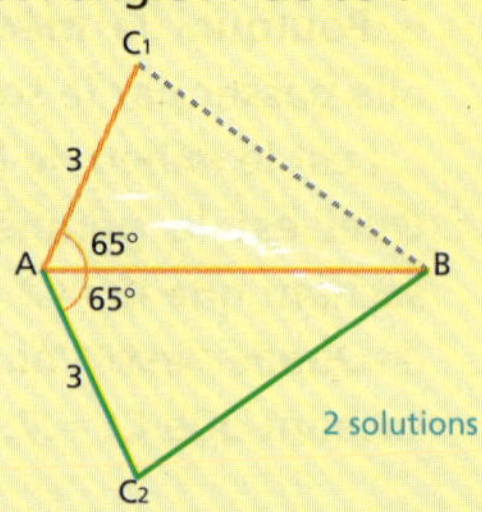

OBJECTIF

Savoir construire un triangle en indiquant les solutions symétriques.

Je m'exerce

1 ★ **Utilise règle, compas et rapporteur pour reproduire les triangles ci-dessous où les mesures connues ont été indiquées.**

a. b. c.

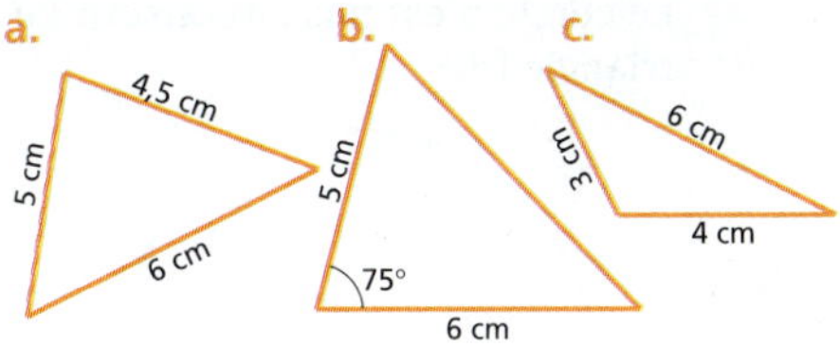

2 ★★ **Pourquoi chacun des triangles ABC est-il impossible à construire ?**

a. AB = 5 cm, AC = 4 cm et BC = 10 cm

b. AB = 5 cm, $\widehat{A}$ = 82° et $\widehat{B}$ = 99°

c. AB = 7 cm, AC = 3,5 cm et BC = 3 cm

3 ★★ Dans le triangle MNP, $\widehat{M}$ = 63° et $\widehat{P}$ = 2$\widehat{N}$.

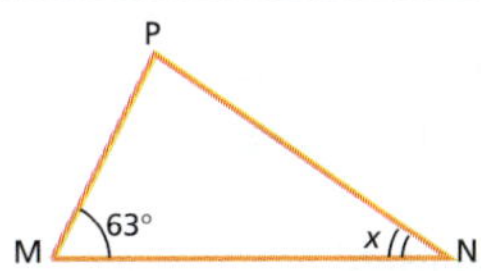

a. On désigne par x la mesure en degrés de l'angle $\widehat{N}$.
Exprime en fonction de x la mesure de l'angle $\widehat{P}$.

b. $\widehat{N}$ = 39°. **Vrai ou faux ? Pourquoi ?**

c. **Construis le triangle MNP dans le cas où MN = 6 cm.**

4 ★★ ABC est un triangle isocèle en A. $\widehat{A}$ = 54° et BC = 4 cm.

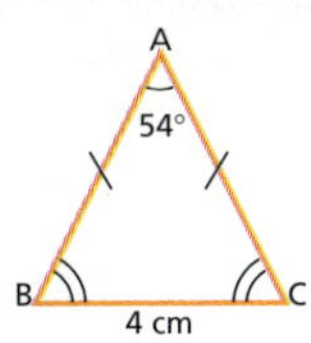

a. **Quelle est la mesure de chacun des angles $\widehat{B}$ et $\widehat{C}$?**

b. **Construis en grandeur réelle le triangle ABC.**

5 ★★ REC est un triangle rectangle en E. CR = 5 cm et $\widehat{C}$ = 51°.

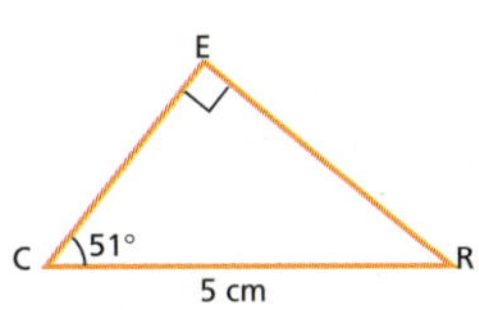

a. **Pourquoi les droites (CE) et (RE) sont-elles perpendiculaires ?**

b. **Construis en grandeur réelle le triangle REC.**

6 ★★ a. **Complète la construction du triangle ABC sachant que la hauteur [AH] a pour mesure 2,3 cm.**

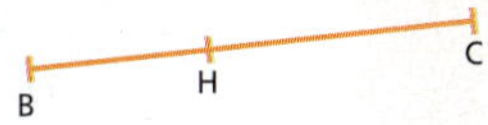

b. **Combien de solutions y a-t-il en tout ?**

7 ★★ Les mesures des côtés d'un triangle sont 2 x, 3 x et 4 x. Son périmètre est de 22,5 cm.

Construis un tel triangle.

8 ★★★ Les angles d'un triangle ABC ont pour mesures 4 x, 5 x et 6 x.

a. **Quelle est la mesure de chacun des angles du triangle ABC ?**

b. Au côté [AB] est opposé le plus petit des angles. **Quelle est la mesure de chacun des angles adjacents à [AB] ?**

c. **Construis un tel triangle dans le cas où AB = 6 cm.**

9 ★★★ a. Ci-contre ABC est un triangle équilatéral de côté 3 cm.

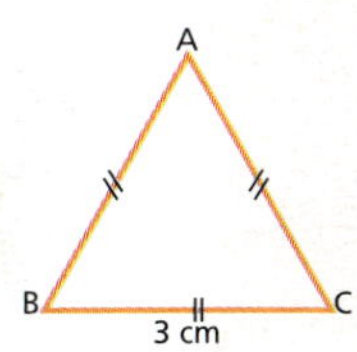

Construis les triangles équilatéraux ABD et ACE.

b. **Quel est le périmètre de la figure obtenue ?**

c. **Pourquoi les points D, A et E sont-ils alignés ?**

10 ★★★ a. **Reproduis en grandeur réelle la figure ci-contre.**

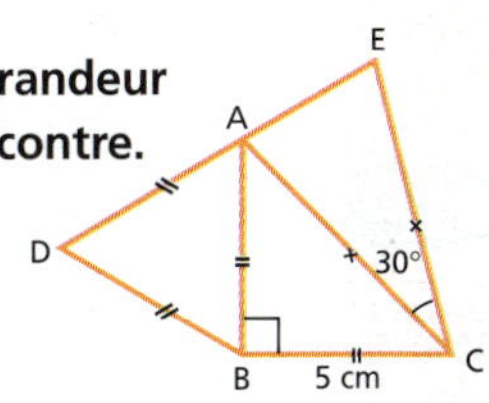

b. **Pourquoi les points A et E sont-ils alignés ?**

Mathématiques

22

Mathématiques

Triangle : cercle circonscrit

Je retiens l'essentiel

• **Définir un cercle circonscrit à un triangle**

Ci-dessous, les sommets du triangle ABC sont sur le cercle. On dit que : **le cercle est circonscrit au triangle ABC**.

Ci-dessous, les trois sommets du triangle DEF ne sont pas sur le cercle. Le cercle n'est pas circonscrit au triangle DEF.

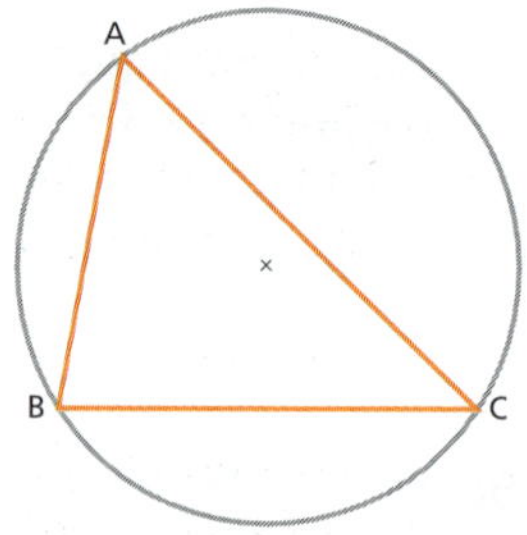

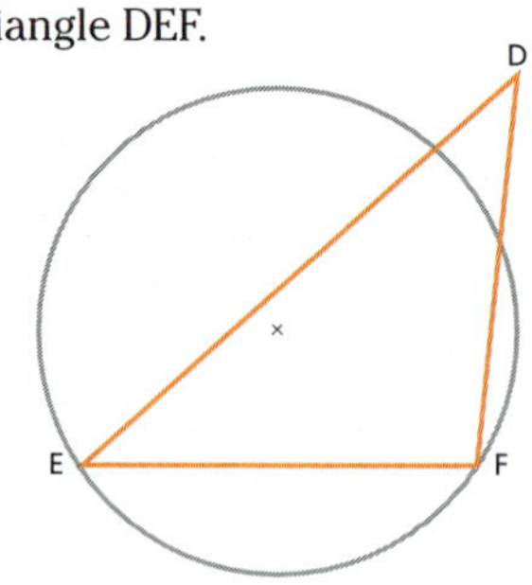

• **Propriété du cercle circonscrit à un triangle**

Ci-contre, le cercle de centre O est circonscrit au triangle ABC. OA, OB et OC sont des rayons, donc OA = OB = OC. Par conséquent : **le centre O du cercle circonscrit au triangle ABC est équidistant des sommets A, B et C du triangle ABC.**

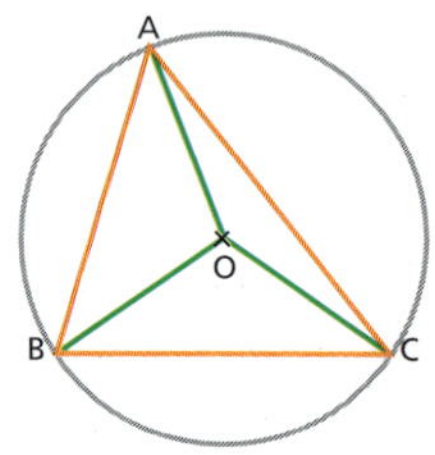

• **Centre du cercle circonscrit à un triangle**

Le centre O du cercle circonscrit au triangle ABC est tel que :

1. OA = OB, donc O est un point de la médiatrice de [AB].
2. OB = OC, donc O est un point de la médiatrice de [BC].
3. OA = OC, donc O est un point de la médiatrice de [AC].

Par conséquent, **le centre O du cercle circonscrit au triangle ABC est le point de rencontre des médiatrices des côtés du triangle ABC.**

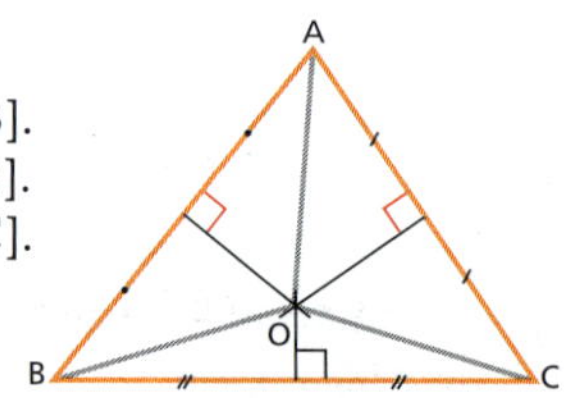

Je comprends comment faire

➤ pour construire le cercle circonscrit à un triangle

Je dois trouver son centre et son rayon.

Son centre est **l'intersection des médiatrices** de deux côtés.

Son rayon est la **distance du centre à un des sommets.**

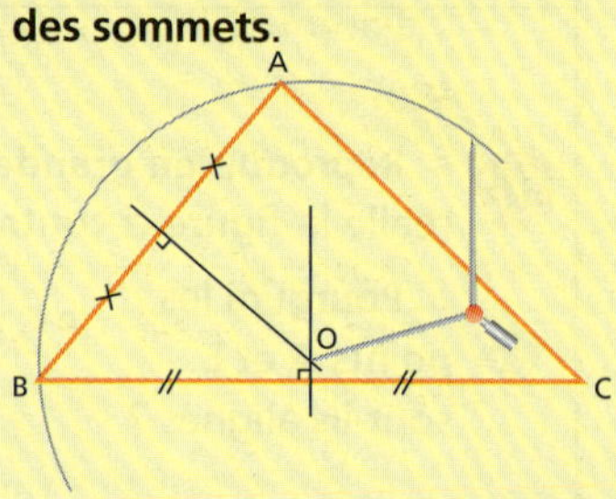

➤ pour retrouver le centre d'un cercle

Cela revient à trouver le point de rencontre des médiatrices de deux segments ayant leurs extrémités sur le cercle. (MNO et POQ sont des triangles circonscrits au même cercle de centre O.)

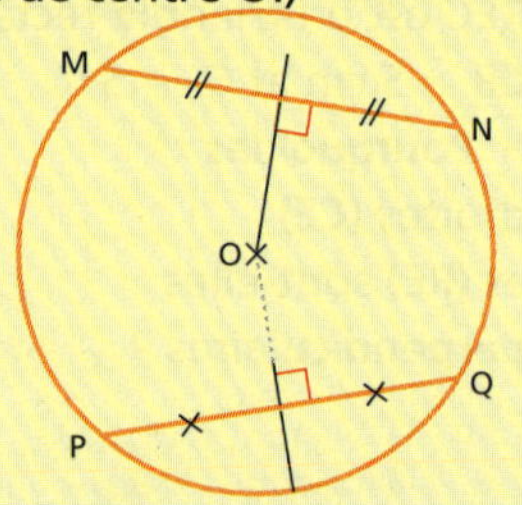

OBJECTIF

Savoir construire le centre d'un cercle.

Je m'exerce

1 ★ **Vrai ou faux ?**

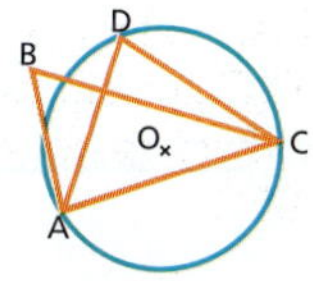

	V	F
a. Le cercle de centre O est circonscrit au triangle ABC.	☐	☐
b. Le cercle est circonscrit au triangle ACD.	☐	☐
c. Le rayon du cercle est égal à OA.	☐	☐
d. OB est un rayon du cercle.	☐	☐

2 ★★

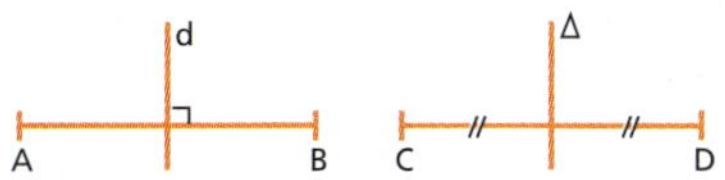

a. Pourquoi la droite d n'est-elle pas la médiatrice du segment [AB] ?

b. Pourquoi la droite Δ (lire delta) n'est-elle pas la médiatrice du segment [CD] ?

3 ★★

a. Trace la médiatrice de [IJ].

b. Trace la médiatrice de [IK].

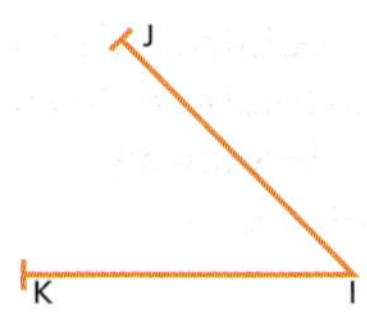

c. Soit O le point d'intersection des deux médiatrices. **Pourquoi la médiatrice de [JK] passe-t-elle par O ?**

4 ★★ Les points A, B et C sont alignés.

a. Trace la médiatrice d du segment [AB].

b. Trace la médiatrice Δ du segment [BC].

c. Pourquoi les droites d et Δ sont-elles parallèles ?

5 ★★

a. Trace les médiatrices d et Δ de [AB] et [CD].

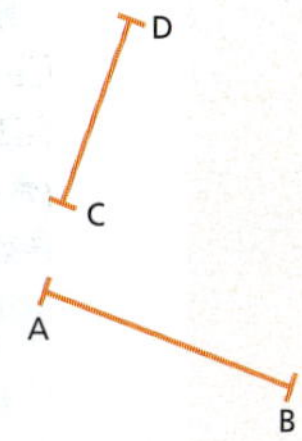

b. d et Δ se coupent en I. **Pourquoi le point I est-il équidistant de A et B ?**

c. Pourquoi le point I est-il équidistant de C et D ?

d. Pourquoi le point I n'est-il pas équidistant de A et C ?

6 ★★

a. Construis un triangle ABC tel que : AB = 7 cm, $\widehat{A}$ = 45° et $\widehat{B}$ = 80°.

b. Construis le cercle circonscrit au triangle ABC.

7 ★★

a. Construis un triangle RST tel que : RS = 4 cm, ST = 6 cm et $\widehat{S}$ = 108°.

b. Construis le cercle circonscrit au triangle RST.

8 ★★ A, B et C sont trois points du cercle ci-contre.

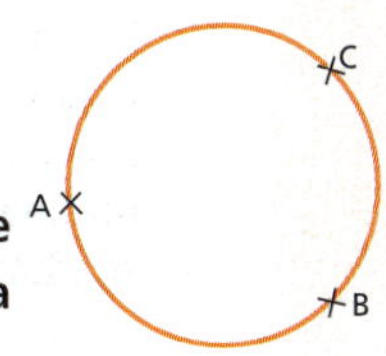

a. Pourquoi le centre du cercle est-il sur la médiatrice de [AB] ?

b. Construis le centre effacé du cercle ci-contre.

9 ★★★ ABC est un triangle équilatéral.

a. Sur la perpendiculaire en A à (AB), place le point D tel que ACD soit un triangle isocèle en C.

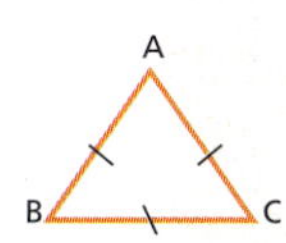

b. Pourquoi les points B, C et D sont-ils alignés ?

c. Pourquoi le point C est-il le milieu de [BD] ?

d. Pourquoi le cercle de centre C et de rayon CA est-il circonscrit au triangle ABD ?

Mathématiques

23 Symétrie axiale

Je retiens l'essentiel

• **Symétrique d'un point**
Le symétrique du point A par rapport à la droite d est le point A', car d est la médiatrice du segment [AA'].
Par pliage le long de la droite d, les points A et A' sont confondus.

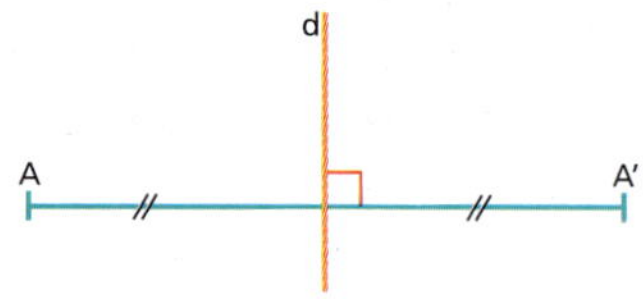

C et D ne sont pas symétriques par rapport à Δ, car Δ n'est pas la médiatrice du segment [CD].
Par pliage le long de la droite Δ, le point C ne coïncide pas avec le point D.

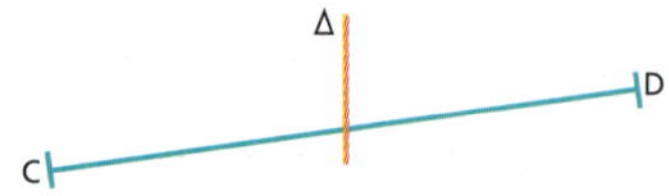

• **Symétrique d'un segment**
Le symétrique du segment [AB] par rapport à la droite d est le segment [A'B'].
[AB] et [A'B'] ont la même longueur.
d est la médiatrice de [AA'] et aussi la médiatrice de [BB'].

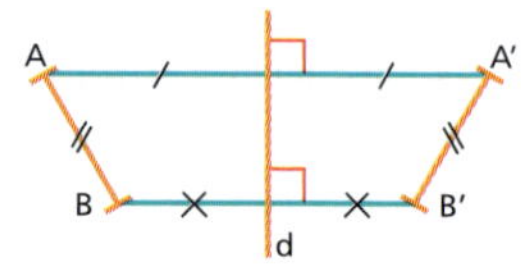

• **Symétrique d'une droite**
La symétrique de la droite (AB) est la droite (A'B'), A' étant le symétrique de A par rapport à d et B' étant le symétrique de B par rapport à d.

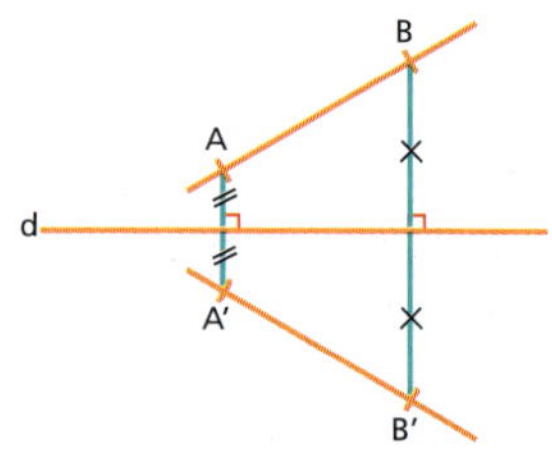

• **Axe de symétrie**
d est la médiatrice du segment [AB]. d est un axe de symétrie du segment [AB]. Par pliage le long de d, les deux parties [IA] et [IB] du segment [AB] se confondent.
d n'est pas médiatrice du segment [CD]. d n'est pas axe de symétrie de [CD].
La bissectrice Oz est un axe de symétrie de l'angle $\widehat{xOy}$.
Par pliage le long de la droite [Oz), [Oy) se confond avec [Ox).

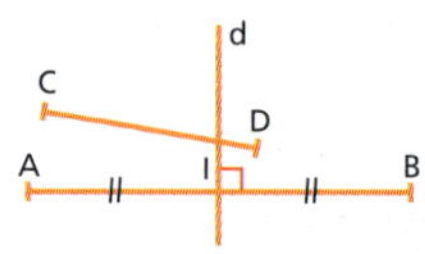

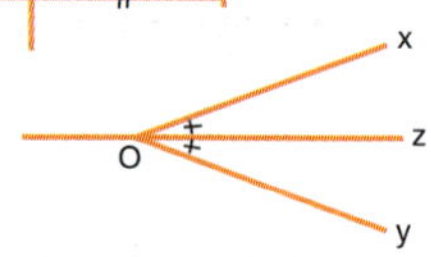

Je comprends comment faire

➤ pour construire le symétrique d'un point

Cela revient à tracer une perpendiculaire et à reporter une longueur :

a. à l'aide d'une équerre et d'un compas

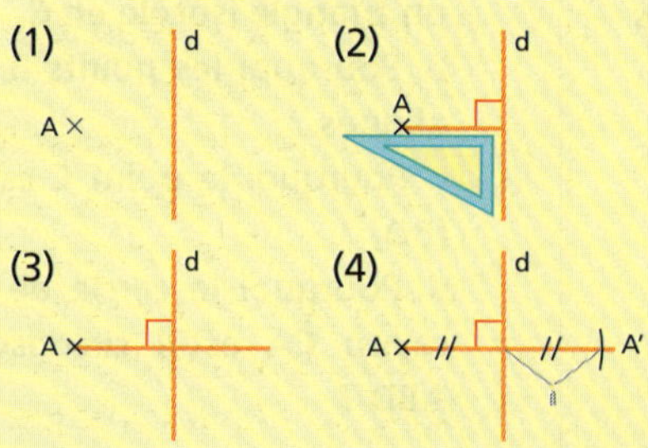

b. à l'aide d'une règle et d'un compas

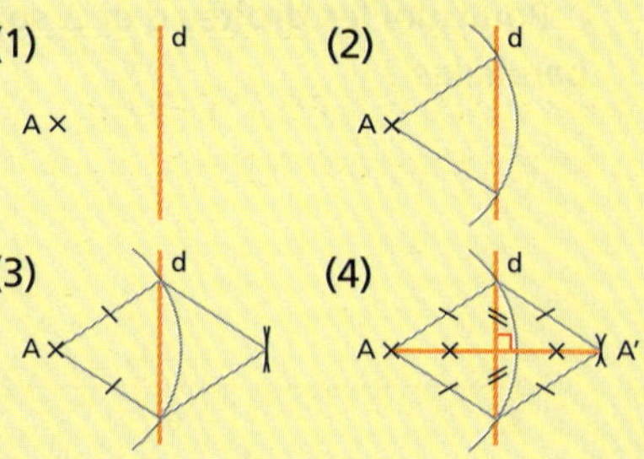

OBJECTIF

Savoir tracer les symétriques par rapport à un axe.

Je m'exerce

1 ★

a. **Pourquoi la droite d n'est-elle pas un axe de symétrie du cercle de centre O ?**

b. **Pourquoi la droite Δ est-elle un axe de symétrie du cercle ?**

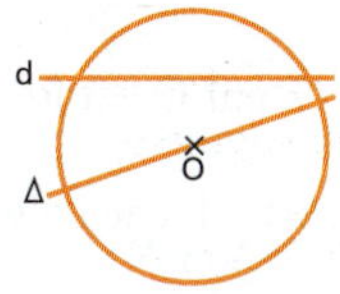

2 ★

ABCD est un carré de 5 cm de côté.
Trace ses quatre axes de symétrie.

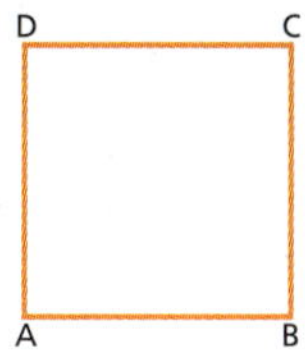

3 ★

ABCD est un rectangle.
Trace ses deux axes de symétrie.

4 ★

ABC est un triangle équilatéral.
Trace ses trois axes de symétrie.

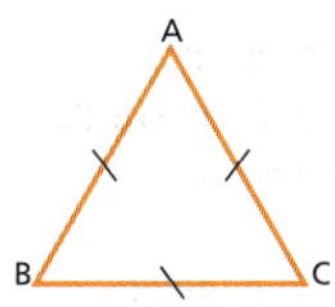

5 ★

ABC est un triangle isocèle en B.
Trace son axe de symétrie.

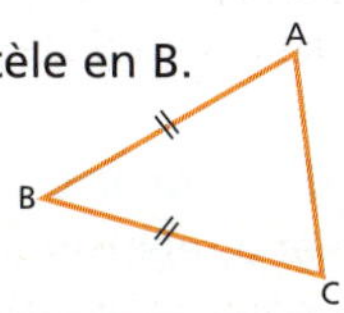

6 ★

Trace le ou les axe(s) de symétrie, s'il y a lieu, de chacune des lettres suivantes.

E A X O Y J

7 ★★

Les triangles ABC et DEF sont symétriques par rapport à une droite d.

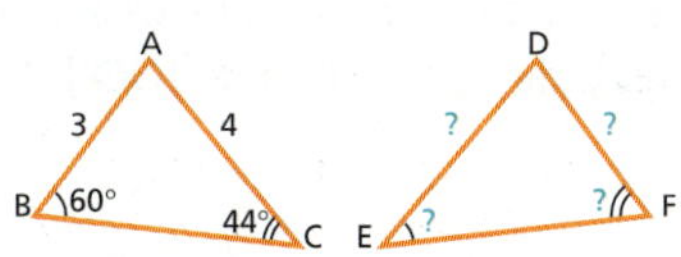

a. **Trace la droite d sachant que le sommet D est le symétrique du sommet A.**

b. **Complète les « ? » avec les mesures convenables.**

8 ★★

a. **Utilise une règle et un compas pour construire le symétrique B de A par rapport à la droite d.**

b. S est un point de la droite d. **Quel est le symétrique de [AS] par rapport à d ?**

c. **Pourquoi d est-elle la bissectrice de $\widehat{ASB}$?**

9 ★★★

AOB est un triangle isocèle en O. [OH] est une hauteur du triangle.

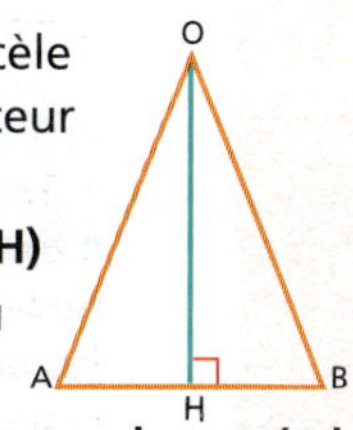

a. **Pourquoi la droite (OH) est-elle la médiatrice du segment [AB] ?**

b. **Pourquoi (OH) est-elle axe de symétrie de la figure ?**

c. **Quelle est la nature du triangle AOB dans le cas où $\widehat{AOH} = 30°$?**

10 ★★★

Les triangles AOB et COD sont isocèles en O.
A est un point de [OC] et B est un point de [OD].
$\widehat{O} = 40°$.

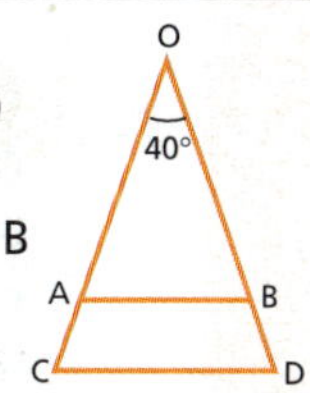

a. **Pourquoi les angles $\widehat{OAB}$ et $\widehat{OCD}$ sont-ils égaux à 70° ?**

b. **Pourquoi les droites (AB) et (CD) sont-elles parallèles ?**

c. **Pourquoi les médiatrices de [AB] et [CD] passent-elles par O ?**

d. **Pourquoi les médiatrices de [AB] et [CD] sont-elles confondues ?**

e. **Que représente cette médiatrice pour la figure ? Pour les angles $\widehat{AOB}$ et $\widehat{COD}$?**

24 Symétrie centrale

Je retiens l'essentiel

• **Symétrique d'un point**

A' est le symétrique de A par rapport à O, car O est le milieu de [AA'].

C n'est pas le symétrique de B par rapport à I, car I n'est pas le milieu de [BC].

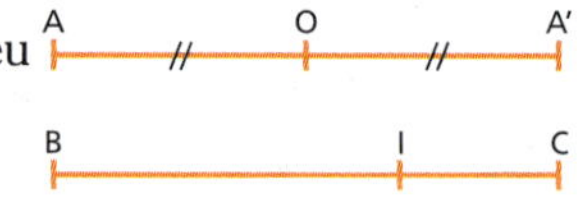

• **Symétrique d'un segment**

Le symétrique du segment [AM] est le segment [BN], car B est le symétrique de A par rapport à O, et N est le symétrique de M par rapport à O. Les segments [AM] et [BN] ont même longueur.

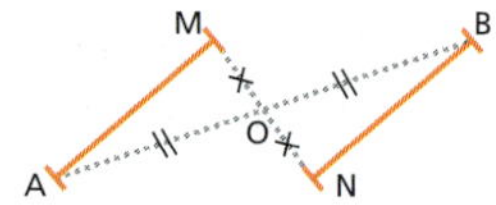

• **Symétrique d'une droite**

La symétrique de la droite (AM) est la droite (BN), car B est le symétrique de A par rapport à O, et N est le symétrique de M par rapport à O. Les droites (AM) et (BN) sont parallèles.

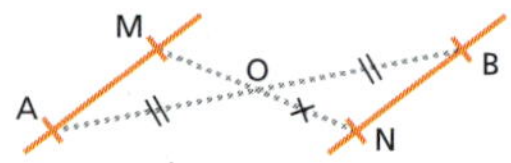

• **Symétrique d'une demi-droite**

[Ax) est une demi-droite. B est un point de cette demi-droite.

O n'est pas un point de [Ax). La symétrique de [Ax) par rapport à O est-elle la demi-droite [Ty) ?

Réponse : oui, car T est le symétrique de A par rapport à O, et S est le symétrique de B par rapport à O.

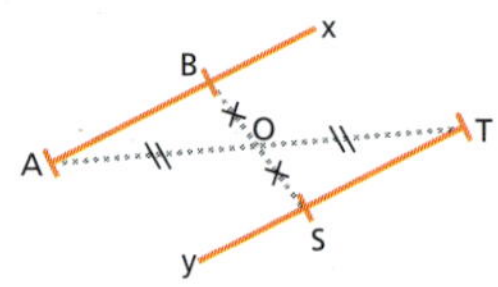

• **Symétrique d'un cercle**

Le cercle 𝒞' est-il le symétrique du cercle 𝒞 par rapport à I ?

Réponse : oui, car :

– les centres O et O' sont symétriques par rapport à I ;

– les cercles 𝒞 et 𝒞' ont même rayon.

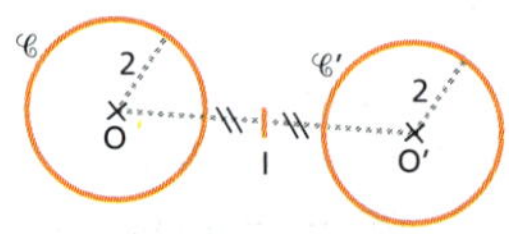

Je comprends comment faire

➤ pour construire le symétrique d'un point

Cela revient à tracer une demi-droite et à reporter une longueur.

O est un centre de symétrie. A est un point quelconque.

B est le symétrique de A par rapport à O. Il est obtenu en joignant A et O et en prolongeant d'une longueur égale.

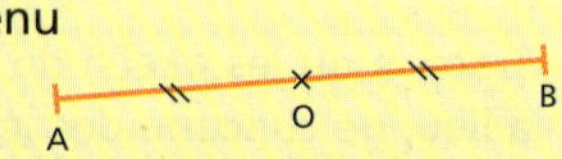

➤ pour retrouver un centre de symétrie effacé

Cela revient à trouver le milieu d'un segment.

a. *Cas de deux points.*

T et S sont symétriques par rapport à O, donc O est le milieu de [TS].

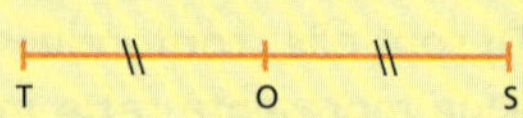

b. *Cas de deux demi-droites.*

[Ax) et [By) sont symétriques par rapport à I, donc I est le milieu de [AB].

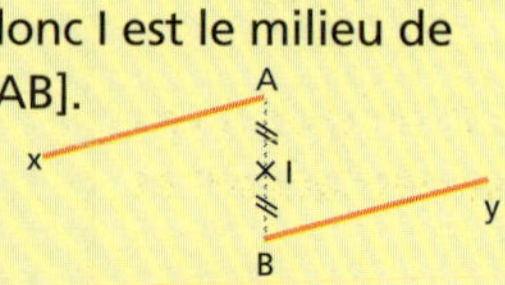

c. *Cas de deux cercles.*

Les cercles 𝒞 et 𝒞' sont symétriques par rapport à M, donc M est le milieu de [OO'].

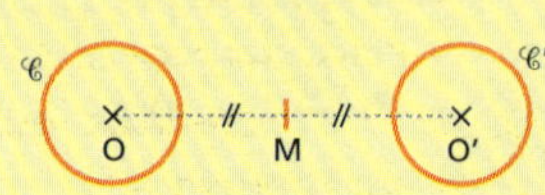

OBJECTIF

Savoir tracer les symétriques par rapport à un point.

Je m'exerce

1 ★

A et O sont deux points différents.

a. Trace le point B tel que $\widehat{AOB} = 180°$ et AO = OB.

b. Pourquoi le point B est-il le symétrique du point A par rapport à O ?

On dit que : B est « **l'image** » de A dans la symétrie de centre O.

2 ★

I est l'intersection du segment [LM] et de sa médiatrice la droite d.

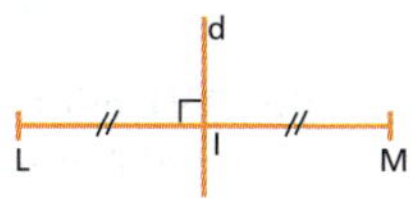

Pourquoi le point M est-il l'image du point L,

a. dans la symétrie par rapport à la droite d ?

b. dans la symétrie par rapport au point I ?

3 ★★

A, B et C sont trois points alignés.

M, N et P sont leurs images dans la symétrie de centre O.

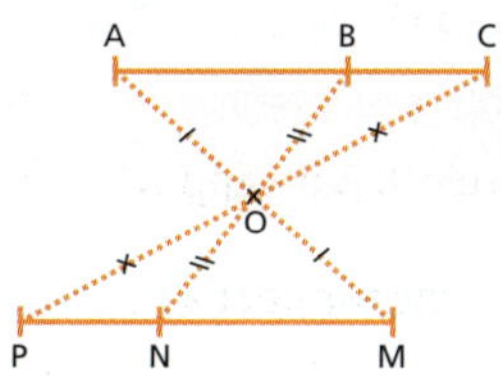

Corrige, s'il y a lieu, chacune des propositions suivantes.

Dans la symétrie de centre O,

a. l'image du segment [AB] est la droite (MN).

b. l'image de la demi-droite [AB) est la demi-droite [NM).

c. l'image de (AB) est (MN), donc (AB) et (MN) ont même longueur.

d. A, B et C sont alignés, donc leurs images M, N et P sont alignés.

e. Si AC = 4 cm alors MN = 4 cm.

4 ★★

a. Trace une droite d et place un point O sur cette droite.

b. Place deux points A et B sur d distincts de O et construis leurs symétriques C et D par rapport à O.

c. Quelles sont les images par symétrie de centre O de :

1. [AB] 2. (AB) 3. [AB)

d. L'image d'une droite qui passe par le centre de symétrie est la droite elle-même. **Vrai ou faux ?**

5 ★★

𝒞 et 𝒞' sont deux cercles de centres O et O' symétriques par rapport à I. A est un point de C.

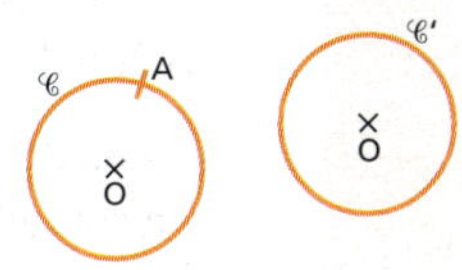

a. Place I, puis l'image B de A dans cette symétrie.

b. Pourquoi le point B appartient-il au cercle C' ?

c. Pourquoi les droites (OA) et (O'B) sont-elles parallèles ?

6 ★★★

$\widehat{xOy}$ est un angle de 50°. A et B sont deux points des côtés [Ox) et [Oy) de $\widehat{xOy}$.

a. Construis les symétriques C et D des points A et B par rapport à O.

b. Pourquoi les angles $\widehat{AOB}$ et $\widehat{COD}$ sont-ils opposés par le sommet ?

Pourquoi $\widehat{COD} = 50°$?

7 ★★★

Deux des quatre figures suivantes présentent une symétrie centrale. Lesquelles ? Justifie ta réponse et construis leurs centres de symétrie.

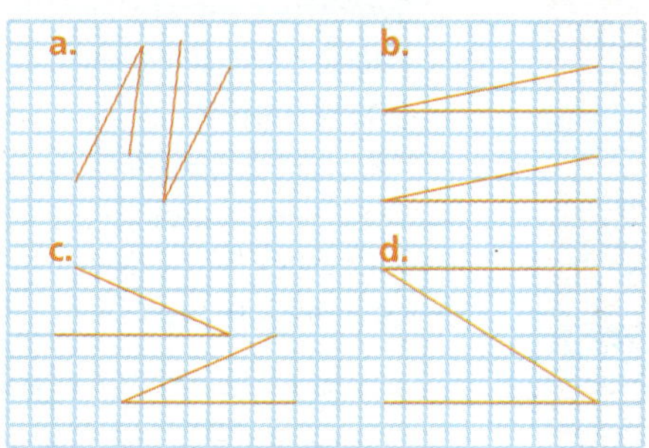

25

Mathématiques

Parallélogramme

Je retiens l'essentiel

• **Définition**

→ **ABCD est un parallélogramme signifie :**

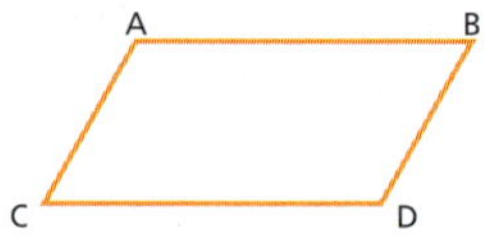

(AB) // (CD)
et
(AD) // (BC)

→ **MNPQ n'est pas un parallélogramme,** car (MN) // (PQ) mais (MQ) n'est pas parallèle à (NP). MNPQ est un trapèze.

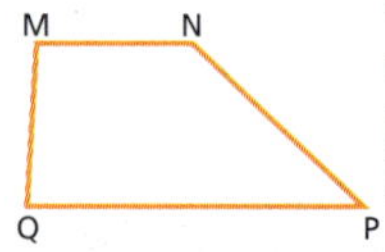

→ **IJKL n'est pas un parallélogramme,** car ses côtés opposés IJ et KL, IL et JK ne sont pas parallèles. IJKL est un quadrilatère quelconque.

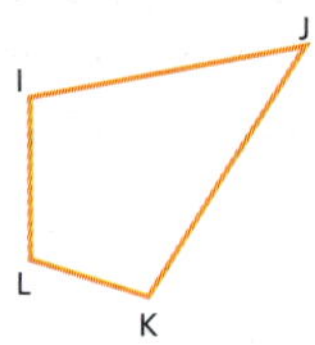

• **Propriétés**

→ **ABCD est un parallélogramme signifie :**

1. les diagonales [AC] et [BD] se coupent en leur milieu ;
2. les côtés opposés ont même longueur : AB = CD et AD = BC ;
3. les angles opposés ont même mesure : $\widehat{A} = \widehat{C}$ et $\widehat{B} = \widehat{D}$;
4. le point de rencontre des diagonales est un centre de symétrie du parallélogramme.

→ **Chacun des quadrilatères suivants n'est pas un parallélogramme** car :

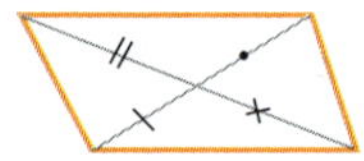

• les diagonales ne se coupent pas en leur milieu ;

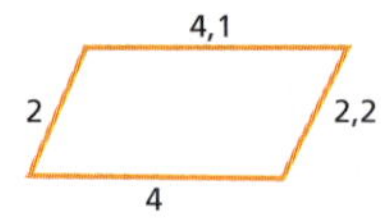

• les côtés opposés n'ont pas même longueur ;

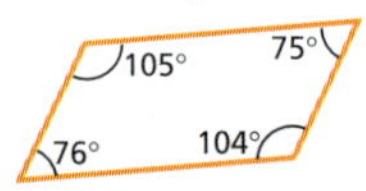

• les angles opposés n'ont pas même mesure.

Je comprends comment faire

➤ pour démontrer qu'un quadrilatère est un parallélogramme

Revient à démontrer la définition ou à démontrer l'une des quatre propriétés ci-dessus. Chacun des quadrilatères ci-dessous est un parallélogramme, car :

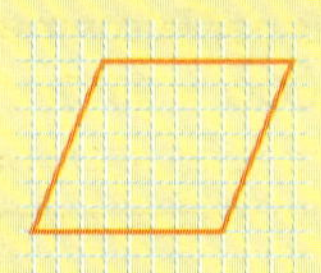

Les côtés opposés sont parrallèles

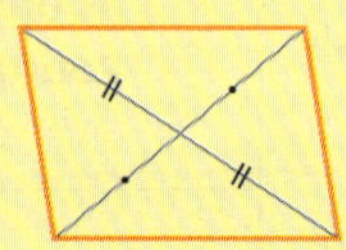

Les diagonales se coupent en leur millieu

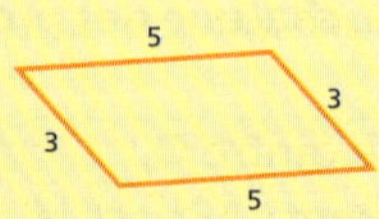

Les côtés opposés ont même longueur

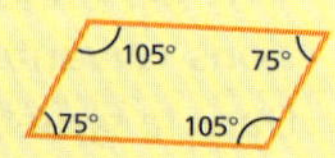

Les angles opposés ont même mesure

➤ pour reconnaître une symétrie centrale et en dégager les propriétés

Symétrie centrale signifie : 1. les diagonales ont même milieu. 2. un côté et son image sont parallèles et ont même longueur. 3. un angle et son image ont même mesure.

ABCD est un parallélogramme de centre O. O est le milieu de [AC], donc l'image du sommet A est le sommet C.

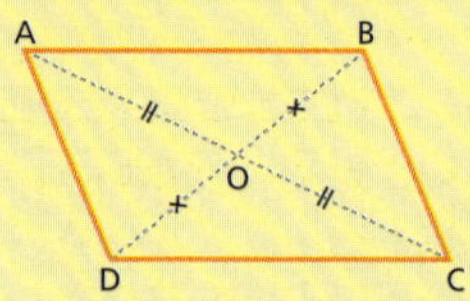

O est le milieu de [BD], donc l'image de B est D.

Par conséquent, l'image de [AB] est [CD], d'où : (AB) // (CD) et AB = CD.

De même : l'image de A est C, et l'image de D est B, donc l'image de [AD] est [CB], d'où (AD) // (CB) et AD = CB.

L'image de $\widehat{BAD}$ est $\widehat{DCB}$, donc $\widehat{BAD} = \widehat{DCB}$.

L'image de $\widehat{ABC}$ est $\widehat{CDA}$, donc $\widehat{ABC} = \widehat{CDA}$.

OBJECTIFS

- Savoir démontrer qu'un quadrilatère est un parallélogramme.
- Utiliser les propriétés du parallélogramme et de sa symétrie centrale.

Je m'exerce

1 ★ a. **Quelle est la somme des angles du triangle ABD, du triangle BCD ?**
b. **Pourquoi la somme des angles du quadrilatère ABCD est-elle de 360° ?**

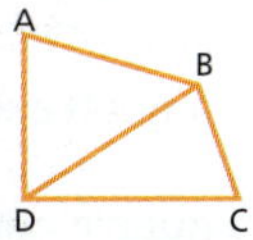

2 ★ ABCD est un parallélogramme.
a. **Pourquoi la somme des angles de ABCD est-elle de 360° ?**
b. **Quelle est la mesure de chacun des angles $\widehat{B}$, $\widehat{C}$ et $\widehat{D}$ sachant que $\widehat{A} = 65°$?**

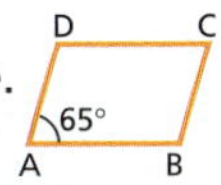

3 ★ MNPQ est un parallélogramme.
Complète chacun des « ? » avec la mesure convenable.

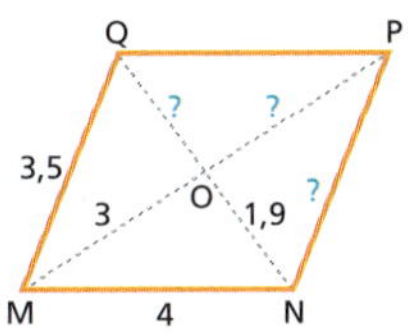

4 ★★ IJL est un triangle tel que IJ = 3,5 cm, JL = 5 cm et IL = 4,2 cm.
a. **Construis le triangle IJL et place le milieu, O, de [JL].**
b. Soit K le symétrique de I par rapport à O. **Pourquoi le quadrilatère IJKL est-il un parallélogramme ?**
c. **Quelles sont les mesures de JK et KL ?**

5 ★★ a. **Construis un triangle ABC tel que : $\widehat{A} = 64°$, AB = 6 cm et AC = 4 cm.**
b. Soit I le milieu de [AC] et D le symétrique de B par rapport à I.
Quelle est la nature du quadrilatère ABCD ?
c. **Pourquoi les droites (AB) et (CD) sont-elles parallèles ?**
d. **Quelle est la mesure de $\widehat{ACD}$?**
e. **Quelle est la mesure de CD ?**

6 ★★★ a. **Construis un triangle ABC tel que : $\widehat{B} = 48°$, AB = 5 cm et BC = 4 cm.**

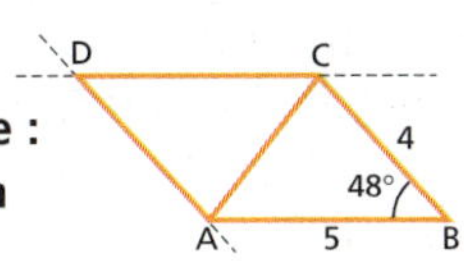

b. La parallèle à (BC) passant par A coupe la parallèle à (AB) passant par C en D.
Pourquoi le quadrilatère ABCD est-il un parallélogramme ?
c. **Calcule le périmètre de ABCD.**
d. **Quelle est la mesure de chacun des angles $\widehat{A}$, $\widehat{B}$, $\widehat{C}$ et $\widehat{D}$ du parallélogramme ABCD ?**

7 ★★★ a. **Construis un parallélogramme ABCD de centre O, tel que : AC = 6 cm, BD = 8 cm et $\widehat{AOD} = 75°$.**
b. **Quelle est la mesure de chacun des angles $\widehat{AOB}$, $\widehat{BOC}$ et $\widehat{COD}$?**

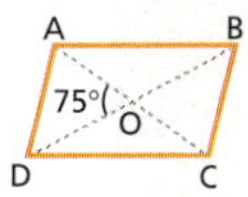

8 ★★★ I est le milieu de [MN]. A et M sont deux points de d.
a. **Construis le symétrique B de A par rapport à I.**
b. **Pourquoi les droites (AN) et (BM) sont-elles parallèles ?**

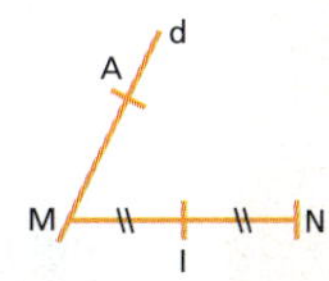

9 ★★★ $\widehat{xOy}$ et $\widehat{yOz}$ sont deux angles adjacents tels que : $\widehat{xOy} = 112°$ et $\widehat{yOz} = 68°$.
I est un point quelconque, A est un point de [Ox) et B est un point de [Oz).

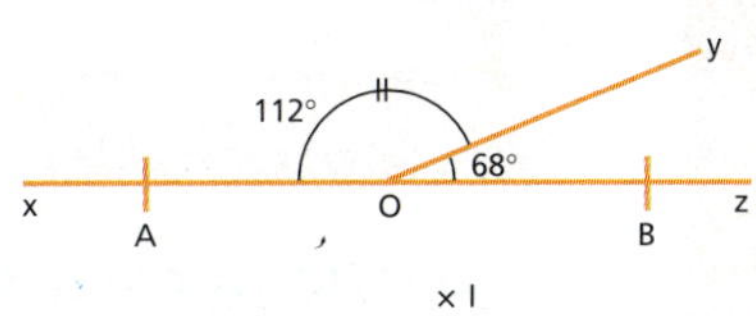

a. **Pourquoi les points A, O et B sont-ils alignés ?**
b. **Construis les symétriques A', O' et B' de A, O et B par rapport à I.**
Pourquoi les points A', O' et B' sont-ils alignés ?
c. **Pourquoi ABA'B' est-il un parallélogramme. En est-il de même pour AOA'O' et OBO'B' ?**

Je retiens l'essentiel

• **Définitions**

→ **Un rectangle** est un quadrilatère qui a **quatre angles droits**.
→ **Un losange** est un quadrilatère qui a **quatre côtés de même longueur**.
→ **Un carré** est un quadrilatère qui a **quatre angles droits et quatre côtés de même longueur**.

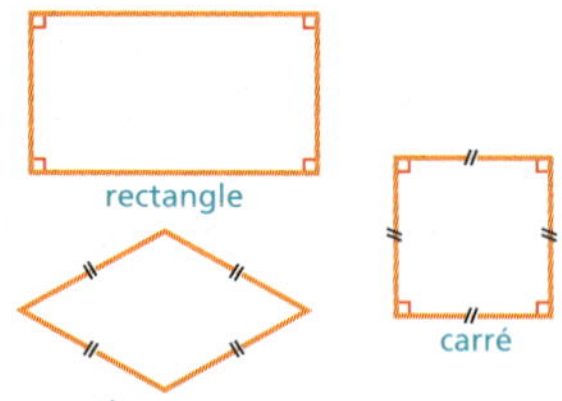

• **Propriétés**

Le rectangle, le losange et le carré sont des parallélogrammes particuliers.

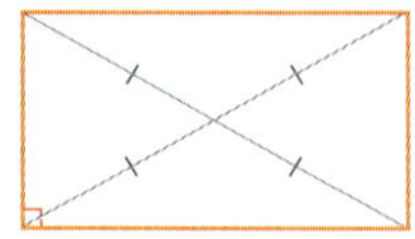

→ Un **rectangle** est un **parallélogramme** qui a **un angle droit**.
→ Un **rectangle** est un **parallélogramme** qui a **les diagonales de même longueur**.

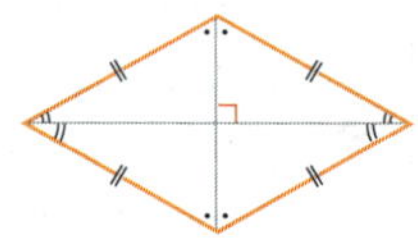

→ Un **losange** est un **parallélogramme** qui a **deux côtés consécutifs de même longueur**.
→ Un **losange** est un **parallélogramme** qui a **les diagonales perpendiculaires**.
→ Un **losange** est un **parallélogramme** qui a **les diagonales bissectrices des angles**.

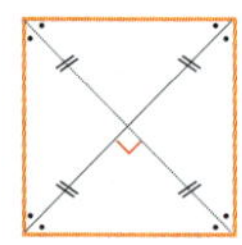

→ Un **carré** est un **parallélogramme** qui est **rectangle et losange à la fois**.
Les diagonales d'un carré se coupent en leur milieu (parallélogramme), ont même longueur (rectangle), sont perpendiculaires (losange) et sont bissectrices des angles (losange).

• **Centre et axes de symétrie**

Le rectangle, le losange et le carré sont des parallélogrammes, donc le point de rencontre des diagonales est un centre de symétrie.

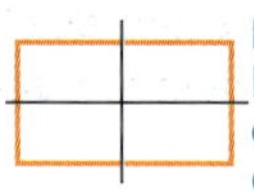
Dans un rectangle, les médiatrices des côtés sont axes de symétrie.

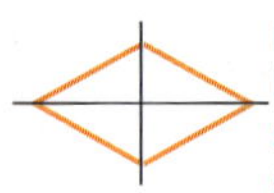
Dans un losange, les diagonales sont axes de symétrie.

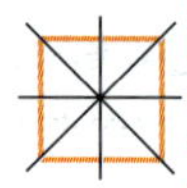
Dans un carré, les médiatrices des côtés et les diagonales sont axes de symétrie.

Je comprends comment faire

pour trouver la nature d'un quadrilatère

Je dois examiner les données, analyser les propriétés du quadrilatère et en déduire si il est quelconque, parallélogramme, rectangle, losange ou carré.

Exemples :

ABCD est un **rectangle**, car ses diagonales se coupent en leur milieu et ont même longueur.

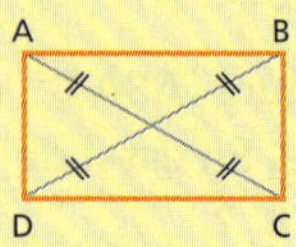

EFGH est un **losange**, car ses diagonales se coupent en leur milieu et sont perpendiculaires.

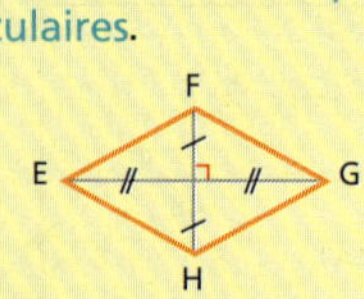

IJKL est un **carré**, car ses diagonales se coupent en leur milieu, sont perpendiculaires et ont même longueur.

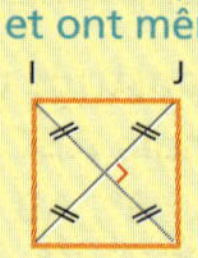

OBJECTIF

Reconnaître les propriétés des parallélogrammes particuliers.

Je m'exerce

1 ★ ABCD est un quadrilatère dont les angles $\widehat{A}$, $\widehat{B}$ et $\widehat{C}$ sont droits.
Pourquoi ABCD est-il un rectangle ?

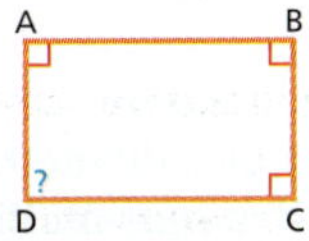

2 ★ LIRE est un losange.
Complète les « ? » avec les mesures convenables.

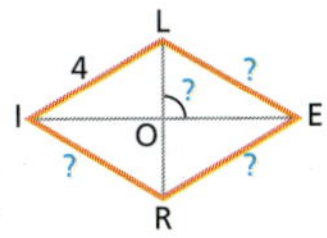

3 ★ ABCD est un rectangle de centre O. OD = 2,7 cm.

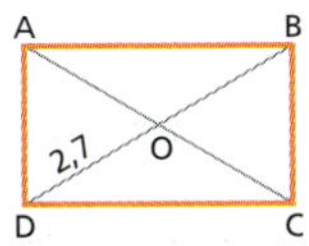

a. Quelle est la longueur de chacune des diagonales [AC] et [BD] ?
b. Pourquoi les triangles OAB, OBC, OCD et ODA sont-ils isocèles en O ?
c. Pourquoi le cercle de centre O et de rayon OA passe-t-il par B, C et D ?

4 ★★ **Construis un rectangle ABCD de centre O tel que CD = 4 cm et OC = 3 cm.**

5 ★★ **Construis un losange MNPQ dont les diagonales sont de 4 et 7 cm.**

6 ★★ IJKL est un carré de centre O.

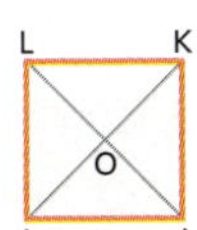

a. Pourquoi les diagonales sont-elles bissectrices des angles du carré ?
b. Pourquoi chacun des triangles OIJ, OJK, OKL et OLI est-il rectangle isocèle ?
c. Pourquoi le cercle de centre O et de rayon OI passe-t-il par J, K et L ?

7 ★★ **a. Construis un carré ABCD dont les diagonales sont de 5 cm.**
b. Construis le cercle qui passe par les quatre sommets de ABCD.

8 ★★ **a. Pourquoi les extrémités A, B, C et D des diamètres [AB] et [CD] sont-ils les sommets d'un rectangle ?**

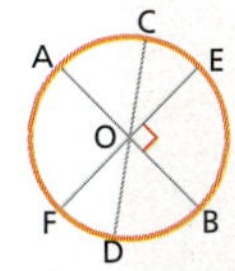

b. Pourquoi A, B, E et F sont-ils les sommets d'un carré ?

9 ★★ **Complète les trois propriétés d'un carré qui ne sont pas des propriétés de tout losange.**
a. Les diagonales d'un carré ....
b. Les angles d'un carré ....
c. Les médiatrices des côtés ....

10 ★★ **Complète les quatre propriétés d'un carré qui ne sont pas des propriétés de tout rectangle.**
a. Les côtés d'un carré ....
b. Les diagonales d'un carré ....
c. Les diagonales d'un carré ....
d. Les diagonales d'un carré ....

11 ★★★ **a. Quelle est la nature de chacun des quadrilatères ci-dessous. Justifie ta réponse.**

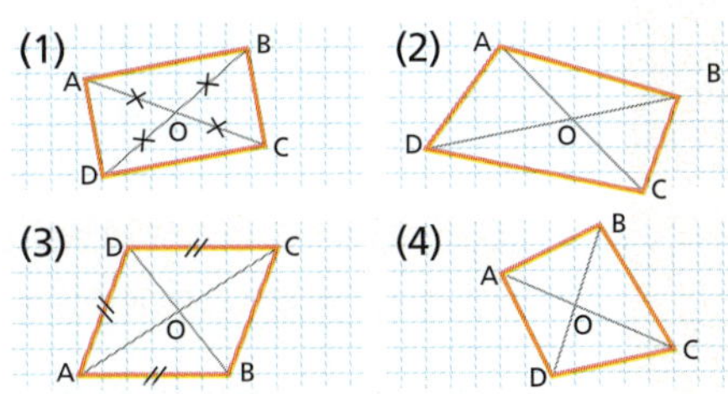

b. Vérifie dans chacun des cas si le cercle de centre O et de rayon OA passe par B, C et D.

12 ★★★ **a. Place dans un repère d'axes perpendiculaires, les points A (2 ; 6) et B (2 ; 1).**
b. Quelles sont les coordonnées de C et D sachant que ADCB est un carré.

27

Mathématiques

Périmètres et aires

Je retiens l'essentiel

• **Unités de mesure**

Le mètre (m) est l'unité de mesure de longueur. Le décamètre (dam), l'hectomètre (hm) et le kilomètre (km) sont des multiples du mètre. Le décimètre (dm), le centimètre (cm) et le millimètre (mm) sont des sous-multiples du mètre.

Le mètre carré (m^2) est l'unité de mesure d'aire. Le décamètre carré (dam^2), l'hectomètre carré (hm^2) et le kilomètre carré (km^2) sont des multiples du mètre carré. Le décimètre carré (dm^2), le centimètre carré (cm^2) et le millimètre carré (mm^2) sont des sous-multiples du mètre carré.

• **Formules et exemples de calcul**

Ci-dessous, la lettre P désigne un périmètre et la lettre A désigne une aire.
Les mesures d'une même figure sont exprimées dans la même unité.

rectangle

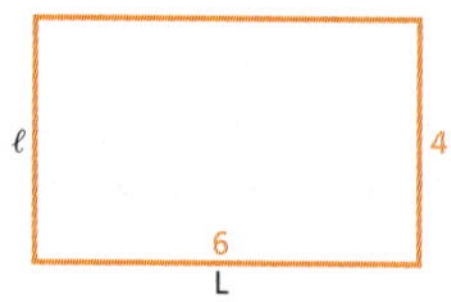

P = 2 (L + ℓ) et **A = L × ℓ**

Si L = 6 cm et ℓ = 4 cm, alors
P = 2 (6 + 4) cm = 20 cm et
A = 6 × 4 cm^2 = 24 cm^2

carré

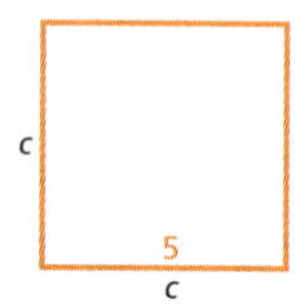

P = 4 c et **A = c × c**

Si c = 5 dm, alors
P = 4 × 5 dm = 20 dm et
A = 5 × 5 dm^2 = 25 dm^2

losange

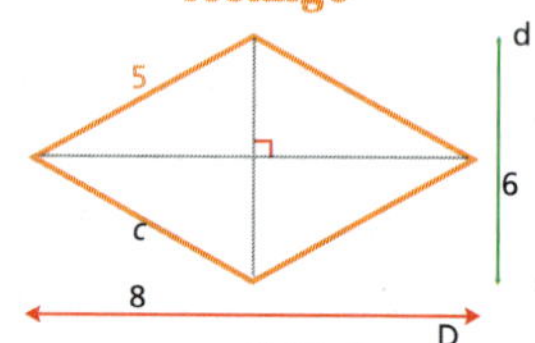

P = 4 c et **A = $\frac{D \times d}{2}$**

Si c = 5 m, D = 8 m et d = 6 m,
alors P = 4 × 5 m = 20 m et
A = $\frac{8 \times 6}{2}$ m^2 = 24 m^2

parallélogramme

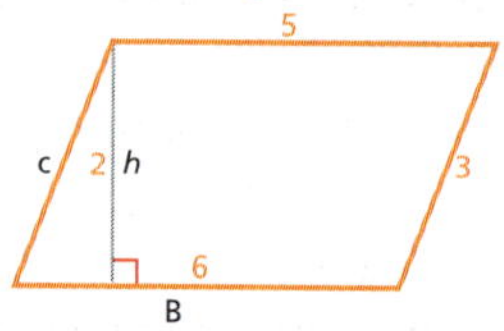

P = 2 (B + c) et **A = B × h**

Si B = 5 cm, c = 3 cm et h = 2 cm
alors P = 2 (5 + 3) cm = 16 cm
et A = 5 et 2 cm2 = 10 cm^2

triangle

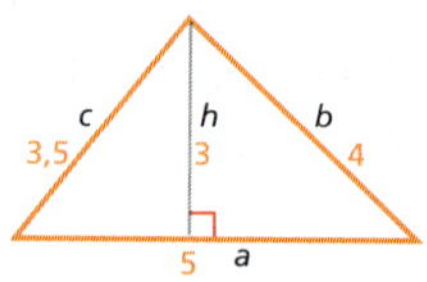

P = a + b + c et **A = $\frac{a \times b}{h}$**

Si a = 5 cm, b = 4 cm,
= 3,5 cm et h = 3 cm, alors
P = 12,5 cm et A = 7,5 cm^2

cercle

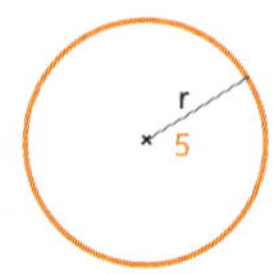

P = 2 × r × π et **A = π × r × r**

Si r = 5 cm et π = 3,14 alors
P = 2 × 5 × 3,14 cm = 31,4 cm
et A = 3, 14 × 5 × 5 cm^2
= 78,5 cm^2

Je comprends comment faire

➤ pour trouver une longueur connaissant le périmètre ou l'aire

Je dois poser et résoudre une équation.

parallélogramme

B × h = A, donc
10,5 × h = 63
En cm, h = $\frac{63}{10,5}$ 6 = 6
ou 63 : 10,5 = 3

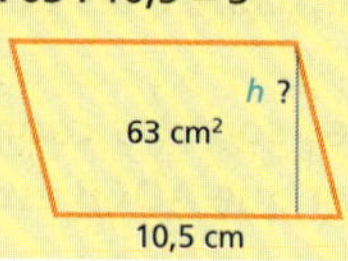

cercle

d × π = P, donc
d × 3,14 = 47,1.
En cm, d = 47,1 : 3,14 = 15

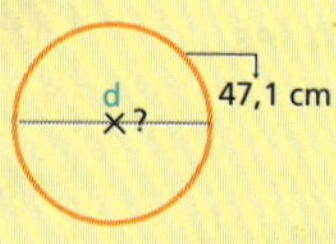

losange

$\frac{D \times d}{2}$ = A, ou D × d = 2 × A

D × 4,5 = 2 × 18 ou D × 4,5 = 36
En cm, D = 36 : 4,5 = 8

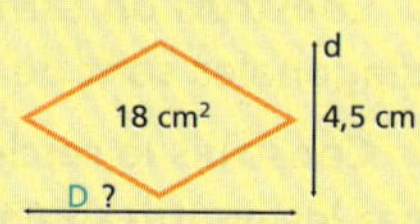

OBJECTIF

Savoir utiliser une formule pour calculer aires et périmètres.

Je m'exerce

1 ★ **Complète avec l'unité convenable.**

a. 32 cm = 0,32 ... d. 32 cm² = 0,32 ....
b. 453 dm = 4,53 ... e. 453 dm² = 4,53 ...
c. 34 km = 340000 ... f. 34km² = 340000 ...

2 ★ **Complète avec l'aire des parallélogrammes. (Unité : cm)**

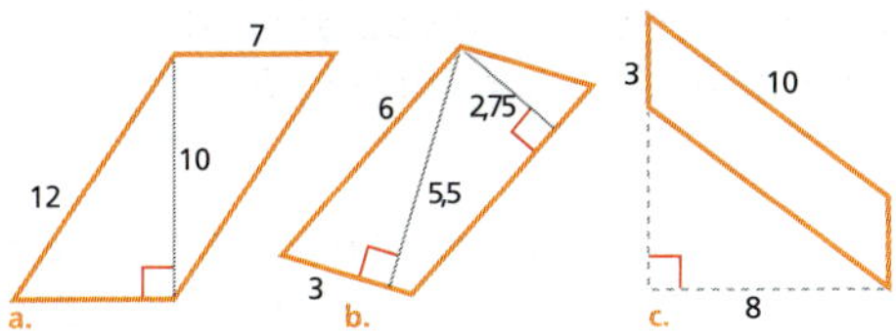

A = ... A = ... A = ...

3 ★★ ABC est un triangle rectangle en A. D et E sont les symétriques de B et C par rapport à A.

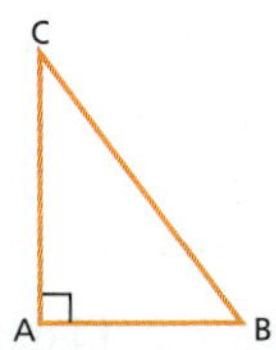

a. **Pourquoi BCDE est-il un losange ?**
b. **Calcule son périmètre P et son aire A sachant que AB = 3 cm, AC = 0,4 dm et BC = 0,05 m.**

4 ★★ a. **Calcule l'aire A d'un carré dont le périmètre est de 56,4 m.**
b. **Calcule la hauteur *h* d'un parallélogramme dont la base est de 7 cm et dont l'aire est de 3780 mm².**

5 ★★ Les diagonales du quadrilatère ABCD sont perpendiculaires et se coupent en O.

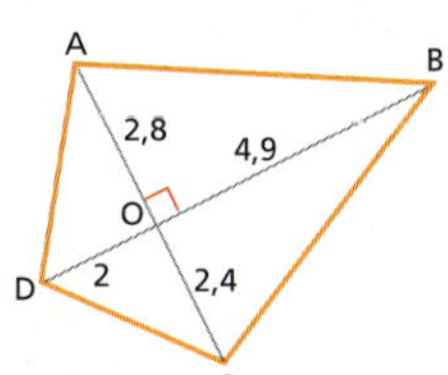

1. **Que représente en cm² l'expression :**

a. $\frac{1}{2} \times 2{,}8 \times (2 + 4{,}9)$?

b. $\frac{1}{2} \times 2{,}4 \times (2 + 4{,}9)$?

2. **Calcule l'aire du quadrilatère ABCD.**

6 ★★ **Calcule l'aire d'un cercle dont le périmètre est 157 m.** ($\pi = 3{,}14$)

7 ★★ **Calcule MN sachant que le triangle IJK et le rectangle MNPQ ont la même aire. (Unité : cm)**

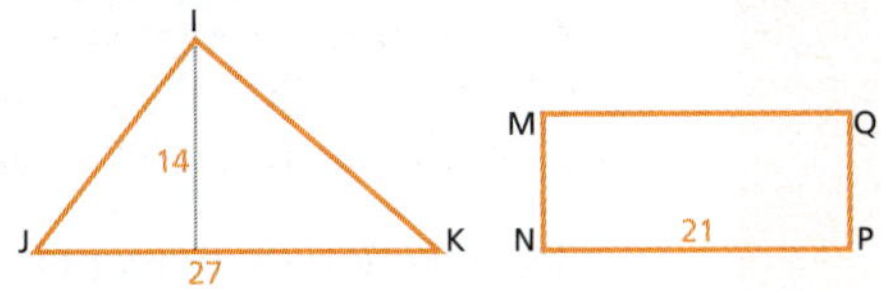

8 ★★★ a. **En cm, le périmètre des deux premières pièces est : (2,6 + 2,3) π. Vrai ou faux ?**

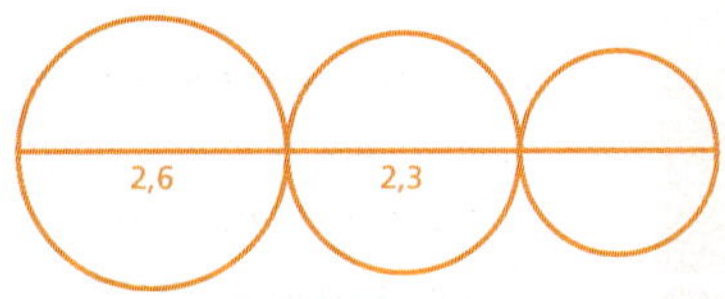

b. **Calcule le diamètre de la troisième pièce sachant que le périmètre des trois est 6,6 π cm .**
c. **En cm², l'aire des trois pièces est de : (1,3 × 1,3 + 1,15 × 1,15 + 0,85 × 0,85) π. Vrai ou faux ?**
d. **Trouve une valeur arrondie à l'unité de l'aire des trois pièces.**

9 ★★★ **Calcule l'aire de la figure en cm² sachant que le côté d'un carré du quadrillage est de 0,4 cm.**

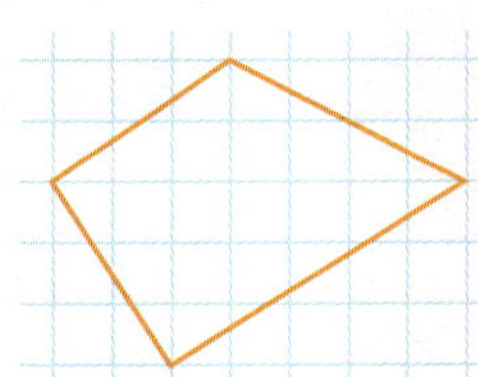

10 ★★★ ABC est un triangle isocèle en A. D est un point de [BC]. (DE) // (AC) et (DF) // (AB).

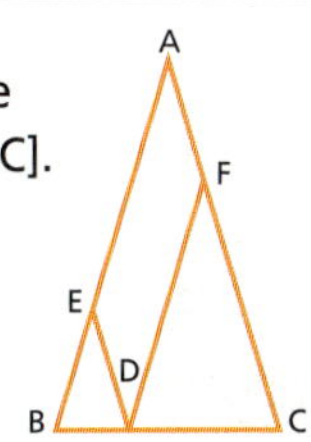

a. **Pourquoi AEDF est-il un parallélogramme ?**
b. **Pourquoi le périmètre de AEDF est-il égal à AB + AC ? et à 2AB ?**

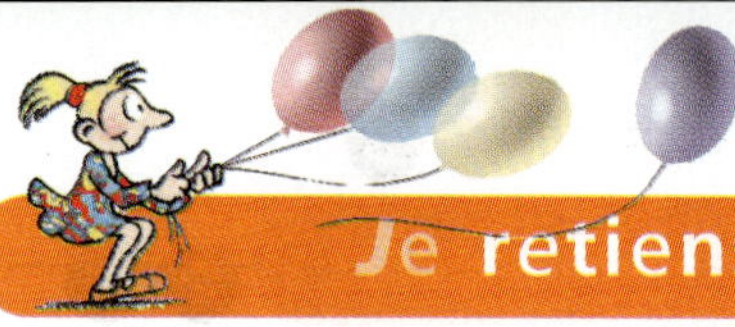

Je retiens l'essentiel

• Du plan à l'espace

Voici une **figure plane**. Elle est formée de six carrés. Tous les points de la figure sont **dans le plan de la feuille**.
Si AB = 2 cm, alors son aire totale est de 24 cm², car $(2 \times 2) \times 6 = 24$.

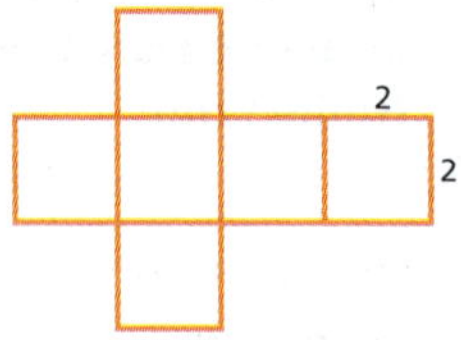

Par pliage de la figure ci-contre, on obtient **un cube**. Tous les points du cube ne sont pas dans le même plan. **Le cube est un solide** qui occupe de **l'espace**. Cet espace est défini par le volume du cube. Ici, en cm³, il est de $2 \times 2 \times 2 = 8$.

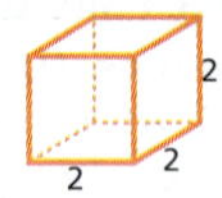

• Intersection de deux plans

Ci-dessous, **deux plans** P_1 et P_2. Ils **se coupent selon la droite** d. On dit qu'ils sont **sécants**. Les plans Q_1 et Q_2 sont perpendiculaires.

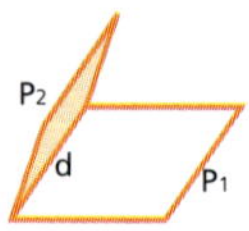

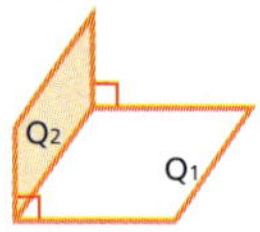

Ci-dessous, **les plans** P et P' **ne se rencontrent pas**. On dit qu'ils sont **parallèles**.

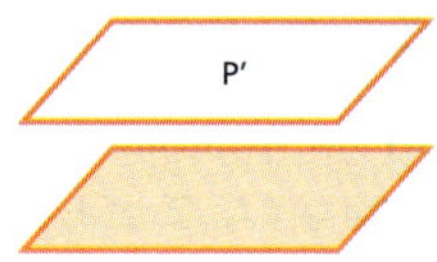

• Vocabulaire

Ci-dessous, les points **A, B et C appartiennent au même plan**. On dit qu'ils sont **coplanaires**. Les points A, B, C et H n'appartiennent pas au même plan : ils ne sont pas coplanaires.

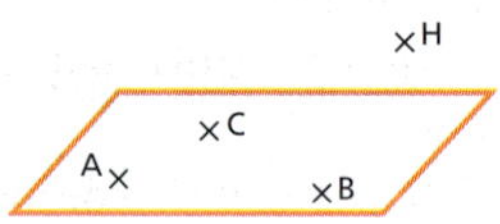

Ci-dessous, les droites d_1 et d_2 sont contenues dans un même plan. On dit qu'elles sont coplanaires. d_1 et d_3 ne sont pas dans le même plan : elles ne sont pas coplanaires.

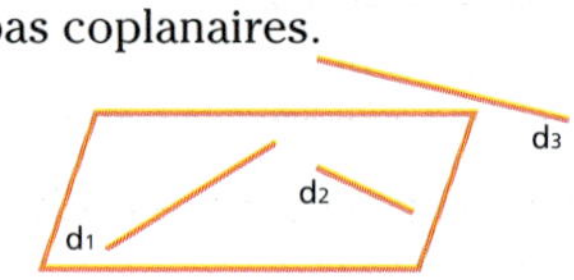

Je comprends comment faire

➤ pour tracer en perspective cavalière

Il faut tracer une figure **en respectant le parallélisme**.
Ci-contre le patron d'un parallélépipède rectangle et sa représentation en perspective cavalière.

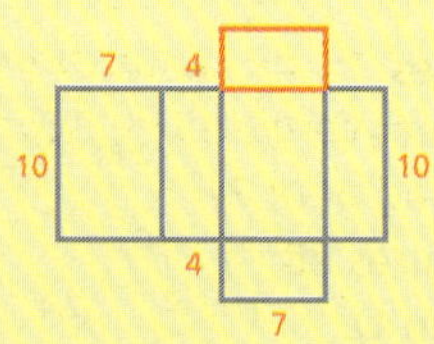

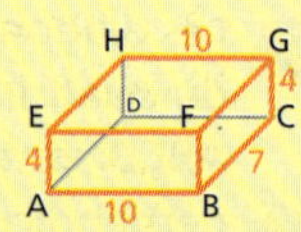

➤ pour calculer l'aire totale et le volume d'un parallélépipède

Exemple :

Le parallélépipède rectangle a 6 faces rectangulaires, 8 sommets et 12 arêtes.
Si, en cm, AB = 10, BC = 7 et AE = 4, alors,

- en cm², son aire totale est : $A = 2\,(10 \times 7) + 2\,(7 \times 4) + 2\,(4 \times 10) = 276$ et,
- en cm³, son volume est : $V = 10 \times 7 \times 4 = 280$.

(V = produit des trois dimensions)

OBJECTIFS

- Connaître les notions de base sur le plan et l'espace.
- Savoir tracer une perspective, un patron.
- Savoir calculer l'aire et le volume du parallélépipède rectangle.

Je m'exerce

1 ★ **Complète avec le nombre convenable.**

a. 1 dm³ = ... L
b. 1 m³ = ... dm³
c. 1 L = ... mL
d. 1 hL = ... L
e. 1000 mL = ... cL
f. 1 m³ = ... L
g. 1 cm³ = ... mm³
h. 1000 mL = ... dm³

2 ★ **Complète le tracé en perspective cavalière des parallélépipèdes rectangles suivants.**

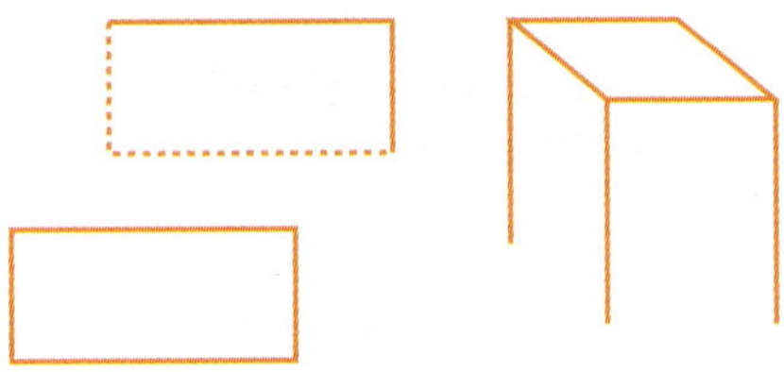

3 ★★ a. **Pour quelle raison la brique peut-elle contenir un litre de jus ?**
b. **Quelle est alors la hauteur *h* d'un litre de jus dans la brique ?**

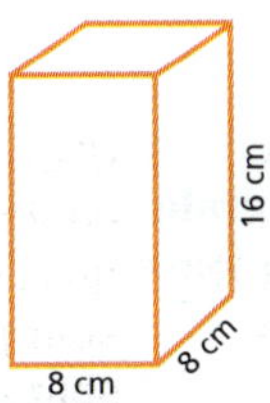

4 ★★ Maxime joue avec des cubes d'arête 5 cm.

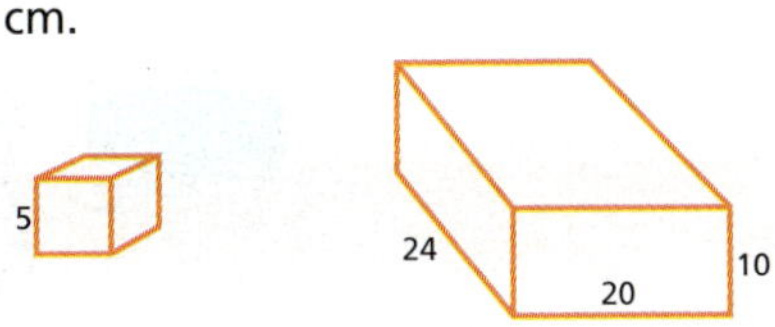

Dans une boîte en forme de parallélépipède rectangle et de dimensions 24 cm, 20 cm et 10 cm, combien de cubes peut-il ranger au maximum ?

☐ 39 ☐ 38 ☐ 32

5 ★★ Un robinet débite 1m³ d'eau en 24 min.
a. **Combien de litres débite-t-il en 1 h ?**
b. **Combien lui faudra-t-il de temps pour remplir un réservoir en forme de parallélépipède rectangle de dimensions 25 dm, 12,5 dm et 5 dm ?**

6 ★★★ Voici quatre cubes d'arête 6 cm chacun.

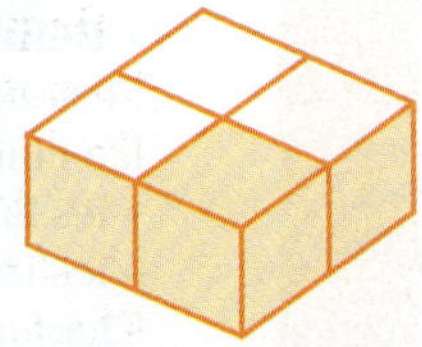

a. **Ajoute trois cubes au 2ᵉ niveau sur les faces blanches et un cube au 3ᵉ niveau.**
b. **Quel est le volume du solide obtenu ?**

7 ★★ Les dimensions de la boîte sont 40 cm, 25 cm et 18 cm.
Le nœud utilise 1 m de ruban.
Quelle est la longueur totale du ruban ?

8 ★★ Voici un parallélépipède rectangle tracé en perspective cavalière.

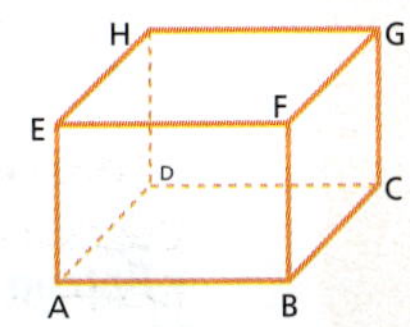

a. **Les points A, B et C sont-ils coplanaires ? En est-il de même des points A, B, C et H ?**
b. **Nomme trois couples de droites parallèles.**
c. **Nomme trois couples de plans parallèles.**
d. **Nomme trois couples de plans perpendiculaires.**
e. **Nomme trois couples de droites perpendiculaires.**

9 ★★★ A, B et C sont trois points communs aux plans P et Q. **Pourquoi les points A, B et C sont-ils alignés ?**

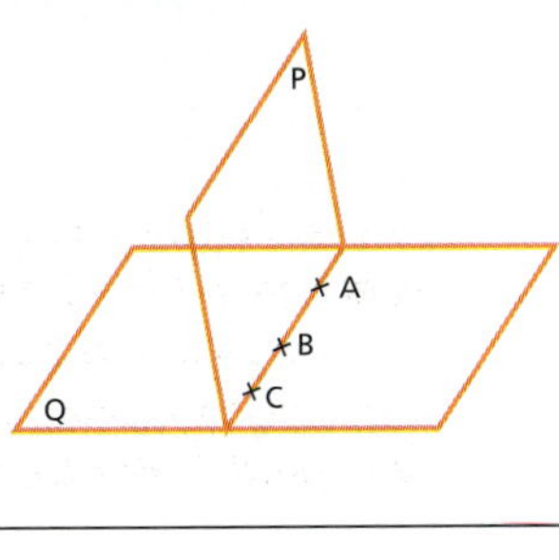

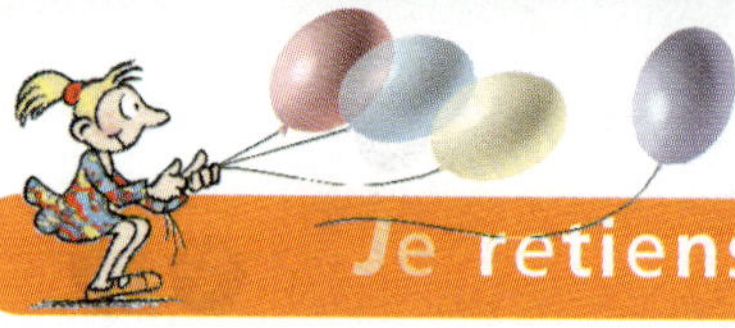

Je retiens l'essentiel

• **Définir un prisme droit**

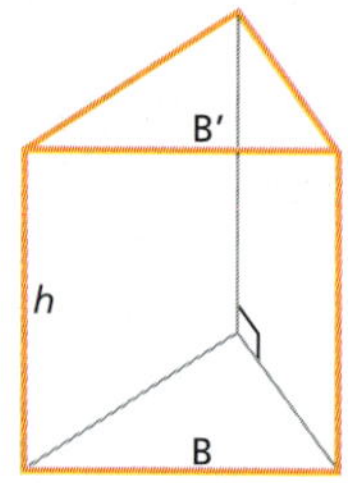

Le solide ci-contre est un **prisme droit** à **base triangulaire**.
Il a cinq faces :
– les faces opposées et parallèles, B et B', sont les bases du prisme.
– les trois autres faces sont ses faces latérales.
Chaque face latérale est un rectangle.
Il a neuf arêtes. **Une arête est l'intersection de deux faces.**
Il a six sommets. **Un sommet est l'intersection de trois arêtes.**
La hauteur h du prisme est égale à la **longueur d'une arête latérale.**
Le volume V du prisme est égal au **produit de l'aire B d'une base et de la hauteur** h.
$V = Bh$.

• **Exemples de prismes**

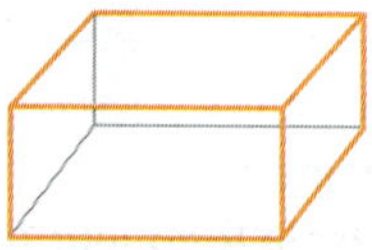

Le parallélépipède rectangle est un prisme droit dont **la base est un rectangle**.

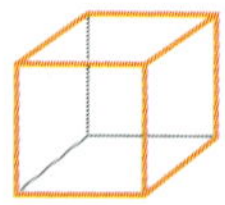

Le cube est un prisme droit dont **la base est un carré**.

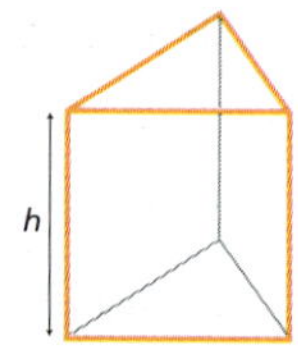

Attention : le prisme ci-dessus est **oblique à base triangulaire. Il n'est pas droit :** chaque face est un parallélogramme. La hauteur h n'est pas égale à une arête latérale.

• **Patron d'un prisme droit et aire latérale**

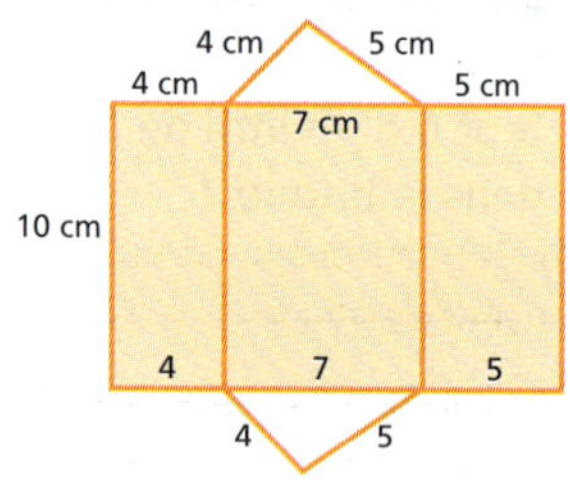

Ci-contre, le patron d'un prisme droit à base triangulaire.
Son aire latérale A est égale à l'aire d'un rectangle de dimensions p et h, où p est le périmètre de la base et où h est la hauteur du prisme. Soit $A = ph$.
L'aire latérale A du prisme ci-contre, en cm^2, est de $A = ph = (4 + 7 + 5) \times 10 = 160$.

Je comprends comment faire

➤ pour dessiner le patron d'un prisme droit dont la base est un parallélogramme

Voici le développement d'un prisme droit dont la base est un parallélogramme.

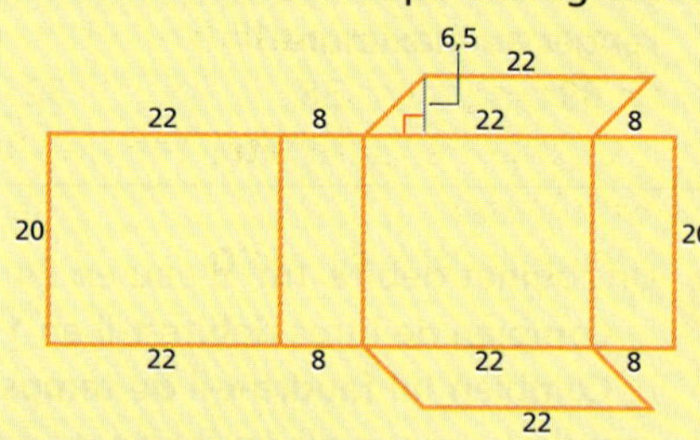

• En cm, **le périmètre p de la base** est $2 \times (22 + 8) = 60$.
• En cm^2, **l'aire latérale A** est $60 \times 20 = 1200$.
• En cm^2, **l'aire B d'une base** est $22 \times 6,5 = 143$.
• En cm^2, **l'aire totale** est $1200 + (2 \times 143) = 1486$.
• La hauteur h du prisme est 20 cm, l'aire B de la base est 143 cm^2, donc **le volume V** du prisme en cm^3 est $V = Bh = 143 \times 20 = 2860$.

OBJECTIFS

- Savoir définir et reconnaître un prisme.
- Calculer l'aire latérale et l'aire de la base.
- Calculer le volume.

Je m'exerce

1 ★

a. **Pourquoi le quadrilatère ABCD est-il un rectangle ?**

b. **Quelle est son aire dans le cas où ses dimensions sont de 9 cm et 42 mm ?**

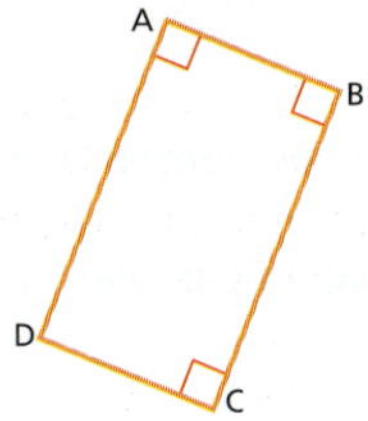

2 ★

Quelle est la hauteur d'un parallélogramme dont la base mesure 35 m et dont l'aire est 6,65 a. ?
(Rappel : 1 are = 100 m^2)

3 ★★

a. **Construis un parallélogramme ABCD tel que AB = 8 cm, AD = 5 cm et DH = 4 cm.**

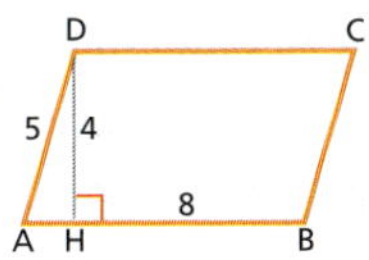

b. **Fabrique le patron d'une boîte sans couvercle en forme de prisme droit ayant ABCD pour base et ayant 6 cm pour hauteur.**

4 ★★

Les données sont celles de l'exercice précédent.

a. **L'aire de la base de la boîte est :**
☐ 32 cm^2 ☐ 32 cm ☐ 26 cm^2

b. **Le volume de la boîte est :**
☐ 192 cm^2 ☐ 192 cm^3 ☐ 156 cm^3

c. **L'aire du patron de la boîte est :**
☐ 128 cm^2 ☐ 128 cm^3 ☐ 156 cm^2

5 ★★

a. **Pourquoi chacun des quadrilatères AEHD, EFGH et FBCG est-il un rectangle ?**

b. **Pourquoi le quadrilatère ABCD est-il un rectangle ?**

c. **Calcule le périmètre de la figure. (Unité : cm)**

d. **Calcule l'aire de ABCD.**

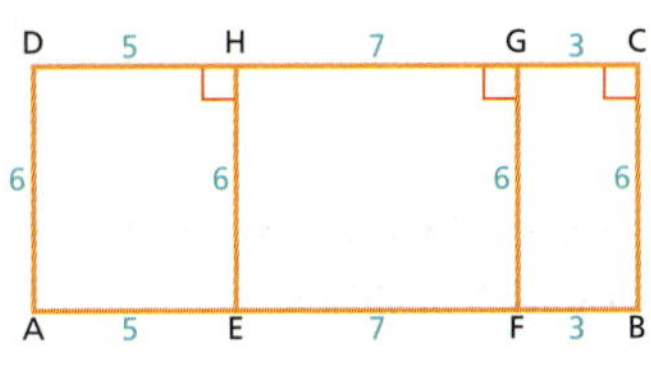

6 ★★★

Les données sont celles de l'exercice précédent.

a. **Construis en grandeur réelle la figure.**

b. **Fabrique un prisme droit ayant AEHD, EFGH et FBCG pour faces latérales.**

c. **Quelle est l'aire latérale de ce prisme ?**

d. **Pourquoi ne peut-on pas calculer le volume de ce prisme ?**

7 ★★★

ABCD est un losange de 5 cm de côté. Les diagonales mesurent 8 cm et 6 cm.

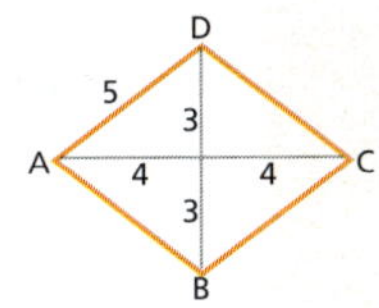

a. **Construis en grandeur réelle le losange ABCD.**

b. **Fabrique le patron d'un prisme droit ayant ABCD pour base et dont la hauteur mesure 7 cm.**

c. **L'aire latérale du prisme est :**
☐ 48 cm^2 ☐ 168 cm^2 ☐ 140 cm^2

d. **Le volume du prisme est :**
☐ 140 cm^3 ☐ 168 cm^3 ☐ 240 cm^3

8 ★★★

L, ℓ et h sont les trois dimensions d'un prisme droit à base rectangulaire.

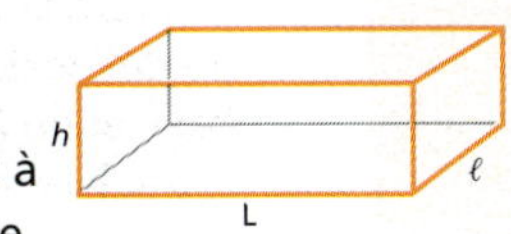

Complète le tableau en faisant attention aux unités.
(Rappel : p = 2 × (L + ℓ), B = Lℓ, A = p*h*, V = B*h*)

L	ℓ	*h*	A (aire latérale)	V (volume)
15 cm	0,26 m	...... cm	.... dm^2	8190 cm^3
...... cm	0,8 dm	15 cm	840 cm^2	.... dm^3
4,5 m	...... cm	3,20 m	4064 dm^2	.... m^3

9 ★★★

L'unité étant le mètre,

a. **Calcule l'aire de la toiture.**

b. **Calcule le volume du hangar.**

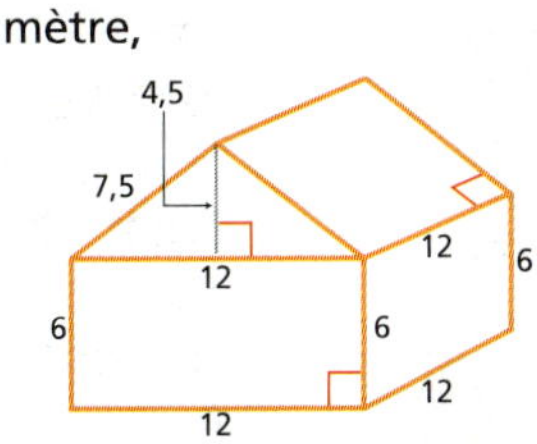

Mathématiques

Je retiens l'essentiel

• **Définir un cylindre de révolution**
Ci-contre un cylindre de révolution.
Ses deux bases B et B' sont **des cercles de centre O et O'** et de rayon r.
B et B' sont opposées et se trouvent dans deux plans parallèles.
OO' est la hauteur du cylindre.

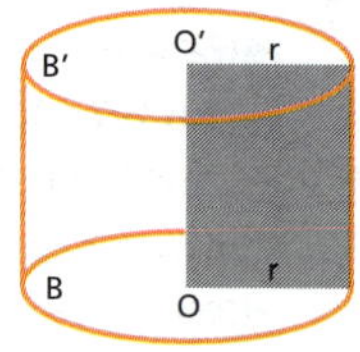

• **Exemples de cylindres**
ABCD est un rectangle.
La rotation du rectangle autour de la droite (BC) engendre un cylindre de hauteur BC (ou AD).
Ses bases sont les cercles de centres B et C, et de rayon BA (ou CD).

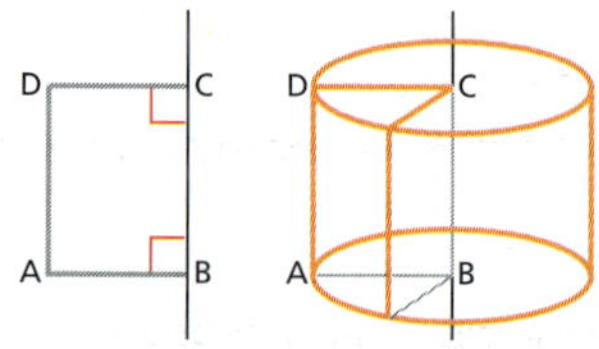

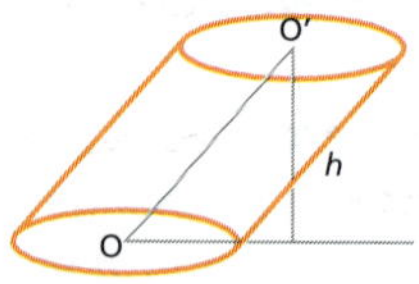

Voici un **cylindre oblique**. Les bases sont des cercles de même rayon et de centre O et O'. Il n'est pas un cylindre de révolution, car **sa hauteur *h* n'est pas égale à OO'**.

• **Patron d'un cylindre et aire latérale**
Ci-contre, le patron d'un cylindre de révolution.
Son aire latérale A est l'aire d'un rectangle de dimensions p et h, p étant le périmètre du cercle et h étant la hauteur du cylindre.
Pour r = 5 cm, h = 7 cm et $\pi = 3{,}14$; en cm, le périmètre de la base est $p = 2\pi r = 2 \times 3{,}14 \times 5 = 31{,}4$; et, en cm², l'aire latérale est $A = p \times h = 31{,}4 \times 7 = 219{,}8$.

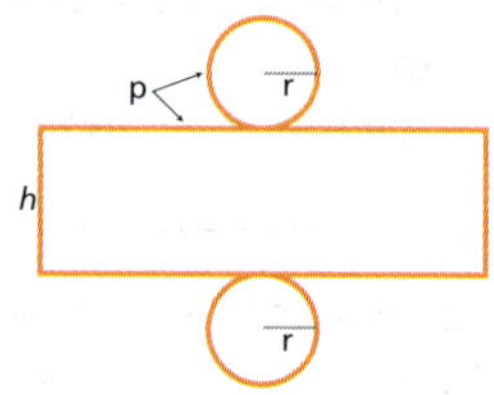

Je comprends comment faire

EUREKA !

➤ pour calculer le volume d'un cylindre

Le volume d'un cylindre est donné par la formule **V = B *h*, où B est l'aire de la base et *h* est la hauteur du cylindre.**
Pour r = 5 cm, h = 7 cm et $\pi = 3{,}14$,
en cm², $B = \pi \times r \times r = 3{,}14 \times 5 \times 5 = 78{,}5$; et, en cm³, $V = Bh = 78{,}5 \times 7 = 549{,}5$.

➤ pour calculer les volumes de cylindres de même base

Ci-contre trois cylindres. Ils ont la même aire de base.
En cm², et en prenant $\pi = 3{,}14$, cette aire est de $\pi \times 5 \times 5 = 78{,}5$.
Leurs volumes sont donnés dans le tableau ci-dessous. Ils sont proportionnels aux hauteurs des cylindres. Le coefficient de proportionnalité est la mesure de l'aire de la base.

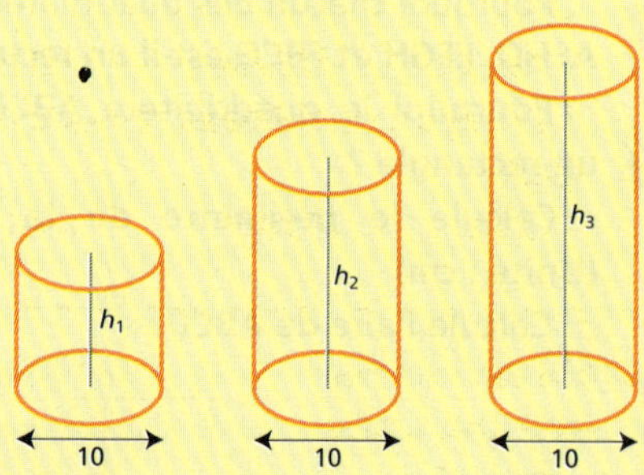

$h_1 = 4$ cm
$h_2 = 8$ cm
$h_3 = 10$ cm

Hauteur (en cm)	4	8	10
Volume (en cm³)	314	628	785

x 78,5

OBJECTIFS

- Savoir définir un cylindre.
- Savoir représenter la patron d'un cylindre.
- Effectuer les calculs des aires et du volume.

Je m'exerce

1 ★

Un cylindre de révolution a pour rayon de base r et pour hauteur h.

Réponds par vrai ou faux ? V F

a. $2 \pi r h$ est le volume du cylindre. ☐ ☐

b. $2 \times \pi \times r \times r$ est l'aire des deux bases. ☐ ☐

c. $2 \pi r h$ est son aire latérale. ☐ ☐

d. $2 \pi \times r \times r + 2 \pi r h$ est son aire totale. ☐ ☐

e. $2 \pi r (r + h)$ est son aire totale. ☐ ☐

2 ★

Une boîte de fromage cylindrique a pour diamètre 12 cm et pour hauteur 3 cm.

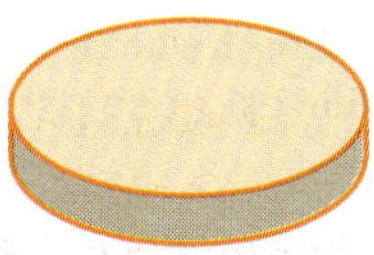

a. L'aire latérale de la boîte est :

☐ 36π cm ☐ 36π cm2 ☐ 111,4 cm^2

b. Le volume de la boîte arrondi à l'unité est :

☐ 339 cm^3 ☐ 340 cm^3 ☐ 108 cm^3

3 ★★

Le volume d'un tuyau cylindrique est de 1,5 m^3. Sa hauteur est de 3 m.

a. Son aire de base est :

☐ 0,5 m ☐ 50 cm^2 ☐ 5000 cm^2

b. Une valeur approchée de son rayon est :

☐ 4 cm ☐ 40 cm ☐ 16 cm

4 ★★

Un rouleau à peinture est long de 20 cm. En faisant un tour complet du rouleau, on peint 10 dm^2.

a. Le périmètre de la base du rouleau est :

☐ 50dm ☐ 0,5 dm ☐ 50 cm

b. Le rayon du rouleau arrondi à l'unité est :

☐ 7 cm ☐ 8 cm ☐ 16 dm

5 ★★

Voici un patron incomplet d'un cylindre de révolution.

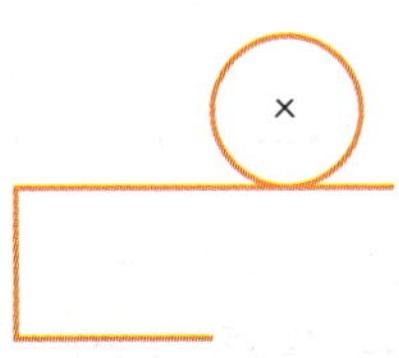

a. Mesure à l'aide d'une règle graduée son rayon de base et sa hauteur.

b. Trace le patron de ce cylindre à l'échelle × 4.

6 ★★★

ABCD est un rectangle de dimensions 4 cm et 7 cm. On fait tourner le rectangle autour du segment [AB].

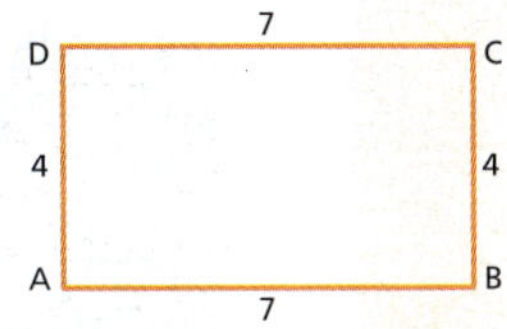

a. Calcule l'aire latérale du cylindre engendré.

b. Trace un patron de ce cylindre à l'échelle 1/2.

7 ★★★

Une étiquette rectangulaire de dimensions 26 cm et 12 cm recouvre une boîte de conserve cylindrique.

a. Calcule le diamètre de la boîte arrondi à l'unité.

b. Calcule le volume de la boîte arrondi à la centaine la plus proche.

8 ★★★

La boîte représentée ci-contre a la forme d'un parallélépipède rectangle.
Son couvercle a la forme d'un demi-cylindre.

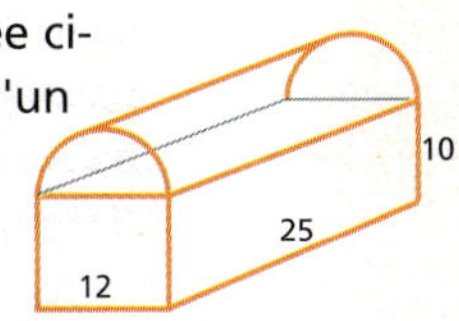

Calcule son volume V et son aire totale A.

9 ★★★

C_1 et C_2 sont deux boîtes cylindriques de même base, de hauteurs h_1 et h_2 et de volumes V_1 et V_2. On sait que : $h_1 + h_2 = 23$ cm et $V_1 + V_2 = 7222$ cm^3.

Quelle est le diamètre d de ces boîtes ?

($\pi = 3{,}14$)

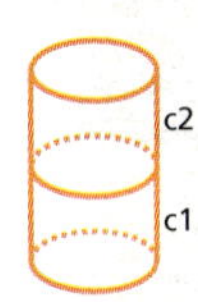

1

L'Empire byzantin

Je retiens l'essentiel

• En 395, l'Empire romain est divisé en deux : l'Empire romain d'Occident qui disparaît en 476 et l'Empire romain d'Orient (ou Empire byzantin). Au cours du VIe siècle, l'empereur Justinien (527-565) reconstitue l'ancien Empire romain, adopte les lois romaines qu'il fait rassembler dans le **Code Justinien**. L'Empire est prospère et très peuplé (nombreuses constructions : l'église Sainte-Sophie à Constantinople).

• C'est un empire chrétien. L'empereur (représentant de Dieu sur terre) et le patriarche de Constantinople (dirigeant de l'Église) doivent garantir l'**orthodoxie** (les vraies croyances). Les croyants adorent des **icônes** (images saintes). Peu à peu, les relations se dégradent entre le pape de Rome (qui parle latin) et le patriarche de Constantinople (qui parle grec). L'Église orthodoxe et l'Église catholique se séparent en 1504 : c'est le **schisme**. Beaucoup de peuples slaves se convertissent à la religion orthodoxe (évangilisation par les moines Cyrille et Méthode).

• À partir du XIe siècle, la situation de l'Empire se dégrade. En 1204, Constantinople est prise par les Croisés. En 1453, la ville est prise par les Turcs.

Je comprends comment faire

EURÊKA !

pour interpréter une carte historique

L'évolution de l'Empire byzantin entre 527 et 1453

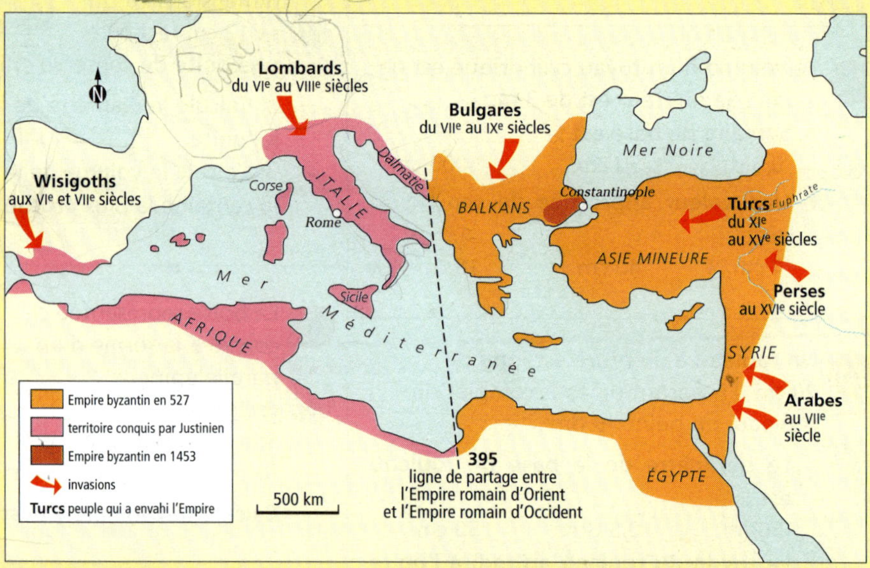

1. **Je lis le titre.** Il indique le thème et les dates limites de l'étude. Ici, il s'agit des conquêtes territoriales de l'Empire byzantin entre 527, date de l'avènement de Justinien, et 1453, date de la prise de Constantinople par les Turcs.
2. **Ensuite je lis la légende.** Elle permet de « décoder » la carte.
   - l'orange marque les limites de l'Empire à l'avènement de Justinien ;
   - le rose souligne les conquêtes de Justinien ;
   - le rouge souligne les reculs byzantins ;
   - les flèches indiquent l'origine géographique des envahisseurs.
3. **Je conclus.** L'Empire est devenu trop vaste. Il est difficile à protéger.

OBJECTIF

Comprendre la fragilité de l'Empire byzantin.

Je m'exerce

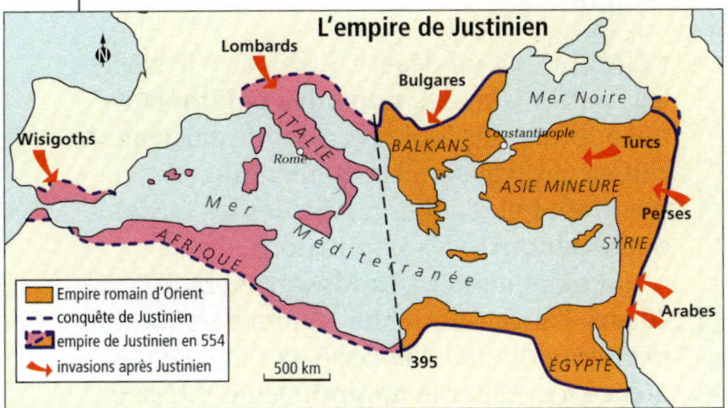

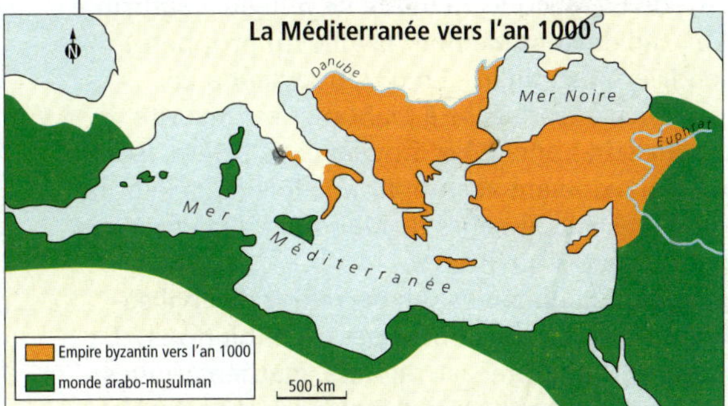

1 ★ **Compare les deux cartes ci-dessus.**

a. Quel objectif poursuivait Justinien ?

b. À quoi correspond la ligne « 395 » ?

c. Indique Rome et Constantinople sur la deuxième carte.

d. Quels sont les régions ou les pays perdus par les Byzantins vers l'an 1000 ?

e. Quel peuple menace particulièrement l'Empire byzantin vers l'an 1000 ?

2 ★★ **Étudie le plan de Constantinople.**

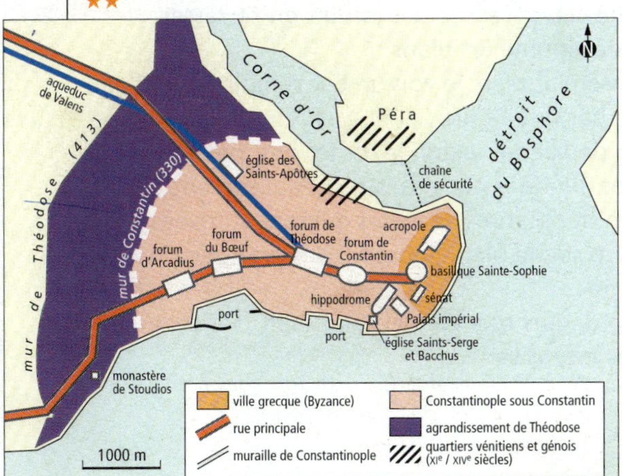

a. Sous quel empereur a-t-on agrandi Constantinople ?

b. Retrouve les élements qui traduisent l'occupation romaine.

c. Quels éléments te font penser à une influence grecque ?

d. Pourquoi la ville est-elle entourée de murailles ?

e. Quels peuples s'installent aux abords de Constantinople entre les XIe et XIVe siècles ?

3 ★★★ **Après avoir lu le texte, réponds aux questions.**

Justinien présente son code de lois en 533

« Il fallait rendre au droit son unité. J'ai fait rassembler les lois des anciens empereurs en un code qui porte mon nom : le Code Justinien. J'ai aussi fait réunir et résumer toutes les décisions de justice des anciens tribunaux romains. Elles se tenaient en 310 000 lignes. Elles ont été condensées en 5 000 lignes et forment un recueil nommé le Digeste. Chaque situation est présentée clairement et simplement. À compter d'aujourd'hui, pour rendre la justice, il est obligatoire d'utiliser le Code Justinien et le Digeste. »

D'après *La Constitution Tanta*, 533.

a. Qu'est-ce que le Code Justinien ?

....

....

....

b. Pourquoi Justinien a-t-il fait résumer les décisions de justice des anciens tribunaux ?

....

....

....

....

c. Quel avantage présente le Code Justinien pour les Byzantins ?

....

....

....

....

Je retiens l'essentiel

L'Arabie

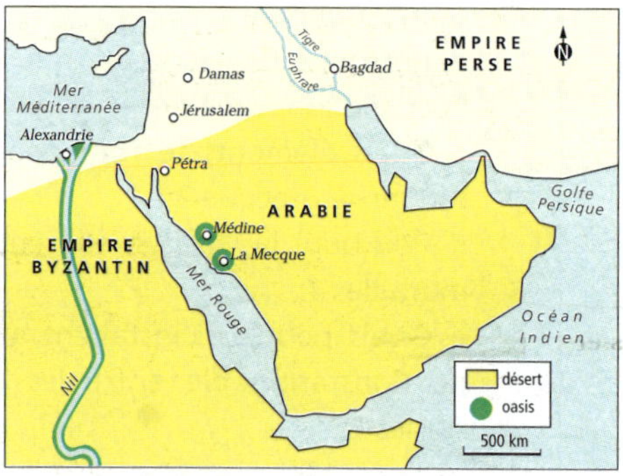

• L'Arabie est un désert. Jusqu'au VIIe siècle, les Arabes sont des **nomades polythéistes** qui adorent des idoles et vont de **caravansérail** en caravansérail (bâtiment qui sert d'entrepôt et d'auberge). Seules les oasis ont **sédentarisé** les populations.

• Mahomet naquit à La Mecque vers 570. À 40 ans, l'ange Gabriel lui annonce qu'il est le **prophète** d'Allah, l'envoyé de Dieu. Il commence à prêcher le **monothéisme**. Chassé de La Mecque en 622, il se réfugie à Yathrib qui devient Médine (la ville du prophète). C'est l'**hégire** (point de départ du calendrier musulman). En 632, il revient à La Mecque et impose l'**islam**. La parole que Dieu a transmise à Mahomet est inscrite dans le **Coran**. Du haut du **minaret**, le **muezzin** appelle les croyants à la prière. Ils se réunissent dans la **mosquée**. Les musulmans doivent accomplir une fois dans leur vie un pélerinage à La Mecque, la ville sainte. Les successeurs de Mahomet engagent une guerre sainte (le **djihâd**) et conquièrent de vastes territoires.

• De par sa position géographique, l'Empire musulman est un carrefour de civilisations (les contes des *Mille et une nuits* sont inspirés de contes perses et hindous). La civilisation arabe est brillante (médecine, architecture, astronomie, mathématiques, chimie). Dans les villes, le commerce et l'artisanat sont très développés. Les Arabes ont une monnaie d'or, le **dinar**. Cependant, devant le développement des échanges, ils préfèrent peu à peu utiliser les **chakks** (promesse écrite de paiement). **Bagdad** est le centre le plus actif. Des chrétiens et des juifs y vivent. L'irrigation (grâce à **la noria**) permet une production agricole variée.

Mais l'empire est trop vaste, difficile à gérer. Les Arabes sont arrêtés dans leurs conquêtes à Constantinople en 717 et à Poitiers en 732.

Je comprends comment faire

EUREKA !

pour étudier une miniature

© AKG Paris

L'organisation d'un jardin.
Miniature arabe, XVIe siècle.
Victoria and Albert Museum, Londres.

1. Une miniature est une peinture de taille réduite dont les couleurs sont délayées à l'eau gommée. On emploie également le terme d'enluminure.
2. Celle-ci représente des jardins en terrasses.
3. **Je détermine les plans :**
   • au premier plan, je vois un bac rempli d'eau, l'eau arrive par une rigole ;
   • au deuxième plan, je note des parcelles très petites, limitées par des canaux qui servent à l'irrigation des plantes délicates qui sont cultivées ;
   • au troisième plan, j'observe des orangers chargés de fruits.
4. **J'en déduis** que l'agriculture était très soignée et très intensive.

OBJECTIF

Comprendre l'organisation du monde musulman.

Je m'exerce

1 Après avoir lu le texte et bien observé la carte, réponds aux questions.

★★

« Un jour à Bagdad, une femme vêtue d'un long manteau de Mossoul, broché de soie, s'arrêta devant un porteur et lui dit : prends ta hotte et suis-moi. Elle s'arrêta devant la boutique d'un marchand de fruits et acheta des pommes, des coings de Turquie, des pêches, du jasmin, des nénuphars de Syrie, du basilic, des fleurs de henné, des fleurs et des plantes odorantes. Chez un autre marchand, elle acheta des olives, de l'estragon, du fromage de Syrie. Chez un marchand de fruits secs elle acheta des raisins secs de Chypre, des dattes séchées d'Irak, des biscottes aux noix de Baalbeck. Elle finit chez un marchand d'aromates où elle se procura deux pains de sucre, de l'encens, des cierges d'Alexandrie. Ils arrivèrent enfin à une maison dont le portail était de bois d'ébène incrusté d'ivoire et décoré de feuilles d'or. »

d'après les *Mille et une nuits* IX-Xe siècles.

Le commerce dans le monde musulman (Xe siècle.)

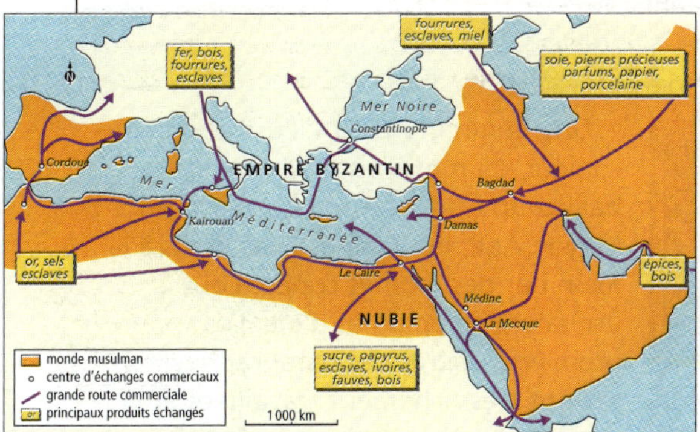

a. Qu'est-ce que *Les Mille et une nuits* ?

....

b. Pourquoi Bagdad est-elle une ville commerçante ? ....

....

c. Pourquoi les Arabes considéraient-ils que c'était le « carrefour de l'univers » ?

....

d. D'où viennent les marchandises qu'achète la cliente ? ....

....

e. Retrouve dans le texte les produits de luxe et les produits de consommation.

....

....

2 Regarde attentivement la photographie de la mosquée de Kairouan (IXe siècle) et réponds aux questions.

★★

A. Minaret
B. Fontaine
C. Mur de la qiblâ
D. Salle des prières
E. Salle des ablutions

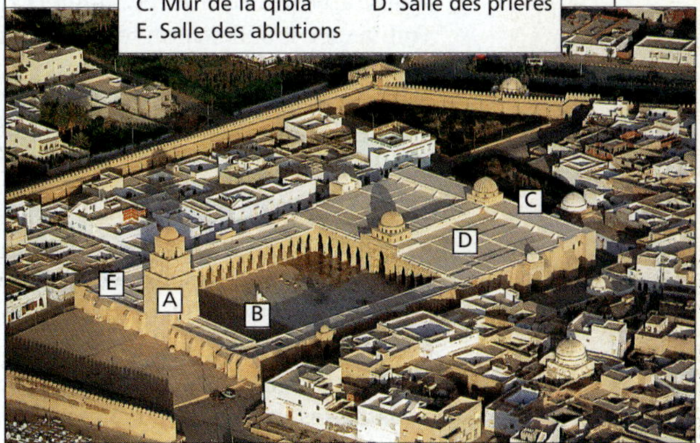

La Grande mosquée de Kairouan (Tunisie), reconstruite au IXe siècle (la première datant de 670).

a. Où se trouve Kairouan ?

b. Quand la mosquée a-t-elle été construite ?

c. Quel est l'intérêt du minaret ?

d. Pourquoi y a-t-il une « salle des ablutions » ?

e. Pourquoi le mur de la qiblâ est-il tourné vers La Mecque ?

3 Complète les phrases suivantes.

★★★

a. L'ange qui annonça à Mahomet qu'Allah l'avait choisi comme prophète s'appelait ....

b. En ...., Mahomet quitte La Mecque, se réfugie à Yathrib (Médine). C'est l' ....

c. C'est le nom de la ville sainte des musulmans. C'est aussi la ville où est né Mahomet. Il s'agit de ....

d. Pour faire leur commerce, les Arabes utilisaient une monnaie en or qui s'appelait le ....

e. La plus grande ville commerçante du monde arabe était ....

3 Les Francs

Histoire

Je retiens l'essentiel

• Au Vᵉ siècle, les **peuples germaniques** envahissent l'Empire romain d'Occident et forment des royaumes. Le plus important est le royaume des **Francs** saliens, au Nord de la Gaule, dont le roi Childéric est également un général romain. Son fils Clovis lui succède. Roi de 481 à 511, Clovis est **païen** (ne croit pas en Dieu). C'est aussi un redoutable guerrier qui conquiert toute la Gaule et la Germanie. Après la victoire de Tolbiac en 496, il se convertit au **catholicisme** (baptisé à Reims par l'évêque Rémi) et choisit Paris pour capitale. Il récompense ses soldats (convertis) en leur distribuant des terres. Il vient de créer la hiérarchie sociale. Les trois fils de Clovis, les **rois Mérovingiens** (du nom du grand père de Clovis, Mérovée) se partagent le royaume et se font la guerre mais continuent de conquérir des terres. Ils sont aidés par le **maire du palais** (sorte de premier ministre) et établissent des lois précises.

• Dans les campagnes, les **missionnaires** prêchent inlassablement. Le nombre de **moines** augmente très rapidement. Ils se regroupent dans des **monastères** dirigés par un abbé et obéissent à des **règles** très strictes (Règle de Saint-Benoît). Les évêques sont les chefs de l'Église. Le **culte des saints** se développe, les pélerins se recueillent sur leurs **reliques**. Des églises entourées de leur cimetière sont construites. Une nouvelle façon de vivre est apparue. C'est ce que les Historiens appellent le **Moyen Âge**.

Je comprends comment faire

pour interpréter une enluminure

Le pape Grégoire le Grand (Grégoire de Tours) (590-604). Enluminure, manuscrit latin du XIIᵉ siècle. Bibliothèque municipale de Douai.

1. Une enluminure est l'illustration en couleur, d'un manuscrit. On utilisait beaucoup les filetés or et argent. Au Moyen Âge, les livres étaient écrits à la main par des moines copistes qui utilisaient des plumes d'oie. Les premières lettres des paragraphes étaient très richement travaillées et la décoration de la couverture faisait l'objet d'attentions particulières.

2. **Je lis le titre**. Il s'agit d'un portrait de Grégoire de Tours (Saint-Grégoire) qui fut pape de 590 à 604 sous le nom de Grégoire le Grand. Il a favorisé la conversion des Anglo-Saxons. Cette enluminure fut réalisée pour un manuscrit du XIIᵉ siècle, c'est-à-dire longtemps après la mort de Grégoire.

3. **J'observe les couleurs et le sujet**. Les couleurs dominantes sont le bleu et le rouge. L'auréole autour de Grégoire est mise en valeur par une colombe symbole de paix mais ici aussi de parole divine (la colombe porte une auréole). Il est placé en position centrale sur le dessin et porte les attributs du pape : la crosse et la tiare.

4. **J'en déduis** l'importance de la fonction du pape.

OBJECTIF

Comprendre la formation du royaume franc.

Je m'exerce

1 ★★ **Observe la carte ci-contre et réponds aux questions.**

a. Quelles batailles ont permis aux Francs d'agrandir le royaume ?

....

....

b. Combien la légende indique-t-elle de royaumes francs ? Lesquels ?

....

....

c. Explique pourquoi Clovis a pu gagner autant de batailles.

....

....

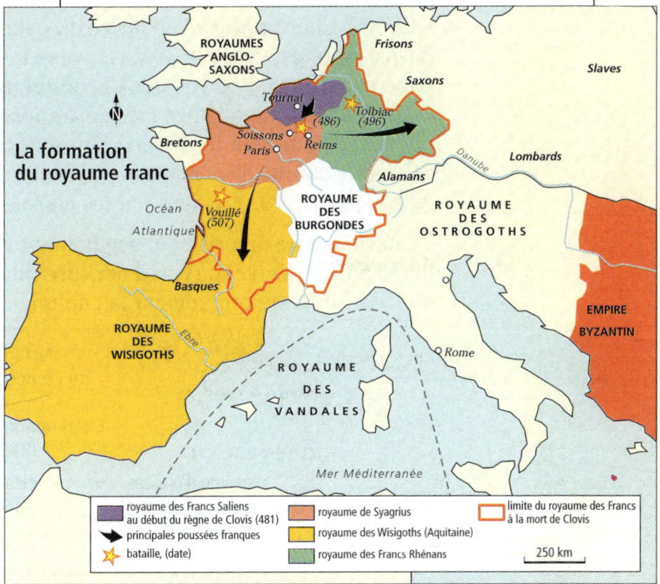

2 ★★★ **Observe la photo, lis le texte attentivement et réponds aux questions.**

Le baptême de Clovis. Bas-relief, cathédrale de Reims.

Le baptême de Clovis rapporté par Grégoire de Tours

« ... Les places sont ombragées de toiles de couleur, les églises ornées de tentures blanches... Le baptistère est apporté, des parfums sont répandus, des cierges odoriférants brillent. Le roi demande le premier à être baptisé par l'évêque. Lorsqu'il entre dans la piscine, l'évêque Rémi l'interpelle " Dépose humblement tes colliers, adore ce que tu as brûlé, brûle ce que tu as adoré. " Le roi est baptisé... Plus de trois mille hommes de son armée sont également baptisés. »

a. Où Clovis est-il baptisé ? Quand a lieu ce baptême ? ....

....

....

b. Qui assiste au baptême ?

....

....

....

c. Pourquoi l'évêque Rémi demande-t-il à Clovis d'enlever ses colliers ?

....

....

....

d. Combien de soldats imitent Clovis ?

....

e. Pourquoi le baptême est-il important pour Clovis et ses hommes ?

....

....

....

....

....

....

4

Histoire

L'Empire carolingien

Je retiens l'essentiel

• En 732, Charles Martel, le maire du palais, arrête la progression des Arabes à Poitiers. En 751, son fils, Pépin le Bref, renverse la dynastie mérovingienne, est sacré roi par le pape et fonde la dynastie des **Carolingiens**. Son fils, **Charlemagne** lui succède en 768. Il conquiert la Lombardie et la Saxe, impose le catholicisme aux peuples soumis. Il est couronné empereur le 25 décembre 800 par le pape. L'Empire est divisé en **comtés** dirigés par le **comte**. Il est nommé par l'empereur et doit faire respecter les **capitulaires** (réglements écrits) rédigés par les **clercs**. Il est surveillé par les ***missi dominici***.

• Charlemagne favorise l'enseignement et la culture (écoles, traduction et copie des livres latins, nouveau type d'écriture plus lisible : les lettres « carolines »). Il s'installe à Aix-la-Chapelle qui devient la capitale de l'Empire. Il meurt en 814.

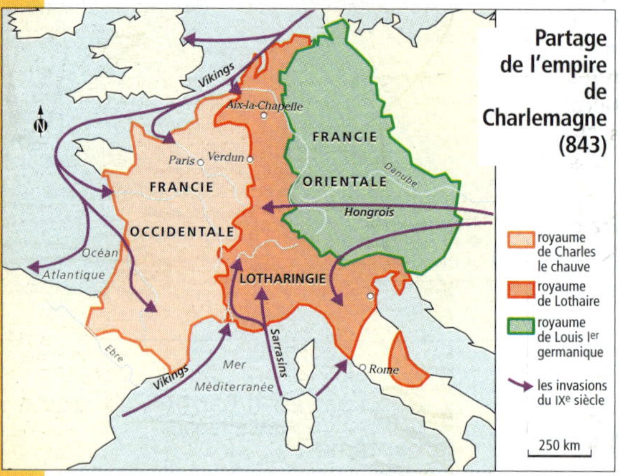

Partage de l'empire de Charlemagne (843)

À la mort de son fils, Louis le Pieux, l'Empire est partagé entre les trois petits-fils de Charlemagne (843 traité de Verdun). L'Empire est menacé de toutes parts. Les rois essaient d'organiser la défense en faisant construire des villes fortifiées et des châteaux forts.

• Au cours du Xe siècle, la dynastie carolingienne disparaît.
De nouveaux royaumes catholiques apparaissent au Nord et au Sud.
L'Europe de la chrétienté latine s'oppose à l'Europe orthodoxe grecque et au monde musulman.

Je comprends comment faire

EUREKA !

➤ pour expliquer un texte

Une attaque des Normands en 890

« Les Normands poussèrent leur flotte vers les frontières de Bretagne. Ils assiégèrent, dans le territoire de Coutances, le château de Saint-Lô. Lorsqu'ils eurent intercepté tout accès vers la source des eaux, les habitants, assoiffés, se rendirent à la condition suivante : on leur promit seulement la vie, le reste devait leur être pris. Et, quand les habitants furent sortis de leurs remparts, cette population perfide, reniant ses promesses, les égorgea tous sans que rien ne la retînt. L'évêque de l'église de Coutances fut tué avec tous les habitants. »

D'après les *Annales de Metz*, IXe siècle.

1. **Je lis le titre :** il s'agit d'une attaque des Normands en 890. Les Normands vivent alors en Scandinavie. Ce texte a été écrit au IXe siècle. Il est paru dans les *Annales de Metz* mais ne comporte pas de nom précis d'auteur. C'est un témoignage qui relate une attaque des Normands à Saint-Lô.
2. Pour comprendre le texte, **je souligne toutes les informations importantes.**
3. **Je classe les informations** fournies par le texte. Ce texte m'apprend que :
   • les Normands ont d'abord assoiffé la population ;
   • ils ont promis aux habitants de les laisser vivre mais les ont avertis qu'ils les dépouilleraient ;
   • ils se sont comportés en traîtres puisque la population les a crus ; elle s'est rendue. Elle a été égorgée.
4. **Je conclus** que ce texte est important pour nous, parce qu'il a été écrit par un témoin. Il nous permet de comprendre ce qui s'est passé.

OBJECTIF

Comprendre l'organisation de l'empire de Charlemagne

Je m'exerce

1 ★ **Lis le texte attentivement, observe la sculpture et réponds aux questions.**

« Aux prêtres,

Nous demandons de s'assurer que les prêtres fassent honneur à leur charge par leur bonne conduite.

Qu'ils attirent ainsi beaucoup de monde au service de Dieu ; qu'ils rassemblent et s'associent des enfants non seulement d'humble condition mais aussi les fils bien nés. Et qu'il y ait des écoles pour l'instruction des garçons. Corrigez bien, dans chaque monastère ou évéché, les psaumes, les chants, la grammaire et tous les livres catholiques. En effet, il arrive que certains prient mal à cause de livres mal corrigés. Ne laissez pas ces mauvais livres nuire à vos élèves qui les lisent ou les copient. »

Charlemagne – Exhortation générale – 23 mars 789.

© A. Meyer / Artephot

Saint-Grégoire et les scribes. Ivoire carolingien, IXe siècle, Kurstkammer, Vienne.

a. Pourquoi Charlemagne veut-il que les prêtres aient des élèves ?

b. De quels livres demande-t-il la correction ? Pourquoi ?

c. Quels livres ne peuvent être copiés que par des adultes ? Pour quelles raisons ?

d. Quel est le thème de cette scène ?

e. Pourquoi les livres sont-ils si précieux ?

2 ★★ **Regarde bien la coupe et la photographie de l'intérieur de la chapelle du palais de Charlemagne et réponds aux questions.**

© Otto / B. Schuster / Explorer

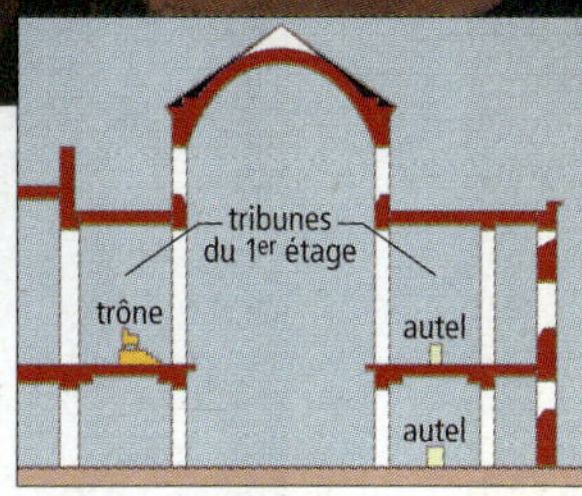

La chapelle d'Aix : le trône impérial.

a. Où se trouve Aix-la-Chapelle ?

....

b. Pourquoi le palais comporte-t-il une chapelle ? ....

....

c. Quelle originalité indique la coupe ?

....

d. Où se place Charlemagne lorsqu'il assiste à l'office ? ....

....

e. La décoration comporte des colonnes de style corynthien et des mosaïques. À quelles influences ces éléments te font-ils penser ? ....

....

Histoire

Je retiens l'essentiel

• Au Moyen Âge, la majorité des Européens est chrétienne. Les cloches de l'église rythment la vie quotidienne (angélus), les fêtes religieuses marquent les grandes dates de l'année. Les hommes d'Église ont un rôle social très important : assistance aux malades, enseignement, aide aux pauvres, accueil des orphelins. Le clergé **séculier** vit au contact des paroissiens, alors que le clergé **régulier** (moines, abbés) vit en **autarcie** dans un monastère ou une abbaye, éloigné des fidèles et obéit à des **règles** très strictes. Le pape est le chef de la chrétienté. Il est secondé par des **évêques** (à la tête d'un **diocèse**) et les curés (dans les **paroisses**). Le clergé perçoit un impôt, la **dîme**. Evêques et abbés sont des **nobles**.

• Les premières églises où les chrétiens se retrouvent pour prier datent de l'époque romane. Ce sont des édifices modestes. À l'inverse, les cathédrales gothiques bâties à partir du XIIe siècle sont souvent monumentales parce que les techniques de construction ont évolué. Toutes les églises ont un plan en croix et sont orientées vers Jérusalem.
Rome, Saint-Jacques-de-Compostelle et Jérusalem attirent de plus en plus de **pèlerins**. En 1095, le pape Urbain II fait du pèlerinage à Jérusalem une défense des lieux saints contre les **infidèles** musulmans. De 1100 à 1300, les expéditions militaires se multiplient pour reprendre Jérusalem. Ce sont les **croisades** qui sont à l'origine du déclin de l'Empire byzantin et du recul des musulmans.

Je comprends comment faire

➤ pour distinguer une église romane d'une église gothique

© Jalain F. / Explorer

© Henri Veiller / Explorer

1. Je lis le titre. Ces photographies représentent l'intérieur d'une église romane et d'une église gothique.

2. J'observe l'église romane (Saint-Philibert à Tournus). Les charpentes de bois de l'époque précédente ont été remplacées par des voûtes en pierre, **la voûte en berceau**. La **nef** est étroite et basse. Il y a peu d'ouverture, pas de vitraux. Les voûtes en berceau sont renforcées par des **arcs doubleaux** et des **voûtes d'arêtes**, (voûtes en berceau qui se coupent à angle droit). Murs et voûtes étaient peints selon la technique de **la fresque**.

3. J'observe l'église gothique. Il s'agit de la cathédrale Saint-Pierre de Beauvais. Elle est beaucoup plus grande, plus élancée, plus haute (48m). Les bâtisseurs utilisent la voûte sur **croisée d'ogives**. Les nombreux **vitraux** en font une église très lumineuse. La décoration intérieure et extérieure est remarquable : la pierre est ciselée comme de la dentelle, les sculptures et statues sont nombreuses.

4. J'en déduis que les techniques de construction sont plus performantes et que la population est plus riche à la fin du Moyen Âge qu'au début.

OBJECTIF

Comprendre le rôle de l'Église dans la société médiévale.

Je m'exerce

1 Complète la légende.

★ **L'expansion chrétienne du XIe au XIIIe siècle**

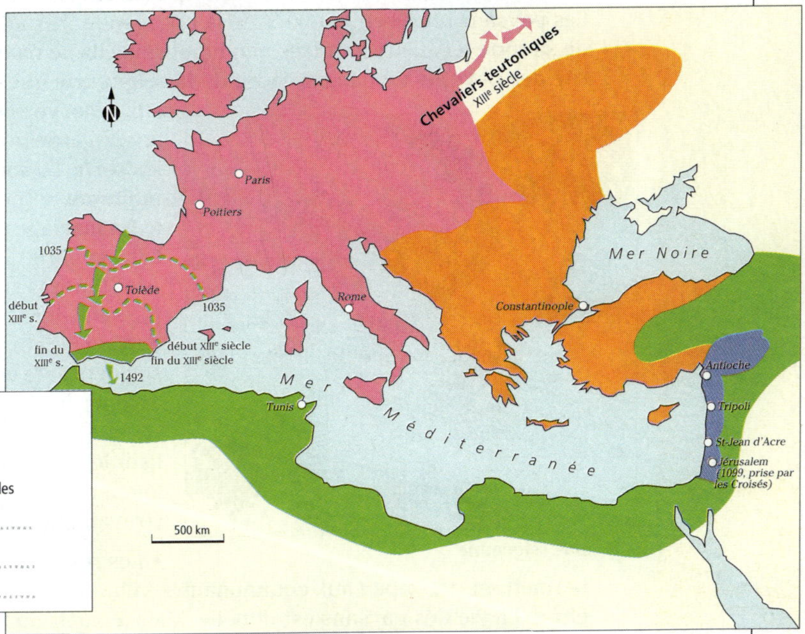

2 Retrouve l'organisation et la structure d'un monastère.

★★

a. Colorie les bâtiments selon leur fonction :
- en rouge les bâtiments consacrés à la vie religieuse ;
- en vert les bâtiments pour la vie collective ;
- en jaune les bâtiments pour l'accueil des pèlerins ;
- en marron les bâtiments pour les activités.

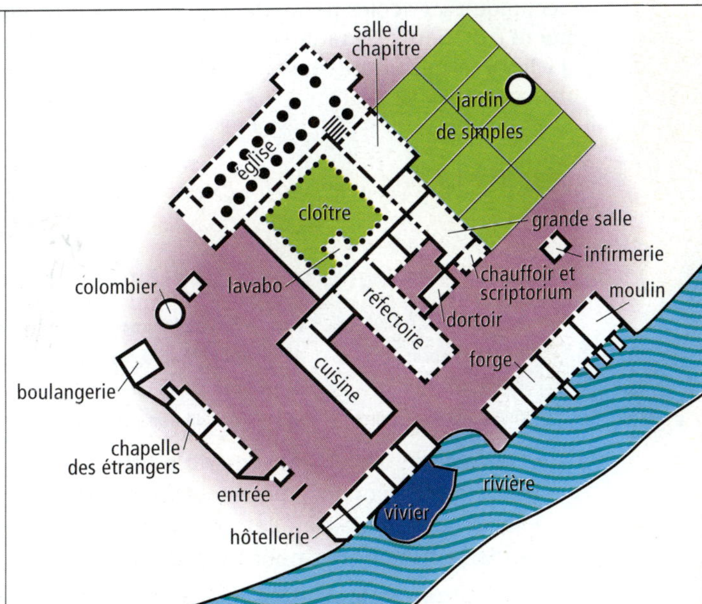

b. Pourquoi, dans un monastère, trouve-t-on une boulangerie, une forge, un jardin ?

....

....

....

c. Qu'est-ce que le vivier ? À quoi sert-il ?

....

....

d. Que fait-on dans le scriptorium ?

....

Histoire

Je retiens l'essentiel

• La société féodale est divisée en trois **ordres** : le **clergé**, les **nobles** et les **paysans**. Les paysans représentent 90 % de la population. Les **alleutiers** (paysan propriétaire de sa terre = l'alleu) sont très peu nombreux. Ils ne paient pas de redevance. La majorité des paysans vit dans le cadre de **la seigneurie** qui est divisée en deux :

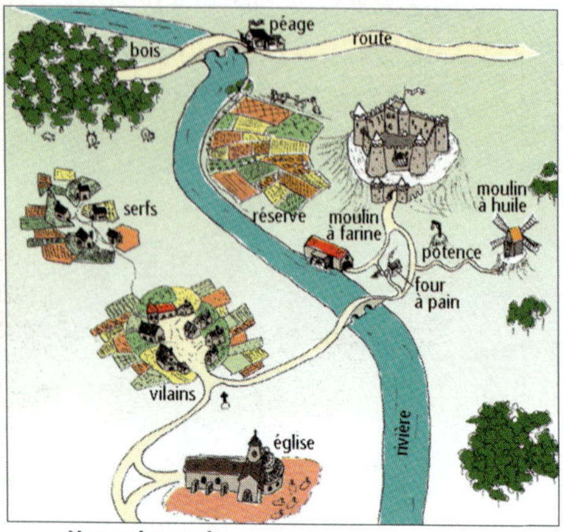

Une seigneurie

– **la réserve** : ce sont les terres que le seigneur garde pour lui. Elle est exploitée par les **serfs**. Ils sont attachés à la terre, paient la **mainmorte** (pour hériter de leurs parents) et le **formariage** (pour se marier en dehors de la seigneurie) ;

– les tenures sont les terres concédées aux paysans libres, les **vilains**, en échange d'un certain nombre d'impôts (droit de **ban** du seigneur) : le **cens** (en argent), la **taille** (en argent), le **champart** (prélèvement sur la récolte), les **banalités** (taxes payées pour utiliser le four, le moulin, le pressoir du seigneur). Ils doivent également des **corvées** (travail gratuit).

• Les révoltes de paysans (les **jacqueries**), permettent peu à peu aux communautés villageoises d'obtenir des **chartes de franchise**. La vie des paysans est difficile. Mais à partir du XIIe siècle, la conquête de nouvelles terres (**défrichements**, assèchement des zones marécageuses) et de nouvelles techniques agricoles permettent d'améliorer la production. La pratique de l'**assolement** (rotation des cultures) permet le développement de l'élevage sur les terres en **jachère** (sans culture) et un apport d'engrais naturel. Les rendements augmentent. La famine disparaît.

Je comprends comment faire

EUREKA !

pour raisonner à partir de données chiffrées

Période	Population de l'Europe	Un grain semé produit en moyenne :
fin du Xe siècle	42 millions d'habitants	2 grains
fin du XIIe siècle	61 millions d'habitants	4 grains
milieu du XIIIe siècle	69 millions d'habitants	8 grains

1. Je regarde très attentivement **le titre** qui figure en haut de chaque colonne. La première colonne indique les trois époques de référence, la deuxième précise l'importance de la population pour chacune d'elles et la troisième précise les rendements agricoles pour les mêmes périodes.

2. Je calcule l'augmentation de la population entre chaque période. Elle augmente de 19 millions de personnes en deux siècles et de 8 millions en 50 ans. C'est-à-dire qu'elle augmente deux fois plus vite au cours du XIIIe siècle.
De la même façon je calcule la progression des rendements. Je constate qu'ils doublent en deux siècles et qu'ils doublent à nouveau en 50 ans.

3. J'en déduis qu' il y a des progrès considérables réalisés dans la production agricole. C'est ce qui permet à la population d'augmenter aussi vite. Elle est mieux nourrie. Donc elle est moins malade. Elle vit plus longtemps et la mortalité infantile (décès des enfants) diminue.

OBJECTIF

Comprendre l'organisation de la seigneurie.

Je m'exerce

1 ★ **Lis le texte attentivement et retrouve les obligations (ce que doit faire le paysan) et les redevances des paysans (ce que le paysan paie) à partir de l'exemple des paysans de Verson (en Normandie).**

« À la Saint-Jean, ils doivent les prés faucher, puis tasser le foin au milieu. Quand il les auront assemblés, ils doivent les porter au manoir.
Après, ils doivent curer le canal. Chacun y va avec son filet au col enlever le fumier et le purin. Et vient ici le mois d'août, ils doivent faucher les prés, les porter à la grange.
En septembre, il convient de fixer le porcage (taxe perçue sur les porcs). Si le vilain a huit pourceaux, il en prendra les deux plus beaux et l'autre après sera au seigneur.
Vient la Saint-Denis où les vilains sont étonnés qu'il leur faille payer le cens. Après, ils doivent la corvée. Quand ils auront labouré la terre, ils iront chercher le blé au grenier, doivent herser et semer chacun un acre (5200 m^2). À Noël, ils doivent des poules.
Ils vont au moulin banal. On mesurera leur mouture et le meunier prélèvera sa farine.
Après, ils vont au four banal, ce ban est encore le pire. »

D'après la *Complainte des vilains de Verson*.

Complète le tableau.

obligations	redevances

2 ★★ **Donne la définition de :**

a. la taille : ....

b. le cens : ....

c. formariage : ....

d. les banalités : ....

e. seigneurie : ....

f. vilain : ....

3 ★★★ **Réfléchis : regarde bien ces trois croquis et retrouve les raisons de l'amélioration des conditions de travail des paysans.**

La charrue

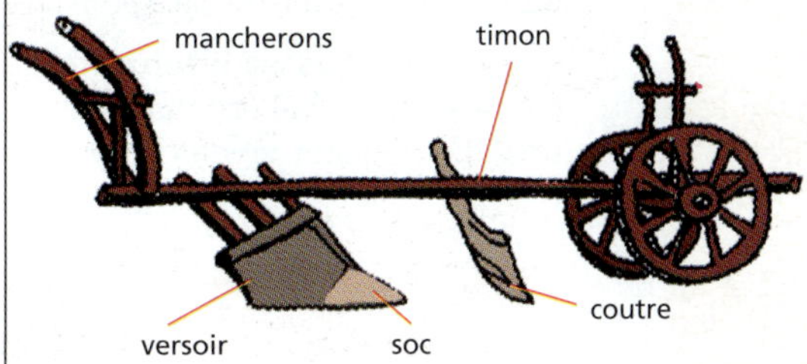

Le collier de cou

Le collier d'épaules

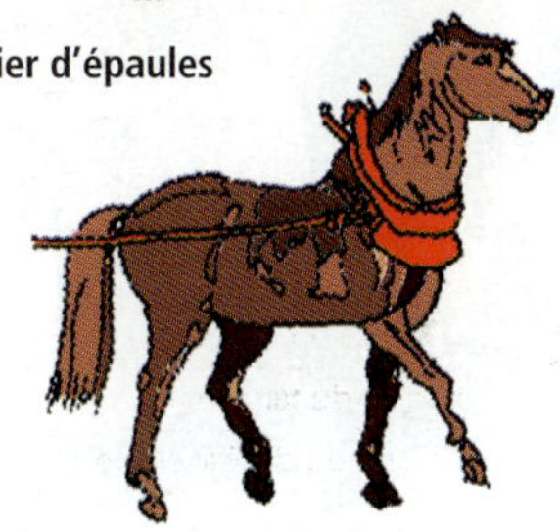

a. Pourquoi le collier d'épaule est-il un grand progrès ? ....

b. Pourquoi les sillons sont-ils plus profonds avec un soc en fer ? ....

Je retiens l'essentiel

• Un jeune noble devient chevalier par la cérémonie de l'**adoubement** (remise des armes). Les chevaliers, (guerriers qui combattent à cheval), protègent la population. Mais les seigneurs se font souvent la guerre ce qui conduit le roi à proclamer « la paix de Dieu » (interdiction d'attaquer les femmes, les enfants et les hommes désarmés) et la « trêve de Dieu », qui interdit la guerre à certaines périodes de l'année (Noël).

• La cérémonie de l'**hommage** établit des liens de **vassalité** entre les chevaliers et les seigneurs (les **suzerains**). Le seigneur s'assure la fidélité et les services d'un **vassal** en lui donnant un **fief** (le plus souvent une terre qui assure des revenus). Ce sont ces liens particuliers qui se nouent entre le vassal et son **suzerain** que l'on appelle la **féodalité**. Donnés à titre personnel au début, les fiefs deviennent **héréditaires**.

• Seigneurs et vassaux forment la **noblesse**. **Trouvères** et **troubadours** chantent le courage du chevalier (chansons de geste) ou son amour pour sa Dame (roman courtois). Le seigneur vit en compagnie de son **lignage** (toute sa famille) sur la seigneurie.

Je comprends comment faire

pour lire le schéma de reconstitution d'un château

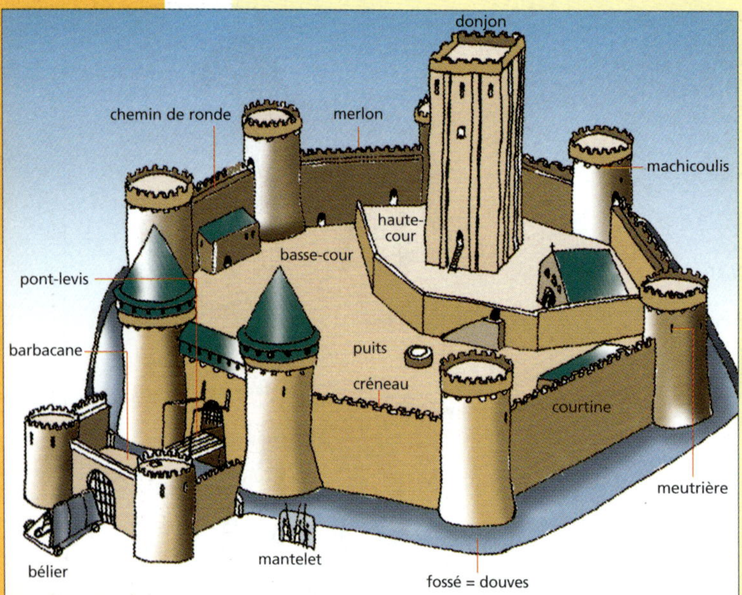

1. Un **schéma de reconstitution** est réalisé à partir des documents retrouvés par les historiens.

2. Le château-fort est la demeure du seigneur. Il est bien à l'abri derrière ses murailles. La population de la seigneurie y trouve refuge en cas d'attaque.

3. J'observe l'organisation du château :
• le château est bâti sur une hauteur ;
• les gardes postés en haut des tours et du **chemin de ronde** peuvent scruter l'horizon et donner l'alerte rapidement ;
• les **douves** (fossé profond et plein d'eau) entourées d'une palissade, rendent le château difficilement accessible car le **pont-levis** est relevé en cas de danger ;
• **créneaux** et **meurtrières** permettent d'attaquer l'ennemi tout en se protégeant ;
• les paysans trouvent refuge dans la **basse-cour** alors que le seigneur et sa famille vivent dans le **donjon** situé dans la **haute-cour**. Les soldats montent la garde au dernier étage.

4. J'en déduis que les liens unissant le seigneur et les paysans étaient tout puissants. Le seigneur protégeait ses « **gens** ».

OBJECTIF

Comprendre le rôle du seigneur.

1 Indique dans les rectangles, les éléments dont il s'agit.

★

Château Gaillard, forteresse du XIIe siècle. Les Andelys, Normandie.

2 Analyse le budget d'une seigneurie, la seigneurie de Bras, et réponds aux questions.

★★

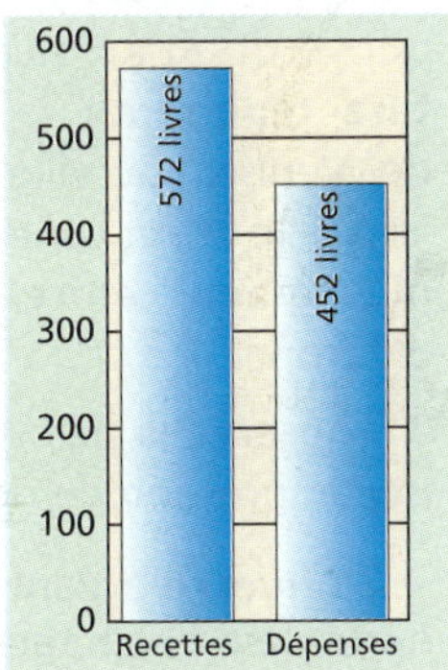

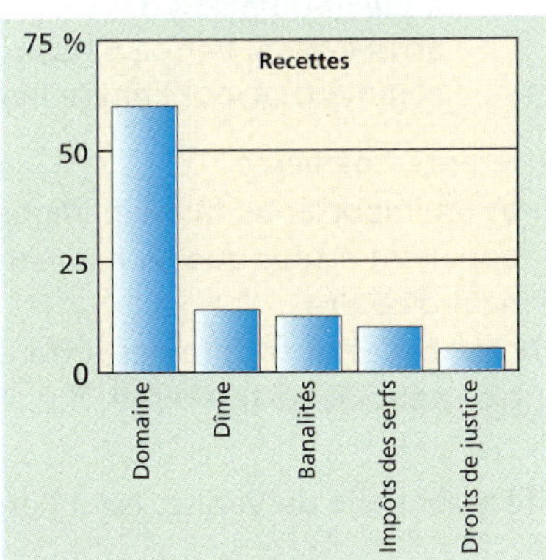

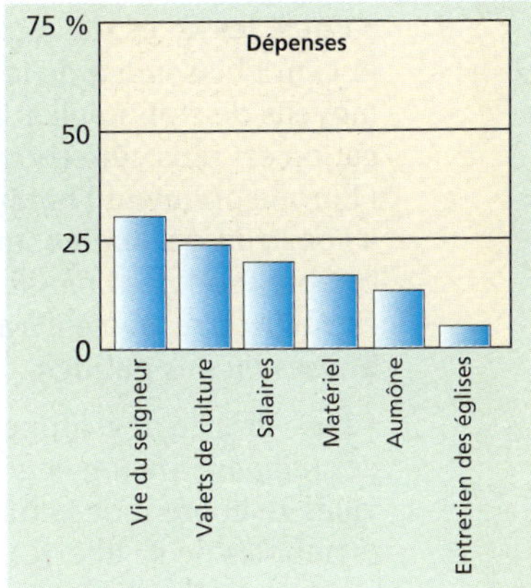

a. Quelles sont les recettes principales de la seigneurie ?

b. Qu'est-ce que la dîme ?

c. Comment appelle-t-on les taxes qui permettent au paysan d'accéder au four et aux moulins ?

3 Observe cette illustration et réponds aux questions.

★★★

Adoubement du futur Saint Martin de Tours. Fresque, vers 1320 par Martini Simone. Assise. Église Saint-François.

a. Où se déroule la scène ?

b. Pourquoi fixe-t-on des éperons aux pieds du jeune chevalier ?

c. Pourquoi joint-il les mains ?

d. Étudie l'attitude du futur chevalier. Pourquoi cette cérémonie est-elle importante pour lui ?

Je retiens l'essentiel

• **Entre les XIe et XIIIe siècles**, l'absence de guerre favorise les échanges, le commerce et l'enrichissement de la population qui vit **de plus en plus dans les villes**. Les moyens de communication sont améliorés (nouvelles routes, ponts à péage), la navigation est plus sûre (boussole, astrolabe, gouvernail). Les marchands de toute l'Europe prennent l'habitude de se retrouver à date fixe dans certaines villes où l'on a construit des **halles** (qui servent à la fois d'auberge et d'entrepôt). Les plus célèbres sont les *villes-foires* de Champagne. Une nouvelle monnaie apparaît (sterling en Angleterre, écu en France, ducat à Venise). Les marchands se regroupent dans des **hanses** ou des **guildes**.

• Les villes se développent. Les nouveaux habitants (*les bourgeois*) s'installent *hors des remparts* (*bourg neuf*). Parfois, la ville est intégralement créée (Villeneuve). Les villes se libèrent de la tutelle des seigneurs. Chaque ville a son **sceau** et son **beffroi** (symboles de sa liberté). Elles constituent des **communes** administrées par des magistrats élus **(consuls** ou **capitouls** dans le Sud, **maires** ou **échevins** dans le Nord) qui fixent les impôts. *Les artisans* se regroupent dans des **corporations** au règlement très strict. *La ville* devient aussi un *centre financier* et un *centre intellectuel* mais seuls les garçons ont accès aux universités. L'hygiène reste par contre insuffisante (pas d'égoût), les épidémies font des ravages et les incendies sont fréquents (les maisons sont en bois et accollées les unes aux autres).

Je comprends comment faire

➤ pour décrire une peinture

Procession place Saint-Marc, par Gentile Bellini (1429-1507), Galerie de l'Académie, Venise.

1. Je présente la toile. Il s'agit d'une peinture réalisée par Gentile Bellini qui vécut au XVe siècle. Cette peinture représente la grande place de Venise. La ville fut créée au XIIe siècle et est connue pour être le plus grand centre de commerce d'Europe.

2. J'observe la peinture. Elle donne une impression de richesse.

→ L'influence byzantine est très nette dans l'architecture de la basilique et du palais des Doges en arrière-plan. Venise a beaucoup commercé avec l'Empire byzantin.

→ La richesse de la ville apparaît de différentes manières :
- L'architecture recherchée, la décoration importante, la taille imposante de la basilique et du palais des Doges rappellent à tous que leur construction a demandé beaucoup d'argent et de main-d'œuvre.
- L'importance de la procession et la tenue vestimentaire des différents personnages montrent que la ville est très peuplée et très aisée. Il y a 100 000 habitants à Venise au XIIIe siècle !

3. J'en déduis que le commerce, activité essentielle de Venise, est à l'origine de l'embellissement des villes.

OBJECTIF

Comprendre l'essor des villes.

Je m'exerce

1 ★ **Observe ces deux photos et réponds.**

Caractérise cette demeure. Indique les éléments de l'ensemble et plus précisément de la façade qui marquent la richesse du maître de maison.

....

....

....

....

....

....

....

....

© Brumaire / Artephot

Façade est de la maison de Jacques Cœur à Bourges.

© J.-P. Lescourret / Explorer

Détail d'une des sculptures en trompe l'œil de la façade.

2 ★★ **Fais le lien entre le texte et le dessin, et réponds aux questions.**

« Tous ceux qui ont déposé des ordures dans les rues ont quinze jours pour les enlever. Défense absolue d'en mettre de nouvelles sous peine d'amende et d'autres punitions.

Tous les porcs, oies, canards qui se trouvent dans l'enceinte de Chalons doivent être enlevés de la ville dans les quinze jours. Que personne ne garde ces animaux en ville jusqu'au 1er octobre, sinon, ils seront confisqués et leurs propriétaires paieront une grosse amende aux seigneurs de Châlons. »

Ordonnance de la ville de Châlons, le 30 mars 1467.

Coupe d'une rue au Moyen Âge

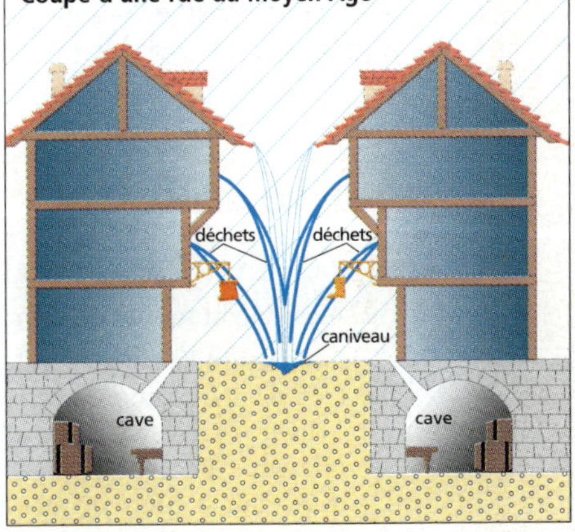

a. Pourquoi les échevins font-ils évacuer les animaux ?

....

....

b. Pourquoi les maisons sont-elles « décrochées » ?

....

....

c. Pourquoi les épidémies sont-elles fréquentes en ville ?

....

....

d. Pourquoi les magasins sont-ils indiqués par une enseigne ?

....

....

9 Les crises de l'Occident

Histoire

Je retiens l'essentiel

• **À la fin du Moyen Âge**, les difficultés se multiplient en Occident. Une série de mauvaises années climatiques anéantissent les récoltes. La **famine** fait des ravages tout particulièrement dans les villes. Les Jacqueries sont fréquentes. C'est une population très affaiblie qu'atteint la **peste noire** venue d'Orient en 1347. Elle tue le tiers de la population européenne. Les hommes désemparés, cherchent des explications, accusent aussi bien la colère divine que les juifs (accusés d'empoisonner l'eau des fontaines) à qui ils vouent une haine tenace. Les villes connaissent de violentes émeutes. L'Église traverse une grave crise qui affaiblit l'autorité spirituelle du pape. Les guerres incessantes aggravent la situation (les soldats transmettent l'épidémie, pillent les récoltes…).

• La guerre de **Cent Ans** oppose Français et Anglais. Les Anglais remportent dans un premier temps de nombreuses victoires. Puis, sous l'autorité de **Charles V** (à partir de 1369) et grâce au développement de l'artillerie, le connétable Du Guesclin reprend toutes les places perdues. La trêve est de courte durée. Les princes français se déchirent (familles des Armagnacs et des Bourguignons). En 1420, le roi d'Angleterre **Henry V**, s'allie aux Bourguignons. Les Anglais étendent leur pouvoir sur le royaume de France jusqu'à ce que **Jeanne d'Arc**, rétablisse le roi **Charles VII** sur le trône et « boute » (repousse) les Anglais hors de France. Arrêtée par les Anglais, elle est brûlée à Rouen en 1431.

Je comprends comment faire

pour analyser un texte

À Paris, on meurt de faim et de froid

« Hiver 1420-21 : sur les tas de fumier, vous eussiez pu trouver de-ci de-là, vingt ou trente enfants, mourant de faim et de froid. À Pâques, il gelait et il neigeait encore.

Hiver 1437-1438 : jour et nuit, les petits enfants, les femmes et les hommes criaient : "je meurs, hélas, doux Dieu, hélas, je meurs de faim et de froid !". La verdure était si chère qu'au début de mai on vendait, faute de poireaux, des orties que les pauvres gens faisaient cuire sans graisse, rien qu'au sel et à l'eau, et qu'ils mangeaient sans pain. En juin, il faisait aussi froid qu'en février ou en mars.

Hiver 1438-1439 et 1439-1440 : les loups sont venus dans Paris. Le 16 décembre 1439, ils enlevaient et dévoraient quatre ménagères, puis en blessaient dix-sept, dont onze mourraient des suites de leurs blessures. "

D'après *Le Journal d'un bourgeois de Paris*, XVe siècle.

J'applique la méthode déjà vue.

1. **Je présente le texte.** Il a été écrit au XVe siècle par un bourgeois de Paris. Il s'agit d'un journal intime, donc d'un texte qui n'était pas destiné à être publié. C'est un témoignage vécu, il nous relate les méfaits du froid et de la faim à Paris.
2. **J'analyse le texte. Je relève les éléments importants.**
   • Trois hivers consécutifs , c'est-à-dire qui se suivent, ont été particulièrement rigoureux puisqu'au mois de juin il fait « aussi froid qu'en février ».
   • Le froid a anéanti la production agricole. On mange des orties. Il n'y a même plus de pain.
   • Les loups se sont réfugiés dans la ville parce qu'ils n'ont plus à manger dans les forêts. Ils s'attaquent aux hommes.
   • Les enfants sont les plus touchés.
3. **Je conclus** qu'à la fin du Moyen Âge, les conditions de vie se sont considérablement dégradées.

OBJECTIF

Comprendre l'affaiblissement de l'Occident.

Je m'exerce

1 ★ **Observe la miniature et réponds aux questions.**

© AKG Paris

Pillage d'une ville par les soldats. Miniature, XVe siècle. BN, Paris.

a. Comment les soldats ont-ils pu pénétrer dans la ville ?

b. Que fait le marin dans le bateau au premier plan ?

c. Que transportent les pillards du premier plan ? Pourquoi ?

d. Que vois-tu à l'arrière-plan ? Explique la conduite des attaquants.

2 ★★ **Observe bien le tableau ci-dessous. Le nombre d'habitants est indiqué en millions.**

	1340	1500
France	19	16
Saint-Empire	11	7
Espagne	9,5	8,5
Italie	9,5	5,5
Russie	8	6

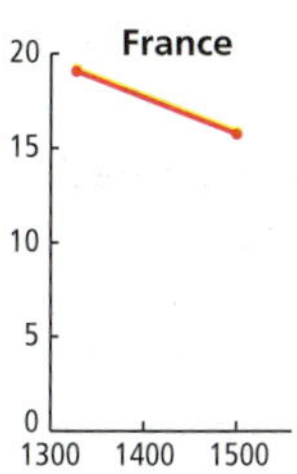

a. Agrandis le graphique, et construis ceux concernant le Saint-Empire, l'Espagne, l'Italie et la Russie selon le modèle.

b. Que constates-tu ?

c. Comment peux-tu expliquer la diminution de la population dans tous les États ?

3 ★★ **Étudie ces trois détails d'une fresque.**

© AKG Paris

Danses avec la Mort : le chevalier.

© AKG Paris

Danses avec la Mort : la jeune fille.

© AKG Paris

Danses avec la Mort : le moine. Fresque du XVe siècle. Historiches Museum Basel, Bâle.

a. Quel point commun présentent ces trois détails ?

b. Pourquoi la Mort est-elle représentée en compagnie d'un moine, d'un chevalier et d'une jeune fille ?

10

La France des Capétiens

Histoire

Je retiens l'essentiel

• Jusqu'en 987, le roi est élu par les nobles. Il n'a guère d'autorité sur les grands seigneurs. Mais il est **sacré** à Reims. **Hugues Capet** décide de faire couronner son fils, (Robert II le Pieux, roi de 996 à 1031) de son vivant. Il crée ainsi la **monarchie héréditaire par primogéniture mâle** (le fils aîné succède à son père). Au fil des règnes, le pouvoir royal s'affermit. Les rois s'entourent de conseillers fidèles et compétents.

• L'**administration** s'organise :

Le roi nomme

- **Le chancelier garde** les sceaux et les documents importants.
- **Le sénéchal (Sud) et le baillis (Nord) dirigent** localement l'armée et la justice.
- **Le connétable** est chef des écuries.
- **Le chambellan veille** sur le trésor royal.
- **Les prévots gèrent** le domaine royal.

• **Le domaine royal s'agrandit** (mariage, achat, guerres). **Louis IX** (**Saint-Louis**, roi de 1226 à 1270) établit une paix durable, impose sa monnaie à tout le royaume et organise la justice. Philippe IV le Bel (roi de 1285 à 1314) renforce l'autorité du roi, prend conseil auprès de **légistes** (qui connaissent la loi), organise le **parlement** (tribunal royal), constitue une armée permanente payée par le roi et confisque les biens des **Templiers**. Mais les difficultés financières croissantes l'obligent à convoquer les **états généraux** (assemblées où siègent les représentants de la noblesse, du clergé et du peuple) en 1314. Durant la **guerre de Cent Ans** (XIV-XVe siècles), un sentiment national se fait jour. Le roi voyage de plus en plus en province. Il crée des **ordres de chevalerie** pour s'assurer la docilité de ses vassaux.

Je comprends comment faire

pour déchiffrer une pièce de monnaie

LVDOVICVS : DEI : GRACIA : FRANCOR(um) : REX. « Louis, par la grâce de Dieu, roi des Francs »

L'écu d'or de Louis IX.

1. Je présente la pièce de monnaie. Il s'agit d'un écu d'or frappé sous le règne de Louis IX. Ce sont les premiers écus d'or frappés en France (en plus des écus d'argent). L'écu d'or correspond à un peu plus de 4 grammes d'or. Cela traduit la grande richesse du royaume.

2. J'observe la pièce de monnaie. Elle comporte deux faces : la face « pile » et la face « face ».

• Ce qui nous est présenté ici est le côté « face ». Il porte le nom du roi.

• On distingue deux parties : le décor au centre et la légende écrite sur le pourtour.

• Le dessin au centre, représente une rosace à huit pétales dans laquelle est inséré l'écu de France, c'est-à-dire le bouclier à fleurs de lys, symbole du roi.

• La lecture de la légende indique deux éléments :

– L'importance de Dieu. Le roi est sacré, c'est donc une sorte de représentant de Dieu sur terre qui doit protéger l'Église et les hommes.

– Elle rappelle l'origine du royaume. Le roi est roi des Francs depuis Clovis, le premier roi chrétien de notre Histoire.

3. Je déduis que cette pièce s'appelle un « écu » parce que l'écu (l'écusson) royal est représenté en son milieu.

OBJECTIF

Comprendre la consolidation du pouvoir royal.

Je m'exerce

1 ★ **Complète le texte. Indique la date de début et de fin de règne et le nom de chaque souverain.**

a. .... 987- ....

Le premier des Capétiens.

b. 1180-1223. Sous son règne Paris devient capitale. ....

c. ....-1270. Il a été canonisé.

Louis IX dit ....

d. 1285- .... Il a fait élire un pape français. ....

e. ....-1461. Jeanne d'Arc assiste à son couronnement. ....

2 ★★ **Étudie le sceau de Philippe le Bel (1285-1314) et réponds aux questions.**

© Archives Nationales, (Archives Hatier)

a. Comment le roi est-il représenté ?

....

....

b. Que tient-il dans la main droite ? dans la main gauche ? Que symbolisent ces deux attributs ?

....

....

....

....

c. Sur la devise on peut lire « Phillipus, Dei gratia Francorum Rex » c'est-à-dire « Philippe roi des Francs par la grâce de Dieu ». Que signifie cette devise ?

....

....

3 ★★★ **Complète le texte ci-dessous.**

C'est Hugues Capet élu roi en .... qui a véritablement donné un sens et du pouvoir à la fonction royale. Sans doute le roi était-il sacré à R.......... depuis Clovis, mais il était moins riche que certains grands seigneurs qui n'entendaient pas être commandés. Or, Hugues Capet veut un État puissant. C'est pourquoi il fait élire son fils roi alors qu'il est encore vivant. Il met ainsi en place la m.......... h.......... par p.......... m.......... ce qui permet au roi d'avoir de plus en plus de pouvoir. Ses successeurs savent s'entourer de l.......... compétents. Peu à peu, la vie politique s'organise. Le c.......... garde tous les documents très importants. En province, les s.......... au Nord et les b.......... au Sud, contrôlent l'armée et la justice pendant que le c.......... veille sur le trésor royal. Tout cela n'empêche pas que le roi continue d'être considéré comme un représentant de Dieu sur terre capable de réaliser des miracles comme celui de guérir les écrouelles. Les écus d'argent qui valent le plus souvent 3 grammes d'argent (certains valent 6 grammes) et les écus d'or qui apparaissent sous le règne de L.......... permettent une intense activité commerciale, car il n'y a plus qu'une seule monnaie dans le royaume. Malgré cela, les réformes engagées coûtent cher et les difficultés financières obligent P.......... l.......... B.......... à réunir les É.......... g.......... en...........

Je retiens l'essentiel

• Au cours du XVIᵉ siècle, la civilisation européenne connaît de profondes transformations. Au Moyen Âge, la vie quotidienne et les thèmes d'étude étaient organisés autour de la religion. Au XVIᵉ siècle, l'homme redevient le centre des préoccupations. C'est ce changement d'attitude qui a conduit les historiens à considérer que **le Moyen Âge s'achevait avec le XVᵉ siècle** et que le XVIᵉ siècle marquait une ère nouvelle, qu'ils ont appelée les **Temps Modernes**.

• L'**Humanisme** et la **Renaissance** s'intéressent à l'Antiquité. Les **humanistes** apprennent le latin, le grec et traduisent les textes anciens (**Erasme** donne une nouvelle version du *Nouveau Testament* après avoir traduit des textes grecs). Les savants s'intéressent à tous les domaines de la connaissance (médecine, astronomie, morale, religion) et replacent l'homme au centre de leurs études. Ils donnent un rôle essentiel à l'apprentissage des langues et au développement des arts et de l'esprit critique. Ils observent la nature pour essayer de la comprendre. C'est le début de l'**esprit scientifique**. Les savants (Copernic, Servet, Paré, Vinci, Erasme, Vesale…) échangent une importante correspondance en latin. La publication des livres s'amplifie grâce à l'utilisation du papier et à la mise au point de l'imprimerie par **Gutenberg** vers 1445.
Les humanistes réclament la liberté de s'exprimer. Ils sont encouragés et protégés par des **mécènes** (personnes riches et influentes qui protègent les artistes comme le faisait Mécène au temps d'Auguste).

Je comprends comment faire

➤ pour comparer deux documents

Le système de Ptolémée et le système de Copernic
(Planches de l'*Atlas céleste* d'Andrae Cellarius, XVIᵉ siècle)

Le système de Ptolémée.

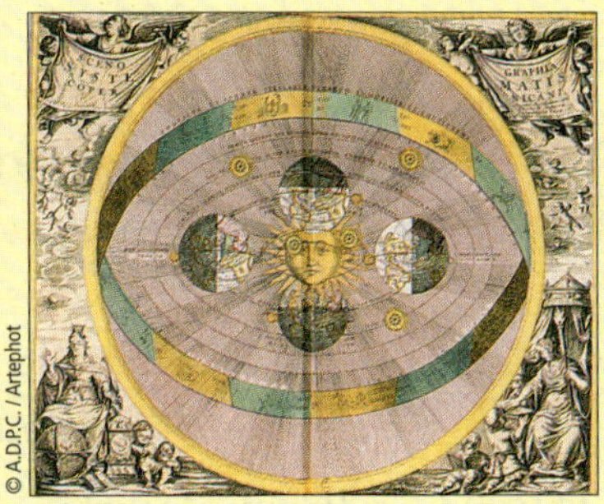

© A.D.P.C. / Artephot

Le système de Copernic.

1. Je présente les deux documents.

• Ils sont extraits du même atlas, paru au XVIᵉ siècle et réalisé par A. Cellarius.

• Le premier document représente l'Univers tel que les hommes l'imaginaient dans l'Antiquité. Le deuxième document représente l'Univers tel que l'envisageait Copernic au XVIᵉ siècle.

2. J'analyse les deux représentations.

• Ptolémée place la Terre au centre du système alors que Copernic place le soleil au centre de l'univers.

• Ptolémée en plaçant la Terre au centre du système considère qu'elle est fixe et que ce sont les autres astres qui tournent autour d'elle.

• En plaçant le soleil au centre du système et en représentant la Terre sous des angles différents, Copernic considère lui, que le soleil est fixe et que ce sont les autres astres et planètes parmi lesquels la Terre, qui tournent autour de lui. C'est ce que les scientifiques ont appelé la « Révolution copernicienne ». Cette théorie lui permet d'expliquer la succession du jour et de la nuit et celle des saisons.

3. Je conclus. Coppernic contredit ce qui était enseigné traditionnellement.

C'était une prise de position très courageuse à laquelle l'Église s'est opposée, freinant ainsi les progrès de la science.

OBJECTIF

Comprendre l'évolution de la pensée au XVIᵉ siècle.

Je m'exerce

1 ★ **Observe ce dessin et réponds.**

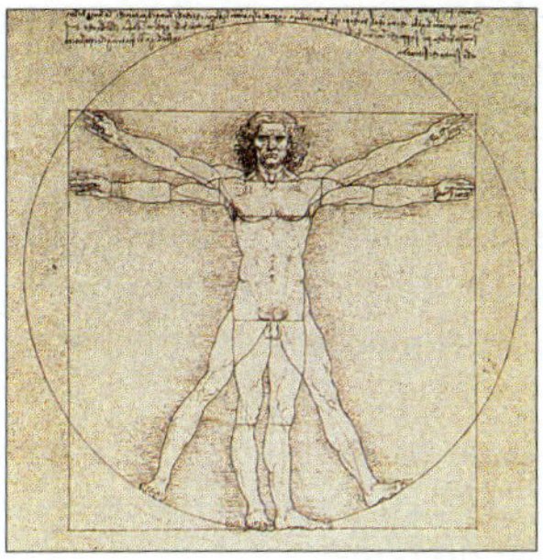

© Alinari / Giraudon

Le canon de Vitruve. Dessin de LÉONARD DE VINCI, Galerie de l'Académie, Venise.

Léonard de Vinci a représenté l'Homme dans deux formes géométriques. Lesquelles ? Pourquoi ?

2 ★★ **Observe ce document et réponds.**

a. Quel intérêt présente cette planche d'anatomie ?

b. Te semble-t-elle absolument exacte ?

c. Pourquoi l'Église s'est-elle opposée aux travaux de Vésale et des autres humanistes ?

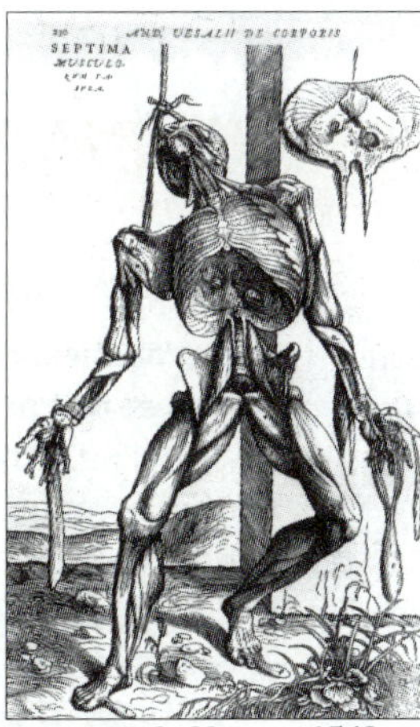

© J.-L. Charmet

Une planche d'anatomie de VESALE, 1543. Bibl. de l'ancienne faculté de médecine, Paris.

3 ★★ **Complète les phrases.**

Erasme, Rabelais, Machiavel sont trois h...................... particulièrement célèbres.

Léonard de Vinci pense que l'Univers est réglé par des lois mathématiques. Il est ainsi le précurseur de l'e.......................... s.......................... .

La mise au point de l'i...................... a été capitale pour les savants. Elle a permis d'avoir des livres moins cher, plus nombreux et sans faute de copie comme c'était souvent le cas au Moyen Âge.

Les artistes et savants de la Renaissance ont pu réaliser leurs travaux parce qu'ils étaient protégés par des m......................... dont le plus célèbre est François Ier qui protégea Léonard de Vinci.

4 ★★ **Lis le texte ci-dessous et réponds.**

Le parfait courtisan vu par Baldassar Castiglione (écrivain italien qui vécut à la cour de Jean de Médicis).

« Je veux, qu'outre la noblesse, le courtisan ait par nature l'esprit et l'entendement (compréhension) bon et une certaine grâce. J'estime que la vraie profession du courtisan doit être celle des armes ; qu'il soit très fier et rigoureux devant les ennemis ; mais en tout autre lieu qu'il soit humain, modeste et posé.

Je veux qu'il sache non seulement le latin, mais le grec, qu'il sache écrire en vers et en prose. Je le louerai aussi de savoir plusieurs langues étrangères.

Il devrait également savoir nager, courir et lancer des pierres. Sa culture me semblerait insuffisante s'il n'était musicien. »

Le Livre du courtisan, 1528.

a. Quelles qualités doit, selon Castiglione, avoir le parfait courtisan de la Renaissance ?

b. En quoi fait-il preuve d'humanisme ?

5 ★★★ **Observe le tableau et réponds.**

Les publications vers 1500

Nature des textes
45 % textes religieux
30 % œuvres littéraires
10 % travaux scientifiques
10 % textes juridiques
5 % textes divers

Langue utilisée
25 % en langues européennes
75 % en latin

a. Quelle est la nature des textes les plus publiés. Pourquoi ?

b. Pourquoi le latin est-il la langue la plus utilisée pour la publication des livres ?

12

La Renaissance

Histoire

Je retiens l'essentiel

• La **Renaissance** est née d'abord en Italie. Les artistes recommencent à peindre l'Homme (ce que l'Église interdisait au Moyen Âge) selon les critères fixés dans l'Antiquité. Ils travaillent sur commande et sont le plus souvent au service d'un mécène. Les peintres utilisent la peinture à l'huile, introduisent la **perspective** (illusion de l'espace) et le **clair-obscur**. Les sujets d'inspiration se diversifient. Michel-Ange s'inspire de la Bible (plafond de la chapelle Sixtine), Botticelli représente des scènes mythologiques (recherche de la beauté idéale), Carpaccio peint des portraits. Les architectes reprennent l'harmonie, les proportions, les coupoles et les colonnes de l'Antiquité.
La Renaissance se développe partout en Europe principalement dans les villes. En France, François Ier fait venir Léonard de Vinci au château d'Amboise, fait construire de somptueux châteaux de plaisance dans le Val de Loire.

• Toutes ces nouvelles façons de penser remettent en questions les théories de l'Église. **Luther**, moine allemand, dénonce les **indulgences** (dons à l'Église en échange du pardon), traduit la Bible en allemand et établit un nouveau culte. **Calvin**, moine français, établit la doctrine de la **prédestination** (seul Dieu peut décider du salut de l'homme). Tous deux ont fondé le **protestantisme**. Bien rapidement, l'Europe (la France particulièrement) sombre dans des **guerres de Religion** dramatiques entre catholiques et protestants. En 1534, le roi d'Angleterre Henri VIII rompt avec le pape (**anglicanisme**). En France, en signant l'**Édit de Nantes** en 1598 qui reconnaît aux protestants le droit de pratiquer leur culte dans quelques villes déterminées, **Henri IV** met fin aux guerres de Religion.

Je comprends comment faire

	Catholiques	Protestants – Luthériens	Protestants – Calvinistes	Protestants – Anglicans
Doctrine	Le salut par la foi et les œuvres de charité	Le salut par la foi	Le salut par la foi et la prédestination	Le salut par la foi
Doctrine	7 sacrements	2 sacrements : baptême et communion		
Doctrine	Culte de la vierge	Refus du culte de la vierge et des saints		
Doctrine	Obéissance au pape	Non-reconnaissance de l'autorité du pape		
Culte	Messe	Lecture de la Bible, chants et sermons		
Culte	Cérémonies fastueuses	Cérémonies très simples	Cérémonies très simples	Cérémonies fastueuses
Culte	Évêques et cardinaux	Évêques ; pas de cardinaux	Ni évêques ni cardinaux	Évêques ; pas de cardinaux
Culte	Prêtres célibataires	Les pasteurs peuvent se marier		

pour analyser un tableau

Les croyances et pratiques des catholiques et des protestants.

1. Je lis le titre du tableau. Il s'agit d'une comparaison des croyances et des pratiques religieuses des catholiques et des différents courants du Protestantisme.

2. J'étudie d'abord **les doctrines**, les croyances. Je constate que les protestants, qu'ils soient luthériens, calvinistes ou anglicans ont beaucoup de points de communs dans leur doctrine et se différencient nettement des catholiques. Les protestants ne reconnaissent que deux sacrements, refusent le culte de la Vierge et l'autorité du pape. Mais, catholiques et protestants reconnaissent le salut par la foi.

3. J'étudie ensuite la pratique du culte. Je constate que si tous les mouvements protestants ont en commun la possibilité pour les pasteurs de se marier, chacun a ses rites et ses obligations. Contrairement aux cérémonies luthériennes et calvinistes les cérémonies catholiques et anglicanes sont très fastueuses. Aucun des protestants ne reconnaît les cardinaux mais anglicans et luthériens admettent les évêques.

4. J'en conclus que la pensée religieuse s'est profondément divisée au XVIe siècle.

OBJECTIF

Comprendre les idées nouvelles.

Je m'exerce

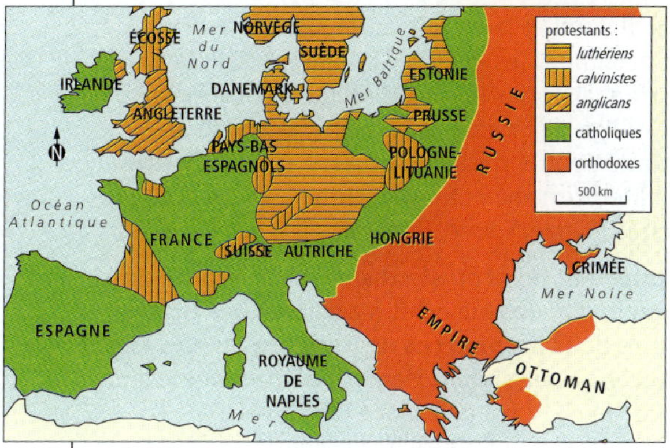

L'Europe partagée entre protestantisme et catholicisme au XVIe siècle.

1 Observe la carte et réponds.

★

a. Quels pays sont devenus protestants ? Distingue ceux qui sont devenus luthériens, calvinistes, anglicans.

....

....

....

....

b. Quelle originalité présente la France ?

....

....

....

c. Y-a-t-il des États qui n'ont pas été affectés par la réforme religieuse ? Lesquels ? Pourquoi ?

....

....

....

....

2 Analyse une gravure de propagande.

★★

Gravure de propagande protestante. Pays-Bas (1591).

a. Comment reconnais-tu les catholiques ?

....

b. Catholiques et protestants sont-ils mélangés ? Pourquoi ?

....

....

....

c. Qu'y a-t-il dans chaque plateau de la balance ?

....

d. Pourquoi la Bible est-elle plus lourde que les symboles du catholicisme ? Quel message les protestants veulent-ils faire passer ?

....

....

....

....

3 Étudie un tableau de Botticelli.

★★★

La Naissance de Vénus par Boticelli (1444-1510), 1485. Galerie des Offices, Florence.

a. S'agit-il d'un paysage réel ?

....

b. Quels éléments rappellent l'Antiquité ?

....

....

....

c. Un artiste aurait-il pu peindre ce tableau au Moyen Âge ? Pourquoi ?

....

....

....

Je retiens l'essentiel

• François Ier (1515-1547) unifie le pays. Il soumet le clergé par la signature du **Concordat** de Bologne en 1516 (le roi désignera les évêques et la noblesse en lui confisquant ses armées). Il impose le français pour les actes officiels (ordonnance de Villers-Cotterêts de 1539), crée le Collège de France et protège les artistes. François Ier et Henri II (1547-1559) agrandissent le royaume (guerre contre Charles Quint). La marine française sillonne la Méditerranée et l'Atlantique à la conquête de nouvelles terres et de nouveaux marchés (Terre Neuve, Canada).

• La Renaissance a favorisé le développement du protestantisme. La tolérance entre catholiques et protestants existe quand le duc de Guise fait massacrer des protestants à Wassy en 1562. La France sombre dans les **guerres de Religion** qui dévastent le royaume pendant près de 40 ans. Après l'assassinat d'Henri III par un moine fanatique en 1589, Henri de Navarre devient Henri IV roi de France (1589-1610). Protestant, il se convertit au catholicisme et signe l'**Édit de Nantes** en 1598. Les deux religions sont reconnues. La paix civile permet à Sully (ministre protestant de Henri IV) de relancer l'économie : industrie de luxe encouragée, création de manufactures de soie, entretien des routes, embellissement des villes. Mais, en 1610, un catholique fanatique, Ravaillac, assassine Henri IV. Louis XIII est trop jeune pour régner. Une régence est mise en place. La France connaît à nouveau des troubles.

Je comprends comment faire

pour analyser une carte historique

La France religieuse à la fin du XVIe siècle

1. Je présente la carte, c'est-à-dire que j'indique son thème. Ici, il s 'agit de la situation religieuse de la France à la fin du XVIe siècle.

2. Je lis la légende. Elle permet de noter plusieurs points :

• Il y a eu deux grands massacres de protestants. L'un à Wassy déclencha les guerres de Religion en 1562, l'autre à Paris est le massacre de la nuit de la Saint-Barthélémy en août 1572.

• Les catholiques, représentés en orange, sont les plus nombreux. Les protestants, en vert sont très localisés au Sud-Est autour de Nîmes et dans la vallée du Rhône, dans le Sud-Ouest dans le Périgord principalement.

• Quelques villes sont spécialement attribuées aux protestants afin qu'ils puissent pratiquer leur culte en toute sérénité. Elles se trouvent dans le Sud-Ouest.

3. Je conclus : à la fin du XVIe siècle catholicisme et protestantisme coexistent parce que Henri IV a signé l'Édit de Nantes en 1598.

OBJECTIF

Comprendre la puissance et les faiblesses de la France au XVIe siècle.

Je m'exerce

1 ★ **Lis le texte, observe la miniature et réponds aux questions.**

L'importance de l'agriculture

La force et richesse des rois et des princes consiste en l'opulence* et le nombre de leurs sujets. Et le plus grand revenu des peuples procède principalement du labour et culture de la terre qui leur rend, selon qu'il plaît à Dieu, le fruit de leur travail en produisant grande quantité de blé, vin, grains, légumes et pâturages. De quoi non seulement ils vivent à leur aise, mais en peuvent entretenir trafic et commerce avec nos voisins et pays lointains, tirer d'eux or et argent.

* *La richesse.*

Henri IV, *Édit de Fontainebleau sur l'assèchement des marais*, 1599.

La Moisson. Enluminure des *Très riches heures du Duc de Berry*, XVIe siècle. Musée Condé.

a. D'après le texte, sur quoi repose la richesse et la puissance d'un roi ?

b. Pourquoi les paysans contribuent-ils à l'enrichissement du royaume ?

c. Les paysans de l'enluminure te semblent-ils pauvres ? Justifie ta réponse.

d. La récolte sera-t-elle bonne ?

e. Que signifie une bonne récolte de blé pour la population du XVIe siècle ?

2 ★★ **Observe la miniature et réponds aux questions.**

a. De quel roi s'agit-il?

b. Pourquoi fait-on la lecture au roi ? Qui, à ton avis, fait cette lecture ?

c. Pourquoi le roi est-il entouré de la cour et de ses enfants ?

Antoine Macault présente à François Ier sa traduction d'une œuvre de Diodore de Sicile. Miniature (vers 1532). Musée Condé, Chantilly.

3 ★★★ **Vrai ou faux?**

	V	F
a. François Ier a fait venir Botticelli à Amboise.	☐	☐
b. Un mécène est une personne qui, comme François Ier, aide et protège les artistes.	☐	☐
c. L'ordonnance de Villers-Cotterêts exigeait que tous les textes officiels soient écrits en français, c'est-à-dire dans la langue du roi.	☐	☐
d. Les guerres de Religion ont duré 40 ans.	☐	☐
e. Henri IV s'est converti au protestantisme, ce qui lui a permis de signer l'Édit de Nantes en 1598.	☐	☐

4 ★★★ **Complète la frise en indiquant : le règne de François Ier, de Henri II et de Henri IV, le massacre de la Saint-Barthélémy et le massacre de Wassy.**

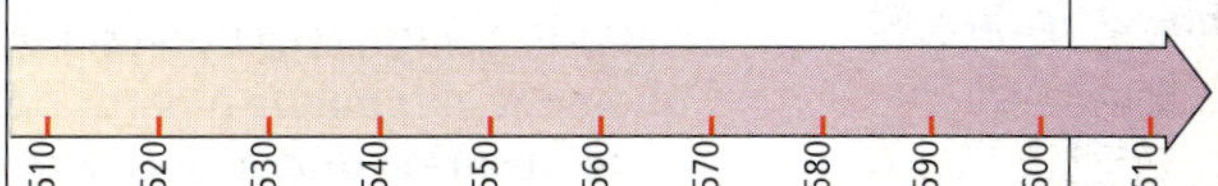

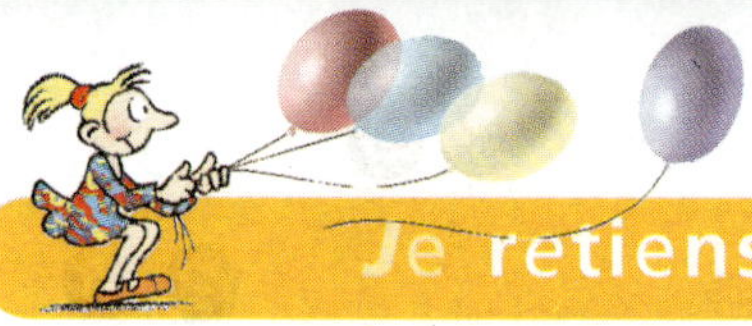

Je retiens l'essentiel

• **En 1453, la prise de Constantinople par les Turcs** a coupé la **route de la soie** : les commerçants européens cherchent de nouvelles routes pour se rendre aux Indes. Les navigateurs bénéficient des progrès réalisés depuis le XIIIe siècle : cartes plus précises, boussole, astrolabe, **caravelle** (navire rapide). Princes et souverains veulent trouver de l'or et faire partager la foi catholique par d'autres peuples. Les navigateurs portugais sont très actifs (Henri le Navigateur meurt en 1460, **Vasco De Gama** contourne le Cap de Bonne Espérance en 1497) et ouvrent la **route maritime des Indes**. **Christophe Colomb**, convaincu d'être arrivé aux Indes, découvre en fait les Bahamas. **Amérigo Vespucci** comprend l'erreur. Son nom est donné au nouveau continent : **l'Amérique**.

• **Les Aztèques**, **les Mayas** et **les Incas**, polythéistes, travaillent les métaux précieux et cultivent des plantes inconnues en Europe (maïs, pomme de terre, tabac, cacao, coton). Les **conquistadors** effraient les Amérindiens qui ne connaissent ni le cheval ni les armes utilisées par les Européens. Ils croient que ce sont des dieux. Espagnols et Portugais se partagent l'Amérique du Sud (**Traité de Tordesillas** signé en 1494). Les Indiens sont décimés par les maladies importées par les **colons** et les conditions de vie qui leur sont imposées. Les colons ont alors recours aux esclaves venus d'Afrique (**commerce triangulaire**). Les mariages entre noirs, européens et indiens donnent une population et une civilisation nouvelles : les **métis**.

• **La découverte de l'Amérique** a été à l'origine d'une véritable **révolution économique** en Europe où l'or, l'argent, les épices et produits nouveaux arrivent dans les ports de l'Atlantique (François Ier fait construire le port du Havre). Cela a deux conséquences : la hausse des prix en Europe et le déclin de l'activité en Méditerranée.

Je comprends comment faire

➤ pour analyser un graphique

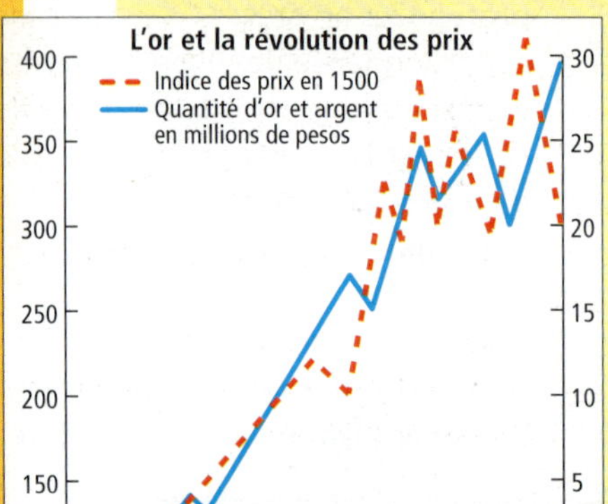

1. Je lis le titre du graphique. Il s'agit d'un graphique double qui indique l'évolution des prix comparée à la quantité d'or et d'argent qui entre sur le territoire espagnol entre 1500 et 1650.

2. J'analyse d'abord l'évolution des prix. Il ne s'agit pas d'une valeur mais d'un indice calculé à partir de l'indice de référence 100 en 1500. Je constate que les prix ont été multipliés par 3,5 entre 1500 et 1640 mais de façon irrégulière. Ils ont connu une baisse de presque 100 points d'indice vers 1640 et ont atteint leur valeur maximale vers 1590.

3. J'analyse la quantité d'or et d'argent qui arrive en Espagne durant la même période. Les données sont exprimées en millions de pesos (monnaie espagnole). Elle a été pratiquement multipliée par 7 entre 1500 et 1590, c'est-à-dire qu'elle a augmenté deux fois plus que l'indice des prix. L'augmentation est régulière jusque vers 1560, puis elle s'accélère brusquement et diminue à partir de 1590 et chute vers 1620.

4. J'en conclus que la découverte de l'or a entraîné une augmentation proportionnelle des prix en Espagne.

OBJECTIF

Comprendre les raisons et la portée des Grandes Découvertes.

Je m'exerce

1 ★ **Observe l'organigramme ci-contre et réponds aux questions.**

a. Avec quels continents l'Europe commerce-t-elle ?

b. Pourquoi emploie-t-on l'expression de « commerce triangulaire » pour parler des échanges entre l'Europe, l'Afrique et l'Amérique ?

c. Pourquoi ce commerce est-il favorable aux Européens ?

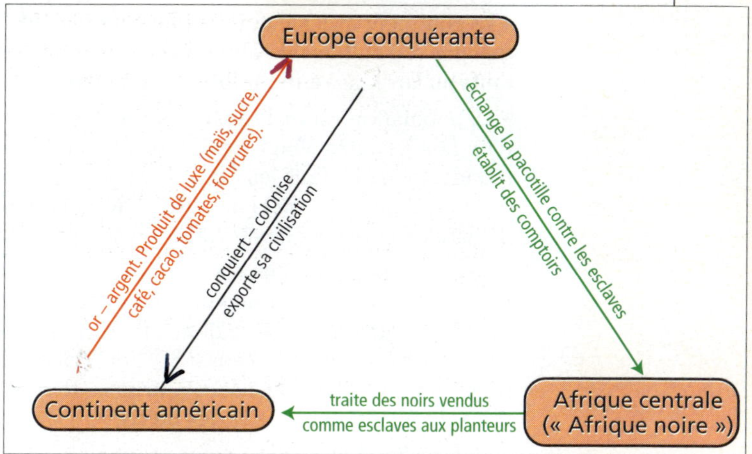

2 ★★ **Observe attentivement la gravure et réponds aux questions.**

a. Combien de plans distingues-tu ? Lesquels ?

....

....

....

....

....

....

....

....

....

© Hubert Josse

Récolte et fabrication du sucre.
Histoire de l'Amérique par Théodore de Bry (1528-1598). BN, Paris.

b. Que font les hommes au troisième plan ?

....

....

....

....

....

c. Pourquoi les tiges sont-elles broyées ?

....

....

....

....

....

d. Les tiges broyées sont mises à bouillir dans un vaste chaudron (premier plan à gauche). Qu'obtient-on ?

....

e. Pourquoi les hommes mettent-ils la mélasse obtenue dans des jarres ?

....

....

....

....

....

....

Histoire

1

La population africaine

Géographie

Je retiens l'essentiel

• Le continent africain couvre une superficie de 30 millions de km² mais n'est habité que par 720 millions d'habitants ce qui donne une **densité** (nombre moyen d'habitants au km²) **moyenne faible** : 24 hab./km².

• La population est mal répartie sur le territoire et les conditions de vie sont inégales d'un État à l'autre. Vingt-sept États africains comptent parmi les plus pauvres du monde. Bien que tous les États aient engagé leur **transition démographique** (baisse de la mortalité puis de la natalité), l'**accroissement naturel** (différence entre le taux de natalité et le taux de mortalité) reste élevé (28 ‰).

• La population africaine est composée à 60 % de Noirs, divisés en un très grand nombre d'**ethnies** (groupe humain qui partage des caractères précis), souvent **animistes** (ils attribuent l'âme d'un ancêtre à un animal, une plante…) qui vivent dans la zone intertropicale. Il y a aussi 30 % de Blancs installés au Nord (Arabes) et au Sud (descendants d'Européens). En Afrique Orientale et à Madagascar vivent des populations d'origine asiatique et des **métis**.

• Malgré l'indépendance acquise tout au long des années soixante, beaucoup d'africains continuent de parler une langue européenne.

• Plus de 60 % des Africains sont des ruraux. Mais la misère et les conflits inter ethniques les poussent vers les villes qui ne disposent pas des infrastructures nécessaires pour les recevoir. L'**exode rural** favorise la création des **bidonvilles**.

Je comprends comment faire

➤ pour analyser une carte de répartition de la population

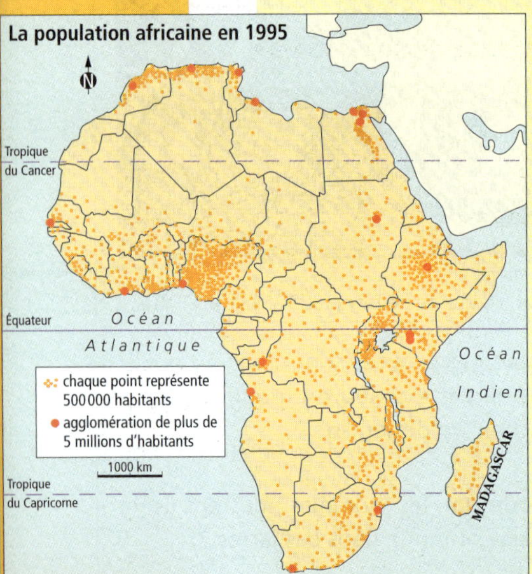

1. **Une carte de répartition** de la population utilise souvent le **système des points**. Chaque point représente un nombre d'habitants dont la valeur est précisée dans la légende. Lorsque la population est très importante, les points sont tellement serrés qu'on ne les distingue plus. Ils forment une « tache » colorée.

2. **J'observe la carte. Je lis le titre.** Il indique le thème traité, l'espace et l'époque. Il s'agit de la carte de la répartition de la population africaine en 1995.

3. **Je lis la légende.** Elle permet de traduire les signes et sigles utilisés. Un petit point représente 500 000 habitants. Les points les plus importants indiquent les villes les plus peuplées du continent.

4. **J'analyse la carte.** Elle indique une répartition très inégale de la population :

– les régions les plus peuplées sont les régions littorales (commerce), la vallée du Nil (agriculture), les hautes terres d'Éthiopie et le pourtour des grands lacs d'Afrique orientale (climat moins contraignant et terres fertiles) ;

– certaines régions apparaissent vides d'habitants. Elles correspondent aux déserts (Sahara, Kalahari et Namibie) et aux régions humides et chaudes de climat équatorial.

5. **Je conclus :** le peuplement de l'Afrique est discontinu.

OBJECTIF

Comprendre les caractères humains de l'Afrique.

Je m'exerce

1 ★ **Analyse la photographie ci-dessus de la ville de Lagos au Nigéria en 1995.**

© G. Boutin / Hoaqui

a. Comment appelle-t-on le type d'habitation que l'on voit au premier plan ?

b. En quoi sont faites les habitations ?

c. D'où viennent les nigérians qui habitent ce quartier ?

d. Que symbolisent les immeubles modernes que l'on voit au second plan ?

2 ★★ **Observe le graphique, lis attentivement le texte ci-dessous, et réponds aux questions.**

1. Le taux d'accroissement naturel en Afrique.

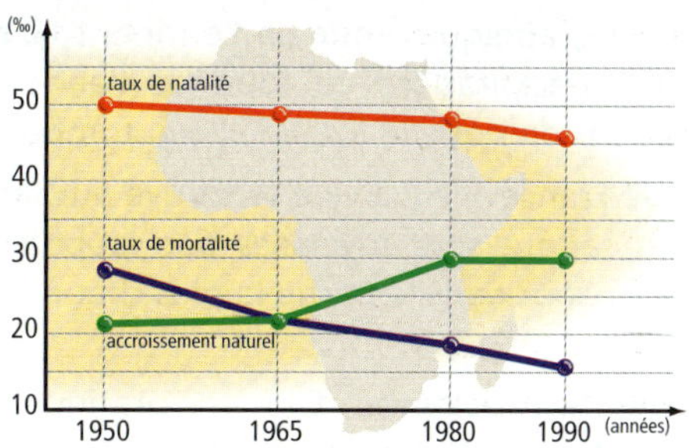

2. Les causes de la forte croissance de la population.

« L'Afrique demeure l'un des foyers mondiaux où la natalité diminue peu. Par contre la mortalité a baissé, ce qui provoque une forte croissance naturelle.
Le nombre moyen d'enfants par femme est de 6 ou 7… Les filles sont mariées jeunes (16 ans en Guinée, 17 ans au Mozambique... Les couples ne limitent pas les naissances sauf chez les citadins qui ont un haut niveau d'instruction. La polygamie (un homme a plusieurs femmes) contribue à l'augmentation de la natalité. Mais c'est une réponse à la mortalité élevée des jeunes enfants… C'est aussi une sécurité « sociale » pour les parents : lorsqu'ils seront âgés, leurs enfants devront les prendre en charge. »

D'après J.-P. Raison, *L'Afrique au sud du Sahara,* Belin-Reclus, 1994.

a. Rappelle la définition du taux de natalité, du taux de mortalité et de l'accroissement naturel.

b. Calcule le taux d'accroissement naturel en 1950, en 1980, en 1990. Explique cette évolution en étudiant les courbes de taux de natalité et de mortalité.

c. Pourquoi les femmes africaines ont-elles beaucoup d'enfants ?

d. Pour quelles raisons les citadines ont-elles moins d'enfants que les paysannes ?

e. Que représente un enfant pour les Africains ?

3 ★★★ **Complète le texte ci-dessous.**

La population africaine, très variée, est composée d'une multitude d'e.................. qui parlent environ 2000 langues ou dialectes différents. Au nord, les populations sont essentiellement m..........................., alors qu'en Afrique noire elles sont plutôt a..........................
L'Afrique est le continent de tous les .... Les pays les plus pauvres (on dit les moins avancés), se trouvent dans la partie d..........................
Les contrastes sont aussi très forts entre les régions littorales où se trouvent les grandes ...., aux activités commerciales et industrielles, et l'intérieur du pays aux activités traditionnelles peu rentables. Dans les villes, l'opposition entre le centre-ville moderne et les b................ de la périphérie est saisissante.

Géographie

Géographie

2 L'Afrique : les cadres de vie

Je retiens l'essentiel

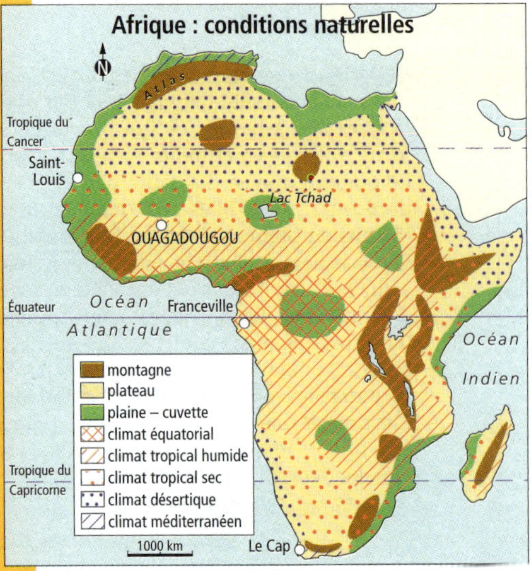

• **Les conditions naturelles** expliquent en grande partie la **répartition de la population**.

• La plus grande partie de l'Afrique se trouve dans la **zone intertropicale**. Des plateaux, souvent désertiques encadrent des cuvettes (Tchad). Au Nord, la chaîne de l'Atlas constitue un important réservoir d'eau. L'Afrique du Nord et l'Afrique du Sud exploitent les richesses minières de leur sous-sol.

• **Les contraintes sont surtout climatiques**. Si les extrémités Nord et Sud bénéficient d'un climat de type **méditerranéen**, ailleurs le rythme des précipitations est déterminant pour la vie. Dans les **déserts**, les pluies rares et irrégulières ne permettent aucune agriculture (sauf dans les **oasis**). Dans les régions tropicales la durée de la saison sèche justifie la présence de la **steppe** (touffes d'herbes espacées), de la **savane** (herbes hautes et quelques arbres) puis, vers l'équateur, de la **forêt dense**.

Bien que les États africains aient accédé à l'indépendance dans les années 1960, le niveau de développement est très variable mais partout insuffisant. Il s'agit de **pays en voie de développement**.

Je comprends comment faire

pour construire et analyser un graphique climatique

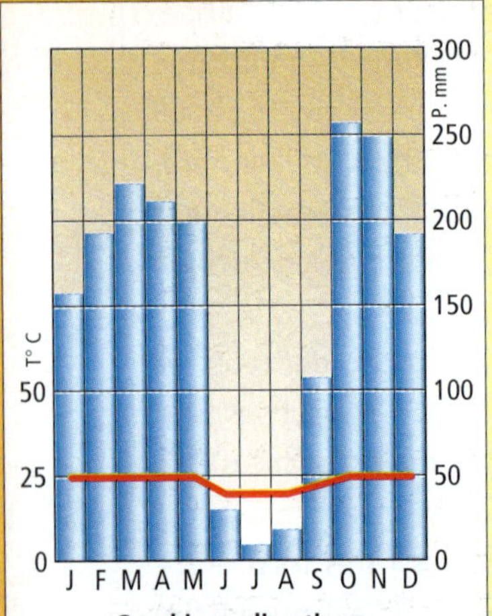

Graphique climatique de Franceville au Gabon

1. **Un graphique climatique** indique **l'évolution des températures** et des **précipitations** dans une ville donnée sur une année. Les températures sont représentées par une courbe (en rouge), indiquées à gauche du graphique en °C (degré Celsius). Les précipitations représentées par des traits (ou des colonnes) en bleu sont indiquées en mm (milimètres) à droite du graphique. Pour un continent comme l'Afrique, la répartition des précipitations au cours de l'année est beaucoup plus importante à étudier que le total de l'eau tombée.

2. **J'observe le graphique** de Franceville. La ville se trouve au Gabon, dans l'hémisphère Sud (les saisons sont inversées par rapport aux nôtres), près de l'Équateur et donc dans la partie la plus chaude et la plus humide d'Afrique.

3. **J'observe la courbe des températures.** Elle est pratiquement linéaire. Le tableau permet de calculer l'amplitude thermique annuelle. Elle est de 2°C, ce qui est très peu. Il fait chaud toute l'année.

4. **J'observe la répartition des précipitations.** Le tableau permet de calculer le total de précipitations tombées en un an : 1850 mm ! C'est énorme et cela justifie une végétation luxuriante. La courbe indique cependant que les trois mois d'hiver (juin, juillet, août) ont un déficit net de précipitations.

5. **Je conclus** que, malgré le total de précipitations et la régularité des températures, le climat de Franceville est un **climat équatorial** dégradé.

OBJECTIF

Comprendre les contraintes du milieu.

Je m'exerce

1 Analyse les trois graphiques climatiques et réponds.

★

a. À quelle ville indiquée sur la carte chaque graphique correspond-il ? Justifie ta réponse.

b. À quel graphique climatique associerais-tu ces photographies ?

© J. Brun / Explorer

1. Nomades au Niger.

© M. Ascani / Hoa-Qui

2. San Pedro en Côte d'Ivoire.

© P. De Wilde / Hoa-Qui

3. Réserve du Tarangire en Tanzanie.

A : .... B : .... C : ....

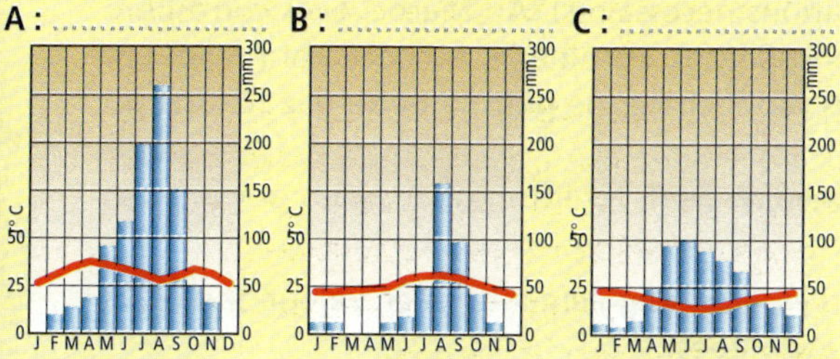

2 Analyse ce tableau des inégalités en Afrique, en 1996.

★★

	Maghreb	Afrique de l'Ouest	Afrique centrale	Pays du Nil	Afrique de l'Est	Afrique du Sud
Nombre d'enfants par femme	4,3	6	6	4,5	6	4,5
Espérance de vie	66 ans	54 ans	50 ans	61 ans	52 ans	60 ans
Richesse/hab. (en francs)	8500	2000	2000 à 3000	moins de 3500	1000	13000

a. Quelles sont les parties de l'Afrique les plus riches ?

....

Peux-tu expliquer pourquoi ?

....

....

b. Où vit-on le plus vieux ?

....

3 Complète le texte ci-dessous.

★★★

Les contraintes climatiques expliquent en grande partie la répartition de la population africaine. Les étendues d.................. ne fixent guère les hommes sauf dans les o.................. Quand on quitte le désert et que l'on se dirige vers l'Équateur plusieurs types de végétation se succèdent : la s.................. traduit une très grande irrégularité des précipitations, la s.................. devient possible dès que la saison des pluies s'allonge, puis c'est la forêt claire et la f.............. d.............. Mais la forêt équatoriale n'est pas plus vivable que le désert, à cause de l'humidité et des insectes qui fatiguent l'organisme de l'homme. Le Nord et le Sud qui bénéficient d'un climat t.................. possèdent aussi des conditions de développement économique plus favorables, en particulier les r.................. m.................. de leur sous-sol, et le t..................

Géographie

3

Le Maghreb

Géographie

Je retiens l'essentiel

• Les États du Maghreb ont une très longue Histoire marquée par l'**islam** (qui influence la vie quotidienne) et la présence européenne du XIXe siècle aux années soixante.

• 75 millions d'habitants vivent dans un cadre physique très contraignant.
– Le désert occupe la majeure partie du territoire et les populations se massent soit dans les plaines littorales soit sur les hauts plateaux.
– Cependant, on assiste actuellement à une mise en valeur du désert (pétrole, gaz naturel, minerais) et à son urbanisation. Mais, pour que la vie soit possible, on est contraint de pomper l'eau des **nappes profondes**, ce qui n'est pas sans danger car cette **eau fossile** n'est pas renouvelable.

• Les productions agricoles sont insuffisantes pour nourrir une **population jeune** qui connaît un **fort accroissement naturel** et les villes manquent d'infrastructures.

• L'économie de ces États dépend de l'étranger (achat de leurs produits miniers, vente de denrées alimentaires). Ce sont des **pays en voie de développement**. La Tunisie et le Maroc développent une importante agriculture d'exportation (agrumes) et le tourisme qui leur permet d'obtenir les devises nécessaires à leur développement.

Je comprends comment faire

pour analyser une carte des activités

Les activités économiques du Maghreb

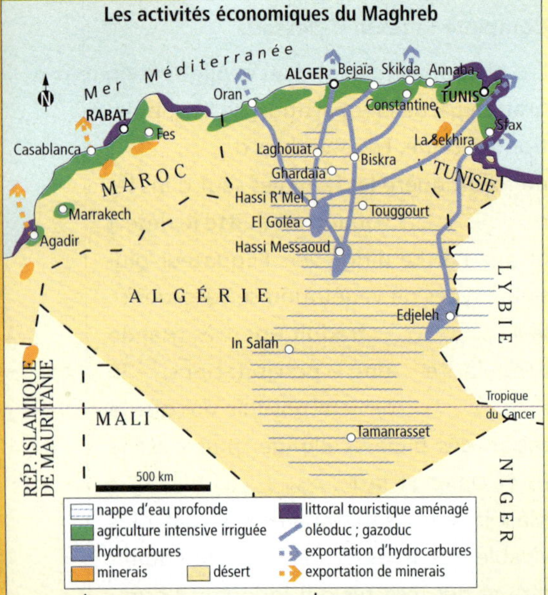

1. J'observe la carte. Je lis le titre. Il indique le thème traité. Il s'agit des activités de trois États du Maghreb : le Maroc, l'Algérie et la Tunisie.

2. Je lis la légende. Elle permet de « décoder » la carte. Elle indique :
– trois types d'activités (agriculture, industrie, tourisme) en utilisant des couleurs différentes ;
– les grandes villes industrielles ;
– l'activité pétrolière et la nature des exportations (flèches).

3. J'analyse la carte :
– l'**agriculture intensive** a nécessité des travaux d'irrigation important. Il s'agit surtout de cultures commerciales (agrumes, oliviers). Ces régions se trouvent principalement le long du littoral (où se trouvent les grands ports), au pied des montagnes (la fonte des neiges permet au cours d'eau d'avoir de l'eau toute l'année et donc l'irrigation) ;
– l'**industrie** est elle aussi concentrée dans les grandes villes du littoral (exportations nécessaires). Au Maroc, elles correspondent aux ports exportateurs de phosphates. En Algérie, les ports sont reliés par oléoducs et gazoducs aux régions productrices de pétrole et de gaz naturel du Sahara ;
– le **tourisme** est un tourisme balnéaire. Seuls les littoraux tunisien et marocain sont équipés.

4. Je conclus : l'espace maghrébin est très inégalement mis en valeur. Seules les régions littorales présentent des avantages.

OBJECTIF

Comprendre les transformations de trois États d'Afrique du Nord.

Je m'exerce

1 ★ **Lis attentivement le tableau ci-contre indiquant les activités des trois États du Maghreb en 1995 et réponds aux questions.**

Activités économiques	Maroc	Algérie	Tunisie
Pourcentage d'urbains	48 %	55 %	57 %
Taux d'accroissement naturel	23 %	24 %	18 %
% d'agriculteurs dans la population active	50 %	25 %	30 %
Part de l'agriculture dans la production totale	21 %	12 %	15 %
Part de l'agriculture dans les exportations	26 %		15 %
% d'employés dans l'industrie	25 %	25 %	35 %
Part des minerais dans les exportations	25 %	95 %	10 %
Nombre de touristes (par an)	2,5 millions		3,8 millions

a. Lequel des trois États est le plus urbanisé ? Pourquoi est-ce celui qui a le plus faible taux d'accroissement naturel ?

b. Lequel des trois États dispose du sous-sol le plus riche ?

c. Deux aspects de l'économie sont absents en Algérie. Lesquels ?

2 ★★ **Observe la photographie aérienne d'une orangeraie au Maroc.**

a. Place les mots suivants : *logement des ouvriers agricoles – hangars – orangeraie.*

C. ....

© Yann Arthus-Bertrand / Altitude

A. ....

B. ....

b. Comment qualifies-tu cette agriculture ? Intensive ou extensive ?

c. À l'aide de cette photographie, justifie le pourcentage d'agriculteurs indiqué dans le tableau ci-dessus.

3 ★★★ **Observe le graphique ci-après, lis le texte attentivement et réponds aux questions.**

a. Calcule l'accroissement naturel en Algérie et en Tunisie en 1980, 1990 et 1995.

(suite de l'exercice 3)

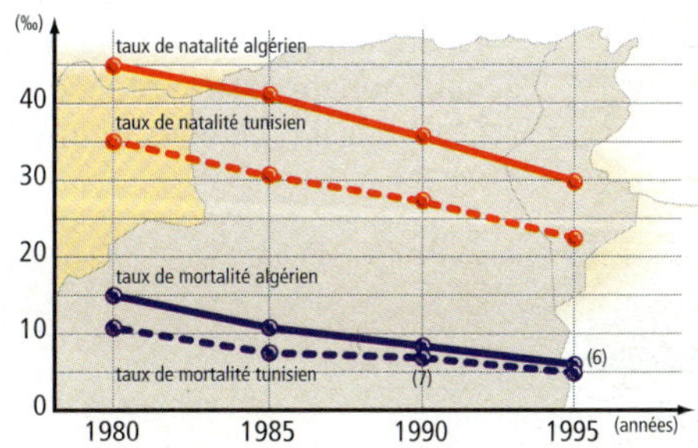

La ville algérienne et ses difficultés

« La ville algérienne de 1995 est plus que jamais un lieu de tensions : 8 personnes par logement en moyenne, congestion de la circulation, insuffisance des transports en commun, insuffisance des emplois… Le citadin "se sent mal dans son espace ". La ville de 1995 est tout en contrastes : riches villas barricadées de hauts murs… quartiers dégradés ou bidonvilles. La ville éclate socialement et physiquement… Les quartiers pauvres regroupent tous les mécontentements de la société algérienne… Là, le mouvement islamique a établi ses principaux fiefs. Là est la poudrière du pays ».

D'après M. COTE, *L'Algérie*, Masson, 1995.

b. Quels sont les principaux problèmes de la ville algérienne ?

c. Pourquoi l'auteur dit-il qu'elle « éclate » ?

d. Pourquoi les villes grossissent-elles autant ? D'où viennent les habitants ?

Géographie

Je retiens l'essentiel

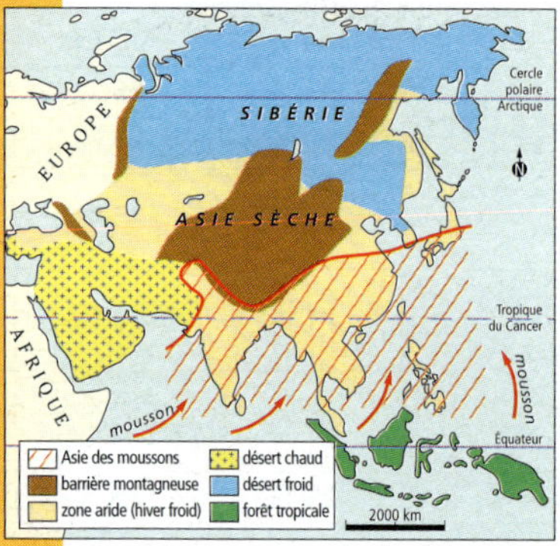

Asie : grands domaines naturels

- L'Asie est le continent le plus vaste (44 millions de km²) et le plus peuplé (3,5 milliards d'habitants).
- Composé de 46 États, c'est un **continent de contrastes** : on y trouve les pays les plus riches (Japon) mais aussi les plus pauvres (Bangladesh), des pays très fortement industrialisés (Japon), des **NPI** (nouveaux pays industrialisés comme Singapour), des pays qui ont amorcé leur **décollage économique** (Chine, Inde) mais aussi des **pays en voie de développement**.
- **L'accroissement naturel de la population s'est ralenti** depuis le début des années 1970 et pour certains États se pose aujourd'hui le problème du **vieillissement** de la population. Celle-ci est très inégalement répartie.
- En fait, **l'Asie est composée de trois grands ensembles** aux conditions naturelles bien différentes. **L'Asie occidentale et centrale**, au carrefour avec l'Europe et l'Afrique, est marquée par les étendues désertiques, l'Islam et l'abondance du pétrole. **L'Asie du Nord et des montagnes** est **l'Asie froide** voire très froide. L'altitude, les rigueurs d'un hiver qui dure plus de 6 mois empêchent l'agriculture et l'installation de l'homme. **L'Asie du Sud et de l'Est** ou **Asie des moussons** (vent alternatif qui apporte la pluie en été) est l'Asie des plaines, des deltas et de la riziculture. C'est aussi l'Asie des inondations, des cyclones et des tremblements de terre.

Je comprends comment faire

La transition démographique en Asie

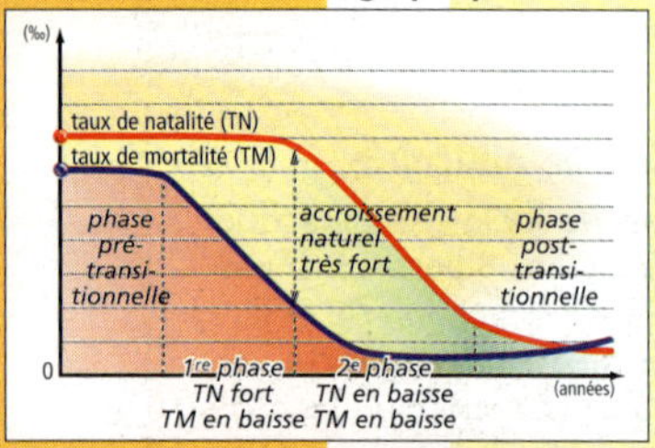

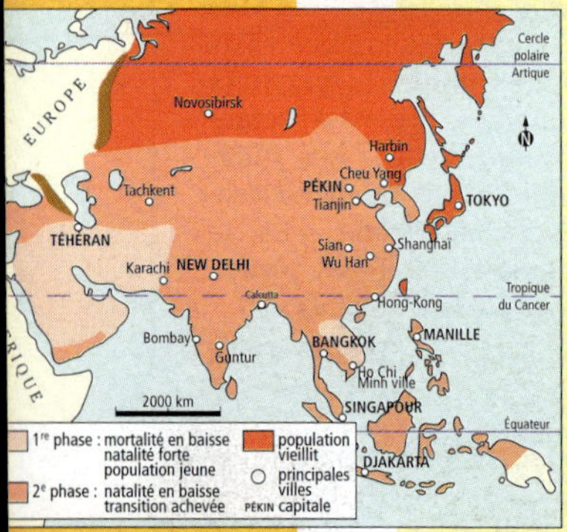

➤ pour mettre en relation un graphique et une carte de transition démographique

1. **J'observe les documents.** Le graphique permet de comprendre l'évolution d'une population, la carte indique les étapes de la transition selon les États d'Asie.
2. **J'analyse le graphique.** Il indique que l'évolution démographique d'une population passe par plusieurs phases. Au départ, natalité et mortalité sont élevés et l'accroissement naturel est faible (manque de nourriture, d'hygiène = forte mortalité ; la natalité est forte pour « compenser » les décès). Puis, la mortalité baisse brusquement et rapidement alors que la natalité reste élevée. L'accroissement naturel est alors très élevé. Au bout de deux générations, la natalité baisse à son tour, se rapproche du taux de mortalité. L'accroissement naturel est faible à nouveau.
3. **J'analyse la carte.** Je remarque que tous les États d'Asie n'en sont pas au même point de la transition. Les États d'Asie occidentale n'en sont qu'au premier stade : la mortalité baisse (amélioration des conditions de vie) mais la natalité reste élevée. L'accroissement naturel est fort et la population très jeune. D'autres États (Chine, Inde, Indonésie…) ont mené des politiques antinatalistes. Le taux de natalité se rapproche du taux de mortalité. L'accroissement naturel diminue. La population vieillit. Certains États (Sibérie, Japon, Corée du Sud, Taïwan) ont achevé leur transition démographique : le taux d'accroissement naturel est très faible. Cela traduit un niveau de vie élevé. Le viellissement de la population devient un problème de société.

OBJECTIF

Comprendre la diversité de l'Asie.

Je m'exerce

1 ★ **Analyse la carte des densités de population en Asie et réponds aux questions.**

a. Rappelle la définition de la densité de population.

....

....

....

b. Où se trouvent les densités les plus fortes ? Justifie ta réponse.

....

....

....

....

c. Dans quels pays se situent les plus grandes agglomérations ?

....

....

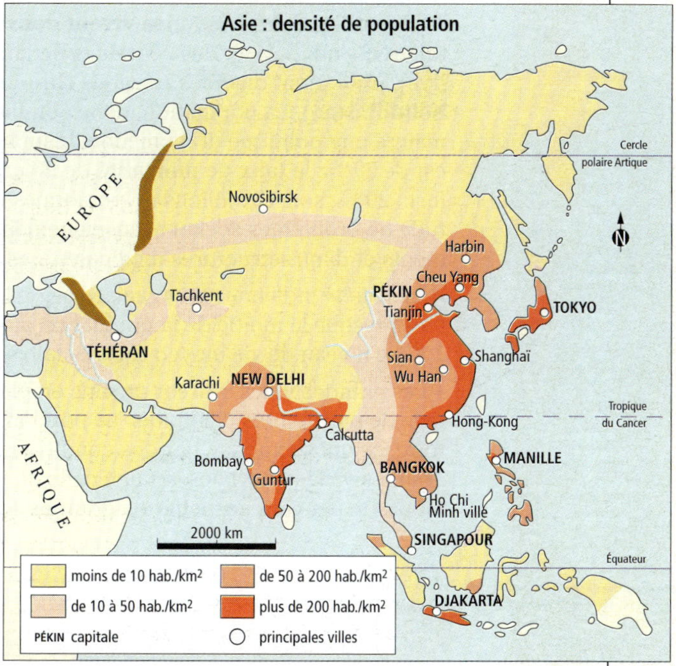

2 ★★ **Observe la photographie du bidonville à Bombay et celle du quartier Shibuya à Tokyo. Puis réponds aux questions.**

a. Comment qualifies-tu le quartier que l'on voit au premier plan de la photo de Bombay ? Où est-il installé ? Pourquoi ? Bombay est-elle une ville peuplée exclusivement de pauvres gens ? Regarde bien le deuxième plan de la photographie. Que traduisent ces immeubles ?

....

....

....

....

© P. de Wilde / Hoa-Qui

b. Quelle image du Japon donne la photographie de Tokyo ?

....

....

c. Quelles conclusions sur le développement de l'Asie peux-tu tirer de ces deux photographies ?

....

....

© Icone/Gellie / Hoa-Qui

Géographie

5

Géographie

La population de l'Union Indienne

Je retiens l'essentiel

• **930 millions de personnes vivent dans l'Union Indienne.** Ce sont des peuples très différents qui parlent des centaines de langues (l'Anglais est la langue administrative), pratiquent diverses religions (**hindouisme**, **islam**, **christianisme**, **sikhisme**, **bouddhisme**). La population jeune commence à peine la **transition démographique** malgré une politique draconienne de limitation des naissances. Le **taux de natalité** est de 29 ‰, le **taux de mortalité** de 9 ‰. **L'accroissement naturel** reste donc très fort : 20 ‰, soit 17 millions de personnes en plus chaque année. Cela pose une multitude de problèmes sociaux : enseignement et emplois insuffisants, manque de logements et d'infrastructures médicales. Les inégalités sont très fortes.

• La société indienne est organisée selon le principe des **castes**. Les pauvres représentent presque la moitié de la population alors que les plus riches ne représentent que 1 %. Le niveau de vie moyen est très faible (PNB de 310 dollars par habitant par an).

• Les grandes villes attirent de plus en plus de ruraux parce qu'elles offrent davantage de possibilités d'emplois. La population est mal répartie à la surface du territoire, ce qui s'explique par des conditions naturelles assez contraignantes. Seules les grandes vallées fluviales comme celle du Gange et les plaines littorales exposées à la mousson peuvent accueillir de grandes concentrations de populations.

Je comprends comment faire

pour lire une pyramide des âges

Pyramide des âges de l'Union Indienne (1995)

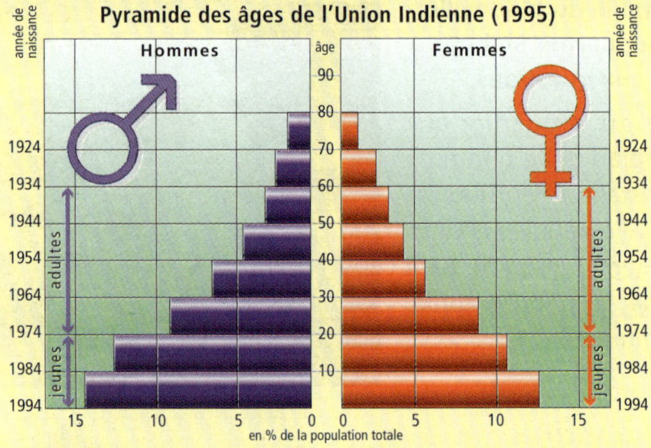

Attention : pour **un calcul** sur la population, ne pas oublier d'additionner les données relatives aux hommes et celles relatives aux femmes.

1. Une pyramide des âges est un schéma qui montre la **structure d'une population à un moment donné**. Elle comporte deux parties, à droite les femmes, à gauche les hommes. Au centre, les données chiffrées correspondent aux tranches d'âge. En abscisse est indiqué le pourcentage que représente chaque tranche d'âge de garçons et de filles, dans la population totale, ou leur nombre.

2. **Je lis le titre.** Il s'agit de la pyramide des âges de l'Inde, réalisée en 1995.

3. **J'analyse la pyramide. J'étudie d'abord** son allure générale. Il s'agit d'une pyramide régulière, à base large ce qui traduit un important nombre de jeunes. Le sommet indique une population qui meurt relativement jeune puisque les plus de 70 ans sont très peu nombreux, environ 4 % de la population totale.

4. **J'en conclus** que la natalité est encore très forte, que l'**espérance de vie** est limitée ce qui s'explique par des conditions de vie médiocres.

OBJECTIF

Comprendre les problèmes humains de l'Union Indienne.

1 ★ **Étudie le tableau statistique.**

	1970	1980	1990	1994
Taux de natalité ‰	43	35	30	29
Taux de mortalité ‰	17	15	10	9

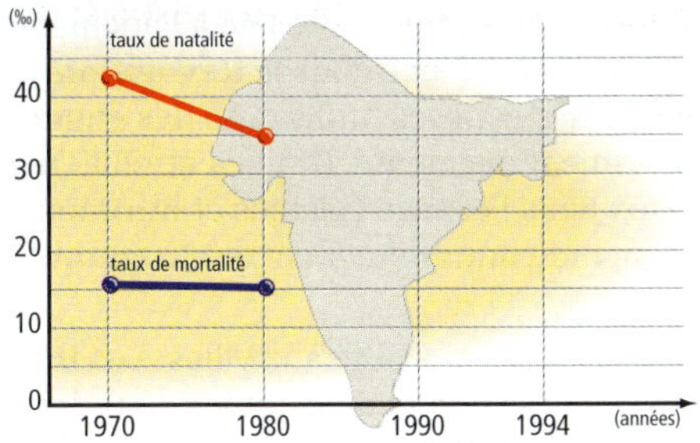

a. Continue le graphique et réponds aux questions.

b. La baisse de la natalité a-t-elle évolué de la même façon que la baisse de la mortalité de 1970 à 1994 ?

c. Rappelle la définition du taux d'accroissement naturel.

d. Calcule le taux d'accroissement naturel en 1970, en 1980, en 1994.

e. Quelle remarque peux-tu faire concernant le taux d'accroissement naturel en 1980 et en 1994 ?

2 ★★ **Lis le texte attentivement et réponds aux questions.**

L'activité la plus pure est la prière, la lecture des textes sacrés. À l'opposé, tout ce qui oblige à toucher les cadavres, les excréments, les cheveux et les ongles est un grave facteur de pollution… D'où la surprise ! les cuisiniers sont souvent des brahmanes. Dans un restaurant, on a besoin de deux personnes pour chaque table. L'une pour servir, ne peut être que d'une caste supérieure pour que les plats ne soient pas pollués, l'autre, celle qui dessert, sera de caste inférieure puisqu'elle accepte de manipuler les restes de nourriture qu'ont pu laisser des consommateurs impurs. L'homme qui sert est habillé de blanc, celui qui dessert est vêtu de couleur kaki.

D'après F. DURAND-DASTES. *Le Monde Indien*, G.U Belin-Reclus, 1995.

a. Pourquoi les cuisiniers sont-ils des brahmanes ?

b. Pourquoi ceux qui servent sont-ils habillés en blanc ?

c. Pourquoi un restaurant a-t-il besoin d'un nombre important de personnel ?

3 ★★★ **Regarde attentivement ces deux photographies et réponds aux questions.**

© Aline Koenig / Explorer

A. Dans une rue de Bénarès.

© Ph. Lissac / Explorer

B. Mariage en Inde.

a. Le personnage de la photographie A appartient-il à la même caste que les personnages de la photographie B ?

b. Quels éléments indiquent la richesse de la famille de la photographie B ?

c. Quelle activité exerce le personnage de la photographie A ?

d. Dans quel type de quartier habite le personnage de la photographie A ?

Je retiens l'essentiel

• **L'économie indienne** doit relever deux **défis** : nourrir une population très nombreuse et adapter le pays au monde moderne.

• **L'agriculture** emploie deux indiens sur trois et elle a toujours composé avec les impératifs climatiques : pendant la saison des pluies, on sème le riz et le millet (cultures **kharif**), en hiver, pendant la saison sèche, on sème le blé (culture **rabi**). À ces cultures de base, les Indiens ont toujours associé d'autres plantes (légumes, fruits, coton, arachide, thé ou canne à sucre).
Depuis 1967, pour faire face à un risque de pénurie alimentaire liée à l'augmentation très rapide de la population, le gouvernement s'est lancé dans la **Révolution verte**. L'agriculture est plus scientifique (sélection des espèces, utilisation des engrais, irrigation) et les rendements ont considérablement augmenté. L'Inde a atteint l'**autosuffisance**. Mais, les progrès sont très inégaux dans l'espace (plaines et littoraux favorisés) et sont lents. Si bien que la population indienne connaît encore la **malnutrition** mais elle ne connaît plus de famines.

• **L'industrialisation** encouragée par l'État, a surtout profité aux villes. Les **industries lourdes** et de **biens d'équipement** qui exigent beaucoup de capitaux sont des entreprises d'État. Les industries de **biens de consommation** appartiennent à des particuliers. Les activités sont géographiquement regroupées dans quatre métropoles (Bombay, Calcutta, Madras, Delhi) et satisfont les besoins de la population.
Le gouvernement essaie de développer des industries de **haute technologie** (informatique, aérospatiale...).

EURÊKA !

Je comprends comment faire

pour réaliser une carte des « Contrastes régionaux en Inde »

1. **Je dois montrer les différences** de développement qui existent entre les régions indiennes.
2. **Je commence par faire l'inventaire des obstacles** au développement. Je dessine (en marron) d'abord les montagnes : l'Himalaya et le plateau du Dekkan peu peuplés, aux activités traditionnelles.
3. **Par opposition, j'indique** en vert les plaines et les vallées très peuplées, à l'agriculture irriguée, moderne qui a de bons rendements.
4. **Je note ensuite,** à l'aide de gros points rouges, les **centres industriels** importants qui sont des **nœuds de communication**. J'indique par des traits rouges les voies de communication.
5. **Enfin j'oppose** les **régions pauvres** et les **régions en plein essor** en écrivant un signe + ou un signe –.
6. **Je n'oublie pas de rédiger** ma **légende** et de donner un **titre** à ma carte.

OBJECTIF

Comprendre les défis indiens.

Je m'exerce

1 Analyse la photographie, lis le graphique et réponds aux questions.

★

Démonstration d'épandage d'insecticide en Inde.

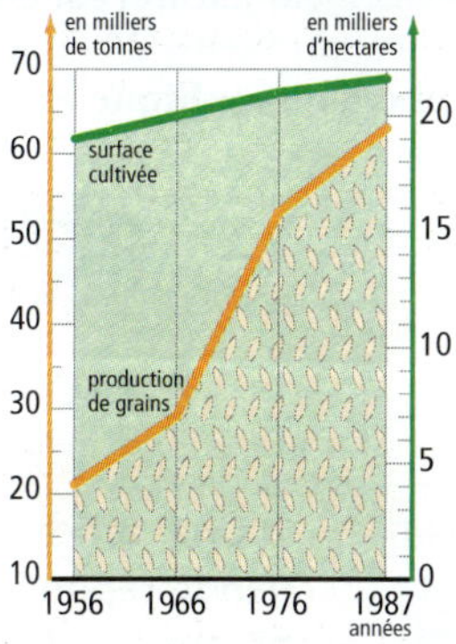

a. Que fait l'homme au premier plan?

....

....

b. Pourquoi doit-il faire une « démonstration » aux autres paysans ?

....

....

c. Le graphique montre les conséquences de la modernisation de l'agriculture. Quelles sont-elles ? Quelles cultures ont le plus profité des progrès ?

....

....

....

d. Calcule l'augmentation de la production de riz entre 1956 et 1987. Qu'observes-tu ?

....

....

....

2 Observe bien les trois cartes et réponds.

★★★

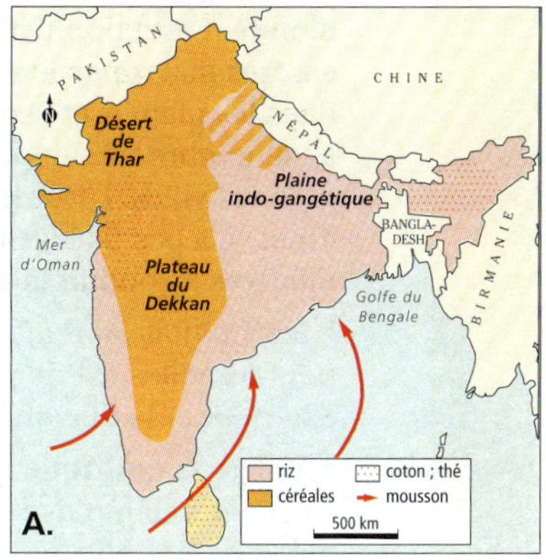

L'Inde : régions agricoles

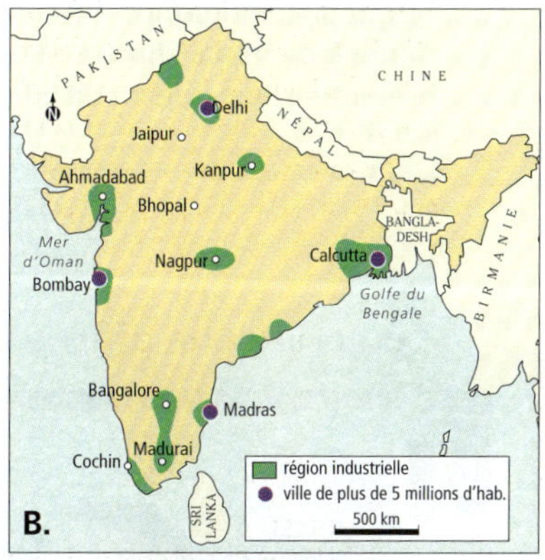

L'Inde : régions industrielles

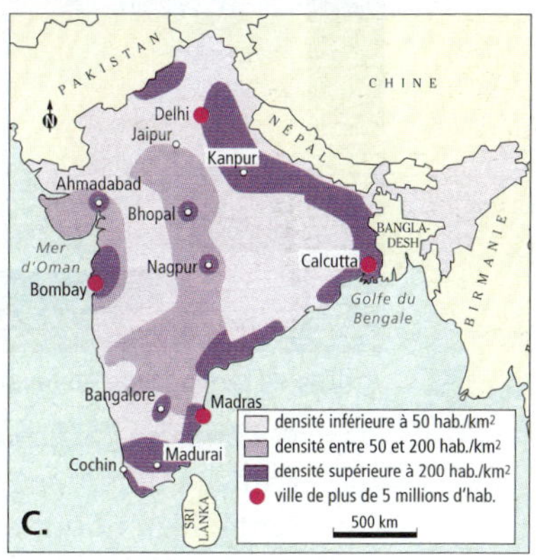

L'Inde : densité de population

a. Où sont les régions les plus peuplées ?
b. Pourquoi la culture du riz est-elle si importante le long du littoral ?
c. Pourquoi les plus grandes villes sont-elles le plus souvent des ports ?
d. Pourquoi la densité de population est-elle faible sur le plateau du Dekkan ?

Je retiens l'essentiel

• **Avec 1,2 milliard d'habitants, la Chine est le premier foyer de peuplement du monde.** Cette population, à la civilisation plusieurs fois millénaire et très brillante, est très mal répartie sur la surface du territoire. Elle se trouve principalement à l'Est dans les plaines et les **deltas** (9 chinois sur 10) où la culture du riz procure du travail à un nombre très importants de paysans. C'est dans l'Est que se trouvent les plus grandes villes. L'Ouest, aux conditions naturelles moins favorables (désert de Gobi, Tibet) n'a pas fixé les hommes. Pourtant, la découverte récente de richesses minières a conduit le gouvernement a établir des **fronts pionniers**.

• Les Chinois sont majoritairement des **ruraux** (2/3 de la population) mais l'attrait pour les villes est de plus en plus grand depuis l'ouverture du pays sur le marché extérieur et la **décollectivisation** des campagnes.

• Malgré la **politique de l'enfant unique** mise en place par le gouvernement en 1979 (de moins en moins respectée), la population chinoise a doublé en 40 ans ; le taux de natalité n'est plus que de 18 ‰ mais compte tenu du nombre de jeunes Chinois (50 % des Chinois ont moins de 20 ans), le taux d'accroissement naturel est encore de 10 ‰ ce qui pose quelques difficultés (écoles insuffisantes, problème d'emploi...). Actuellement, la Chine a bien amorcé la **transition démographique** et enregistre les premiers signes de vieillissement de la population.

Je comprends comment faire

EUREKA !

➤ pour lire une affiche de propagande

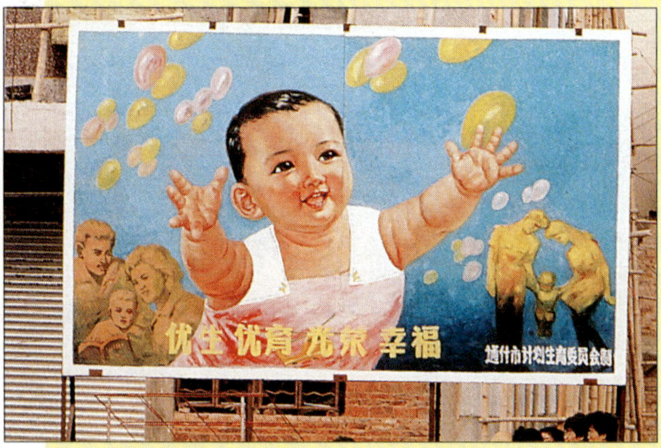

© J.-L. Gobert / Explorer

Affiche de propagande en faveur de l'enfant unique

1. Une affiche de propagande répond à un objectif précis : faire partager une idée par le plus grand nombre. C'est donc un dessin qui obéit à des critères très stricts de construction, de choix des couleurs et des symboles. L'affiche doit séduire.

2. Je lis le titre. Il s'agit d'une affiche de propagande en faveur de l'enfant unique en Chine.

3. J'analyse l'affiche. Elle comporte deux plans. Au premier plan et au centre de l'affiche un enfant, le visage souriant, tend les bras vers la vie. Il est en bonne santé, bien nourri et semble appeler les gens à vivre comme lui.
Au deuxième plan, de chaque côté de l'affiche, deux couples avec chacun un enfant unique. Celui de gauche s'occupe de son enfant qui étudie, tandis que celui de droite est représenté dans une scène de jeu et de bonheur familial.
Au-dessus, des ballons multicolores s'envolent comme dans une fête, sur fond de ciel bleu, symbole de plénitude.

4. Je conclus que cette affiche, agréable à regarder, est très suggestive. Tous ces éléments vont dans le même sens : n'avoir plus qu'un seul enfant permet bonheur et prospérité.

OBJECTIF

Comprendre l'enjeu humain de la Chine.

Je m'exerce

1 ★ **Observe la pyramide des âges de la Chine et les informations fournies, puis réponds aux questions.**

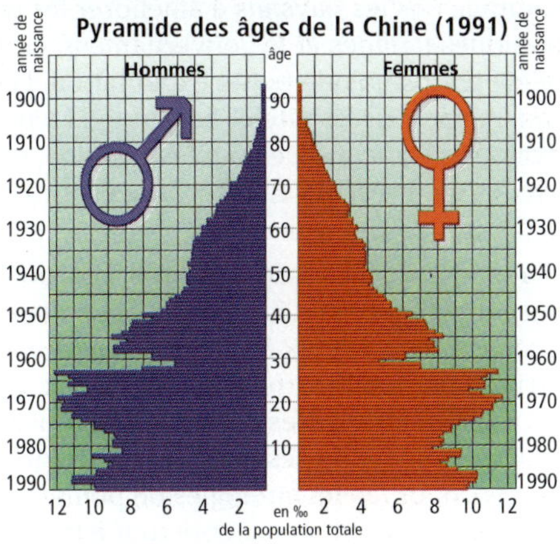

1958-1960 : grandes famines
1970 : campagne de limitation des naissances

a. Rappelle la définition de la pyramide des âges.

b. En quelle année cette pyramide a-t-elle été réalisée ?

c. Pourquoi y a-t-il un « creux » dans la population âgée de 5 à 14 ans ?

d. Quelle est la tranche d'âge la plus nombreuse autant du côté des garçons que du côté des filles ?

2 ★★ **Analyse le tableau et réponds aux questions.**

	famille d'enfant unique	famille de plus de un enfant
salaire	prime mensuelle	amende pouvant atteindre 20% du salaire
logement	prioritaire	
école	inscription prioritaire	
alimentation	ration d'huile supplémentaire	
sanctions administratives		situation professionnelle bloquée

a. Quels sont les avantages accordés aux parents qui n'ont qu'un seul enfant ?

b. De quelle nature sont les sanctions prises contre les couples qui ont plusieurs enfants ?

c. Quelle mesure vise plus particulièrement les enfants qui ont des frères et sœurs ?

3 ★★★ **Regarde attentivement le tableau.**

	1952	1965	1978	1994
agriculture	84	81,6	73,8	54
industrie	7	8,4	15,2	23
services	9	10	11	23

L'évolution de la population active en Chine en pourcentage de la population active

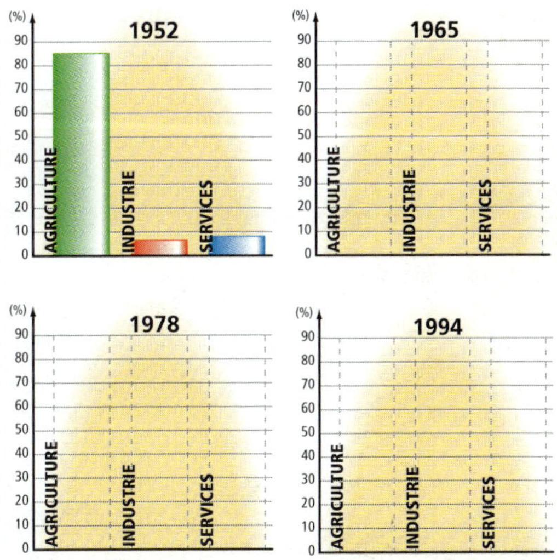

a. Construis les histogrammes pour les années 1965, 1978 et 1994 selon le modèle.

b. Quelle est l'activité dominante ? Comment a-t-elle évolué depuis 1952 ?

....

....

....

....

c. Quel secteur d'activité a le plus augmenté ses effectifs ?

....

....

Géographie

8 L'économie de la Chine

Géographie

Je retiens l'essentiel

- **L'économie chinoise a subi le contrecoup de l'évolution politique du pays.**
- **Après la Révolution communiste de 1949, Mao Dzedong** avait **collectivisé les terres** (les avait mises en commun) et crée les **communes populaires** en 1956. Mais, le manque de liberté et d'intérêt n'encourage pas les paysans à améliorer les rendements. La Chine connaît alors de dramatiques famines et le gouvernement, en 1979, décide de redonner aux paysans en même temps qu'une petite exploitation, la liberté de produire et de vendre. La production augmente très vite et beaucoup. Le pays s'engage dans la **Révolution verte**, développe l'irrigation et la mécanisation, sélectionne les espèces et introduit de nouvelles cultures. Mais les résultats sont inégaux. L'Ouest du pays présente un gros retard.
- **L'industrialisation tardive**, profite d'abondantes richesses (pétrole, charbon, hydroélectricité, minerais) mais elle accentue les inégalités sociales et spatiales. Les **zones économiques spéciales** qui accueillent les sociétés étrangères, se trouvent à proximité des ports de la côte Est et attirent un nombre croissant de ruraux. Le gouvernement accorde des privilèges aux sociétés (étrangères ou chinoises) qui acceptent de s'installer en Chine centrale. La Chine diversifie ses activités industrielles mais elle doit encore faire appel à l'étranger pour les technologies de pointe. Ce n'est plus un **pays en voie de développement** mais ce n'est pas encore tout à fait un **nouveau pays industrialisé**.

Je comprends comment faire

EUREKA!

pour analyser une carte des moyens de communication

1. **Je lis le titre de la carte.** Il s'agit des principaux moyens de communication en Chine en 1995.

2. **Je lis la légende.** Elle indique la signification des couleurs : le rouge représente les routes, le noir les voies ferrées, les traits simples les fleuves aménagés et les traits doubles les canaux. Seuls les aéroports internationaux ont été retenus ainsi que les plus grandes villes-carrefours.

3. **J'analyse la carte.** Elle indique que les voies ferrées sont inexistantes à l'ouest du pays. Par contre, des routes permettent d'accéder aux confins occidentaux de la Chine. Les fleuves sont équipés et navigables dans leur partie avale uniquement. Les aéroports internationaux sont au nombre de trois et tous situés dans des villes à l'est du pays (Pékin, Shanghaï, Canton). Les principaux carrefours se trouvent eux-aussi à l'Est. Seules Lanhou et Chongging se trouvent en Chine centrale.

4. **Je conclus** que la maîtrise de l'espace est très inégale. Elle est bonne à l'Est mais très insuffisante à l'Ouest.

OBJECTIF

Comprendre le développement de la Chine.

1 ★ **Observe bien les trois cartes et réponds aux questions.**

Chine : densité de population

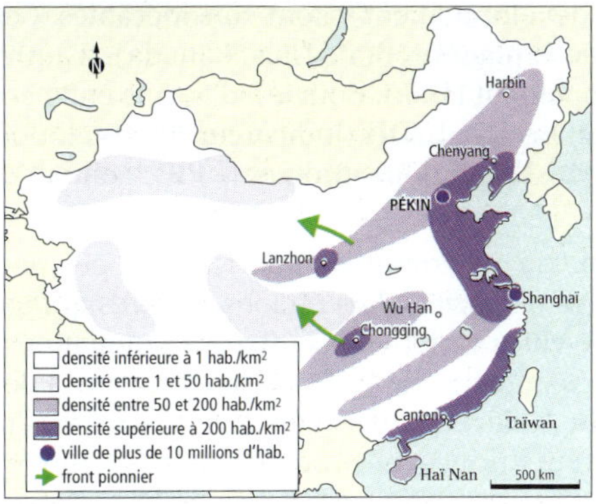

Chine : régions agricoles

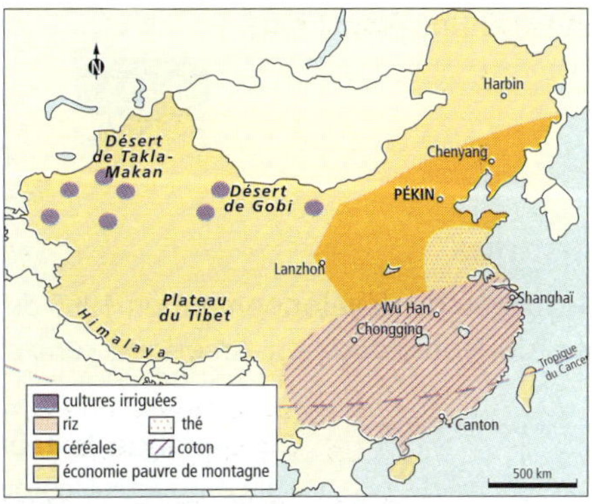

Chine : ressources minières et énergétiques

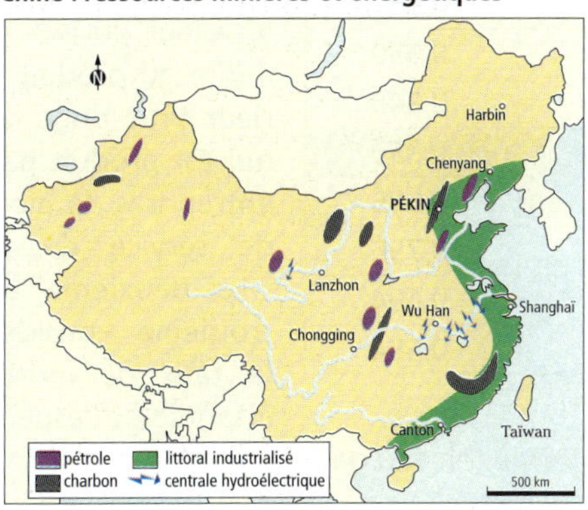

a. Où se trouvent les régions les plus peuplées ?

b. Pourquoi le gouvernement favorise-t-il les fronts pionniers de l'Ouest ? Dans quel secteur d'activité les populations déplacées peuvent-elles envisager de travailler ?

c. Où se trouvent les régions de culture ?

d. De quelles ressources énergétiques dispose la Chine ? Où se trouvent ces ressources ?

2 ★★ **Complète le texte ci-dessous.**

La Chine est le plus v…………………… État de la planète. C'est aussi le plus p………………………… . Elle compte plus de …………………………… d'habitants mais cela ne lui donne qu'une densité très moyenne de 126 hab./km². Cette moyenne recouvre en fait de très fortes i…………………………… s……………………… . Aux 300 hab./km² de la plaine côtière s'opposent les 2 hab./km² du désert de Gobi. La Chine est le pays des contrastes saisissants. Dans le Shaanxi, le temps semble s'être arrêté. Dans les r………………, les jeunes paysans, très nombreux, barbotent dans une eau boueuse et le dos courbé r……………… le riz qui leur donnera les galettes et le saké (alcool) de l'hiver. L'arrivée à Pékin, elle, donne le vertige. Vélos par milliers, voitures qui rendent la traversée d'une rue bien périlleuse, trottoirs encombrés, la foule est considérable. On comprend alors que, par crainte d'une pénurie alimentaire, le gouvernement ait mis en place une politique de l…………………………… des n……………………… . Aujourd'hui, même si les Chinois ne respectent plus tout à fait la politique de l'e…………………………… u………………………, l'accroissement naturel n'est plus que de ……………… par an. Dans les campagnes où le besoin de main-d'œuvre a toujours été important, le respect de la réglementation n'a jamais été bien suivi. Mais on comprend aussi que les autorités s'inquiètent du v………………………… de la population. Les jeunes ne seront plus assez nombreux pour s'occuper de leurs aînés.

Géographie

Géographie

9 Les contrastes humains du continent américain

Je retiens l'essentiel

• **Le continent américain ne fut découvert et peuplé par les Européens qu'au XVe siècle** (Anglais et Français en Amérique du Nord, Espagnols et Portugais en Amérique du Sud).

• Les inégalités de niveau de vie et de développement y sont considérables. Certains États comptent parmi les plus riches de la planète (États-Unis, Canada), d'autres figurent parmi les pays en voie de développement (Haïti, Bolivie), d'autres enfin sont des nouveaux pays industrialisés (Mexique, Brésil). L'**IDH** (indicateur de développement humain qui considère l'**espérance de vie**, l'**alphabétisation** et le **PIB**) connaît de gros écarts.

• Avec une densité moyenne de 20 hab./km², le continent américain est peu peuplé. Mais cette moyenne cache de très fortes disparités. Les régions côtières qui ont accueilli les immigrants, ont développé villes et activités et fixé les populations. 75 % des Américains vivent dans des villes gigantesques. Au Nord, la ville n'a pas de cœur historique et s'organise autour du **CBD**. À l'inverse, les villes sud-américaines présentent de vieux quartiers historiques et touristiques, elles sont aussi et surtout caractérisées par les immenses bidonvilles qui les ceinturent. Au Nord, les **minorités ethniques** et **linguistiques** vivent le plus souvent à l'écart alors qu'en Amérique du Sud, le **métissage** est très important (sauf en Argentine et au Chili).

Je comprends comment faire

➤ pour analyser un tableau statistique

1. **Je lis le titre du tableau.** Il s'agit du niveau de développement en 1995 de huit pays d'Amérique, deux en Amérique du Nord, deux en Amérique centrale et quatre en Amérique du Sud.

‰	PIB/hab./an en $	Mortalité infantile en ‰	Espérance de vie (an)	IDH
États-Unis	24 680	9	76	0,937
Canada	20 950	7	77,4	0,950
Mexique	7 000	36	70,8	0,845
Haïti	930	86	56	0,359
Argentine	8 920	24	72	0,885
Brésil	5 500	58	66,3	0,796
Pérou	3 690	64	66	0,694
Bolivie	2 520	75	59,4	0,584

Le niveau de développement de quelques pays d'Amérique

2. **J'analyse le tableau.** Il comporte 4 colonnes.
– La première indique la valeur du PIB, c'est-à-dire du produit intérieur brut donc de ce qui est produit par les entreprises de biens et de service du pays.
– La deuxième et la troisième considèrent le taux de mortalité infantile et l'espérance de vie qui traduisent les conditions de vie (niveau de soin, qualité de l'alimentation, niveau d'instruction) de la population.
– La quatrième précise la valeur de l'IDH, indice mis au point par les Nations-Unies.
Ce tableau montre de **très grandes inégalités** entre les États. Les États d'Amérique du Nord sont les plus riches, ceux où l'on vit le plus vieux et où la mortalité infantile est la plus faible ce qui se traduit par un IDH fort élevé. C'est Haïti qui présente la situation la plus dramatique. Tous les indices sont mauvais. Les États d'Amérique du Sud et le Mexique, sont en position intermédiaire.

3. **Je conclus** que le continent américain est un **continent très contrasté**.

OBJECTIF

Comprendre les inégalités de développement en Amérique.

Je m'exerce

1 ★ **Observe bien les deux cartes et réponds aux questions.**

Amériques : IDH

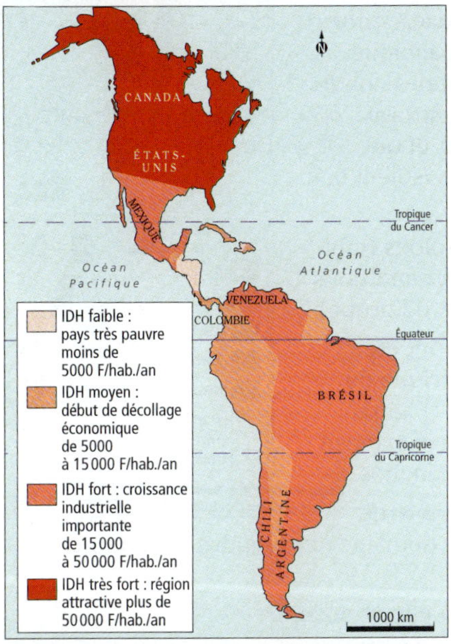

Amériques : répartition de la population

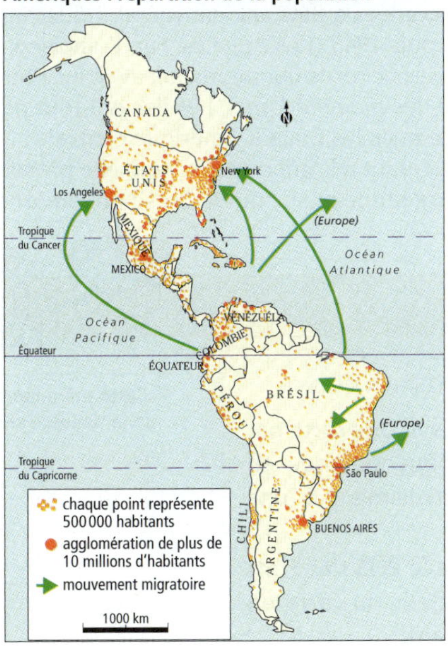

a. Quelles parties sont les plus peuplées ? Indique une raison.

b. Cite les États les plus démunis. Où se trouvent-ils ?

c. Quelle solution la population choisit-elle pour fuir ses difficultés ?

2 ★★ **Regarde bien les deux schémas et retrouve les points communs et les différences qui existent entre la ville d'Amérique du Nord et la ville d'Amérique du Sud.**

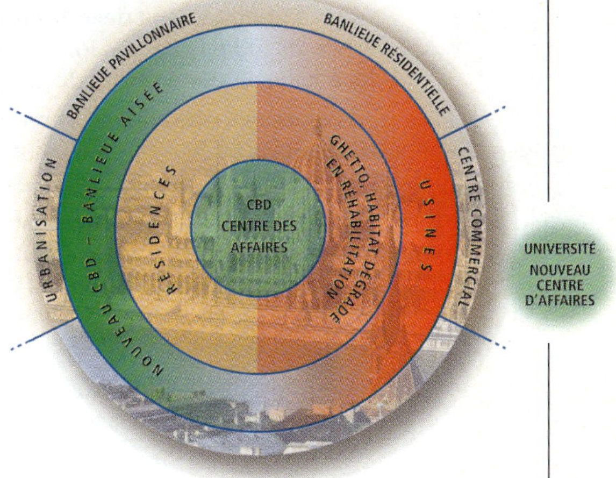

....

....

....

....

....

....

....

....

Géographie

Géographie

10 L'Amérique : contraintes et mise en valeur

Je retiens l'essentiel

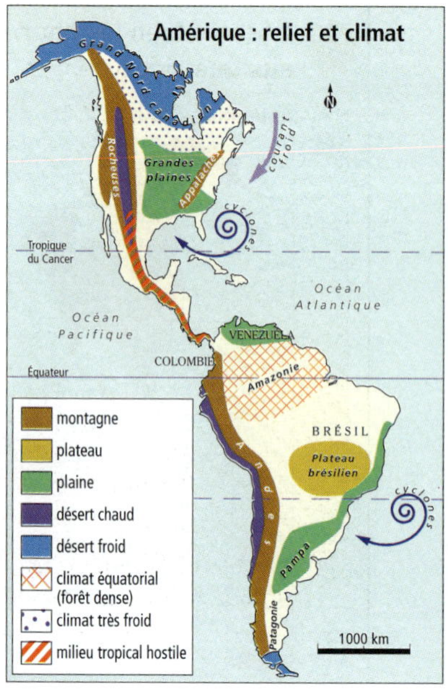

• **Du 82° de latitude Nord au 55° de latitude Sud, le continent américain s'étire sur 15 000 km et couvre 39 millions de km².**

• **Les grandes chaînes de relief** (Rocheuses, Andes) se trouvent à l'Ouest et longent la côte pacifique. Hostiles à l'homme au Nord, elles offrent des conditions climatiques plus favorables que le littoral (chaud et humide ou désertique) au Sud, et ont attiré les Indiens depuis longtemps. Elles isolent la façade pacifique du reste du continent.

• **Les plaines orientales** ont retenu les colons (multiples abris offerts par la côte atlantique, conditions climatiques et paysages proches de ceux d'Europe).

• **Les plaines centrales** aux États-Unis n'ont été mises en valeur que récemment. En Amérique du Sud, **les grandes plaines et les plateaux** (Pampa argentine) sont encore réservés à l'élevage extensif de troupeaux de bovins gardés par des gauchos.

• L'Amérique intertropicale est soit couverte de vastes forêts (forêt amazonienne) soit le domaine des grandes plantations (coton, café, canne à sucre).

• L'extrême Nord et l'extrême Sud ont un climat polaire.

• **La mise en valeur du continent est inégale**. En Amérique du Nord, la façade atlantique jusqu'au Grands Lacs, est la plus peuplée, la plus anciennement industrialisée. Le littoral pacifique est en plein essor depuis 1945 (Los Angeles, San Francisco, Seattle, Vancouver). Le Mexique a signé des accords commerciaux avec les États-Unis et le Canada (accords ALENA et système des *maquiladoras*). Les îles ont tout particulièrement développé l'activité touristique mais les États d'Amérique centrale sont le plus souvent dépendants des États-Unis. Quant à l'Amérique du Sud, elle présente de très grandes disparités. Seuls le Chili, l'Argentine et surtout le Brésil ont amorcé leur décollage économique.

Je comprends comment faire

pour analyser une carte par anamorphose

1. **Anamorphose veut dire « sans forme ».** Une carte par anamorphose est une carte schématique obtenue en représentant **une surface proportionnellement à une quantité.**

2. **Je lis le titre.** Cette carte représente le **PNB** des États américains. La légende indique la valeur du carré en milliers de dollars par an et par habitant.

3. **J'analyse la carte.** Je constate que certains États ne figurent pas sur la carte : ce sont les plus pauvres (pays d'Amérique du Sud). C'est l'Amérique du Nord qui apparaît la plus riche. Les PNB des États du Nord sont 10 à 150 fois plus importants que ceux des États du Sud.

4. **Je conclus que le continent américain est très inégalement développé.**

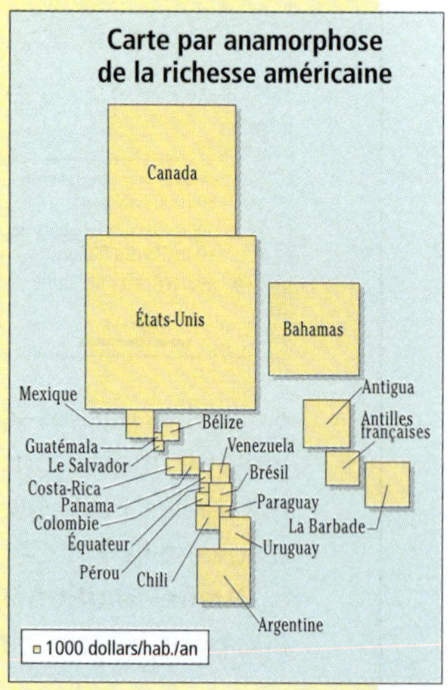

OBJECTIF

Comprendre la diversité économique américaine.

Je m'exerce

1 ★ **Observe bien les photographies et réponds aux questions.**

© F. Gohier / Hoa-Qui

Paysage de haute montage dans les Andes

© Manfred Gottschalk / Altitude

Le canyon du Colorado aux États-Unis

a. Où sont situés ces deux paysages ?

....

b. Quels éléments montrent la présence humaine dans les Andes ?

....

....

c. Où se trouvent les parcelles cultivées ? Pourquoi ?

....

....

....

....

d. Comment qualifierais-tu le paysage offert par le plateau du Colorado ?

....

2 ★★ **Observe la pyramide des âges du Mexique, des États-Unis et du Brésil et réponds aux questions.**

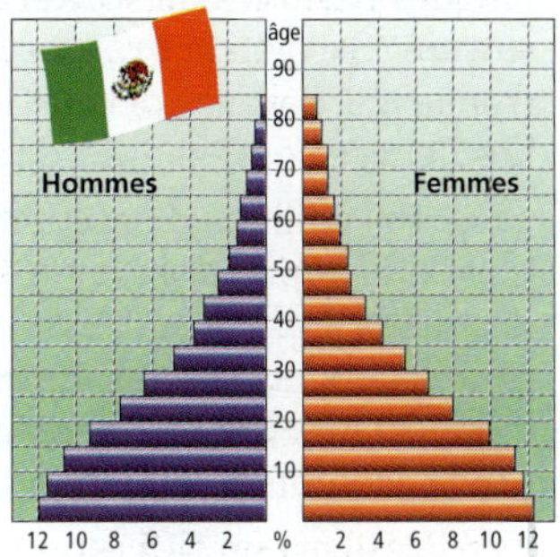

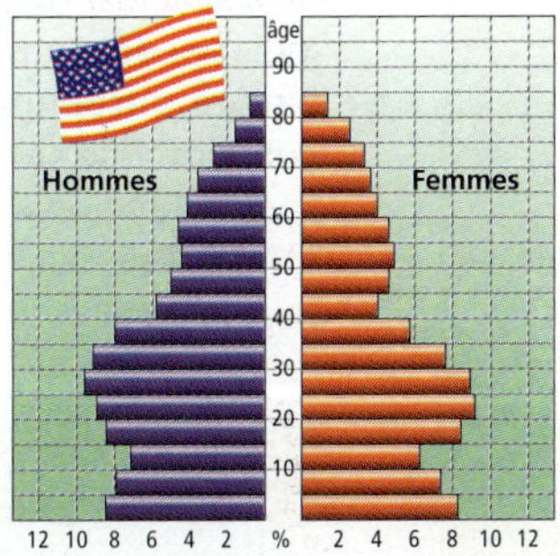

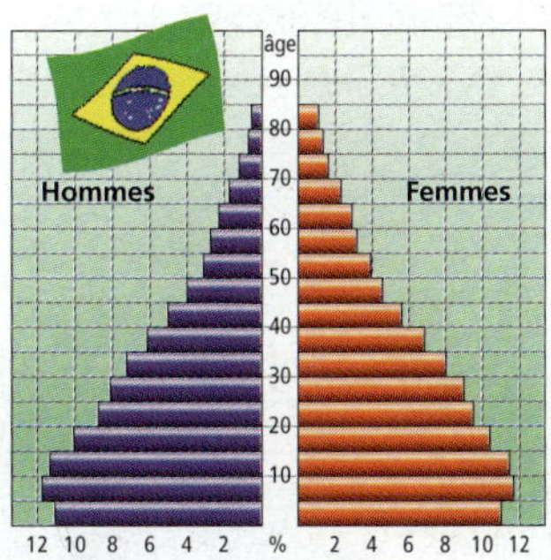

a. Les pyramides sont-elles régulières ?

b. Un pays n'en est qu'au premier stade de la transition démographique, c'est-à-dire qu'il connaît une baisse de la mortalité mais garde une forte natalité. Lequel ? Justifie ta réponse.

c. Pour lequel des trois États la situation démographique est-elle la plus inquiétante ? Pourquoi ?

d. Dans lequel des trois États la population âgée est-elle la moins nombreuse ? La plus nombreuse ? Peux-tu donner une explication ?

Je retiens l'essentiel

• **Quinze fois plus grand que la France, le Brésil est le pays des contrastes géographiques et sociaux.**

• Il est marqué par le **climat équatorial** chaud et humide au Nord (Amazonie) et les longues périodes de **sécheresse** au Nord-Est (*Sertao*), la **forêt dense** (Amazonie) et la **savane** (Sud) ou la **brousse** (Nord-Est). Le **réseau hydrographique** long et puissant (Amazone, Parana) permet les liaisons avec l'intérieur du pays, riche en minerais. Les fleuves sont équipés de barrages hydroélectriques gigantesques (Itaïpu).

• Les 160 millions d'habitants sont inégalement répartis à la surface du territoire. C'est une population jeune, mobile, citadine, multiraciale. 40 % des Brésiliens sont des **métis**. Les inégalités sociales sont très fortes. L'exode rural conduit les jeunes ruraux vers les **favelas**. Le **taux de mortalité infantile** s'élève à 58 ‰, ce qui traduit d'importants retards (enseignement, santé). Le Brésil est pourtant la dixième puissance économique du monde.

• Le Brésil est un **NPI** (nouveau pays industrialisé) qui produit des biens industriels et de service et dispose d'une agriculture très variée, souvent moderne et commerciale. Mais les déséquilibres régionaux sont considérables. Le Nordeste est la région la plus pauvre, surpeuplée et mal reliée au reste du pays. À l'inverse, le Sud (agriculture commerciale sur **latifundia**) et le Sud-Est (qui a la moitié des richesses et l'industrie) sont les régions les plus riches. Le Centre Ouest et l'Amazonie sont des **régions pionnières**. Brasilia, la capitale depuis 1960, a été édifiée dans le Centre Ouest afin d'attirer la population trop regroupée le long du littoral.

Je comprends comment faire

EUREKA!

pour analyser un paysage urbain

Deux quartiers de São Paulo

© P. de Wilde / Hoa-Qui

© P. de Wilde / Hoa-Qui

1. Je lis le titre. Il permet de situer les paysages dans l'espace. Il s'agit de deux quartiers de São Paulo, la plus grande ville du Brésil. La ville est située sur le tropique du Capricorne, au sud-est du pays.

2. J'observe les photographies.
– La première montre un habitat dégradé fait de tôles et de planches. Les routes ne sont pas toutes goudronnées. Les conditions d'hygiène ne semblent pas très bonnes. Il s'agit d'un bidonville que les Brésilens appellent *favela*.
– La deuxième montre de grands immeubles modernes, récents. Les gens qui habitent ces immeubles sont plus riches que ceux qui habitent la favela.

3. Je conclus : les inégalités sociales sont très importantes au Brésil et bien visibles dans le paysage urbain.

OBJECTIF

Comprendre l'organisation du Brésil.

Je m'exerce

1 ★ **Lis le texte et le tableau attentivement et réponds aux questions.**

« Pour les Brésiliens du Nord et du Nordeste, le Sud commence à la latitude de Brasilia.
Le Grand Sud concentre, sur 36 % du territoire national, 65 % de la population, 75 % de la production agricole, 90 % de la production industrielle. La domination est nette. Cependant, cet espace présente trois régions : le Sud-Est centre politique et économique du pays, le Sud traditionnel, très agricole et le Centre Ouest, espace de rencontre des migrants venus du Sud et du Sud-Est et étape en direction de l'Amazonie. »

D'après R. PÉBAYLE, *Le Brésil*, PUF, « Que sais-je ? »,1995.

	millions d'habitants	production agricole en %	production industrielle en %	revenu moyen par rapport à une valeur nationale de 100
Nord	12	2,5	1,9	129
Nordeste	44	21,6	7,6	57
Sudeste	65	33,4	73	119
Sud	23	32,5	16,2	101
Centre Ouest	12	10	1,3	115

a. Combien y a-t-il de régions au Brésil d'après ce texte ? Lesquelles ? Les Brésiliens ont-ils la même perception de leur espace que l'auteur du texte ?

....

....

....

....

....

....

b. Où se trouvent les richesses et la population ? Au Nord ou au Sud ?

....

c. Pourquoi les Brésiliens du Nord considèrent-ils que le Sud commence à Brasilia ?

....

....

....

....

....

....

d. Selon le tableau, dans quelle région du Brésil les revenus sont-ils effectivement les plus élevés ?

....

2 ★★★ **Complète la légende de la carte : les contrastes régionaux au Brésil.**

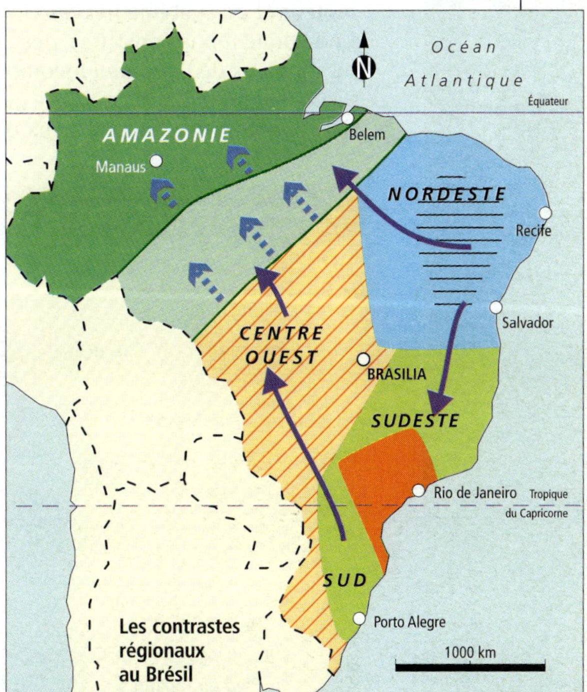

Le Sudeste : région active
- région i..............................
- agriculture moderne intensive

Le .... : région pauvre
- région en crise
- sécheresse

Les espaces p.............................. : le Centre Ouest
- colonisation agricole en cours de développement
- f.............................. p..............................
- m.............................. i..............................

Le Nord : espace vide
- forêt dense en cours d'exploitation
- forêt amazonienne, très peuplée

Géographie

1

Le mouvement et sa commande

Je retiens l'essentiel

- **Lors d'un mouvement, divers organes interviennent ensemble** : les **contractions** et **relâchements coordonnés** des muscles assurent les mouvements en entraînant les os sur lesquels ils sont fixés par des **tendons**.
- **Les os se déplacent les uns par rapport aux autres au niveau des articulations**, où ils sont maintenus par des **ligaments**. Le **cartilage articulaire** et la **synovie** facilitent leur glissement.
- **Le fonctionnement des muscles est commandé par les centres nerveux**. Les messages nerveux sont transmis par les centres nerveux (cerveau et moelle épinière) et par les nerfs.
Un mouvement peut répondre à une stimulation extérieure reçue par un organe des sens. L'information correspondante est transmise aux centres nerveux par un nerf.
- **Des habitudes de vie saine contribuent au bon fonctionnement** de l'appareil locomoteur et du système nerveux.
Une bonne tenue (posture), des exercices physiques favorisent le développement harmonieux de l'appareil locomoteur.
La consommation ou l'abus de certaines substances (dopants, alcool), la fatigue, détériorent le système nerveux ou perturbent son fonctionnement.

Je comprends comment ça fonctionne

EUREKA !

Flexion et extension d'un muscle

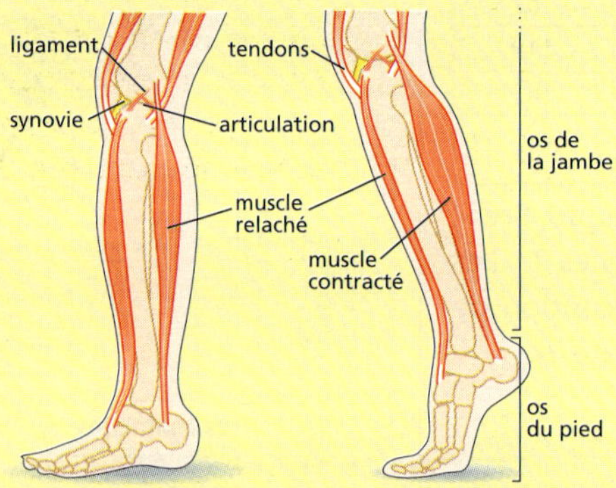

a. Pied en flexion
b. Pied en extension

Lorsque le muscle du mollet est contracté, le muscle situé en avant de la jambe se relâche et le pied se tend.

La commande du mouvement

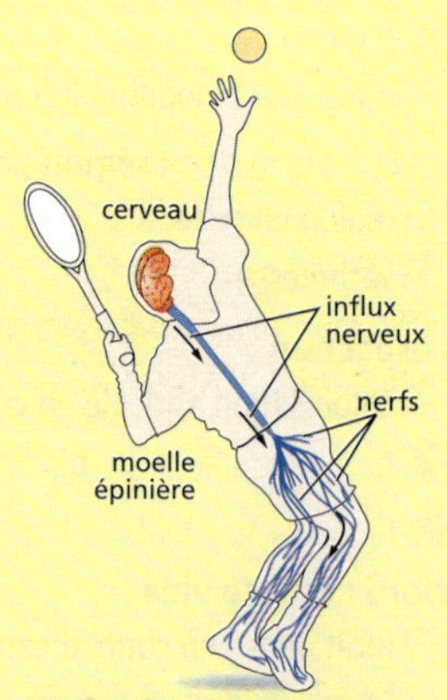

Trajet du message nerveux commandant le mouvement

Accidents de fonctionnement de l'appareil locomoteur

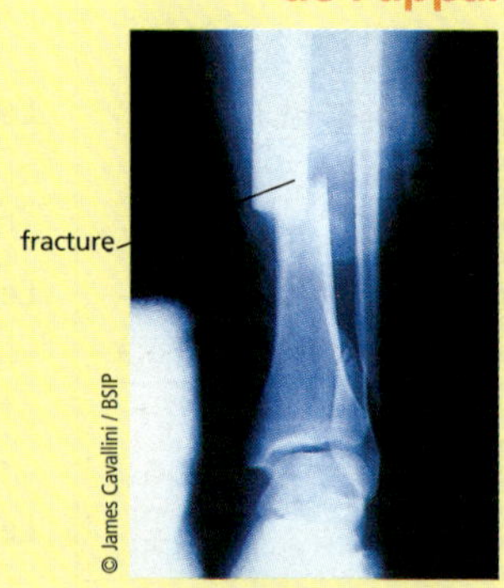

Radio d'une fracture du tibia

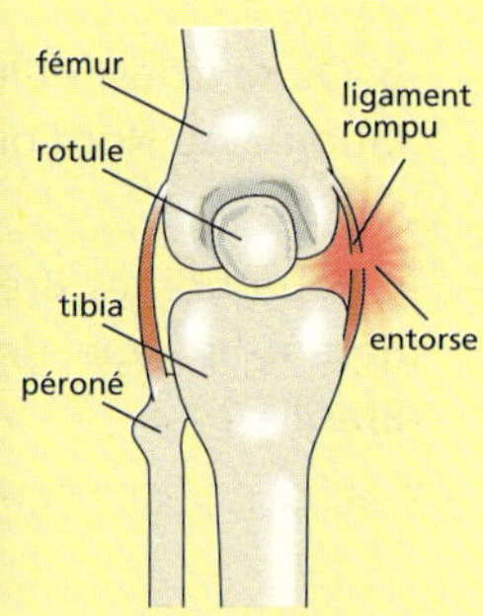

Entorse du genou

OBJECTIFS

- Expliquer un mouvement en identifiant les organes qui interviennent et leur rôle.
- Compléter un schéma fonctionnel.
- Repérer le trajet des messages nerveux.
- Lésions du squelette et de la musculature.

Je m'exerce

1 ★ **Complète le texte suivant.**

Quand je me mets sur la pointe des pieds, le muscle de mon mollet est .... Ma jambe est alors .... Quand je m'accroupis, le muscle de mon mollet est .... Ma jambe est alors ....

2 ★★ **Tu aperçois des gâteaux à la vitrine d'une pâtisserie. Tu t'approches pour faire ton choix. En utilisant les symboles ci-après, représente les éléments qui sont intervenus dans cette circonstance, et les liens qui s'établissent entre eux :**

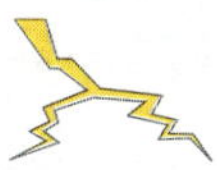
stimulation

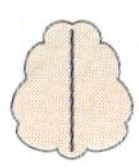
centre nerveux

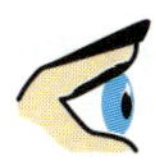
organe des sens

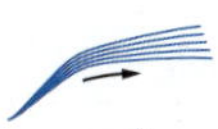
nerf

muscle

(*Remarque : chaque élément peut intervenir plusieurs fois et ils ne sont pas présentés ici dans l'ordre dans lequel ils interviennent.*)

3 ★★ **Les entorses sont des accidents bien connus dans les stations de ski. Les principales victimes sont des gens d'âge mûr (40 ans) qui ont peu d'activité physique au cours de l'année, et s'élancent sur les pistes dès leur arrivée à la station pour profiter au mieux de leurs quelques jours de vacances.**

a. Rappelle ce qu'est une entorse.

....

....

b. Utilise l'ensemble de ces informations pour expliquer pourquoi ce sont justement parmi ces personnes que l'on trouve le plus fréquemment les entorses.

....

....

....

4 ★★ **Les parents d'élèves s'inquiètent souvent — avec raison — du poids du cartable de leur enfant. Sachant que la colonne vertébrale est un empilement de petits os appelés vertèbres maintenues entre elles par des ligaments, décris la conséquence que peut avoir, à la longue, le fait de porter le cartable :**

a. à la main : ....

....

....

b. sur le dos : ....

....

....

5 ★★★ **Sachant que notre organisme est un tout, et qu'aucun organe ne peut fonctionner correctement indépendamment des autres, explique pourquoi les produits dopants qui développent rapidement et fortement les muscles sont interdits dans le sport.**

....

....

....

....

....

....

....

6 ★★★ **« Boire ou conduire, il faut choisir ! » Documente-toi et résume en une phrase la conséquence de la consommation d'alcool, qui rend dangereuse la conduite automobile.**

....

....

....

....

....

Je retiens l'essentiel

• **Les organes réalisent avec le sang les échanges qui répondent à leurs besoins.** Les muscles, richement irrigués, **prélèvent** dans le sang des **nutriments,** de l'**oxygène** et y **rejettent** du **dioxyde de carbone** et d'autres **déchets**. Ces mêmes échanges sont réalisés par tous les organes.
La consommation de nutriments et d'oxygène, le rejet de dioxyde de carbone par les muscles varient selon leur activité.

EUREKA!

Je comprends comment ça fonctionne

Que se passe-t-il dans un muscle en activité ?

Muscle (vu au microscope) parcouru de vaisseaux sanguins

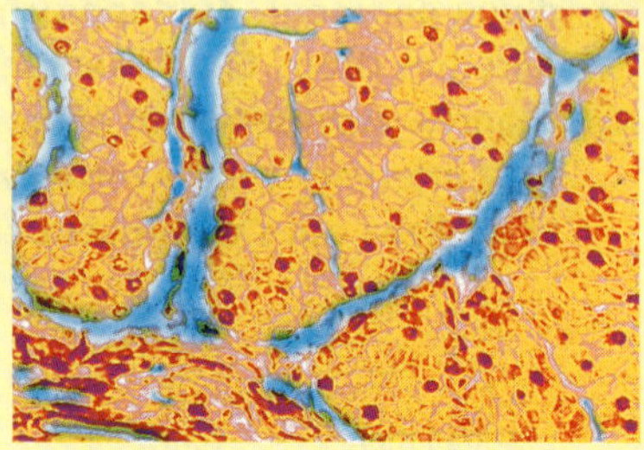
© VEM / BSIP

• On réalise une **prise de sang** dans un vaisseau juste à son **arrivée dans un muscle,** puis à la **sortie de ce même muscle**. L'analyse de ce sang donne les résultats suivants :

Tableau 1

Dans 100 mL de sang	Volume d'oxygène	Volume de dioxyde de carbone
arrivant au muscle en activité	19,5 mL	50,2 mL
quittant le muscle en activité	11,8 mL	58,1 mL

• On constate qu'au cours de son passage dans le muscle, le sang a perdu de l'oxygène, et qu'il s'est enrichi en dioxyde de carbone.
→ Le muscle a donc **consommé de l'oxygène** et **rejeté du dioxyde de carbone.**

• On réalise la même analyse, portant cette fois sur les substances nutritives : glucides, lipides, protides (protéines).

Les résultats sont consignés dans le tableau ci-dessous :

Tableau 2

Quantités exprimées en mL/litre de sang	Sang entrant dans le muscle	Sang sortant de l'organe
Glucides	1000	650 à 720
Lipides	4 à 6000	4 à 6000
Protides	450	225

• On réalise les mêmes mesures que dans l'expérience rapportée par le tableau 1, mais cette fois **le muscle est au repos.**
Les résultats figurent dans le tableau ci-dessous :

Tableau 3

Dans 100 mL de sang	Volume d'oxygène	Volume de dioxyde de carbone
arrivant au muscle au repos	19,5 mL	50,2 mL
quittant le muscle au repos	14,5 mL	53 mL

OBJECTIFS

Relation entre activité, rythme respiratoire et rythme cardiaque.

Relation entre activité d'un organe et sa consommation de substances.

Je m'exerce

1 ★ **En prenant modèle sur le commentaire du tableau 1 de la page 180, fais une phrase résumant les informations apportées par le tableau 2 de cette même page.**

....

....

....

2 ★★ **De la même façon, fais une phrase donnant l'information nouvelle apportée par le tableau 3 de la page 180.**

....

....

....

3 ★★ **Reprends toutes les informations des tableaux 1, 2 et 3 page 180 pour les résumer en une phrase.**

....

....

....

4 ★★ **À l'aide des ces informations, complète le schéma fonctionnel ci-dessous :**

Une flèche rouge symbolisera le passage de l'oxygène. Une flèche bleue pour le dioxyde de carbone, une flèche verte pour les glucides, une flèche jaune pour les protides.

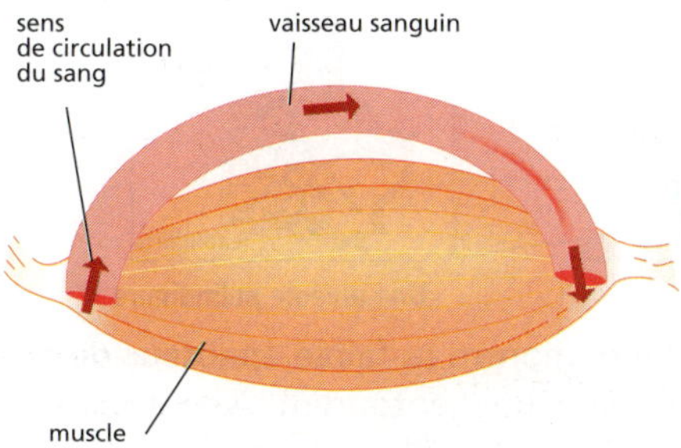

Schéma fonctionnel des échanges sang/muscle

5 ★★ **Bilan des connaissances :**
les muscles sont un lieu d'.......................... et ....

6 ★★★ **À la fin d'une course d'endurance, le sportif a chaud !**

L'utilisation de l'oxygène et des substances nutritives a permis aux muscles de produire de l'.......................... qui est libérée sous forme de .... et de ....

7 ★★★ **Les coureurs du Tour de France, comme tous les sportifs d'endurance, se nourrissent avant et pendant les épreuves, de pâtes et de sucre.**

a. Recherche sur un emballage la composition des pâtes.

....

....

....

....

....

b. Justifie leur abondante consommation par les sportifs.

....

....

....

....

8 ★★★ **En altitude (haute montagne), l'air contient moins d'oxygène. Chaque pas devient très pénible et seuls des montagnards entraînés parviennent à terminer l'ascension des plus hauts sommets. Explique ce phénomène en une phrase.**

....

....

....

Sciences de la vie et de la Terre

3 Les échanges gazeux respiratoires

Fonctionnement du corps et nutrition

OBJECTIFS

- Connaître les organes de l'appareil respiratoire.
- Relier les mouvements respiratoires au renouvellement de l'air dans les poumons et aux échanges gazeux air/sang.
- Comparer chimiquement l'air inspiré de l'air expiré.

Je retiens l'essentiel

• **Dans les poumons, les échanges gazeux permanents avec l'air enrichissent le sang en oxygène et l'appauvrissent en dioxyde de carbone.**

• Le prélèvement d'oxygène et le rejet de dioxyde de carbone sont facilités par la finesse de la paroi des **alvéoles pulmonaires**, leur grande surface et l'importance de leur irrigation sanguine. Elles constituent une **vaste surface d'échanges entre l'air et le sang**.

• Le renouvellement de l'air dans l'appareil respiratoire est provoqué par la **dilatation** et l'**affaissement** des poumons, entraînés par les mouvements de la cage thoracique.

• Des substances nocives présentes dans l'environnement, perturbent le fonctionnement de l'appareil respiratoire. Certaines sont à l'origine de maladies graves.

Je comprends comment ça fonctionne

EUREKA !

L'approvisionnement des poumons en air pendant un effort

• On mesure le rythme respiratoire (nombre de respirations par minute) chez des enfants au repos, après une course rapide, puis après une période de récupération de 10 minutes. Les résultats moyens sont donnés dans le tableau suivant :

Rythme respiratoire en nombre de respirations par minute		
Au repos	Après une course rapide	Après récupération de 10 minutes
22	40	24

• **À l'occasion d'une course rapide**, on est **essoufflé**, le **rythme respiratoire augmente** puis revient peu à peu à la valeur de repos.

Les mouvements respiratoires

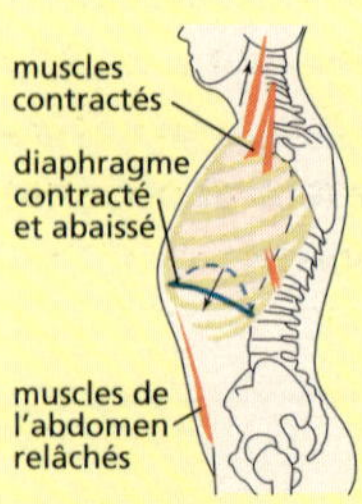

L'inspiration

• **La contraction des muscles de la cage thoracique** entraîne son gonflement. Dans le même temps, le diaphragme contracté s'abaisse, augmentant encore le volume. Les poumons, entraînés par la cage thoracique, se remplissent d'air : **c'est l'inspiration**.

• **Le relâchement** des muscles provoque l'affaissement de la cage thoracique et donc la diminution de volume des poumons qui se vident d'une partie de l'air qu'ils contiennent : **c'est l'expiration**.

Que se passe-t-il dans les poumons ?

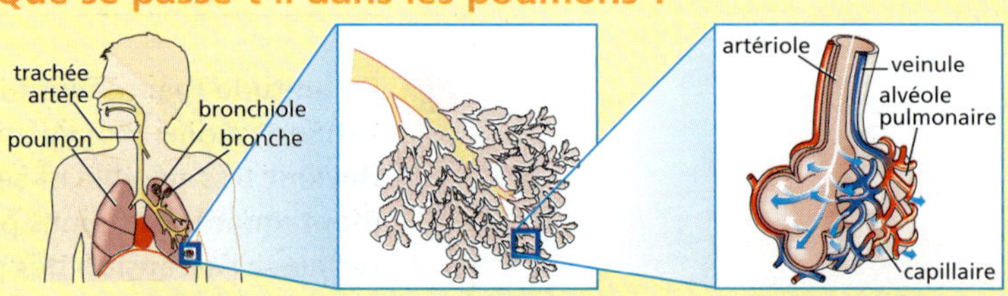

Une bronchiole — **Une alvéole pulmonaire**

Une photo au microscope électronique, montre la faible épaisseur de la paroi d'une alvéole pulmonaire et des vaisseaux qui l'entourent. À ce niveau, l'air se trouve à moins d'un micromètre (1 millième de millimètre) du sang. Les gaz respiratoires passent aisément à travers les parois, de l'air au sang ou l'inverse.

→ Les poumons sont donc le lieu des **échanges gazeux respiratoires**.

Je m'exerce

1 ★ **On fait l'analyse de l'air qui entre dans les poumons (air inspiré) et de l'air qui en sort (air expiré). À l'aide des résultats donnés dans le tableau, complète les phrases ci-dessous.**

Valeurs pour 100 litres d'air respiré

	Oxygène	Dioxyde de carbone
Air inspiré	21 litres	0,03 litre
Air expiré	16 litres	5 litres

a. Dans l'air inspiré il y a …………… d'oxygène que dans l'air expiré.

b. Dans l'air inspiré il y a ………………… de dioxyde de carbone que dans l'air expiré.

c. L'air expiré a donc perdu de …………… et gagné du …………………… .

2 ★ **Complète les phrases suivantes.**

Dans les poumons, de ……………………… passe de l'…………… vers le sang et du …………………… de …………………… passe du …………………… vers l'…………………… .

Il y a donc des ………………………………… gazeux ………………………………………… .

3 ★★ a. **Annote le schéma ci-dessous avec les mots suivants :** *trachée – bronches – poumons.*

b. **Représente par une flèche rouge le trajet de l'air riche en oxygène et par une flèche verte l'air pauvre en oxygène.**

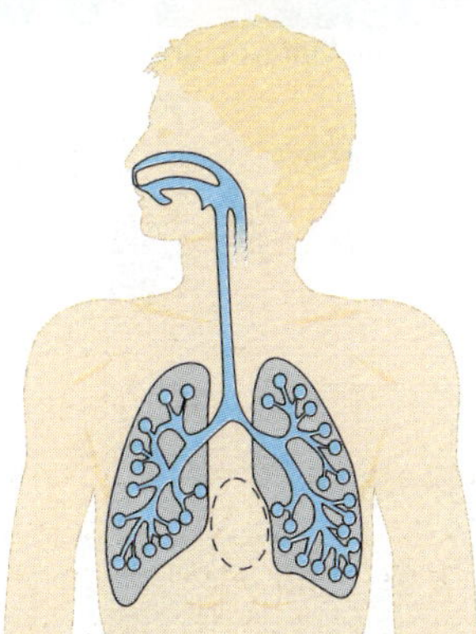

Appareil respiratoire vu de face

4 ★★ **On estime qu'il y a environ 300 millions d'alvéoles par poumon, que la surface de chacune d'elles est de 0,3 mm².**

a. Calcule en m² la surface totale de contact entre le sang et l'air chez un individu adulte.

…………………………………………………………………………

b. Compare la valeur obtenue à la surface d'un terrain de tennis, de 24 m de long sur 8 m de large.

…………………………………………………………………………

…………………………………………………………………………

5 ★★★ **Sachant que 250 millilitres d'oxygène passent à chaque minute de l'air vers le sang, calcule le volume d'oxygène que reçoit l'organisme en une journée.**

…………………………………………………………………………

…………………………………………………………………………

…………………………………………………………………………

6 ★★★ **Relève parmi toutes les informations rassemblées dans ce chapitre, les trois caractéristiques des alvéoles pulmonaires qui leur donnent toutes les qualités pour permettre les échanges gazeux respiratoires.**

…………………………………………………………………………

…………………………………………………………………………

…………………………………………………………………………

7 ★★★ **La fumée de cigarette contient bien des substances nocives, parmi lesquelles des goudrons qui viennent tapisser la paroi des alvéoles pulmonaires. Quelle est la conséquence sur les échanges gazeux respiratoires ?**

…………………………………………………………………………

…………………………………………………………………………

…………………………………………………………………………

…………………………………………………………………………

Je retiens l'essentiel

- Les **nutriments** utilisés en permanence par les organes proviennent de la **digestion des aliments**.
- La **transformation des aliments** consommés en **nutriments solubles** s'effectue dans le **tube digestif**.
- L'action des **sucs digestifs** est facilitée par la **mastication** et par les contractions de la paroi du tube digestif.
- **Les nutriments** passent dans le **sang** au niveau de l'**intestin**.
- **Une bonne denture**, **une alimentation régulière**, favorisent le fonctionnement de l'appareil digestif et l'activité normale de tous les organes.

Je comprends comment ça fonctionne

Que se passe-t-il dans la bouche ?

- **Dans la bouche**, les aliments subissent l'**action des dents**, qui les coupent, les écrasent, les réduisent en morceaux de petite taille. La **langue les mélange** à la **salive**, et l'ensemble constitue une bouillie finalement avalée : **c'est la déglutition**.

Que se passe-t-il ensuite ?

- En 1752, Réaumur fait avaler à une buse (oiseau rapace) un petit tube métallique grillagé aux deux bouts, et contenant un petit morceau de viande. 24 heures plus tard, le tube est vomi par l'animal. Le tube a gardé sa forme, aucune trace de frottement n'est visible à sa surface. Simplement, le morceau de viande qui était à l'intérieur s'est transformé en une bouillie blanchâtre.

→ Il y a donc eu **transformation chimique** de la viande **dans le tube digestif** de la buse.

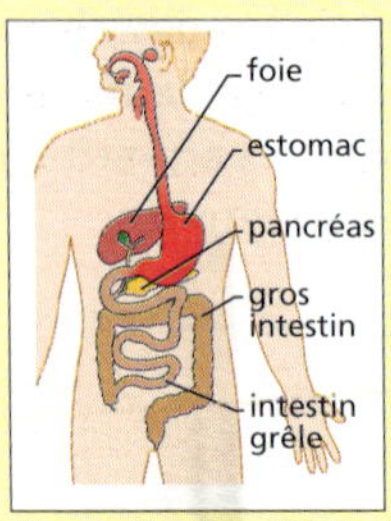

Appareils digestif

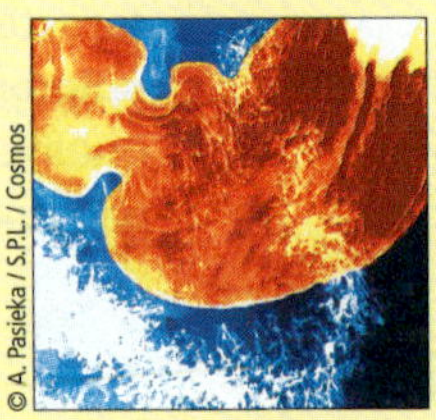

© A. Pasieka / S.P.L. / Cosmos

Radio de l'estomac

© Dr. Pichard T. / BSIP

Radio de l'intestin grêle

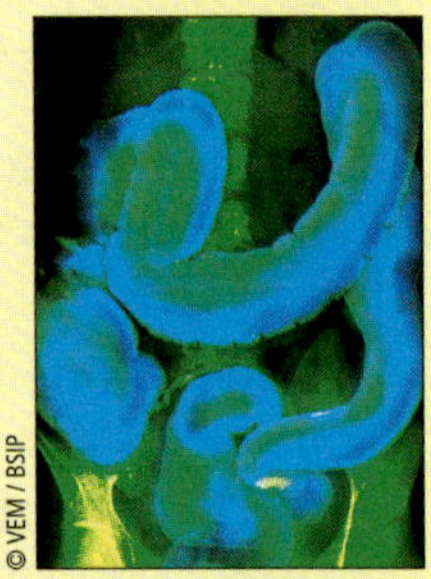

© VEM / BSIP

Radio du colon

- Tout au long de leur trajet dans le tube digestif (estomac, intestin grêle), les aliments subissent l'action de substances produites par l'organisme : **les sucs digestifs**. Ceux-ci transforment les aliments consommés en particules extrêmement petites : **les nutriments,** tels qu'ils peuvent franchir la paroi des replis de l'intestin et gagner le sang.

Les aliments non transformés sont rejetés par l'anus.

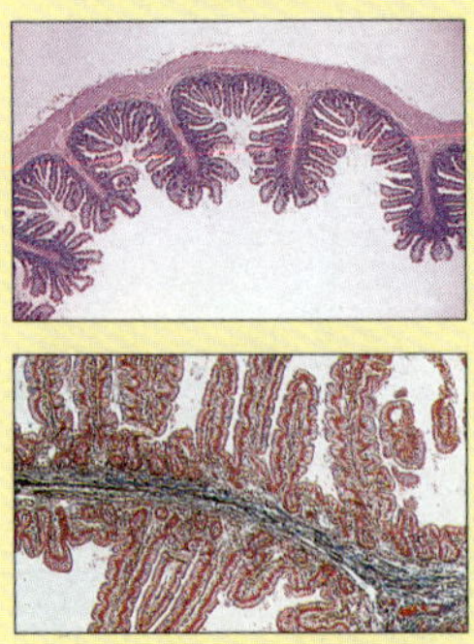

© Biophoto Associates / S.P.L. / Cosmos

© M. Kage / S.P.L. / Cosmos

Replis de l'intestin grêle et villosités

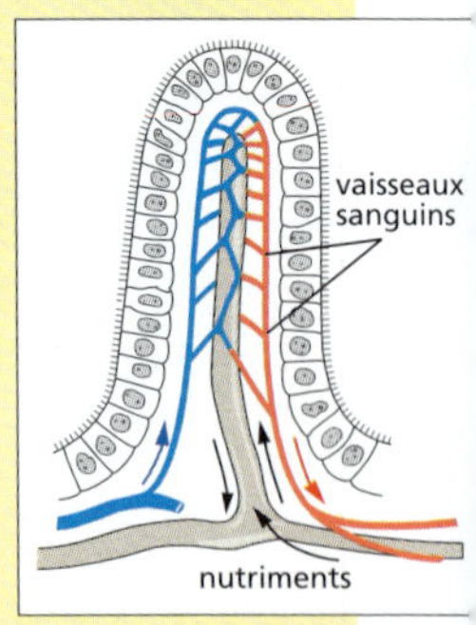

Détail d'une villosité

OBJECTIFS

- Relier les aliments consommés aux molécules utilisables par l'organisme.
- Connaître l'organisation de l'appareil digestif.
- Notion d'hygiène dentaire et alimentaire.

Je m'exerce

1 ★ **Observe le schéma et complète-le selon les consignes.**

a. Sur le schéma ci-dessous, indique par une flèche le trajet des aliments dans le tube digestif.

b. Indique le lieu des transformations mécaniques (écrasement) et le lieu des transformations chimiques (réduction en particules élémentaires : nutriments).

c. Flèche d'une autre couleur le lieu de passage des nutriments dans le sang.

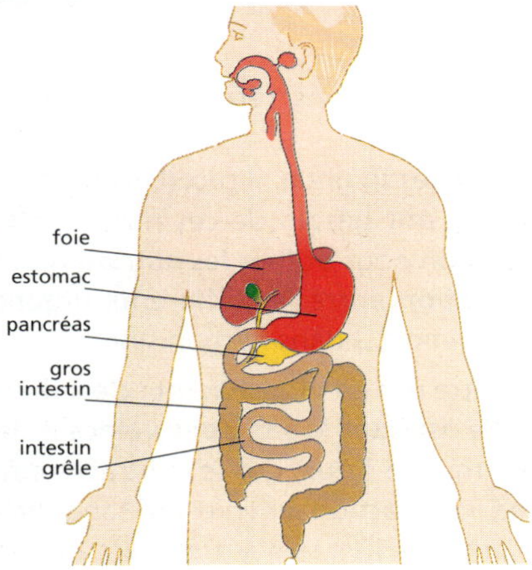

2 ★★ **Observe l'expérience ci-après et réponds.**

a. Décris le résultat obtenu.

....

....

....

....

b. Propose une explication.

....

....

....

....

3 ★★ **Les mamans conseillent souvent à leurs enfants de bien prendre le temps de mâcher la nourriture. Explique l'importance de ce conseil pour une bonne digestion.**

....

....

....

....

4 ★★ **Complète la phrase suivante.**

La paroi de l'intestin grêle est très fine, très étendue grâce à ses nombreux replis, elle possède d'innombrables vaisseaux sanguins. Elle a donc toutes les caractéristiques d'une .... d'.............................. Et c'est à ce niveau que les .... passent de l'.............................. au ....

5 ★★★ **Lorsqu'on se blesse légèrement, la peau cicatrise rapidement et aucune trace ne subsiste. Il n'en va pas de même pour les dents. La dentition « définitive » ne se répare pas.**

a. Recherche ce qui peut abîmer les dents, les réparations possibles, et les limites de ces réparations.

....

....

....

....

....

b. Déduis-en une précaution particulièrement utile au maintien des dents en bonne santé.

....

....

....

Sciences de la vie et de la Terre

5 Transport de matière dans l'organisme

Fonctionnement du corps et nutrition

OBJECTIFS

- Établir le bilan sur le transport de matière dans l'organisme.
- Distinguer dans la circulation les rôles du cœur et des vaisseaux.
- Connaître les maladies de l'appareil cardio-vasculaire.

Je retiens l'essentiel

• **La circulation sanguine assure la continuité des échanges au niveau des organes.** Le sang circule à sens unique dans les **vaisseaux — artères, veines, capillaires —** qui forment un système clos.

• **Le sang est mis en mouvement par le cœur**, muscle creux, cloisonné, fonctionnant de façon rythmique.

• Le bon fonctionnement du système cardio-vasculaire est favorisé par l'activité physique. Une alimentation trop riche, le stress, sont à l'origine des maladies cardio-vasculaires.

Je comprends comment ça fonctionne

➤ Le sang, agent de transport dans l'organisme

• Le sang, au cours de son passage dans les poumons, reçoit de l'oxygène et se débarrasse du dioxyde de carbone.

• Au cours de son passage au niveau de l'intestin grêle, il reçoit les nutriments.

• Les muscles et autres organes du corps, ont besoin de ces nutriments pour fonctionner et de l'oxygène de la respiration pour utiliser les nutriments.

→ C'est donc **le sang** qui assure une **relation** entre les **différents organes** du corps et le **transport de matière** (gaz, nutriments) dans l'organisme.

• **Pour assurer ce transport,** le sang doit être mis en mouvement : c'est le rôle du **cœur,** qui fonctionne comme une pompe **aspirant le sang des veines** et le **propulsant dans les artères.** Le cœur est un muscle creux, qui se contracte automatiquement et rythmiquement. Chaque contraction envoie du sang dans les artères.

• **Dans les organes,** les vaisseaux se ramifient en vaisseaux de plus en plus fins : **les capillaires.** Ceux-ci arrivent à proximité immédiate des cellules de l'organisme et **sont le lieu des échanges de matière.**

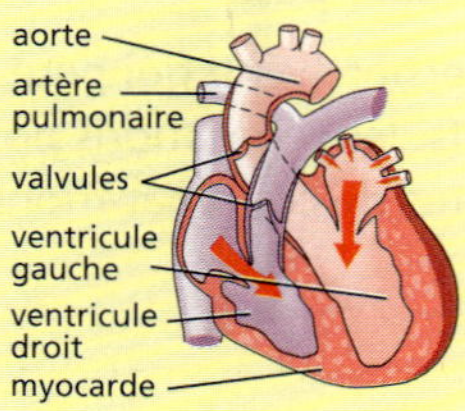

Schéma du cœur

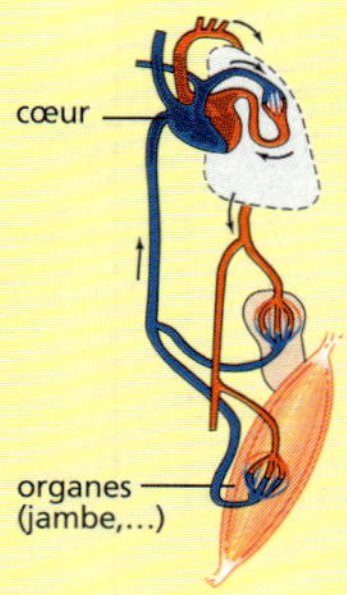

La circulation au niveau d'un organe

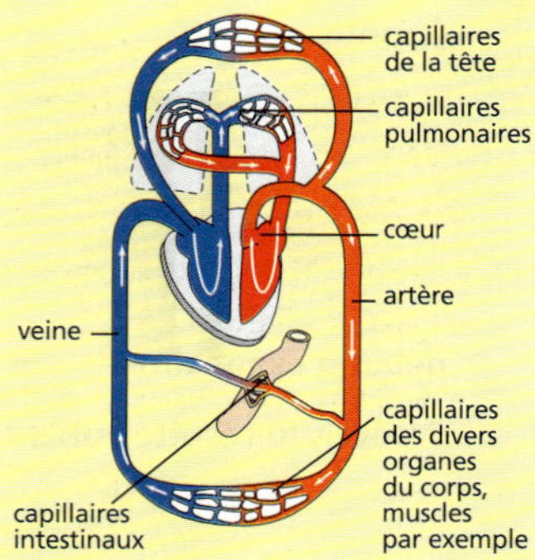

Schéma de l'appareil circulatoire

• Une alimentation trop riche, ou trop abondante, favorise l'accumulation de **graisse** dans les artères et peuvent même les boucher. L'organe auquel une artère bouchée devait apporter le sang est privé de nutriments et d'oxygène, ses cellules meurent. Si cet organe atteint est le cœur, c'est **l'infarctus du myocarde,** qui peut être mortel.

→ **Une alimentation équilibrée, une activité physique** régulière **facilitent la circulation du sang** et peuvent éviter dans une certaine mesure de tels accidents, parfois mortels.

Je m'exerce

1 ★ **Vrai ou faux ?** V F

a. Les veines transportent le sang sale. ☐ ☐

b. Les artères sont plus grosses que les veines. ☐ ☐

c. Dans les artères le sang circulant s'éloigne du cœur. ☐ ☐

d. Les veines transportent principalement le dioxyde de carbone, les artères transportent principalement l'oxygène. ☐ ☐

e. Les capillaires doivent leur nom au fait qu'ils sont très nombreux dans les cheveux. ☐ ☐

f. Les capillaires sont le lieu des échanges de gaz et de matière entre le sang et les organes. ☐ ☐

g. Les capillaires sont localisés dans les poumons et dans les muscles. ☐ ☐

h. Le cœur est l'organe qui est responsable de nos sentiments. ☐ ☐

i. Le cœur bat jour et nuit, pendant toute la vie. ☐ ☐

j. Les veines conduisent le sang des organes vers le cœur. ☐ ☐

2 ★★ **Mesure ton rythme cardiaque (nombre de battements par minute) au repos, après une course rapide, puis après récupération de 10 minutes.**

a. Présente les résultats sous forme de tableau.

Rythme cardiaque	Au repos	Après une course rapide	Après récupération

b. Résume en une phrase l'information apportée par ce tableau.

....

....

c. Compare avec la phrase écrite sous le tableau page 182.

....

....

3 ★★ **En utilisant les symboles ci-dessous, schématise le transport et les échanges de gaz et de matière dans l'organisme.**

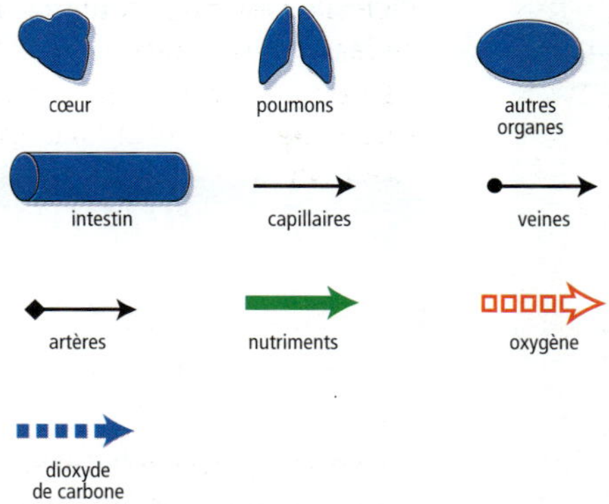

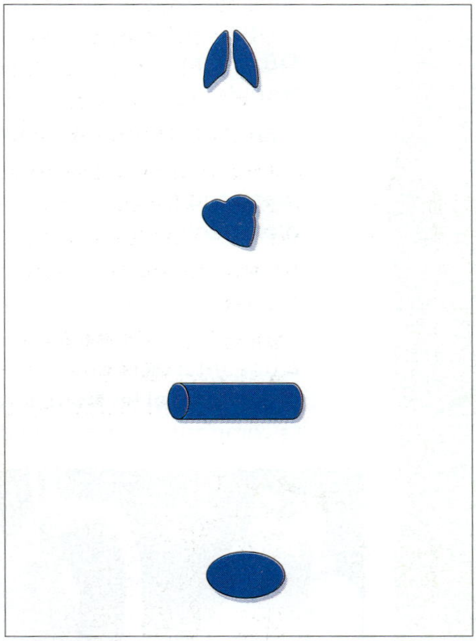

4 ★★★ **Utilise l'ensemble des informations précédentes pour compléter cette phrase bilan à l'aide des mots suivants :** *oxygène – respiratoire – cardiaque – nutriments – augmentent – rythme.*

Au cours de l'activité, les besoins des organes en .... et en .... augmentent. Le rythme .... et le ....

Je retiens l'essentiel

• **Chez les végétaux comme chez les animaux, la respiration consiste à absorber de l'oxygène et à rejeter du dioxyde de carbone.**

• Souvent, chez les animaux, des mouvements respiratoires assurent le renouvellement de l'air au niveau des organes respiratoires.

Je comprends comment ça fonctionne

Comment mettre en évidence la respiration des animaux ?

• **On peut utiliser un produit chimique pour révéler la présence de dioxyde de carbone.**
L'eau de chaux a la propriété de se troubler en présence de dioxyde de carbone. On dit que **l'eau de chaux est le réactif du dioxyde de carbone.**
Dans une enceinte parfaitement close, on place un petit animal. À côté de lui, un petit récipient contenant de l'eau de chaux. Au bout de quelque temps (10 à 30 minutes), l'eau de chaux, parfaitement claire en début d'expérience, se trouble.

• **En laboratoire, on peut faire l'analyse chimique de l'air contenu** dans l'enceinte où a séjourné l'animal. Elle révèle que la quantité d'oxygène a diminué. (Remarque : on ne dispose pas de réactif simple pour révéler la diminution d'oxygène.)

• **Une méthode moderne : l'expérimentation assistée par ordinateur (Ex. A.O.)**
Un **capteur** spécial est placé dans l'enceinte parfaitement fermée où respire l'animal ou est relié à un tube dans lequel respire l'homme. Ce capteur est reliée à une **interface**, qui traite les informations reçues et les envoie à un ordinateur où un logiciel les traite et affiche à l'écran, de manière continue au fil du temps, la composition chimique de l'air.

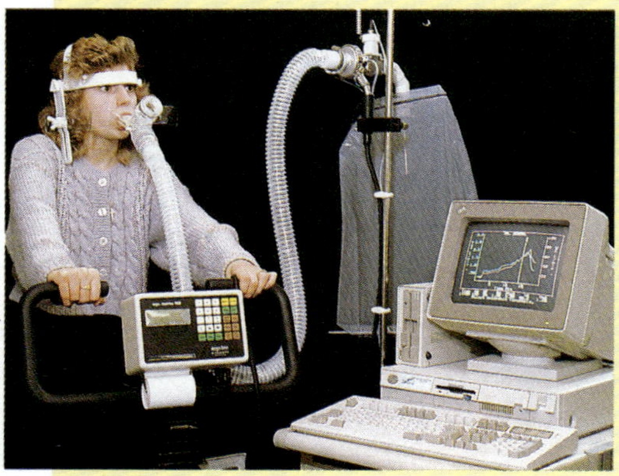

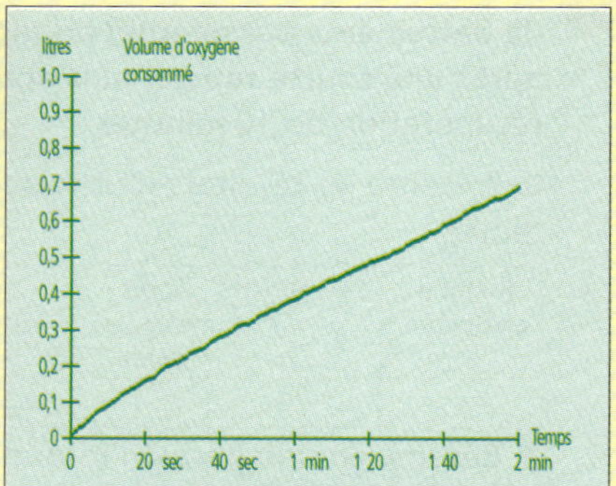

Exemple de courbe obtenue avec un dispositif d'Ex. A.O.

Comment mettre en évidence la respiration des végétaux ?

On peut utiliser la même méthode que pour les animaux.
Toutefois, dans le cas des végétaux chlorophylliens, il faut placer la plante à l'obscurité, car la nutrition de la plante à la lumière provoque un dégagement d'oxygène qui masque les échanges gazeux respiratoires.

OBJECTIFS

- Généraliser la notion de respiration.
- Concevoir des expériences de mise en évidence de la respiration.
- Lire un graphique.
- Synthétiser des informations.

Je m'exerce

1 ★ Utilise les informations fournies dans la première partie de « Je comprends comment ça fonctionne » ci-contre, pour schématiser l'expérience proposée, montrant le dégagement de dioxyde de carbone au cours de la respiration. N'oublie pas de présenter l'expérience témoin, c'est-à-dire le dispositif permettant de comparer ce qui se passe avec ou sans animal.

Expérience témoin
Schéma de l'expérience

2 ★★ Une sonde oxymétrique (appareil capable de mesurer la quantité d'oxygène) est plongée dans l'eau d'un aquarium contenant un poisson rouge. On note la quantité d'oxygène toutes les minutes pendant 5 minutes. Les résultats sont donnés sur le graphique ci-dessous :

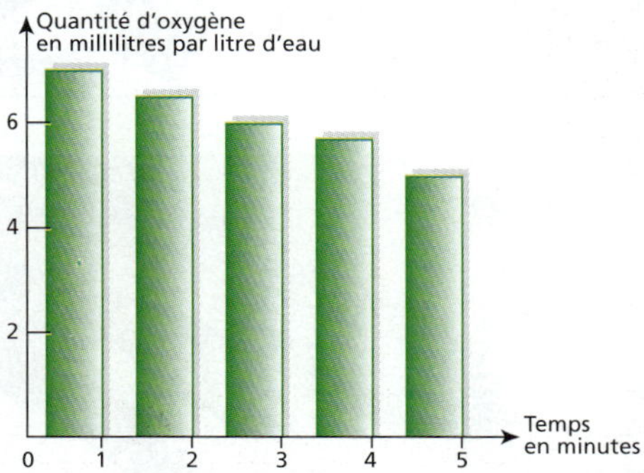

Écris une phrase résumant le résultat de cette expérience (sans utiliser de chiffres).

....

....

3 ★★ On veut alors savoir si ce poisson a rejeté du dioxyde de carbone. Mais l'eau de chaux est toxique pour l'animal ! Pas question d'en verser dans son aquarium. Imagine et schématise la manipulation.

4 ★★ L'expérience de l'exercice 3 étant réalisée, on constate qu'il y a bien un trouble de l'eau de chaux. Rédige une phrase reprenant tous les résultats de ces expériences faites sur le poisson et donne la conclusion qui en découle.

....

....

....

5 ★★★ Schématise une expérience permettant de savoir si les champignons rejettent du dioxyde de carbone. (Ne pas oublier le témoin.)

6 ★★★ Sachant que le résultat de l'expérience (exercice 5) est positif, peut-on conclure que les champignons respirent ? Justifie ta réponse.

....

....

....

Diversité des comportements respiratoires

Des êtres vivants dans leur milieu

Je retiens l'essentiel

• **Chez beaucoup d'animaux, la respiration s'effectue par l'intermédiaire d'organes respiratoires (poumons, branchies, trachées) qui ont en commun la finesse des parois et l'étendue des surfaces d'échanges.**

• Souvent, chez les animaux, des mouvements assurent le renouvellement de l'air ou de l'eau au contact des surfaces respiratoires.

• La respiration s'effectue par **des poumons**, **des trachées**, pour les animaux qui respirent **dans l'air** ; **des branchies** pour les animaux qui respirent **dans l'eau**.

Je comprends comment ça fonctionne

➤ La diversité des comportements respiratoires

• **Chez l'homme**, des **mouvements** répétés, **rythmiques**, **d'inspiration** et **d'expiration** assurent le renouvellement de l'air dans les poumons.

• **Chez un escargot**, on remarque, à la base de la coquille, **l'ouverture et la fermeture rythmiques d'un petit orifice**. En découpant délicatement la coquille, on découvre une poche claire, à paroi très fine, parcourue de nombreux vaisseaux sanguins. **On l'appelle poumon.**

• **Chez les poissons,** on observe également des **mouvements répétés et rythmiques**, d'ouverture et de fermeture de **la bouche** et **des opercules**, sortes de petits volets situés de chaque côté de la tête. Ces mouvements **assurent la circulation de l'eau sous les opercules**.

Sur un poisson fraîchement pêché, on découpe un opercule et on découvre plusieurs rangées de fines lamelles d'un rouge vif : **ce sont les branchies**.

(1)

© J.-P. Saussez / Jacana

(2)

© Frédéric / Jacana

(1) Tête de poisson avec branchie découverte
(2) Dissection d'une branchie

• **L'observation d'un criquet** permet de retrouver des **mouvements répétés** et **rythmiques** observables cette fois **au niveau de l'abdomen**. L'examen à la loupe de cet abdomen révèle, de chaque côté du corps, une rangée de **petits trous** appelés **stigmates**. À la recherche des organes respiratoires, on enlève délicatement l'enveloppe de l'animal à partir des stigmates, mais on ne découvre aucun organe comparable à des poumons. Au contraire, **tout le corps de l'animal** est parcouru d'un **réseau de tubes** qui se ramifient en tubes de plus en plus fins. **Ces tubes appelés trachées** amènent l'air **directement** à **toutes les cellules** de l'organisme.

© Anne et Jacques Six

Criquet de profil avec les stigmates visibles

OBJECTIFS

Savoir comparer des appareils respiratoires.

Généraliser le phénomène des échanges gazeux respiratoires.

Je m'exerce

1 ★ **Chez une carpe de taille moyenne, on a compté 8 branchies formées chacune de 2 parties. Chaque partie est constituée de 135 filaments branchiaux de 1 cm² chacun.**

a. Calcule la surface branchiale en contact avec l'eau.

....

b. Compare avec la surface extérieure du corps de l'animal, d'environ 600 cm².

....

....

2 ★★ **Rassemble les informations contenues dans ce chapitre à propos du poisson, pour montrer que les branchies sont la surface d'échanges gazeux respiratoires.**

....

....

....

....

3 ★★ **Sur le schéma ci-dessous, représente par des flèches les échanges gazeux respiratoires au niveau d'une branchie. Le dioxyde de carbone sera représenté en bleu, l'oxygène en rouge.**

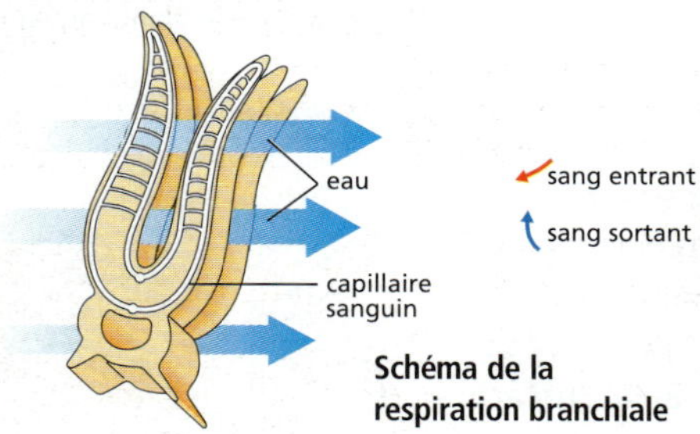

Schéma de la respiration branchiale

4 ★★ Une grenouille, en été, passe le plus clair de son temps au bord d'une mare, guettant les insectes qu'elle attrape pour se nourrir. Des mouvements rythmiques au niveau de la gorge et la dissection, révèlent que la grenouille respire par deux poumons, simples sacs remplis d'air, dont la très fine surface est parcourue de nombreux vaisseaux sanguins. La dissection ne révèle aucun autre organe présentant l'organisation d'organes respiratoires.

L'hiver, il en va tout autrement : la grenouille passe tout l'hiver enfouie dans la vase au fond des étangs. Elle ne remontera en surface qu'aux beaux jours. En outre, si on enlève à une grenouille ses poumons, elle survit.

Dans les phrases suivantes, relève les affirmations fausses et dis pourquoi. Choisis la ou les propositions qui paraissent justes.

a. En hiver, la grenouille ne respire pas.

....

....

b. Dans l'eau, une grenouille respire par des branchies.

....

....

c. Dans l'eau, une grenouille respire par des trachées.

....

....

d. En hiver, les grenouilles meurent.

....

....

e. En hiver, les grenouilles respirent par un autre organe en contact avec l'eau.

....

....

5 ★★★ **Les insectes respirent par des trachées, simples tubes dans lesquels les mouvements de l'abdomen assurent la circulation de l'air. Propose une expérience prouvant cette affirmation.**

....

....

....

....

....

....

8

Respiration et conditions de milieu

Des êtres vivants dans leur milieu

Sciences de la vie et de la Terre

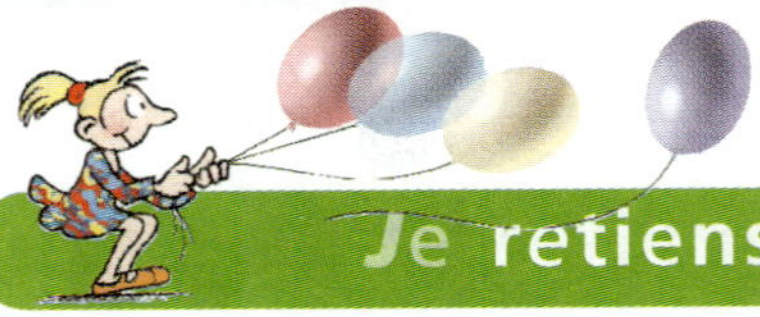

Je retiens l'essentiel

- **La diversité des appareils** et des comportements respiratoires permettent aux animaux d'occuper différents milieux.
- **Certaines caractéristiques du milieu** déterminent les conditions de la respiration (par exemple, la température influe sur la teneur de l'eau en gaz) et influent ainsi sur la répartition des êtres vivants.
- **En modifiant les conditions de la respiration dans les milieux** (température, polluants, végétation), l'Homme influe sur leur qualité et leur équilibre.
- **À la lumière, les végétaux chlorophylliens** contribuent à oxygéner le milieu.

Je comprends comment ça fonctionne

Comment la modification du milieu influe sur les comportements respiratoires et donc sur le peuplement du milieu.

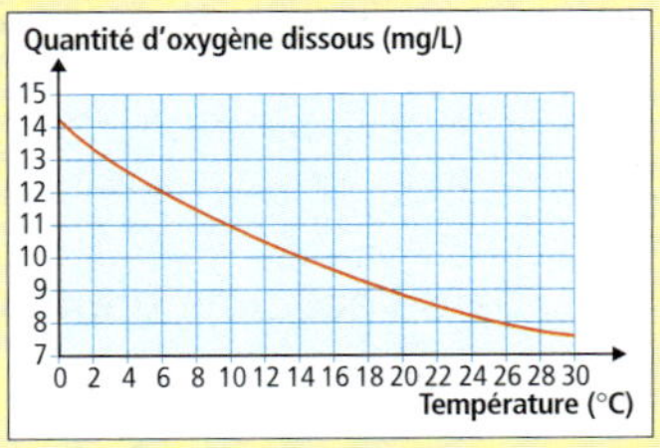

- **Premier exemple**

L'oxygène est un gaz soluble dans l'eau. Lorsque **la température augmente** la solubilité diminue : **l'eau contient moins d'oxygène**. Un poisson compense cette diminution d'oxygène en **accélérant son rythme respiratoire**. L'eau est plus rapidement renouvelée au contact des branchies, apportant plus rapidement de l'oxygène disponible. Si la température augmente trop, la quantité d'oxygène devient par trop insuffisante et le poisson meurt. C'est ce qu'on observe dans certains étangs ou rivières au courant faible, lors d'étés très chauds.

- En présence de lumière, les végétaux chlorophylliens, par leur nutrition, rejettent de l'oxygène dans le milieu.

- **Deuxième exemple**

Les engrais en excès apportés aux champs par les agriculteurs, sont entraînés **dans les eaux de pluie**, gagnent les fossés et les rivières. Cet apport d'engrais profite dans un premier temps aux végétaux aquatiques. Mais en particulier, **ils favorisent la pullulation** (développement en grand nombre) des lentilles d'eau, petits **végétaux chlorophylliens qui flottent à la surface** des rivières à cours lent, et dont les racines puisent les sels minéraux dans l'eau. Rapidement, ces lentilles d'eau forment un véritable tapis en surface, faisant ainsi **écran aux rayons du soleil**. Les végétaux chlorophylliens qui se développent en profondeur et qui rejettent leur oxygène disparaissent peu à peu faute de lumière. Le milieu s'appauvrit en oxygène, provoquant la disparition progressive des animaux aquatiques.

Mise en évidence du dégagement de gaz par une plante aquatique

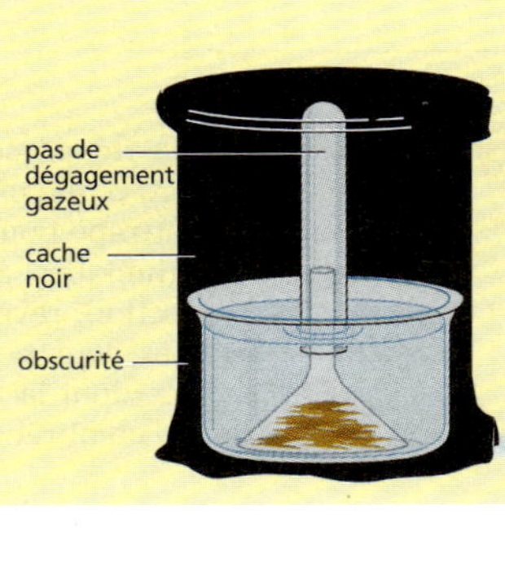

OBJECTIFS

- Établir les relations entre appareil respiratoire, milieu de vie et peuplement.
- Interaction entre échanges gazeux chez les végétaux et les animaux.
- Action de l'Homme sur les échanges gazeux respiratoires.

Je m'exerce

1 ★

Les spécialistes de l'aquariophilie (élevage de poissons d'ornement en aquarium) conseillent de placer un nombre important de plantes vertes dans l'aquarium, en présence des poissons.
Pourquoi donner ce conseil ?

....

....

....

....

....

2 ★★

Observe sur le document ci-dessous le peuplement animal dans un cours d'eau.

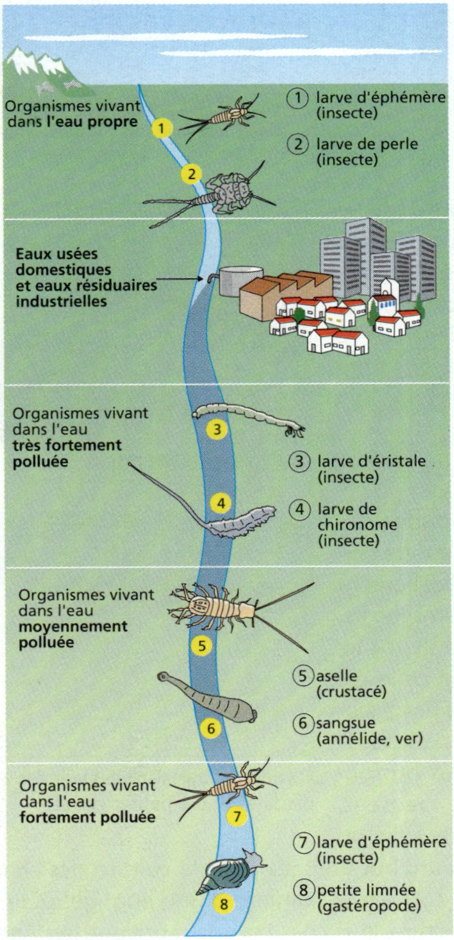

a. Compare le peuplement animal en amont de la zone industrielle (dans la partie de cours d'eau avant la zone industrielle) et en aval (cours d'eau après la zone industrielle).

....

....

....

....

b. Comment expliquer que certaines espèces animales soient plus abondantes au voisinage de la zone industrielle ?

....

....

3 ★★

Les océans constituent la source la plus importante d'oxygène de la planète. En utilisant toutes les sources documentaires à ta disposition, justifie cette affirmation.

....

....

....

....

4 ★★★

Dans les années soixante-dix, plusieurs navires transportant du pétrole brut ont fait naufrage, déversant des nappes de pétrole couvrant des surfaces considérables. Malgré les efforts de nettoyage des côtes, ces naufrages ont eu pour conséquences une diminution de la pêche pendant plusieurs mois. Utilise tes connaissances sur la respiration et sur les chaînes alimentaires pour expliquer ce phénomène.

....

....

....

....

....

....

9

Roches, eau, air, végétation et Homme

La Terre change en surface

SVT

OBJECTIFS

Observer, lire un paysage.

Établir la relation entre l'aspect d'un paysage et ses différentes composantes.

Je retiens l'essentiel

• **Dans un paysage,** on peut observer des **interactions entre les roches, l'eau, l'air, la végétation et l'Homme**. Les roches sont le plus souvent masquées par **un sol**, de la végétation et des aménagements humains.

• **Les roches et leurs constituants subissent à la surface de la Terre une désagrégation et/ou une dissolution** dont l'eau est le principal agent : l'ensemble des phénomènes conduisant à la dégradation des roches s'appelle **l'érosion**.
Selon leurs caractéristiques (disposition, nature et arrangement de leurs éléments, fracturation), elles résistent plus ou moins facilement à l'action de l'eau.
La végétation intervient aussi dans les transformations subies par les roches.

EUREKA!

Je comprends comment ça fonctionne

Sol et sous-sol : un ensemble en constante évolution

• À la surface de la Terre se développe la végétation qui s'enracine dans **un sol**. Le sol est pour partie formé de **débris végétaux et animaux** et pour partie de fragments provenant de la **roche du sous-sol**. Selon la composition chimique de la roche composant le sous-sol, **les éléments minéraux** présents dans le sol **sont différents**, ce qui explique **les différences de végétation**.

© Le Naviose / Campagne, Campagne

Carrière dans une roche sédimentaire

• **Les racines des arbres se glissent dans les moindres fissures de la roche.** Au fur et à mesure de leur croissance, elles élargissent les fissures, jusqu'à parvenir à écarteler les blocs. Sur une côte, les blocs dévalent la pente, se fracassant au passage en **fragments de taille très variable**.

© C. Clech / Campagne, Campagne

Carrière de granite rose

• **La roche craie** contient une substance chimique facilement soluble dans l'eau : **le carbonate de calcium**. Les eaux de ruissellement provenant de la pluie s'infiltrent dans **les fissures ou diaclases** et dans la masse de roche, comme l'eau dans une éponge : **la craie est une roche poreuse**. L'eau se charge en carbonate de calcium, et poursuit son ruissellement de fissure en fissure, dans les profondeurs du sous-sol. **Des cavités se creusent**, comme c'est le cas dans la région de Lille, où **les grottes** ainsi formées sont aujourd'hui utilisées pour la culture des champignons. En hiver, l'eau imbibant la roche à la manière d'une éponge, gèle. Elle augmente alors de volume, et fracture la roche. Lorsque survient le dégel, la roche s'effrite.

© Bob Paterson / Campagne, Campagne

Carrière de craie. On peut voir des diaclases et des petites cavités

Je m'exerce

1 ★ **Dans les régions de cuesta, le relief n'est pas uniforme : à un plateau en pente douce succède brutalement une dépression (creux). Propose une hypothèse quant à la résistance de ces deux roches (calcaire – argile) à l'érosion.**

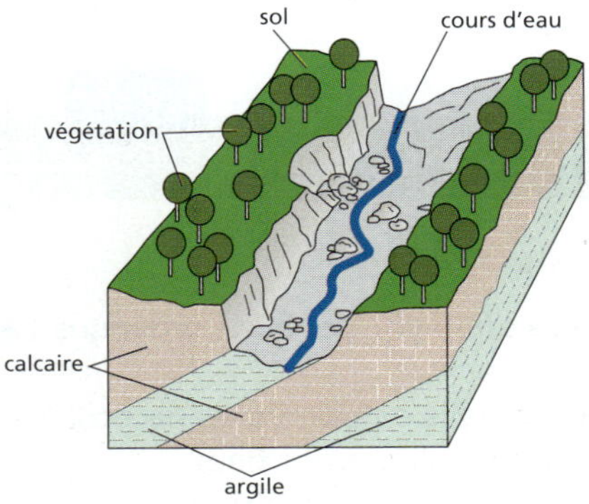

....

....

2 ★★ **L'argile est une roche qui forme une pâte en présence d'eau. Gorgée d'eau, elle devient imperméable.**
Explique la présence du niveau de source au contact de l'argile. Réalise un schéma annoté de la falaise en figurant la circulation de l'eau.

© Rafik / Campagne, Campagne

....

....

....

....

....

3 ★★ **Observe cette photo et réponds.**

© Pambour / Campagne, Campagne

a. Sachant que les arbustes au pied de la falaise mesurent environ 2,5 m, donne la hauteur approximative de la falaise après avoir expliqué la méthode de calcul.

....

....

b. Explique la présence d'éboulis au pied de la falaise sur lesquels s'est développée la végétation.

....

....

4 ★★★ **La région du Nord a la réputation d'être le « plat pays ». Pourtant, en se promenant dans la Flandre intérieure (Bailleul, Hazebrouck) on observe une série de monts qu'on appelle aussi buttes témoins (Mont Cassel, Mont des Cats, Mont noir, Mont Rouge, Mont Kemmel). Alors que la plaine de Flandre est argileuse, au sol lourd, facilement boueux, voué à la culture du blé et de la pomme de terre, ces monts constitués de grès font saillie dans le paysage.**

a. Propose une explication à la présence de ces monts dans un paysage par ailleurs uniformément plat.

....

....

....

b. Formule une hypothèse justifiant la dénomination de « buttes témoins ».

....

....

....

10 Érosion et évolution des paysages

La Terre change en surface

OBJECTIFS

Raisonner sur le devenir des matériaux issus de l'érosion.

Transport des matériaux. Mettre en relation la granulométrie, la vitesse du courant et le mode de dépôt.

Je retiens l'essentiel

- **La fragmentation des roches conduit à la formation de matériaux meubles,** constitués de particules qui peuvent s'accumuler sur place et participer à la **formation** d'un sol, ou être entraînés par des agents de transport.
- **La dissolution d'une partie des constituants des roches** conduit à la formation de **solutions** entraînées dans le **ruissellement**.
- **Les cours d'eau,** principalement, et **les autres agents de transport** sont responsables de **l'érosion** et contribuent largement **au modelé du paysage**.

Je comprends comment ça fonctionne

➤ L'érosion due à l'eau modèle les paysages.

- **En pays granitique (roche dure), l'effondrement des blocs provoque l'éclatement de la roche en bas de pente.**

Si une rivière circule au bas de cette pente, elle entraînera les particules sur des distances d'autant plus grandes que les particules seront fines :
– **les graviers resteront sur place**, ils forment **l'arène granitique** ;
– au cours de leur transport, **certains éléments (cristaux)** constituant la roche granite **se dissolvent dans l'eau** ;
– le cours de la rivière ralentissant, les éléments les plus durs se déposent peu à peu en commençant par les plus lourds.

- **En pays calcaire, l'eau s'infiltre profondément dans le sol.**

L'alternance gel/dégel fait **éclater la roche** et les particules sont déblayées par l'eau. Dans ce cas, on n'observe **pratiquement pas de dépôt**, car les constituants de la roche sont **solubles dans l'eau**. C'est ainsi que le Verdon a progressivement entaillé le plateau calcaire sur une épaisseur de 500 à 600 mètres, en laissant des parois abruptes.

© Perrodin / Campagne, Campagne

- **Sur la roche argileuse, imperméable** et constituée de très fines particules, **l'eau s'écoule lentement** le long de la pente : **c'est le ravinement**. Les flancs de la vallée sont alors en forme de V plus ou moins ouvert.

➤ L'observation des résidus de l'érosion renseigne sur l'histoire des paysages.

- En observant les dépôts rocheux au fond d'une vallée, on peut recueillir des informations précises sur les roches traversées par le cours d'eau.
- On peut aussi déduire de cette observation l'existence ancienne d'un cours d'eau aujourd'hui disparu, mais qui a façonné le paysage au cours des temps géologiques.

→ **Les dépôts rocheux ou sédiments sont alors des témoins de l'histoire du paysage.**

Je m'exerce

1 ★ **Vrai ou faux ?** V F

a. L'altération du calcaire par l'eau donne des graviers qui s'accumulent sur place. ☐ ☐

b. L'argile est une roche perméable. L'eau s'y infiltre et y creuse des rivières souterraines. ☐ ☐

c. L'érosion par l'eau qui s'infiltre en pays calcaire donne des vallées profondes aux parois abruptes. ☐ ☐

d. Tous les éléments provenant de la dégradation d'une roche finissent par se déposer. ☐ ☐

e. L'eau ruisselle sur les pentes argileuses. Les vallées sont en pente douce. ☐ ☐

f. Certains éléments constitutifs des roches sont solubles dans l'eau. Transportés par les rivières, ils peuvent arriver à la mer. ☐ ☐

2 ★★ **Observe cette photo.**

© B. A. La Guillaume / Campagne, Campagne

a. Réalise un dessin simplifié de cette vallée.

b. Représente par une flèche bleue le chemin de l'eau de pluie sur ce paysage.

c. Utilise tes connaissances pour expliquer la forme de la vallée.

3 ★★ **Observe ce dessin de la formation du méandre d'une rivière. Lorsque la rivière butte sur la roche, il y a érosion de la roche. Ceci se produit sur la partie concave, qui est donc plus abrupte. Dans la partie convexe du méandre, la vitesse du courant est moins rapide et c'est une zone de dépôt.**

a. Annote les schémas avec les mots suivants : *zone d'érosion – dépôt d'alluvions – bords abrupts – zone de dépôt.*

b. Indique la largeur de la vallée dans le dessin n° 2.

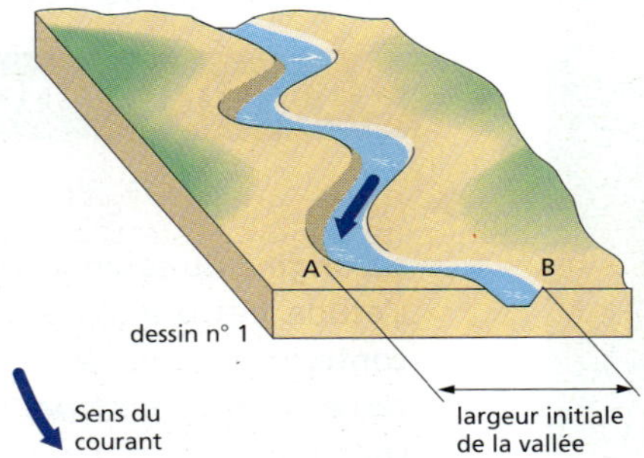

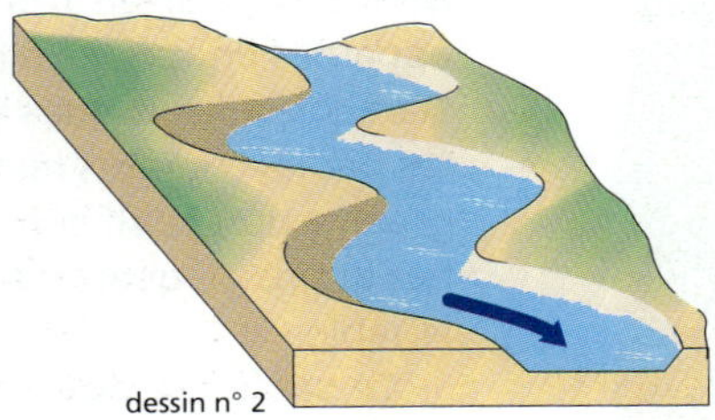

4 ★★★ **Explique pourquoi les produits d'érosion d'un torrent des Alpes sont plus grossiers que ceux qui sont transportés par la Seine dans la région de Rouen.**

5 ★★★ **Précise la période de l'année où l'on pourra trouver les éléments les plus grossiers dans les produits d'érosion d'une rivière au pied d'une montagne. Justifie la réponse avec deux arguments.**

Je retiens l'essentiel

• **Les roches sédimentaires sont des archives** permettant de reconstituer des éléments de paysages anciens.

• **De nouvelles roches se forment à partir de matériaux issus de l'érosion :**
– les particules abandonnées par les agents de transport constituent des dépôts ou **sédiments détritiques** ;
– d'autres sédiments peuvent se former à partir de solutions ; ce phénomène est souvent favorisé par l'activité d'êtres vivants.

Par une suite de transformations, les sédiments deviennent **des roches sédimentaires**.

• La transposition aux phénomènes du passé des observations faites dans les paysages actuels permet de reconstituer certains éléments des milieux anciens.
Les fossiles, restes ou traces dans les roches d'êtres vivants du passé, apportent des informations sur les milieux de vie.
L'empilement des matériaux sédimentaires rend possible la reconstitution d'une suite de paysages ou d'évènements.

Je comprends comment ça fonctionne

Comment se forme une roche sédimentaire ?

• **L'origine du sable des Landes**

L'étude des grains de sable révèle une proportion importante de grains aux contours arrondis, et présentant une surface polie et luisante : cet aspect caractérise **un transport par l'eau** au cours duquel les grains ont été frottés les uns contre les autres. On y observe également des minéraux qu'on ne trouve pas dans le Massif Central ou dans les Pyrénées voisins. Il faut aller jusqu'en Bretagne pour en trouver de semblables, dans des roches d'origine profonde apparues en surface à l'occasion de l'érosion des roches superficielles.
Les sables des Landes viennent donc du Massif armoricain et ont été transportés par les courants marins. Au cours de ce transport, les minéraux constituant le granite du Massif armoricain ont subi une dissolution par l'eau, à l'exception des grains de quartz, très peu solubles dans l'eau, et dont l'accumulation forme le sable.

→ **Ce sable est donc constitué par l'accumulation de débris d'autres roches, après transport : c'est une roche sédimentaire détritique.**

• **La craie de la région Nord**

Le sous-sol de la région du Nord, de Lille à Étretat, est formé essentiellement de craie, dont l'épaisseur atteint localement 200 m. Cette craie renferme des fossiles, restes d'animaux anciens, qui, ici, peuvent tous être rapprochés d'animaux marins. L'observation de la craie au microscope montre également une accumulation de micro-fossiles cimentés entre eux par des particules calcaires provenant d'autres roches.
Le calcaire, soluble dans l'eau, a été transporté jusqu'à la mer où les conditions physiques et chimiques sont telles qu'il a précipité, c'est-à-dire qu'il a reformé des particules solides. Cette boue a enfermé des fossiles : **c'est un sédiment.**
L'accumulation de sédiments chasse l'eau, l'ensemble forme une masse de plus en plus solide et donne finalement une roche, la craie, qui a emprisonné des restes d'animaux vivants.

→ **La craie est donc une roche sédimentaire d'origine double** : **biologique** à cause de l'apport des êtres vivants et **chimique** par le dépôt de calcaire.

OBJECTIFS

- Raisonner sur le devenir des produits de l'érosion.
- Dégager la notion de fossile.
- Reconstituer un milieu ancien à partir de données actuelles.
- Utiliser une clé de détermination.

Je m'exerce

1 ★ **Le Cap Blanc Nez, dans le Boulonnais, a une altitude de 101 m. Des observations de sédimentation actuelle nous apprennent qu'il faut 1000 ans pour déposer 2,3 cm de sédiment.**

Calcule la durée théorique de dépôt de la craie dans cette région.

....

2 ★★ **En fait, des études plus précises montrent que la durée de formation de la craie dans le Boulonnais est de 6 millions d'années. On en déduit que le dépôt de la craie n'a pas été continu, mais qu'il y a eu des périodes d'interruption. Ces périodes d'interruption de la sédimentation correspondent sur la falaise aux limites de couches qui marquent l'alignement des bancs de craie.**

a. Propose une hypothèse quant au paysage du Boulonnais pendant ces périodes d'interruption de la sédimentation.

b. Propose une hypothèse quant aux différents aspects du paysage boulonnais pendant la période de formation de la craie du Cap Blanc Nez, soit pendant 6 millions d'années.

3 ★★ **Observe ce schéma de la concentration des particules dans l'eau selon la profondeur.**

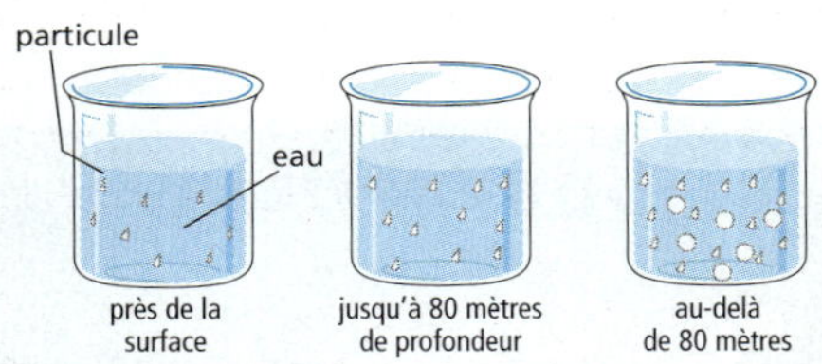

a. Précise la consistance de la vase en fonction de la profondeur.

....

....

....

b. Explique la variation de cette consistance.

....

....

....

....

c. Précise le mécanisme qui permet de passer du stade « sédiment » au stade « roche ».

....

....

....

4 ★★★ **Dans le bassin de Paris, de la surface vers la profondeur, on a pu identifier dans les roches les fossiles ci-dessous.**

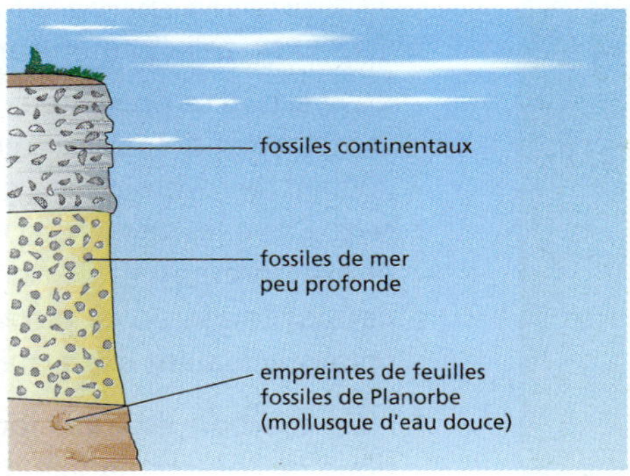

a. À partir de ces informations, décris l'évolution du paysage au fil du temps.

....

....

....

....

....

b. Comment expliquer les variations observées ?

....

....

....

....

....

SVT

12

L'exploitation des roches par l'Homme

La Terre change en surface

SVT

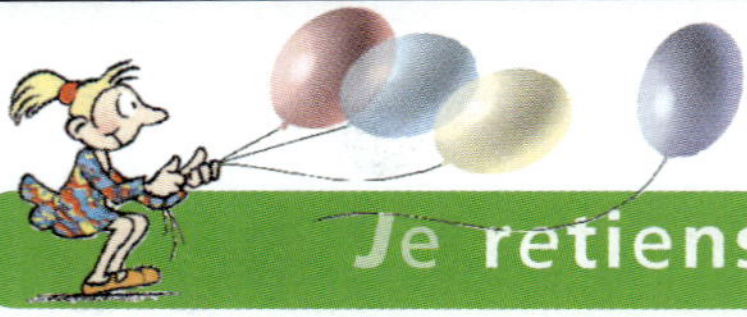

Je retiens l'essentiel

• **L'environnement géologique procure à l'Homme des ressources.**
Un matériau est utilisé, directement ou après transformation industrielle, en raison de ses propriétés.
L'exploitation des ressources du sous-sol, se fait en fonction des caractéristiques du gisement, de la teneur en substance utile, des possibilités technologiques et du contexte économique.

• **Un matériau du sous-sol**, généralement formé en plusieurs millions d'années, est **une ressource non renouvelable** à l'échelle de temps humaine. Son exploitation doit être gérée en fonction de son épuisement prévisible.

• L'Homme est responsable de son environnement.
Le respect de la végétation, la mise en œuvre de techniques assurant le ralentissement du ruissellement permettent d'éviter la dégradation des sols, de freiner l'érosion et de prévoir les inondations.

• Les activités humaines peuvent polluer l'eau.

Je comprends comment ça fonctionne

Une roche qui fournit de l'énergie : le charbon.

• Les premiers charbons furent découverts dans la région du Nord-Pas-de-Calais vers 1734. Les gisements furent exploités jusqu'en 1960.

Ce charbon se présente en **couches** ou **veines** d'épaisseur variable, de quelques centimètres à 1,20 m. L'ensemble du terrain houiller forme une épaisseur de 2000 m de roches dans laquelle le charbon se présente en 400 veines très fracturées. Entre les veines de charbon se trouvent des roches sédimentaires : schistes et grès, présentant de nombreuses empreintes de végétaux fossiles, en particulier des fougères. **Le terrain houiller se trouve sous des terrains sédimentaires (essentiellement de la craie).**

• **Le charbon est une roche combustible,** utilisable comme source d'énergie pour la consommation domestique, comme pour la production d'électricité dans des centrales thermiques.

Actuellement, le charbon est remplacé par d'autres sources d'énergie : pétrole, gaz naturel et énergie nucléaire.

Au terme de l'exploitation d'une roche, les exploitants sont tenus d'assurer l'aménagement du site.

© M. Petzold
Carrière de craie en exploitation

© M. Petzold
Site aménagé en base nautique

OBJECTIFS

- Établir la notion d'exploitation du sous-sol.
- Savoir distinguer les types de ressources et leurs contraintes.
- Savoir mettre en rapport avec la notion de respect de l'environnement.

Je m'exerce

1 ★ **Voici l'évolution de la production de houille dans le Nord-Pas-de-Calais :**
– en 1930 : 35 millions de tonnes ;
– en 1947 : 29 millions de tonnes ;
– en 1960 : 28 millions de tonnes ;
– en 1974 : 9,2 millions de tonnes ;
– en 1984 : 2,5 millions de tonnes.
Présente ces résultats sous forme d'une courbe.

2 ★★ **Dans le texte page 200, trouve l'une des raisons essentielles de l'arrêt de l'exploitation du bassin houiller du Nord-Pas-de-Calais, bien que celui-ci ne soit pas épuisé.**

3 ★★ **Dans le texte page 200, trouve deux arguments montrant que le charbon est une roche sédimentaire.**

4 ★★★ **Connaissant les fossiles de la houille, explique la présence de cette dernière à des profondeurs dépassant localement 2000 m.**

5 ★★★ **Depuis les années cinquante, l'utilisation du charbon comme source d'énergie a rapidement été remplacée par celle du pétrole, autre roche sédimentaire (bien que liquide) formée à partir de micro-organismes marins. Documente-toi et trouve au moins deux explications à cette mise à l'écart du charbon.**

6 ★★★ **Dans certains gisements actuels de charbon, celui-ci est transformé en gaz naturel sur place, dans les profondeurs du sous-sol. C'est ce gaz qui est extrait. Propose une explication à cette technique.**

7 ★★★ **Documente-toi et cite trois autres roches utilisées par l'Homme.**

8 ★★★ **On dit quelquefois que l'observation des vieilles maisons d'un village renseigne le géologue sur les roches du sous-sol. Comment peux-tu l'expliquer ?**

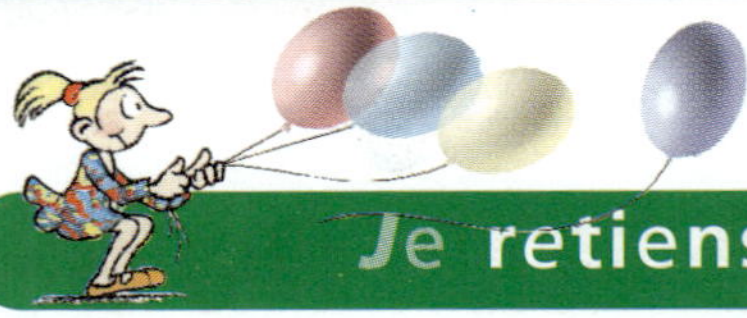

Je retiens l'essentiel

Circuit électrique avec pile plate ou ronde plus une lampe

• Pour allumer la lampe, il suffit de mettre en contact les deux bornes de la lampe avec les deux bornes de la pile.

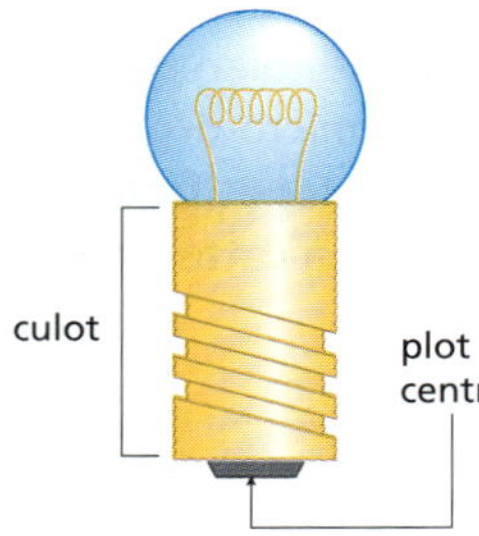

La lampe

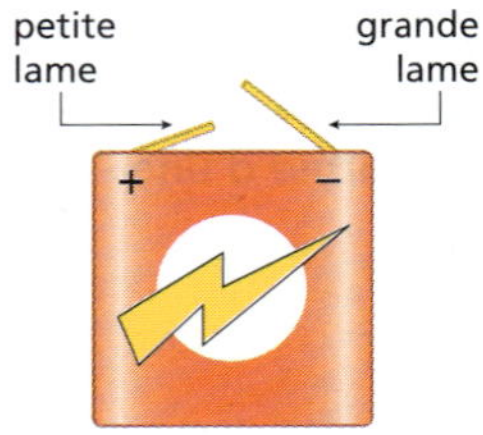

La pile plate

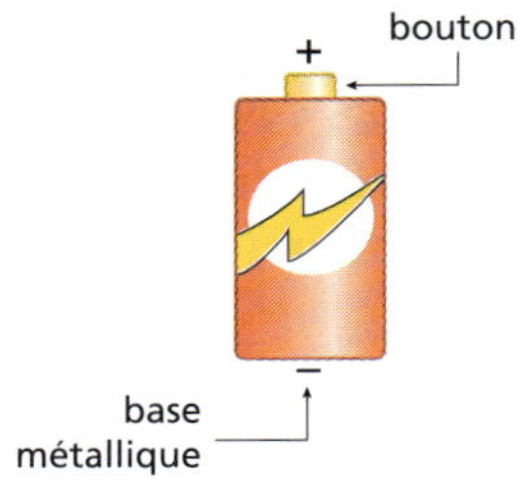

La pile ronde

Avec une pile plate

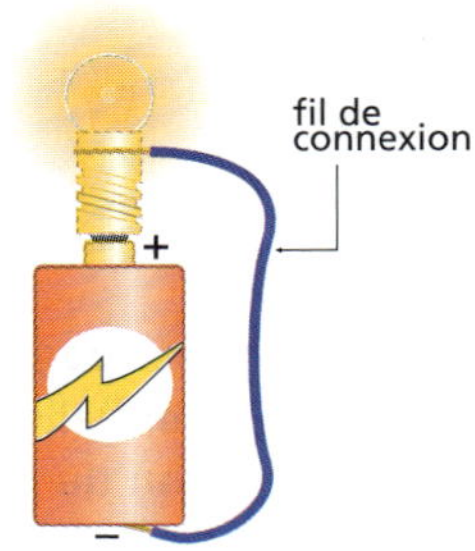

Avec une pile ronde

Les éléments du circuit électrique

• La pile est un générateur électrique.
• La lampe est un récepteur électrique.
• Ce sont, toutes les deux, des dipôles (deux bornes).
• Un interrupteur, une douille, des fils de connexion et des pinces crocodiles permettent d'améliorer le montage.

Je comprends comment ça fonctionne

➤ Comment représenter schématiquement un circuit électrique ?

Chaque élément du circuit doit être remplacé par un symbole.

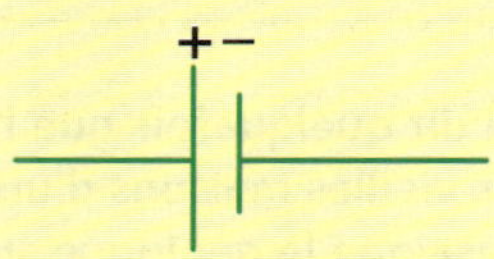

pile

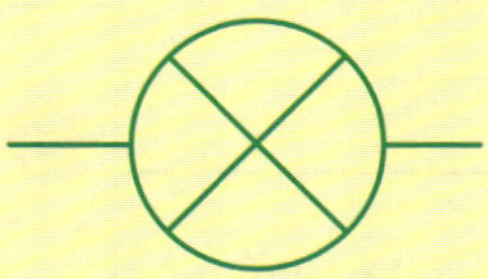

lampe

fil de connexion

interrupteur ouvert

interrupteur fermé

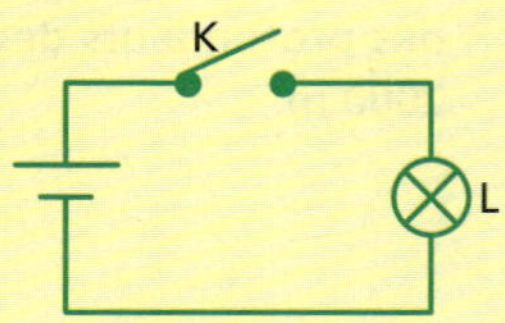

circuit ouvert

OBJECTIFS

- Reconnaître les différents éléments d'un circuit électrique.
- Savoir schématiser un circuit électrique.

Je m'exerce

1 Coche la bonne réponse.

★

a. Une pile électrique est un :
☐ récepteur. ☐ générateur.

b. La petite lame de la pile plate est :
☐ la borne +. ☐ la borne –.

c. L'interrupteur est ouvert dans un circuit et la lampe est :
☐ allumée. ☐ éteinte.

d. Le séchoir à cheveux est un :
☐ récepteur. ☐ générateur.

e. Dans une pile ronde, la borne + est :
☐ le bouton. ☐ la base.

2 Réponds aux questions.

★

a. Pourquoi a-t-on besoin d'un fil de connexion pour allumer une lampe avec une pile ronde ?

....

....

....

b. Peux-tu citer 3 générateurs et 3 récepteurs ?

Générateurs : ....

....

....

Récepteurs : ....

....

....

c. Qu'est-ce qu'un dipôle ?

....

....

d. Quel est le rôle de l'interrupteur ?

....

....

e. Quelles sont les deux bornes de la lampe et de la pile plate ?

....

....

....

....

3 Observe ce montage et complète le tableau.

★★

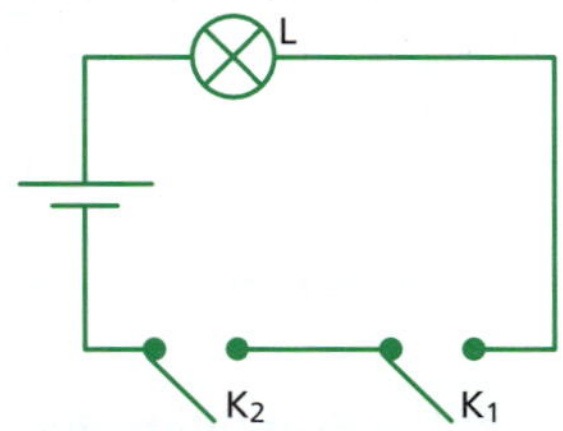

K1	K2	L
Ouvert	Fermé	....
....	Fermé	Allumée
Fermé	....	Éteinte
Ouvert	Ouvert	....

4 Il existe 4 façons d'allumer une lampe avec une pile ronde et un seul fil. Complète ce schéma.

★★

5 Réponds aux questions.

★★

a. Qui a inventé la première pile ?

....

b. Pourquoi lui a-t-on donné le nom de pile ? ....

....

c. À part les piles, connais-tu d'autres générateurs de courant électrique ?

....

d. Qui a inventé la lampe électrique ?

....

e. Quelle différence y a-t-il entre une lampe électrique et une ampoule électrique ?

....

....

2

Conducteurs et isolants

Physique

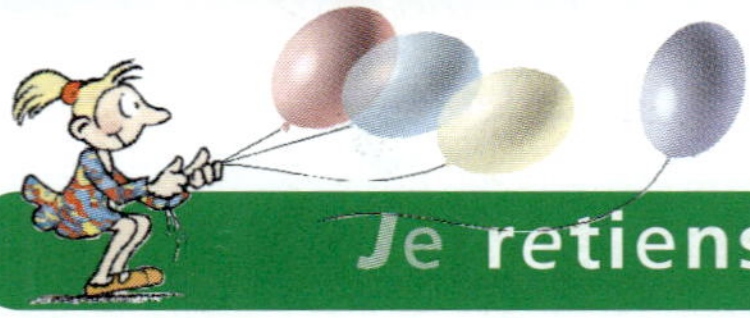

Je retiens l'essentiel

Conducteurs et isolants

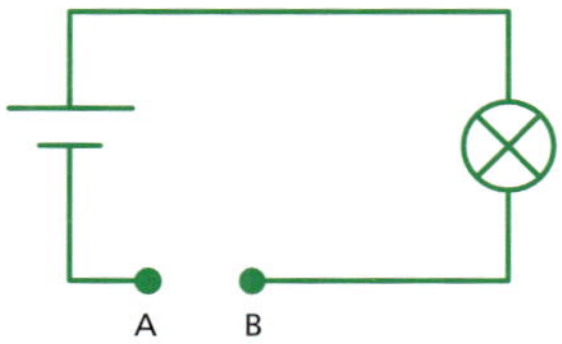

• Lorsqu'on intercale entre les points A et B différents matériaux :
– si la lampe **s'éclaire** : le matériau est **conducteur** de courant électrique ;
– si la lampe reste **éteinte** : le matériau est **isolant**.

Objet intercalé	Matériau	État de la lampe
Clou	Acier	Allumée
Règle	Bois	Éteinte
Mine de crayon	Graphite	Allumée
Règle	Aluminium	Allumée
Gomme	Caoutchouc	Éteinte
Aucun objet	Air	Éteinte
Clé	Cuivre	Allumée
Craie	Calcaire	Éteinte

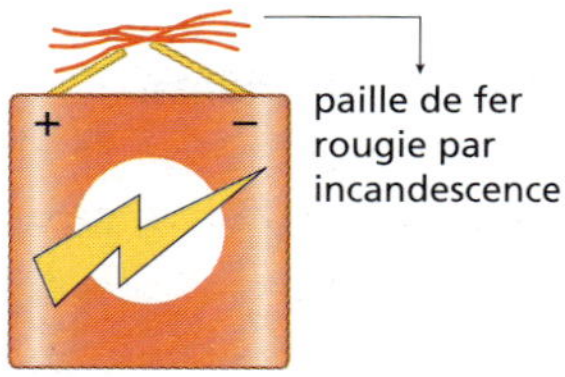

• **À quoi est due la lumière produite par une lampe éclairée ?**
La lumière est due à une propriété du métal traversé par le courant électrique. En effet, lorsqu'on relie des fils de fer très fins aux deux bornes d'une pile plate, ils deviennent **rouges** : c'est le phénomène de l'**incandescence**.

Définition d'un circuit électrique

C'est une **suite ininterrompue** d'éléments **conducteurs**, branchée aux bornes d'un générateur.

Je comprends comment ça fonctionne

Les différents éléments d'une lampe à vis

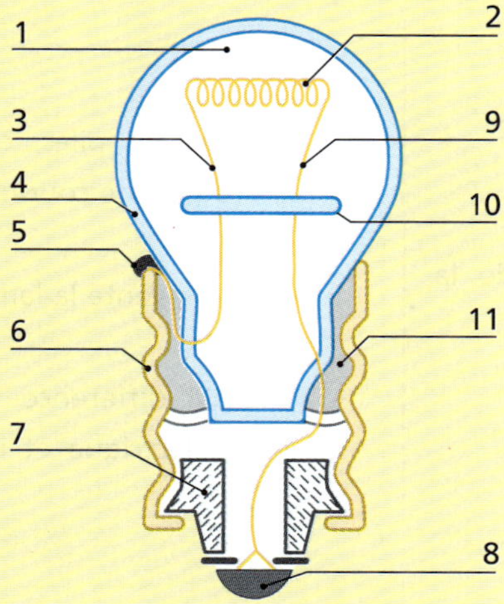

1 Gaz inerte (argon, azote...)
2 Filament en tungstène
3 Fil conducteur n° 2
4 Ampoule
5 Soudure
6 Culot
7 Verre noir
8 Plot central
9 Fil conducteur n° 1
10 Perle
11 Ciment

OBJECTIFS

- Connaître la différence entre isolants et conducteurs.
- Distinguer les éléments isolants et conducteurs d'une lampe.

Je m'exerce

1 ★ **Coche les éléments justes.**

a. Un circuit électrique est une suite :
☐ interrompue ☐ ininterrompue
☐ de conducteurs. ☐ d'isolants.

b. La mine de crayon est un :
☐ conducteur. ☐ isolant.

c. Si dans un circuit électrique, il y a plusieurs conducteurs et un seul isolant, la lampe est :
☐ allumée. ☐ éteinte.

d. L'air humide est :
☐ isolant. ☐ conducteur.

e. Tous les métaux sont :
☐ isolants. ☐ conducteurs.

2 ★★ **Réponds aux questions.**

a. Quel gaz y a-t-il à l'intérieur d'une ampoule ?

....

b. Le filament des lampes est en tungstène. Quelle est la particularité de ce métal ?

....

c. Il n'y a pas d'air à l'intérieur d'une ampoule. Pourquoi ?

....

d. On casse l'ampoule d'une lampe et on branche cette lampe aux bornes d'un générateur. Que va-t-il se passer ?

....

e. Pourquoi une lampe finit-elle par griller, après une longue utilisation ?

....

3 ★★★ **Complète le tableau ci-après.**

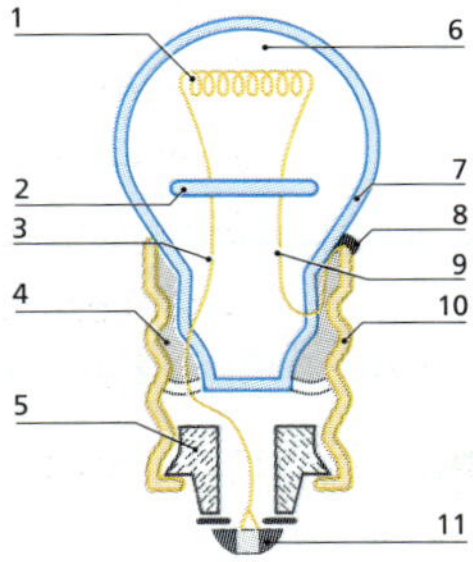

	Légende	Conducteur ou isolant
1		
2		
3		
4		
5		
6		
7		
8		
9		
10		
11		

4 ★★ **Dessine et complète.**

a. Colorie en rouge le chemin suivi par le courant (sur le schéma de la lampe ci-contre) en partant du plot central.

b. Complète les cases suivantes représentant le chemin du courant à l'intérieur de la lampe.

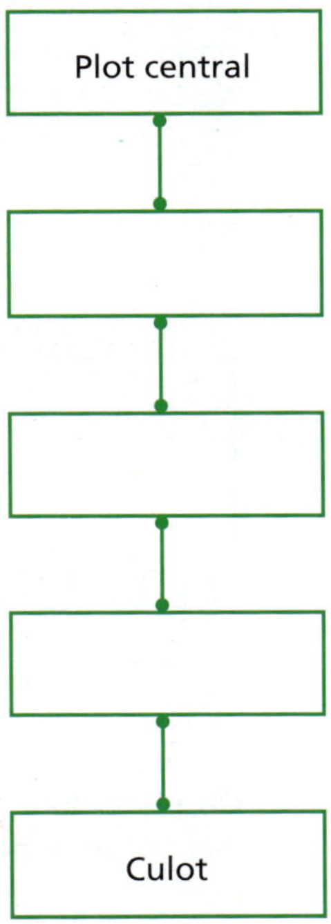

Physique

Je retiens l'essentiel

Le sens du courant

• Le courant électrique a un sens : **le sens conventionnel**. C'est celui qui va de **la borne + à la borne –** à l'extérieur du générateur.

• Une **diode** (symbole —▷|—) est un composant électronique qui ne laisse passer le courant **que dans un seul sens** (celui de la flèche).

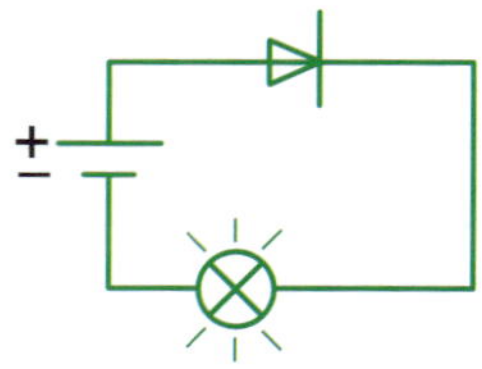

Diode « passante »

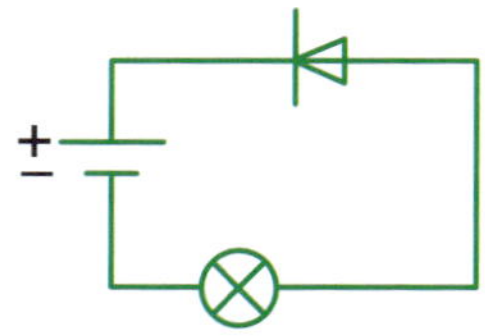

Diode « non passante »

Cette diode ne laisse pas passer le courant puisque la flèche est opposée au sens du courant.

• Il existe aussi des **diodes électroluminescentes** (ou **D.E.L.**) qui ont pour symbole  .

Dipôles polarisés et non polarisés

• **La lampe**. Si on inverse le sens du courant, l'éclat de la lampe est le même. On dit que la lampe est un **dipôle non polarisé**.

• **Le moteur** (symbole –(M)–). Si on inverse le sens du courant, on modifie le sens de rotation du moteur. Le moteur (comme la diode) est **un dipôle polarisé**.

Je comprends comment ça fonctionne

La diode au secours des circuits intégrés

• Un circuit intégré comporte 14 portes logiques.

• Le courant doit **impérativement** entrer par **la porte 14** et sortir par **la porte 7**, sinon le circuit intégré serait **détruit**.

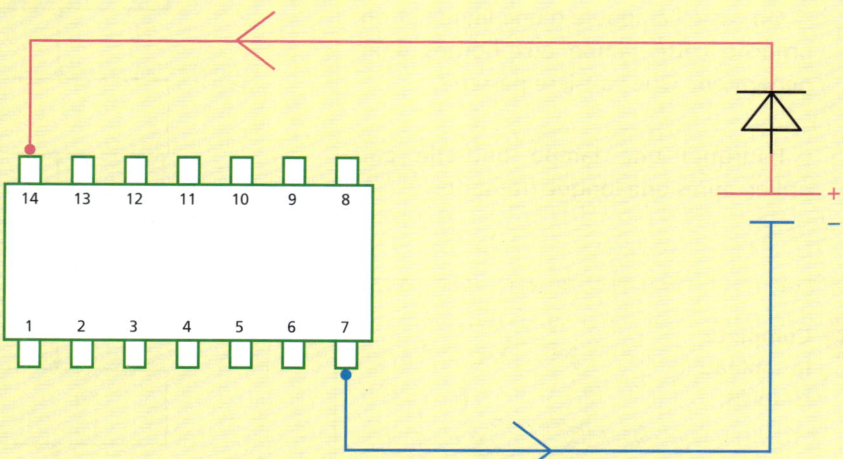

• **On place donc une diode pour éviter tout risque d'erreur** dans le branchement et protéger ainsi le circuit intégré.

OBJECTIFS

- Savoir que le courant a un sens.
- Savoir qu'il y a des dipôles polarisés.
- Connaître le rôle d'une diode.

Je m'exerce

1 ★ **Coche la bonne réponse.**

a. Une D.E.L. a pour symbole :

☐  . ☐  .

b. Une diode est passante quand :

☐ elle laisse passer le courant.

☐ elle ne laisse pas passer le courant.

c. Le courant a un sens :

☐ de la borne + à la borne –. ☐ de la borne – à la borne +.

d. Le moteur est un dipôle :

☐ polarisé. ☐ non polarisé.

e. La lampe est un dipôle :

☐ polarisé. ☐ non polarisé.

2 ★★ **Fais la liste du matériel nécessaire à la réalisation de ce circuit.**

 est le symbole d'une résistance.

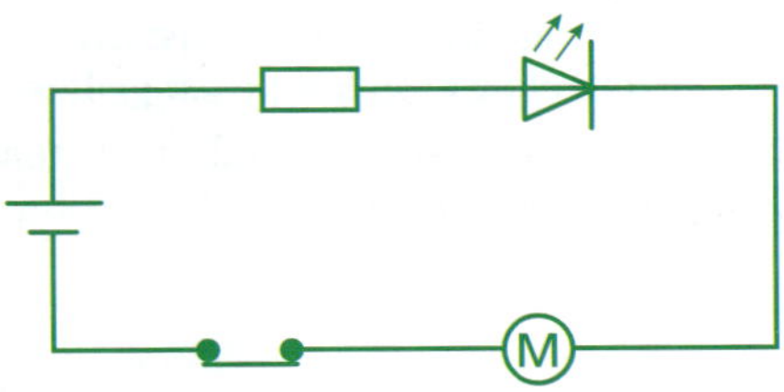

- ....
- ....
- ....
- ....
- ....
- ....

3 ★★ **On veut que le moteur ne tourne que dans un sens (celui du courant). Place entre les points A et B une pile et entre les points C et D une diode.**

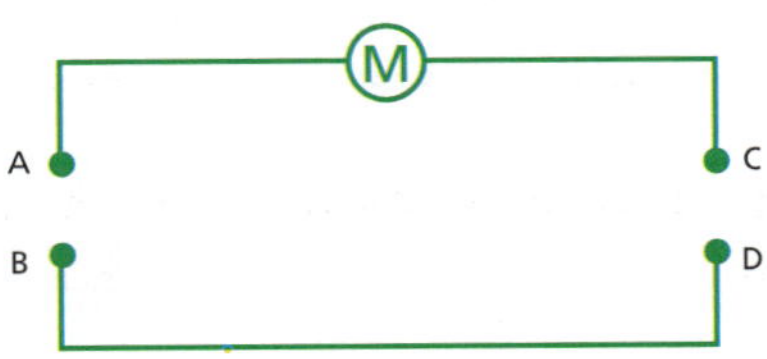

4 ★★ **Allumée ou éteinte ? Réponds et complète le dessin si nécessaire.**

a.

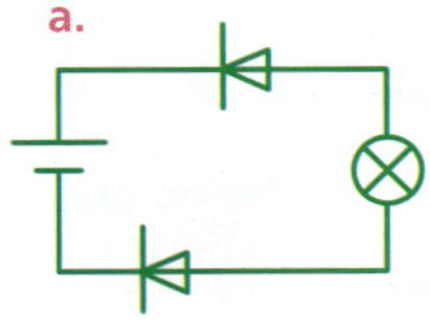

....

b.

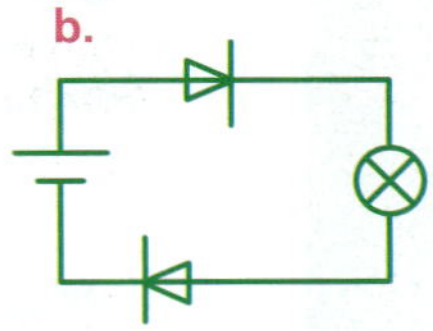

....

c.

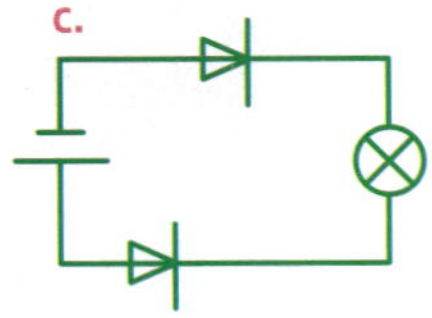

....

d.

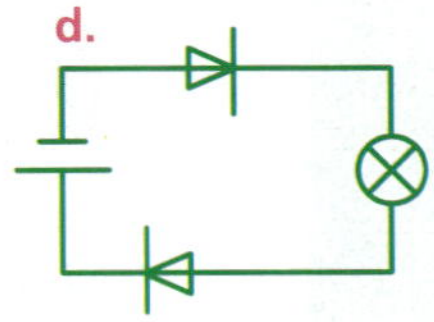

....

5 ★★★ **Observe le montage suivant et réponds aux questions.**

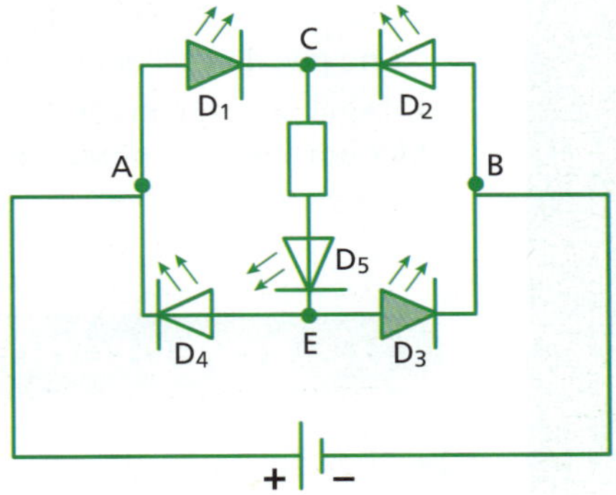

a. Quelles sont les D.E.L. allumées ?

....

....

b. On permute les bornes + et – de la pile : quelles sont les D.E.L. allumées ?

....

....

c. Quelle est la D.E.L. qui éclaire dans les deux cas ? Pourquoi ?

....

....

....

....

d. Repasse en bleu le sens du courant dans le montage ci-dessus.

4

Générateurs et récepteurs

Physique

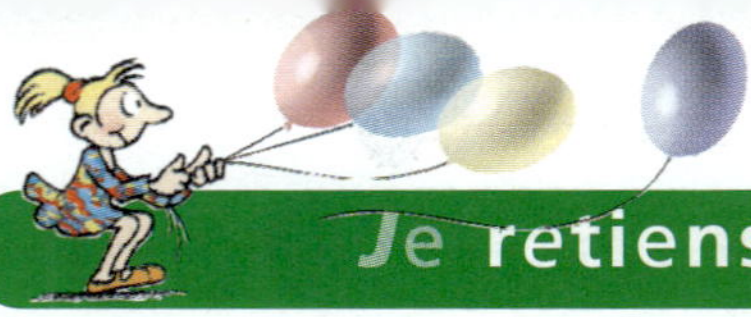

Je retiens l'essentiel

Les différents générateurs

Il sont différents par leur taille, leur forme, mais surtout par **la tension** qu'ils délivrent.

Cette **tension** s'exprime en **volts** (symbole **V**).

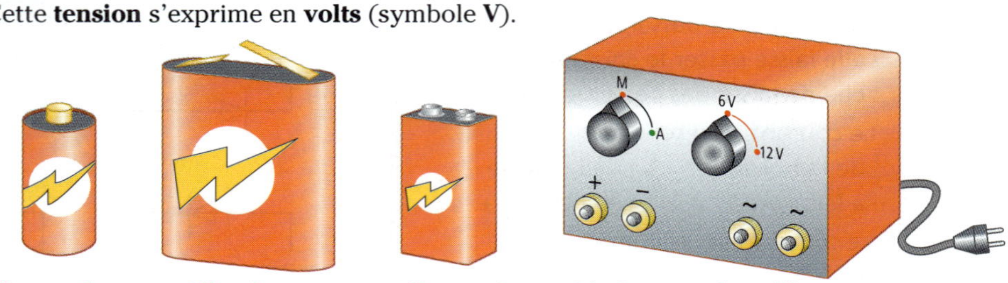

Pile ronde 1,5 V — Pile plate 4,5 V — Pile carrée 9 V — Générateur du collège 6 V et 12 V

Les récepteurs

Sur des récepteurs, on peut lire 3 V, 9 V, 24 V, 220 V…

Ce sont **leurs tensions d'usage**.

• **Que se passe-t-il si une lampe n'est pas adaptée au générateur ?**

– Une pile de 1,5 V et une lampe de 4 V → **éclairage faible (sous-tension)**.

– Une pile de 4,5 V et une lampe de 4 V → **éclairage normal**.

– Une pile de 6 V et une lampe de 4 V → **éclairage intense (surtension)**.

– Une pile de 12 V et une lampe de 4 V → **bref éclair et la lampe est grillée**.

→ Donc pour qu'un récepteur et un générateur soient adaptés, il faut que la **tension aux bornes du générateur** soit **égale** (ou **légèrement supérieure**) à la **tension d'usage du récepteur**.

Je comprends comment ça fonctionne

Associations de piles

• **Montage de trois piles rondes en série et en concordance.**

On met la borne + de l'une avec la borne – de l'autre : leurs tensions s'ajoutent (1,5 + 1,5 + 1,5 = **4,5 V**).

• **Montage de trois piles rondes en série et en opposition.**

Les piles 2 et 3 sont en opposition (on a mis la borne + de l'une avec la borne + de l'autre) : leurs tensions **se retranchent** (1,5 + 1,5 – 1,5 = **1,5 V**).

OBJECTIFS

Caractériser un générateur par la tension entre ses bornes.

Caractériser un récepteur par sa tension d'usage.

Savoir adapter un générateur et un récepteur.

Je m'exerce

1 ★ **Coche la bonne réponse.**

a. La tension entre les bornes d'une pile carrée est de :

☐ 4,5 V. ☐ 9 V. ☐ 1,5 V.

b. Deux piles plates sont montées en série et en concordance. La tension est de :

☐ 3 V. ☐ 0 V. ☐ 9 V.

c. Une lampe est en surtension. Elle brille :

☐ faiblement.

☐ normalement.

☐ intensément.

d. Deux piles rondes sont montées en série et en opposition. La tension est de :

☐ 3 V. ☐ 0 V. ☐ 9 V.

e. Quand 2 piles sont montées en série et en concordance, leurs tensions :

☐ s'ajoutent. ☐ se retranchent.

2 ★★ **Complète le tableau (adapté, faible ou intense).**

Générateurs / Lampes	1,5 V	4,5 V	9 V
4 V			
1,2 V			
9 V			

3 ★★★ **On associe trois piles plates et une lampe de tension d'usage 4 V. Et pourtant, la lampe brille normalement. Fais le schéma de ce montage et explique pourquoi la lampe brille normalement.**

....

....

....

4 ★★★ **On associe en série deux piles rondes et une lampe de tension d'usage 3 V. Et pourtant, la lampe est éteinte. Fais le schéma de ce montage et explique pourquoi la lampe est éteinte.**

....

....

....

....

5 ★★★ **On dispose d'une pile de 6 V et d'une pile de 1,5 V. La lampe a une tension d'usage de 4 V. Schématise un montage pour que la lampe brille normalement et un autre montage où la lampe brillera intensément.**

....

....

....

5

Associations de lampes

Je retiens l'essentiel

Montage de deux lampes identiques en série

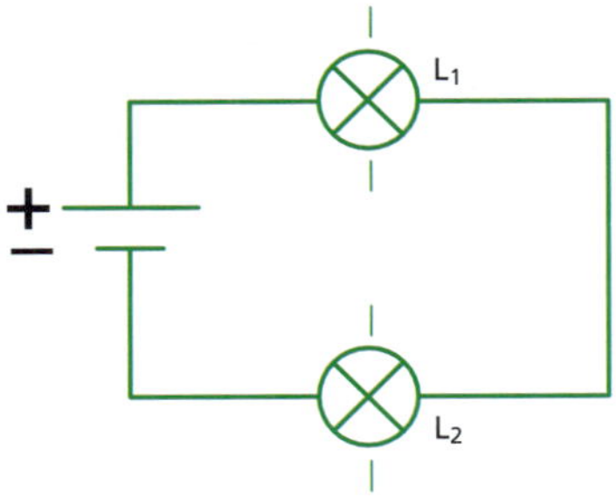

– Pile = 4,5 V.
– Tension d'usage des lampes L_1 et L_2 = 4 V.
– Éclairage **faible**.
– L_1 et L_2 sont montées dans une seule boucle, **un seul circuit**.
On dit que L_1 et L_2 sont montées en **série** : elles brillent du même éclat, mais **faiblement** car la tension de la pile se partage entre les deux lampes.
– Le fonctionnement de chaque lampe **dépend** de celui de l'autre : si on dévisse L_1 → **L_2 s'éteint**.

Montage de deux lampes identiques en dérivation ou parallèle

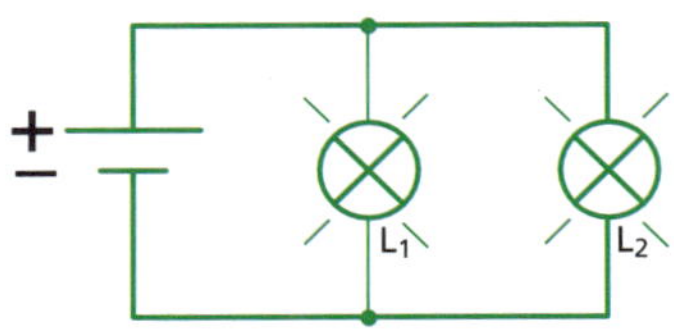

– Pile = 4,5 V.
– Tension d'usage des lampes L_1 et L_2 = 4 V.
– Éclairage **normal**.
– Il y a 2 boucles, **2 circuits**.
– On dit que L_1 et L_2 sont montées en **dérivation ou parallèle** : elles brillent du même éclat et **normalement** car chaque lampe est soumise à la tension de la pile.
– Chaque lampe fonctionne **indépendamment** de l'autre : si on dévisse L_1 → **L_2 reste allumée**.

Je comprends comment ça fonctionne

➤ Le court-circuit

• Si un fil électrique est placé aux bornes de la lampe, celle-ci **s'éteint** : on dit qu'elle est **court-circuitée**.

• Le courant traverse alors un circuit peu résistant. Il y a :
– échauffement des fils ;
– et échauffement du générateur.
À cause de ces échauffements il y a risque d'incendie.

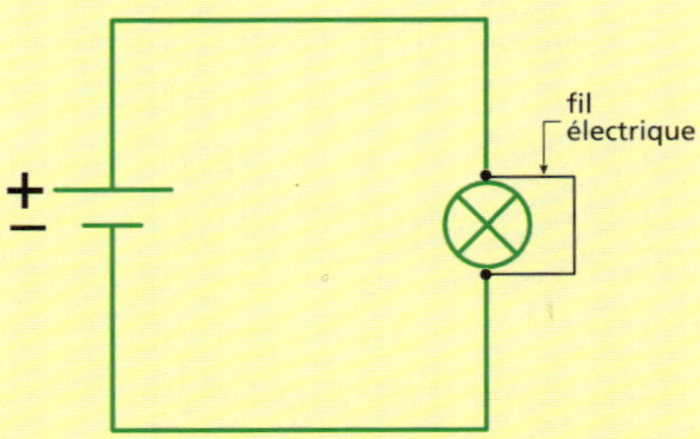

Montage d'une lampe « court-circuitée »

Physique

OBJECTIFS

- Savoir alimenter deux lampes avec le même générateur ; distinguer un montage en série et en dérivation.
- Connaître les effets de chaque montage.
- Connaître les dangers d'un court-circuit.

Je m'exerce

1 ★ **Coche la bonne réponse.**

a. Dans un montage en série, il y a :
☐ un seul circuit. ☐ plusieurs circuits.

b. Dans un montage en dérivation, chaque lampe :
☐ est dépendante de l'autre.
☐ n'est pas dépendante de l'autre.

c. On dévisse une lampe, l'autre s'éteint : c'est un montage :
☐ en série. ☐ en dérivation.

d. Dans un montage en dérivation, il y a :
☐ une seule boucle. ☐ plusieurs boucles.

e. L'éclat des lampes est faible dans un montage :
☐ en série. ☐ en dérivation.

2 ★★ **Donne deux raisons pour lesquelles, à la maison, les lampes et tous les appareils électriques sont montés en dérivation.**

....

....

....

....

....

3 ★★ **Dans chacun de ces deux montages, ajoute les fils nécessaires pour que les lampes soient montées en série.**

a.

b.

4 ★★★ **Soit le montage suivant :**

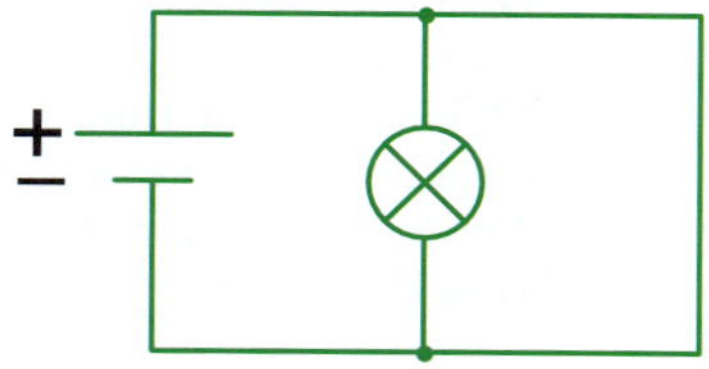

a. Quel est l'état de la lampe ? Pourquoi ?

....

....

....

b. Trace en rouge le chemin suivi par le courant électrique.

c. Que va-t-il se passer ?

....

....

....

....

5 ★★★ **Documente-toi, informe-toi puis réponds aux questions suivantes.**

a. Pour protéger les circuits électriques, on met des fusibles (ou coupe-circuits) en série dans le circuit. Quel est leur rôle ?

....

....

....

....

b. Quel est le rôle du disjoncteur à la maison ?

....

....

....

c. Pourquoi ne faut-il pas remplacer un fil fusible en plomb par un fil en fer ?

....

....

....

....

6

L'eau dans la nature

Physique

Je retiens l'essentiel

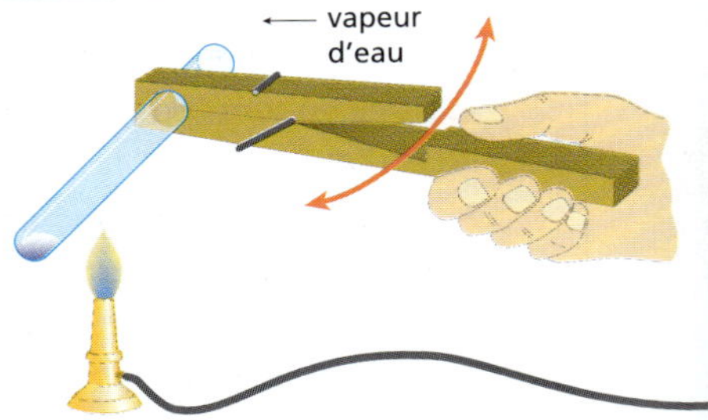

• **Comment déceler la présence de l'eau ?**
– Le sulfate de cuivre est un corps chimique qui est **bleu**.
– Chauffé dans un tube à essais, il devient **blanc** : c'est du sulfate de cuivre **anhydre** (sans eau).
– Ajoutons de l'eau : ce sulfate de cuivre anhydre **redevient bleu**.

• **Test de reconnaissance**

Liquide	Quelle couleur prend le sulfate de cuivre anhydre ?	Présence d'eau
Jus d'orange	Bleu	Oui
Eau minérale	Bleu	Oui
Acétone	Blanc	Non
Huile	Blanc	Non
Cyclohexane	Blanc	Non
Lait	Bleu	Oui

Le test est toujours **positif** avec les boissons.

• **De nombreux aliments contiennent de l'eau.**
On réalise le test au sulfate de cuivre anhydre avec différents aliments. Les résultats sont les suivants :
– avec de la mie de pain → **positif**
– avec un morceau de poire → **positif**
– avec une tranche de pomme de terre → **positif**

La plupart des aliments contiennent de l'eau.

Un hygromètre
© Météo France

• **L'eau dans l'air qui nous entoure**
– Il y a dans l'air, de **l'eau** sous forme de **vapeur**.
– On mesure le **taux d'humidité** présent dans l'air à l'aide d'un **hygromètre**.

Je comprends comment ça fonctionne

➤ Symboles de matériel couramment utilisé en chimie

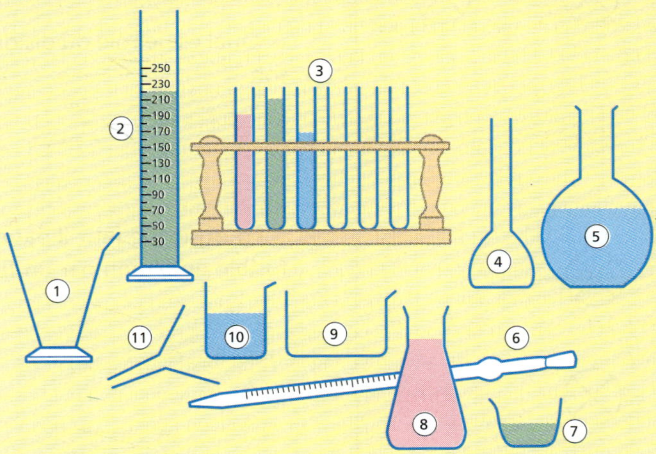

(1) *verre à pied*
(2) *éprouvette graduée*
(3) *tubes à essais*
(4) *fiole jaugée*
(5) *ballon à fond plat*
(6) *pipette graduée*
(7) *capsule*
(8) *erlenmeyer*
(9) *cristallisoir*
(10) *bécher*
(11) *entonnoir*

OBJECTIFS

Connaître un test de reconnaissance de l'eau.

Savoir que l'eau est un constituant des boissons et des aliments.

Connaître le matériel couramment employé en chimie.

Je m'exerce

1 ★ **Coche la bonne réponse.**

a. Le sulfate de cuivre hydraté est :
☐ bleu. ☐ blanc.

b. Quand on chauffe du sulfate de cuivre, on obtient du sulfate de cuivre :
☐ hydraté. ☐ anhydre.

c. On mesure le taux d'humidité dans l'air avec un :
☐ voltmètre. ☐ hygromètre.

d. Avec les boissons, le test au sulfate de cuivre est toujours :
☐ positif. ☐ négatif.

e. Avec la mie de pain, le test au sulfate de cuivre est toujours :
☐ positif. ☐ négatif.

2 ★★ **Recherche une méthode expérimentale.**

Décris une méthode te permettant de savoir si l'encre bleue contient de l'eau, en utilisant le test au sulfate de cuivre anhydre.

3 ★★ **Recherche une méthode expérimentale.**

Décris une méthode te permettant de savoir si la viande contient de l'eau, en utilisant le test au sulfate de cuivre anhydre.

4 ★★★ **Documente-toi puis réponds aux questions.**

a. Quelle différence y a-t-il entre déshydraté et anhydre ?

....

b. Explique la nécessité de l'eau pour la vie.

....

....

....

c. Y a-t-il de l'eau dans l'air ? Si oui, comment le prouver ?

....

....

5 ★★★ a. **On peut se procurer dans le commerce des petites statuettes qui peuvent « annoncer » le temps qu'il fait. En effet par beau temps elles sont bleues et par temps de pluie elles passent au rose. Ces statuettes sont recouvertes de chlorure de cobalt.**

À l'aide des ces informations peux-tu dire si le chlorure de cobalt est utilisable dans le test de reconnaissance de l'eau.

....

b. **L'huile contient-elle de l'eau ? Sans faire le test au sulfate de cuivre anhydre, on peut répondre par la négative ! Pourquoi ?**

....

....

6 ★★ **Donne le nom du matériel de chimie.**

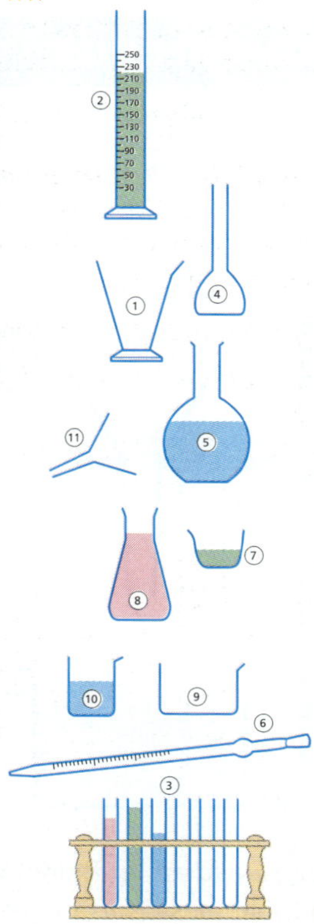

1 ....

2 ....

3 ....

4 ....

5 ....

6 ....

7 ....

8 ....

9 ....

10 ....

11 ....

Physique

7

Les trois états de la matière

Physique

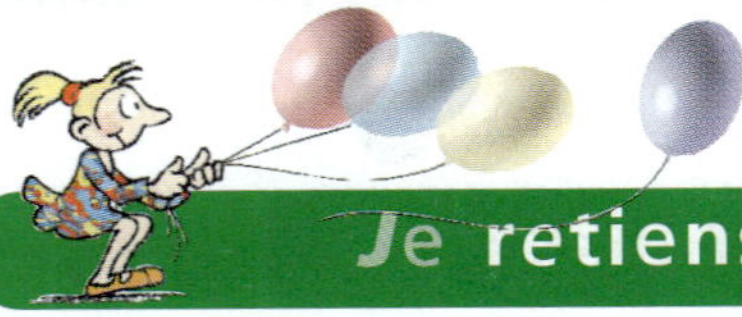

Je retiens l'essentiel

L'état solide

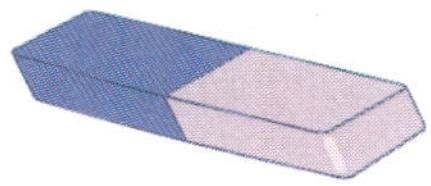

- Les solides peuvent être **saisis**. Ils ont **une forme propre**.
- Certains solides sont **divisés** (farine, sucre en poudre, sable) : ils coulent et prennent la forme du récipient qui les contient.

L'état liquide

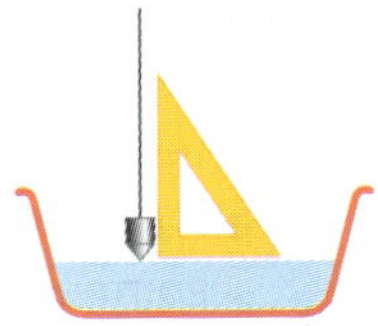

- L'eau ne peut être **saisie**. Elle coule et prend la forme du récipient qui la reçoit.
- La surface libre d'un liquide, au repos, est toujours **plane** et **horizontale**.

L'état gazeux

- Les gaz ne peuvent être **saisis**. Ils occupent **toute la forme** du récipient qui les contient.

- **Particularités des gaz**
  1. On enferme un certain volume de gaz dans une seringue.
  2. On pousse le piston : le volume de gaz diminue tandis que sa **pression** augmente → on dit que les gaz sont **compressibles**.
  3. On tire le piston : le volume de gaz augmente. On dit que les gaz sont **expansibles.**

Je comprends comment ça fonctionne

➤ Tout ce qui est fluide est-il liquide ? Le sable : solide ou liquide ?

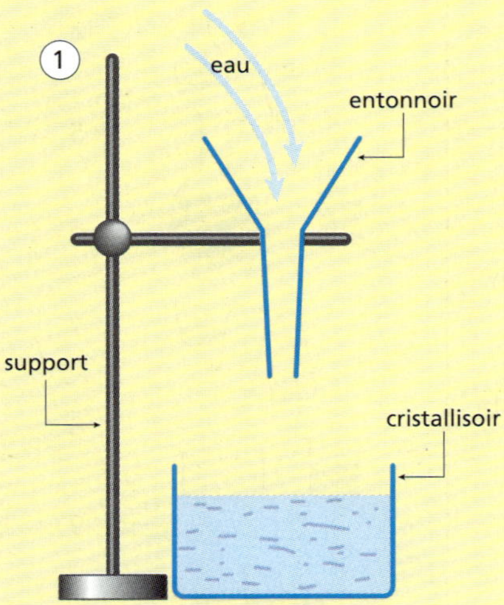

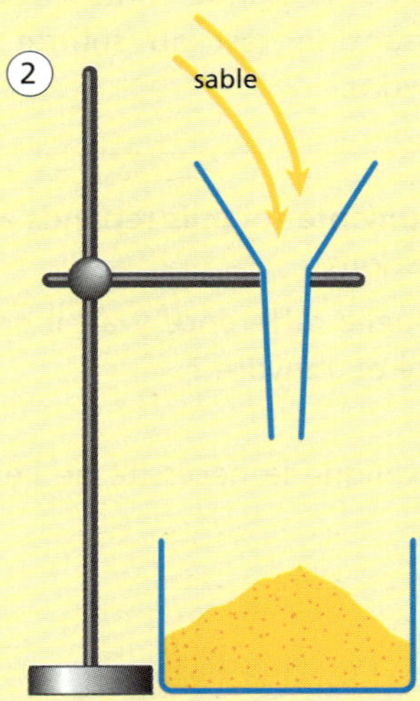

1. L'eau coule (c'est un fluide) dans le cristallisoir et sa surface libre, au repos, est **plane et horizontale** : c'est un liquide.

2. Le sable coule (c'est un fluide) dans le cristallisoir, mais sa surface libre n'est pas plane et horizontale : c'est un **solide**.

OBJECTIFS

- Distinguer solides, liquides et gaz à partir de quelques propriétés.
- Prouver qu'un liquide n'est pas compressible.
- Prouver qu'un gaz est compressible, élastique et expansible.

Je m'exerce

1 ★ **Coche la bonne réponse.**

a. La farine est un :
☐ solide. ☐ liquide.

b. Ils occupent toute la forme du récipient qui les contient :
☐ les solides. ☐ les liquides. ☐ les gaz.

c. Quand un gaz est compressé, sa pression :
☐ augmente. ☐ diminue.

d. Ils ont une forme propre :
☐ les solides. ☐ les liquides. ☐ les gaz.

e. Quand le volume d'un gaz augmente, on dit qu'il est :
☐ compressible. ☐ expansible.

2 ★★ **Montre l'existence d'un gaz.**

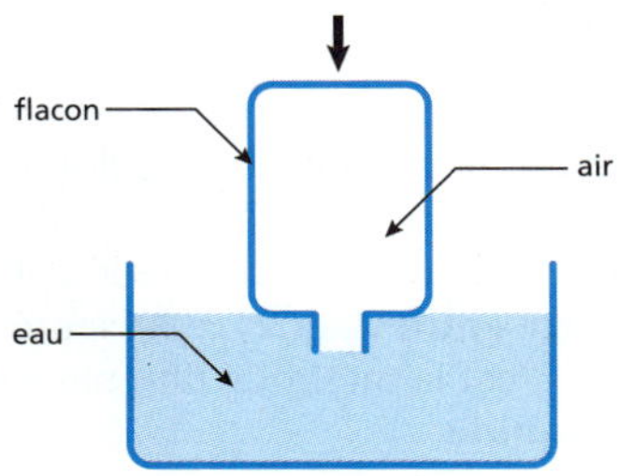

a. L'eau pénètre-t-elle dans le flacon ? Pourquoi ?

....

....

b. Cite d'autres expériences ou des faits d'observation qui prouvent l'existence de l'air.

....

....

3 ★★ **Représente la surface libre du liquide qui atteint le niveau H.**

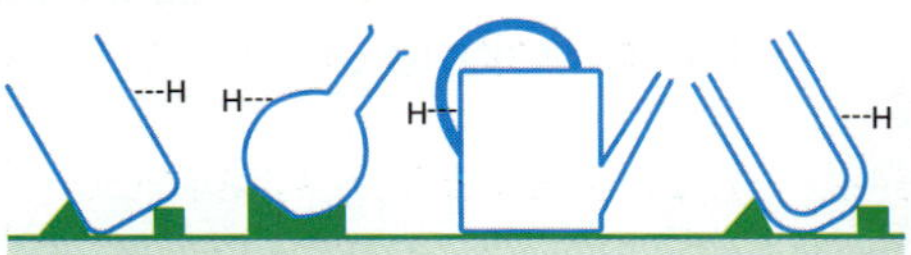

4 ★★ **Comment prouves-tu qu'un verre « vide » contient de l'air ?**

....

....

....

....

....

5 ★★ **On peut ajouter de l'air dans un ballon déjà bien gonflé. Pourquoi ?**

....

....

6 ★★ **Sachant qu'1 L d'air a une masse de 1,3 g, on enferme 1 L d'air dans un récipient.**

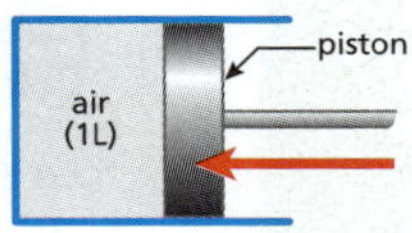

a. On pousse sur le piston, que fait :
– la masse ? ....
– le volume ? ....
– la pression ? ....
On dit que l'air est : ....

b. On tire sur le piston, que fait :
– la masse ? ....
– le volume ? ....
– la pression ? ....
On dit que l'air est : ....

7 ★★★

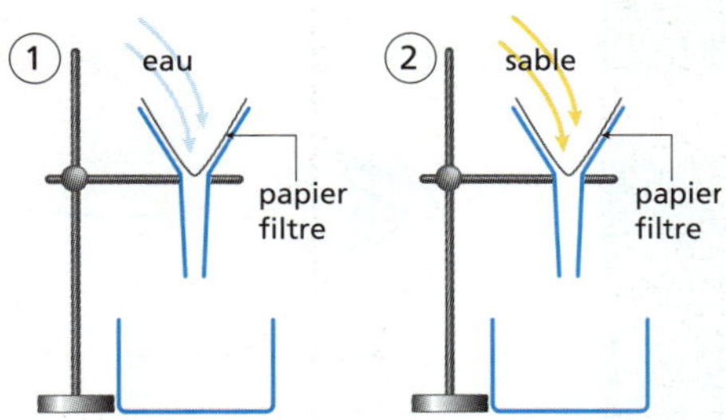

a. Que se passe-t-il en 1 et 2 ?

b. Quelles conclusions peut-on tirer de ces deux expériences ?

Physique

8

Mesurons des volumes

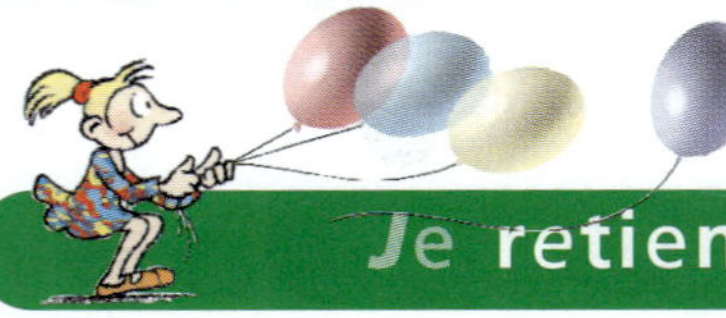

Je retiens l'essentiel

Comment mesurer le volume d'un liquide ?

En classe, on utilisera des récipients gradués ou jaugés (éprouvette, bécher, fiole…)
L'unité de capacité ou de contenance est le **litre** (symbole **L**).

	x 1000	x 100	x 10	1	: 10	: 100	: 1000
Unité	kilolitre	hectolitre	décalitre	litre	décilitre	centilitre	millilitre
Symbole	kL	hL	daL	L	dL	cL	mL

- L'unité usuelle de **volume** est le **mètre cube** (symbole **m³**).
- Il y a des équivalences entre les unités de capacité et les unités de volume.

Unité de capacité	1 kL	1 hL	1daL	1 L	1dL	1cL	1mL
Unité de volume	1 m^3			1 dm^3			1 cm^3

1 L = 1 dm^3 = 1 000 cm^3.

Comment déterminer le volume d'un solide ?

- **Le solide a une forme géométrique.**

Parallélépipède rectangle	$V = L \times l \times h$
Cube	$V = c \times c \times c$
Cylindre	$V = r \times r \times 3{,}14 \times h$

- **Le solide a une forme quelconque**.

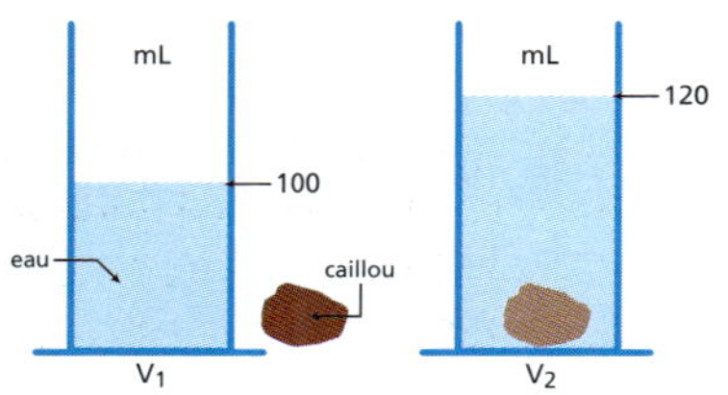

Pour mesurer le volume d'un caillou par exemple. On mesure le volume V_1, puis on immerge le caillou et on mesure le volume V_2. La différence entre V_2 et V_1 représente le volume du caillou. C'est la méthode dite par « **déplacement de liquide** ».
$V_2 - V_1 = 120 - 100 = 20$
20 cm^3 (= 20 mL)

Je comprends comment ça fonctionne

➤ Comment lire correctement une éprouvette graduée ?

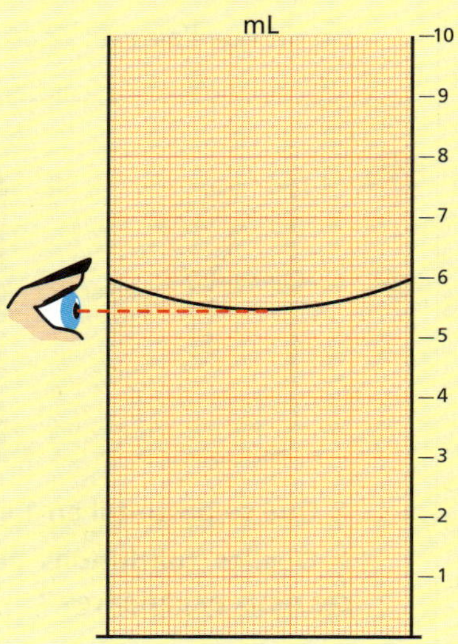

1re étape : Il faut chercher l'unité de volume indiquée sur l'éprouvette → ici le mL.

2e étape : Il faut déterminer le volume correspondant à 1 division → ici 1 division = 0,1 mL.

3e étape : La surface du liquide fait une légère courbure : **le ménisque**.

Il faut toujours lire à la base du ménisque → il faut donc lire ici : **5,5 mL**.

Physique

OBJECTIFS

- Savoir distinguer volume et capacité.
- Savoir déterminer le volume d'un liquide.
- Savoir déterminer le volume d'un solide de forme géométrique et de forme quelconque.

Je m'exerce

1 ★ **Coche la bonne réponse.**

a. 1 L d'eau équivaut à :
☐ 1 dm³. ☐ 1 cm³.

b. L'unité usuelle de volume est :
☐ le litre. ☐ le mètre cube.

c. Le litre, le décalitre, le centilitre sont des unités de :
☐ volume. ☐ de capacité.

d. Pour bien lire une éprouvette graduée, il faut placer son œil :
☐ à la base du ménisque.
☐ à la hauteur maximum du liquide.

e. Pour trouver le volume d'un cube, on utilise la formule :
☐ $V = L \times l \times h$. ☐ $V = c \times c \times c$.

2 ★ **Fais les conversions suivantes.**

a. 2,6 hL = ... L
b. 0,35 hL = ... L
c. 2 500 cL = ... L
d. 7,8 daL = ... L
e. 95 dL = ... L
f. 3,4 dm³ = ... L
g. 1,8 m³ = ... daL
h. 3 500 cm³ = ... dL
i. 0,05 m³ = ... L
j. 13 dm³ = ... cL

3 ★★ **Une baignoire a les dimensions suivantes : longueur 1,3 m ; largeur 60 cm ; hauteur 30 cm.**
Donne en m³, puis en L, le volume d'eau que peut contenir cette baignoire.

....
....
....

4 ★★ **Combien faudra-t-il de litres d'eau pour remplir, à ras bord, une piscine circulaire d'enfant, qui a 25 cm de hauteur et 0,6 m de rayon ?**

....
....
....

5 ★★ **Un verre gradué de cuisine porte les traits de graduation suivants 1/2 L ; 1/4 L ; 1/8 ; 1/10 L ; 1/20 L.**
Trouve, en cm³, le volume qui correspond à chaque graduation.

6 ★★★ **Cherche un mode expérimental pour connaître le volume d'un objet très petit (une épingle par exemple).**

....
....
....
....

7 ★★★ a. **Lis les volumes V_1 à V_5.**

V_1 = ... V_4 = ...
V_2 = ... V_5 = ...
V_3 = ...

b. **À gauche de l'éprouvette, repère par des flèches rouges 5 volumes :**
V_6 = 176 mL – V_7 = 165 mL – V_8 = 144 mL
V_9 = 130 mL – V_{10} = 105 mL.

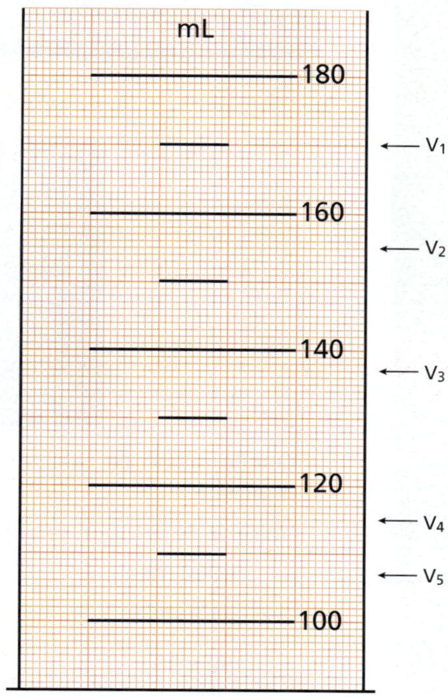

Physique

9 Le pouvoir solvant de l'eau

Physique

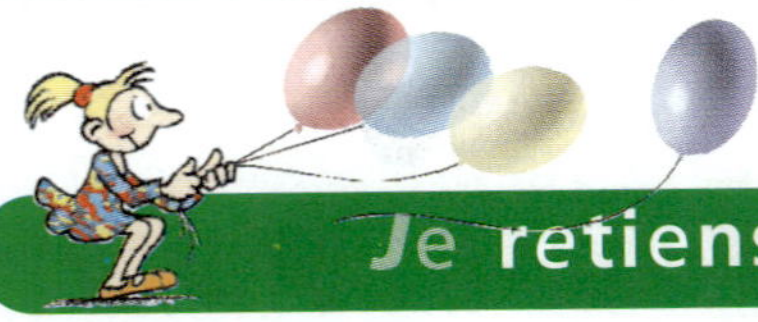

Je retiens l'essentiel

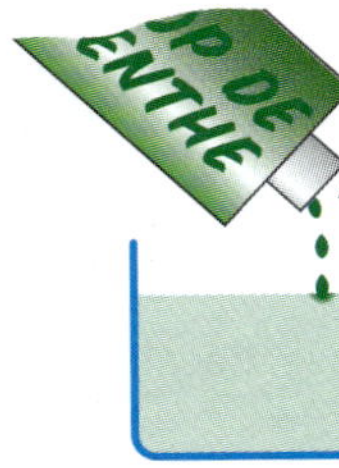

Mélange homogène

- On dissout du sel dans l'eau : on obtient de l'eau salée qui est liquide.
- C'est un mélange homogène.
- Au cours de cette dissolution, **l'eau est le solvant** et **le sel le soluté**.
- **Le mélange** (eau + sel) porte le nom de **solution** et **si l'eau est le solvant**, on parle alors de solution **aqueuse**.

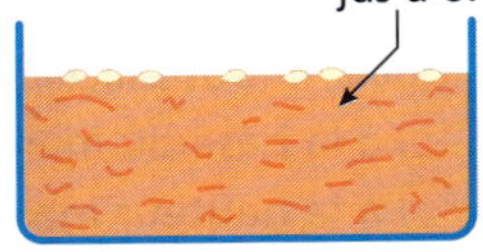

Mélange hétérogène

- On verse du sable dans de l'eau et on agite : le sable ne se dissout pas, il est **insoluble**.
- **Le mélange** obtenu est **hétérogène**.

La solubilité a des limites

- Ajoutons de plus en plus de sel dans l'eau et agitons.
- À partir d'une certaine quantité, le sel ne se dissout plus : on a atteint la limite de solubilité.
- On dit que la solution est saturée.

Masse avant et après dissolution

- Il y a **conservation de la masse totale** du solvant et du soluté.

Concentration massique (C)

- C'est **la masse** de substance **dissoute dans 1 L** de solution. On la mesure en **g/L**.

$C = \frac{m}{V}$ m → **masse** de corps dissout **en gramme**. V → **volume** de la solution **en litre**.

Je comprends comment ça fonctionne

➤ Étudions une étiquette d'eau minérale.

EAU MINÉRALE

Analyse moyenne en mg/L

Calcium	90	Bicarbonates	287
Magnésium	24	Sulfates	3
Sodium	23	Chlorures	5
Potassium	2	Nitrates	1

Extrait sec à 180° C : 270 mg/L – pH : 7,6

Quelle masse de calcium est présente dans un verre de 150 mL de cette eau minérale ?

Volume de solution (en mL).	Masse de calcium (en mg).
1 000 mL	90 mg
150 mL	? g

$m = \frac{150 \times 90}{1000} = 13,5 \text{ mg} = 0,0135 \text{ g}$

OBJECTIFS

- Savoir distinguer mélanges homogènes et hétérogènes.
- Connaître et employer les termes : solvant, soluté, solution, solution saturée.
- Savoir que la masse se conserve au cours de la dissolution.

Je m'exerce

1 ★ **Coche la bonne réponse.**

a. Je mets du sucre dans mon lait et je remue. Le sucre :

☐ fond. ☐ se dissout.

b. Je mets du sel dans de l'eau. Le sel est le :

☐ solvant. ☐ soluté.

c. Je verse du sable dans un verre d'eau et je remue, le mélange est :

☐ homogène. ☐ hétérogène.

d. Une solution est saturée quand :

☐ on peut encore dissoudre le soluté.

☐ on ne peut plus dissoudre le soluté.

e. Je dissous 10 g de sel dans 200 g d'eau, la masse du mélange est de :

☐ 200 g. ☐ 210 g.

2 ★★ **Sachant qu'on peut dissoudre au maximum 360 g de sel par litre d'eau, complète le tableau en indiquant si chacune de ces solutions est saturée ou non saturée.**

Eau	Sel	Solution
50 cm^3	20 g	
200 cm^3	50 g	
300 cm^3	75 g	
400 cm^3	150 g	

3 ★★ **Complète les phrases suivantes :**

a. Le sucre se dissout ....

b. Le sucre fond si ....

c. Quand on met trop de sel dans un verre d'eau, la solution est ....

d. Si on mélange du sable et de l'eau, on obtient un mélange ....

e. Quand on dissout un soluté dans de l'eau, on parle alors de solution ....

4 ★★★ **On veut préparer 50 mL d'une solution de sulfate de cuivre, de concentration massique 180 g/L. Quelle masse de sulfate de cuivre sera nécessaire ?**

5 ★★★ **Sur l'étiquette d'une boisson fruitée, on peut lire : « concentration en sucre 30 g/L ». Si je bois 25 cL de cette boisson, quelle masse de sucre vais-je absorber ?**

6 ★★★ a. **Donne la formule de la concentration massique en rappelant les unités de grandeur.**

b. **Si on dissout 20 g de sucre dans 50 mL d'eau, calcule la concentration de la solution obtenue.**

7 ★★★ **Je dois préparer un bocal de fruits au sirop de 500 mL. Si on veut que la concentration de ce sirop soit de 300 g/L, quelle masse de sucre doit-on mettre ?**

10

Comment séparer les constituants d'un mélange

Physique

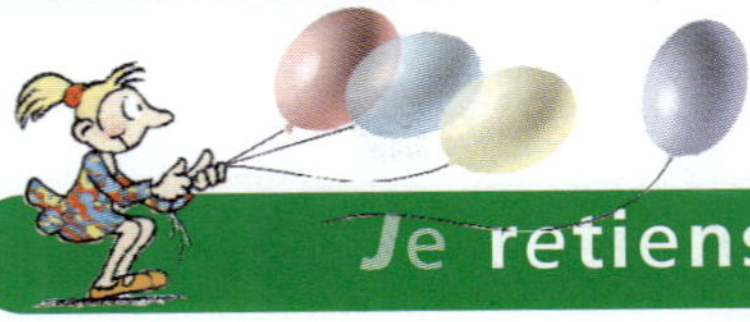

Je retiens l'essentiel

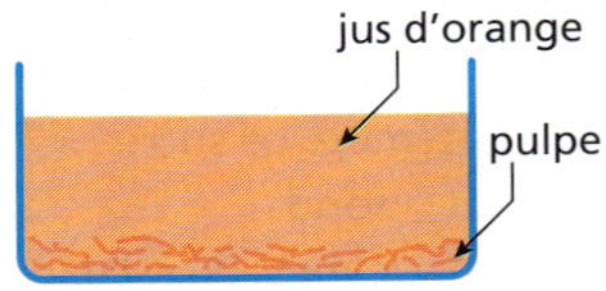

La décantation

– Prenons un jus d'orange : c'est un mélange hétérogène car on peut distinguer la pulpe du jus.
– Si on laisse « reposer » ou **décanter** ce jus d'orange, la pulpe se dépose au fond du verre.

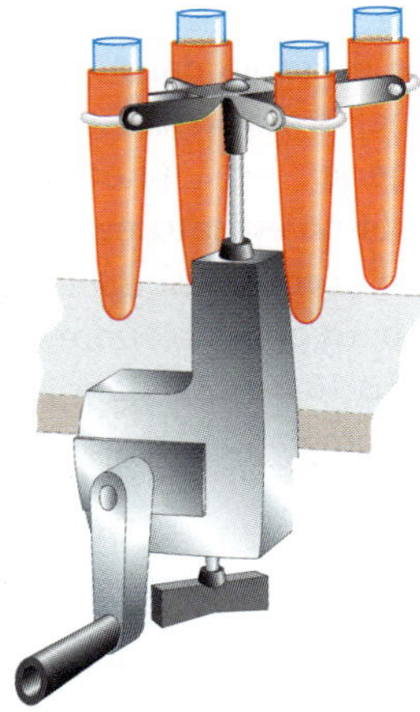

La centrifugation

– Une centrifugation permet **d'accélérer la décantation**.
– Après centrifugation (des milliers de tours par minute) les substances les plus denses sont plaquées au fond du tube.

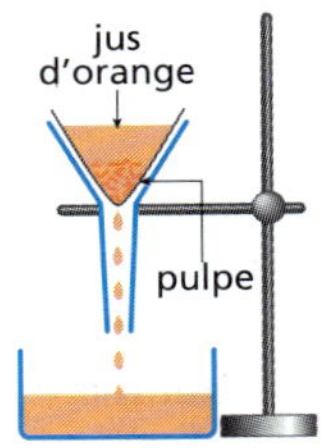

La filtration

– On peut aussi filtrer le jus d'orange : la pulpe se dépose sur le filtre et le liquide obtenu, **le filtrat**, est plus clair.

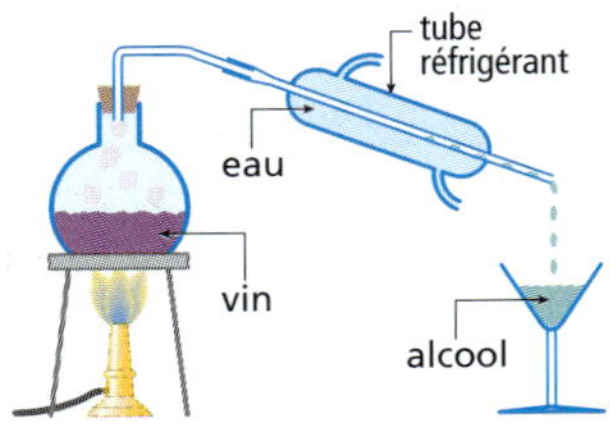

La distillation

– On fait la distillation du vin (jus de raisin + 10 à 12 % d'alcool).
– On chauffe le vin jusqu'à **ébullition**.
– Les **vapeurs se condensent** grâce au tube réfrigérant.
– On obtient un liquide clair, **le distillat** : c'est de l'alcool qui peut brûler.

Je comprends comment ça fonctionne

➤ Le distillateur solaire

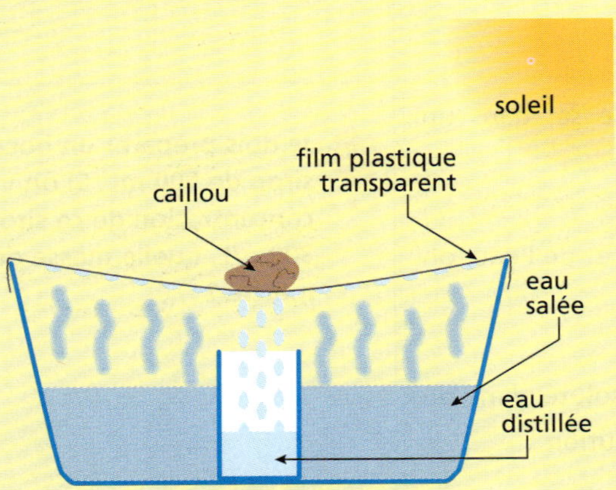

Il permet par exemple d'obtenir de l'eau douce à partir de l'eau de mer.

→ L'eau chauffée par le soleil **s'évapore**.

→ Elle se condense au contact du film plastique.

→ Des gouttelettes d'eau glissent sur le film plastique et tombent dans le verre : **cette eau n'est pas salée.**

→ À partir de l'eau salée, on a obtenu de l'eau douce.

OBJECTIFS

- Connaître quelques méthodes de séparation des constituants d'un mélange.
- Savoir décrire une décantation, une filtration, une centrifugation et une distillation.

Je m'exerce

1 Coche la bonne réponse.

★

a. Pour récupérer le sel de l'eau, on fait une :

☐ décantation. ☐ distillation.

b. Quand on filtre un mélange, le liquide obtenu est le :

☐ filtrat. ☐ distillat.

c. Si on filtre de l'eau salée, on obtient de :

☐ l'eau douce. ☐ l'eau salée.

d. Quand on laisse reposer un mélange hétérogène, on fait une :

☐ distillation. ☐ décantation.

e. On fait une centrifugation, pour accélérer la :

☐ filtration. ☐ décantation.

2 Complète la légende de ce schéma de la distillation du vin en écrivant les lettres correspondantes aux mots suivants :

★★

entrée de l'eau (......) – alcool (......) – vin (......) – bec Bunsen (......) – sortie de l'eau (......) – tube réfrigérant (......).

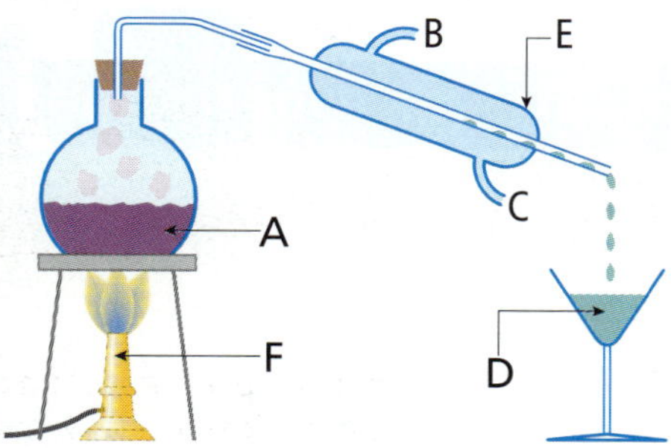

3 Que se passerait-il si dans le montage ci-dessus, il n'y avait pas de tube réfrigérant ?

★★

....

....

....

....

4 Les eaux minérales contiennent des substances dissoutes (sodium, potassium, calcium, magnésium...). Propose une démarche expérimentale pour prouver qu'une eau minérale contient ces substances dissoutes.

★★★

....

....

....

....

....

5 On a mélangé de l'eau, du sel et du sable. Propose une démarche expérimentale pour séparer les trois constituants de ce mélange.

★★★

....

....

....

....

....

....

6 L'eau et l'huile ne se mélangent pas : ces liquides ne sont pas miscibles.

★★★

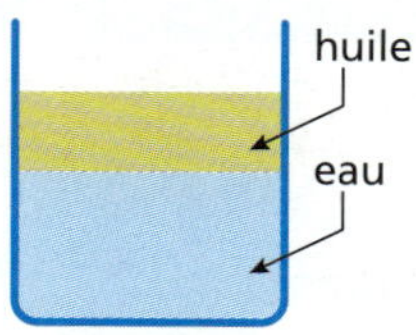

Verre ▲

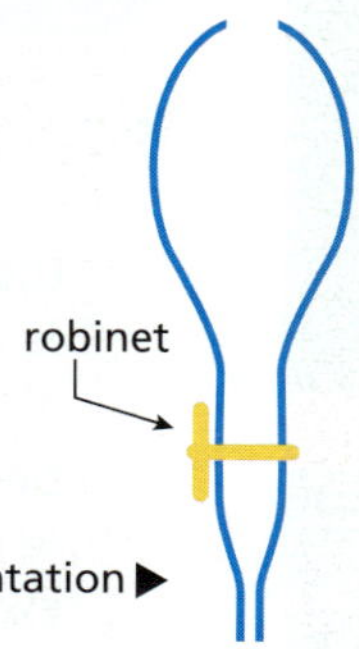

Ampoule à décantation ▶

Explique comment tu vas procéder pour séparer ces deux liquides avec une ampoule à décantation.

....

....

....

....

Je retiens l'essentiel

Les boissons gazeuses contiennent du dioxyde de carbone

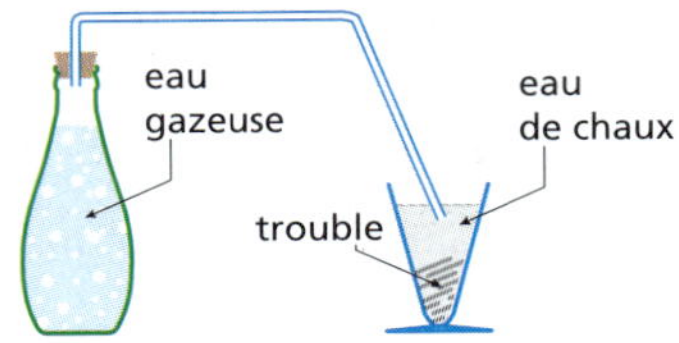

1. Pour mettre en évidence la présence de dioxyde de carbone, on fait le test à l'eau de chaux. **L'eau de chaux** se **trouble** en présence du **dioxyde de carbone**.

2. Pour déterminer si l'eau gazeuse contient du dioxyde de carbone, on prélève du gaz en agitant la bouteille. Ce gaz trouble l'eau de chaux. Donc l'eau gazeuse contient du dioxyde de carbone.

Le dioxyde de carbone est pesant

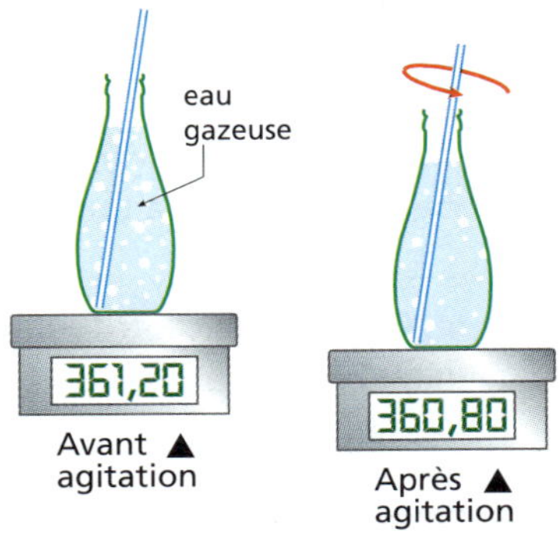

Soit m_1 la masse d'une bouteille d'eau gazeuse avant agitation (m_1 = 361,2 g).
Soit m_2 la masse de cette bouteille après agitation (m_2 = 360,8 g).
Donc, le départ du gaz a allégé la bouteille :
$m_1 - m_2 = 0{,}4$ g.
Le dioxyde de carbone (comme tous les autres gaz) est pesant.

1 L de dioxyde de carbone a une masse de 1,9 g.
1 L de dioxygène a une masse de 1,4 g.
1 L de diazote a une masse de 1,2 g.

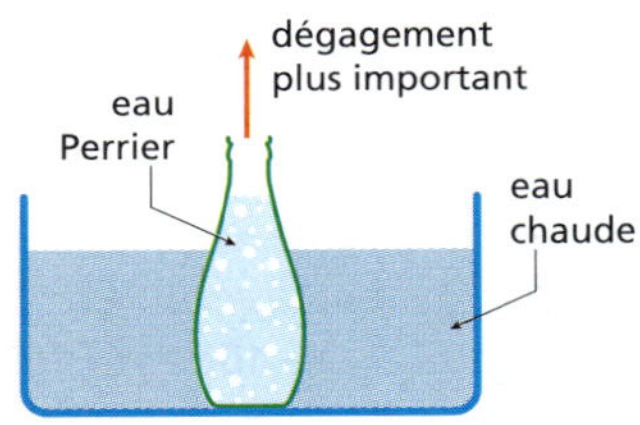

- **Température et solubilité**

Si on réchauffe une bouteille d'eau gazeuse, le gaz se dégage plus vite.
Donc le gaz est moins soluble quand la température augmente.

Je comprends comment ça fonctionne

J'apprends à fabriquer le réactif du dioxyde de carbone : l'eau de chaux.

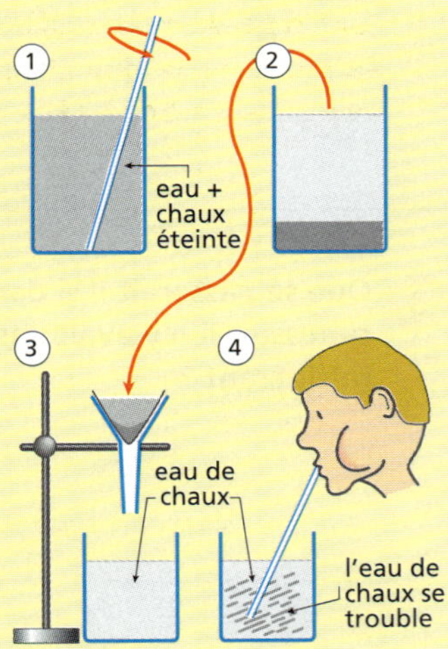

1 Dissolution
Je mets un peu de chaux éteinte dans un verre d'eau et je mélange : c'est du lait de chaux.

2 Décantation
Je laisse « reposer » ce lait de chaux quelques instants.

3 Filtration
Je filtre et le filtrat est clair : c'est de l'eau de chaux.

4 Expérimentation
Je prends une paille et j'expire dans cette eau de chaux. Elle se trouble, car en expirant, j'ai rejeté du dioxyde de carbone.

Physique

OBJECTIFS

- Savoir que les boissons gazeuses contiennent un gaz dissous : le dioxyde de carbone.
- Savoir que le dioxyde de carbone est très soluble dans l'eau, qu'il est pesant et que sa solubilité varie avec la température.

Je m'exerce

1 ★ **Coche la bonne réponse.**

a. L'eau de chaux est le réactif du :
☐ carbone. ☐ dioxyde de carbone.

b. Quand on ouvre une bouteille d'eau gazeuse, laissée au soleil, le dégagement gazeux est :
☐ plus important. ☐ moins important.

c. Les boissons gazeuses contiennent
☐ de l'hydrogène.
☐ du dioxyde de carbone.

d. Si on agite une bouteille d'eau gazeuse ouverte, sa masse :
☐ ne change pas. ☐ diminue.

e. Le dioxygène est plus dense que :
☐ le dioxyde de carbone. ☐ le diazote.

2 ★★ **Commente cette expérience.**

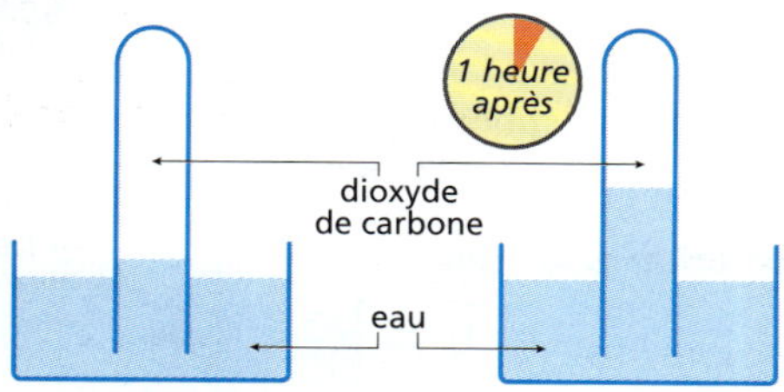

3 ★★ **Un flacon contient du dioxyde de carbone. Quelle est la position (1 ou 2) qui permet de conserver le gaz ? Pourquoi ?**

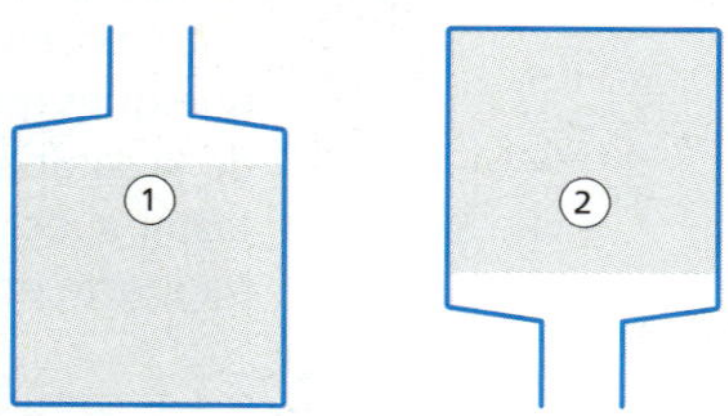

4 ★★ **Si on agite un tube contenant de l'eau et du dioxyde de carbone, en gardant le doigt sur l'ouverture, le doigt est « aspiré ». Donne une explication.**

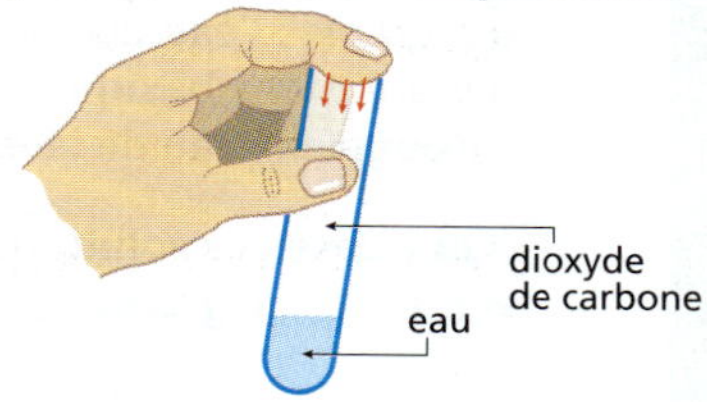

5 ★★★ **Recherche pourquoi.**

a. Il y a du dioxyde de carbone dans les extincteurs ?

b. Les bouches d'aération, dans la cuisine, sont placées en bas ?

c. Il faut conserver l'eau de chaux à l'abri de l'air ?

d. Pour réparer un puits, les ouvriers y descendent avec une bougie allumée ?

e. Il est recommandé de servir les boissons gazeuses bien fraîches ?

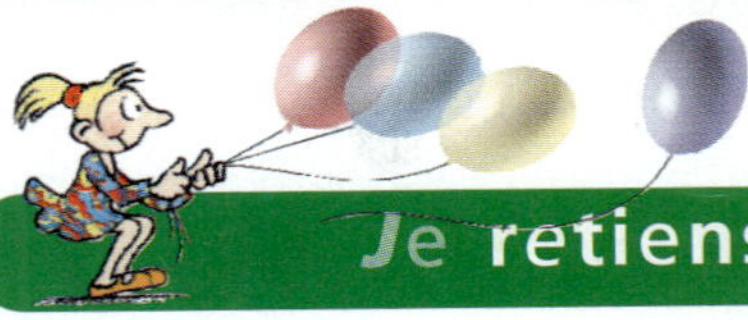

Je retiens l'essentiel

- **Les solutions sont classées en trois groupes :**
– les solutions **acides** (exemple : le jus de citron) ;
– les solutions **neutres** (exemple : l'eau distillée) ;
– les solutions **basiques** (exemple : l'eau de javel).

- **On classe ces solutions d'après leur pH.**
Le pH est une **grandeur sans unité** qui va de 1 à 14.

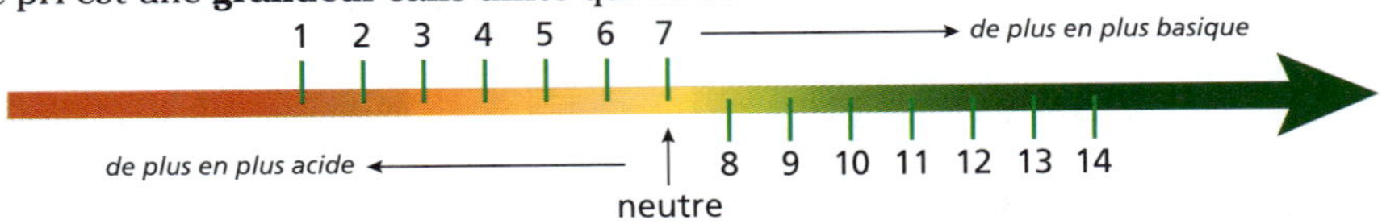

- **Comment mesurer le pH d'une solution ?**
– Soit avec le papier indicateur de pH ;
– soit avec un pH-mètre.

Papier pH ▲

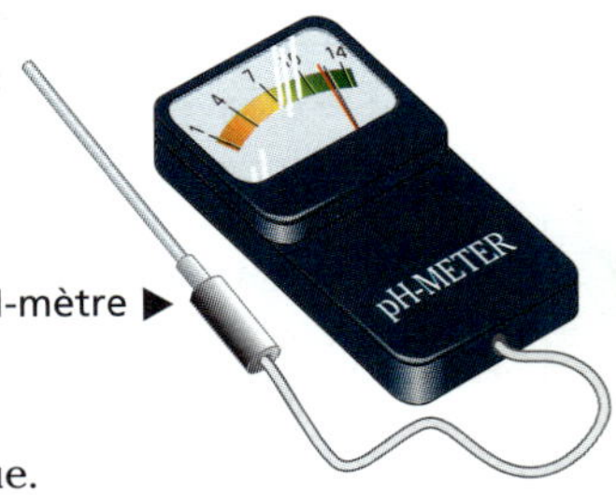

pH-mètre ▶

- **Quelle est l'origine de l'acidité ?**
Le Coca-Cola est une boisson acide (pH = 2,5).
Elle contient du sucre (pH = 7,2) et de l'acide phosphorique.
L'acidité du Coca-Cola est donc due à la présence de cet acide.

- **Comment faire varier le pH d'une solution acide (jus de citron) ?**
– On peut **diminuer le pH**.
Dans un verre où il y a de l'eau (pH = 7), on ajoute du jus de citron → le pH diminue (5, 4…).
– On peut **augmenter le pH**.
Dans un verre contenant du jus de citron pur (pH = 2,5), on ajoute de l'eau → le pH augmente (4, 5…).

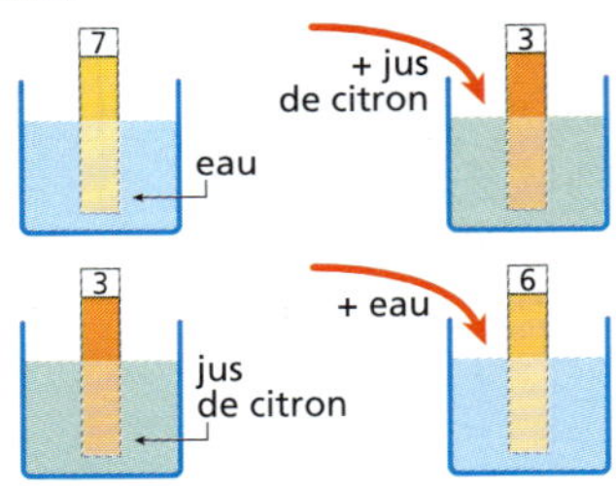

Je comprends comment ça fonctionne

➤ Utilisons le papier pH.

1. On place dans une coupelle un petit morceau de papier pH.

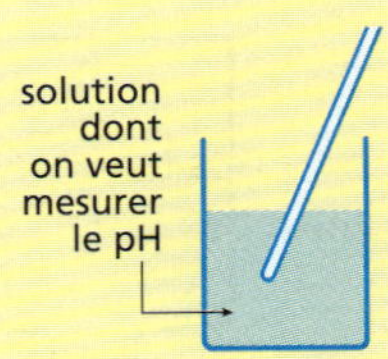

2. On prélève quelques gouttes de la solution à tester avec une baguette en verre.

3. On dépose, avec la baguette, une goutte de cette solution sur le papier pH.

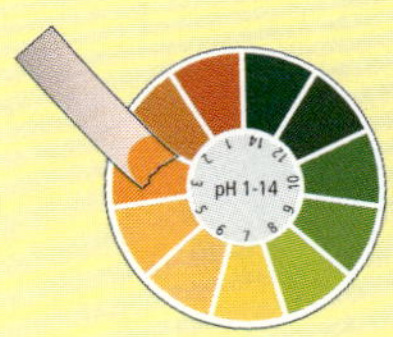

4. On compare immédiatement la teinte prise par le papier pH avec l'échelle de teintes du nuancier.

OBJECTIFS

- Savoir caractériser l'acidité par une grandeur : le pH.
- Savoir mesurer le pH d'une solution.
- Savoir faire varier le pH d'une solution.

Je m'exerce

1 ★ **Coche la bonne réponse.**

a. Dans un jus de citron, je rajoute de l'eau :
- ☐ le pH augmente.
- ☐ le pH diminue.
- ☐ le pH ne change pas.

b. Dans un jus de citron, je rajoute du sucre :
- ☐ le pH augmente.
- ☐ le pH diminue.
- ☐ le pH ne change pas.

c. Une solution ayant un pH = 12 est plus basique qu'une solution :
- ☐ ayant un pH = 13.
- ☐ ayant un pH = 10.

d. On rajoute du jus de citron dans de l'eau :
- ☐ le pH augmente.
- ☐ le pH diminue.
- ☐ le pH ne change pas.

e. Une solution ayant un pH = 4 est plus acide qu'une solution :
☐ ayant un pH = 3. ☐ ayant un pH = 5.

2 ★★ **On veut mesurer le pH de l'encre rouge. Que doit–on faire ?**

3 ★★ **Pierre affirme que toutes les eaux ont un pH 7. Qu'en penses-tu ?**

4 ★★ **Paul pense qu'en ajoutant du sucre dans son jus de citron, la boisson sera moins acide. Qu'en penses-tu ?**

5 ★★ a. **Classe ces produits en mettant devant un A pour acide, un N pour neutre et un B pour basique**
- ☐ jus de tomate pH 4
- ☐ eau de Vichy pH 8
- ☐ eau de Volvic pH 7
- ☐ eau de chaux pH 9
- ☐ Coca-Cola pH 2,5
- ☐ limonade pH 3
- ☐ eau de mer pH 8,5
- ☐ eau du robinet pH 7,5
- ☐ acide chlorhydrique pH 1
- ☐ ammoniaque pH 13

b. **Quel est le plus acide ?** ....

c. **Quel est le plus basique ?** ....

6 ★★ **Commente cette expérience et explique d'où vient l'acidité de l'eau gazeuse.**

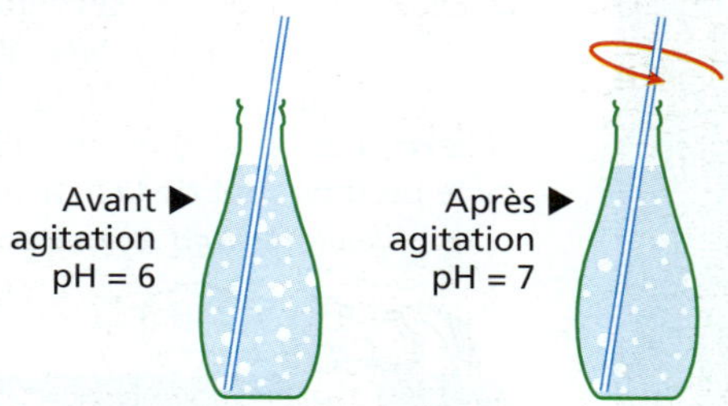

7 ★★★ **Documente-toi et dis pourquoi :**

a. On parle de pluies acides ?

b. Le vin a un pH acide ?

c. L'aspirine a un pH acide ?

d. On parle de pH doux pour un shampooing ?

Donne un exemple dans lequel la végétation est sensible au pH du sol.

1

Be, Have, There is / There are

Grammar

Be

• ***Be*** **renseigne sur ce que l'on est (âge, nom, nationalité).**
I am at home (I'm) / She is in the garden (She's) / They are outside (They're)
L'interrogation : *Are you with Paul?* La négation : *He is not (isn't) in the house.*
Are your parents at home? Yes, they are. Is Sarah your music teacher? No, she isn't.

• Plusieurs expressions se construisent avec ***be*** en anglais mais pas avec « être » en français.
I'm twelve. J'ai douze ans.
I'm hungry/thirsty. J'ai faim/soif.
I'm fine. Je vais bien.
I'm lucky. J'ai de la chance.
I'm cold / hot, warm. J'ai froid / chaud.
I'm afraid. J'ai peur.

Have

• ***Have*** **est tantôt un auxiliaire tantôt un verbe régulier.**
• ***Have got*** sert à parler de ce que l'on possède.
Peter has got one brother and five sisters.
– Forme affirmative : *I, you, we, they have got. / he, she, it has got.*
– Forme interrogative : *Have I, you, we, they got? / Has he, she, it got?*
– Forme négative : *I, you, we, they have not got. / He, she, it has not got.*
On peut utiliser une forme contractée : *I've got, I haven't got / He's got, he hasn't got.*
Attention à ne pas confondre les formes contractées de ***be*** et ***have*** à la 3e personne du singulier : *He's got a cat. / He's happy.*
• ***Have*** n'a pas toujours le sens de « avoir ». Il peut se traduire par « prendre, faire »…
– have breakfast, lunch, dinner, tea, a drink : prendre le petit déjeuner, déjeuner, dîner, prendre le thé, un verre.
– have a bath : prendre un bain.
– have a lesson : prendre un cours.
– have a walk : faire une promenade.
– have a good time : s'amuser.
Dans ces expressions ***have*** se conjugue avec l'auxiliaire ***do*** :
Do you have a bath in the morning? *I don't have a walk on Monday.*

There is / There are

• ***There is, there are*** **servent à parler de ce qu'il y a.**
There is a bird on your bike. Il y a un oiseau sur ton vélo.
There are five pigeons on the balcony. Il y a cinq pigeons sur le balcon.
There is est suivi d'un singulier. ***There are*** est suivi d'un pluriel.
Si le premier mot de la liste est au singulier on emploie ***there is***.
There is a lorry and two cars. Il y a un camion et deux voitures.

Vocabulary

FAMILY

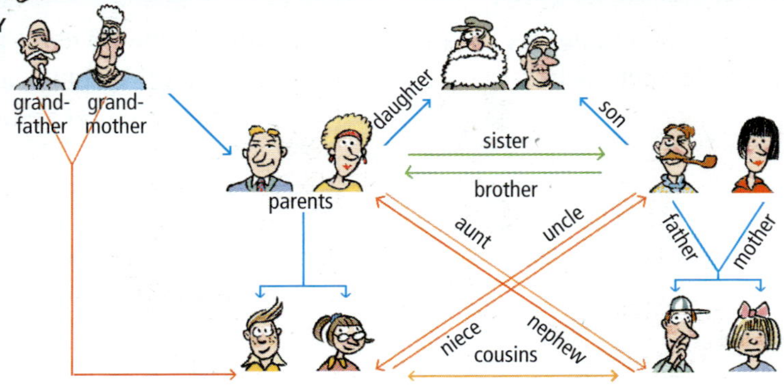

OBJECTIFS

Savoir reconnaître et utiliser *Be* et *Have*.

Traduire « il y a ».

Exercises

1 ★ **Complète les phrases suivantes avec *be* (forme pleine).**

a. I .... very tired today.
b. It .... ten o'clock.
c. My parents .... in Australia.
d. John .... not at school today.
e. We .... better than them.

2 ★★ **Réponds en donnant des réponses brèves.**

a. Is Peter a journalist? No, ...
b. Are the Smiths your neighbours? Yes, ...
c. Is it new? Yes, ...
d. Is this her dog? Yes, ...
e. Are we late? No, ...

3 ★★ **Complète avec *there is* ou *there are*.**

a. .... a pen and two books on the table.
b. .... ten roses in the vase.
c. .... a cake for you in the fridge.
d. .... many students in the meeting room.
e. .... someone in the garage.
f. .... any tomatoes in the basket.
g. .... a teacher and three pupils in the class.
h. .... any milk in the fridge?

4 ★★ **Complète avec *have got* ou *has got* (formes affirmative ou interrogative).**

a. Keith .... a headache.
b. .... Paula .... a walkman?
c. My best friend .... a boyfriend.
d. .... you .... time for us?
e. I .... short hair.

5 ★★★ **Complète avec *be* ou *have* à la forme qui convient.**

a. I .... very hungry: I want to .... lunch now.
b. My sister .... ten.
c. She .... a piano lesson on Saturday.
d. .... you cold? No, I .... very warm.
e. My friends .... hungry and thirsty.

6 ★★★ **Comment dirais-tu que :**

a. tu as de la chance.
....
b. ton frère prends des cours de guitare.
....
c. Jane a faim et soif.
....
d. tu t'amuses avec tes amis.
....
e. tu dînes tôt le soir.
....

Grammar

Le présent simple

Le présent existe sous deux formes : le simple et le continu (*Be + ing*).

• **Le présent simple sert à décrire des actions habituelles, à parler de vérités, de faits permanents, de généralités.**

Bridget works every day. / It rains a lot in autumn. / He likes tea.

À la forme affirmative on utilise la base verbale à toutes les personnes.

*I sing, you sing, he/she sing**s**, we sing, you sing, they sing.*

• Pour former les formes interrogative et négative il faut utiliser ***do***, ou ***does*** à la 3e personne du singulier.

Do you sing, Does he sing? He does not (doesn't) sing, We do not (don't) sing.

• Réponse brève :

Do you live in Manchester? Yes, I do. – Does Tim smoke? No, he doesn't.

• ***Often*** **(souvent)**, ***sometimes*** **(quelquefois)**, ***always*** **(toujours)**, ***never*** **(jamais)**, ***usually*** **(habituellement)** sont des adverbes de fréquence. Ils se placent avant le verbe, mais toujours après ***be*** : *I never take the bus to school. I am always early.*

Le présent continu

• **Pour parler d'une action qui est en train de se dérouler on emploie le présent *be + ing* (également appelé présent continu ou progressif).**

He is waiting for the bus. Il attend l'autobus. *It is raining.* Il pleut.

La phrase se construit ainsi :

– Forme affirmative : Sujet + auxiliaire ***be*** + base verbale + ***ing***

Paul is washing his car.

– Forme interrogative : *Is Nat cooking?*

– Forme négative : *Pam is not (isn't) cleaning her room.*

– Réponses brèves : *Is Fred painting? Yes, he is.*

Are Paul and Jennifer watching TV? No, they aren't.

• Le présent ***be + ing*** sert à poser des questions sur des actions en train de se dérouler.

What is she doing? He's reading. / Where are they going? They're going to the theatre.

• **Les question tags :** *You don't smoke, do you?* *It is raining, isn't it?*

Your sister works in a bank, doesn't she? *The sun isn't shining, is it?*

Vocabulary

THE HOUSE

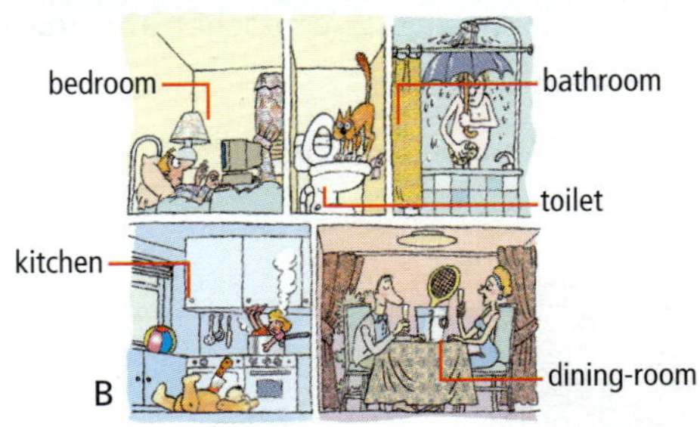

Regarde bien le dessin et réponds aux questions suivantes.

a. Where is the computer?

....

b. Where is the cat?

....

c. Where are the toys?

....

d. Where is the umbrella?

....

e. Where is the tennis racket?

....

OBJECTIF

Savoir utiliser les présents simple et continu.

Exercises

1 ★ **Mets les phrases suivantes à la forme interrogative et négative.**

a. Pamela is playing the piano.
b. Her friends are drinking tea.
c. She is taking a picture.
d. The athlete is running.
e. Your teacher is speaking with mine.

2 ★ **Mets les phrases suivantes à la forme interrogative et négative.**

a. Tom likes classical music.
b. I buy the newspaper every morning.
c. Pat often sleeps late.
d. He speaks Chinese.
e. My friends live in London.

3 ★ **Donne des réponses brèves aux questions suivantes.**

a. Are you playing with your dog? Yes, ...
b. Does Barbara swim? No, ...
c. Is Maureen writing a letter? Yes, ...
d. Do your parents go out at night? Yes, ...

4 ★★ **Mets le verbe entre parenthèses soit au présent simple soit au présent continu.**

a. Look! Mark .... fast. (run)
b. Samantha .... glasses. (wear)
c. They can't come, they .... their homework. (do)
d. I ....chocolate. (love)
e. He always ....me late at night. (call)

5 ★★ **Complète avec *do, does, is, are*.**

a. .... you playing or .... you working?
b. .... he help you? No, he ....n't.
c. The cat .... running after the puppy.
d. We .... not play cards.
e. .... you travel alone?

6 ★★ **Choisis la forme verbale correcte.**

a. Michael .... in New York. (is living, lives)
b. Brian .... lunch in the kitchen now. (has, is having)
c. I'm at the airport; I .... for my flight. (wait, am waiting)

7 ★★★ **Ajoute la question tag.**

a. Paul doesn't eat meat, ...?
b. She is driving your car, ...?
c. Your cousins live behind the park, ...?
d. Her husband is cutting the grass, ...?

8 ★★★ **Comment dirais-tu que :**

a. tu n'aimes pas l'oignon.
....
b. il est tard : tu attends l'autobus.
....
c. ta mère est en train de dormir.
....

chair

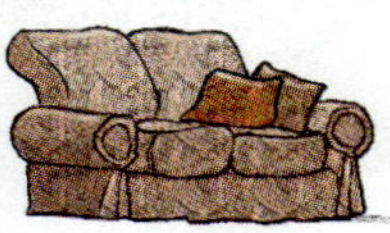
sofa

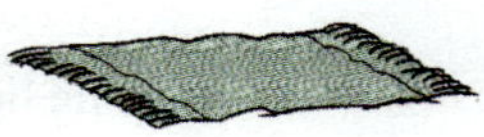
carpet

armchair

picture

bookcase

3

L'expression du futur

Grammar

Il existe plusieurs manières de parler de l'avenir.

• ***Be going to*** **+ base verbale**
L'auxiliaire ***be*** se conjugue au présent. ***Going to*** et la base verbale sont invariables. Cette expression sert à exprimer une action qui **va se dérouler dans un futur proche**, **ce qu'on a l'intention de faire** et pour **prédire un évènement**.
Look! She's going to jump. Regarde ! Elle va sauter.
I'm going to leave. Je vais = j'ai l'intention de partir.
It's going to snow. Il va neiger.

• ***Be*** **+ V +** ***ing*** **(présent continu)**
La construction ***be*** **+ verbe en** ***ing*** peut servir à exprimer le futur. Le sujet est un être animé. La phrase doit contenir un complément de sens futur.
Jane is coming tonight. Jane vient ce soir.
We're leaving next week. Nous partons la semaine prochaine.

• ***Will*** **est un auxiliaire modal qui sert à exprimer le futur.**
– Forme affirmative : ***will*** (ou ***'ll***) + **base verbale**.
We'll call you tomorrow. Nous vous appellerons demain.
Chris will have a party next Saturday. Chris donnera une fête samedi prochain.
– Forme interrogative : ***will*** + **sujet** + **base verbale**.
Will you take the train tomorrow? Prendras-tu le train demain ?
– Forme négative : ***will not*** (***won't***) + **base verbale**.
Sam won't sleep here. Sam ne dormira pas ici.

• **Réponses brèves**
Are they going to help us? Yes, they are.
Is she going to take the plane? Yes, she is.
Will Tom and Bill work with you next Sunday? No, they won't.
Is Paul leaving at 6? Yes, he is.
Will you call me tomorrow? Yes, I will.

• **Question-tags**
Daniel will come back in July, won't he?
Mary won't spend too much money, will she?
Helen is going to dance, isn't she?

Vocabulary

FOOD, MEALS

Dis ce que cet homme a mangé aujourd'hui.

a. For breakfast he had ....
b. For lunch he had ....
c. For dinner he had ....

Anglais

OBJECTIF
Savoir exprimer le futur.

Exercises

1 ★ **Donne les trois futurs possible.**

Exemple : I / help you / tomorrow :
I'll help you tomorrow / I'm going to help you tomorrow / I am helping you tomorrow.

a. We / invite the Taubers / for Christmas

....

....

....

b. She / take the train / tonight

....

....

....

c. They / go to Spain / next August

....

....

....

2 ★ **Mets les phrases suivantes à la forme interrogative puis à la forme négative.**

a. They 'll be at home later.
b. She is having a cello lesson tomorrow.
c. Paul is going to open the door.
d. I'll go to the concert next week.
e. We're coming tonight.

3 ★★ **Donne des réponses brèves.**

a. Is he going to come? No, ...
b. Will Sarah travel with us next year? Yes, ...
c. Are you leaving tonight? Yes, ...
d. Is he going to dive? No, ...
e. Will the journalists interview him tomorrow? Yes, ...

4 ★★ **Ces phrases sont-elles au futur ou au présent ? Coche la bonne case.**

a. He is going to the supermarket.
☐ présent ☐ futur

b. They are going to read.
☐ présent ☐ futur

c. She is coming.
☐ présent ☐ futur

d. She is coming at 5.
☐ présent ☐ futur

e. I am going to swim.
☐ présent ☐ futur

5 ★★★ **Complète avec le question-tag.**

a. He won't do it, ...?
b. She isn't going to smoke, ...?
c. They will give you their address, ...?
d. He is coming tonight, ...?
e. The're going to play tennis, ...?

6 ★★★ **Comment dirais-tu que :**

a. il va pleuvoir.

....

b. Peter arrive ce soir.

....

c. tu voyageras seul(e) l'année prochaine.

....

....

d. tu pars à Londres demain.

....

carrots

cabbage

lettuce

mushroom

cucumber

cauliflower

Grammar

L'adjectif

L'adjectif est un mot qui accompagne le nom et en précise le sens.

- **L'adjectif qualificatif peut être épithète ou attribut**
I like your blue car. J'aime ta voiture bleue. → épithète.
Attention ! L'adjectif épithète se place avant le nom.
Paul is tall. Paul est grand. → attribut.

- **L'adjectif est invariable :** *The boy is young. The girl is young. The teachers are young.*

- **Les adjectifs de nationalité prennent une majuscule.**
Mr Sassila doesn't like Chinese restaurants. I speak Italian.

- L'adjectif peut être **composé** : *a light-grey car* (une voiture gris clair) / *A dark- blue scarf* (une écharpe bleu foncée)

- Certains adjectifs précédés de ***the*** ont un rôle de collectif. Le verbe qui suit est au pluriel : *The poor cannot go to expensive restaurants.* Les pauvres ne peuvent pas aller dans des restaurants chers.

Les comparatifs

- Le **comparatif d'égalité** se forme en mettant ***as*** de chaque côté de l'adjectif.
Jane is as nice as Mary. / Peter isn't as tall as Matt.

- Pour former le **comparatif de supériorité** :
– des adjectifs courts : **adjectif court** + ***er*** + ***than***
This building is higher than your house.
Attention : *big* → *bigger* ; *heavy* → *heavier* ; *sunny* → *sunnier*.
– ***more*** + **adjectif long** + ***than*** : *Her car is more expensive than yours.*

Le superlatif de supériorité

- Superlatifs des adjectifs courts : ***the*** + **adjectif** + ***est***
He is the nicest boy of the class.

- Superlatif des adjectifs longs : ***the most*** + **adjectif**
This is the most interesting book I have ever read.

- **Attention, certains adjectifs ont des comparatifs et des superlatifs irréguliers :**
good → *better, the best* ; *bad* → *worse, the worst* ; *far* → *farther, the farthest* ; *little* → *less, the least*.

Vocabulary

DAYS, MONTHS

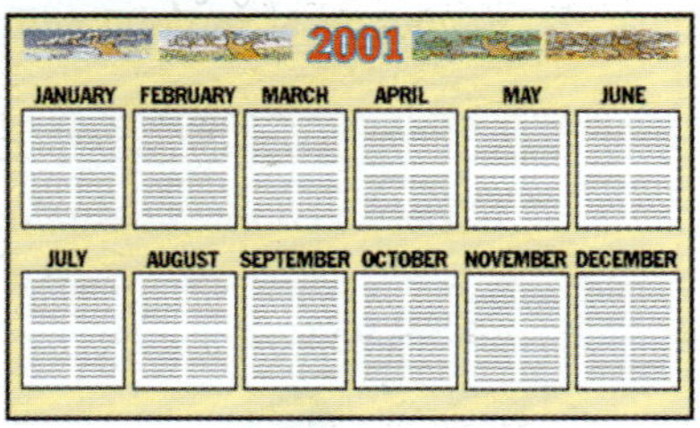

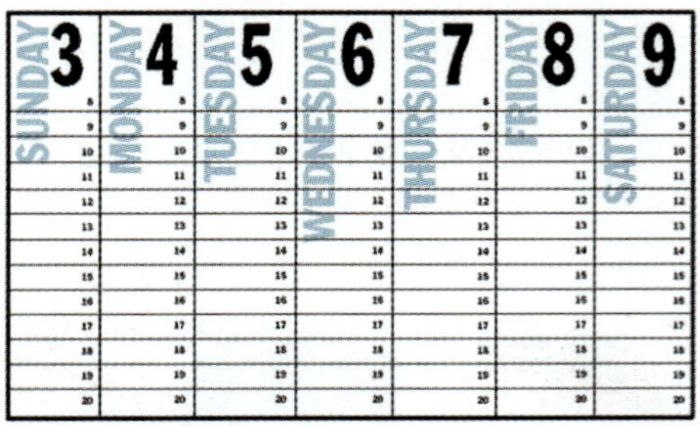

Inscris ton emploi du temps et construis des phrases comme dans l'exemple.

I have English on Monday and Thursday.

OBJECTIF

Savoir utiliser les adjectifs.

Exercises

1 ★ **Transforme les phrases comme dans l'exemple.**

This lion is dangerous.
→ *It's a dangerous lion.*

a. This bag is heavy.
→ ....

b. These flowers are lovely.
→ ....

c. This garden is big.
→ ....

d. This perfume is expensive.
→ ....

e. These girls are tall.
→ ....

2 ★★★ **Mets les mots dans le bon ordre.**

a. is/ new/she/pullover/wearing/a/today.
....

b. dirty/my/dark/-grey/ skirt/is.
....

c. today/hot/is/sunny/it/and.
....

d. American/interesting/is/this/film.
....

e. and/looks/tired/old/she.
....

3 ★★★ **Mets ces phrases au superlatif.**

a. My dog/ fast /in town.
b. Bill/nice/of the class.
c. These shoes/expensive/in the shop.
d. August /hot/month of the year.
e. This restaurant/good/in town.
f. Peter B./bad/singer.

4 ★★ **Construis des phrases avec les éléments donnés.**

Exemple : Simon/nice/interesting/Paul
→ *Simon is nicer and more interesting than Paul.*

a. This restaurant/small/expensive/that one
b. My teacher/tall/elegant/yours
c. Mum/slow/careful/Dad
d. Elephants/big/dangerous/birds
e. Ellen/young/beautiful/Mary

5 ★★★ **Comment dirais-tu que :**

a. les anglais roulent à gauche.
b. tu aimes les vestes bleu marine.
c. les italiens aiment chanter.
d. il faut aider les pauvres.

6 ★ **Construis le plus de phrases possible au comparatif ou au superlatif concernant ces coureurs. Observe bien le dessin. Utilise les adjectifs suivant : *fast, slow, good, bad*.**

Exemple : Matt runs faster than Paul. Matt is the fastest.

autumn

winter

spring

summer

OBJECTIF

Tout savoir sur le nom : sa formation, son pluriel.

Grammar

Le nom

Le nom désigne une personne, un animal ou une chose. Il existe deux catégories de noms en anglais : les dénombrables et les indénombrables.

• **Les dénombrables = ce que l'on peut compter. Ils peuvent se mettre au pluriel.**
a window → windows / a tree → trees
La plupart des dénombrables prennent un ***s*** au pluriel.

• **Les indénombrables = ce que l'on ne peut pas compter. Ils ne peuvent pas se mettre au pluriel.** *milk, sugar, rice, money, time.*

Le pluriel des noms

• **Certains dénombrables** forment leur pluriel en ***es*** (prononcé IZ).
– mots terminés par ***s***, ***x***, ***sh***, ***ch*** : *dresses, buses, taxes, boxes, brushes, matches.*
– quelques mots terminés par ***o*** : *tomatoes, potatoes,* mais → *pianos.*
– mots terminés par une consonne + ***y*** : *hobbies, babies, families, ladies, countries, stories.*

• **La plupart des mots terminés par *f*, *fe*, *lf*** forment leur pluriel en ***ves***.
shelf → shelves ; leaf → leaves ; wife → wives ; knife → knives.

• **Certains noms ont des pluriels irréguliers.**
man → men ; woman → women ; child → children ; foot → feet ; tooth → teeth.
mouse → mice ; penny → pence.

• **Il existe quelques cas particuliers :**
– ***people*** est toujours suivi d'un verbe **au pluriel** et ne prend **pas d'*s*** quand il signifie « des gens », « du monde ».
There were many people in the post office. Il y avait beaucoup de monde à la poste.
– ***hair***, ***luggage***, ***furniture*** sont toujours suivis d'un **verbe au singulier**. Ils sont invariables.
My hair is too short. Mes cheveux sont trop courts.
Your luggage is in your room. Vos bagages sont dans votre chambre.
This furniture is expensive. Ces meubles sont chers.
– ***trousers***, ***pyjamas*** sont toujours au pluriel.
His trousers are dirty. Ton pantalon est sale.
– ***fish***, ***fruit*** sont généralement au singulier.
I must buy some fruit. Je dois acheter des fruits.
– ***sheep*** ne prend pas d'***s*** au pluriel.
The sheep are in the meadow. Les moutons sont dans le pré.

• **Dans un nom composé c'est le deuxième élément qui prend la marque du pluriel. Certains s'écrivent en un seul mot.**
dining-rooms, taxi-drivers, toothbrushes, weekends.

Vocabulary

JOBS

doctor

dentist

actor

baker

butcher

grocer

postman

nurse

policeman

waiter

cook

mechanic

Exercises

1 ★ **Les mots suivants sont-ils des dénombrables ou des indénombrables? Place-les dans la bonne colonne.**

pepper – window – sugar – money – radio – glass – book – bread – computer – milk – time – orange – bag – meat – water – chair – salt.

dénombrables	indénombrables

2 ★ **Donne le pluriel des mots suivants.**

baby	....	leaf	....
foot	....	sheep	....
man	....	woman	....
mouse	....	child	....
penny	....	match	....
brush	....	dress	....
box	....	country	....
tooth	....	hobby	....

3 ★★ **Mets ces mots au pluriel puis place les dans la bonne colonne.**

mother – bus – baby – car – window – match – potato – boy – bag – box – piano.

pluriels réguliers	pluriels irréguliers

4 ★★ **Forme dix mots composés en reliant un élément de A à un élément de B.**

A			B
apple	○	○	paper
sitting	○	○	end
home	○	○	book
rain	○	○	room
copy	○	○	tree
week	○	○	work
news	○	○	driver
taxi	○	○	chair
arm	○	○	coat

5 ★★ **Complète les phrases suivantes avec *is* ou *are*.**

a. .... your trousers on your bed?
b. His furniture .... very beautiful.
c. You should go to the hairdresser; your hair .... too long.
d. There .... many people in the meeting-room.
e. .... your mother's luggage ready?

6 ★★★ **Comment dirais-tu que :**

a. ton pantalon est neuf.
....
b. il y a du monde au cinéma.
....
c. tes cheveux sont longs.
....
d. les moutons de ton oncle mangent dans le pré.
....
e. tu dois acheter des tomates et des pommes de terre.
....

Grammar

La possession

On peut exprimer les relations entre les personnes et la possession de différentes manières en anglais.

• Les **déterminants possessifs** sont toujours suivis d'un nom (mais ne s'accordent pas avec ce nom) : *my cat, your cat, his/her cat, Its ball, our pen, your pen, their pen.*
Attention : à la troisième personne du singulier il faut choisir en fonction du possesseur : – *his name* (le nom du garçon) – *her name* (le nom de la fille)
– *its name* (le nom d'un animal ou d'un objet)

• **Le cas possessif**
Mary's dog, Brian's cake, sont des cas possessifs. La possession est exprimée au singulier par ***'s*** suivi d'un nom sans déterminant. Le possesseur est placé en premier.
Au pluriel, le ***'s*** du cas possessif disparaît mais l'apostrophe demeure : *the teachers' room.*
Lorsque le pluriel est irrégulier, on emploie ***'s*** : *the postmen's bikes.*

• ***Whose*** sert à interroger sur l'appartenance.
Whose watch is this? It's Bill's watch. À qui est cette montre ? c'est la montre de Bill.
On peut répondre : *It's Bill's* ou *It's his watch.*

• Les **pronoms possessifs** remplacent le groupe nominal :
mine, ***yours***, ***his***, ***hers***, ***its***, ***own***, ***ours***, ***yours***, ***theirs***. *It's my key. → it's mine.*

Les pronoms personnels

• Sujets : ***I***, ***you***, ***he***, ***she***, ***it***, ***we***, ***you***, ***they***.

• Compléments : ***me***, ***you***, ***him***, ***her***, ***it***, ***us***, ***you***, ***them***.
Le pronom personnel complément se place toujours après le verbe :
You must help her. Tu dois l'aider.

Les pronoms réfléchis

Myself, ***yourself***, ***himself***, ***herself***, ***itself***, ***ourselves***, ***yourselves***, ***themselves***.
On les emploie lorsque le sujet et le complément représentent la même personne :
I am looking at myself. Je me regarde. *He cut himself.* Il s'est coupé.
Ils servent aussi à insister sur le sujet : *I cooked it myself.* Je l'ai cuisiné moi-même.

Vocabulary

Relie chaque mot au dessin qui le représente. Pour trouver le mot mystérieux, reporte la lettre placée à côté du dessin de chaque objet dans la case correspondante.

1- bag
2- pupil
3- pen
4- book
5- blackboard
6- pencilcase
7- copybook
8- teacher

The mysterious word is:

1	2	3	4	5	6	7	8

OBJECTIFS

Savoir exprimer la possession.

Savoir bien utiliser les pronoms.

Exercises

1 ★ **Complète les prases suivantes avec un déterminant possessif.**

a. Betty put .... socks under the bed.

b. I work with the Johnsons and .... cousins.

c. My mother and I would like to invite you to .... country house.

d. I can't come, ... car has broken down.

e. Chuck is alone in .... bedroom.

2 ★ **Réponds négativement et complète.**

Exemple : Is it Maureen's bag? (Susan) —No, it isn't. It's Susan's.

a. Is it the Brown's cottage? (the Carters)

....

b. Is it Allan motorbike? (Paul)

....

c. Are they your parents neighbours? (my friends)

....

d. Is it Alice's piano? (Elton)

....

e. Are they Carol's boots? (Samantha)

....

3 ★★ **Donne toutes les réponses possibles.**

Exemple : —Whose car is it? It's Brian's car. It's Brian's. It's his car. It's his.

a. Whose baby is it? (Alicia)

b. Whose bikes are they? (John)

c. Whose radio is it? (Mr Bond)

d. Whose flowers are they?(Jessica)

e. Whose glass is it? (Mike)

4 ★★ **Choisis le bon pronom personnel.**

a. She writes to Paul every day; I'm sure she loves (☐ her, ☐ him).

b. I don't understand this exercice; can you help (☐ me, ☐ us)?

c. Give (☐ she, ☐ her) some money for the bus.

d. My friends are late, I am waiting for (☐ us, ☐ them).

e. Don't disturb (☐ him, ☐ me), I am watching an interesting film.

5 ★★ **Ajoute le pronom réfléchi.**

a. Bill cut ....

b. Susan took these pictures ....

c. I made this cake ....

d. The babies are looking at .... in the mirror.

e. We enjoyed .... at the party.

6 ★★★ **Comment demanderais-tu :**

a. à qui sont ces jouets ?

....

b. à qui est cet ordinateur ?

....

c. que ta mère est l'amie de Paula.

....

d. que John s'est coupé ce matin.

....

e. que tu l'aimes (en parlant de Melissa).

....

ruler *rubber* *pencil case* *pencil* *pen* *schoolbag*

Grammar

Le prétérit est un temps du passé.

• **Le verbe *be* a deux prétérit : *was* au singulier, *were* au pluriel.** *I am, you were, he/she/it was, we were, you were, they were.*
The President was in Texas last week. *The managers were busy yesterday.*

– Forme interrogative : *Were you tired yesterday?*
– Forme négative : *I was not (wasn't) tired yesterday.*
– Réponses brèves : *Were you happy? Yes, I was.* *Was she in Scotland? No, she wasn't.*

• **Le prétérit des verbes réguliers**
Il se forme en ajoutant ***-ed*** à la base verbale à toutes les personnes :
rain → *rained* ; *listen* → *listened* ; *cook* → *cooked*.
Attention à la prononciation : les verbes qui se terminent par le son [d] ou [t] auront leur prétérit en [id] : *land* → *landed* ; *want* → *wanted* ; *paint* → *painted*.
Attention à l'orthographe : – *like* → *liked* ; *type* → *typed* ; – *carry* → *carried* ; *marry* → *married* ; mais *play* → *played*.

– Forme interrogative : Il faut utiliser l'auxiliaire *did*.

Auxiliaire +	sujet +	base verbale +	compléments
Did	*you*	*watch*	*TV yesterday?*

– Forme négative :

Sujet +	auxiliaire + not +	base verbale +	compléments
She	*did not*	*go*	*to school yesterday.*

– Réponses brèves :
Did you like the film? Yes, I did. *Did Rick dance with you? No, he didn't.*

• **Le prétérit des verbes irréguliers**
Certains verbes ont un prétérit irrégulier qui est le même à toutes les personnes. Il faut bien sûr les apprendre par cœur. En voici quelques-uns : *take* → *took* ; *buy* → *bought* ; *write* → *wrote* ; *eat* → *ate* ; *see* → *saw*.

• **Les questions tags**
He was late, wasn't he?
Greg went to Italy last summer, didn't he?
He didn't like it, did he?

Vocabulary

BODY, FACE

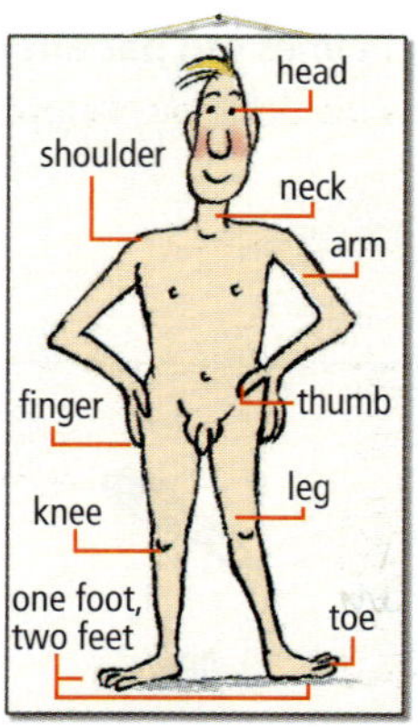

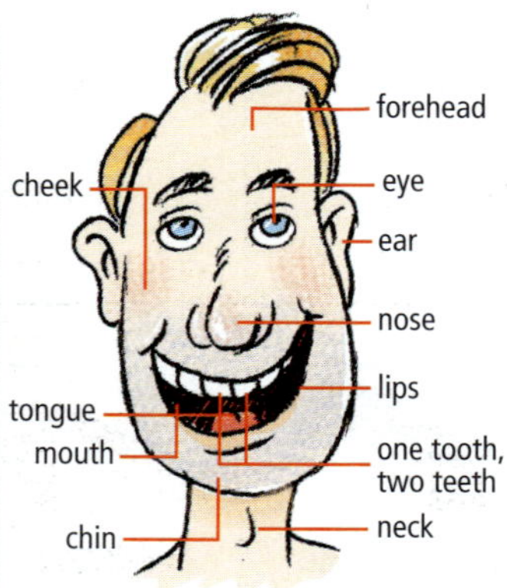

Ajoute la partie du corps dont il s'agit.

a. I can smell with my ....
b. I can hear with my ....
c. I can walk with my ....
d. I can touch with my ....
e. I can see with my ....
f. I can eat with my ....

OBJECTIF

Savoir exprimer le passé.

Exercises

1 ★ **Complète les phrases avec *was* ou *were*.**

a. Helen and Paul .... very ill last week.

b. His friend .... nice with us.

c. My parents .... not at home when we arrived.

d. .... Paul's teacher patient with him?

e. .... you tired after the swimming lesson?

2 ★ **Mets les verbes entre parenthèses au prétérit (attention à la forme).**

a. She .... not .... the film. (like)

b. Bill .... at the library with me last Saturday. (be)

c. My father .... late for dinner. (arrive)

d. .... you angry? (be)

e. It .... a lot in Ireland. (rain)

3 ★★ **Mets ces phrases à la forme interrogative.**

a. We bought her a nice present.

....

b. It was too cold there.

....

c. His parents took the plane.

....

d. She liked the perfume.

....

e. The tourists visited the castle.

....

4 ★★ **Mets ces phrases à la forme négative.**

a. My music teacher was late.

....

b. They drove to Dover.

....

c. It was too cold to swim.

....

d. They enjoyed their holidays.

....

e. Grandma watched TV late.

....

5 ★★ **Donne les réponses brèves.**

a. Did John enjoy the party?

No, ...

b. Were you happy?

Yes, ...

c. Was it cold?

Yes, ...

d. Did Fred call you?

No, ...

e. Did she play tennis with you?

No, ...

6 ★★★ **Comment dirais-tu que :**

a. tu as lavé ton vélo hier.

....

b. ton frère est allé en Afrique l'année dernière.

....

c. tu es né(e) en mars.

....

d. tes amis ne t'ont pas téléphoné.

....

e. il faisait très chaud.

....

small/tall

old/new

cheap/expensive

rich/poor

8 Quelques indéfinis de quantité / l'exclamation

Grammar

• **Les indéfinis de quantité sont utilisés pour exprimer une quantité ou un nombre approximatif.**

Grande quantité		
Dénombrable		**Indénombrable**
Many → *Many chairs, books, people.*		***Much*** → *Much milk, time, sugar, money.*
A lot of → *A lot of records, a lot of work.*		
Quantité non définie (du, de la, des)		
Phrase affirmative	***Some*** →	*There is some milk in the jug.* *There are some bottles here.*
Phrase interrogative	Réponse inconnue : ***any*** →	*Have you got any eggs?* *Are there any biscuits in the plate?*
	Réponse connue ou offre : ***some*** →	*Can I have some bread please?* *Would you like some tea?*
Phrase négative	La phrase contient une négation : ***any*** →	*There aren't any envelopes.*
	La phrase ne contient pas de négation : ***no*** →	*There are no envelopes.*
Les composés suivent les mêmes règles d'emploi		
Personnes	→ ***somebody***, ***anybody***, ***nobody***, ***someone***, ***anyone***, ***no one***	
Choses	→ ***something***, ***anything***, ***nothing***	
Lieux	→ ***somewhere***, ***anywhere***, ***nowhere***	

• **L'exclamation**

– ***How*** + adjectif ou adverbe : *How nice he is!* Comme il est gentil !
How well she cooks! Comme elle cuisine bien !

– ***So*** + adjectif ou adverbe : *The exercice was so difficult!* L'exercice était si difficile !

– ***What*** + groupe nominal (*what* est suivi de *a* ou *an* avec un dénombrable singulier) :
What a good driver! Quel bon conducteur ! *What an actor!* Quel acteur !
Mais : *What great novels!* Quels excellents romans ! (dénombrable pluriel)
What perfume! Quel parfum ! (indénombrable).

Vocabulary

Town / Country

Entoure les mots qui ne correspondent pas à la campagne, et place les autres mots au bon endroit sur ce dessin.

Field – Lake – Meadow – Zebra Crossing – Traffic light – Village – Forest – Building – Hill – Street – Road – River – Church – Pond – Skyscraper – Gate.

Anglais

OBJECTIFS

- Savoir exprimer la quantité.
- Bien construire l'exclamation.

Exercises

1 Place *many* ou *much* devant ces noms. ★

a. .... sugar
b. .... postcards
c. .... umbrellas
d. .... bottles of water
e. .... money
f. .... people
g. .... meat
h. .... time
i. .... water
j. .... records

2 Complète avec *some*, *any* ou *no*. ★

a. I need .... more time to finish the exercices.
b. Are there .... restaurants in the area?
c. Would you like .... tea?
d. I must go to the bank. I have .... money.
e. He hasn't got .... stamps.

3 Complète ces phrases avec les composés de *some* puis mets-les à la forme interrogative. ★★

a. I can hear some noise, there must be .... at the door.
....?
b. Susan! Come here! I have .... for you.
....?
c. My sisters are .... in the house.
....?
d. There's .... on your nose.
....?
e. Look! there's .... in the box.
....?

4 Complète ces phrases exclamatives avec *what*, *how* ou *so*. ★★

a. This journalist is .... interesting!
b. .... beautiful flowers he brought me!
c. .... expensive this vase is!
d. .... a nice man she has met!
e. Paul Smith was .... famous in his town!

5 Transforme ces phrases en phrases exclamatives en utilisant *what* ou *how*. ★★

a. His parents are tolerant.
b. Sarah runs fast.
c. This is a lovely house.
d. It was an interesting story.
e. Paul is nervous.

6 Forme des phrases exclamatives avec les éléments donnés comme dans l'exemple. ★★

Exemple : Room / dirty → What a dirty room! The room is so dirty!

a. Car / fast
b. Coffee / strong
c. Film / boring
d. Teachers / interesting
e. Neighbours / friendly

7 Comment dirais-tu que : ★★★

a. personne n'est venu à l'anniversaire de Bill.
b. tu as trouvé quelque chose dans ton sac.
c. les parents de Kim sont si gentils !

Grammar

Les auxiliaires modaux servent à modifier le sens des verbes qu'ils accompagnent. Ils peuvent exprimer la capacité, l'obligation, l'interdiction, la permission.

• **Règles générales :**
– Ils sont suivis d'un verbe à l'infinitif sans ***to*** : *He can speak Chinese.*
– Ils ont la même forme à toutes les personnes : *I must call her. / He must call her.*
– Ils se conjuguent sans ***do*** aux formes interrogative et négative : *Can you drive? / You mustn't come now.*

• ***Can*** **exprime :**
– la capacité physique ou intellectuelle : *She can drive.* Elle sait conduire. *He can carry heavy suitcases.* Il peut porter de lourdes valises.
– la permission : *Can I come in?* Est-ce que je peux entrer ?
– la demande polie : *Can you give me your pen?* Peux-tu me donner ton stylo ?

• ***Can't*** exprime :
– l' incapacité : *I can't run fast.* Je ne peux pas courir vite.
– l'impossibilité : *I can't help you now.* Je ne peux pas t'aider maintenant.
– l'interdiction : *You can't travel alone.* Tu ne peux pas voyager seul.
Could (prétérit de ***can***) exprime :
– la capacité dans le passé : *I could sleep late before.* Je pouvais me coucher tard autrefois.
– la demande polie : *Could you help me?* Pourriez-vous m'aider ?

• ***Must*** ne s'emploie qu'au présent. Il exprime :
– l'obligation : *You must do your homework.* Tu dois faire tes devoirs.
– la forte probabilité : *He must be sick.* Il doit être malade.
Mustn't exprime :
– l'interdiction : *You mustn't climb on the tree.* Tu ne dois pas grimper à l'arbre.

• ***Needn't (= don't have to)*** exprime :
– l'absence d'obligation : *You needn't run. = You don't have to run.* Tu n'as pas besoin de courir.
Attention : ne pas confondre avec ***mustn't*** qui exprime l'interdiction.

• ***May*** **exprime la probabilité :** *He may come.* Il se peut qu'il vienne.

Vocabulary

Means of transport

Dans cette grille trouve six moyens de transport. Les cinq lettres restantes mises dans le bon ordre te donneront le nom d'un gros véhicule de transport.

U	T	R	A	I	N
N	L	V	A	N	I
D	C	A	R	X	E
E	O	R	A	R	N
R	Y	T	P	L	A
G	R	O	U	N	D

The answer is: ....

OBJECTIF

Savoir reconnaitre et utiliser *can, must, may…*

Exercises

1 ★ **Complète les phrases suivantes avec *can, can't, must, mustn't.***

a. It's midnight; you .... go to sleep.
b. I don't have a car, I .... drive you home.
c. I'm an English teacher; I .... understand my American family.
d. You're too young, you .... drink alcohol.
e. Your mother is tired; you .... help her.

2 ★ **Complète avec *needn't* ou *mustn't*.**

a. I have watered the flowers; you .... do it.
b. This is a hospital room; you .... make noise.
c. We .... hurry, we're early.
d. The speed is limited; you .... drive fast.
e. You .... finish today, we'll do it tomorrow together.

3 ★★ **Utilise *may* pour transformer ces phrases.**

We'll probably come at 6. → We may come at 6.

a. She will probably be late.
b. Perhaps it will snow.
c. I'll probably go to New York.
d. Perhaps they'll buy a new house.
e. He'll probably get married in June.

4 ★★ **Donne des réponses brèves.**

a. Can you dive? No, ...
b. Can he open the window? Yes, ...
c. Must they come in? Yes, ...
d. Must you wear a jacket? Yes, ...

5 ★★ **Elizabeth Gordon écrit à un magazine pour des conseils d'amaigrissement. Que lui répond Ann chargée du courrier des lectrices ? Regarde ses premiers conseils et donnes-en d'autres. Utilise les mots suivants :**
to jog – bread – to eat chocolate – vegetables – sodas – ice-cream – to ride a bike – fried food – grilled food.

—You must go on a strict diet.
—You mustn't eat sweets.

6 ★★ **Relie chaque phrase à la notion qu'elle exprime.**

a. I can't speak German. ❍		❍ interdiction
b. He can lift 50 kilos. ❍		❍ permission
c. You mustn't drive fast. ❍		❍ capacité
d. I must clean the room. ❍		❍ impossibilité
e. Can I open the door? ❍		❍ obligation
f. You needn't repeat. ❍		❍ probabilité
g. She may come. ❍		❍ absence d'obligation

7 ★★★ **Comment dirais-tu que :**

a. il se peut que vous déménagiez.
b. tu ne peux pas conduire la voiture de ton père.
c. ton frère doit passer un examen d'espagnol.
d. Jane n'est pas là; elle doit être malade.
e. Tu n'as pas besoin de l'appeler, il arrive.

sleep

dream

sing

walk

fly

run

10

Le prétérit continu

Grammar

Le prétérit continu : formation

Le prétérit continu (ou progressif) se forme ainsi :
Be* au prétérit + base verbale + *ing
She was eating. Were they watching TV? It wasn't raining.

Le prétérit continu : emploi

Le prétérit continu s'emploie :

- pour décrire des actions qui étaient en cours dans le passé :
My father was repairing his bike, my mother was reading, my sister was playing and I was doing my homework!

- souvent en opposition avec le prétérit simple, ceci dans la même phrase :
– une action ayant une certaine durée se déroule dans le passé (verbe au prétérit continu) → *Mary was cooking when the first guests arrived.*
– une autre action se produit (verbe au prétérit simple) → *When I saw him he was speaking with the Maths teacher.*

- **Réponses brèves.**
Was Henry driving? No, he wasn't.
Were the Wilsons playing cards? Yes, they were.

Vocabulary

SPORTS FREE TIME

Regarde attentivement les dessins et dis les activités que ces personnages aiment ou n'aiment pas pratiquer.

a. Matthew likes ....;
he doesn't like ....

b. Carol likes ....;
she doesn't like ....

c. David likes ....;
he doesn't like ....

d. Sarah likes ....;
she doesn't like ....

Anglais

OBJECTIF°
Apprendre à former et à utiliser le prétérit continu.

Exercises

1 Mets ces verbes au prétérit continu.

★

a. Jim .... the gate. (paint)

b. Susan and her sister .... to school. (walk)

c. Matthew and I .... the old castle. (visit)

d. My brother .... our little sister. (look after)

e. Mr Bryne .... his car. (wash)

2 Réponds en donnant une réponse brève.

★

a. Was Pamela waiting for the bus?
No, ...

b. Were your friends dancing?
Yes, ...

c. Was Mary shopping?
No, ...

d. Were the Browns laughing?
Yes, ...

e. Was he sleeping?
No, ...

3 Mets les verbes suivants soit au prétérit simple soit au prétérit continu.

★★

a. What you (do) when you (see) Jane?

b. They (park) the car; suddenly they (hear) an explosion.

c. I (do) the gardening when I (see) a strange animal near the tree.

d. You (speak) to the teacher yesterday?

e. No, I (can) not, he (talk) to the headmaster.

4 Construis des questions et donne les réponses correspondantes.

★★

Exemple : Paul / do / watch TV (what)
→ What was Paul doing? He was watching TV.

a. Jane/ wear/ wear a red dress (what)

b. Chris/ help/ help our neighbour (who)

c. Sarah / do/ cry (what)

5 Regarde les dessins et trouve les légendes.

★★★

a.

....
....

b.

....
....

c.

....
....

d.

....
....

e.

....
....

6 Comment dirais-tu que :

★★★

a. tu faisais du roller quand tu es tombé.

b. tu dînais quand la porte s'ouvrit.

c. tu dormais quand ton frère t'as réveillé.

on *in* *under* *between* *in front of* *behind*

Anglais

11 Les mots interrogatifs

Grammar

Les mots interrogatifs servent à interroger, à poser des questions.

Wh– questions

• ***What*** interroge :
– sur **les choses** : *What are these?*
– sur **l'action** : *What is he looking at?*
• ***Who*** interroge sur une **personne** : *Who will come with us? Who does she like?*
• ***Whose*** interroge sur **l'appartenance** : *Whose umbrella is it?*
• ***When*** interroge sur **le temps** : *When will you call him?*
• ***Which*** interroge sur **le choix** : *Which shoes do you like?*
• ***Where*** interroge sur **le lieu** : *Where do you work?*
• ***Why*** interroge sur **la cause** : *Why are you sad?*

Questions avec *how*

• ***How*** interroge sur **la manière** : *How can I do it?*
• ***How old*** interroge sur **l'âge** : *How old is Fred?*
• ***How many*** interroge sur **le nombre** : *How many roses do you want?*
• ***How much*** interroge sur :
– **le prix** : *How much is it?*
– **la quantité** + indénombrable : *How much money have you got?*
• ***How far*** interroge sur **la distance** : *How far is the station?*
• ***How long*** interroge sur **la durée** : *How long will he stay?*

• Pronom interrogatif accompagné d'une préposition

Il faut rejeter la préposition en fin de question, après le verbe.
What are you waiting for? Qu'attends-tu ?
What is he looking for? Qu'est-ce qu'il cherche ?
Who is she looking at? Qui regarde-t-elle ?

Vocabulary

NUMBERS

1 one	2 two	3 three	4 four	5 five	6 six
7 seven	8 eight	9 nine	10 ten	11 eleven	
12 twelve	13 thirteen	14 fourteen	15 fifteen		
16 sixteen	17 seventeen	18 eighteen	19 nineteen		
20 twenty	30 thirty	40 forty	50 fifty		
60 sixty	70 seventy	80 eighty	90 ninety		

1. Écris en chiffres.

a. two hundred + twenty five + twelve = ……………………

b. fifty two – thirteen – eight = ……………………

2. Écris en lettres.

a. 132 = ……………………

b. 588 = ……………………

c. 305 = ……………………

Anglais

OBJECTIF

Savoir utiliser le bon mot interrogatif pour poser des questions.

Exercises

1 ★ **Complète avec un des mots interrogatifs suivants : *who – which – whose – how much – how far – how long – how many.***

a. .... records are these?

b. .... did you pay for it?

c. .... questions did he ask you?

d. .... is your school from the bus station?

e. .... is Mr Garfell?

f. .... does it take you to go home?

g. .... dress do you prefer? The blue one or the red one?

2 ★★ **Pose des questions sur les mots soulignés.**

a. Margaret has got 2 sisters and one brother.

....?

b. William is Ann's son.

....?

c. He goes to Rome twice a year.

....?

d. I've bought two interesting books.

....?

e. It usually takes twenty minutes to go to the airport.

....?

f. Paul lives ten miles from here.

....?

g. I prefer the red one.

....?

h. The bike cost 100 pounds.

....?

i. He is fine.

....?

j. My parents went to London for Christmas.

....?

3 ★★ **Voici les réponses, trouve les questions correspondantes. N'oublie pas la préposition.**

a. ....?

They are interested in music.

b. ....?

She is waiting for the train.

c. ....?

She is waiting for her son.

d. ....?

John comes from California.

e. ....?

I'm listening to the radio.

f. ....?

He's sitting on a bench.

g. ....?

The teacher is writing with a piece of chalk.

h. ....?

I'm looking for a pen.

4 ★★★ **Comment demanderais-tu à Jane :**

a. quand elle est née ?

....

b. où elle habite ?

....

c. pourquoi elle est triste aujourd'hui ?

....

....

d. si elle habite loin de la gare ?

....

e. quel est son sport préféré ?

....

brown green black purple red pink grey white

12 Gérondif – Impératif

Grammar

Le gérondif

Le gérondif peut se traduire en français par un nom ou un infinitif. Il se forme ainsi : **base verbale +** ***ing***. *ski → skiing ; read → reading ; come → coming.*

• **Le nom verbal** est formé à partir de la **base verbale +** ***ing***. Il se traduit en français par un **infinitif** ou par un **nom.** *I like swimming.* J'aime **la natation (nager)**.
Reading is interesting. **La lecture** (**lire**) est intéressante.

• **Verbes + gérondif**
Certains verbes tels que ***love***, ***like***, ***enjoy***, ***dislike***, ***prefer***, ***hate*** sont suivis du gérondif. *He loves swimming. / She hates taking the plane. / I prefer watching TV.*

• **Expressions construites avec un gérondif**
I don't mind doing it. Cela ne me dérange pas de le faire.
I can't stand running in the rain. Je ne supporte pas de courir sous la pluie.
What about going to the restaurant? Et si on allait au restaurant ?
It's no use crying. Cela ne sert à rien de pleurer.

• **Prépositions + gérondif**
After working he went out. / I am fond of cooking. / She isn't interested in doing it. / I'm fed up with repeating. / Call us before leaving. / I am good at painting.

L'impératif

L'impératif est utilisé pour **donner des ordres** ou **interdire**.

• **À la 2e personne, il se forme en utilisant la base verbale.**
Put the book on the table. / Come at 5. / Help your mother.
– Forme négative : *Don't go out. / Don't smoke too much.*

• **Aux autres personnes :** ***Let*** **+ complément + base verbale**.
Let's (us) go to the theatre. Allons au théatre. → Proposition (et non un ordre).

Vocabulary

DATES

Ann was born on April 1st.
Harry was born on April 3rd.
Griffin was born on April 12th.
Mary was born on April 30th.

Quand ces personnages sont-ils nés ?

Larry (3/8/1996) : ....

Julia (2/11/1985) : ....

Benjamin (31/7/1979) : ....

HOURS

eight o'clock — a quarter past eight — half past eight — twenty past eight — twenty to nine

What time is it?

a. .... b. .... c. ....

Anglais

OBJECTIF

Savoir former et utiliser le gérondif et l'impératif.

Exercises

1 ★ **Regarde ces dessins. Dis ce que ces personnages aiment faire. Utilise les verbes *like, love, enjoy*.**

a.

....
....

b.

....
....

c.

....
....

d.

....
....

e.

....
....

2 ★ **Transforme ces phrases en utilisant le gérondif.**

Exemple : I ski well. (like) → I like skiing.

a. She drives every day. (enjoy)
b. Paul cooks a lot. (love)
c. Fred usually rides his bike to school. (prefer)
d. I don't peel onions. (hate)
e. They play cards in the evening. (like)

3 ★ **Comment dirais-tu que :**

a. tu aimes courir dans les bois.
b. tu détestes te lever tôt le matin.
c. tu préfères regarder la télévision.

4 ★ **Mets ces phrases à l'impératif négatif, ceci afin d'exprimer une interdiction.**

Exemple : She is walking on the grass.
→ Don't walk on the grass.

a. John is eating a cake before dinner.
→ .... !
b. Paul is watching television late.
→ .... !
c. The children are playing in the rain.
→ .... !
d. Julia is climbing on the roof.
→ .... !
e. He is parking in the garden.
→ .... !

5 ★★ **Transforme ces phrases qui suggérent ces activités.**

Exemple : What about eating?
→ Let's eat!

a. What about going to the concert?
→ .... !
b. What about playing tennis?
→ .... !
c. What about riding a bike?
→ .... !
d. What about watching TV ?
→ .... !
e. What about painting?
→ .... !

6 ★★★ **Mets les verbes soit au gérondif soit à l'infinitif.**

a. I enjoy (have) a bath in the morning.
b. Would you like (stay) with us?
c. (Swim) is good for your body.
d. I'd like (go) to the cinema.
e. I like (walk) in the forest.

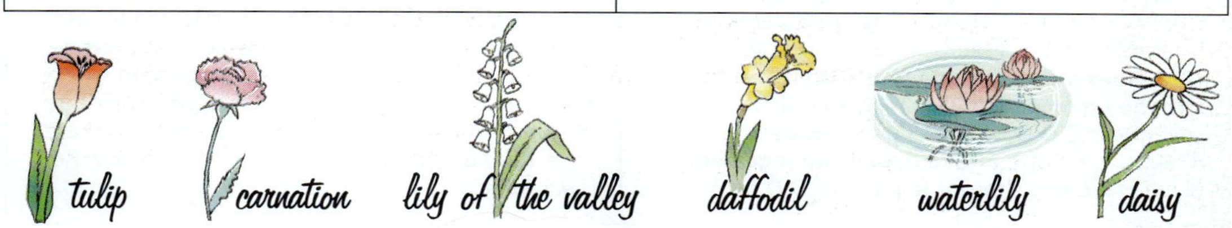

Chapitre 1 page 5

1 **à** l'amitié de Paul, – **à** la nuit, – **à** la solitude, – effrayée **de** ces dangereux ombrages et **de** ces eaux plus brûlantes que les soleils **de** la zone torride.
2 **une** joie mystérieuse – il entra **dans** le bassin, et il lava **son** visage et **son** corps. Il **se** tourna vers Fintan : « Viens ! »
3 **a.** les miens – **b.** les siens – **c.** auprès des leurs – **d.** les vôtres – **e.** des nôtres.
4 **a.** Il est **loin** du bois. – **b.** Il fait cela **rarement**. – **c.** Ils récoltent **plus** de blé... – **d.** Sa voiture va **moins** vite. – **e.** Il marche **gaiement**.
5 **a.** les – **b.** vous – **c.** les – **d.** les – **e.** nous – **f.** leur.
6 qualificatifs du portrait.
7 **a.** Bientôt = adverbe – **b.** Des = article indéfini – salle à manger = nom commun – **c.** à toute une époque = adjectif indéfini – **d.** que = conjonction de subordination – **e.** mais = conjonction de coordination – **f.** quelques mois = adjectif indéfini.

Chapitre 2 page 7

1 **a.** phrase impérative – **b.** phrase déclarative – **c.** phrase exclamative – **d.** phrase interrogative – **e.** phrase déclarative.
2 **a.** n'a pas gagné – **b.** sont gonflés – **c.** Elle ne lui sourit pas – **d.** ne contestent pas – **e.** n'est pas éloignée.
3 **a.** approuve – **b.** proche – **c.** en mauvaise santé – **d.** félicite – **e.** appauvrit – **f.** ouvrira – **g.** parlerons.
4 **a.** Rien ne... – **b.** Personne ne... – **c.** Jamais il ne... – **d.** Nulle part il ne...
5 ? – ! – ! – ! – ! – ! – ? – ! – !.
6 Silvia : — **Laisse**-moi, **tiens**, si **tu m'aimes**, ne m'**interroge** pas. **Tu** ne **crains** que mon indifférence, et **tu es** trop heureux que je me taise. Que **t'**importent mes sentiments !
Dorante : — Ce qu'ils m'importent, Lisette ? **Pouvez-vous** douter encore que je ne **vous** adore ?
Silvia : — Non, et **tu** me le **répétes** si souvent que je **te** crois, mais pourquoi m'en **persuades-tu**, que **veux-tu** que je fasse de cette pensée-là ?

Chapitre 3 page 9

1 **a. Il** faut réfléchir. – **b. Nous** attendons l'été. – **c. Tu** espéres une récompense. – **d. Il** y aura du vent. – **e. Il** est arrivé un accident. – **f. Il** arrivera demain.
Les phrases avec un sujet apparent : **a.**, **d.**, **e.**
2 **a.** Il le dresse. – **b.** Ils s'en plaignent. – **c.** Nous y répondons. – **d.** Tu la préviens. – **e.** Nous le préparons. – **f.** Il le lit.
Les C.O.D. : le, la.
Les C.O.I. : en, y.
3 **a.** Ils restent immobiles. – **d.** Ils paraissent surpris. – **f.** Ils sont épuisés. – **g.** Nous demeurons hésitants. – **j.** Vous semblez résolus au départ.
4 **a.** Nous préparons **une fête**. (C.O.D.) – **b.** Il cherche **un emploi**. (C.O.D.) – **c.** Tu dois saluer **tes collègues**. (C.O.D.) – **d.** Qui paye **ses dettes**. (C.O.D.) – **e.** Cette affaire appelle **un jugement**. (C.O.D.) – **f.** Ils visiteront **le pays**. (C.O.D.).
5 *Verbes transitifs directs :* souhaiter – se rappelant – il réconforta – on graisse les bistouris.
6 **éclairée** – **belle** – **sèche**, **vieillie**.
a. *Attribut du sujet :* belle.
b. *Attributs du C.O.D. :* éclairée, sêche, vieillie.

Chapitre 4 page 11

1 **a.** lieu – **b.** temps – **c.** accompagnement – **d.** manière – **e.** moyen.
2 **a.** Il **y** arrive. – **b.** Ils **en** reviennent. – **c.** J'**y** cours. – **d.** Nous **en** approchons. – **e.** Nous **y** partons.
3 **a.** J'achète ce pain **avec mon dernier billet**.– **b.** Je découvre vos sentiments **avec joie**. – **c.** Il construit une maquette **avec une nouvelle colle**. – **d.** Nous attendons son retour **depuis deux mois**. – **e.** Vous l'accablez **de travail**.
4 **a.** Nous préparons la fête **avec** enthousiasme (c.c. manière).– **b.** Il a trouvé **en** deux jours un nouveau logement (c.c. temps). – **c.** Tu chercheras **dans** le dictionnaire (c.c. lieu). – **d.** On visite ce parc **pour** sa flore (c.c. cause). – **e.** Il a loué ce camion **pour** son déménagement (c.c. but).
5 dès le **vestibule**, (lieu) – sur ses **épaules**, (lieu) – Dans la **chambre** (lieu), – par les **fenêtres** (lieu) sans rideaux – On entrevoyait... **la prairie** (C.O.D.).
6 **a.** Il y avait dans la chambre deux cartons sur le parquet. – **b.** C'était la quatrième fois qu'elle couchait dans un endroit inconnu.

Chapitre 5 page 13

1 **a.** Un conseil – **b.** Un secrétaire d'État – **c.** Une assiette – **d.** Un questionnaire – **e.** Un vélo.
2 **a.** bâton de **vieillesse** = c. détermination – **b.** les variations de la **Bourse** = c. nom – **c.** une brosse à **dents** = c. détermination – **d.** des copies à **grands carreaux** = c. détermination – **e.** Les véhicules de **tourisme** = c. détermination – **f.** Le discours du **président** = c. nom.
3 **a.** Le terrain du voisin = c. nom. – **b.** Le mois de mai = apposition – **c.** La ville de Paris = apposition – **d.** Le tour de France = c. nom – **e.** La rançon de la gloire = c. nom.
4 **a.** un chêne centenaire – **b.** un Crétois – **c.** un collectionneur – **d.** une religion polythéiste – **e.** un polygame.
5 **a.** un auteur d'inventions – **b.** un collectionneur de timbres – **c.** un esprit qui sait tout – **d.** un homme qui est diable.
6 **a.** moissonnant et fauchant, Noir squelette – **b.** l'homme de quarante ans à favoris peints, rayée par des rides prématurées – **c.** Grande, mince de taille et large de hanches.

Chapitre 6 page 15

1 **a. intense** = épithète – **b. aimable** = épithète – **c. prochaines** = épithète – **d. vieux** = épithète – **e. rouge** = apposition – **romain** = épithète – **f. célèbre** = attribut du sujet – **g. petit** = attribut du sujet – **magique** = épithète – **h. gai** = épithète.
2 **a.** bonne – **b.** chère – **c.** aimable – **d.** mauvaise – **e.** rapides.

3 **a.** Très peu nombreux – **b.** Le moins heureux – **c.** Très peu actif – **d.** La pire – **e.** Le moins grand.
4 **a.** Au **beau premier** Lapidaire. = positif, épithète – **b.** Je la crois **fine**, dit-il = positif, attribut du C.O.D. – **c.** Mais le **moindre** grain de mil = superlatif, épithète.
5 **a.** Un très bon plat = absolu – **b.** Le plus vaillant des deux = relatif – **c.** Très peu dévoué = absolu – **d.** Le moins sot de tous = relatif – **e.** Le moindre incident = absolu.
6 **a.** très peu savant, très ignorant – **b.** le plus juste, le moins injuste. – **c.** moins habile, plus malhabile – **d.** très docile, très peu indocile – **e.** le moins gai, le plus triste.

Chapitre 7 page 17

1 **a.** un cousin germain dont ...un beau-père dont ...une jeune indigène dont ...une fille dont ...et avec laquelle ...un fils qui ...avec une pharmacienne intrépide qui.
2 **a.** **Tel** ...**À qui** – **b.** Arrière **ceux dont** la bouche – **c.** **L'autre qui** s'en doutait – **d.** de **ceux qui** disent.
3 **a.** **qui** faisait croire à mon génie / Le seul **bien** qui me reste au monde – **b.** une feuille séchée **que** le vent chassait ...une cabane **dont** la fumée ...la mousse **qui** tremblait ...les oiseaux de passage **qui** volaient ... les bords ignorés, les climats lointains **où** ils se rendent.
4 **a.** **qui** = sujet de *a gagné* – **b.** **que** C.O.D. de *ai faites* – **c.** **dont** c.o.i de *ai parlé* – **d.** **dont** c. du nom *acquisition* – **e.** **où** c.c. de lieu de *jouer*.
5 **a.** chantes-chanteras – **b.** choisis-choisirai – **c.** viennent/viendront – **d.** comprend/comprendra – **e.** dites/direz.
6 **a.** sache = subjonctif – **b.** défende = subjonctif.

Chapitre 8 page 19

1 **a.** qu'il peut compter sur moi – **c.** qu'il avait menti – **d.** qu'il a achevé sa tâche.
2 **b.** que je l'avais invité – **d.** qu'il refuse – **e.** qu'il recommence.
3 **a.** **qu'il ne tombe malade**. = C.O.D. – **b.** **qu'il fasse naufrage**. = C.O.D. – **c.** **que vous partiez**. = Sujet réel – **d.** **qu'ils se rencontrent**. = Sujet réel – **e.** **qu'on ne te voie** = C.O.I. – **f.** **à ce qu'il parte** = C.O.I. – **g.** **à ce qu'on lui répondît si vite**. = C.O.I.
4 **a.** qu'il vienne – **b.** qu'il réussisse – **c.** qu'il parte ou qu'il ne parte – **d.** qu'on l'a mis à l'écart – **e.** qu'il se mariait ou qu'il se marie – **f.** qu'il soit absent – **g.** à ce qu'il guérisse.
5 Elle ne voulait pas **qu'**on pût dire **que** je lui avais fait peur.
6 **a.** **il se trouva que** est un verbe impersonnel → complétive en fonction de sujet réel.

Chapitre 9 page 21

1 **a.** Quand – **b.** Dès qu' – **c.** Avant même qu' – **d.** Après qu'.
2 **a.** Comme – **b.** Étant donné qu' – **c.** Puisqu' – **d.** parce qu'.
3 **a.** **pour qu'il garde un bon moral** : but, C.C. but – **b.** **aussi longtemps que nous le pourrons** : temps, C.C. temps – **c.** **Avant que vous partiez** : temps, C.C. temps – **d.** **chaque fois qu'ils vont à Nice** : temps, C.C. temps – **e.** **si fatigués que nous aspirons à de longues vacances** : conséquence, C.C. conséquence. – **f.** **bien qu'il ait mal répondu** : concession, C.C. de concession.
4 **a.** Comme il m'a dit qu'il viendrait… – **b.** Comme je souhaite sa réussite… – **c.** Étant donné que nous craignons son départ… – **d.** Puisque nous constatons sa mise à l'écart… – **e.** Comme il nous a annoncé son mariage…
5 **a.** …et **qu'**il (temporelle) vit le souci … – **b.** …Et **que** (causale) rien n'exauce et **que** (causale) tout châtie leur morne souhait.
6 **a.** Bien qu'il souffre… – **b.** Chaque fois qu'il part… – **c.** Comme il y a des hausses… – **d.** Comme les parents sont absents…

Chapitre 10 page 23

1 **a.** L'Âne d'un Jardinier se plaignait au destin : « On me fait lever avant l'Aurore. »
b. Oui, la Maheude le disait bien avec son bon sens : « Ce sera le grand coup. »
c. Il ne manqua pas de lui dire : « À la nouvelle de votre catastrophe, je suis accouru chez vous. »
d. Elle avoua ceci : « Je désire faire un tour à votre bras, dans les rues. »
2 **a.** Il se dit qu'il était donc au feu enfin et il se répétait avec satisfaction qu'il était maintenant un vrai militaire.
b. Pour lui ces paroles voulaient dire que jamais il ne serait un héros.
3 **a.** **Il se lamente** : « Tout est perdu » – **b.** **Il s'écrie joyeux** : « Nous aurons un temps magnifique ! » – **c.** **Il protesta** : « Ce n'est pas moi le coupable. » – **d.** **Elle promit** : « Je ferai de mon mieux. »
4 **a.** dit-**il** – **b.** dit-**elle** – **c.** dit-**elle** – **d.** disait-**il**.
5 Lignes 1 à 5 discours indirect. Lignes 5 à 8 discours direct entre guillemets : dialogue indiqué par un tiret.

Chapitre 11 page 25

1 (Propositions) **a.** J'ai acheté un téléphone **qui est rouge et qui a un répondeur**.
b. Il a choisi un livre **que je lui avais recommandé et dont il connaît l'auteur**.
c. Il a raconté une histoire **qui semble vraie mais que l'on peut trouver choquante**.
d. Nous préparons un voyage **qui nous détendra et dont on attend beaucoup**.
2 **a.** **Je crois** qu'il a tort. – **b.** **Il triche** quand il joue. – **c.** **Concentre-toi** pour que nous gagnions. – **d.** **Il se décourage** bien que je le soutienne. – **e.** **On le refuse** parce qu'il est trop jeune.
3 **a.** 3 propositions – **b.** 2 propositions – **c.** 2 propositions – **d.** 3 propositions.

4

Proposition	Nature	Fonction
Quand Eugène **mit** pied sur le perron,	subordonnée temporelle	C.C. de temps de *il s'aperçut*
il **s'aperçut**	principale	
qu'**il pleuvait**.	complétive	C.O.I. de *s'aperçut*

5

Proposition	Nature	Fonction
Vautrin ...à manger	principale	
quoiqu'il ...sortir	concessive	C.C. de concession de *resta*
et se tint ...Eugène	principale coordonnée	
qui put ...parti	relative	C. de l'antécédent *Eugène*

6 **si vous pouvez y être** = subordonnée conditionnelle. – **si mes deux filles se sont bien amusées** = subordonnée interrogative indirecte.
7 **s'il les laissait libres et maîtresses de leurs mouvements** : complément circonstanciel de condition des verbes « *fissent* » et « *accomplissent* ».

Chapitre 12 page 27

1 a. J'ai été, tu as été, il/elle a été, nous avons été, vous avez été, ils/elles ont été.
b. Je suis allé(e), tu es allé(e), il/elle est allé(e), nous sommes allés(ées), vous êtes allés(ées), ils/elles sont allés(ées).
2 a. Je voyais = J'avais vu – b. Ils constatèrent = Ils eurent constaté – c. Il prévint = Il eut prévenu – d. Nous nous promènerons = Nous nous serons promenés(ées) – e. Vous vous souveniez = Vous vous étiez souvenus(ues).
3 a. Pressez-vous = impératif – b. Avoir compris = infinitif – c. Qu'il progresse = subjonctif – d. Tu aurais gagné = conditionnel – e. Il vaincra = indicatif – f. Vendu = participe – g. À louer = infinitif – h. Achève = impératif – i. Tu comprendras = indicatif – j. Acquise = participe.
4 *Temps simples :* pleura, faire, vengeait, pleura, alla, dire, soutint, rire. *Temps composés :* eût-il pu, avait étranglé, avait vu.
5 s'enrichir – triompher – exiger – affranchir – être – vendre – vouloir – enfler – pleuvoir.
6 s'être enrichi – avoir triomphé – avoir exigé – avoir affranchi – avoir été – avoir vendu – avoir voulu – avoir enflé – avoir plu.

Chapitre 13 page 29

1 a. Active – b. Active – c. Active – d. Active – e. Pronominale – f. Passive – g. Pronominale – h. Active.
2 a. réfléchi – b. réciproque – c. passif – d. non réfléchi.
3 a. Les oies sont gardées par Paul. – b. Tout le monde est charmé par sa beauté. – c. Ses biens ont été confisqués par l'État. – d. Notre santé est mise en péril par le tabac. – e. Le budget est approuvé par les députés. – f. Cette loi ne sera pas votée par l'Assemblée. – g. La prochaine rentrée est préparée par les lycées. – h. Le ravalement doit être fait sous peu. – i. Il a été félicité par le conseil de classe. – j. Nous sommes étonnés par cet exploit.
4 a. C. d'agent – b. C. d'agent – c. C de cause – d. C. d'agent ; C. d'agent ; C. de temps – e. C. de moyen.
5 a. Son mari l'aime. – b. Vos voisins vous envient. – c. On le ramène à bon port. – d. Son tuteur l'encadrera. – e. Un bon avocat nous a défendus.
6 a. se forme – b. se ferme – d. se préparer – e. s'est vite répandue – g. se renouvelle – h. se construit.

Chapitre 14 page 31

1 a. 3e – b. 2e – c. 3e – d. 1er – e. 3e – f. 3e – g. 3e – h. 2e.
2 a. elle regarda – b. ils dormirent – c. il vint – d. nous le vainquîmes.
3 a. ayant gardé – b. ayant rétabli – c. ayant confisqué – d. étant parti – e. ayant haï – f. ayant choisi – g. ayant acquis.
4 Que je croie – que tu croies – qu'il/elle croie – que nous croyions – que vous croyiez – qu'ils/elles croient.
5 Souligner : a., c., d., f., h.
6 a. qu'elle aime – b. qu'ils comprennent – c. que vous finissiez – d. qu'il parvienne – e. qu'il voie – f. que tu aies – g. qu'il se souvienne – h. qu'il acquière.

Chapitre 15 page 33

1 a. que je sois – que tu sois – qu'il/elle soit – que nous soyons – que vous soyez – qu'ils/elles soient.
b. que j'aie – que tu aies – qu'il/elle ait – que nous ayons – que vous ayez – qu'ils/elles aient.
2 Qu'il/elle pût – Que vous pussiez – Qu'ils/elles pussent = Imparfait.
3 a. Avant qu'il eût compris. – b. Avant qu'il ait travaillé. – c. Avant qu'il soit revenu – d. Avant qu'ils eussent approuvé – e. Avant que nous ayons voté.
4

verbe	personne	temps	mode	voix
a.	3e sg.	présent	subj.	active
b.	3e sg.	imparfait	subj.	active
c.	2e sg.	passé	subj.	active
d.	3e sg.	plus-que-parfait	subj.	passive
e.	1re Pl.	présent	subj.	passive

5 a. Bien que son mari ne l'ait pas aimée... – b. De peur que vos voisins vous envient... – c. Avant que ses enfants l'eussent ramené... – d. Jusqu'à ce qu'un tuteur l'encadre... – e. À supposer qu'un bon avocat le défende...
6 qu'on **se lie** – qu'on **renonce** au monde – qu'on **n'ait** plus d'yeux pour personne.

Chapitre 16 page 35

1 entre – salue – va se placer.
2 Eugène **est** trop ...le **fasse** rire. Il **veut** ... et **se demande** où et comment il se **procurera** de l'argent.

3 Futur dans le passé.
4 Présent de narration.
5 que **ne l'est** une chatte – ...**qui se défient** de leurs proches, et se **livrent** au premier venu.
6 **Quoiqu'il eût annoncé vouloir quitter la Maison-Vauquer**. Concessive au subjonctif plus-que-parfait. Exprime une antériorité par rapport à une principale au passé (il y était).

Chapitre 17 page 37

1 Ils prir**ent** la chandelle et, se promenèr**ent** le long des plat**es**-bandes. Ils avai**ent** plaisir.
2 Ces voyageurs ailés comme ils sont gauches et veules ! – Eux, naguère si beaux, qu'ils sont comiques et laids !
3 pronom personnel 3e pers. du sg. féminin, C.O.D. de « *aimerai* » et « *chanterai* ».
servie = accord du participe passé avec le C.O.D. placé avant.
4 **le premier**, **le dernier** à la place de **la première** et **la dernière**.
5 Ils les emparouillent et les endosquent contre terre ; Ils les raguent et les roupètent jusqu'à leur drâle ; Ils les pratèlent et les libucquent et leur baruflent les ouillais ; Ils les tocardent et les marminent, Les manages rapes ont ri et ripent à ra. Enfin ils les écorcobalisent…
6 Ils les ont emparouillés et les ont endosqués contre terre ; les ont ragués et les ont roupétés ; les ont pratelés et les ont libucqués et leur ont baruflé les ouillais (C.O.D. après) ; Les ont tocardé et les ont marminé (pas de C.O.D.) ; Les manages rapes avaient ri et ont ripé à ra ; Ils les ont ecorbalisés (C.O.D. avant).
Accord du participe passé employé avec **avoir**.
7 L'enfant est hautain, dédaigneux, colère, envieux, curieux, intéréssé, paresseux, volage, timide, intempérant, menteur, dissimulé ; il rit et pleure… il ne veut point… et aime : il est déjà un homme.

Chapitre 18 page 39

1 Rêveur, triste, joyeux, amer, sinistre, doux, – Sombre peuple, le mot – le passant mystérieux.
2 Nu effacé ensoleillé – Choisi sublime solitaire – Profond oblique matinal – Frais nacré ébouriffé – Ravivé premier régnant – Coquet vif passionné – Orangé rose bleuissant – Joli mignon déluré – Naturel couché debout …
3 Iles où – Iles où l'on ne descendra jamais – Iles immobiles – Iles inoubliables.
L'absence des liaisons soulignées indique le changement.
4 **Heureux** – **voix** de citron – **Heureux les amoureux**.
5 genoux, genou – l'œil, yeux – deuil, deuils – chapeau, chapeaux – ail, aulx.

Chapitre 19 page 41

1 (Propositions) **a.** il revient – **b.** les sangliers ont saccagé cet endroit – **c.** méfions-nous du destin – **d.** de façon à lui faire voir – **e.** tout le monde m'observe – **f.** elle pénètre sans m'avertir.
2 **a.** bruit-jour-rire – **b.** malheur-heureux.
3 **a.** bien vêtu – **b.** il marche la tête haute – **c.** il se montre – **d.** gai.
4 explicite « geai » et « jais » ; implicite « jet d'eau ».
5 **a.** censé et sensé : **homonymes** – **b.** mousse et mousses : **homonymes** – **c.** bondé et complet : **synonymes** – **d.** apparaît et disparaît : **antonymes** – **e.** disparaître et s'en aller : **synonymes** – **f.** Lingères et légères : **paronymes**.
6 Lapsus entre **Bonaparte** et **dromadaire** – **tiroir-caisse** et **cheval de course**.

Chapitre 20 page 43

1 **a.** galamment – **b.** élégamment – **c.** excessivement – **d.** récemment – **e.** fréquemment.
2 **a.** patiemment – **b.** savant – **c.** couramment – **d.** étonnant– **e.** heureusement – **f.** passif.
3 **a.** élégamment – **b.** intelligemment – **c.** joyeusement – **d.** attentivement – **e.** complaisamment – **f.** patiemment
4

adverbes lexicaux	adverbes de dérivation
vite bien	tristement gaiement dûment

5 **a.** Il est **mortellement** atteint. – **b.** Notre étourdie agit **aveuglément**. – **c.** Les loups mangent **gloutonnement**. – **d.** Il nous dit tout fort **franchement**. – **e.** Il m'aborde **humblement**.
6 **a.** 2. – **b.** 3. – **c.** 4. – **d.** 1. – **e.** 6. – **f.** 5.

Chapitre 21 page 45

1

radical	préfixe
a. porter	trans-
b. dormir	en-
c. tour	re-
d. poser	dé-
e. fusion	con-

2

radical	suffixe
a. épic-	-ier
b. local	-iser
c. avia-	-teur
d. disco-	-thèque
e. gardien	-age

3 clairsemée.
4 (Propositions) **a.** garde-chasse – **b.** clair-obscur – **c.** canapé-lit – **d.** contre-bas – **e.** pare-feu.
5 **a.** pause-café = **2 noms** – **b.** amour-propre = **1 nom + 1 adjectif** – **c.** croque-monsieur = **1 verbe + 1 nom** – **d.** cache-cache = **2 verbes ou 2 noms** – **e.** rouge-gorge = **1 adjectif + 1 nom**.
6 **a.** déménagent, ménageries, ménage, ménager ménagements, déménagement.
7 (Propositions) Son visage est un tableau
Qu'elle pare, qu'elle dépare, qu'elle répare.

Chapitre 22 page 47

1 **a.** brutal – **b.** panier – **c.** araignée – **d.** livre – **e.** pneu.

2 a. guerre et courage – b. chagrin et séparation.
3 a. campagne et ville – b. économie et prodigalité.
4 Champ lexical du **jardin**.
5 Champ lexical de **la faiblesse**.
6 Champ lexical de la **raison** : raisonne – raisonnement – raisonneuse.

Chapitre 23 page 49

1 a. courant – b. familier – c. familier – d. familier – e. courant – f. soutenu.
2 **me semer** – à se foutre du monde (plus vulgaire que familier) – ils vont **vous tourner en saucisson de bataille**. – Danton n'était pas éloquent **pour des prunes**.
3 possédait une case **aussi lui**... il a bien **rigolé**,... quand **je lui ai eu raconté** ... ce que j'en avais fait moi **de la mienne de case** ! ... Son tourment à lui **spécial**.
4 a. soutenu – b. courant – c. soutenu – d. courant – e. familier.
5 Registre courant : a. Chaque instant me rapproche de la mort. – b. Je quittais un monde familier pour un monde inconnu.

Chapitre 24 page 51

1 champ lexical de l'éveil et champ lexical du sommeil.
2 des **haleines grêles sifflent** – **c'est Catherine qui se lève**.
3 Le passé simple.
4 4 verbes : **éclairait** – **emplissaient** – **avait** – **tachait** ; lexique dominant = celui du mobilier.
5 **fit** un effort désespéré. Elle **s'étirait**, ... Un dernier bâillement **ouvrit** sa bouche ; lexique du corps.
6

Jeunesse	Misère
cheveux roux fluette bras délicats blancheur de lait dents superbes	pieds bleuis teint blême visage déjà gâté pâleur chlorotique des gencives

Chapitre 25 page 53

1 *Le destinataire :* a. **Frères humains** – b. **Tu** ...**ô Lou ma bien-aimée** – c. **Ponocrates, mon ami**,... – d. **Ô Temps** suspends **ton** vol ! Et **vous, heures propices**...
2 *Le locuteur :* a. **Moi**, ...**j'**ai **mes** élégances. – b. Et **nous** les petits, les sans-grades, **Nous** qui marchions ... – c. **Mon** esprit n'admet point... – d. **J'**ai déchiré **ma** vie et **mon** poème.
3 a. **L'automne** s'obstine au **flanc des côteaux**... La **campagne** est calme et muette. – b. Iphis voit **à l'église** un soulier d'une nouvelle mode. – c. Je suis venue **ici** achever **les beaux jours** et dire adieu aux feuilles ; elles sont **encore** toutes aux arbres. – d. Me sera-t-il permis **aujourd'hui** d'ouvrir un tombeau **devant la cour** ?
4 cet homme, ce sanglier. Ce sont des démonstratifs.

5 Les questions et l'adresse sont au style direct. L'interlocuteur est présent = vous.

Chapitre 26 page 55

1 a. Deux hommes parurent. = focalisation externe.
L'un venait de la Bastille, l'autre du Jardin des Plantes. = focalisation zéro
L'aspect aimable de Bouvard charma de suite Pécuchet. = focalisation interne.
b. Giton a le teint frais, ... délibérée. = focalisation externe. Il parle avec confiance. = focalisation externe.
2 **il lui semblait que** tout était fini...
3 Ils étaient au milieu du salon et tous les regards fixèrent Renée.
4 C'était un homme de moyenne taille, trapu et robuste, dans la force de l'âge. Il avait quarante huit ans.
5 Il s'était arrêté au milieu du Pont-Neuf, et, tête nue, poitrine ouverte, il aspirait l'air. À l'horloge d'une église une heure sonna lentement.

Chapitre 27 page 57

1 5 comparaisons (5 fois plus ...que).
2 métaphore de la mère – comparaison avec l'agneau – image développée par la comparaison : l'agneau perdu c'est-à-dire la brebis perdue.
3 La comparaison se trouve renforcée par l'anaphore.
4 Personnification du rossignol.
5 Vers 2 et vers 5.

Chapitre 28 page 59

1 a. et f. – b. et d. – c. et e.
2 a. ... Ils **me** parlèrent, dans ce qu'ils supposaient être du français.
3 a. ... et **me voici parti à m'engager, et au pas de course encore**.
4 a. *état initial :* en Bretagne, en 1799, révolte royaliste contre le Directoire organisée par le Marquis de Montauran – d. *résolution ou conséquences de l'action :* mort de Marie et Montauran, abattus par les troupes gouvernementales – e. *état final :* vingt huit ans plus tard la région est paisible et la guerre civile vendéenne oubliée.

Chapitre 29 page 61

1 Parce qu'elle a 4 vers.
2 Parce qu'elle a 3 vers
3 j'étais ...Je restais ...ma ...me ; genre lyrique.
4 Moïse.
5 v. 1 5 12, v. 2 5 12, v. 3 5 8, v. 4 = 8 avec dièrèse, v. 5 5 8, v. 6 5 8, v. 7 = 12 avec dièrèse, v. 8 = 8 avec dièrèse, v. 9 5 8.
6 v. 1 = rime féminine, v. 2 = rime masculine-suffisante, v. 3 = rime masculine-suffisante, v. 4 = rime féminine-riche, v. 5 = rime féminine-riche, v. 6 = rime masculine-pauvre, v. 7 = rime masculine-pauvre.

7 forme : une épigramme – genre : satirique.

Chapitre 30 page 63

1 5.
2 2.
3 **crime affreux – la honte me suit – triste cœur – de malheurs poursuivie – tourments – pénible vie.**
4 Mascarille. **lui donnant un soufflet** ...
Premier Porteur. **prenant un des bâtons de sa chaise**.
5 a. Caractère – b. mots – c. situation.

Chapitre 31 page 65

1 a. La Mare au diable : **lieu**. – b. Manon Lescaut : **personnage**. – c. La Peste : **action**.
2 Auteur : François Mauriac.
Personnage : Thérèse Desqueyroux.
3 Antonio.
4 Le roman policier.
5 a. *Colomba* = une vendetta. – b. *Le Comte de Monte-Cristo* = une aventure fabuleuse. – c. *Germinal* = une grève.

Chapitre 32 page 67

1 a. Plan de demi-ensemble. – b. Plan général. – c. Plan moyen. – d. Plan rapproché.
2 a. **La petite :** il s'agit en effet d'une enfant. – b. **marchande :** elle compte son argent après avoir vendu ses fruits. – c. **de fruits :** il reste des fruits non vendus dans le panier.
3 a. **Séquence 1 (à l'intérieur) :** v. 1 et 2 (deux images possibles pour les deux gestes, mais non indispensables). **Séquence 2 (à l'extérieur) :** v. 3 à 13 (Image 1 : v. 3 à 5. Image 2 : v. 6 à 8. Image 3 : v. 9 à 10. Image 4 : v. 11 à 13).
a. **Séquence 1 :** v. 1 à 4, présentation du personnage. **Séquence 2 :** v. 5 à 8, personnage en situation. **Séquence 3 :** v. 9 à 12, ce que pense le personnage. **Séquence 4 :** v. 13 à 17, la réaction du personnage.
À l'intérieur des séquences, les images peuvent illustrer chaque action (vers à vers) ou plusieurs actions (plusieurs vers).

Mathématiques

Chapitre 1 page 69

1 a. 2600, car 512 + 88 = 600 et 1037 + 963 = 2000. b. 19 900. c. 401. d. 1502.
2 a. 1511,083. b. 4 596 388,945. c. 2 054 492. d. 6,54.
3 a. 176 971 000. b. 176, 971. c. 17, 6971. d. 37. e. 3700.
4 a. 0,4582. b. 580. c. 0,69043. d. 7240,3. e. 0,00001.
5 a. dam. b. dg. c. l. d. kg. e. 5 h 47 mm.
6 a. 42,35 €. b. 0,95 €. c. 8,70. d. 280,80. e. 3,90.
7 a. 12 495. b. 3 156. c. 7 h 36 min.
d. 1 h 15 min. 39 s. e. 3 j 3 h 39 min.
8 a. 12 km en 45 min. 148 km en 1 h 55 min.
b. 160 km en 2 h 40 min ou en 160 min.
c. 60 km/h.
9 a. 603,03. b. 494,5. c. 20. d. 2.
10 a. 43 + 789 + 207. b. 237 + 49 + 9115.

Chapitre 2 page 71

1 a. 299 + 1200 = 1499. b. 5 x 32 = 160.
c. 12 × 2 × 25 = 12 × 50 = 600.
d. 22 × 101 = (22 × 100) + 22 = 2222.
2 a. 1587. b. 1587. c. 1587.
Dans une suite d'additions, le résultat ne dépend pas des parenthèses.
3 a. 63. b. 63. c. 63.
Dans une suite de multiplications, le résultat ne dépend pas des parenthèses.
4 a. 0. b. 614,8. c. 104,5. d. 418.
Dans une suite de soustractions, ou de divisions, le résultat dépend des parenthèses.
5 a. 2 × (46 – 27) = 2 × 19 = 38.
b. (49 + 11) × (72 − 29) = 60 × 43 = 2580.
c. (36,8 + 13,2) : (52,25 − 50,65) = 50 : 1,6 = 31,25.
6 (9,3 + 3,5 + 6 + 4,2 + 3,5) − (10,9 + 6,8 + 8,7) = 26,5 − 26,4 = 0,1 cm.
7 a. En cm², (8 × 8) − (6 × 6) = 64 − 36 = 28.
b. En cm², (8 × 12) − (4 × 8) = 96 − 32 = 64.
8 a. abscisse de A : 11, de B : 11,8.
b. abscisse de C : 11,5, de D : 12.
(11 × 11,8) + (11,5 × 12) = 267,8.
9 a. 309,6 − (237,6 + 52) = 20.
b. 45,2 × (12,5 + 7,5) + 96 = 1000
c. 65 : (130 × 0,5) = 1.
d. (45,9 + 3,1) × (6,5 + 3,5) = 490.
10 a. 50 € selon la formule A. 31 € selon la formule B.
b. 1676 < 1695, donc la formule B est la plus économique.
11 a. 31,5 : (4,5 × 3) = 2,333333..., donc il met 2 h 20 min. (Il y a 60 mn dans une heure. Donc en minutes, 0,33333 × 60 = 20).
12 2,35.

Chapitre 3 page 73

1 a. 40. b. 20. c. 0. d. 150. e. 350. f. 381.
2 1° a. quatre cent cinquante-huit. b. deux mille trois cent six. c. quatre cent trente cinq mille vingt-neuf.
2° a. 458 = 4 × 100 + 5 × 10 + 8.
b. 2306 = 2 × 1000 + 3 × 100 + 6.
c. 435 029 = 4 × 100 000 + 3 × 10 000 + 5 × 1000 + 2 × 10 +9.
3 a. Faux. b. Faux. c. Faux. d. Faux. e. Faux. f. Faux.
4 a. Vrai. b. Vrai. c. Vrai.

5 a. <. b. >. c. >. d. <. e. >.

6 a. (3,75 + 6,25) × (2,80 + 3,20) =
10 × 6 = 60 m².

b. (3,75 × 2,80 : 2) + (6,25 × 6 : 2) + (3,20 × 10 : 2) = 5,25 + 18,75 + 16 = 40 m².

c. 60 − 40 = 20 m².

7 En faisant le calcul avec des mesures en cm.
600 : 30 × 950 : 30 =
20 × 31,6.
Il faut donc acheter en tout 20 × 32 carreaux = 640 carreaux.

8 a. 150 (750 : 5 = 150). b. 7,5.

9 a. 13,70 m. b. 38,36 m². c. 3,21 m². d. 35,15 m².

Chapitre 4 page 75

1 a. Vrai. b. Faux. c. Vrai. d. Vrai. e. Vrai. f. Vrai.

2 a. 16 + 3,2*a*. b. 389 + 100*x*. c. 32,4 − 5,4*t*.
d. 83*a* − 83*b*. e. 12*a* + *ac*. f. 5*x* − *ax*.

3 a. 25 = 5 × 5. b. 28 = 2 x 2 × 7.
c. 36 = 2 × 2 × 3 × 3. d. 45 = 3 × 3 × 5.
e. 60 = 2 × 2 × 3 × 5.

4 a. Faux. b. Faux. c. Vrai. d. Vrai. e. Faux. f. Faux.

5 a. 5 (3 + *a*). b. 5 (6*x* − 5*y*). c. *a*(*b* + *c*).
d. 9 (*a* + *b* + *c*). e. 9 (2*ab* − *c*). f. 36 (*a* − 1).

6 a. 3,74 × 100 = 374. b. 100 × 63,94 = 6394.
c. 593 × 10 = 5930. d. 1000 × 4,098 = 4098.
e. 4,9 × 100 = 490. f. 578,34 × 1 = 578,34.

7 a. 480 × 100 + 480 = 48 480.
b. 504 × 100 − 504 = 49 896.
c. 74,9 × 10 + 74,9 = 823,9.

8 a. 39,8*x*. b. 5*a*. c. 11*y*. d. 24*t*.

9 a. 56 (*a* + 2 − *x*) = 56 *a* + 112 − 56*x*.
b. 3,2 (*m* + 2 + *c*) = 3,2 *m* + 6,4 + 3,2*c*.
c. *t* (8 − *a* + *y*) = 8*t* − *at* + *ty*.
d. 2,5 × (7 + *a* − *b*) = 17,5 + 2,5*a* − 2,5*b*.

10 a. 9 (4*a* + 5*b* + 3). b. 25 (1 + 2*x* −4*a*).
c. 7*a* (4*b* − 7 + 9*c*).

11 1125 cm² (AB′ = 30 + $\frac{30}{4}$ = 37,5 ;
30 × 37,5 = 1125).

Chapitre 5 page 77

1 a. Vrai. b. Vrai. c. Vrai. d. Vrai.

2 a. arrondi, car 6 > 5. b. troncature, car 3 < 5.
c. arrondi, car 7 > 5. d. troncature, car 3 < 5.
e. arrondi, car 8 > 2. f. troncature, car 3 < 5.

3 a. 285,7. b. 285,7. c. 259,74. d. 170,56. e. 301.

4 a. >. b. <. c. >. d. <.

5 a. 576 < 38,93 + 537,8 < 577.
b. 7564 < 8094,12 − 529,45 < 7565.
c. 695 < 76,38 × 9,1 < 696.
d. 1378 < 99826,4 ÷ 72,4 < 1379.

6 a. 2,5 < 72 ÷ 28 < 2,6.
b. 244,7 < 8,32 ÷ 0,034 < 244,8.

7 1°. a. 628,7 × 10 = 6287.
b. 0,0056 × 100= 0,56.
c. 893,04 × 100 = 89 304.
d. 23,005 × 2 = 46,010.
2° a. [MC] 628.7 [M+] × 6 + [MR] × 2 + [MR] × 2
= [6287]

b. [MC] 0.0056 [M+] × 15 + [MR] × 82 + [MR] × 3
= [0.56]

c. [MC] 893.04 [M+] × 149 − 44 × [MR] − 5 × [MR]
= [89304]

d. [MC] 23.005 [M+] × 0.05 + [MR] × 0.95 + [MR]
= [46.01]

8 [MC] 8.75 [M+] × 12 = [105]
[MR] × 15 = [131.25]
157.5 ÷ [MR] = 18
[MR] × 21.4 = [187.25]

9 a. 3. b. 3.

10 a. 1456, car (45 632 + 41 215 + 45 649) ÷ (31 + 29 + 31) = 1456.
b. 1 voiture, car (1456 ÷ 24) ÷ 60 = 1,0111...

11 a. 804 − (12 × 64 + 36) = 0.
b. (804 − 12) × (64 + 36) = 79 200.
c. 299 − (3 × 128 − 86) = 1.

Chapitre 6 page 79

1 a. 3/6 ou 1/2. b. 6/16 ou 3/8.

2 a. abscisse de A : 12,1, de B : 12,3 et de C : 12,7.
b. 12,1 = 121/10 ; 12,3 = 123/10 ; 12,7 = 127/10.

3

	Nombre décimal	Fraction décimale
a.	1,3	13/10
b.	0,17	17/100
c.	25,6	256/10
d.	0,75	75/100.

4 a. Vrai. b. Faux. c. Vrai. d. Vrai. e. Vrai.

5 a. <. b. >. c. <. d. >. e. >...>.

6 a. 0. b. 3. c. 0. d. 9. e. 0.

7 a. Vrai, car 40 000 est un ordre de grandeur de 43 757 et 10 000 de 10 448, et 40 000 : 10 000 = 4.
b. 4,17 < $\frac{43\,757}{10\,448}$ < 4,18.

8 a. 21/30. b. 70/100, car 21/30 = 0,7 = 70/100.

9 a. Vrai, car si l'on compare leurs dimensions : 3,6 × 1,5 = 5,4 ; 5 × 1,5 = 7,5 et 6,8 × 1,5 = 10,2
b. Non, car QM = 2 × IL ; mais QP ≠ 2 × LK (6,42 × 2 = 12,84).

10 Mon numérateur est 455, car :
364/100 = 3,64 = $\frac{3,64}{1}$ = 3,64 × $\frac{125}{125}$ = $\frac{455}{125}$

Chapitre 7 page 81

1 a. 3/40. b. 10,4/21. c. 15/2. d. 15/2. e. 15/2.
f. 15/2.

2 a. Vrai. b. Vrai. c. Faux. d. Faux. e. Vrai.

3 a. Vrai. b. Vrai. c. Vrai. d. Vrai. e. Vrai. f. Faux.

4 3, 11, 17, 29, 31, 37, 41, 47, 73.

5 a. 88 = 2 × 2 × 2 × 11. b. 117 = 3 × 3 × 13.

6 a. 2/3. b. 1/9. c. 6. d. 1/5. e. 0.

7 a. 15. b. 40. c. 468. d. 1600. e. 13 125. f. 0,6.

8 a. 2/5. b. 77/39. c. 143. d. 8/25.

9 a. EF = AB + 3/4 × AB = 25 + 3/4 × 25 = 25 + 75/4 = 25 + 18,75 = 43,75.
EH = AD − 1/5 × AD = 20 − 4 = 16.
b. Aire EFGH/aire ABCD =

$\dfrac{43{,}75 \times 16}{25 \times 20} = \dfrac{700}{500} = \dfrac{455}{125} = 1{,}4.$

10 $\dfrac{1}{5} \times \dfrac{1}{4} = \dfrac{1}{20}$. Je suis 75 × 20 = 1500.

Chapitre 8 page 83

1 a. 36/12 = 3. b. 1/29. c. 4/4 = 1.
d. 4 + 10/5 = 4 + 2 = 6. e. 8/8 − 1 = 1 – 1 = 0.
2 a. 87,351. b. 0,204.
3 a. Faux. b. Faux. c. Vrai. d. Vrai.
4 2° a. 8 + 10 [÷] 2 [=] [13]
b. 8 + 10 = ÷ 2 = [9]
c. 8 ÷ (10 + 6) = [0.5]
d. (8 ÷ 10) × 2 = [1.6]
e. 8 ÷ (10 × 2) = [0.4]
f. 8 ÷ 10 × 2 = [1.6]

5 a. $\dfrac{15}{3+9} = \dfrac{15}{12} = 1{,}25$

b. $\dfrac{15+3}{9} = \dfrac{18}{9} = 2$

c. $\dfrac{15 \times 3}{9} = \dfrac{45}{9} = 5$

d. $\dfrac{15-3}{9} = \dfrac{12}{9} = \dfrac{4}{3} = 1{,}35$

6 a. 28/28 = 1. b. 28/30 = 14/15. c. $\dfrac{36}{8} = \dfrac{9}{2}$
d. 1/102.
7 a. 17. b. 7. c. 19. d. 5 et 3. e. 10.

8 a. $\dfrac{35+13}{6}$ b. $\dfrac{35+13}{6}$ c. $\dfrac{35+13}{6}$.

9 a. $\dfrac{54}{6+9} = 3{,}6$. b. $\dfrac{54}{6+9} = 3{,}6$. c. $\dfrac{54}{6+9} = 3{,}6$.

d. $\dfrac{38+64}{48-16} = 3{,}1875$.

10 5/6 = 40/48 5/12 = 20/48
9/24 = 18/48 10/32 = 5/16 = 15/48
1/8 = 6/48 3/2 = 72/48
9/27 = 1/3 = 16/48 11/16 = 33/48
7/3 = 112/48.
D'où : 1/8 < 7/48 < 10/32 < 9/27 < 9/24 < 5/12 < 11/16 < 5/6 < 3/2 < 7/3.
11 a. 1/3 + 1/4 + 1/12 = 8/12 = 2/3.
Il lui reste 1/3 de son salaire.
b. 513 × 3 = 1539. Son salaire est de : 1539 €.

Chapitre 9 page 85

1 a. – b. + c. –
2 –12, –11, –10, –9, –8, –7, –6, –5, –4, –3, –2, –1, 0, +1, +2, +3, +4, +5.
3 a. +16, +19, +22, +25.
b. –10, –12, –14, –16.
c. 0, –3, –6, –9.
d. –1, –4, –7, –10.
e. –22, –12, –2, +8.
4 a. 4,23 < 17/4. b. 27/6 = 4,5. c. 12/9 < 1,34.
d. 8/9 > 2/3.
5 a. –4,23 > – (17/4). b. –(27/6) = –4,5.
c. –(12/9) > –1,34. d. –(8/9) < –(2/3).
6 a. +2 > –4. b. –6,5 < +1. c. +0,04 > 0.
d. 0 > -35. e. +0,5 > –0,6. f. –14,7 > –15.
7 a. –(196/2,01) < –97,5 < 97,5 < 196/2,01.
8 1560 > 110/54,9 > +2 > 0,001 > 0 > –(3/2) > –1,9 > –2 > –(11/5,49) > –1598.
9 a.

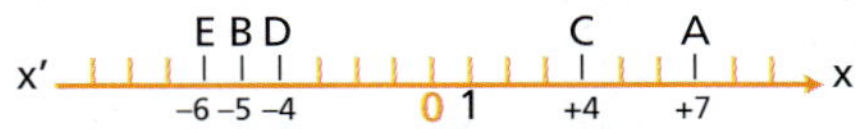

b. Les points C et D sont à égale distance de O. Leurs abscisses sont opposées.
10 Plusieurs réponses sont possibles. Exemple de réponse :
–6,248 < –6,245 < –6,24 < –6,13 < –6,1.
11 a. Vrai. b. Vrai. c. Faux. d. Vrai. e. Faux. f. Faux.
g. Faux.
12 a.

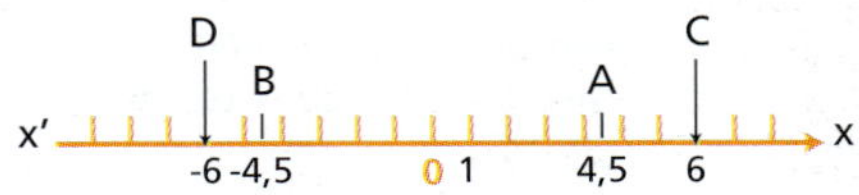

b. 2 solutions, C et D, situées de part et d'autre de l'origine O.
c. Tous les points de l'axe compris entre C et D.

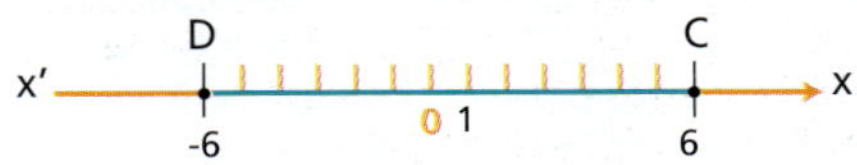

Chapitre 10 page 87

1 a. +100. b. –100. c. –200. d. +17. e. −8. f. 0.
2 a. Faux. b. Faux. c. Vrai. d. Vrai. e. Vrai. f. Faux.
3 a. baissé / baissé. b. augmenté / baissé.
c. baissé / augmenté. d. augmenté / augmenté.
4 a. +14,7. b. + 64. c. +292,78.
5 a. –25. b. 7000. c. 161,823.
6 a. Vrai. b. Vrai. c. Vrai. d. Faux. e. Faux.
7 a.

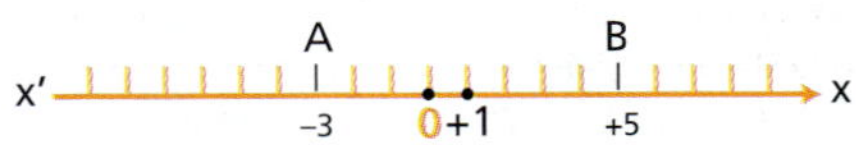

b. (–3) + (+5) = +2. Cette somme n'est pas égale à la distance de A et B qui est de 8.
c. La mesure de AB est la distance des deux points A et B, elle est donc égale à 8.
8

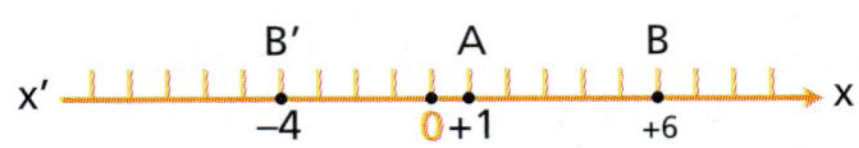

a. Il y a deux solutions situées de part et d'autre de A.
b. L'abscisse de B est 6 ou –4.
9 a. 2° À l'aide d'une calculatrice, de gauche à droite : 53,25 [+] 7,89 [+] 15 [+] 4,38 = [80,52].

b. [−] 65,8 [−] 42,9 [−] 95,34 = [−204,04].
c. [−] 457,3 [+] 399,4 = [−57,9].

10

Débit	Crédit
740,85	1290,00
+ 355,05	+ 548,55
+ 759,90	+ 2450,30
+ 2379,00	= 4288,85
= 4234,80	

4288,85 > 4234,80, le solde du compte est donc créditeur de : 4288,85 – 4234,80 = 54,05.

Chapitre 11 page 89

1 a. 87,8. b. –500. c. –530. d. 15,4.
2 a. +. b. + +. c. – –. d. + –. e. – +.
3 a. 8,1. b. 30,24. c. 0,5. d. 7. e. 33.
4 a. +66. b. –46. c. 7,2. d. –4.
5 a. +17. b. –252. c. 19. d. 876. e. –1.
6 a. +17 – (–19,1) = 36,1.
L'écart entre les deux moyennes de température est de 36,1°.
7 La lumière traverse l'eau à 225 000 km/h.
8 En degrés, l'écart entre les deux températures est de 58 – (– 89) = 147.
9 a.

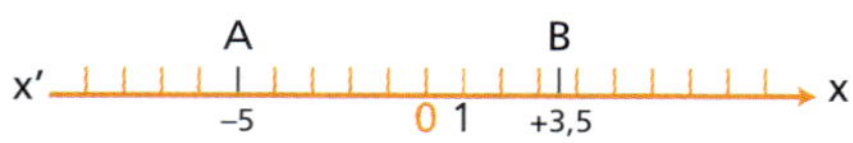

b. abs.A – abs.B = –5 – (+3,5) = –5 – 3,5 = – 8,5.
c. abs.B – abs.A = +3,5 – (-5) = 3,5 + 5 = 8,5.
d. La distance des points A et B est de 8,5.
10 Deux réponses : –10 ou +2.
11 (–8 + 15) – (+13 +7 –28) = +7 – (–8) = 7 + 8 = 15. Je suis –15, car –15 +15 = 0.
12 a. 38 ans, car –63 – (–101) = –63 + 101 = 38.
b. 19 ans, car –44 – (–63) = –44 + 63 = 19.
c. Jules César a vécu 57 ans, car –44 – (–101) = –44 + 101 = 57. Auguste a vécu 77 ans, car 14 – (–63) = 14 + 63 = 77. Auguste a vécu plus longtemps que Jules César de 20 ans.

Chapitre 12 page 91

1 a. $x = 9$. b. $z = -5$. c. $y = -4$. d. $x = 23 - 19 = 4$. e. $x = 15 - 19 = -4$.
2 a. Oui. b. Non. c. Oui. d. Oui. e. Non.
3 a. $x = 46$. b. $x = 252$. c. $x = -2$. d. $x = 6$. e. $x = -24$.
4 a. Oui, car 5 × 2,5 +7,5 = 20.
b. Oui, car 3 + 2,5 = 5,5 et –2,5 + 7,5 = 5,5.
c. Oui, car 13 – 2,5 = 10,5 et 5 × 2,5 – 2 = 10,5.
d. Oui, car 2,5 – 20 = –17,5 et 2 × 2,5 + (–22,5) = 5 – 22,5 = –17,5.
e. Oui, car 45 + 2 × 2,5 = 45 + 5 = 50 et 38 + 17 – 5 = 50.
5 a. 16. b. 1. c. 0. d. –0,6. e. 2. f. 0.
6 a. $x = 3$ et $y = 1$ sont solutions de l'équation $3x + 2y = 11$, car 3 × 3 + 2 × 1 = 11.
b. Non, car –15 –4 = –19 et non –20.
c. Oui, car 6 × 2 + 1 = 13 et 2 × 5 + 3 = 13.
d. Oui, car –1 – (–2) = –1 + 2 = +1 et 3 + (–2) = +1.
7 $x + 13 + (-4) + (-8) = -49$.
$x + 13 + (-12) = -49$.
$x + 1 = -49$.
$x = -49 - 1 = -50$.
8 $x - 5{,}2 - (-12{,}5) - (-6) = -10$.
$x - 5{,}2 + 12{,}5 + 6 = -10$.
$x + 13{,}3 = -10$.
$x = -10 - 13{,}3 = -23{,}3$.
9 Soit x cette fraction.
$x + 4/7 + 9 = 68/7$
$x + 67/7 = 68/7$
$x = 1/7$.
10 Le plus petit entier est (213 – 1) : 2 = 106. Le plus grand est 107. En effet : 106 + 107 = 213.
11 Le plus petit entier pair est (194 – 2) : 2 = 96. Le plus grand est 98. En effet : 96 + 98 = 194.
12 a. Le chiffre entouré est 0. b. Les chiffres entourés sont 0 ; 1 ; 2 ; 3 ; 4 ; 5.

Chapitre 13 page 93

1 a. $5x - 3$. b. $(x - 7) : 8$. c. $46/x$. d. $x/46$. e. $x - 13$. f. $13 - x$.
2 a. $12{,}9x$ cm². b. $12{,}9x = 105{,}78$ et $x = 8{,}2$ cm.
3 a. Le périmètre P du triangle est :
P = $(x + 36{,}8 + 48)$ cm = $(84{,}8 + x)$ cm.
b. $x + 36{,}8 + 48 = 125$
$x + 84{,}8 = 125$
$x = 125 - 84{,}8$
$x = 40{,}2$
La longueur du 3ᵉ côté est de 40,2 cm.
4 a. $x + 3x = 4x$.
La somme de leur âge est $4x$.
5 a. $(x + y + 19)$ cm. b. 42,5 cm.
c. $10 + y + 19 = 45$
$y + 29 = 45$ donc
$y = 45 - 29 = 16$
6 a. L'âge de Murielle est $3x$.
Mise en équation : $x + 3x = 60$
$4x = 60$
$x = 60/4$ $x = 15$
b. Murielle a 45 ans.
7 a. 1,7 kg
b. Mise en équation: $x + 1700 = 2650$
$x = 2650 - 1700$
$x = 950$
8 Soit x le nombre auquel Nicole a pensé.
Mise en équation : $x - 4{,}5 + 12 = 25$
$x + 7{,}5 = 25$
$x = 25 - 7{,}5 = 17{,}5$
Nicole a pensé à 17,5.
9 Soit x le nombre auquel Arnaud a pensé.
Mise en équation : $2x + 53 = 614$
$2x = 614 - 53$
$2x = 561$
$x = 561/2 = 280{,}5$
Arnaud a pensé à 280,5.
10 a. 5,20 F et 6,70 F.
b. Soit x F le prix d'une baguette.
Mise en équation :
3 x 6,70 + 2 × 5,20 + x = 35
30,50 + x = 35
x = 35 – 30,50 = 4,50.
Le prix d'une baguette est de 4,50 F.

Chapitre 14 page 95

1 A(2;1). B(3;–2). C(–2;4). O(0;0).

2

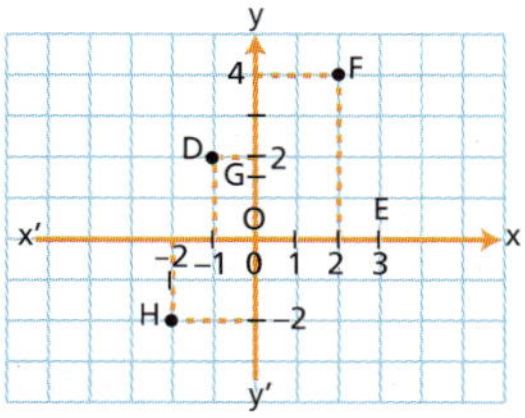

3 a.

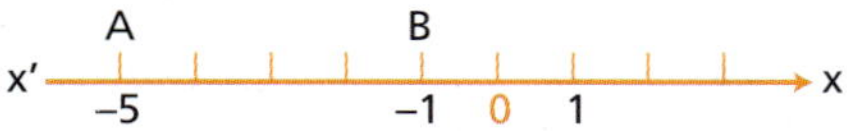

b. –5 – (–1) = –5 + 1 = –4. La distance des points A et B est 4.

4 a. +4 et non –4, car la distance est un nombre positif.

b. Le point D peut être situé de part et d'autre de C sur x'x.

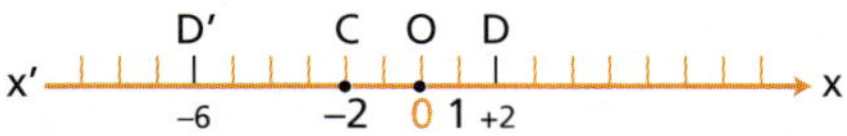

Les abscisses possibles de D sont +2 ou –6. (2 solutions).

5 a. 46,7, car 12,7 – (–34) = 12,7 + 34 = 46,7.

6 A : 4 –4 (4;–4)
B : –2 5 (–2;5)
C : 3 –4 (3;–4)
D : –5 –2 (–5;–2)
O : 0 0 (0;0)

7 a.

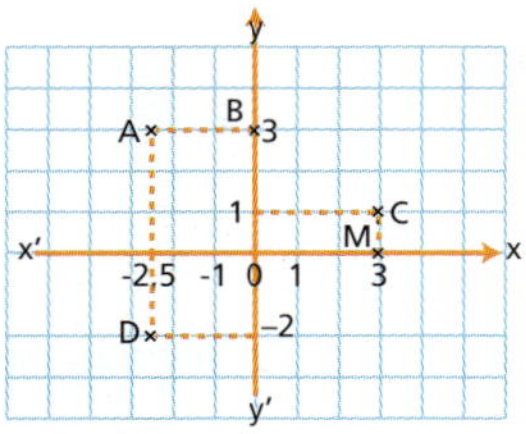

b. A et D sont sur une même perpendiculaire à x'x, car ils ont la même abscisse –2,5. Les points A et B sont sur une même perpendiculaire à y'y, car ils ont la même ordonnée 3.

c. M(3;0)

8 a.

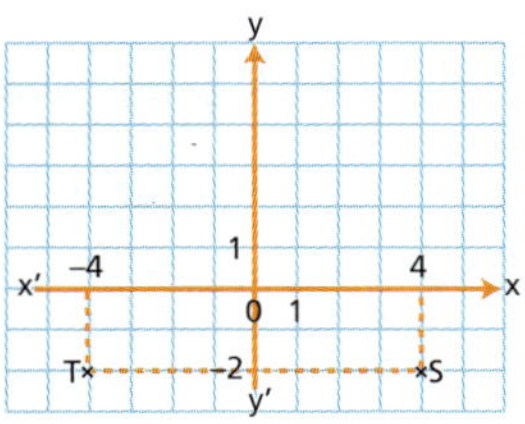

b. T(–4;–2).

Chapitre 15 page 97

1 3/2 = 1,5 ; 12/8 = 1,5 ; 90/60 = 1,5. mais 140/100 = 1,4.

2 2,5/5 = 0,5. 4/8 = 0,5. mais 12/20 = 0,6.

3 Les coordonnées de M, N et P ne sont pas en situation de proportionnalité, car les points M, N et P ne sont pas alignés avec l'origine.

4 Les points de I, J, K et L sont alignés entre eux, mais ils ne sont pas alignés avec l'origine.

5 a.

	O	C	F	G
abscisse	0	5	2	8
ordonnée	0	3	1,2	4,8

b. Les coordonnées de ces points sont en situation de proportionnalité, car le tableau ci-dessus est un tableau de proportionnalité de coefficient 0,6. (0 × 0,6 = 0 ; 5 × 0,6 = 3 ; 2 × 0,6 = 1,2 et 8 × 0,6 = 4,8)

c.

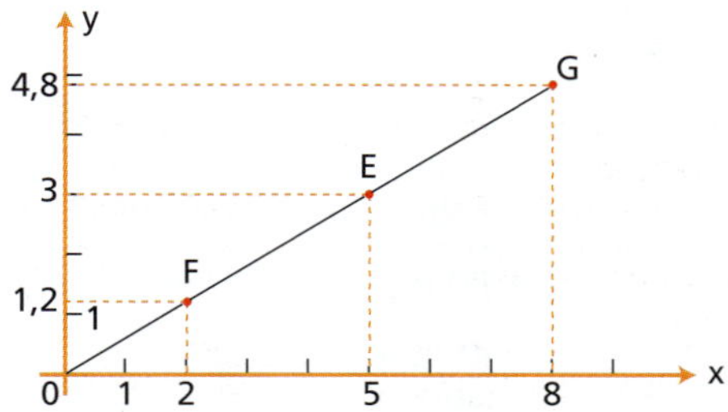

d. Les points E, F et G sont alignés et alignés avec l'origine, car leurs coordonnées sont en situation de proportionnalité.

6 a.

durée en heures	1,5	2	4	5
distance en km	120	160	320	400

b. 120 : 1,5 = 80.
La vitesse de l'automobiliste est de 80 km/h.

c. Le mouvement est dit uniforme, car la vitesse de l'automobiliste est restée constante durant tout le parcours.

7 a.

durée en heures	1,2	2,2	2,5	3,4	7
durée en minutes	72	132	150	204	420

b. 60 est le coefficient de proportionnalité du tableau.

8 a.

somme (en €)	45	82	326
somme (en F)	292,5	533	2119

b. 6,5 est le coefficient de proportionnalité du tableau.

9 a. $\frac{3}{8}$ = 0,375.

b. [MC] 0 [•] 375 [M+]

c.

« poids » (en g)	400	800	1100	1200	2400
les 3/8 (en g)	150	300	412,5	450	900

$\times \frac{3}{8}$

Pour afficher 400, taper 150 [÷] [MR] [=]
Pour afficher 300, taper 800 [×] [MR] [=]

10

49/25	7/3	6/5	35/9	21
21/5	5	18/7	25/3	45

$\times \frac{15}{7}$

Chapitre 16 page 99

1 **a.** Vrai, car 25 % = 25/100 = 1/4.
b. Faux, car 30 % = 30/100 = 0,3 et 1/3 = 0,333…
c. Vrai, car 80 % = 80/100 =4/5.
2 **a.** 32 %. **b.** 14 %. **c.** 24 %. **d.** 5 %. **e.** 30 %.
f. 250 %.
3 **a.** 1,75. **b.** 0,45. **c.** 0,02. **d.** 0,92. **e.** 0,45. **f.** 0,003.
4 5/4 = 15/12 = 125 %

0,25 = 25 % = $\frac{1}{4}$

40 % = 0,4 = $\frac{2}{5}$

5 **a.**

ancien prix	100	150	250	500	600
nouveau prix	70	105	175	350	420

Le coefficient de proportionnalité étant de 70% ou 0,7.
6 1°. **a.** 11 €. **b.** 41,85 €. **c.** 116 €.
2°. À l'aide d'un tableau :

prix initial	55	100
remise	11	20

279	100
41,85	15

2320	100
116	5

a. 20 %. **b.** 15 %. **c.** 5 %.

7 **a.**

dimensions réelles	12	16	20
dimension dessin (cm)	2,4	3,2	4

b. Le tableau est un tableau de proportionnalité, car 2,4/12 = 3,2/16 = 4/20 = 0,2.
L'échelle est de 1/5, car 0,2 = 2/10 = 1/5
8 **a.** L'échelle est de 40, car 2 : 0,05 = 40.
b. Sur le dessin, sa dimension est de 0,8 mm, car 0,02 × 40 = 0,8.
9 **a.** 18 min. = 18/60 h = 0,3 h.
Maxime habite à 1,5 km, car 5 × 0,3 = 1,5.
b. L'échelle est de 1/60 000, car
2,5/150 000 = 25/1 500 000 = 1/60 000.
10 **a.** 1/5 000 000, car 2/10 000 000 = 1/5 000 000.
b. 103 mm ou 10,3 cm,
car 515 000 000 × 1/5 000 000 = 103.
11 En mesurant la diagonale sur le dessin, on trouve 1,8 cm. L'échelle est donc 1,8/45 = 1/25.

Chapitre 17 page 101

1 **a.**

voitures	blanches	bleues	rouges
effectifs	12	25	3

b. 1° vrai. 2° vrai. 3° vrai. 4° vrai.
2 Ce diagramme montre que le nombre de voitures rouges est égal à celui des blanches ce qui est faux.
3 Faux pour les mêmes raisons que dans l'ex. 2.
4 **a.** Secteur bleu : 3/16.
Secteur jaune : 9/16.
Secteur vert : 4/16 ou 1/4.
b. Secteur bleu : 18,75 %
Secteur jaune : 56,25 %
Secteur vert : 25 %
5 **a.** Le 3e secteur représente 30 %.
b. Vrai. **c.** 162° (45 %), 90° (25 %), 108° (30 %).
6 **a.** Vrai. **b.** Vrai, car 20 % × 180 = 36.
c.

vacances	mer	campagne	montagne
effectifs	460	276	184

7 **a.** 25. **b.** Il faut cumuler les 2 premières données : 8 + 11 = 19. **c.** 24 % car la fréquence des élèves mesurant plus de 159 cm (160 à 170) est de : $\frac{6}{25}$ = 0,24, soit 24 %.
d.

tailles (en cm)	140 à 149	150 à 159	160 à 170
fréquence (en %)	32 %	44 %	24 %

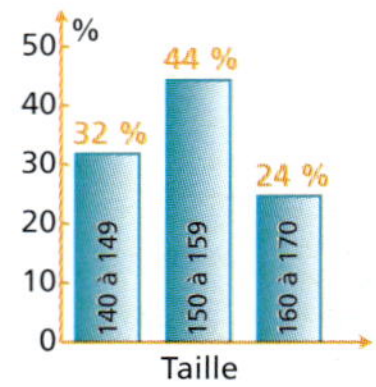

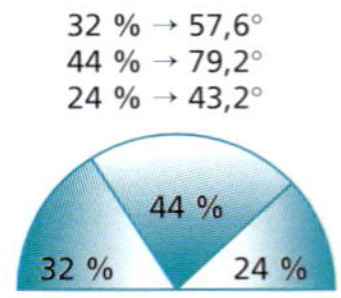

Chapitre 18 page 103

1 **a.** Vrai. **b.** Vrai. **c.** Vrai. **d.** Faux. **e.** Faux. **f.** Faux.
2 Du point B, et avec une ouverture de compas de 3 cm, couper la droite d en C.
3 **a.**

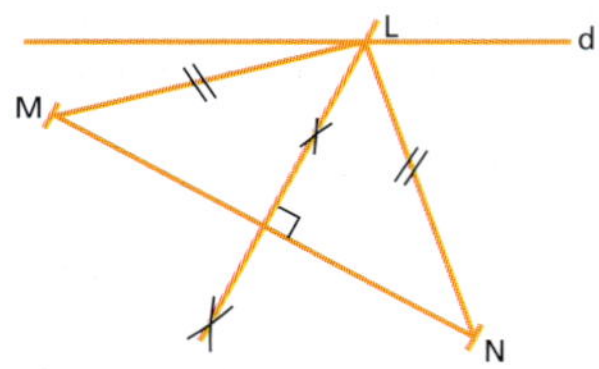

b. LM = LN car L appartient à la médiatrice de [MN].
4 **a.**

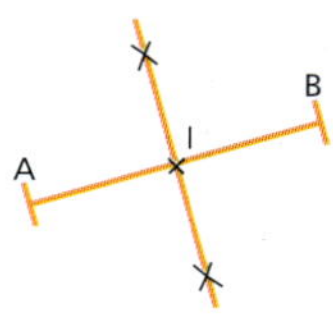

Revient à construire la médiatrice de [AB]. I est le point d'intersection de cette médiatrice avec [AB].

5 **a.** Ce sont des rayons. **b.** Car O est équidistant de A et de B.
6 **a.** D'après les indications de la figure OA = OB = OC.
b. Car OB = OA et OC = OA donc OA, OB et OC sont des rayons du cercle de centre O.
7 **a.**

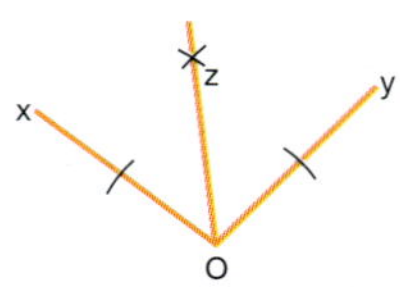

b. $\widehat{xOz} = \widehat{yOz} = 78/2 = 39°$.
c. $\widehat{xOy} = 2 \times 35 = 70°$.
8 $\widehat{EDF} = 90° - 28° = 62°$.

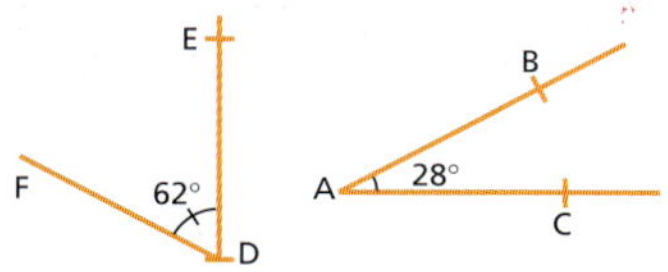

9 $\widehat{xOy} = 112°$ et $\widehat{tIz} = 180° - 112° = 68°$.

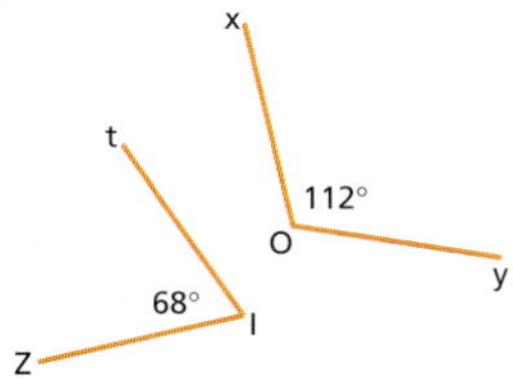

10 a.

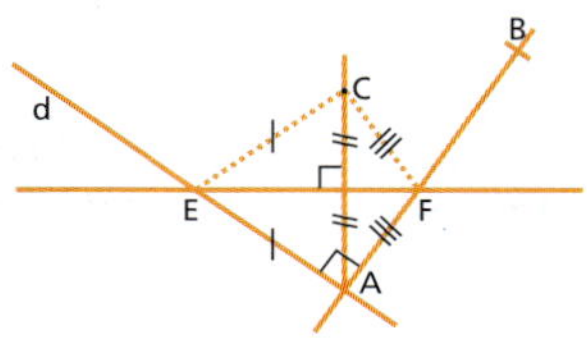

b. EA = EC et FA = FC, car E et F sont deux points de la médiatrice de [AC].

Chapitre 19 page 105

1 **a.** Vrai. **b.** Faux. **c.** Vrai. **d.** Faux. **e.** Vrai.
2 **a.** Faux, car les angles alternes-internes ne sont pas égaux.
b. Vrai, car les angles alternes-internes sont égaux.
c. Faux, car les angles correspondants ne sont pas égaux.
d. Vrai, car les angles correspondants sont égaux.
3 **a.** Vrai, car les angles opposés par le sommet sont égaux.
b. Faux, car les angles ne sont pas opposés par le sommet puisqu'ils ne sont pas égaux.
c. Faux, car leurs côtés ne sont pas en ligne droite.
4 **a.** Vrai. **b.** Faux. **c.** Vrai.
5 **a.** A, O, B, sont alignés. $\widehat{AOC}$ et $\widehat{COB}$ sont adjacents-supplémentaires.

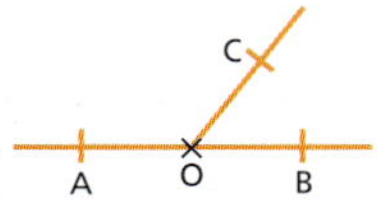

6

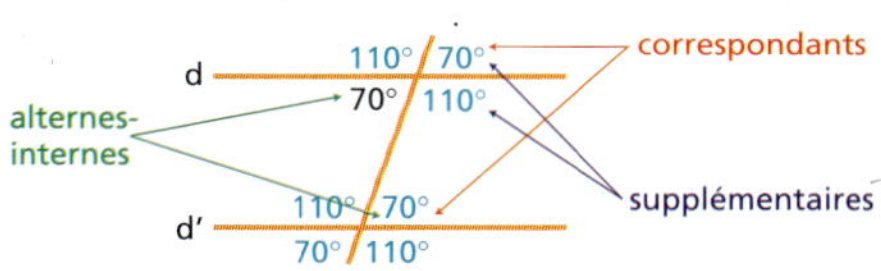

7 **a.** $\widehat{AOB}$ et $\widehat{AOC}$ ne sont pas adjacents, car ils ne sont pas de part et d'autre du côté commun [OA].

b.

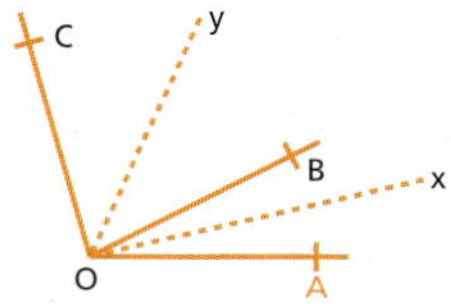

c. $\widehat{xOy} = \widehat{AOB}/2 + \widehat{BOC}/2 = AOC/2 = 112/2 = 56°$.
8 $\widehat{B} = \widehat{A} = 90°$ comme correspondants, ou, $\widehat{B} = 90°$, car si deux droites sont parallèles, alors toute perpendiculaire à l'une est perpendiculaire à l'autre. $\widehat{ADC} = 66°$(correspondant) et $\widehat{BCD} = 114°$ (supplémentaire de 66°).
9 **a.**

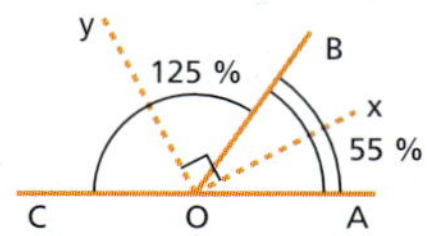

b. $\widehat{AOB} + \widehat{BOC} = 180°$, donc A, O et C sont alignés.
c. $\widehat{BOx} = \frac{\widehat{AOB}}{2} = 27{,}5°$. **d.** $\widehat{BOy} = \frac{\widehat{BOC}}{2} = 62{,}5°$.
e. $\widehat{xOy} = \widehat{xOB} + \widehat{BOy} = 27{,}5° + 62{,}5° = 90°$, donc les bissectrices Ox et Oy sont perpendiculaires.

Chapitre 20 page 107

Pour bien répondre aux questions de ce chapitre il est important d'indiquer sur les figures, au fur et à mesure, les informations fournies par les réponses successives.
1 79°.
2 **a.** AC = 3 cm. – **b.** $\widehat{B} = 69°$ et $\widehat{C} = 69°$. – **c.** $\widehat{C} = 63°$ et $\widehat{A} = 54°$ – **d.** $\widehat{B} = 60°$ et $\widehat{A} = 60°$. Le triangle ABC est équilatéral, car il a trois angles égaux.
3 **a.** $\widehat{xOA} = \widehat{AOy} = 45°$, car [OA) est bissectrice de $\widehat{xOy}$, et $\widehat{xOy} = 90°$.
b. $\widehat{OAB} = \widehat{AOx} = 45°$ comme alternes-internes.
c. Le triangle OAB est isocèle en B, car il a deux angles en A et en O égaux.
d. Dans le triangle OAB, $\widehat{AOB} + \widehat{OAB} = 45° + 45° = 90°$, donc $\widehat{B} = 90°$. Le triangle OAB est donc rectangle en B.
4 **a.** AC = BC, car le triangle ABC est isocèle en C.
b. CA = CB, donc C appartient à la médiatrice de [AB]. **c.** 19,8 cm.
d. [CI] est la hauteur associée à [AB] (d'après réponse **b.** CI ⊥ AB passant par C). L'aire de ABC est 17,04 cm^2.
5 **a.** Non, car : $\widehat{BAx} = 180° - (49° + 45° + 44°) = 42°$.
$\widehat{BAx}$ n'est pas égal à $\widehat{Cax}$.
6 **a.** P = (AM × 2) × 3 = 21,6 cm. **b.** La médiatrice de [AB] passe par M et C, car M et C sont équidistants de A et B ; en effet : MA = MB et CA = CB (triangle équilatéral).
c. $\widehat{BCM} = 30°$, car dans le triangle BCM on a : BCM = 180° – (60° + 90°) = 30°.

d. $\widehat{ACB} = 60°$. $\widehat{BCM} = 30°$ donc $\widehat{ACM} = 30°$.
$\widehat{BCM} = \widehat{ACM}$ donc [CM) est la bissectrice de $\widehat{ACB}$.
Remarque : (CM) est un axe de symétrie du triangle ABC.

7 $\widehat{A} = 180° - (55° + 42°) = 83°$.
$\widehat{C} = 180° - (40° + 45°) = 95°$.

8 a. 38° ($\widehat{CAD}$ et $\widehat{ACB}$ alternes-internes).
b. 117° (180° − (25° + 38°) = 117°).
c. On a $\widehat{ACD} = 180 - (84 + 38) = 58°$.
Donc $\widehat{DCx} = 180 - (38 + 58) = 84°$.

9 a. $\widehat{ACB} + \widehat{ACD} = 30° + 60° = 90°$, donc le triangle CED est rectangle en C.
b. Dans le triangle CDE, $\widehat{D} = 60°$ et $\widehat{ECD} = 90°$, donc $\widehat{CED} = 180° - (60° + 90°) = 30°$.
c. $\widehat{EAB} + \widehat{BAC} + \widehat{CAD} = 180°$,
d'où $\widehat{EAB} = 180° - (90° + 60°) = 30°$.
Les triangles ABE et ACE sont isocèles, car chacun d'eux a deux angles égaux à 30°.

Chapitre 21 page 109

1 a.

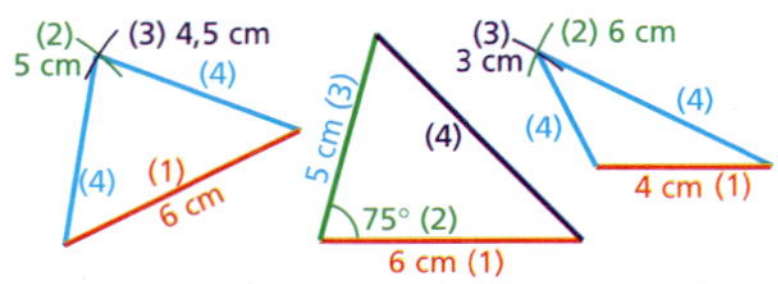

2 Le triangle ABC est impossible à construire, car :
a. BC > AB + AC. b. $\widehat{A} + \widehat{B} = 181° > 180°$.
c. AB > AC + BC.

3 a. $\widehat{P} = 2x$.
b. Vrai, car
$$63° + 2x + x = 180°$$
$$3x = 180° - 63°$$
$$x = 39°$$

c.

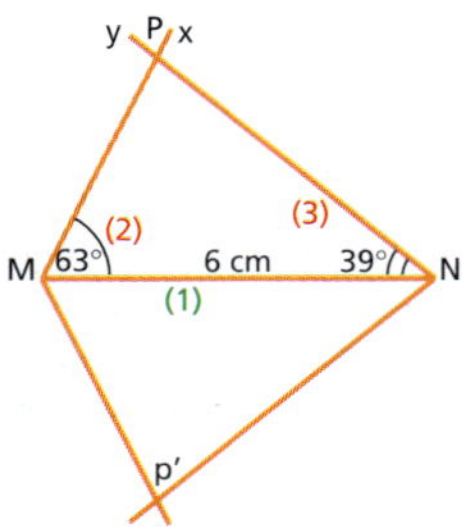

P est l'intersection des droites Mx et Ny. (2 solutions vers le haut et vers le bas)

4 a. $\widehat{B} = \widehat{C} = \dfrac{180° - 54°}{2} = 63°$

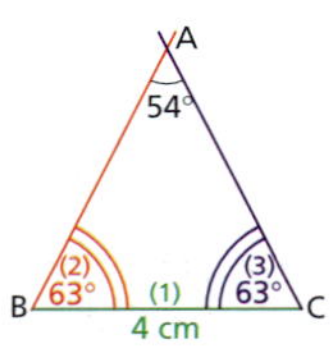

Voici l'ordre des différentes étapes de la construction.

5 a. $\widehat{E} = 90°$, donc (CE) et (RE) sont perpendiculaires en E.
b. $\widehat{R} = 90° - 51° = 39°$.

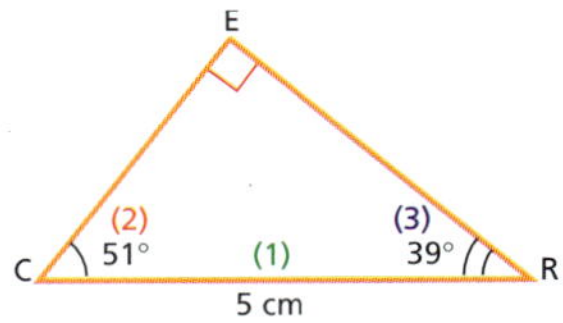

6 a. Sur la perpendiculaire en H à (BC) marquer le point A tel que AH = 2,3 cm.
b. En tout, il y a deux solutions situées de part et d'autre de [BC].

7 P = 9 x = 22,5. Donc x = 2,5. Les côtés sont de 5 cm, 7,5 cm et 10 cm. Un tel triangle existe, car chacun des côtés est inférieur à la somme des deux autres.

8 a. 4 x + 5 x + 6 x = 180. Donc 15 x = 180.
x = 180/15 = 12.
Les angles du triangle ABC sont de 48°, 60° et 72°.
b. Les angles adjacents à [AB] sont de 60° et 72°.
c.

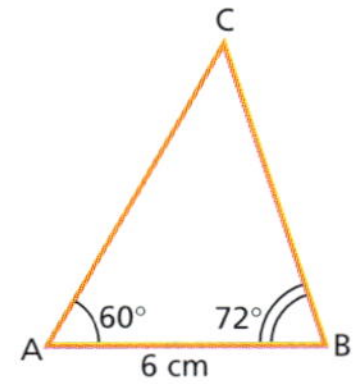

9 a.

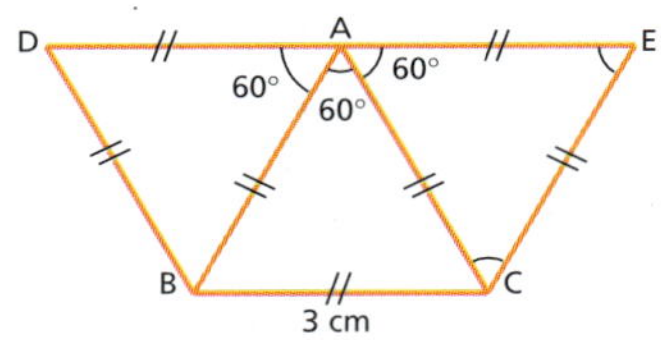

b. P = 15 cm.
c. $\widehat{DAB} + \widehat{BAC} + \widehat{CAE} = 3 \times 60° = 180°$.
$\widehat{DAE} = 180°$, donc les points D, A et E sont alignés.

10 Dans le triangle isocèle $\widehat{ACE}$, on a :
$\widehat{CAE} = (180° - 30°) : 2 = 75°$.
Le triangle ABC est rectangle isocèle en B, donc $\widehat{BAC} = 45°$.
Le triangle ABD est équilatéral, donc $\widehat{BAD} = 60°$.
$\widehat{DAE} = \widehat{DAB} + \widehat{BAC} + \widehat{CAE} = 60° + 45° + 75° = 180°$, donc les points D, A et E sont alignés.

Chapitre 22 page 111

1 a. Faux. b. Vrai. c. Vrai. d. Faux.

2 a. d est perpendiculaire à (AB), mais on ne sait pas si elle passe par le milieu de [AB].
b. Δ passe par le milieu de [CD], mais on ne sait pas si elle est perpendiculaire à (CD).

3 a. b.

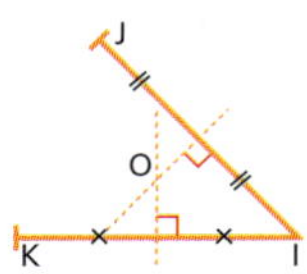

c. OI = OJ, car O est un point de la médiatrice de [IJ].

OI = OK, car O est un point de la médiatrice de [IK], donc OJ = OK.

O est équidistant de J et K, donc la médiatrice de [JK] passe par O.

4 a. b.

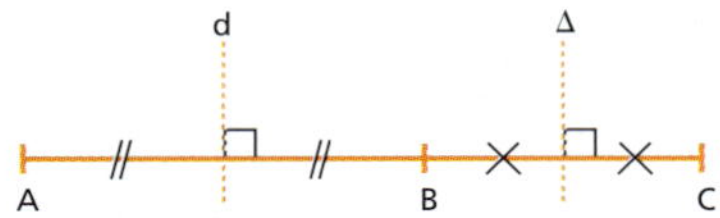

c. Les droites d et Δ sont parallèles, car elles sont perpendiculaires à la même droite (AB).

5 a.

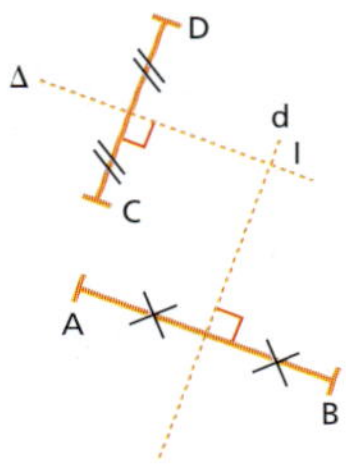

b. I appartient à la médiatrice de [AB].

c. I appartient à la médiatrice de [CD].

d. I n'est pas équidistant de A et C, car I n'appartient pas à la médiatrice de [AC].

6

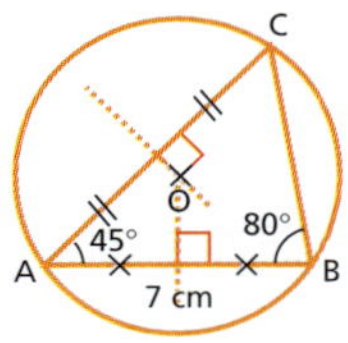

Conseil : faire une figure à main levée puis construire avec règle, compas et rapporteur.

a. Trace [AB], puis $\widehat{A}$ et $\widehat{B}$.

b. Trace les médiatrices de [AB] et de [AC]. Leur intersection, O, est le centre du cercle. OA est son rayon.

7 a. Trace ST = 6 cm, puis $\widehat{S}$ = 108°. Place R tel que RS = 4 cm.

b. Le centre, O, est l'intersection de deux médiatrices. Le rayon est OS.

8 a.

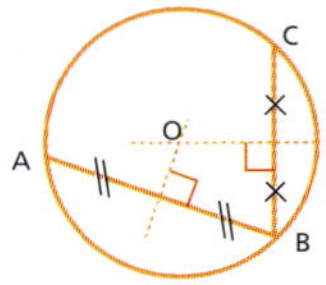

Le centre du cercle est sur la médiatrice de [AB], car il est équidistant de A et B par définition.

b. Le centre est également équidistant de B et C, donc il est l'intersection des médiatrices de [AB] et [BC].

9 a.

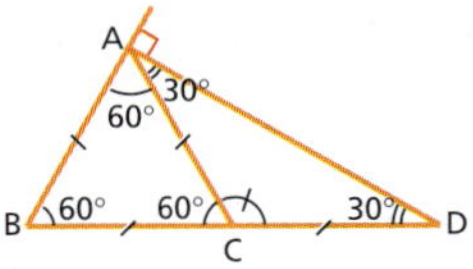

b. $\widehat{CAD}$ = 30°, $\widehat{ADC}$ = 30°, donc $\widehat{ACD}$ = 120°.

$\widehat{ACB}$ + $\widehat{ACD}$ = 180°, donc les points B, C et D sont alignés.

c. CA = CD et CA = CB, donc CB = CD.

C est le milieu de [BD].

d. Le cercle de centre C et de rayon CA passe par B et D, car CA = CB = CD.

Il est donc circonscrit au triangle ABD.

Chapitre 23 page 113

1 a. d ne passe pas par le centre du cercle.

b. Δ passe par le centre du cercle.

2

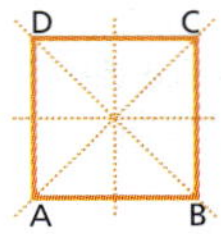

3

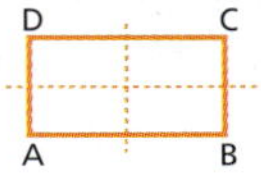

4

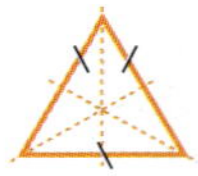

5

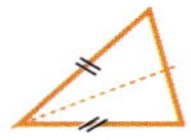

6

7 a.

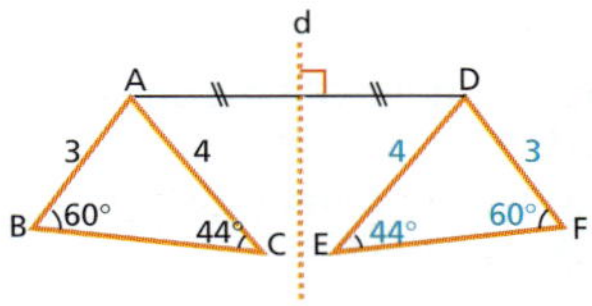

d est la médiatrice de [AD].

b. DE = 4 ; DF = 3 ; $\widehat{E}$ = 44° et $\widehat{F}$ = 60°.

8 a.

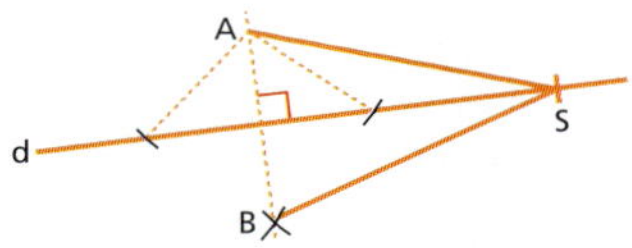

b. Le symétrique de [AS] est [BS].

c. d est axe de symétrie de la figure, donc d est bissectrice de $\widehat{ASB}$.

9 a. La médiatrice de [AB] est perpendiculaire à (AB) et passe par O, car OA = OB, donc (OH) est la médiatrice de [AB].

b. (OH) est axe de symétrie, car le triangle OAB est isocèle et (OH) est la médiatrice de sa base.

c. Si $\widehat{AOH}$ = 30°, alors $\widehat{BOH}$ = 30° et $\widehat{AOB}$ = 60°. Le triangle isocèle AOB est donc équilatéral.

10 a. $\widehat{OAB}$ = $\widehat{OCD}$ = (180° − 40°) : 2 = 70°.

b. (AB) et (CD) sont parallèles, car $\widehat{OAB}$ et $\widehat{OCD}$ sont correspondants et égaux.

c. La médiatrice de [AB] passe par O, car OA = OB. La médiatrice de [CD] passe par O, car OC = OD.

d. (AB) et (CD) sont parallèles. Du point O, on ne peut tracer qu'une seule perpendiculaire à deux droites parallèles, donc les médiatrices de [AB] et [CD] sont confondues.

e. Axe de symétrie pour la figure. Bissectrice pour les angles $\widehat{AOB}$ et $\widehat{COD}$.

Chapitre 24 page 115

1 a.

b. $\widehat{AOB}$ = 180°, donc les points A, O et B sont alignés. Mais OA = OB, O est le milieu de [AB], ainsi B est le symétrique de A par rapport à O.

2 a. d est la médiatrice de [LM]. Par définition, le point M est le symétrique de L par rapport à d.

b. I est le milieu de [LM]. Par définition, M est le

symétrique de L par rapport à I.

3 a. est le **segment** [MN]. – b. est la demi-droite **[MN)**. – c. donc **(AB) et (MN)** sont **parallèles**, ou, **[AB]** et **[MN]** ont même longueur.
d. proposition exacte.– e. alors **MP** = 4 cm.

4 a.

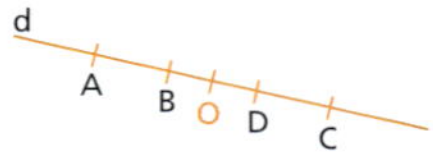

b. Les points A, B, C, D et O sont alignés et appartiennent à d. Ils sont tels que :
OA = OC et OB = OD.
c. 1°. [CD]. 2°. (CD) ou d. 3°. [CD]. d. figure vraie.

5 a.

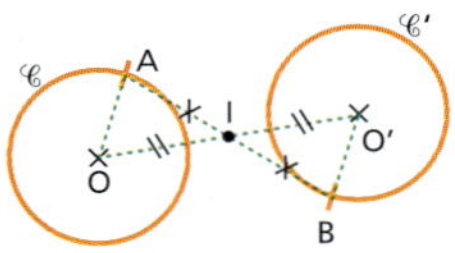

I est le milieu de [OO′]. I est le milieu de [AB].
b. O′B = OA (par symétrie), donc O′B est un rayon et B appartient au cercle 𝒞′.
c. Les droites (OA) et (O′B) sont symétriques par rapport à I, elles sont donc parallèles.

6 a.

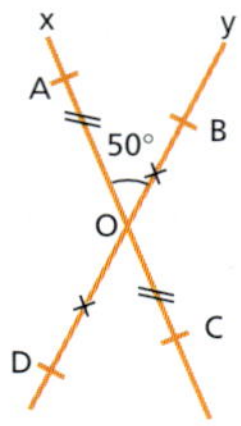

b. Les points A, O et C sont alignés par construction. De même, les points B, O et D. $\widehat{AOB}$ et $\widehat{COD}$ sont donc opposés par le sommet.
D'où : $\widehat{AOB} = \widehat{COD} = 50°$.
Ou bien, $\widehat{AOB} = \widehat{COD} = 50°$ par symétrie.

7 a. et d. présentent une symétrie centrale, car les côtés des angles sont respectivement parallèles. Le centre de symétrie est le milieu du segment qui a pour extrémités les sommets des deux angles.

Chapitre 25 page 117

1 a. 180° chacun. b. La somme des angles de ABCD est la somme des angles du triangle ABC et de ceux du triangle BCD, donc, 180° + 180° = 360°.

2 a. ABCD est un quadrilatère, donc la somme de ses angles est de 360°.
b. $\widehat{C} = \widehat{A} = 65°$, B + D = 360° – (2 × 65°) = 230°.

$$\widehat{B} = \widehat{D} = \frac{230}{2} = 115°$$

3 OP = 3. OQ = 1,9. PQ = 4 et PN = 3,5.

4 a.

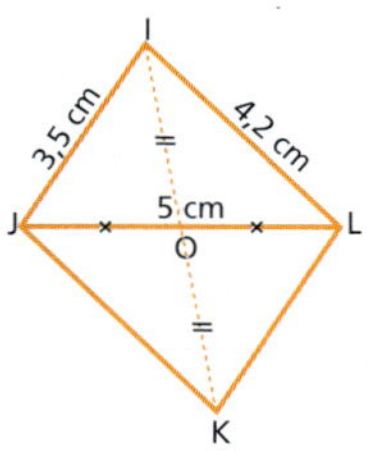

b. IJKL est un parallélogramme, car ses diagonales se coupent en leur milieu.
c. Les côtés opposés d'un parallélogramme ont même longueur, donc JK = IL = 4,2 cm et KL = IJ = 3,5 cm.

5 b. ABCD est un

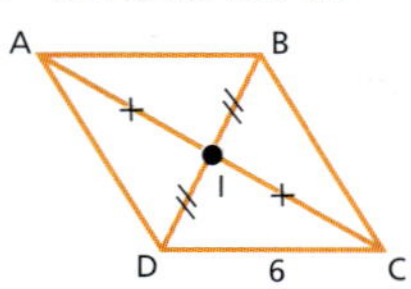

parallélogramme, car ses diagonales se coupent en leur milieu.
c. Côtés opposés du parallélogramme.
d. $\widehat{ACD} = \widehat{CAB} = 64°$
(alternes-internes).
e. En cm, CD = AB = 6.

6 a. ABCD est un parallélogramme, car ses côtés opposés sont parallèles par construction.
c. 18 cm.
d. $\widehat{B} = \widehat{D} = 48°$ et $\widehat{BAD} = \widehat{BCD} = 180° - 48° = 132°$.

7 a. Construis le triangle $\widehat{AOD}$ tel que OA = 3 cm, OD = 4 cm et $\widehat{AOD} = 75°$.

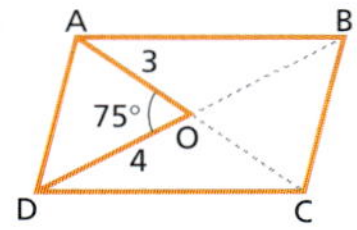

C et B sont les symétriques de A et D par rapport à O.
b. $\widehat{AOB} = 180° - 75° = 105°$ car B, O et D sont alignés.
$\widehat{BOC} = \widehat{AOD} = 75°$ (opposés par le sommet).
$\widehat{COD} = \widehat{AOB} = 105°$ (opposés par le sommet).

8 AMBN est un parallélogramme, car les diagonales [AB] et [MN] se coupent en leur milieu.
Les côtés opposés d'un parallélogramme sont parallèles, donc (AN) // (BM).

9 a.

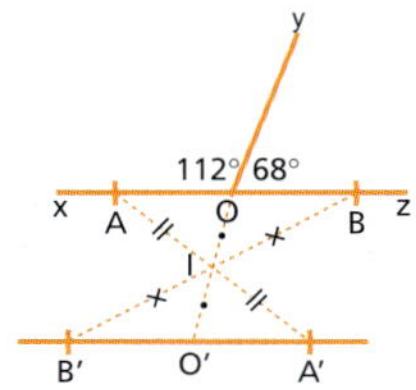

$\widehat{AOy} + \widehat{yOB} = 112° + 68° = 180°$,
A, O et B sont donc alignés.
b. A, O et B sont alignés, leurs images A′, O′ et B′ par symétrie sont donc alignées.
c. Par symétrie (les diagonales se coupent en leur milieu I). Il en est de même pour AOA′O′ et OBO′B′.

Chapitre 26 page 119

1 $\widehat{D} = 360° – (3 \times 90)° = 90°$. ABCD a 4 angles droits, il est donc rectangle.

2 LE = ER = RI = 4 et $\widehat{LOE} = 90°$.

3 a. AC = BD = 2 × 2,7 cm = 5,4 cm, car les diagonales se coupent en leur milieu et ont même longueur.
b. OA = OB = OC = OD, donc les triangles OAB, OBC, OCD et ODA sont isocèles en O.
c. Le cercle de centre O et de rayon OA passe par B, C et D, car OA = OB = OC = OD.

4 Trace [CD] tel que CD = 4 cm. Trace la médiatrice de [CD]. Place le point O tel que OC = 3 cm. A et B sont les symétriques de C et D par rapport à O.

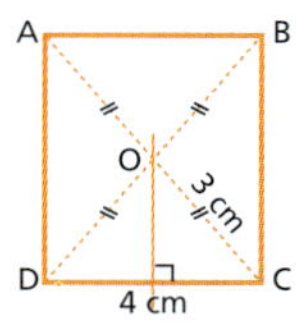

5 a.
Trace deux droites d et d′ perpendiculaires en O.
Place sur d les points M et P tels que
OM = OP = 3,5 cm
et sur d′, N et Q tels que
ON = OQ = 2 cm.

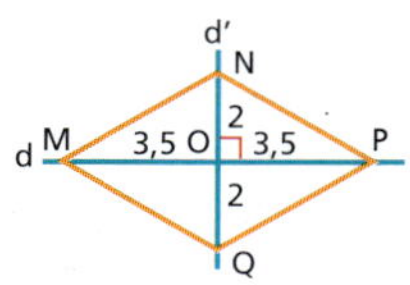

6 a. Les diagonales sont axes de symétrie, donc elles sont bissectrices des angles du carré.
b. Les diagonales sont perpendiculaires, se coupent en leur milieu et ont même longueur.

OI = OJ = OK = OL. Les 4 triangles de sommet O sont rectangles isocèles.
c. OI = OJ = OK = OL.

7 a.

Trace deux droites perpendiculaires en O. A, B, C et D sont sur ces perpendiculaires tels que OA = OB = OC = OD = 2,5 cm.

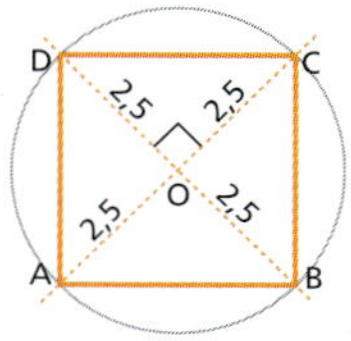

b. Le cercle de centre O et de rayon OA passe par les quatre sommets du carré.

8 a. ACBD est un rectangle, car ses diagonales [AB] et [CD] ont même longueur (diamètre) et ont même milieu (centre du cercle).
b. AEBF est un carré, car ses diagonales [AB] et [EF] ont même milieu, même longueur et sont perpendiculaires.

9 a. Les diagonales d'un carré ont la **même longueur**.
b. Les angles d'un carré sont **droits**.
c. Les médiatrices des côtés sont **axes de symétrie**.

10 a. Les côtés d'un carré ont la **même longueur**.
b. Les diagonales d'un carré sont **perpendiculaires**.
c. Les diagonales d'un carré sont **bissectrices des angles**.
d. Les diagonales d'un carré sont **axes de symétrie**.

11 a. et b. (1) ABCD est un rectangle, car les diagonales ont la même longueur et se coupent en leur milieu. Le cercle de centre O et de rayon OA passe par B, C et D.
(2) ABCD est quelconque, car les diagonales ne se coupent pas en leur milieu.
Le cercle de centre O et de rayon OA passe par B et C, mais ne passe pas par D.
(3) ABCD est un losange, car il a quatre côtés de même longueur.
Le cercle de centre O et de rayon OA passe par B, C et D.
(4) ABCD est quelconque, car deux côtés opposés n'ont pas la même longueur.

12

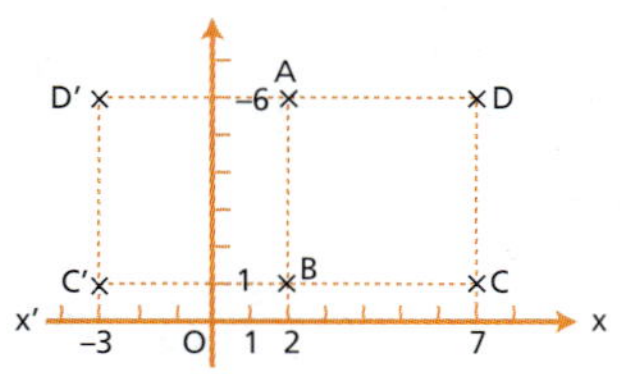

Deux solutions symétriques par rapport à (AB) : C (7;1) et D (7;6) ou C' (−3;1) et D' (−3;6).

Chapitre 27 page 121

1 a. m. b. dam. c. dm. d. dm^2. e. m^2. f. dam^2.

2 a. A = 70 cm^2. b. A = 16,5 cm^2 (5,5 × 3 ou 6 × 2,75). c. A = 24 cm^2 (3 × 8).

3 a. BCDE est un losange car ses diagonales [BD] et [CE] sont perpendiculaires en A et ont même milieu, A.
b. 0,4 dm = 4 cm et 0,05 m = 5 cm ; d'où

$P = 4 \times BC = 20$ cm et $A = 4\,(\frac{1}{2} \times AB \times AC)$ = 24 cm^2.

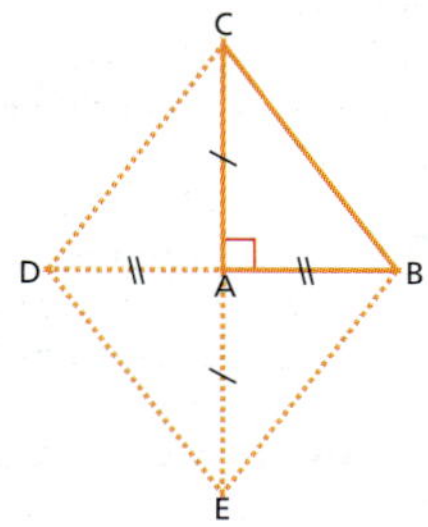

4 a. Côté du carré a = 56,4 : 4 donc, A = 198,81 m^2. b. h = 5,4 cm ou 54 mm.

5 a. L'aire du triangle ABD. b. L'aire du triangle BCD. c. Aire de ABD + aire de BCD = 9,66 + 8,28 cm^2 = 17,94 cm^2.

6 d = 157 : 3,14 m = 50 m ; r = 25 m, donc A = 3,14 × 25 × 25 = 1962,5 m^2.

7 Aire IJK = 189 cm^2, donc MN = 189 : 21 = 9 cm.

8 a. Vrai. b. 6,6 – (2,6 + 2,3) cm = 1,7 cm. c. Vrai. d. 12 cm^2.

9 a.

A = 17,5 unité d'aire = 17,5 × 0,4 × 0,4 m^2 = 2,8 cm^2.

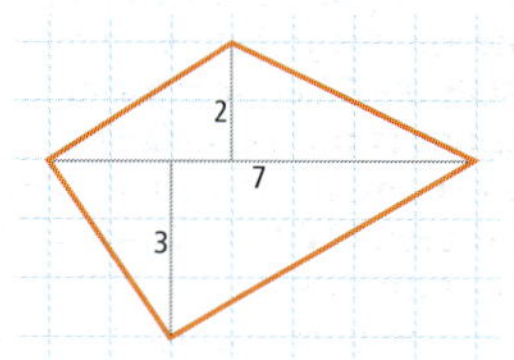

10 a. AEDF est un parallélogramme, car ses côtés opposés sont parallèles par construction.

b. Les triangles BDE et CDF sont isocèles en E et en F (angles à la base égaux), donc EB = ED et FD = FC. D'où, le périmètre de AEDF est égal à AB + AC = 2AB (ABC triangle isocèle).

Chapitre 28 page 123

1 a. 1L. b. 1000 dm^3. c. 1000 mL. d. 100 L. e. 100 cL. f. 1000 L. g. 1000 mm^3. h. 1 dm^3.

2 a.

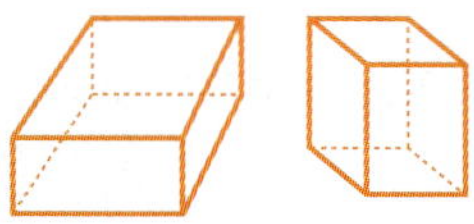

3 a. V = 1024 cm^3 = 1,024 dm^3 = 1,024 L > 1 L.
b. h = 1000 : (8 x 8), h = 15,6 cm à 0,1 près.

4 Il peut ranger 4 × 4 × 2 cubes = 32 cubes.

5 a. 1 m^3 = 1000 L ; (1000 : 24) × 60 = 2500 L.
b. 37,5 min.

6 a.

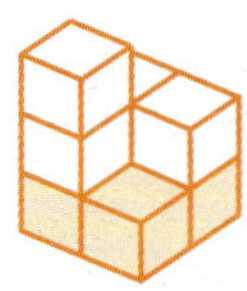

Au 3e niveau il y a 3 possibilités (une seule représentée).

b. 8 × (6 × 6 × 6) cm^3 = 1728 cm^3.

7 $2 \times 40 + 2 \times 25 + 4 \times 18$ cm = 202 cm. La longueur totale du ruban est de 302 cm ou 3,02 m.

8 **a.** A, B et C sont coplanaires. A, B, C et H ne le sont pas.

b. Exemples : (AB) // (DC), (BC) // (AD) et (AE) // (BF).

c. (ABCD) // (EFGH), (ABFE) // (DCGH) et (ADHE) // (BCGF).

d. Exemples : (ABCD)⊥(ADHE), (ABCD)⊥(BCGF) et (ABCD)⊥(ABFE).

e. Exemple : (CD)⊥(AD), (CD)⊥(DH) et (BC)⊥(CG).

9 L'intersection de deux plans est une droite. Les points A, B et C appartiennent à l'intersection des deux plans P et Q, ils sont donc alignés.

Chapitre 29 page 125

1 **a.** ABCD est un rectangle, car il a trois angles droits. **b.** 37,8 cm².

2 19 m.

3 **a.**

Trace deux perpendiculaires en H. Sur l'une des perpendiculaires, marque le point D tel que HD = 4 cm. Marque sur l'autre perpendiculaire le point A tel que DA = 5 cm. Marque le point B tel que AB = 8 cm.

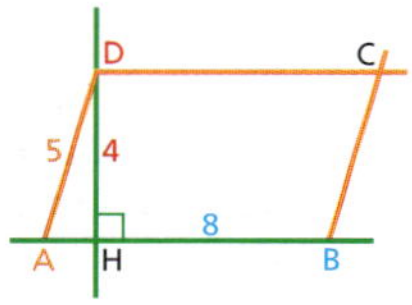

C est l'intersection des parallèles tracées en B et D.

b.

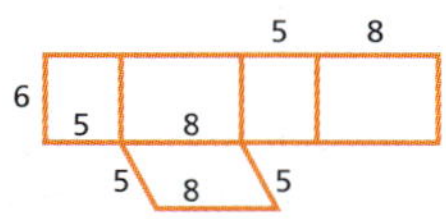

4 **a.** A = Base × h = 32 cm².
b. V = A Base × H de la boîte = 192 cm³.
c. Aire latérale + A base = 156 + 32 = 188 cm².

5 **a.** AEHD, EFGH et FBCG ont les côtés opposés de même longueur et un angle droit.

b. ABCD a quatre angles droits.

c. 42 cm. **d.** 90 cm².

6 **b.**

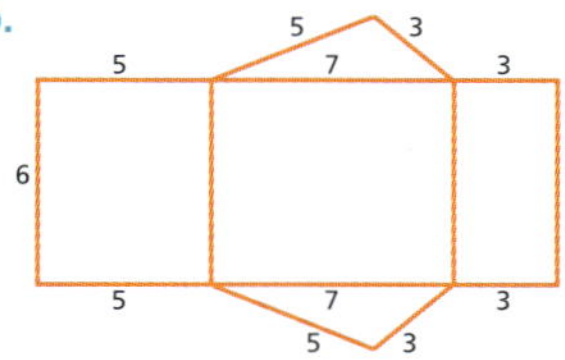

c. (5 + 7 + 3) × 6 = 90 cm².
d. Parce qu'on ne connaît pas une hauteur de la base pour calculer son aire.

7 **b.**

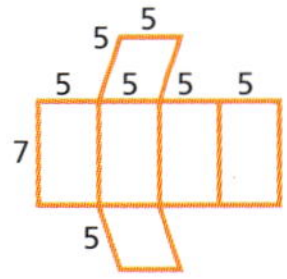

c. 140 cm². **d.** 168 cm³ (A base = 24 cm²).

8 1re ligne : h = 21 cm, A = 17,22 dm².
2^e^ ligne : L = 20 cm, V = 2,4 dm³.
3^e^ ligne : l = 185 cm, V = 26,64 m³.

9 **a.** 180 m². **b.** 1188 m³.

Chapitre 30 page 127

1 **a.** F – **b.** V – **c.** V – **d.** V – **e.** V.
2 **a.** 36 π cm² – **b.** 339 cm³.
3 **a.** 5000 cm² – **b.** 40 cm.
4 **a.** 50 cm – **b.** 8 cm.
5 **a.** r = 0,5 cm ; h = 1 cm.
b.

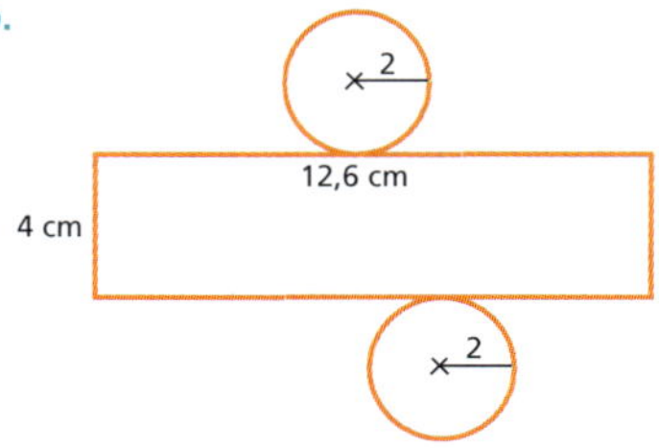

6 **a.** $(2 \times 4 \times 3{,}14) \times 7 \approx 176$ cm².
b.

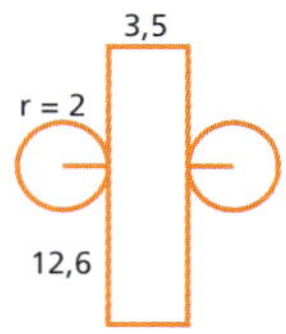

Mesures du patron à l'échelle $^1/_2$.
En cm, p = périmètre de la base = longueur du rectangle = $4 \times 3{,}14$ = 12,6 arrondi au dixième.

7 **a.** 8 cm, car $2\pi r = 26$, donc $2r = \dfrac{26}{3{,}14} \approx 8$
b. $V \approx \pi \times 4 \times 4 \times 12 \approx 600$ cm³.

8 **a.** (V du parallélépipède + $\dfrac{1}{2}$ V du cylindre)
V = 4 413 cm³ et A = 1 271 cm² (3 faces du parallélépipède, plus l'aire d'un demi cylindre).

9 **a.** Si B est l'aire de la base, $B = \dfrac{V}{h}$, d'où :
$B = \dfrac{7\,222}{23} = 314$ cm².

$B = \pi r^2$ et $r \times r = \dfrac{B}{\pi}$, d'où : $r \times r = \dfrac{314}{3{,}14} = 100$,
donc r = 10 et d = 20 cm.

Histoire

Chapitre 1 page 129

1 **a.** Justinien voulait reconstituer l'empire de Théodose. – **b.** La ligne « 395 » correspond à l'année où Théodose a divisé son empire entre ses deux fils et formé l'Empire romain d'Orient et l'Empire romain d'Occident. – **d.** Les pays perdus par les Byzantins sont l'Égypte, l'Afrique du Nord, une partie des Balkans, l'Italie et la Syrie.
e. Ce sont les Arabes qui menacent le plus l'Empire en l'an 1000.

2 **a.** Théodose a agrandi Constantinople.
b. Les marques de l'occupation romaine : l'aqueduc, les forum, le sénat.
c. Les marques de l'influence grecque : l'acropole, l'hippodrome et la cathédrale Sainte-Sophie.
d. La ville est entourée de murailles parce que c'est un port, elle est donc facile à envahir.
e. Les peuples qui s'installent autour de Constantinople entre les XIe et XIVe siècles sont les Turcs et les Bulgares.

3 **a.** Le Code Justinien est un recueil des lois héritées des Romains. – **b.** Justinien en a fait faire un résumé pour que les textes soient plus faciles à lire et à comprendre. – **c.** L'avantage pour les Byzantins est que ce code établit l'égalité.

Chapitre 2 page 131

1 **a.** *Les Mille et une nuits* sont un conte.
b. Bagdad est une grande ville commerçante parce qu'elle est située sur le Tigre, à la croisée de plusieurs routes commerciales. C'est donc un lieu d'échanges. – **c.** Les Arabes considéraient que c'était le carrefour de l'univers parce que marchands et marchandises d'Asie, d'Afrique, d'Europe s'y retouvaient (on ne connaissait pas encore l'Amérique) donc du monde entier.
d. Les marchandises qu'achète la cliente viennent de Turquie, de Syrie, de Chypre, d'Irak, de Baalbeck et d'Alexandrie. – **e.** Les produits de luxe sont : le jasmin, les fleurs de henné, les plantes odorantes, l'encens et les cierges. Les biens de consommation sont : les fruits, les olives, l'estragon, le fromage, les biscottes et le sucre.

2 **a.** Kairouan se trouve en Tunisie. – **b.** La grande mosquée fut construite au IXe siècle. – **c.** Du haut du minaret le muezzin appelle les fidèles à la prière. – **d.** La salle des ablutions s'explique par la nécessité pour les musulmans de se laver, de se purifier avant de prier. – **e.** Le mur de la qiblâ est tourné vers La Mecque parce que c'est la ville où est né Mahomet et c'est la ville du pélerinage depuis 630.

3 **a.** Gabriel – **b.** 622, Hégire – **c.** La Mecque – **d.** dinar – **e.** Bagdad.

Chapitre 3 page 133

1 **a.** Les batailles de Soissons, Tolbiac et Vouillé ont permis l'agrandissement du royaume franc.
b. La légende indique trois royaumes francs : le royaume des Syagrius, des Wisigoths et des Francs Rhénans. – **c.** Clovis était un chef de guerre compétent. Ses soldats lui sont dévoués et sont bien équipés.

2 **a.** Clovis fut baptisé à Reims par l'évêque Rémi, le jour de Noël 496. – **b.** La reine Clotilde, les prêtres et les soldats assistent au baptême. –
c. L'évêque lui demande d'enlever ses colliers parce qu'ils sont le symbole de sa richesse et il lui est demandé de se présenter « humble » au baptême et de ne plus adorer les dieux qu'il adorait auparavant. – **d.** Plus de 3000 guerriers font comme lui. – **e.** Le baptême est important pour Clovis car il lui assure la protection divine et surtout l'appui de l'Église dans toutes ses entreprises.

Chapitre 4 page 135

1 **a.** Charlemagne veut que les prêtres aient des élèves parce qu'il veut que tous les garçons soient instruits afin qu'ils puissent lire les livres de prières. – **b.** Il demande la correction des livres de grammaire, de chants et de prières parce que ce sont les livres qui, à l'époque, permettaient d'acquérir le savoir. – **c.** Les livres religieux ne peuvent être corrigés que par des adultes. Ils sont considérés comme les plus importants. – **d.** Le thème de cette scène est une bibliothèque. –
e. Les livres sont précieux car ils sont écrits à la main, sur des parchemins et sont richement illustrés.

2 **a.** Le palais d'Aix la Chapelle se trouve au Nord-Est du royaume près de la Saxe que Charlemagne rêve de conquérir. – **b.** Le palais comporte une chapelle parce que Charlemagne est très croyant et assiste régulièrement à la messe. – **c.** La coupe montre un plan original. Les tribunes où se tiennent les fidèles et Charlemagne se situent au premier étage. – **d.** Charlemagne se place sur son trône face à l'autel. – **e.** L'influence byzantine se trouve dans les mosaïques et l'influence grecque dans les colonnes de style corinthien.

Chapitre 5 page 137

1

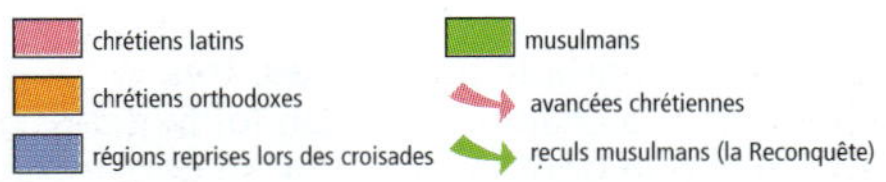

2 **a.**

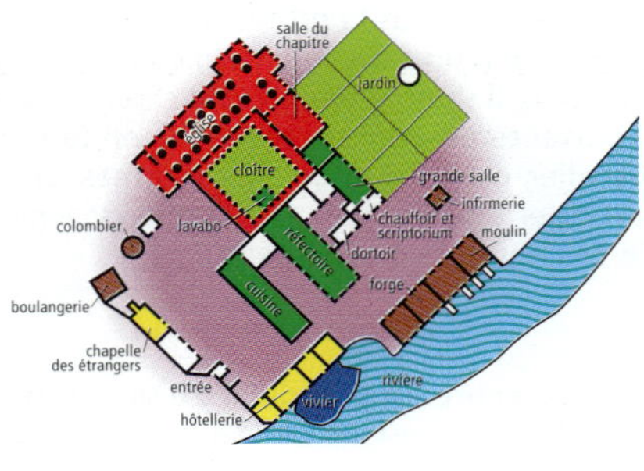

b. Parce que les moines vivent en autarcie, sans contact avec l'extérieur et qu'ils doivent subvenir à leurs besoins. – c. C'est une partie de la rivière où les poissons sont enfermés pour être facilement pêchés et servir de nourriture aux moines. – d. C'est la salle où les moines écrivent et copient les livres en les écrivant à la main.

Chapitre 6 page 139

1 *Obligations :* faucher le blé, en faire des bottes et les porter au manoir ; curer c'est-à-dire nettoyer le canal ; couper l'herbe ; labourer et semer ; aller chercher le blé au grenier et le porter au moulin.
Redevances : porcage = donner un des 3 plus beaux porcs au seigneur ; les corvées sont assimilables à des redevances puisque c'est du travail gratuit ; les banalités (le meunier par exemple prélève une partie de la farine).
2 a. *Taille :* taxe que paie le paysan en échange de la protection du seigneur. – b. *Cens :* taxe que paie le paysan en échange de la tenure dont il dispose. – c. Formariage : taxe payée au seigneur pour épouser quelqu'un qui n'appartient pas à la même seigneurie. – d. *Banalités :* taxes que paie le paysan pour utiliser le four, le moulin, le pressoir du seigneur (le paysan est obligé de les utiliser).
e. *Seigneurie :* ensemble des terres sur lesquelles le seigneur excerce son pouvoir. – f. *Vilain :* paysan libre.
3 a. Le collier d'épaule est un grand progrès parce qu'il n'étrangle pas le cheval comme le faisait le collier de cou. – b. Les sillons sont plus profonds lorsque le paysan utilise un soc en fer car le fer est résistant, il casse les mottes de terre. La forme en pointe du soc permet de creuser la terre.

Chapitre 7 page 141

1 a. donjon – b. haute-cour – c. rempart – d. basse-cour – e. tour.
2 a. L'essentiel des recettes provient des taxes et impôts. – b. La dîme est un impôt que les paysans paient au clergé. Il représente le dixième des récoltes. – c. Les taxes qui permettent au paysan d'accéder au moulin, four… s'appellent les banalités.
3 a. La scène se déroule au château, très probablement à la chapelle. – b. On lui fixe des éperons parce que dorénavant, il ne se déplacera plus qu'à cheval. – c. Il joint les mains parce qu'il prie. Il se met sous la protection divine. La cérémonie a un caractère religieux. – d. L'homme est jeune, il semble ému. Cette cérémonie est très importante pour lui parce qu'elle en fait un chevalier, c'est-à-dire qu'il a ses armes, peut participer aux tournois et à la guerre, il partage la vie des hommes du château.

Chapitre 8 page 143

1 La demeure est grande. Il y a une recherche du beau dans sa construction. La façade est sculptée, les scènes représentées montrent des personnes bien habillées en situation d'oisiveté, les fenêtres comportent des vitraux, la maison est spacieuse et dispose d'une grande cour intérieure.
2 a. Les échevins font évacuer les animaux parce qu'ils souillent la ville de leurs excréments. – b. Les maisons sont « décrochées » pour que chacun puisse jeter ses ordures par la fenêtre sans gêner le voisin du dessous. – c. Les épidémies sont fréquentes en ville car il n'y a guère d'hygiène. Les ordures s'entassent, les rues sont sales et pas nettoyées. – d. Parce que le peuple ne sait pas lire.

Chapitre 9 page 145

1 a. Les soldats ont pénétré dans la ville en montant à l'assaut des remparts. Ils sont arrivés par la mer avec plusieurs bateaux. – b. Le marin sonne le départ. Il faut faire vite. Les soldats ont ce qu'ils veulent. Il faut partir. – c. Les pillards transportent de la nourriture et des coffres (sans doute des pièces d'or) parce qu'ils vivent de leurs rapines. – d. À l'arrière-plan, la ville est en feu. C'est une période très difficile marquée par les famines, les épidémies, les guerres et les chevauchées. Lors des trêves, les soldats désœuvrés et sans le sou se livrent au pillage.
2 a.

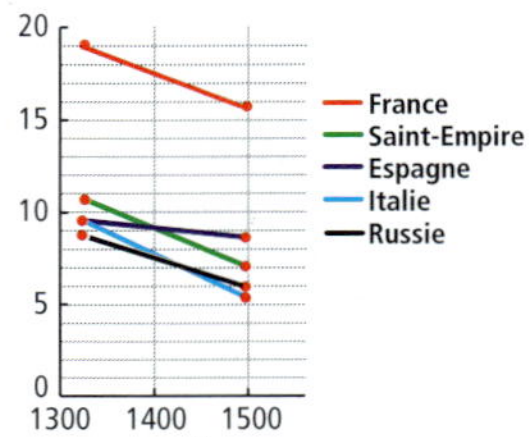

b. Dans tous les États la population a diminué.
c. La diminution de la population s'explique par les guerres, les famines, les épidémies (11 épidémies de peste entre 1349 et 1456).
3 a. Le point commun aux trois miniatures est la présence de la Mort. – b. La Mort est représentée en compagnie du moine, du chevalier et de la jeune fille parce que personne n'échappe aux divers fléaux de l'époque.

Chapitre 10 page 147

1 a. Hugues Capet (987-996). – b. Philippe Auguste. – c. Louis IX dit Saint-Louis (1126-1270). – d. Philippe IV dit Philippe le Bel (1285-1314). – e. Charles VII (1429-1461).
2 a. Le roi est représenté en majesté, assis sur son trône et portant sa couronne. – b. Dans sa main gauche il tient son sceptre, symbole de son pouvoir et dans sa main droite une fleur de lys, emblème des Capétiens. – c. Cette devise rappelle que le premier roi appartenait à la tribu des Francs, le sacre à Reims lui confère un caractère divin. Il n'a de comptes à rendre qu'à Dieu.
3 987 – Reims – monarchie héréditaire – primogéniture mâle – légistes – chancelier – sénéchaux – baillis – chambellan – Louis IX – Philippe le Bel – États généraux – 1308.

Chapitre 11 page 149

1 Léonard de Vinci a représenté l'homme dans un cercle et dans un carré au milieu de deux figures géométriques parfaitement symétriques. Les humanistes réfléchissent à la question de la place de l'Homme dans l'Univers.
2 **a.** L'intérêt de la planche d'anatomie est de permettre de comprendre le corps humain, ce qui est indispensable pour que la médecine fasse des progrès. – **b.** C'est une planche approximative mais pas fausse. – **c.** L'Église s'oppose aux travaux de Vésale et des humanistes parce qu'ils mettent ses enseignements en question.
3 humanistes – esprit scientifique – imprimerie – mécènes.
4 **a.** Selon Castiglione, le courtisan doit être cultivé, intelligent, élégant, courageux, vaillant mais aussi poli, courtois, modeste, sportif, musicien. – **b.** Il fait preuve d'humanisme parce qu'il s'intéresse à l'Homme qu'il voudrait plus cultivé sur tout.
5 **a.** Les textes les plus publiés sont religieux. – **b.** Les textes sont écrits en latin parce que c'est la langue universelle des savants.

Chapitre 12 page 151

1 **a.** Les États devenus luthériens : Norvège, Suède, Finlande, Danemark, États allemands, Prusse. États devenus calvinistes : Suisse, Écosse, une partie des Pays-Bas espagnols, le Sud de la France. États devenus anglicans : Angleterre, Irlande du Nord. – **b.** L'originalité de la France tient dans le fait que l'on y trouve les deux religions, catholique et protestante.
c. Les États qui n'ont pas été affectés par la réforme : Espagne, Italie, Russie, États des Balkans, Autriche, Irlande du Sud.
En Italie et en Espagne le catholicisme est tout puissant (pape à Rome, congrégations de jésuites, concile de Trente), en Russie la religion orthodoxe est le résultat de l'action des moines Cyrille et Méthode qui reprochaient à Rome de ne pas respecter les textes ; dans les Balkans, l'influence ottomane l'emporte.
2 **a.** Les catholiques sont à gauche. On les reconnaît à la tiare de l'évêque, aux vêtements richement brodés, aux croix et aux chapelets. – **b.** Catholiques et protestants sont séparés parce qu'ils n'ont pas la même conception de la pratique de la religion. – **c.** Dans le plateau de droite il y a la Bible, dans celui de gauche les attributs du catholicisme. – **d.** La Bible est plus lourde que les attributs du catholicisme car elle représente la Vérité, la sincérité de la foi, les seuls textes qui sont la base de la religion. Les symboles traduisent le caractère superficiel de la pratique de la religion.
Le message que cette gravure veut faire passer est que la vraie croyance est en soi, le salut de l'âme ne s'achète pas ; il se gagne par une vie exemplaire ainsi que le préconisent les textes. Il faut donc méditer la Bible.

3 **a.** Le paysage est imaginaire. – **b.** Les éléments qui rappellent l'Antiquité : les divinités, Vénus, déesse de l'Amour accueillie par une déesse de la Beauté et la nudité des corps. – **c.** Un tel tableau était inimaginable au Moyen Âge : l'Église interdisait la représentation du corps humain.

Chapitre 13 page 153

1 **a.** L'importance de la population et celle des productions assurent la richesse et la puissance d'un roi. – **b.** Les paysans contribuent à l'enrichissement du royaume parce qu'ils vendent leurs productions, ce qui rapporte de l'argent. –
c. et **d.** Les paysans semblent aisés. Ils sont bien habillés, la récolte sera abondante (grand champ et abondance de grains), ils sont nombreux à travailler. – **e.** Au XVIe siècle, une bonne récolte de blé signifie à manger pour l'hiver et donc absence de disette ou de famine.
2 **a.** Il s'agit de François Ier. – **b.** Un ecclésiastique fait la lecture au roi parce que François Ier était avide de savoir. – **c.** Le roi est entouré de la cour et de ses enfants parce qu'il voulait que son entourage soit cultivé. Il voulait donner le goût de la lecture et de l'étude aux enfants.
3 **a.** Faux – **b.** Vrai – **c.** Vrai – **d.** Vrai – **e.** Faux.
4

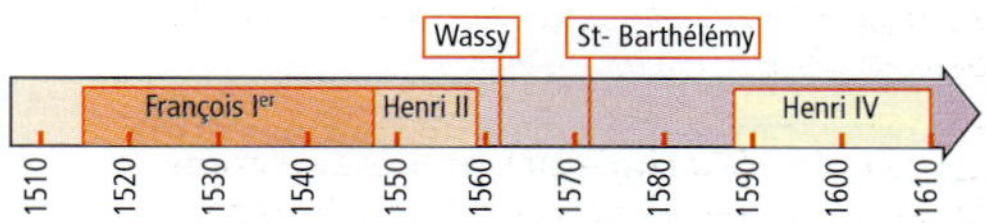

Chapitre 14 page 155

1 **a.** L'Europe commerce avec les continents américain, africain et asiatique.
b. On parle de commerce triangulaire parce que ce commerce se fait selon trois destinations (Europe-Afrique-Amérique), ce qui dessine un triangle.
c. Le commerce est favorable aux Européens parce qu'ils échangent des pacotilles contre des esclaves et des produits de luxe.
2 **a.** On distingue trois plans :
– au premier plan, les hommes font bouillir la mélasse et la versent dans des jarres ;
– au deuxième plan les hommes broient les tiges de canne à sucre sous la meule ;
– au troisème plan les hommes récoltent la canne à sucre.
b. Les hommes du troisième plan coupent la canne à sucre avec une machette, sorte de faucille peu recourbée, en font des bottes avant de l'amener au broyage.
c. Les tiges sont broyées pour récupérer le sucre.
d. Les tiges bouillies donnent la mélasse, c'est-à-dire du sucre liquide.
e. La mélasse est mise dans des jarres pour être ensuite exportée.

Géographie

Chapitre 1 page 157

1 **a.** On appelle les habitations du premier plan des bidonvilles. – **b.** Elles sont faites de matériaux de récupération (tôles, planches, bidons…). – **c.** Les nigérians qui habitent ce quartier sont pauvres, ce sont des paysans qui ont fui leur campagne et n'ont pas de revenus. – **d.** Les immeubles modernes que l'on voit au second plan traduisent la modernisation, le développement du pays.

2 **a.** Le taux de natalité est le nombre de naissances pour 1000 habitants à un moment donné. Le taux de mortalité est le nombre de décès pour 1000 habitants à un moment donné. L'accroissement naturel est la différence entre le taux de natalité et le taux de mortalité.

b. Le taux d'accroissement naturel en :
– 1950 : 50 – 29 = 21 % ;
– 1980 : 49 – 19 = 30 % ;
– 1990 : 46 – 16 = 30 %.

Le taux de mortalité a commencé à baisser avant le taux de natalité. La natalité ne baisse nettement qu'à partir de 1980. Entre 1950 et 1980, la natalité est restée stable alors que la mortalité baissait de 10 %. Depuis 1980, la mortalité baisse moins rapidement.

c. Les femmes africaines ont plusieurs enfants pour plusieurs raisons :
– elles se marient jeunes ;
– dans les campagnes elles ne sont pas assez instruites ;
– la mortalité infantile est élevée (elles « remplacent » ou « prévoient » les décès) ;
– l'enfant est le gage de vieux jours paisibles.

d. Les citadines ont moins d'enfants que les paysannes parce qu'elles sont plus instruites, ont un niveau de vie plus élevé.

e. Pour les Africains, l'enfant est la garantie d'une vieillesse tranquille. Dans les campagnes, c'est aussi de la main-d'œuvre supplémentaire.

3 ethnies – musulmanes – animistes – constrastes – désertique – villes – bidonvilles.

Chapitre 2 page 159

1 **a.** Graphique A :
amplitude thermique : 30° – 25° = 5° ;
précipitations abondantes : environ 900 mm/an ;
saison sèche en hiver (décembre-janvier), maximum de précipitations en août. Climat tropical humide. Il s'agit de Ouagadougou.

Graphique B :
– amplitude thermique : 27° – 23° = 4° ;
– précipitations irrégulières, peu abondantes (environ 400 mm), maximum de précipitations en août ;
– deux sécheresses (en mars-avril et en décembre).
Climat tropical sec. Il s'agit de Saint-Louis du Sénégal.

Graphique C :
– amplitude thermique : 24° – 10° = 14° ;
– précipitations toute l'année mais un maximum en juin ; rares précipitations de décembre à mars ; total de l'ordre de 600 mm. Climat méditerranéen. Il s'agit du Cap en Afrique du Sud (le mois d'août correspond à l'hiver dans l'hémisphère Sud).

b. 1. Nomades au Niger → climat tropical sec.
2. San Pedro → climat tropical humide.
3. Réserve du Tarangire → fait penser au climat méditerranéen. En fait, nous sommes à la limite climat tropical sec – climat tropical humide et les caractéristiques climatiques sont modifiées par l'altitude.

2 **a.** Les parties les plus riches de l'Afrique sont l'Afrique du Sud et l'Afrique du Nord, les États du Maghreb. L'Afrique du Nord et l'Afrique du Sud pratiquent une agriculture commerciale (agrumes surtout). L'Afrique du Sud possède des mines (diamants, charbon, or) comme l'Afrique du Nord (phosphate, fer). L'Algérie exploite des hydrocarbures. Maroc, Tunisie et Afrique du Sud tirent des revenus du tourisme. Ce sont des zones où les conditions climatiques sont relativement favorables (climat méditérannéen au nord et au sud, zones fertiles du Nil) par rapport au reste de l'Afrique. Les familles y sont aussi moins nombreuses. – **b.** C'est dans les pays du Maghreb que l'espérance de vie est la plus longue.

3 désertiques – oasis – steppe – savane – forêt dense – tempéré – richesses minières – tourisme.

Chapitre 3 page 161

1 **a.** L'État le plus urbanisé est la Tunisie avec 57 % de citadins. C'est la Tunisie qui a le plus faible taux d'accroissement naturel parce que c'est l'État le plus urbanisé. En ville, le taux de natalité est plus faible que dans les campagnes parce que les conditions de vie sont meilleures et le niveau d'instruction plus élevé.

b. C'est l'Algérie qui a le sous-sol le plus riche. Les minerais représentent 95 % de ses exportations.

c. L'Algérie n'a pas d'agriculture commerciale et ne reçoit pas de touristes.

2 **a.** A. Orangeraie – B. Logement des ouvriers agricoles – C. Hangars. – **b.** Il s'agit d'une agriculture intensive. – **c.** C'est une agriculture qui demande beaucoup de soins et de personnel pour la cueillette des oranges. C'est ce qui explique l'importance du pourcentage des agriculteurs dans la population active.

3 **a.** L'accroissement naturel en %

	Algérie	Tunisie
1980	45 – 15 = 30	35 – 11 = 24
1990	36 – 8 = 28	28 – 7 = 21
1995	30 – 6 = 24	24 – 6 = 18

b. Les principaux problèmes de la ville algérienne sont :
– le manque de logements et des logements trop petits ;
– les embouteillages ;
– le manque de moyens de transports en commun ;

– le manque de travail donc le chômage ;
– les violents contrastes sociaux (quartiers très riches des villas et bidonvilles).
c. L'auteur dit que la ville « éclate » parce que :
– elle ne peut pas accueillir toute la population, les bidonvilles se développent à la périphérie ;
– elle n'a aucune cohésion. La ville se cloisonne, se divise en quartiers au niveau de vie et aux aspirations bien différentes.
d. Les villes grossissent très vite parce qu'elles reçoivent tous les jeunes ruraux désœuvrés, persuadés que la ville leur offrira un travail, un salaire et une vie plus agréable que la campagne.

Chapitre 4 page 163

1 a. Densité de population : nombre d'habitants par km². – b. Les densités les plus fortes se trouvent en Corée du Sud, au Japon, à Taïwan, en Chine orientale, en Inde le long des côtes et dans la vallée du Gange, dans les îles Philippines et en Indonésie. Ce sont des pays ou des régions industrialisés (Japon, Corée, Taïwan). Ce sont aussi des régions d'agriculture très intensive (rizières, culture de théiers...) en Chine, en Inde. –
c. Les plus grandes agglomérations se situent au Japon (Tokyo plus de 20 M d'hab. - Osaka), en Corée (Séoul), en Chine (Pékin, Shanghaï), en Inde (Calcutta, Bombay), en Indonésie (Djarkata).
2 a. Le quartier que l'on voit au premier plan est un bidonville. Il est installé à la périphérie de la ville. Il est installé là parce que c'est un quartier où les conditions de vie sont difficiles (bruits, saleté, terrains instables).
À Bombay vivent des gens très pauvres mais aussi des gens aisés ainsi qu'en témoignent les immeubles modernes que l'on voit au fond. Ces immeubles traduisent l'activité, le modernisme, la richesse et donc les contrastes sociaux de la ville.
b. La photo de Tokyo montre une ville riche (immeubles, voitures, publicités), active, dynamique, moderne.
c. Ces deux photos permettent de saisir les forts contrastes de développement et de richesse de l'Asie.

Chapitre 5 page 165

1 a.

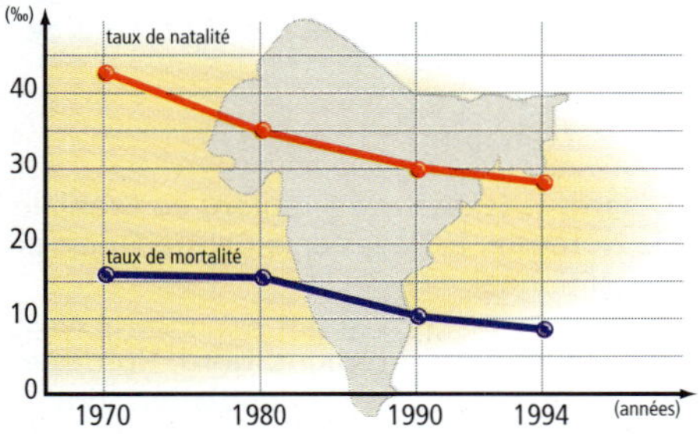

b. Le taux de mortalité a baissé de 8 % alors que le taux de natalité a baissé de 12 %.
c. Le taux d'accroissement naturel est la différence entre le taux de natalité et le taux de mortalité. Le taux d'accroissement en % : en 1970 : 26 – en 1980 : 20 – en 1990 : 20 – en 1994 : 20.
d. Depuis 1980, le taux d'accroissement naturel n'a pas évolué parce que le taux de natalité et le taux de mortalité ont diminué dans les mêmes proportions.
2 a. Les cuisiniers sont souvent des brahmanes parce que les brahmanes sont des prêtres ; ils sont donc purs. – b. Ceux qui servent sont habillés en blanc parce que le blanc est le symbole de la pureté. – c. Le personnel est nombreux car il faut du personnel pour servir et du personnel pour desservir. Celui qui sert n'a pas le droit de desservir, il serait alors au contact des restes donc des impuretés.
3 a. Le personnage de la photo A et la famille de la photo B appartiennent à des castes différentes.
b. Les éléments qui indiquent la richesse de la famille de la photo B sont les tenues vestimentaires, les bijoux et les objets de valeur.
c./d. Le personnage de la photo A nettoie les ordures dans la rue et vit dans un bidonville.

Chapitre 6 page 167

1 a. L'homme, au premier plan, montre aux paysans comment se servir de l'appareil à épandre de l'insecticide. – b. Il fait une démonstration parce qu'il s'agit d'une pratique et d'une technique nouvelle, inconnue des paysans indiens.
c. La modernisation de l'agriculture a favorisé une importante augmentation des récoltes. La production de grains a considérablement augmenté. – d. De 1956 à 66 la production a augmenté de 9Mt. – De 1966 à 76 la production a augmenté de 24Mt. – De 1956 à 1987 la production a augmenté de 43Mt. La production a donc augmenté constamment. Elle a été multipliée par plus de 3 en 30 ans, mais c'est entre 1966 et 1976 qu'elle a le plus augmenté.
2 a. Les régions les plus peuplées sont la vallée du Gange et les plaines littorales. –
b. L'importance de la culture du riz dans les plaines littorales s'explique par la présence de la mousson qui apporte les pluies nécessaires. –
c. Les grandes villes sont en général des ports car l'Inde est un État dont l'activité commerciale avec le reste du monde est importante et s'intensifie. –
d. La densité de population est faible sur le Dekkan parce que c'est une région sèche, où l'agriculture est difficile et les rendements très faibles.

Chapitre 7 page 169

1 a. Une pyramide des âges est un graphique qui indique la structure d'une population à un moment donné. – b. Cette pyramide a été réalisée en 1991. – c. Le creux observé entre 5 et 14 ans correspond à la politique de l'enfant unique mise en place en 1979. – d. La tranche d'âge la plus nombreuse est celle des 20-25 ans.
2 a. Les avantages accordés aux parents qui n'ont qu'un enfant sont :

– une prime chaque mois qui s'ajoute au salaire ;
– la priorité pour obtenir un logement et une place à l'école ;
– plus de nourriture.
b. Les sanctions qui frappent les familles de plus de 1 enfant sont :
– des sanctions financières, le salaire est diminué par des amendes ;
– des sanctions professionnelles : aucune promotion n'est possible.
c. Les enfants qui ont des frères et sœurs risquent de ne pas trouver de place à l'école puisqu'ils ne sont pas prioritaires à l'inscription.
3 a.

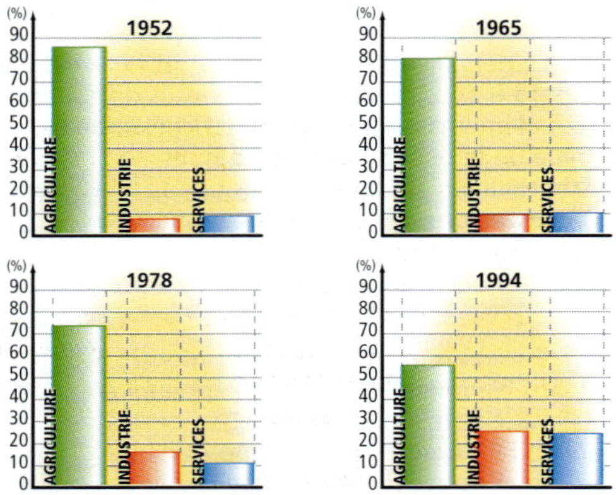

b. L'activité dominante est l'agriculture. Elle est en baisse constante depuis 1952. Elle a perdu 30 % de ses effectifs. – c. L'industrie a le plus augmenté. Le nombre des actifs a été multiplié par 3,5.

Chapitre 8 page 171

1 a. Les régions les plus peuplées se trouvent à l'est du pays. Ce sont les plaines littorales et les deltas favorables à l'agriculture. – b. Le gouvernement favorise les fronts pionniers vers l'Ouest parce que ce sont des régions vides d'hommes alors que leur sous-sol est riche en minerais et en hydrocarbures. C'est donc dans le secteur industriel de l'extraction minière que les populations déplacées peuvent envisager de travailler. – c. Les régions de cultures se trouvent à l'Est qui bénéficie des plaines, des deltas et du phénomène de la mousson. – d. La Chine dispose de charbon, d'hydrocarbures, d'une grande capacité d'énergie hydraulique et d'énergie nucléaire.
2 vaste – peuplé – 1,2 milliards – inégalités – spatiales – rizières – repiquent – limitation des naissances – enfant unique – 10 % – vieillissement.

Chapitre 9 page 173

1 a. Les régions les plus peuplées sont la façade atlantique des États-Unis, du Brésil et de l'Argentine, la façade pacifique de l'Amérique du Sud (sauf le Chili) et d'Amérique centrale. Ce sont toutes des régions côtières, où sont arrivés les immigrants qui se sont fixés dans les villes.
b. Les États les plus pauvres sont : Haïti, le plus pauvre, Guatemala, Bélize, Salvador, Honduras, Nicaragua, Cuba, les Guyanes, Bolivie, Pérou, Équateur. Tous ces États se trouvent en Amérique centrale et du Sud.
c. Pour fuir les difficultés les gens s'expatrient.
2 *Les points communs entre les villes nord et sud américaines sont :* les bureaux au centre – les bidonvilles ou les ghettos entre le centre et les quartiers aisés – les banlieues résidentielles loin du centre – les usines à la périphérie.
Les différences sont : l'absence de centre historique en Amérique du Nord – les bidonvilles plus nombreux en Amérique du Sud – un seul CBD en Amérique du Sud alors qu'en Amérique du Nord, de nouveaux centres d'affaires apparaissent à la périphérie.

Chapitre 10 page 175

1 a. Ces deux photos ont été prises dans la partie orientale du continent américain. Le canyon du Colorado se trouve aux États-Unis donc en Amérique du Nord et les Andes en Amérique du Sud. – b. La présence humaine dans les Andes se traduit de différentes façons : parcelles cultivées au deuxième plan ; arbres plantés au premier plan. – c. Les parcelles cultivées se trouvent sur les basses pentes de la montagne. Elles sont bien exposées au soleil. – d. Le Colorado offre un paysage désertique.
2 a. Le Mexique et le Brésil ont une pyramide régulière. – b. Le Mexique est au premier stade de la transition démographique. La base de la pyramide est large, ce qui traduit une natalité importante. – c. La situation est inquiétante pour les États-Unis : la base est très rétrécie ce qui traduit une insuffisance des naissances. Les moins de 20 ans ne sont pas nombreux, par contre le pourcentage de 20 à 60 ans est élevé. La population vieillit. – d. C'est au Mexique qu'il y a le moins de personnes âgées et aux États-Unis qu'il y en a le plus. Cela s'explique par des conditions de vie différentes. Au Mexique, le niveau de vie est faible, l'alimentation carencée et les soins insuffisants. Aux États-Unis le niveau de vie élevé permet de se soigner, de bien se nourrir, d'avoir une bonne hygiène et des conditions de vie agréables.

Chapitre 11 page 177

1 a. D'après le texte il y a 5 régions au Brésil, le Nord, le Nordeste, le Sudeste, le Centre Ouest et le Sud traditionnel.
Les Brésiliens ne perçoivent pas leur espace ainsi, ils ne distinguent que 3 régions, Nord, Nordeste et Sud. – b. Les richesses et la population sont principalement dans le Sud et le long du littoral Nord. – c. Brasilia est la nouvelle capitale. C'est un « espace de rencontres ». Elle traduit l'aménagement récent du Sud. – d. Selon le

tableau, les revenus les plus élevés sont perçus dans le Nord mais le Sudeste et le centre Ouest le rattrapent.

2 **Le Sudeste : région active**
- région industrielle
- agriculture moderne intensive

Le Nordeste : région pauvre
- région en crise
- zone de sécheresse

Les espaces pionniers : le Centre Ouest
- colonisation agricole en cours de développement
- front pionniers
- migrations intérieures

Le Nord : espace vide
- forêt dense en cours d'exploitation

Sciences de la vie et de la Terre

Chapitre 1 page 179

1 a. Quand je me mets sur la pointe des pieds, le muscle de mon **mollet** est **contracté**. Ma jambe est alors **tendue**. Quand je m'accroupis, le muscle de mon mollet est **relâché**. Ma jambe est alors **fléchie**.

2

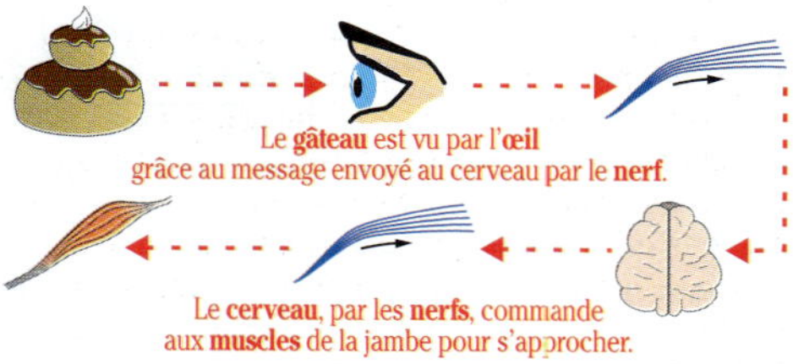

3 a. L'entorse est la déchirure des ligaments qui unissent les os entre eux. Le ski entraîne des manœuvres qui demandent, en particulier au niveau des genoux et des chevilles, de très rapides et larges mouvements. – b. Chez des sujets non entraînés, les ligaments qui unissent les os entre eux manquent d'élasticité et peuvent se déchirer : c'est l'entorse, qui oblige à une longue immobilisation de l'articulation.

4 a. En portant le cartable à la main, toujours du même côté, on risque la déformation de la colonne vertébrale, qui se courbe du côté de la charge : c'est la **scoliose**. – b. Le port du cartable dans le dos conduit à un résultat comparable : l'enfant finit par se tenir exagérément penché en arrière, ventre en avant.

5 Des muscles très développés ont besoin d'être soutenus par un squelette à la solidité adaptée et nourris par des apports en sang suffisants. Les produits dopants, développant uniquement les muscles qui commandent le fonctionnement des membres, vont créer un déséquilibre entre ces derniers et les autres organes, tels que ces derniers ne parviendront pas à faire correspondre leur fonctionnement à celui des muscles.

6 L'alcool diminue la vitesse de transmission des messages nerveux. L'automobiliste sous l'emprise de l'alcool n'est pas en mesure de réagir efficacement à une situation imprévue et risque l'accident.

Chapitre 2 page 181

1 Au cours de son passage dans un muscle en activité, le sang perd des glucides et des protides.

2 Même lorsque le muscle est au repos, le sang qui le traverse perd de l'oxygène et gagne du dioxyde de carbone.

3 Au cours de son passage dans un organe, le sang s'appauvrit en oxygène, glucides et protides, et s'enrichit en dioxyde de carbone ; ces échanges sont augmentés au moment de l'activité.

4

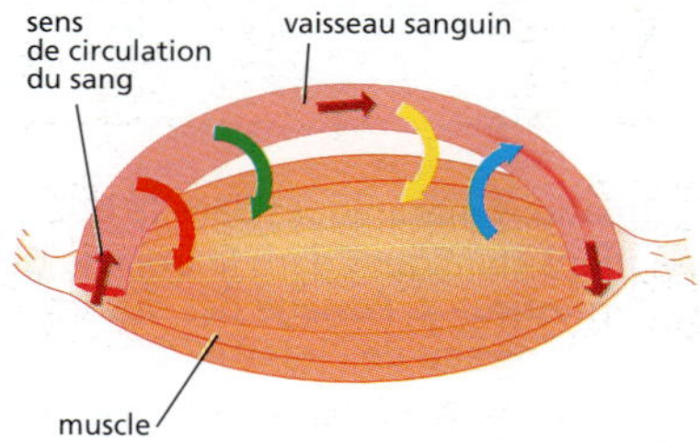

5 Les muscles sont un lieu d'**échanges de gaz** et **de substances**.

6 énergie – mouvements – chaleur.

7 a. Les pâtes sont riches en glucides. – b. Les glucides sont un aliment essentiel pour les muscles.

8 Les muscles ne reçoivent plus suffisamment d'oxygène pour se contracter efficacement.

Chapitre 3 page 183

1 a. plus – b. moins – c. oxygène – dioxyde de carbonne.

2 l'oxygène – air – dioxyde – carbone – sang – air – échanges – respiratoires.

3

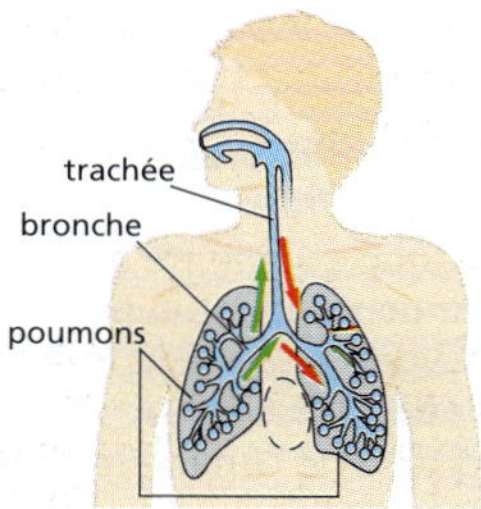

4 **a.** 180 m^2 : 0,3 mm^2 = 0,3/1 000 000 m^2 × 300 000 000 d'alvéoles × 2 poumons.
b. 192 m^2 pour un terrain de tennis. Soit une surface d'échanges des gaz respiratoires presqu'aussi grande qu'un terrain de tennis.
5 250 ml × 60 minutes × 24 heures = 360 000 millilitres, soit 360 litres.
6 Grande surface, faible épaisseur, irrigation sanguine très importante.
7 La couche de goudron fait un écran imperméable entre l'air et le sang. Les échanges gazeux respiratoires se font moins bien. Un gros fumeur est très facilement essoufflé.

Chapitre 4 page 185

1 **a.**

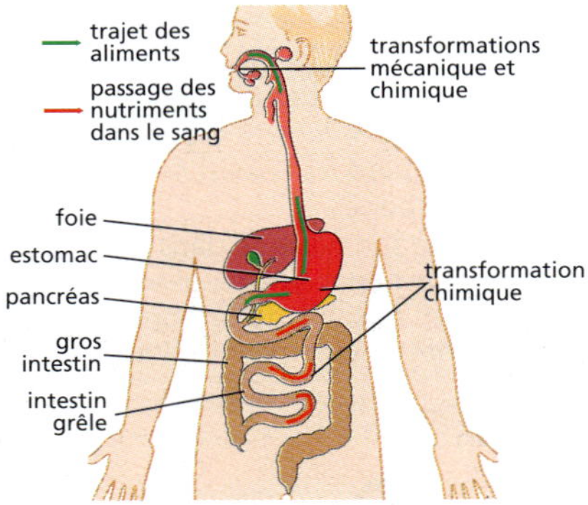

b. Transformations mécaniques dans la bouche. Transformations chimiques dans la bouche (salive) estomac et intestin. – **c.** Passage des nutriments dans le sang au niveau de l'intestin grêle.
2 **a.** Au bout de trois heures, le morceau de viande a disparu. – **b.** Il a été solubilisé par les sucs digestifs de l'estomac.
3 Plus les morceaux d'aliments sont petits, mieux la matière qui les constitue entre en contact avec les sucs digestifs de l'estomac et de l'intestin. La transformation se fait donc mieux et plus rapidement.
4 surface d'échanges – nutriments – intestin – sang.
5 **a.** Les chocs, les particules dures (os, plomb dans un gibier, microbes). Le dentiste ne peut que boucher les trous causés, tant qu'ils ne sont pas trop importants. – **b.** Essentiellement un brossage soigné des dents pour tuer les microbes nuisibles ; enlever les particules alimentaires qui les nourrissent.

Chapitre 5 page 187

1 **a.** Faux. **b.** Faux. **c.** Vrai. **d.** Vrai. **e.** Faux. **f.** Vrai. **g.** Faux. **h.** Faux. **i.** Vrai. **j.** Vrai.
2 **b.** Le rythme cardiaque augmente au moment de l'effort, puis diminue pendant la période de récupération pour revenir à sa valeur initiale. Le rythme cardiaque s'adapte à l'effort.
c. Le rythme cardiaque varie comme le rythme respiratoire.

3

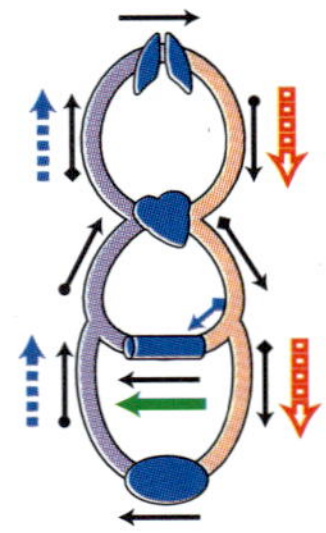

4 Au cours de l'activité, les besoins des organes en **oxygène** et en **nutriments** augmentent. Le rythme **respiratoire** et le **rythme cardiaque augmentent**.

Chapitre 6 page 189

1

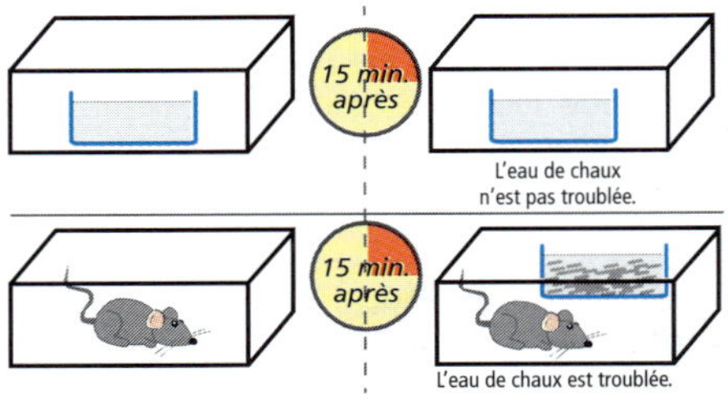

2 Plus le temps passe, plus la quantité d'oxygène dissous dans l'eau est faible.
3 Il suffit de prélever un peu d'eau de l'aquarium dans lequel a séjourné le poisson et de faire le test à l'eau de chaux sur cette eau, donc en l'absence de l'animal.
4 Un poisson consomme de l'oxygène et rejette du dioxyde de carbone, donc il respire.
5

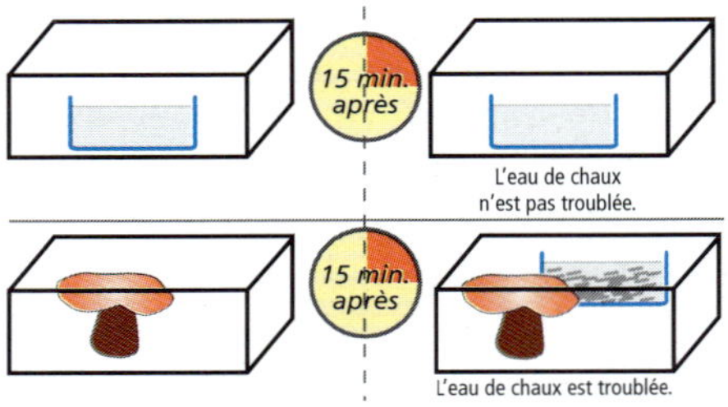

6 Ce résultat est insuffisant pour conclure à une respiration, puisque la respiration se définit par un rejet de dioxyde de carbone et une absorption d'oxygène.

Chapitre 7 page 191

1 **a.** 8 × 2 × 135 = 2160 filaments branchiaux
2160 × 1 cm^2 = 2160 cm^2.
b. La surface des filaments branchiaux est très supérieure à la surface extérieure de l'animal.
2 On a montré que les poissons respirent. On voit maintenant que les branchies sont très étendues, très minces (elles sont rouge vif : on voit les vaisseaux sanguins par transparence) et très riches en sang (couleur rouge vif). Les branchies ont bien toutes les caractéristiques de surfaces d'échanges gazeux respiratoires.

3

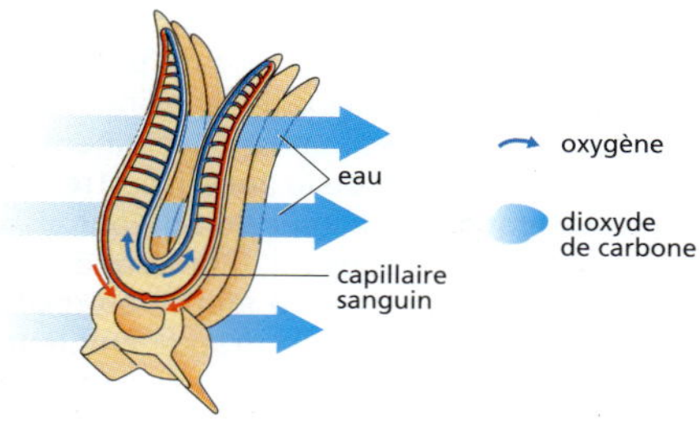

4 a. Faux : un animal peut retenir sa respiration quelques minutes, mais on ne connaît pas d'animal capable de vivre sans respirer pendant plusieurs mois.
b. Faux : la dissection ne montre que des poumons et on ne signale aucun organe pouvant être assimilé à des branchies.
c. Faux : les trachées sont des organes de respiration aérienne, des tubes dans lesquels l'air circule.
d. Faux : il est précisé qu'une grenouille remonte en surface aux beaux jours.
e. Vrai : seule solution possible. L'observation montre que la peau de la grenouille est fine, riche en vaisseaux sanguins. La grenouille a une respiration double : par des poumons et par la peau.
5 Si on bouche les stigmates d'un criquet par exemple avec du vernis, l'animal meurt rapidement.
Si on place un criquet vivant dans l'eau, on voit des bulles d'air s'échapper des stigmates.

Chapitre 8 page 193

1 Les végétaux chlorophylliens aquatiques libèrent de l'oxygène. Ils contribuent ainsi à fournir de l'oxygène disponible pour la respiration des poissons.
2 a. En aval de la zone industrielle, les espèces animales ne sont pas les mêmes qu'en amont. Certaines espèces qui sont présentes en amont se retrouvent néanmoins en aval de la zone industrielle, mais avec un effectif plus petit.
b. Certaines espèces animales se nourrissent des déchets rejetés dans la zone industrielle.
3 Les océans représentent 70 % de la surface de la Terre. Or ils sont peuplés d'algues, végétaux chlorophylliens, qui dégagent tous ensemble une importante quantité d'oxygène dont une bonne partie se répand dans l'atmosphère, puisque les algues étant chlorophylliennes, sont principalement localisées au voisinage de la surface.
4 Les nappes de pétrole ont formé un voile opaque (non transparent) à la surface de l'eau, empêchant la lumière de passer. Ainsi, les algues chlorophylliennes microscopiques sont mortes, privées de lumière. Les poissons qui se nourrissent de ces algues se sont trouvés privés de nourriture, et c'est tout le réseau alimentaire marin de cette zone qui a été déséquilibré de manière durable.

Chapitre 9 page 195

1 Le calcaire résiste mieux à l'érosion que l'argile. Les eaux de pluie ruissellent sur l'argile, en emportent des particules, et au fil du temps, les zones argileuses se retrouvent en creux par rapport aux couches calcaires, plus résistantes.

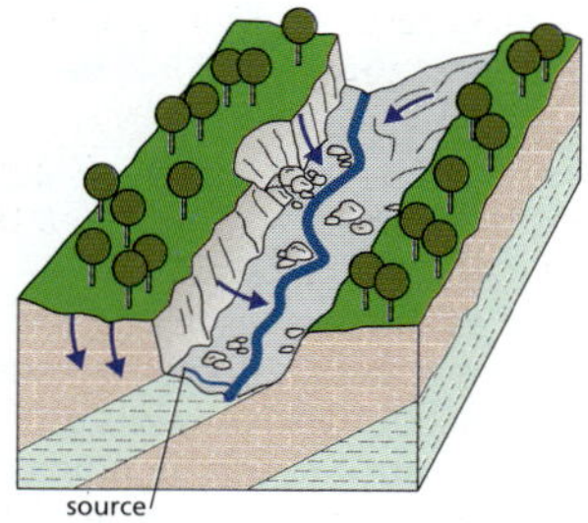

2 L'eau s'infiltre à travers les fissures de la craie. Quand elle atteint l'argile, celle-ci forme une boue imperméable. L'eau s'y accumule, et lorsqu'elle est libérée à flanc de falaise, forme un niveau de sources.
3 a. On reporte l'élément dont on connaît la hauteur autant de fois que possible le long de la falaise, et on multiplie ce nombre par la mesure de l'élément d'échelle (ici 2,5 m). – b. L'eau infiltrée dans la roche a provoqué l'éclatement de la roche qui est tombée au pied de la falaise. Les petits éléments (cailloux et graviers) ont été entraînés par l'eau, tandis que les plus gros sont restés sur place.
4 a. Le grès est une roche plus résistante à l'érosion que l'argile. L'érosion par l'eau déblaie progressivement l'argile, dessinant la plaine, tandis que les zones gréseuses restent en surplomb, dominant le paysage. – b. Si on considère que le grès a très peu subi l'effet de l'érosion, ces monts de Flandre sont les témoins de l'altitude initiale du paysage, avant que l'érosion ne dégage la partie argileuse.

Chapitre 10 page 197

1 a. Faux. b. Faux. c. Vrai. d. Vrai. e. Vrai. f. Vrai.
2 a. et b.

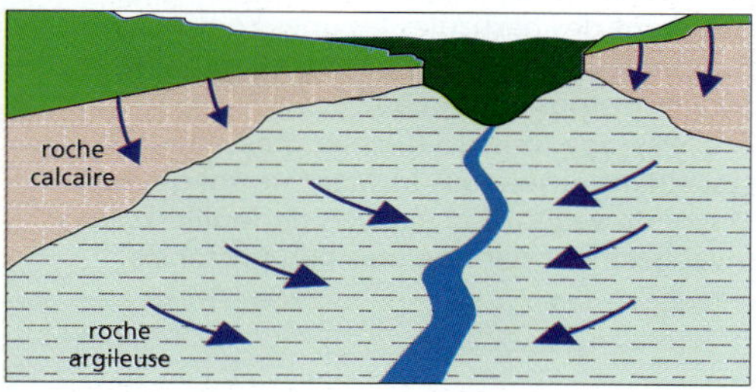

c. Dans sa partie abrupte, l'eau, en s'infiltrant dans le calcaire, a creusé une vallée aux parois presque verticales. Au pied du calcaire, rencontrant l'argile imperméable et tendre, l'eau a ruisselé le long de la pente, donnant une forme en V à la vallée. Au fond de la vallée, une rivière coule sur l'argile imperméable.

3 a. et b.

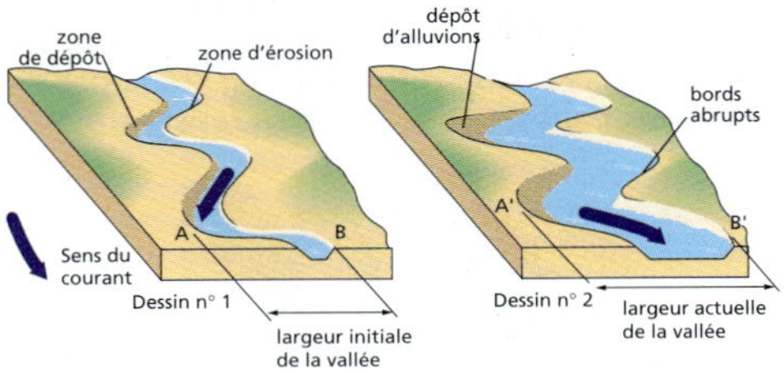

4 Plus la pente est forte, plus le courant est rapide. Le courant a alors la force nécessaire pour arracher et transporter des éléments grossiers. Dès lors que le courant ralentit, le poids des éléments transportés l'emporte sur le courant, et plus la pente est faible, plus la taille des éléments déposés diminue. Deux facteurs interviennent donc : force du courant, liée à la pente et masse des particules transportées.

5 Il découle de l'exercice précédent que c'est au printemps, au moment de la fonte des neiges et des glaciers que les torrents ont un débit maximal, donc une force d'érosion permettant d'arracher et de transporter les éléments les plus grossiers.

Chapitre 11 page 199

1 4,3 millions d'années.

2 a. La craie se forme à partir de sédiments marins. Pendant les périodes où il n'y a pas de dépôt de craie, la région boulonnaise devait donc être hors de l'eau. Ces périodes correspondent aux limites entre les strates de craie. – b. Le Boulonnais devait donc pendant ces 6 millions d'années présenter une alternance de zone continentale et de mer peu profonde, expliquant ainsi le va-et-vient de la mer sur cette région.

3 a. Plus la profondeur est grande, plus la vase apparaît compacte, tassée.

b. L'accumulation des sédiments pèse sur les dépôts antérieurs, et presse les particules les unes contre les autres : l'eau est peu à peu chassée.

c. On passe du sédiment à la roche par le tassement des particules les unes contre les autres puis par leur cimentation entre elles, par le calcaire dissous dans l'eau.

4 a. Paysage lacustre (fossiles d'eau douce) s'asséchant ensuite en formant un sol qui se couvre de végétation (fossiles de feuilles) ; puis envahissement par une mer peu profonde (prolongement de la mer du Boulonnais, exercice précédent) avant un assèchement définitif qui donne le paysage actuel (fossiles continentaux).

b. Variations climatiques : un réchauffement provoque l'évaporation de la zone lacustre. Puis envahissement par la mer du Boulonnais, dû à un enfoncement du sous-sol. (Remarque : cet enfoncement du sous-sol est à mettre en relation avec d'autres mouvements de grande ampleur qui affectent des régions voisines, Alpes, mais dont l'analyse dépasse le cadre de notre étude.)

Chapitre 12 page 201

1 Production de houille en millions de tonnes

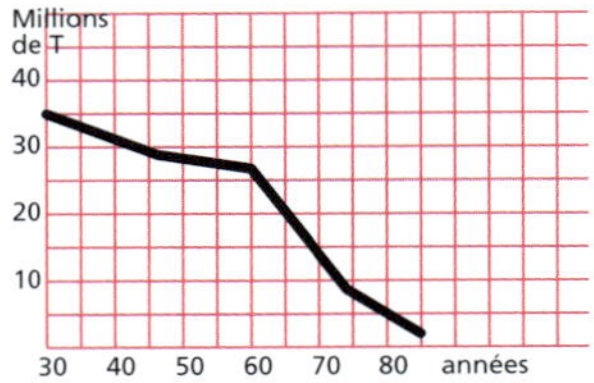

Année	Millions de tonnes
1930	35
1947	29
1960	28
1974	9,2
1984	2,5

2 Plusieurs raisons. **Profondeur des veines** : il faut creuser très profondément avant d'exploiter, donc peu rentable ; les veines sont peu épaisses, donc inaccessibles aux grosses machines d'extraction. **Peu rentable** ; nombreuses fractures dans le bassin houiller ; on ne peut pas suivre l'exploitation d'une veine sur une grande distance. Très vite on rencontre une fracture et la continuité de la veine est rompue. Il faut dégager les schistes et les grès, au-dessus et en dessous du lieu d'exploitation, à la recherche de la veine.

3 Il se présente en couches successives, des strates appelées ici veines, et présente des fossiles.

4 La présence de fossiles végétaux à des profondeurs de 2000 m et plus ne peut s'expliquer que par une formation de la houille en surface, puis un enfoncement progressif du bassin houiller. Enfoncement à mettre en relation avec d'autres mouvements de grande ampleur affectant des régions voisines (voir chapitre précédent sur la formation du sable par exemple).

5 Diminution des réserves. – Exploitation de plus en plus profonde donc pénible et coûteuse. – Facilité d'extraction et de transport du pétrole.

6 Moins pénible pour l'extraction – Moins nuisible à l'environnement.

7 Argile : briques et tuiles – Sable : verre, béton – Gypse : plâtre – Schistes : ardoises (toitures).

8 Autrefois, on construisait les habitations avec les matériaux qu'on trouvait sur place.

Physique

Chapitre 1 page 203

1 a. générateur. b. la borne +. c. éteinte.
d. récepteur. e. le bouton.
2 a. Le + de la pile est au sommet et le – à la base.
b. **Générateurs :** pile, batterie de voitures, prise de courant.
Récepteurs : lampe, moteur, machine à laver.
c. C'est un élément qui possède deux bornes.
d. Il permet d'ouvrir ou de fermer le circuit électrique.
e. **La lampe :** le culot et le plot central.
La pile plate : la grande et la petite lame.
3

K1	K2	L
Ouvert	Fermé	**Éteinte**
Fermé	Fermé	Allumée
Fermé	**Ouvert**	Éteinte
Ouvert	Ouvert	**Éteinte**

4

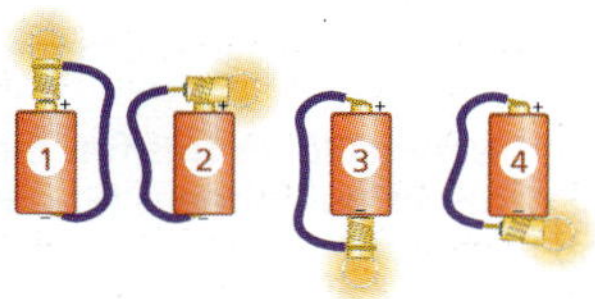

5 a. Un professeur de physique italien : Allessandro Volta (1745-1827) en 1800.
b. Il avait entassé des disques de deux métaux différents (argent et zinc) séparés par des rondelles de carton imbibées d'eau salée.
c. Oui, il y a les prises de courant à la maison, la batterie de voiture, l'alternateur de la bicyclette.
d. En 1879, un américain Thomas Edison (1847 – 1931) fit fonctionner sa lampe plusieurs jours.
e.

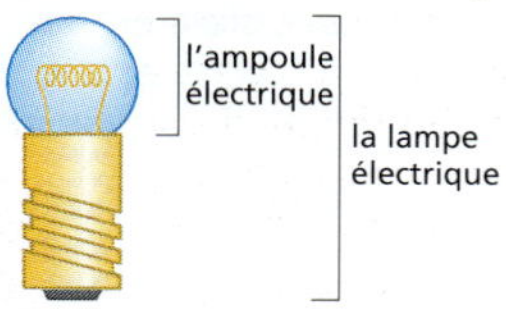

Chapitre 2 page 205

1 a. ininterrompue, de conducteurs.
b. conducteur. c. éteinte. d. conducteur.
e. conducteurs.
2 a. Il y a des gaz inertes (azote, krypton, argon...) qui empêchent la combustion du filament.
b. C'est un métal qui a une température de fusion très élevée, environ 3 400°C.
c. Dans l'air, il y a un gaz : le dioxygène qui activerait la combustion du filament.
d. Le filament va devenir rouge et brûler en présence d'air → la lampe est grillée !
e. Le filament devient de plus en plus fin : il se sublime (passage de l'état solide à l'état gazeux).

3 a.

	Légende.	Conducteur ou isolant.
1	Filament	C
2	Perle	I
3	Ampoule	I
4	Gaz inerte	I
5	Soudure	C
6	Fil conducteur 1	C
7	Fil conducteur 2	C
8	Plot central	C
9	Ciment	I
10	Verre noir	I
11	Culot	C

4 a.

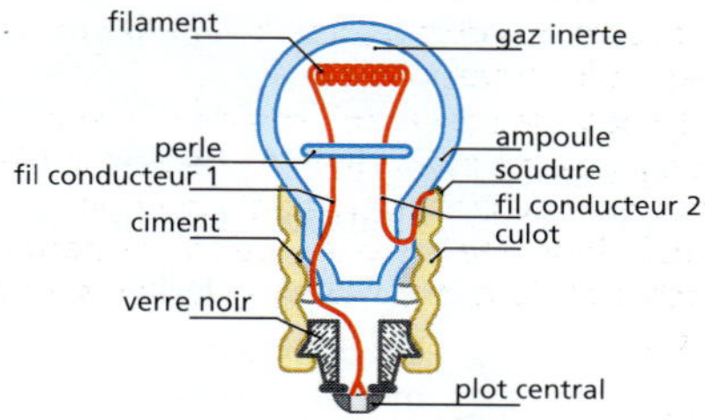

b. Plot central → Fil conducteur n°1 → Filament → Fil conducteur n°2 → Culot.

Chapitre 3 page 207

1 a. 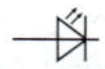 . b. elle laisse passer le courant. c. de la borne + à la borne –. d. polarisé. e. non polarisé.
2 Une pile, une résistance, une D.E.L., un moteur, un interrupteur fermé, 5 fils de connexion.
3

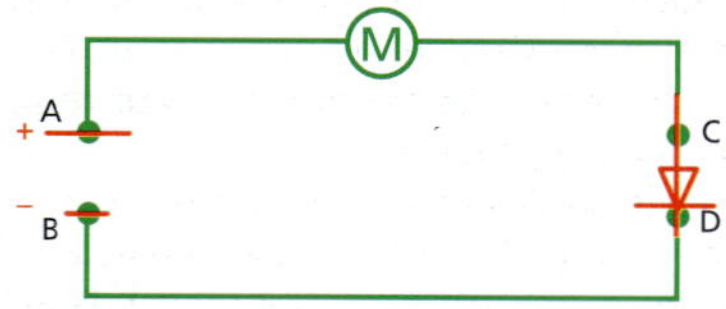

4

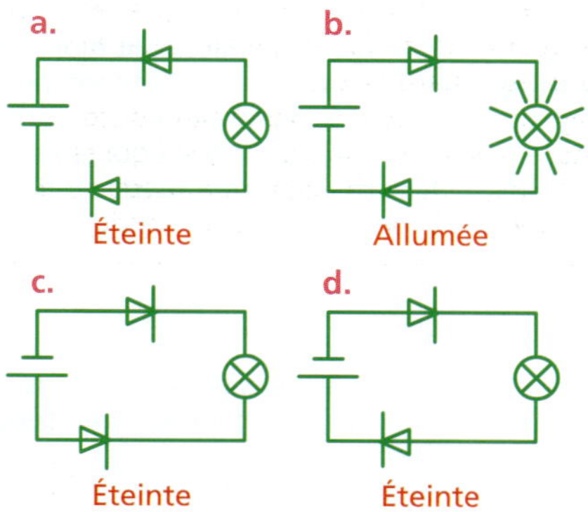

5 **a.** D_1, D_5 et D_3. **b.** D_2, D_5 et D_4. **c.** D_5 car dans les deux cas, elle est dans le sens passant.
d.

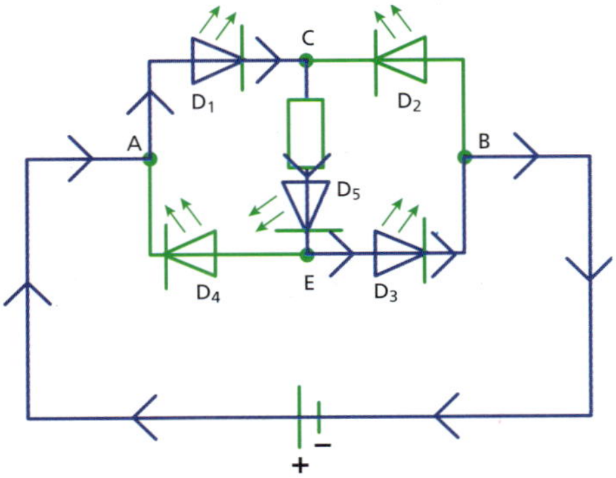

Chapitre 4 page 209

1 **a.** 9 V. **b.** 9 V. **c.** intensement. **d.** 0 V. **e.** s'ajoutent.

2

Générateurs / Lampes	1,5 V	4,5 V	9 V
4 V	**Faible**	**Adapté**	**Intense**
1,2 V	**Adapté**	**Intense**	**Intense**
9 V	**Faible**	**Faible**	**Adapté**

3

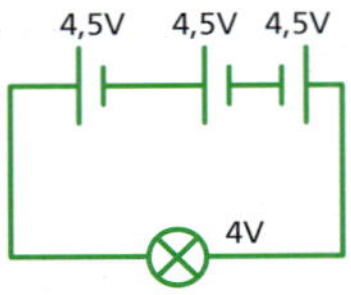

Les deux dernières piles sont montées en série et en opposition, donc leurs tensions se retranchent 4,5 + 4,5 – 4,5 = 4,5 V donc la lampe brille **normalement**.

4

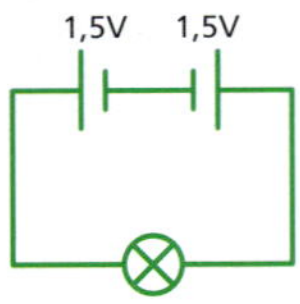

Les deux piles sont montées en série et en opposition donc leurs tensions se retranchent → 1,5 – 1,5 = 0 V et la lampe est **éteinte**.

5

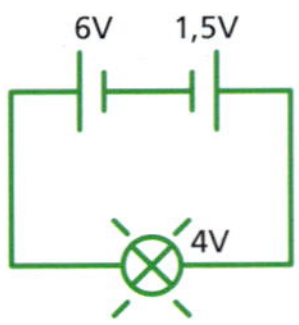

Les deux piles sont montées en série et en opposition → leurs tensions se retranchent : 6 – 1,5 = 4,5 V et la lampe de 4 V brille **normalement**.

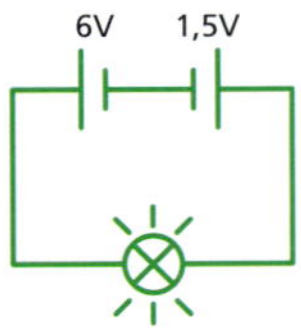

Les deux piles sont montées en série et en concordance → leurs tensions s'ajoutent : 6 + 1,5 = 7,5 V et la lampe brille **intensément**.

Chapitre 5 page 211

1 **a.** un seul circuit. **b.** n'est pas dépendante de l'autre. **c.** en série. **d.** plusieurs boucles. **e.** en série.
2 Si le montage était en série :
1° lorsque l'appareil tomberait en panne, tous les autres tomberaient en panne.
2° La tension reçue par chaque appareil serait insuffisante à leur bonne marche car dans un montage en série, la tension du générateur (220 V) se partage entre les différents appareils.
3
a.

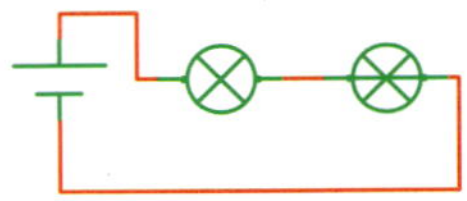

b.

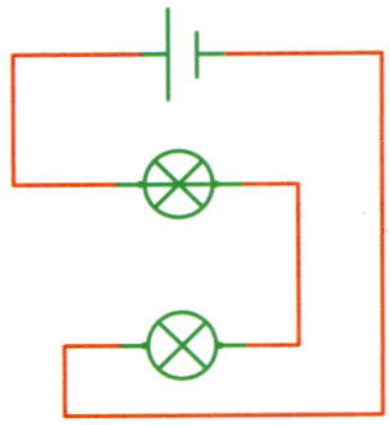

4 **a.** La lampe est éteinte car elle est court-circuitée.
b.

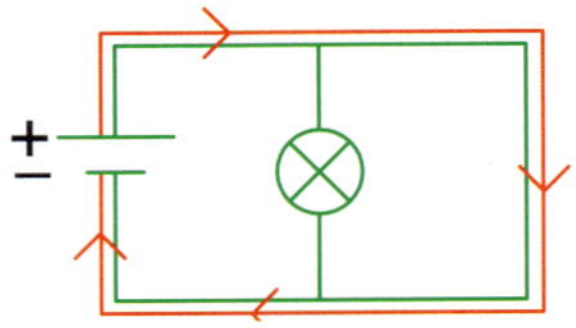

c. Il y a échauffement des fils et échauffement du générateur.
5 **a.** Ce sont des fils métalliques très fins montés en série dans le circuit et qui fondent (et ouvrent le circuit) quand le courant qui les traverse devient trop intense (lors d'un court-circuit, par exemple).
b. C'est un appareil qui ouvre le circuit dès qu'il y a un court-circuit ou une surintensité (trop d'appareils en marche).
c. Chaque métal a sa propre température de fusion :
– celle du plomb est d'environ 320°C ;
– celle du fer est d'environ 1 500°C.
Donc un fusible en plomb va fondre plus vite (et ouvrir le circuit plus vite) qu'un fusible en fer.

Chapitre 6 page 213

1 **a.** bleu. **b.** anhydre. **c.** hygromètre. **d.** positif. **e.** positif.
2 On chauffe de l'encre bleue et on condense les gaz obtenus dans un verre à pied. Il suffit de mettre alors, dans le verre, du sulfate de cuivre anhydre pour le voir redevenir bleu → l'encre bleue contient de l'eau.
3 Même procédé qu'en 2.
4 **a.** Déshydraté : qui a été privé de toute son eau. Anhydre : qui ne contient pas d'eau.
b. Les êtres vivants sont constitués essentiellement d'eau (75 % d'eau pour un enfant et 67 % pour un adulte). C'est pourquoi nous devons absorber plus de 2 litres d'eau par jour, en buvant et en mangeant des fruits, des légumes, du pain…
c. L'atmosphère contient une grande quantité de vapeur d'eau (l'humidité de l'air). Il suffit de laisser à l'air, une soucoupe contenant du sulfate de cuivre anhydre → au bout de quelques heures, ce dernier est redevenu bleu.

5 **a.** On mélange du chlorure de cobalt avec de l'eau → il devient rose (par température humide). On sèche ce chlorure de cobalt rose → il devient bleu (par temps sec). Donc le chlorure de cobalt peut être utilisé comme test de reconnaissance de l'eau. **b.** L'huile et l'eau ne sont pas miscibles (ne se mélangent pas) → donc s'il y avait de l'eau dans l'huile, l'eau surnagerait au-dessus de l'huile.
6 1. Capsule. 2. Erlenmeyer. 3. Éprouvette graduée. 4. Ballon à fond plat. 5. Fiole jaugée. 6. Verre à pied. 7. Entonnoir. 8. Tubes à essais. 9. Cristallisoir. 10. Pipette graduée. 11. Bécher.

Chapitre 7 page 215

1 **a.** solide. **b.** les gaz. **c.** augmente. **d.** les solides. **e.** expansible.
2 **a.** L'eau ne pénètre pas dans le flacon car il est plein d'air.
b. Le ballon que l'on gonfle et que l'on dégonfle. Le courant d'air qui fait claquer une porte ou avancer un voilier.
3

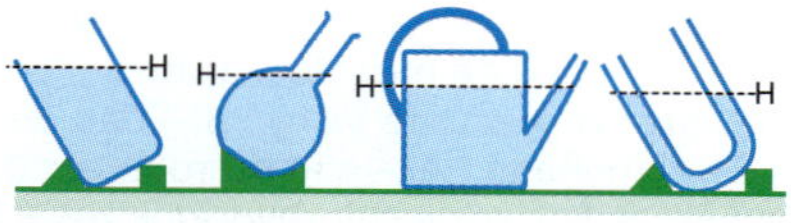

4 On plonge le verre « vide », ouverture vers le bas, dans l'eau : l'eau ne pénètre pas dans le verre. Inclinons-le, des bulles s'en échappent et l'eau entre dans le verre.
5 En effet, l'air est compressible → on augmente donc la pression.
6 **a.** la masse ne varie pas, le volume diminue, la pression agmente → on dit que l'air est compressible. **b.** la masse ne varie pas, le volume augmente, la pression diminue → on dit que l'air est expansible.
7 **a.** En 1, l'eau va couler (c'est un fluide) et traverser le papier filtre. On va recueillir dans le verre, l'eau qui aura une surface plane et horizontale. En 2, le sable va couler (c'est un fluide) mais ne peut traverser le papier filtre.
b. On peut donc dire que l'eau est un liquide et le sable, un solide.

Chapitre 8 page 217

1 **a.** 1 dm^3. **b.** le mètre cube. **c.** de capacité. **d.** à la base du ménisque. **e.** $V = c \times c \times c$.
2 **a.** 260 L. **b.** 35 L. **c.** 25 L. **d.** 78 L. **e.** 9,5 L. **f.** 3,4 L. **g.** 180 daL. **h.** 35 dL. **i.** 50 L. **j.** 1300 cL.
3 l = 60 cm = 0,6 m. h = 30 cm = 0,3 m.
$V = L \times l \times h = 1{,}3 \times 0{,}6 \times 0{,}3 = 0{,}234\ m^3 = 234$ L.
4 h = 25 cm = 0,25 m. $V = r \times r \times 3{,}14 \times h =$
$0{,}6 \times 0{,}6 \times 3{,}14 \times 0{,}25 = 0{,}2826\ m^3 = 282{,}6$ L.
5

Graduations	1/2 L	1/4 L	1/8 L	1/10 L	1/20 L
Volume en cm^3	**500**	**250**	**125**	**100**	**50**

6 On procède par la méthode dite « par déplacement de liquide » mais on immerge 100 épingles. Il ne reste plus qu'à diviser le volume d'eau déplacé par 100 pour obtenir le volume d'une épingle.
7 **a.** V_1 = 170 mL. V_2 = 155 mL. V_3 = 137 mL. V_4 = 115 mL. V_5 = 107 mL.
b.

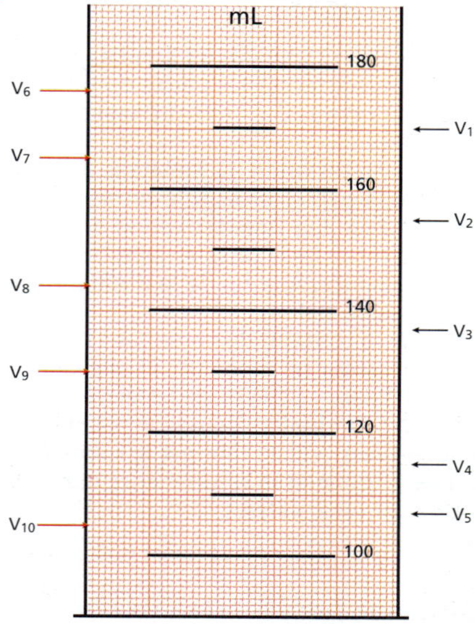

Chapitre 9 page 219

1 **a.** se dissout. **b.** soluté. **c.** hétérogène. **d.** on ne peut plus dissoudre le soluté. **e.** 210 g.
2

Eau	50 cm^3	200 cm^3	300 cm^3	400 cm^3
Sel	20 g	50 g	75 g	150 g
Solution	saturée	non saturée	non saturée	saturée

3 **a.** dans l'eau. **b.** on le chauffe. **c.** saturée. **d.** hétérogène. **e.** aqueuse.
4 180 g → 1000 mL
? → 50 mL

masse de sulfate de cuivre : $\dfrac{180 \times 50}{1000} = 9$ g

5 30 g → 100 cL
? → 25 cL

masse de sucre : $\dfrac{30 \times 25}{100} = 7{,}5$ g

6 **a.** $C = \dfrac{m}{V}$ → en grammes, → en litre
b. 50 mL = 0,05 L
$C = \dfrac{20}{0{,}05} = 400$ g/L
7 500 mL = 0,5 L
$m = C \times V$
$= 300 \times 0{,}5 = 150$ g.

Chapitre 10 page 221

1 **a.** distillation. **b.** filtrat. **c.** l'eau salée. **d.** décantation. **e.** décantation.
2 A. vin. B. sortie de l'eau. C. entrée de l'eau.

D. alcool (distillat). E. tube réfrigérant. F. bec Bunsen.
3 Les vapeurs d'alcool ne pourraient pas se condenser et on n'obtiendrait pas de distillat.
4 Je chauffe un peu d'eau minérale dans un tube à essais.
Après évaporation complète du liquide, il restera des traces blanchâtres sur les parois du tube. Ce sont les sels minéraux qui étaient dissous dans l'eau minérale.
5 1° Je fais une filtration du mélange : le sable est arrêté par le papier filtre et le filtrat est de l'eau salée. – 2° Je fais une distillation de cette eau salée ; je recueille le distillat dans un verre : c'est de l'eau douce. À la fin de la distillation, le sel restera dans le ballon.
6 1° Je verse le contenu du verre dans l'ampoule et je laisse décanter un moment : l'huile surnage au-dessus de l'eau. – 2° Je place un verre sous l'ouverture de l'ampoule ; j'ouvre le robinet et je laisse couler l'eau. – 3° Je referme le robinet dès que j'arrive à l'huile et je recommence la même opération avec un 2e verre.

Chapitre 11 page 223

1 **a.** dioxyde de carbone. **b.** plus important. **c.** du dioxyde de carbone. **d.** diminue. **e.** le diazote.
2 Le dioxyde de carbone est très soluble dans l'eau, ce qui crée un vide dans le tube. L'eau monte car elle a pris la place du dioxyde de carbone qui s'est dissout dans l'eau, il restera donc au fond du flacon.
3 C'est la position 2 car le dioxyde de carbone est plus dense que l'air, il restera au fond du flacon.
Dans la position 1, le dioxyde de carbone s'échapperait par l'ouverture en bas du flacon.
4 Le dioxyde de carbone est très soluble dans l'eau : un vide se crée donc dans le tube et le doigt est « aspiré ».
5 **a.** Le dioxyde de carbone est un mauvais comburant (qui n'entretient pas les combustions). Donc il sert à éteindre les incendies. – **b.** Le dioxyde de carbone est plus dense que l'air : donc quand il se dégage dans la cuisine, il a tendance à « tomber ». – **c.** Dans l'air, il y a du dioxyde de carbone qui troublerait l'eau de chaux. – **d.** Le dioxyde de carbone est asphyxiant et si la bougie s'éteint (le dioxyde de carbone est un mauvais comburant), les ouvriers savent qu'il ne faut plus descendre. – **e.** Quand on ouvre une boisson gazeuse laissée au soleil, le dégagement gazeux est très important et la boisson ne sera plus… gazeuse.

Chapitre 12 page 225

1 **a.** le pH augmente. **b.** le pH ne change pas. **c.** ayant un pH = 10. **d.** le pH diminue. **e.** ayant un pH = 5.
2 Je ne peux pas utiliser le papier indicateur de pH car la solution est colorée. Je vais donc utiliser le pH-mètre.
3 C'est faux car par exemple :
– l'eau du robinet pH = 7,5.
– l'eau d'Évian pH = 8,1.
– l'eau de chaux pH = 9.
– l'eau Perrier pH = 5.
L'eau distillée et l'eau de Volvic ont un pH = 7.
4 Au goût, la boisson sera plus sucrée, mais l'acidité du mélange eau/citron restera le même. Seul le fait d'ajouter de l'eau permettrait de diminuer l'acidité.
5 **a.** jus de tomate : A. – eau de Volvic : N. – Coca-Cola : A. – eau de mer : B. – acide chorhydrique : A. – eau de Vichy : B. – eau de chaux : B. – limonade : A. – eau du robinet : B. – amoniaque : B. **b.** L'acide chlorhydrique pH = 1. **c.** L'amoniaque pH = 13.
6 En agitant, on a chassé le dioxyde de carbone qui était dissous dans l'eau gazeuse.
Si le pH augmente (de 6 à 7) après agitation, cela veut dire que l'acidité de l'eau gazeuse a diminué lorsque du dioxyde de carbone s'est échappé ! Donc, l'acidité était due à la présence du dioxyde de carbone.
7 **a.** Dans l'atmosphère, il y a des gaz polluants (oxydes d'azote et de soufre, dioxyde de carbone). Ces gaz associés à l'air humide donnent de l'acide nitrique et sulfurique que l'on retrouve dans les pluies acides. – **b.** Dans le vin, il y a un alcool (alcool éthylique) qui, en donnant de l'acide acétique donne l'acidité au vin (pH environ 3,5). Lorsque la concentration en acide acétique est trop grande, le vin est acide : c'est du vinaigre. – **c.** En effet dans la composition de l'aspirine, il y a un acide (acide acétylsalicylique). – **d.** Un shampooing « doux » est un shampooing qui n'« agresse » pas le cuir chevelu et ne « pique » pas les yeux. Il a un pH qui est compris entre 6,5 et 7,5.
La couleur de certaines fleurs est sensible au pH du sol. Ainsi les hortensias sont roses en milieu basique et bleus en milieu acide.

Anglais

Chapitre 1 page 227

1 **a.** am – **b.** is – **c.** are – **d.** is – **e.** are.
2 **a.** he isn't – **b.** they are – **c.** it is – **d.** it is – **e.** we aren't.
3 **a.** There is – **b.** There are – **c.** There is – **d.** There are – **e.** There is. – **f.** Are there. – **g.** There is. – **h.** Is there.
4 **a.** has got – **b.** Has Paula got – **c.** has got **d.** Have you got – **e.** have got.
5 **a.** am, have – **b.** is – **c.** has – **d.** Are, am – **e.** are.
6 **a.** I am lucky. – **b.** My brother has guitar lessons. – **c.** Jane is hungry and thirsty. – **d.** I have dinner early.

Chapitre 2 page 229

1 **a.** Is Pamela playing the piano? Pamela isn't playing the piano. – **b.** Are her friends drinking tea? Her friends aren't drinking tea. – **c.** Is she taking a picture? She isn't taking a picture. – **d.** Is the athlete running? The athlete isn't running. – **e.** Is your teacher speaking with mine? Your teacher isn't speaking with mine.
2 **a.** Does Tom like classical music? Tom doesn't like classical music. – **b.** Do you buy the newspaper every morning? You don't buy the newspaper every morning. – **c.** Does Pat often sleep late? Pat doesn't often sleep late. – **d.** Does he speak Chinese? He doesn't speak Chinese. – **e.** Do your friends live in London? Your friends don't live in London.
3 **a.** I am – **b.** she doesn't – **c.** she is – **d.** they do.
4 **a.** is running – **b.** wears – **c.** are doing – **d.** love – **e.** calls.
5 **a.** Are, are – **b.** Does, does – **c.** is – **d.** Do – **e.** Do.
6 **a.** lives – **b.** is having – **c.** am waiting.
7 **a.** does he? – **b.** isn't she? – **c.** don't they? – **d.** isn't he?
8 **a.** I don't like onions. – **b.** It's late; I am waiting for the bus. – **c.** My mother is sleeping.
Vocabulary: **a.** It's in the bedroom. – **b.** It's in the toilet. – **c.** They're in the kitchen. – **d.** It's in the bathroom. – **e.** It's in the dining-room.

Chapitre 3 page 231

1 **a.** We'll invite the Taubers for Christmas. / We're going to invite the Taubers for Christmas. / We're inviting the Taubers for Christmas.
b. She'll take the train tonight. / She's going to take the train tonight. / She's taking the train tonight.
c. They'll go to Spain next August. / They're going to go to Spain next August. / They're going to Spain next August.
2 **a.** Will they be at home later? They won't be at home later. – **b.** Is she having a cello lesson tomorrow? She isn't having a cello lesson tomorrow. – **c.** Is Paul going to open the door? Paul isn't going to open the door. – **d.** Will you go to the concert next week? You won't go to the concert next week. – **e.** Are we coming tonight? We aren't coming tonight.
3 **a.** he isn't – **b.** she will – **c.** I am – **d.** he isn't – **e.** they will.
4 **a.** présent – **b.** futur – **c.** présent – **d.** futur – **e.** futur.
5 **a.** will he? – **b.** is she? – **c.** won't they? – **d.** isn't he? – **e.** aren't they?
6 **a.** It's going to rain. – **b.** Peter is coming tonight. – **c.** I'll travel alone next year. – **d.** I'm going (leaving) to London tomorrow.
Vocabulary: **a.** bacon and eggs, sausages and toast. – **b.** ou **c.** fish and chips, peas, ice-cream. – **c.** ou **b.** chicken, potatoes, beans, cheese, apple-pie.

Chapitre 4 page 233

1 **a.** It's a heavy bag. – **b.** They're lovely flowers. – **c.** It's a big garden. – **d.** It's an expensive perfume. – **e.** They're tall girls.
2 **a.** She is wearing a new pullover today. – **b.** My dark grey skirt is dirty. – **c.** It's hot and sunny today. – **d.** This American film is interesting. – **e.** She looks old and tired.
3 **a.** My dog is the fastest in town. – **b.** Bill is the nicest of the class. – **c.** These shoes are the most expensive in the shop. – **d.** August is the hottest month of the year. – **e.** This restaurant is the best in town. – **f.** Peter B. is the worst singer.
4 **a.** This restaurant is smaller and more expensive than that one. – **b.** My teacher is taller and more elegant than yours. – **c.** Mum is slower and more careful than Dad. – **d.** Elephants are bigger and more dangerous than birds. – **e.** Ellen is younger and more beautiful than Mary.
5 **a.** The English drive on the left. – **b.** I like navy blue jackets. – **c.** The Italians like to sing. – **d.** We must help the poor.
6 *Phrases possibles :* Simon is the slowest. He is the worst. Matt is the best. Paul runs faster than Brian and Simon. Paul runs faster than Simon. He is better than Simon.
Vocabulary: Réponses libres.

Chapitre 5 page 235

1 *Dénombrables :* window, radio, glass, book, computer, orange, bag, chair.
Indénombrables : pepper, sugar, money, bread, milk, time, meat, water, salt.
2 babies, feet, men, mice, pence, brushes, boxes, teeth, leaves, sheep, women, children, matches, dresses, countries, hobbies.
3 *Pluriels réguliers :* mothers, cars, windows, boys, bags, pianos. *Pluriels irréguliers :* buses, babies, matches, potatoes, boxes.
4 apple-tree, sitting-room, homework, raincoat, copybook, weekend, newspaper, taxi-driver, armchair.
5 **a.** Are – **b.** is – **c.** is – **d.** are – **e.** Is.
6 **a.** My trousers are new. – **b.** There are many people at the cinema. – **c.** Your hair is long. – **d.** Your uncle's sheep are eating in the meadow. – **e.** I must buy tomatoes and potatoes.

Chapitre 6 page 237

1 **a.** her – **b.** their – **c.** our – **d.** my – **e.** his.
2 **a.** No, it isn't. It's the Carters'. – **b.** No, it isn't. It's Paul's. – **c.** No, they aren't.They're my friends'. – **d.** No, it isn't. It's Elton's. – **e.** No, they aren't. They're Samantha's.
3 **a.** It's Alicia's baby. It's Alicia's. It's her baby. It's hers. – **b.** They're John's bikes. They're John's. They're his bikes. They're his. – **c.** It's Mr Bond's radio. It's Mr Bond's. It's his radio. It's his. – **d.** They're Jessica's flowers. They're Jessica's. They're her flowers. They're hers. – **e.** It's Mike's glass. It's Mike's. It's his glass. It's his.
4 **a.** him – **b.** me – **c.** her – **d.** them – **e.** me.
5 **a.** himself – **b.** herself – **c.** myself – **d.** themselves – **e.** ourselves.
6 **a.** Whose toys are they? – **b.** Whose computer is it? – **c.** My mother is Paula's friend. – **d.** John cut himself this morning. – **e.** I love her.
Vocabulary: The mysterious word is: Computer.

Chapitre 7 page 239

1 **a.** were – **b.** was – **c.** were – **d.** Was – **e.** Were.
2 **a.** did not like – **b.** was – **c.** arrived – **d.** Were – **e.** rained.
3 **a.** Did we buy her a nice present? – **b.** Was it too cold there? – **c.** Did his parents take the plane? – **d.** Did she like the perfume? – **e.** Did the tourists visit the castle?
4 **a.** My music teacher wasn't late. – **b.** They didn't drive to Dover. – **c.** It wasn't too cold to swim. – **d.** They didn't enjoy their holidays. – **e.** Grandma didn't watch TV late.
5 **a.** he didn't – **b.** I was – **c.** it was – **d.** he didn't – **e.** she didn't.
6 **a.** I washed my bike yesterday. – **b.** My brother went to Africa last year. – **c.** I was born in March. – **d.** My friends didn't call (telephone) me. – **e.** It was very hot.
Vocabulary: **a.** nose – **b.** ears – **c.** legs, feet – **d.** hands, fingers – **e.** eyes – **f.** mouth, tongue, teeth.

Chapitre 8 page 241

1 **a.** much – **b.** many – **c.** many – **d.** many – **e.** much – **f.** many – **g.** much – **h.** much – **i.** much – **j.** many.
2 **a.** some – **b.** any – **c.** some – **d.** no – **e.** any.
3 **a.** someone (somebody). Is there anyone (anybody) at the door? – **b.** something. Is there anything for me? – **c.** somewhere. Are my sisters anywhere in the house? – **d.** something. Is there anything on your nose? – **e.** Something. Is there anything in the box?
4 **a.** so – **b.** What – **c.** How – **d.** What – **e.** so.
5 **a.** How tolerant his parents are! – **b.** How fast Sarah runs! – **c.** What a lovely house this is ! – **d.** What an interesting story it was! – **e.** How nervous Paul is!
6 **a.** What a fast car! The car is so fast! – **b.** What a strong coffee! The coffee is so strong!– **c.** What a boring film! The film is so boring! – **d.** What interesting teachers! The teachers are so interesting! – **e.** What friendly neighbours! The neighbours are so friendly!
7 **a.** Nobody came to Bill's birthday. – **b.** I found something in my bag. – **c.** Kim's parents are so nice (kind)!
Vocabulary: Mots qui ne correspondent pas à la campagne : zebra crossing, traffic light, building, street, skyscraper.

Chapitre 9 page 243

1 **a.** must – **b.** can't – **c.** can – **d.** mustn't / can't – **e.** must.
2 **a.** needn't – **b.** mustn't – **c.** needn't – **d.** mustn't – **e.** needn't.
3 **a.** She may come late. – **b.** It may snow. – **c.** I may go to New York. – **d.** They may buy a new house. – **e.** He may get married in June.
4 **a.** I can't – **b.** he can – **c.** they must – **d.** you must.
5 You must jog every morning, you must ride your bike as often as possible, you must eat grilled food such as chichen or fish,you must eat a lot of vegetables at lunch and dinner, you mustn't eat ice-cream (chocolate, fried food, bread), you mustn't drink sodas, you must drink a lot of mineral water between meals.
6 **a.** impossibilité, – **b.** capacité – **c.** interdiction – **d.** obligation – **e.** permission – **f.** absence d'obligation – **g.** probabilité.
7 **a.** We may move out. – **b.** I can't drive my father's car. – **c.** My brother must take a Spanish exam. – **d.** Jane isn't here ; she must be sick (ill). – **e.** I needn't call(telephone) him, he's coming.
Vocabulary: The answer is: LORRY.

U	T	R	A	I	N
N	L	V	A	N	I
D	C	A	R	X	E
E	O	R	A	R	N
R	Y	T	P	L	A
G	R	O	U	N	D

Chapitre 10 page 245

1 **a.** was painting – **b.** were walking – **c.** were visiting – **d.** was looking – **e.** was washing.
2 **a.** she wasn't – **b.** they were – **c.** she wasn't – **d.** they were – **e.** he wasn't.
3 **a.** were you doing; saw – **b.** were parking, heard – **c.** was doing, saw – **d.** Did you speak – **e.** couldn't, was talking.
4 **a.** What was Jane wearing? She was wearing a red dress. – **b.** Who was Chris helping? He was helping our neighbour. – **c.** What was Sarah doing? She was crying.
5 **a.** She was waiting for the bus when it started snowing. – **b.** He was driving when a policeman stopped him. – **c.** They were sleeping when the dog jumped on the bed. – **d.** He was having a

shower when the phone rang. – **e.** He was writing (working, teaching, speaking) when the Headmaster (Principal) came in.
6 **a.** I was rollerskating when I fell down. – **b.** I was having dinner when the door opened. – **c.** I was sleeping when my brother woke me up.
Vocabulary : a. Matthew likes reading and playing chess, doesn't like skiing. – **b.** David likes swimming, doesn't like fishing and horseback riding. – **c.** Carol likes ice skating, doesn't like swimming. – **d.** Sarah likes horseback riding and stamp collecting, doesn't like chess.

Chapitre 11 page 247

1 **a.** Whose – **b.** How much – **c.** What – **d.** How far – **e.** Who – **f.** How long – **g.** Which.
2 **a.** How many sisters and brothers has Margaret got? – **b.** Who is Ann's son? – **c.** How often does he go to Rome? – **d.** What have you bought? – **e.** How long does it usually take to go to the airport? – **f.** How far from here does Paul live? – **g.** Which one do you prefer? – **h.** How much does the bike cost? – **i.** How is he? – **j.** Where did your parents go for Christmas?
3 **a.** What are they interested in? – **b.** What it she waiting for? – **c.** Who is she waiting for? – **d.** Where does John come from? – **e.** What are you listening to? – **f.** What is he sitting on? – **g.** What is the teacher writing with? – **h.** What are you looking for?
4 **a.** When were you born? – **b.** Where do you live? – **c.** Why are you sad today? – **d.** How far from the station do you live? – **e.** What is your favourite sport?
Vocabulary:
1 **a.** 237 – **b.** 31.
2 **a.** one(a) hundred and thirty-two – **b.** five hundred and eighty-eight – **c.** three hundred and five.

Chapitre 12 page 249

1 **a.** He likes (enjoys, loves) skiing. – **b.** She likes (enjoys, loves) reading. – **c.** They like (enjoy, love) watching television. – **d.** He likes (enjoys, loves) having a bath. – **e.** She likes (enjoys, loves) rollerskating.
2 **a.** She enjoys driving. – **b.** He loves cooking. – **c.** He prefers riding his bike to school. – **d.** I hate peeling onions. – **e.** They like playing cards in the evening.
3 **a.** I like (enjoy, love) running in the wood. – **b.** I hate getting up early in the morning. – **c.** I prefer watching television.
4 **a.** Don't eat a big cake before dinner. – **b.** Don't watch television late. – **c.** Don't play in the rain. – **d.** Don't climb on the roof. – **e.** Don't park in the garden.
5 **a.** Let's go to the concert! – **b.** Let's play tennis! – **c.** Let's ride a bike! – **d.** Let's watch TV! – **e.** Let's paint!
6 **a.** having – **b.** to stay – **c.** Swimming – **d.** to go – **e.** walking.
Vocabulary: Larry was born on August 3rd (the third) 1996.
Julia was born on November 2nd (the second) 1985.
Benjamin was born on July 31st (the thirty first) 1979.
Hours: It's twenty five past eleven. – It's half past three. – It's (a) quarter to five.

Aa

Bb

Cc

Dd

Vv

Zz

Anglais

Les mots renvoyant à des thèmes de vocabulaire sont indiqués en **gras**.

Bibliographie

Le Forçat innocent, Jules Supervielle, Gallimard : 4. *Paul et Virginie*, Bernardin de Saint-Pierre : 5. *Omitsha*, Jean-Marie Gustave Le Clézio, Gallimard : 5. *Les Caractères*, Jean de La Bruyère : 5, 37, 55. *Les Misérables*, Victor Hugo : 7. *Le Jeu de l'amour et du hasard*, Pierre Carlet de Marivaux : 7. *Madame Bovary*, Gustave Flaubert : 9, 11, 45. *Lettre XXXIX,* Senancour Oberman : 9. *Les Contemplations*, Victor Hugo : 13, 21, 39, 61. *Le Père Goriot*, Honoré de Balzac : 13, 25, 35. *Une Partie de campagne*, Guy de Maupassant : 13, 23. *Le Coq et la Perle*, Jean de La Fontaine : 15. *La Cantatrice chauve*, Eugène Ionesco, Gallimard : 17. *René*, François René de Chateaubriand, 17. *Carmen*, Prosper Mérimée : 19. *Histoire de France*, Henri Michelet : 19. *François le Champi*, George Sand : 21. *Un Fou*, Guy de Maupassant : 25. *Les Obsèques de la lionne*, Jean de La Fontaine : 27. *L'Ingratitude et l'injustice des hommes envers la Fortune*, Jean de La Fontaine : 27. *Don Juan*, Molière : 33. *Bouvard et Pécuchet*, Gustave Flaubert : 37. *L'Albatros*, Charles Baudelaire : 37. *Chansons*, Clément Marot : 37. *Le grand combat*, Henri Michaux : 37. *Poésie ininterrompue*, Paul Eluard, Gallimard : 39. *Iles*, BLaise Cendrars, Gallimard : 39. *Fête foraine, Paroles,* Jacques Prévert, Gallimard : 39. *Le temps des noyaux, Paroles,* Jacques Prévert, Gallimard : 39. *Exercices de style*, Raymond Queneau, Gallimard : 40, 54. *Le Neveu de Rameau*, Denis Diderot : 41. *Salut à l'oiseau*, Jacques Prévert, Gallimard : 41, 56. *Dans ma maison, Paroles*, Jacques Prévert, Gallimard : 41. *Avenue du Maine*, Max Jacob, Gallimard : 45. *Poème à Lou*, Guillaume Apollinaire : 46. *Le Jardinier et son seigneur*, Jean de La Fontaine : 47. *Le Lion devenu vieux*, Jean de La Fontaine : 47. *L'Ecole des femmes*, Molière : 47, 62, 63. *Zazie dans le métro*, Raymond Queneau, Gallimard : 48. *L'Assommoir*, Emile Zola : 48, 49, 54, 55. *Voyage au bout de la nuit*, Louis-Ferdinand Céline, Gallimard : 49, 59. *Germinal*, Emile Zola : 51, 65. *Les Confessions*, Jean-Jacques Rousseau : 52. *La Princesse de Clèves,* Madame de La Fayette : 54, 58. *Lucien Leuwen*, Stendhal : 54. *L'Education sentimentale*, Gustave Flaubert : 55. *Les Regrets*, Joachim du Bellay : 57, 61. *Pièces retranchées des Amours*, Pierre de Ronsard : 57. *Fables*, Jean de La Fontaine : 57, 61. *Une Vie*, Guy de Maupassant : 58. *L'Etranger*, Albert Camus, Gallimard : 58. *Le Silence de la mer*, Vercors, Albin Michel : 58. *Les Thibault - L'Eté 1914*, Roger Martin du Gard, Gallimard : 59. *Les Chouans*, Honoré de Balzac : 59. *Les Châtiments*, Victor Hugo : 60. *Le Roman inachevé*, Louis Aragon, Gallimard : 60. *La Légende des Siècles*, Victor Hugo : 60. *Nuit de décembre*, Alfred de Musset : 61. *Moïse*, Alfred de Vigny : 61. *Phèdre*, Jean Racine : 63. *Les Précieuses ridicules*, Molière : 63. *Topaze*, Marcel Pagnol, Fasquelle : 63. *La Mare au diable*, Georges Sand : 65. *Manon* Lescaut, Abbé Prévost : 65. *La Peste*, Albert Camus, Gallimard : 65. *Thérèse Desqueyroux*, François Mauriac, Grasset : 65. *Le Chant du monde*, Jean Giono, Gallimard : 65. *Le Chien jaune*, Georges Simenon, Pocket : 65. *Colomba*, Prosper Mérimée : 65. *Le Comte de Monte-Cristo*, Alexandre Dumas : 65. *Wolfgang, tu feras informatique !*, Plantu, © Plantu/Chantal Meyer, 1999 : 66. *Quartier libre, Paroles*, Jacques Prévert, Gallimard : 67.

Édition et réalisation :
Dominique Colombani & Frank Dubiez Packaging
assistés de Patricia Bellet et Gwenaëlle Ohannessian ;
Coredoc pour les dessins des Sciences de la vie et de la Terre ;
Daniel Guerrier pour les illustrations de l'Anglais et les pictogrammes ;
et Pays d'Oc pour la photogravure.
Conception graphique : Repères communication

Imprimé en France par CLERC S.A. - 18200 Saint-Amand-Montrond
Dépôt légal n° 11201 - Janvier 2000

Les États du Monde

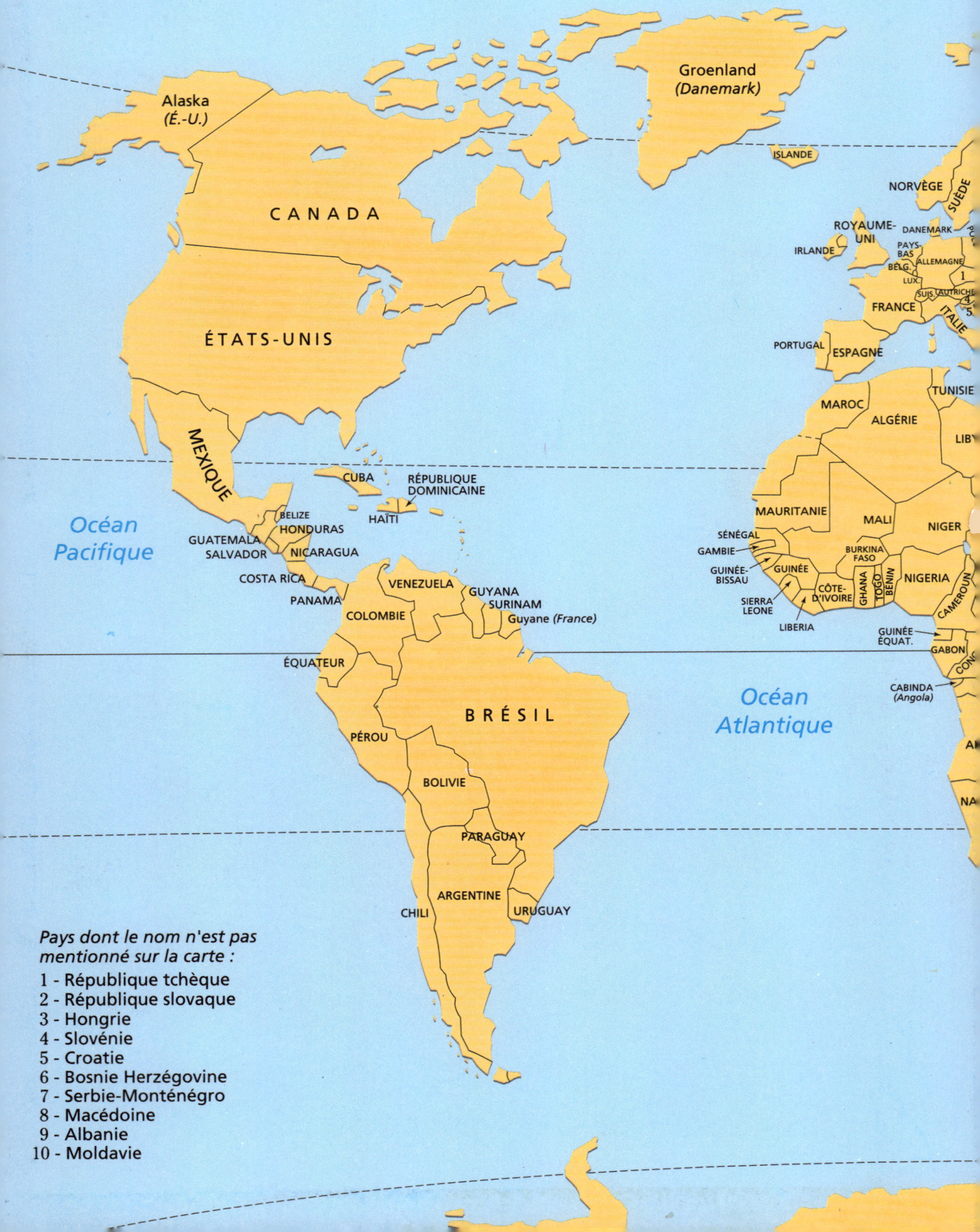